Revisaço®

DIREITO ELEITORAL

Revisaço®

JAIME BARREIROS NETO

DIREITO ELEITORAL

4ª edição | Revista atualizada

2024

EDITORA JusPODIVM

www.editorajuspodivm.com.br

EDITORA JusPODIVM
www.editorajuspodivm.com.br

Rua Canuto Saraiva, 131 – Mooca – CEP: 03113-010 – São Paulo – São Paulo
Tel: (11) 3582.5757
• Contato: https://www.editorajuspodivm.com.br/central-de-relacionamento

Diagramação: SBNigri Artes e Textos Ltda. *(sbnigri@centroin.com.br)*

Capa: Ana Caquetti

R454 Revisaço – Direito Eleitoral - XXX Questões Comentadas Alternativa por Alternativa / coordenado por Jaime Barreiros Neto – 4.ed., rev., atual. e ampl. - São Paulo: Editora JusPodivm, 2024.
432 p.

Vários autores
ISBN: 978-85-442-4533-0

1. Direito Eleitoral. 2. Concurso Público. 3. Método de Estudo. I. Barreiros Neto, Jaime. II. Título.

CDD 341.28

BIBLIOTECÁRIA RESPONSÁVEL
Ana Carolina Ribeiro Mois – CRB7 – RJ 007348/0

4.ª ed., *2.ª tir.:* mar./2024; *3.ª tir.:* mai./2024; *4.ª tir.:* jun./2024; *5.ª tir.:* jul./2024; *6.ª tir.:* ago./2024; *7.ª tir.:* set./2024.

Apresentação da Coleção Revisaço

"REVISAÇO" é a consagrada coleção de questões comentadas da *Editora Juspodivm*.

Com cuidado, pensamos num formato que fosse além dos comentários das questões. Algo que realmente pudesse ajudar o aluno no estudo de concursos ou Exames de Ordem, principalmente na revisão final.

Para isso, estabelecemos a seguinte estrutura **didática**:

- **Questões divididas por matéria e assunto, comentadas assertiva por assertiva, item por item**, demonstrando tanto o que está certo como o que está errado na questão;
- Sempre que possível, há uma "nota do autor" em cada questão trazendo **comentários que vão além do assunto abordado no exercício**.

Ao final das disciplinas apresentamos:

- **Dicas de estudo**, funcionando como verdadeiro resumo da matéria;
- **Súmulas dos Tribunais Superiores**.

A ideia, portanto, é apresentar a **prática do concurso ou Exame da Ordem** (questões), a **doutrina para estudo** (dicas) e a **jurisprudência** (súmulas), formando a tríade necessária para uma revisão (verdadeiro REVISAÇO!) rumo ao sucesso na aprovação.

Vários livros compõem a coleção e, para todos, chamamos grandes nomes, professores experientes, profissionais de destaque e especialistas em cada área para que organizassem as obras e comentassem as questões.

Acreditamos que essa coleção será bastante útil aos candidatos de concursos públicos e Exame de Ordem.

EDITORA JUSPODIVM

www.editorajuspodivm.com.br

Nota do autor

O Direito Eleitoral é um dos mais prósperos ramos do Direito contemporâneo, atraindo um número cada vez maior de estudiosos interessados na compreensão dos seus institutos e de sua sistemática. Vinculado diretamente à construção material do Estado Democrático de Direito, o Direito Eleitoral tem como objeto a busca da garantia da normalidade e da legitimidade do exercício do poder de sufrágio popular, constituindo-se, no exercício deste mister, em microssistema jurídico, composto de normas de natureza material e processual, bem como de diversos institutos jurídicos peculiares, ainda pouco disseminados nos cursos de graduação em Direito, embora bastante exigidos nos programas de alguns dos principais concursos públicos de acesso a carreiras jurídicas, a exemplo do Ministério Público, da magistratura estadual, do Ministério Público Federal e dos tribunais regionais eleitorais.

A presente obra, integrante da Coleção "Revisaço", publicada pela Editora JusPodivm, tem como objetivo maior facilitar o aprendizado do Direito Eleitoral por aqueles que se encontram imbuídos no objetivo da aprovação em concursos públicos das mais prestigiadas carreiras jurídicas, por meio da utilização da técnica de resolução de questões de certames pretéritos.

Para atingir tal objetivo, a presente obra oferece uma diversidade de questões comentadas e dicas relacionadas aos mais diversos temas do Direito Eleitoral, exigidos nos editais dos citados concursos.

Esperamos que esta obra, assim como todas as demais publicadas pela Editora JusPodivm, especialmente aquelas integrantes da "Coleção Revisaço", cumpra o seu objetivo maior de colaborar na preparação dos seus leitores para os desafios que lhes forem ofertados durante o árduo caminho até a sonhada aprovação.

Sucesso para todos os nossos leitores!

Jaime Barreiros Neto

Maio 2023

Tabela de Incidência de Questões

TEMA	NÚMERO DE QUESTÕES
NOÇÕES INTRODUTÓRIAS	**08**
1. Questões de concursos para a magistratura estadual	04
2. Questões de concursos para o Ministério Público estadual (promotor de justiça)	01
3. Questões de concursos para o Ministério Público Federal (Procurador da República)	01
4. Questões de concursos para técnico judiciário	02
FONTES E PRINCÍPIOS DO DIREITO ELEITORAL	**03**
1. Questões para concursos da magistratura estadual	02
2. Questões de concursos para o Ministério Público Estadual (Promotor de Justiça)	01
OS DIREITOS POLÍTICOS E O ALISTAMENTO ELEITORAL	**35**
1. Questões de concursos para a magistratura estadual	12
2. Questões de concurso para o Ministério Público Estadual (Promotor de Justiça)	08
3. Questões de concursos para o Ministério Público Federal (Procurador da República)	06
4. Questões de concursos para a Defensoria Pública da União	01
5. Questões de concursos para Analista Judiciário – Área Judiciária dos tribunais regionais eleitorais	03
6. Questões de concursos para Analista Judiciário – Área Judiciária do Tribunal Superior Eleitoral	01
7. Questões de concursos para Técnico Judiciário dos tribunais regionais eleitorais	04
CONDIÇÕES DE ELEGIBILIDADE E CAUSAS DE INELEGIBILIDADE	**75**
1. Questões de concursos para a magistratura estadual	46
2. Questões de concursos para o Ministério Público Federal (Procurador da República)	3
3. Questões de concursos para a Defensoria Pública da União	2
4. Questões de concursos para Analista Judiciário – Área Judiciária dos tribunais regionais eleitorais	13
5. Questões de concursos para Analista Judiciário – Área Administrativa dos tribunais regionais eleitorais	1
6. Questões de concursos para TÉCNICO Judiciário – Área Administrativa dos tribunais regionais eleitorais	10
OS SISTEMAS ELEITORAIS	**22**
1. Questões de concursos para a magistratura estadual	10
2. Questões de concursos para o Ministério Público Estadual (Promotor de Justiça)	03
3. Questões de concursos para Analista Judiciário – Área Judiciária dos tribunais regionais eleitorais	08
4. Questões de concursos para técnico judiciário	01
OS PARTIDOS POLÍTICOS	**42**
1. Questões de concursos para a magistratura estadual	14
2. Questões de concursos para o Ministério Público Estadual (Promotor de Justiça)	06
3. Questões de concursos para o Ministério Público Federal (Procurador da República)	06
4. Questões de concursos para Analista Judiciário dos tribunais regionais eleitorais	11
5. Questões de concursos para Analista Judiciário – Área Judiciária do Tribunal Superior Eleitoral	01
6. Questões de concursos para Técnico Judiciário dos tribunais regionais eleitorais	04

TEMA	NÚMERO DE QUESTÕES
JUSTIÇA ELEITORAL E MINISTÉRIO PÚBLICO ELEITORAL	**66**
1. Questões de concursos para a magistratura estadual	15
2. Questões de concursos para o Ministério Público Estadual (Promotor de Justiça)	18
3. Questões de concursos para o Ministério Público Federal (Procurador da República)	02
4. Questões de concursos para Analista Judiciário – Área Judiciária dos tribunais regionais eleitorais	19
5. Questões de concursos para Analista Judiciário – Área Administrativa dos tribunais regionais eleitorais	01
6. Questões de concursos para Técnico Judiciário dos tribunais regionais eleitorais	11
CONVENÇÕES PARTIDÁRIAS E REGISTRO DE CANDIDATURAS	**17**
1. Questões de concursos para a magistratura estadual	10
2. Questões de concursos para Analista Judiciário – Área Judiciária dos tribunais regionais eleitorais	7
ARRECADAÇÃO DE RECURSOS E PRESTAÇÃO DE CONTAS NAS CAMPANHAS ELEITORAIS	**12**
1. Questões de concursos para a magistratura estadual	06
2. Questões de concursos para o Ministério Público Estadual (Promotor de Justiça)	04
3. Questões de concursos para o Ministério Público Federal (Procurador da República)	02
ORGANIZAÇÃO DAS ELEIÇÕES, GARANTIAS ELEITORAIS E DIPLOMAÇÃO DOS ELEITOS	**27**
1. Questões de concursos para a magistratura estadual	13
2. Questões de concursos para o Ministério Público Estadual (Promotor de Justiça)	07
3. Questões de concursos para o Ministério Público Federal (Procurador da República)	01
4. Questões de concursos para Analista Judiciário – Área Judiciária dos tribunais regionais eleitorais	04
5. Questões de concursos para Técnico Judiciário dos tribunais regionais eleitorais	02
PESQUISAS ELEITORAIS E PROPAGANDA POLÍTICA	**24**
1. Questões de concursos para a magistratura estadual	05
2. Questões de concursos para o Ministério Público Estadual (Promotor de Justiça)	11
3. Questões de concursos para o Ministério Público Federal (Procurador da República)	07
4. Questões de concursos para Analista Judiciário – Área Administrativa dos tribunais regionais eleitorais	01
ABUSO DE PODER NAS ELEIÇÕES E CONDUTAS VEDADAS AOS AGENTES PÚBLICOS EM CAMPANHAS ELEITORAIS	**28**
1. Questões de concursos para a magistratura estadual	05
2. Questões de concursos para o Ministério Público Estadual (Promotor de Justiça)	17
3. Questões de concursos para Analista Judiciário dos tribunais regionais eleitorais	06
AÇÕES E RECURSOS ELEITORAIS	**40**
1. Questões de concursos para a magistratura estadual	18
2. Questões de concursos para o Ministério Público Estadual (Promotor de Justiça)	04
3. Questões de concursos para o Ministério Público Federal (Procurador da República)	07
4. Questões de concursos para a Defensoria Pública da União	09
5. Questões de concursos para Analista Judiciário – Área Administrativa dos tribunais regionais eleitorais	01
6. Questões de concursos para técnico judiciário – área administrativa dos tribunais regionais eleitorais	01
CRIMES ELEITORAIS E PROCESSO PENAL ELEITORAL	**34**
1. Questões de concursos para a magistratura estadual	20
2. Questões de concursos para o Ministério Público Federal (Procurador da República)	03
3. Questões de concursos para a Defensoria Pública da União	06
4. Questões de concursos para Analista Judiciário – Área Judiciária dos tribunais regionais eleitorais	05

Sumário

Capítulo I – Noções Introdutórias

✦ QUESTÕES

1. QUESTÕES DE CONCURSOS PARA A MAGISTRATURA ESTADUAL

01. (Vunesp – Juiz Substituto – MT 2009) O sufrágio é um direito público subjetivo exercido por meio

a) da eleição, do plebiscito, do referendo e da iniciativa popular.

b) do Tribunal Superior Eleitoral, dos Tribunais Regionais Eleitorais, das Juntas Eleitorais e dos Juízes Eleitorais.

c) do alistamento eleitoral, do sistema eleitoral, do voto secreto e da representação proporcional ou majoritária.

d) da propaganda eleitoral gratuita, do sistema eletrônico de votação e totalização de votos, da fiscalização das eleições e da prestação de contas.

e) do ato de votar, da impugnação dos registros de candidaturas, da impugnação dos votos apurados e do recurso dos resultados do pleito.

COMENTÁRIOS

✪ **Nota do autor**: o sufrágio é o "poder que se reconhece a certo número de pessoas (o corpo de cidadãos) de participar direta ou indiretamente na soberania, isto é, na gerência da vida pública". Em uma democracia participativa, como a brasileira, o poder de sufrágio é exercido através do voto, instrumento de materialização do sufrágio manifestado nas eleições e nas consultas populares (plebiscitos e referendos), bem como por outros meios de participação direta do povo na formação da vontade política do Estado, a exemplo da iniciativa popular de lei.

Alternativa correta: assertiva "A". O sufrágio é o poder que se reconhece ao povo de participar direta ou indiretamente na soberania. Em uma democracia participativa, como a brasileira, o poder de sufrágio é exercido através do voto, instrumento de materialização do sufrágio manifestado nas eleições e nas consultas populares (plebiscitos e referendos), bem como por outros meios de participação direta do povo na formação da vontade política do Estado, a exemplo da iniciativa popular de lei.

Assertiva "B" INCORRETA. O sufrágio, como destacado, é o poder que se reconhece ao povo de participar direta ou indiretamente na soberania. Os órgãos da Justiça Eleitoral viabilizam o exercício do sufrágio, organizando o alistamento eleitoral, as eleições e consultas populares. Os meios para o exercício do referido poder, entretanto, são as eleições, as referidas consultas (plebiscito e referendo), bem como a iniciativa popular de lei.

Assertiva "C" INCORRETA. Pelos mesmos motivos expostos na justificativa relativa à assertiva "B", a resposta está incorreta. Alistamento eleitoral e sistema eleitoral não são "meios de exercício do sufrágio".

Assertiva "D" INCORRETA. Propaganda eleitoral gratuita, sistema eletrônico de votação e totalização de votos, fiscalização das eleições e prestação de contas não são "meios de exercício do sufrágio".

Assertiva "E" INCORRETA. Impugnação dos registros de candidaturas, impugnação dos votos apurados e recurso dos resultados do pleito não são "meios de exercício do sufrágio".

---

02. (FGV – Juiz Substituto – MS/ 2008) Analise as afirmativas a seguir:

I. O princípio da imediaticidade do sufrágio é característica do sistema eleitoral brasileiro.

II. O sufrágio é universal, direito público subjetivo, que cabe a todos os nacionais, sem restrições.

III. No sistema brasileiro inexiste exceção à regra do voto direto.

IV. O requisito de idade mínima, como condição de elegibilidade, deve estar preenchido na data do certame e não na do registro.

V. É cabível a oponibilidade de inelegibilidade de ordem constitucional até no momento da diplomação.

Estão corretas as afirmativas:

a) I, III e V.

b) I, II, IV.

c) I, IV e V.

d) II, III e IV

e) III, IV e V.

COMENTÁRIOS

Alternativa correta: assertiva "C" afirmativas I, IV e V estão corretas.

Afirmativa "I" CORRETA. No Brasil, de acordo com o artigo 14, *caput*, da Constituição Federal de 1988: "a soberania popular será exercida pelo sufrágio universal e pelo voto direto e secreto, com igual valor para todos". Vigem, assim, no Brasil, o princípio da imediaticidade do sufrágio, segundo o qual o voto deve resultar imediatamente da vontade do eleitor, sem intermediários, bem como o princípio da universalidade sufrágio, o qual impõe, dentro dos parâmetros da razoabilidade, o direito de sufrágio a todos os cidadãos.

Afirmativa "II" ERRADA. Os inalistáveis (menores de 16 anos e conscritos), bem como aqueles que estão com os direitos políticos suspensos, não podem exercer o sufrágio.

Afirmativa "III" ERRADA. Segundo a CF/1988, no seu artigo 60, II, é cláusula pétrea no Brasil o sufrágio direto, secreto, universal e periódico. O sufrágio indireto, no entanto, é possível, excepcionalmente, em caso de vacância concomitante dos cargos de prefeito e vice-prefeito ou governador e vice-governador, ou ainda presidente e vice-Presidente da República, nos últimos dois anos de mandato, casos em que a Constituição determina a realização de eleições indiretas para os cargos vagos, a fim de que sejam completados os mandatos vagos.

Afirmativa "IV" CORRETA. Regra prevista no artigo 11, § 2º da Lei nº 9.504/97, o qual dispõe que: "A idade mínima constitucionalmente estabelecida como condição de elegibilidade é verificada tendo por referência a data da posse". É de se destacar que, com a promulgação da Lei 13.165/15, a idade mínima de 18 anos, para o cargo de vereador, passou a ser aferida na data da formulação do pedido de registro de candidatura, a partir das eleições municipais de 2016.

Afirmativa "V" CORRETA. As inelegibilidades infraconstitucionais só podem ser arguidas, em regra, até cinco dias após a publicação do pedido de registro de candidatura. As inelegibilidades constitucionais, entretanto, podem ser arguidas até o momento da diplomação, mediante o Recurso contra a Expedição do Diploma (RCD), previsto no artigo 262 do Código Eleitoral.

---

03. (FCC – Juiz Substituto – RR/ 2008) A respeito do plebiscito e do referendo, considere as afirmações:

I. O referendo é convocado com anterioridade a ato legislativo ou administrativo, cabendo ao povo, pelo voto, aprovar ou denegar o que lhe tenha sido submetido.

II. O plebiscito é convocado com posterioridade a ato legislativo ou administrativo, cumprindo ao povo a respectiva ratificação ou rejeição.

III. Nas questões de relevância nacional, de competência do Poder Legislativo ou do Poder Executivo, o plebiscito e o referendo são convocados mediante decreto legislativo, por proposta de um terço, no mínimo, dos membros que compõem qualquer das Casas do Congresso Nacional, na forma da lei.

IV. A incorporação de Estados entre si, subdivisão ou desmembramento para se anexarem a outros, ou formarem novos Estados ou Territórios Federais, dependem da aprovação da população diretamente interessada, por meio de plebiscito realizado na mesma data e horário em cada um dos Estados, e do Congresso Nacional, por lei complementar, ouvidas as respectivas Assembleias Legislativas.

Estão corretas SOMENTE

a) I e II.

b) II e IV.

c) III e IV.

d) I, II e III.

e) I, II e IV.

COMENTÁRIOS

Alternativa correta: assertiva "C". Somente III e IV estão corretas.

Assertiva "I": ERRADA. O referendo "é convocado com posterioridade a ato legislativo ou administrativo, cumprindo ao povo a respectiva ratificação ou rejeição". (art. 2ª, § 2º da Lei nº 9709/1998).

Assertiva "II": ERRADA. O plebiscito deve ser convocado com anterioridade ao ato legislativo ou administrativo, cabendo ao povo, pelo voto, aprovar ou denegar o que lhe tenha sido submetido (art. 2º, § 1º da lei nº 9.709/1998).

Assertiva "III" CORRETA. Nas questões de relevância nacional, de competência do Poder Legislativo ou do Poder Executivo, e no caso do § 3º do art. 18 da Constituição Federal (incorporação, subordinação ou desmembramento de estado, com ou sem anexação a outro estado), o plebiscito e o referendo são convocados mediante decreto legislativo, por proposta de um terço, no mínimo, dos membros que compõem qualquer das Casas do Congresso Nacional (art. 3º da Lei nº 9707/98).

Assertiva "IV" CORRETA. A incorporação de estados entre si, a subdivisão e o desmembramento para se anexarem a outros, ou formarem novos estados ou territórios federais, dependem da aprovação da população diretamente interessada, por meio de plebiscito realizado na mesma data e horário em cada um dos estados, e do Congresso Nacional, por lei complementar, ouvidas as respectivas Assembleias Legislativas. Considera-se população diretamente interessada toda a população do estado que poderá ter seu território desmembrado, valendo esta mesma regra em caso de desmembramento, incorporação ou subdivisão de municípios.

04. (FCC – Juiz de Direito Substituto-GO/ 2012) Sobre plebiscito, *referendum* e iniciativa popular é correto afirmar que

a) cabe ao Congresso Nacional, com a sanção do Presidente da República, autorizar referendo e convocar plebiscito.

b) os Estados podem incorporar-se entre si, subdividir-se ou desmembrar-se para se anexarem a outros, ou formarem novos Estados ou Territórios Federais, mediante aprovação da população diretamente interessada, através de plebiscito, e do Congresso Nacional, por lei ordinária.

c) a criação, a incorporação, a fusão e o desmembramento de Municípios, far-se-ão por lei estadual, dentro do período determinado por Lei Ordinária Federal, e dependerão de consulta prévia, mediante plebiscito, às populações dos Municípios envolvidos, após divulgação dos Estudos de Viabilidade Municipal, apresentados e publicados na forma da lei.

d) a lei orgânica municipal deve atender aos princípios estabelecidos na Constituição da República, na Constituição do respectivo Estado e certos preceitos, entre os quais, a iniciativa popular de projetos de lei de interesse específico do Município, da cidade ou de bairros, através de manifestação de, pelo menos, cinco por cento do eleitorado.

e) a Constituição da República expressamente prevê que ela própria poderá ser emendada mediante proposta de iniciativa popular.

COMENTÁRIOS

✪ **Nota do autor:** A democracia semidireta, ou participativa, é caracterizada pela mescla existente entre a representação popular definida nas eleições e a existência de meios de participação direta do povo no exercício do poder soberano do Estado. A esses meios chamamos de "institutos da democracia participativa", destacando-se, dentre esses institutos, o plebiscito, o referendo e a iniciativa popular de lei, previstos constitucionalmente e regulamentados pela Lei nº 9.709/98. O artigo 2º, caput, da Lei nº 9.709/98 é quem define os conceitos de plebiscito e referendo, estabelecendo-os como "consultas formuladas ao povo para que delibere sobre matéria de acentuada relevância, de natureza constitucional, legislativa ou administrativa". O plebiscito deve ser convocado com anterioridade ao ato legislativo ou administrativo, cabendo ao povo, pelo voto, aprovar ou denegar o que lhe tenha sido submetido (art. 2º, § 1º da lei nº 9.709/1998). Já o referendo "é convocado com posterioridade a ato legislativo ou administrativo, cumprindo ao povo a respectiva ratificação ou rejeição". (art. 2ª, § 2º da Lei nº 9709/1998). Nas questões de relevância nacional, de competência do Poder Legislativo ou do Poder Executivo, e no caso do § 3º do art. 18 da Constituição Federal (incorporação, subordinação ou desmembramento de estado, com ou sem anexação a outro estado), o plebiscito e o referendo são convocados mediante decreto legislativo, por proposta de um terço, no mínimo, dos membros que compõem qualquer das Casas do Congresso Nacional (art. 3º da Lei nº 9707/98). Convocado o plebiscito, o projeto legislativo ou medida administrativa não efetivada, cujas matérias constituam objeto da consulta popular, terá sustada sua tramitação, até que o resultado das urnas seja proclamado (art. 9º da Lei nº 9709/98). Aprovado o ato convocatório da consulta popular, o presidente do Congresso Nacional dará ciência à Justiça Eleitoral, a quem incumbirá, nos limites de sua circunscrição, fixar a data da consulta popular, tornar pública a cédula respectiva, expedir instruções para a realização do plebiscito ou referendo e assegurar a gratuidade nos meio de comunicação de massa concessionários de serviço público, aos partidos políticos e às frentes suprapartidárias organizadas pela sociedade civil em torno da matéria em questão, para a divulgação de seus postulados referentes ao tema sob consulta. O referendo pode ser convocado no prazo de trinta dias, a contar da promulgação de lei ou adoção de medida administrativa, que se relacione de maneira direta com a consulta popular (art. 11 da Lei nº 9709/98). O plebiscito ou referendo, convocado nos termos da citada lei, será considerado aprovado ou rejeitado por maioria simples, de acordo com o resultado homologado pelo Tribunal Superior Eleitoral. A incorporação de estados entre si, a subdivisão e o desmembramento para se anexarem a outros, ou formarem novos estados ou territórios federais, dependem da aprovação da população diretamente interessada, por meio de plebiscito realizado na mesma data e horário em cada um dos estados, e do Congresso Nacional, por lei complementar, ouvidas as respectivas Assembléias Legislativas. Considera-se população diretamente interessada toda a população do estado que poderá ter seu território desmembrado, valendo esta mesma regra em caso de desmembramento, incorporação ou subdivisão de municípios.

Alternativa correta: assertiva "D". Regra prevista no artigo 29, XIII da Constituição Federal.

Assertiva "A" INCORRETA. Não é necessária a sanção do presidente da república para a convocação de plebiscito ou referendo.

Assertiva "B" INCORRETA. A incorporação de estados entre si, a subdivisão e o desmembramento para se anexarem a outros, ou formarem novos estados ou territórios federais, dependem da aprovação da população diretamente interessada, por meio de plebiscito realizado na mesma data e horário em cada um dos estados, e do Congresso Nacional, por lei complementar, ouvidas as respectivas Assembléias Legislativas.

Assertiva "C" INCORRETA. A matéria referida é reservada a Lei Complementar.

Assertiva "E" INCORRETA. Não há previsão de iniciativa popular para a apresentação de proposta de emenda constitucional, de acordo com o artigo 60 da Constituição Federal de 1988.

2. QUESTÕES DE CONCURSOS PARA O MINISTÉRIO PÚBLICO ESTADUAL (PROMOTOR DE JUSTIÇA)

05. (MPE – GO – Promotor de Justiça – MPE – GO/2019) A soberania popular será exercida pelo sufrágio universal e pelo voto direto e secreto, com valor igual para todos, e, nos termos da lei, mediante plebiscito, referendo e iniciativa popular (artigo 14 da Constituição Federal de 1988). Sobre os direitos políticos, assinale a alternativa incorreta:

a) O plebiscito é convocado com anterioridade a ato legislativo ou administrativo, cabendo ao povo, pelo voto, aprovar ou denegar o que lhe tenha sido submetido.

b) O referendo é convocado com posterioridade a ato legislativo ou administrativo, cumprindo ao povo a respectiva ratificação ou rejeição.

c) A iniciativa popular pode ser exercida pela apresentação à Câmara dos Deputados de projeto de lei subscrito por, no mínimo, um por cento do eleitorado nacional, distribuído pelo menos por cinco Estados, com não menos de três décimos por cento dos eleitores de cada um deles.

d) O projeto de iniciativa popular deverá restringir-se a um único assunto e poderá ser rejeitado por vício de forma.

COMENTÁRIOS

Alternativa "a": Busca-se na questão a afirmativa incorreta. A afirmativa a está certa. O plebiscito é convocado com anterioridade a ato legislativo ou administrativo, cabendo ao povo, pelo voto, aprovar ou denegar o que lhe tenha sido submetido.

Alternativa "b": Busca-se na questão a afirmativa incorreta. O referendo, ao contrário do plebiscito, é posterior a ato legislativo ou administrativo, devendo o povo ratificar ou rejeitar o ato examinado.

Alternativa "c": Busca-se na questão a afirmativa incorreta. A afirmação está de acordo com disposição constitucional.

Alternativa "d": Busca-se na questão a afirmativa incorreta. A afirmativa está incorreta, pois o vício de forma não é possível.

Alternativa incorreta: letra "d".

3. QUESTÕES DE CONCURSOS PARA O MINISTÉRIO PÚBLICO FEDERAL (PROCURADOR DA REPÚBLICA)

06. (MPF – Procurador da República/2006) Considerando as seguintes assertivas:

I. O voto é obrigatório para maiores de dezesseis anos, se conscritos;

II. O plebiscito, o referendo e as leis de iniciativa popular são as únicas formas de soberania popular previstas na Constituição da República;

III. O brasileiro naturalizado pode ser candidato a Deputado Federal, mas não pode ser candidato a Senador;

Pode-se afirmar que:

a) todas estão erradas.

b) apenas I não está errada.

c) apenas II não está errada.

d) apenas III não está errada.

COMENTÁRIOS

✪ **Nota do autor:** Aquele que está no gozo dos direitos políticos, no Brasil, habilita-se, com o alistamento eleitoral, a participar de eleições e consultas populares, promover ação popular, ingressar com projeto de iniciativa popular de lei, ser nomeado para cargos públicos, exercer cargo em entidade sindical e exercer função de diretor ou redator-chefe em periódico. A aquisição da capacidade política para os brasileiros, firmada a partir do alistamento eleitoral, por sua vez, é obrigatória para os maiores de 18 anos e menores de 70 anos de idade, e facultativa para os maiores de 16 e menores de 18 anos, maiores de 70 anos e analfabetos. Com a aquisição da capacidade política, o indivíduo, tornado cidadão, no sentido estrito da palavra (cidadania, em um sentido amplo, significa capacidade de titularizar direitos e obrigações; em um sentido estrito, por sua vez, significa a capacidade para o exercício de direitos políticos), habilita-se, nos termos e condições da lei, ao exercício da capacidade eleitoral ativa (votar) e capacidade eleitoral passiva (ser votado).

Alternativa correta: assertiva "a" – Todas as afirmativas estão erradas.

Afirmativa I – Errado. O voto no Brasil só é obrigatório para os brasileiros alfabetizados, natos e naturalizados entre 18 e 70 anos de idade. Os conscritos são impedidos de votar, de acordo com a Constituição Federal de 1988. Já os jovens entre 16 e 18 anos, os analfabetos e os maiores de 70 anos de idade exercem o direito ao voto de forma facultativa.

Afirmativa II – Errado. Além das hipóteses citadas, a cidadania se exerce, no Brasil, através do voto em eleições periódicas.

Afirmativa III – Errado. Brasileiro naturalizado pode ser candidato a deputado e a senador, não podendo, contudo, ser presidente do Senado ou da Câmara dos Deputados.

4. QUESTÕES DE CONCURSOS PARA TÉCNICO JUDICIÁRIO

07. (Consulplan – Técnico Judiciário – Programação- TRE-MG/2015) O princípio democrático encontra-se inscrito no artigo 1º parágrafo único da Constituição Brasileira que dispõe: "todo poder emana do povo, que o exerce por meio de representantes eleitos ou diretamente, nos termos desta Constituição". Assinale a alternativa que contempla direito político que representa desdobramento direto deste princípio.

a) Filiação partidária.

b) Sufrágio capacitário.

c) Iniciativa popular das leis.

d) Referendo para aprovação de projeto de lei.

COMENTÁRIOS

✪ **Nota do autor**: o sufrágio é o "poder que se reconhece a certo número de pessoas (o corpo de cidadãos) de participar direta ou indiretamente na soberania, isto é, na gerência da vida pública". Em uma democracia participativa, como a brasileira, o poder de sufrágio é exercido através do voto, instrumento de materialização do sufrágio manifestado nas eleições e nas consultas populares (plebiscitos e referendos), bem como por outros meios de participação direta do povo na formação da vontade política do Estado, a exemplo da iniciativa popular de lei.

Alternativa correta: assertiva "c" ➔ O artigo 14, III da Carta Magna prevê que "a soberania popular será exercida pelo sufrágio universal e pelo voto direto e secreto, com valor igual para todos, e, nos termos da lei, mediante iniciativa popular de lei". Desta forma, a assertiva "c" é a única, das disponíveis, que se revela como um desdobramento direto do princípio democrático, uma vez que representa uma forma de exercício do poder político. (responde as demais alternativas)

---

08. (Consulplan – Técnico Judiciário – Área Administrativa - TSE/2012) Representam formas de exercício da soberania popular, conforme a Constituição da República Federativa do Brasil de 1988,

I. o referendo e a iniciativa popular.

II. o referendo e o voto aberto.

III. o plebiscito e o referendo.

IV. o sufrágio e o voto indireto.

Estão corretas apenas as alternativas

a) I, III

b) II, III

c) I, IV

d) III, IV

COMENTÁRIOS

Alternativa correta: assertiva "a" ➔ I e III estão corretas.

Assertiva I - CORRETO. O referendo e a iniciativa popular de lei estão elencados, no artigo 14, incisos II e III da Constituição, como institutos da democracia semidireta, exercida no Brasil, conforme previsão constitucional.

Assertiva II - ERRADO. O voto no Brasil é secreto, e não aberto, sendo este o motivo do erro da afirmativa.

Assertiva III – CORRETO. O plebiscito e o referendo estão elencados, no artigo 14, incisos I e II da Constituição, como institutos da democracia semidireta, exercida no Brasil, conforme previsão constitucional.

Assertiva IV – ERRADO. O voto no Brasil será sempre direto, sendo esta regra, inclusive, cláusula pétrea, conforme previsão do artigo 60, § 4º, II da CF/1988.

✦ DICAS

1. Conceito, objeto e objetivos do Direito Eleitoral.
1.1. Pode-se compreender o objeto do Direito Eleitoral como sendo a normatização de todo o chamado "processo eleitoral", que se inicia com o alistamento do eleitor e a conseqüente distribuição do corpo eleitoral e se encerra com a diplomação dos eleitos.
1.2. O Direito eleitoral tem como objetivo a garantia da normalidade e da legitimidade do procedimento eleitoral, viabilizando a democracia. A normalidade significa a plena garantia da consonância do resultado apurado nas

urnas com a vontade soberana expressada pelo eleitorado. A legitimidade, por sua vez, significa o reconhecimento de um resultado justo, de acordo com a vontade soberana do eleitor.

1.3. A expressão "processo eleitoral" refere-se não apenas às eleições, mas também às consultas populares, a exemplo do plebiscito e do referendo, sobre as quais também incidem as normas de direito eleitoral.

2. Democracia e Direito Eleitoral.

2.1. A melhor forma de entender-se a democracia não é, de fato, buscando um conceito formal e estático. Mais do que a compreensão da democracia como sendo "o governo do povo, pelo povo e para o povo" ou "o pior de todos os regimes políticos, à exceção de todos os demais testados", o que importa é compreendermos a democracia como um processo, entendendo que o conceito de democracia é dinâmico, não existindo a democracia perfeita, possível apenas no campo das ideias.

2.2. É no século XVIII que, através do iluminismo, do constitucionalismo, do fortalecimento da Revolução Industrial da Revolução Americana e da Revolução Francesa de 1789, é posto o ponto final na Idade Moderna, iniciando-se o domínio do liberalismo, palco para o retorno da democracia como regime político dominante, pautado em três marcos fundamentais: a supremacia da vontade popular; a preservação da liberdade e; a igualdade de direitos. 2.3. A partir das revoluções liberais do século XVIII, a democracia, definitivamente, se consolida como o regime político dominante no mundo, produto da ideologia liberal que se impõe, mantendo, entretanto, a sua característica principal: o seu caráter dinâmico e histórico-evolutivo.

2.4. Uma questão de extrema importância que se impõe é a de dissociar a democracia da ditadura da maioria. Em uma verdadeira democracia, se impõe como necessário o respeito às minorias, para que assim prevaleça o interesse geral e não apenas os interesses de uma determinada parcela do povo. É um pressuposto para que o princípio (ou técnica) da maioria se consolide e se imponha que a minoria seja ouvida e relevada.

2.5. Três eram os elementos basilares do modelo ateniense de democracia: a isonomia, a isotomia e a isagoria. De acordo com o fundamento da isonomia, era garantida a todos os cidadãos atenienses, sem distinção de classe ou riqueza, a igualdade de justiça; já conforme o fundamento da isotomia, toda e qualquer forma de títulos ou funções hereditárias estaria abolida, possibilitando o livre acesso de qualquer cidadão ao exercício das funções públicas. O fundamento da isagoria, por sua vez, garantia a todos os cidadãos o direito de uso da palavra, a fim de que fosse viabilizado o debate democrático nas assembleias populares.

2.6. A democracia representativa ou indireta, contrapondo-se ao modelo da democracia direta, não parte do pressuposto da participação política imediata de todos os cidadãos em todas as decisões relevantes ao corpo social. A atuação política do cidadão se dá, na democracia representativa, de forma mediata, através de representantes eleitos entre os seus pares.

2.7. O desenvolvimento da representação política terminou por fazer com que a democracia viesse a ser consagrada como modelo político mais adequado, eliminando, aos poucos, as contradições entre o liberalismo e o regime democrático. O Elitismo Político, entretanto, neste contexto, desenvolveu-se como a principal teoria relacionada ao exercício do poder político, fundamentado, como já observado, em uma grande desconfiança acerca da possibilidade de alargamento do poder de sufrágio, bem como em uma defesa da idéia de que a democracia se resumiria à disputa entre grupos de interesse.

2. Democracia e Direito Eleitoral.

2.8. A crise do liberalismo, desencadeada a partir de meados do Século XIX, alcançando o seu apogeu com a Crise de 1929 e a II Guerra Mundial, contudo, marcou o início da derrocada do modelo puramente representativo de democracia, identificado com o Elitismo Competitivo. Neste sentido, desenvolve-se um novo modelo de democracia participativa, enfatizando a necessidade de uma participação direta do povo na vida política do Estado como forma de ruptura com as estruturas então vigentes de poder, as quais sacramentavam um distanciamento do povo em relação às instâncias decisórias da sociedade, com privilégios para pequenos grupos dominantes que impunham, através de políticas de exclusão, os seus interesses em face dos anseios da coletividade.

2.9. A democracia "cesarista", ou "plebiscitária" é uma espécie de democracia onde, teoricamente, é buscada uma maior interação entre o governante, na maioria das vezes um caudilho de traços messiânicos sobre o qual o povo deposita todas as suas esperanças e ambições, e os governados, através de consultas periódicas realizadas pelo líder político às suas bases, a fim de que sejam referendadas as medidas políticas consideradas de importância capital para a sociedade. Muito comum entre líderes populistas, a prática da democracia "cesarista", na quase que totalidade das vezes, mascara governos autoritários e antidemocráticos em busca do alcance de uma legitimidade.

2.10. O modelo consensual de democracia é um modelo de coalizão, onde prevalece a negociação e a concessão entre os diversos grupos políticos representados.

2.11. Na democracia deliberativa, muito mais do que a competição entre grupos de interesse e opiniões ou preferências individuais, o que prevalece é a possibilidade de uma ampla discussão, por meio da qual o consenso é construído coletivamente, sem que haja a mera imposição da vontade dominante. A grande preocupação dos defensores do modelo deliberativo de democracia reside na defesa da legitimidade do processo democrático, construída a partir da viabilização de um amplo debate público acerca das mais diversas questões de interesse da sociedade, debate este para o qual todos devem estar preparados para buscar convencer e também para ser convencidos, dissociando-se, assim, de uma postura fechada a mudanças de opiniões pré-concebidas.

2.12. A democracia semidireta, ou participativa, é caracterizada pela mescla existente entre a representação popular definida nas eleições e a existência de meios de participação direta do povo no exercício do poder soberano do Estado. A esses meios chamamos de "institutos da democracia participativa", destacando-se, dentre esses institutos, o plebiscito, o referendo e a iniciativa popular de lei, previstos constitucionalmente e regulamentados pela Lei nº 9.709/98.

2.13. O plebiscito deve ser convocado com anterioridade ao ato legislativo ou administrativo, cabendo ao povo, pelo voto, aprovar ou denegar o que lhe tenha sido submetido (art. 2º, § 1º da lei nº 9.709/1998). Já o referendo "é convocado com posterioridade a ato legislativo ou administrativo, cumprindo ao povo a respectiva ratificação ou rejeição". (art. 2ª, § 2º da Lei nº 9709/1998).

2.14. A iniciativa popular de lei federal consiste na apresentação de projeto de lei à Câmara dos Deputados, subscrito por, no mínimo, um por cento do eleitorado nacional, distribuído pelo menos por cinco Estados, com não menos de três décimos por cento dos eleitores de cada um deles. No plano estadual, ela apenas estabelece que a lei disporá sobre a iniciativa popular no processo legislativo estadual, sem preordenar qualquer nuance do como funcionará a iniciativa. Já em relação ao plano municipal, a constituição prevê a possibilidade de iniciativa popular de projetos de lei de interesse específico do Município, da cidade ou de bairros, através de manifestação de, pelo menos, cinco por cento do eleitorado.

3. O poder de sufrágio popular.

3.1. O sufrágio é o poder inerente ao povo de participar da gerência da vida pública; o voto, por sua vez, é instrumento para a materialização deste poder; o escrutínio, por fim, designa a forma como se pratica o voto, o seu procedimento, portanto. Tecnicamente, voto não é direito, é tão somente o ato que materializa o exercício do direito de sufrágio. Assim, o direito que as pessoas têm de manifestar sua vontade política não é o direito de voto, mas o direito de sufrágio, o qual, por sua vez, se concretiza no ato de votar.

3.2. O que distingue o sufrágio universal do restrito não é o fato de existirem restrições ao exercício do poder democrático, mas sim a razoabilidade, ou não, de tais restrições.

3.3. No Brasil, de acordo com o artigo 14, *caput*, da Constituição Federal de 1988: "a soberania popular será exercida pelo sufrágio universal e pelo voto direto e secreto, com igual valor para todos". Vigem, assim, no Brasil, o princípio da imediaticidade do sufrágio, segundo o qual o voto deve resultar imediatamente da vontade do eleitor, sem intermediários, bem como o princípio da universalidade sufrágio, o qual impõe, dentro dos parâmetros da razoabilidade, o direito de sufrágio a todos os cidadãos.

3.4. Segundo a Constituição Federal de 1988, no seu artigo 60, II, é cláusula pétrea no Brasil o voto direto, secreto, universal e periódico. O voto indireto, no entanto, é possível, excepcionalmente, em caso de vacância concomitante dos cargos de prefeito e vice-prefeito ou governador e vice-governador, ou ainda presidente e vice-presidente da República, nos últimos dois anos de mandato, casos em que a Constituição determina a realização de eleições indiretas para os cargos vagos, a fim de que sejam completados os mandatos vagos. Vale ainda destacar, neste sentido, que a obrigatoriedade do voto não é cláusula pétrea no Brasil.

4. O mandato político.

4.1. O mandato político é o instituto de direito público por meio do qual o povo delega, aos seus representantes, poderes para atuar na vida política do Estado.

4.2. São traços característicos do mandato representativo a generalidade, a liberdade, a irrevogabilidade e a independência. De acordo com a generalidade, o mandatário não representa o território, a população, o eleitorado ou o partido político, ele representa a nação em seu conjunto. Já conforme a característica da liberdade, o representante exerce o mandato com inteira autonomia de vontade, como titular da vontade nacional soberana.

4.3. O mandato imperativo pressupõe que o mandatário deve seguir as recomendações do eleitor, sob pena de perder o mandato.

4.4. O mandato partidário pressupõe a fidelidade partidária, sendo este o modelo adotado hoje no Brasil, conforme interpretação do STF.

5. Relações do Direito Eleitoral com outros ramos do Direito.

5.1. O Direito Eleitoral pode ser considerado um microssistema jurídico, composto de normas de caráter material e processual, de naturezas civil, administrativa e criminal. Evidente se torna, assim, a existência de relações desse ramo do Direito com outras disciplinas jurídicas, a exemplo do Direito Administrativo, do Direito Civil, do Direito Penal e do Direito Processual Civil e Penal.

5.2. Tendo em vista que um dos objetos fundamentais do Direito Constitucional é a instrumentalização da participação política, evidente torna-se a conclusão que o Direito Eleitoral guarda uma íntima relação com esse ramo do Direito.

5.3. O Direito Eleitoral ainda guarda fortes relações com o Direito Administrativo, com o Direito Financeiro e o Direito Tributário, bem como com o Direito Penal.

5.4. Ainda na esfera do Direito Público, patente é a relação do Direito Eleitoral com o Direito Processual Civil e o Direito Processual Penal. É a partir da aplicação de preceitos destes dois importantes ramos do outrora denominado "direito adjetivo" que se estabelecem as normas procedimentais para o processamento e julgamento dos feitos eleitorais, viabilizando-se o exercício da chamada "tutela jurisdicional", ou seja, a atividade estatal de resolução de conflitos estabelecidos no âmbito das eleições, desde a sua fase preparatória (iniciada com o alistamento dos eleitores), até a sua fase final (com a diplomação dos eleitos e a possibilidade de propositura de Ação de Impugnação de Mandato Eletivo, no prazo decadencial de quinze dias após a referida diplomação, de acordo com norma expressa na Constituição Federal de 1988, em seu artigo 14, § 10).5.5. No que se refere às relações travadas entre o Direito Eleitoral e os ramos do chamado "Direito Privado", é indiscutível a proximidade daquele com o Direito Civil. Afinal, conceitos e regras como as de parentesco (estabelecidas pelo Direito de Família, segmento do Direito Civil), personalidade, domicílio e propriedade têm larga aplicação no âmbito das eleições, definindo, por exemplo, muitas vezes, causas de inelegibilidade.

5.6. O Direito Eleitoral conta com princípios próprios, autonomia legislativa e autonomia didática, que ajudam a conferir autonomia científica a este ramo do direito.

Capítulo II – Fontes e Princípios do Direito Eleitoral

✦ QUESTÕES

1. QUESTÕES PARA CONCURSOS DA MAGISTRATURA ESTADUAL

01. (Cespe – Juiz de Direito Substituto - DF/2016) Com relação a princípios e garantias do direito eleitoral, dos sistemas eleitorais, dos partidos políticos e dos direitos políticos, assinale a opção correta.

a) O princípio da anualidade não é uma cláusula pétrea e pode ser suprimido por EC.

b) A Cidadania e o Pluralismo Político são objetivos fundamentais da República Federativa do Brasil.

c) O pluralismo político é expressão sinônima de diversidade partidária.

d) São garantias que regem a disciplina dos partidos políticos: a liberdade partidária externa, a liberdade partidária interna, a subvenção pública e a intervenção estatal mínima.

e) O sistema majoritário brasileiro é unívoco.

Nota do autor:

A Constituição Federal de 1988 estabelece como princípios fundamentais, em seu artigo 1º, a soberania, a cidadania, a dignidade da pessoa humana, os valores sociais do trabalho e da livre iniciativa e o pluralismo político. O parágrafo único do mesmo artigo, por sua vez, dispõe que "todo o poder emana do povo, que o exerce por meio de representantes eleitos ou diretamente, nos termos desta Constituição".

Uma rápida leitura dos primeiros enunciados constitucionais, portanto, já é suficiente para constatar a opção do povo brasileiro por um modelo maximalista de democracia, o qual não resume à escolha periódica das elites governantes, em processos eleitorais livres e legítimos, mas sim por um modelo participativo de democracia, o qual engloba, inclusive, preceitos deliberativos. À previsão constitucional de realização de eleições populares periódicas para os cargos de vereador, prefeito, deputado estadual deputado distrital, deputado federal, senador, governador e presidente da república, soma-se a possibilidade de participação direta, ampla e igualitária do povo na vida política do Estado, através dos institutos da democracia semidireta (plebiscito, referendo e iniciativa popular de lei), bem como por meio do incentivo à discussão pública acerca das mais diversas questões de interesse coletivo, fundada nas liberdades de pensamento, opinião e imprensa, no incentivo à formação de associações civis para fins lícitos e na previsão constitucional de existência de diversos órgãos e instituições deliberativas populares, atuantes não apenas junto à administração pública, mas também dentro da sua composição formal.

A cidadania e o pluralismo político, previstos nos incisos II e V do artigo 1º da Carta Constitucional, denotam que o sistema jurídico brasileiro é constituído sob a forma de uma democracia pluralista e participativa, na qual "todo o poder emana do povo e em seu nome será exercido", conforme redação do parágrafo único do artigo 1º da Carta Constitucional. Ao dispor sobre a cidadania como um dos fundamentos da Constituição Brasileira, está indicada uma concepção de Estado que prima pela participação política do povo em suas questões fundamentais.

O fundamento da cidadania denota que o princípio da soberania popular é abraçado em nosso país, consistindo esse princípio na realização do ideal maior de igualdade política.

Ao se referir ao pluralismo político como base fundamental do nosso ordenamento jurídico, a Constituição, por sua vez, conforme lição de José Afonso da Silva1, faz uma opção pela "sociedade pluralista que respeita a pessoa humana e sua liberdade, em lugar de uma sociedade monista que mutila os seres e engendra as ortodoxias opressivas", valorizando a existência de uma sociedade pluralista e conflitiva, "de interesses contraditórios e antinômicos".

O pluralismo político, desta forma, fundamenta a democratização do poder e o respeito à diversidade, fato que só reforça a necessidade de construção de espaços deliberativos nos quais seja assegurada a liberdade de opinião e expressão e o debate livre, a coexistência pacífica e a possibilidade de convencimento mútuo entre os mais diversos atores sociais.

Cidadania e pluralismo político, assim, conformam o Estado brasileiro sob o regime político de uma democracia maximalista, na qual o povo participa de forma direta e indireta das questões e decisões políticas do Estado e da sociedade a partir da viabilização de um amplo debate público acerca das mais diversas questões de interesse da sociedade. A legitimidade do Estado brasileiro sob a ótica democrática está intrinsecamente vinculada a essa característica participativa e deliberativa adotada pelo nosso regime político, estabelecido pela Constituição de 1988.

COMENTÁRIOS

Afirmativa correta: assertiva "d": os partidos políticos são pessoas jurídicas de direito privado, que gozam de autonomia para seu funcionamento, liberdade, para sua criação, recebendo, contudo recursos públicos e subvenções públicas. As possibilidades de intervenção do Estado nos partidos, portanto, é mínima.

Assertiva "a". ERRADO. O princípio referido, expressamente previsto no artigo 16 da constituição, garante a normalidade e a legitimidade do poder de sufrágio popular, sendo, portanto, cláusula pétrea.

Assertiva "b". ERRADO. São princípios fundamentais, previstos no artigo 1º da Constituição.

Assertiva "c". ERRADO. A diversidade partidária é apenas uma faceta no pluralismo político, princípio mais amplo que engloba toda uma perspectiva de democratização do poder.

Assertiva "e". ERRADO. O sistema eleitoral brasileiro adota o modelo majoritário e também o modelo proporcional, a depender do cargo em disputa.

---

02. (UFPR – Juiz de Direito Substituto-PR/ 2012) No que consiste o princípio da anualidade eleitoral?

a) As leis eleitorais têm validade de apenas 01 (hum) ano a partir de sua publicação, razão pela qual existem as Resoluções do TSE a cada eleição.

b) As leis eleitorais valem apenas para o ano da eleição para a qual foram editadas e publicadas e são complementadas pelas Resoluções do TSE.

c) As leis eleitorais que alteram o processo eleitoral somente entram em vigor 01 (hum) ano depois da eleição para a qual foi publicada.

d) As leis eleitorais que alteram o processo eleitoral entram em vigor na data de sua publicação e não se aplicam à eleição que ocorra até 01 (hum) ano da data de sua vigência.

---

1 José Afonso da Silva, *Curso de Direito Constitucional Positivo*, 15. ed., p. 147, São Paulo: Malheiros, 1998.

COMENTÁRIOS

✪ **Nota do autor:** Segundo o artigo 16 da Constituição Federal, "a lei que alterar o processo eleitoral entrará em vigor na data da sua publicação, não se aplicando à eleição que ocorra até um ano da data da sua vigência". Estabeleceu, assim, o legislador constitucional originário, o princípio da anualidade eleitoral, de fundamental importância para a preservação da segurança jurídica. Evita-se, a partir da aplicação do princípio da anualidade, que as normas eleitorais sejam modificadas faltando menos de um ano e um dia para as eleições, prejudicando o equilíbrio da disputa, com a mudança das regras do jogo. Vale ressaltar, entretanto, que grandes divergências doutrinárias e jurisprudenciais são observadas no que se refere à interpretação da expressão "processo eleitoral". Neste sentido, de grande relevância tivemos o julgamento da ADIN 354, pelo STF, que questionava a constitucionalidade do artigo 2º da Lei nº 8.037/90, publicada no dia 25 de maio de 1990, que alterava os artigos 176 e 177 do Código Eleitoral, relativos ao procedimento de apuração de votos, e previa a sua entrada em vigor na data da sua publicação. Afinal, a nova lei poderia ser aplicada nas eleições de 1990? Tratava-se a nova lei de lei que alterava o "processo eleitoral"? Por seis votos a cinco, o STF entendeu que a cláusula de vigência imediata não era inconstitucional, por não alterar o "processo eleitoral". Cinco ministros, no entanto, como se observa, entenderam pela inconstitucionalidade da expressão e pela aplicação, no caso, do princípio da anualidade. Discussão bastante polêmica, quanto à interpretação do princípio da anualidade, foi travada recentemente no TSE e no STF, referente à aplicabilidade ou não da Lei da Ficha Limpa nas eleições 2010. Muitos foram os defensores da idéia de que a aplicação da nova lei, publicada em junho de 2010, a apenas quatro meses das eleições gerais daquele ano, violava tal princípio, atingindo a segurança jurídica necessária à garantia da normalidade e da legitimidade das eleições. Terminou por prevalecer no âmbito do TSE, entretanto, o entendimento segundo o qual a aplicação imediata da nova lei não feria o princípio da anualidade, uma vez que a mesma não geraria desequilíbrio na disputa nem privilégios desmedidos a quaisquer candidatos, não se constituindo, assim, em fator perturbador do pleito, capaz de introduzir deformações capazes de afetar a normalidade das eleições. O Supremo Tribunal Federal, ao declarar a inelegibilidade do candidato ao Senado Federal pelo estado do Pará, Jáder Barbalho, enquadrado na Lei do Ficha Limpa, terminou por, inicialmente, referendar este entendimento, embora o referido julgamento tenha terminado empatado (cinco votos a favor e cinco votos contra. Somente participaram do julgamento dez ministros, uma vez que o Min. Eros Grau já se encontrava aposentado, sem substituto definido): conforme o regimento interno do STF, em caso de empate prevalece o teor da decisão recorrida, o que fez com que o entendimento firmado pelo TSE quanto à aplicabilidade imediata da lei prevalecesse. Tudo mudou, no entanto, com a posse do novo ministro da corte, Luiz Fux. Em 23 de março de 2011, julgando recurso interposto pelo candidato a deputado estadual pelo estado de Minas Gerais, Leonídio Bouças, o STF, já com a sua corte completa, após a posse do Ministro Luiz Fux na vaga deixada pelo Ministro aposentado Eros Grau, terminou por decidir, por 06 votos a 05, pela inaplicabilidade da lei da Ficha Limpa nas eleições 2010, com o voto decisivo do novo ministro, para quem "as vozes que pedem a validade imediata da lei não encontram respaldo no ordenamento jurídico". No seu voto, o Ministro Luiz Fux priorizou a segurança jurídica, defendendo a tese de que o princípio da anualidade não pode ser mitigado. Assim, políticos que haviam sido declarados inelegíveis para as eleições 2010, em virtude da nova lei, ficaram livres da punição, pelo menos até as eleições de 2012. O julgamento do caso Leonídio Bouças, assim, foi decisivo para a não aplicação da Lei da Ficha Limpa nas eleições 2010, fazendo surgir, entretanto, uma nova celeuma, relativa ao candidato a senador Jáder Barbalho, a quem o STF já tinha impedido de ser empossado, aplicando a referida lei. Afinal de contas, caberia, a partir da novo entendimento, uma revisão dos efeitos da decisão proferida no caso do político paraense? Após muita polêmica, em 28 de dezembro de 2011 foi, finalmente, empossado como senador pelo estado do Pará. Mesmo diante de tais divergências, é possível se afirmar que a jurisprudência majoritária, embora não pacífica, adotada pelo TSE (Consulta nº 1.041/2004) e pelo STF (ADINs 3.345, 3.365, 3.741, 3.742 e 3.743), é no sentido de que o objetivo do princípio da anualidade é evitar a desigualdade e a deformidade nas eleições. Assim, na visão majoritária dos citados tribunais, só haveria comprometimento do princípio da anualidade (também chamado de princípio da anterioridade) quando viesse a ocorrer rompimento de igualdade de participação de partidos e candidatos no processo eleitoral, deformação que afetasse a normalidade das eleições, introdução de fator de perturbação do pleito ou propósito casuístico. As regras que tenham caráter meramente instrumental, auxiliares do processo, que não venham a causar desequilíbrio nas eleições, assim, não são abrangidas, de acordo com entendimento majoritário da jurisprudência, pelo princípio da anualidade (como exemplo podemos citar a lei nº 10.408/02, que dispôs sobre segurança e fiscalização do voto eletrônico, sobre a qual não pairaram dúvidas sobre sua aplicação nas eleições gerais de 2002).

Alternativa correta: assertiva "D". Segundo o artigo 16 da Constituição Federal, "a lei que alterar o processo eleitoral entrará em vigor na data da sua publicação, não se aplicando à eleição que ocorra até um ano da data da sua vigência". Estabeleceu, assim, o legislador constitucional originário, o princípio da anualidade eleitoral, de fundamental importância para a preservação da segurança jurídica.

Assertiva "A" INCORRETA. As leis eleitorais, como as leis em geral, têm validade por prazo indeterminado.

Assertiva "B" INCORRETA. Conferir comentário anterior.

Assertiva "C" INCORRETA. Segundo o artigo 16 da Constituição Federal, "a lei que alterar o processo eleitoral entrará em vigor na data da sua publicação, não se aplicando à eleição que ocorra até um ano da data da sua vigência".

2. QUESTÕES DE CONCURSOS PARA O MINISTÉRIO PÚBLICO ESTADUAL (PROMOTOR DE JUSTIÇA)

03. (MPE-PB – Promotor de Justiça – PB/2011) Pelo princípio da antinomia ou anualidade eleitoral, é correto afirmar:

a) Toda lei que alterar o processo eleitoral tem vigência imediata à data de sua publicação.

b) Aplica-se a *vacatio iegis* à norma que disciplinar o processo eleitoral.

c) Aplica-se em relação às resoluções normativas sobre o registro de candidatos.

d) Aplica-se, apenas, às resoluções normativas referentes a propaganda eleitoral.

e) *(Abstenção de resposta – Seção VIII, item 11, do Edital do Concurso).*

Alternativa correta: assertiva "a": como visto na nota do autor, lei que altera o processo eleitoral entra em vigor na data da sua publicação, aplicando-se, contudo, tão somente nas eleições que ocorram após um ano da sua vigência.

Alternativa "b": ERRADO. Não há, tecnicamente, *vacatio legis*, uma vez que, de acordo com o artigo 16 da Constituição Federal, a nova lei entra em vigor na data da sua publicação.

Alternativa "c": ERRADO. As resoluções do TSE podem ser publicadas até o dia 05 de março do ano eleitoral, de acordo com o artigo 105 da Lei nº 9.504/97.

Alternativa "d": ERRADO. As resoluções do TSE podem ser publicadas até o dia 05 de março do ano eleitoral, de acordo com o artigo 105 da Lei nº 9.504/97. As leis ordinárias e complementares, assim como as emendas constitucionais, contudo, somente são aplicadas às eleições que ocorrerem após um ano das suas vigências.

✦ DICAS

1. Fontes do Direito Eleitoral.
1.1. As fontes básicas do Direito Eleitoral na ordem jurídica brasileira são a constituição, o código eleitoral (lei 4.737/65), a lei das inelegibilidades (LC 64/90), a lei dos partidos políticos (lei 9.096/95), a lei das eleições (lei 9.504/97) e as resoluções do Tribunal Superior Eleitoral.

1. Fontes do Direito Eleitoral.

1.2. A constituição é a fonte primeira do Direito Eleitoral, estabelecendo os princípios e regras fundamentais da democracia, além das normas primárias sobre direito de nacionalidade (art. 12), direitos políticos (arts. 14 e 15), condições de elegibilidade e causas de inelegibilidade (art. 14), aplicação da lei que altera o processo eleitoral (art. 16), partidos políticos (art. 17), sistemas eleitorais (arts. 29, 44, 45, 46 e 77), previsão sobre a propositura de Ação de Impugnação de Mandato Eletivo (art. 14), e organização da Justiça Eleitoral (arts. 118 a 121).

1.3. Embora defasado em vários aspectos, ainda é no Código Eleitoral, recepcionado como lei complementar pela CF/1988, que encontramos diversas normas de substancial importância para o Direito Eleitoral, a exemplo daquelas referentes ao alistamento eleitoral, sistemas eleitorais, atos preparatórios para a votação, organização da Justiça Eleitoral, recursos eleitorais e crimes eleitorais.

1.4. A lei das eleições, lei ordinária 9.504/97, disciplina o funcionamento do processo eleitoral propriamente dito, desde os processos de escolha dos candidatos até a eleição em si, passando pela propaganda eleitoral, pelas condutas vedadas aos agentes públicos em campanha, pela captação e aplicação de recursos em campanha, dentre outros temas. É, certamente, a lei básica de regência da disputa eleitoral.

1.5. Reformada recentemente, em várias das suas disposições, pela Lei Complementar nº 135/10 (Lei do Ficha Limpa), a LC 64/90, além de dispor sobre diversas hipóteses de inelegibilidades, também normatiza, no seu artigo 22 e seguintes, o procedimento aplicável a algumas ações eleitorais, a exemplo da Ação de Investigação Judicial Eleitoral e da Ação por Captação Ilícita de Sufrágio.

1.6. A Lei Geral dos Partidos Políticos, lei ordinária 9.096/95, é a lei básica das agremiações partidárias, definindo, a partir da constituição, as situações jurídicas que envolvem a criação e o funcionamento dessas associações, o recebimento de recursos financeiros oriundos do fundo partidário, o acesso gratuito ao rádio e televisão, dentre outros temas. É de se destacar que a Lei nº 9.096/95 não deve ser chamada de "Lei Orgânica dos Partidos Políticos", uma vez que privilegia o caráter autônomo dos partidos, classificados como pessoas jurídicas de direito privado.

1.7. Dentre as muitas peculiaridades inerentes à Justiça Eleitoral, a exemplo da própria configuração dos seus órgãos jurisdicionais, de natureza híbrida e sem quadro próprio de carreira, uma sempre se destacou, por ser alvo de muita polêmica quanto ao seu conteúdo: falamos do poder regulamentar, instituído pelo Código Eleitoral e reafirmado na Lei nº 9.504/97, a partir do qual o legislador concedeu ao próprio Poder Judiciário, e não ao Executivo, como tradicionalmente ocorre, a prerrogativa de densificar o conteúdo das normas gerais e abstratas produzidas pelo Poder Legislativo. O poder regulamentar da Justiça Eleitoral é limitado, não podendo estabelecer restrições a direitos, sem embasamento legal.

1.8. Conforme previsão dos artigos 23, XII, e 30, VIII, do Código Eleitoral: a Justiça Eleitoral, por meio do Tribunal Superior Eleitoral e dos TREs poderá **responder a consultas em tese** formuladas por autoridades públicas ou partidos políticos (as consultas dirigidas ao TSE somente poderão ser feitas por autoridade pública federal e órgão nacional de partido político), as quais, como requisitos legais, deverão observar a legitimidade do consulente, bem como a desvinculação da consulta a situações concretas. A consulta deverá sempre ser formulada em tese, em abstrato, acerca de tema eleitoral previsto no Código Eleitoral, na legislação esparsa ou mesmo na Constituição Federal (cf. Res. TSE nº. 22.095/05 e Ac. TSE nº. 22.699, de 12.02.08, DJ de 10.03.08). Historicamente, as consultas respondidas pela Justiça Eleitoral não tinham efeito vinculante. As alterações legislativas promovidas pela Lei 13.655/2018 na Lei de Introdução às Normas do Direito Brasileiro, no entanto, modificaram este panorama. De acordo com o novo artigo 30 da referida lei, "As autoridades públicas devem atuar para aumentar a segurança jurídica na aplicação das normas, inclusive por meio de regulamentos, súmulas administrativas e respostas a consultas". O parágrafo único deste mesmo artigo, por sua vez, determina que "Os instrumentos previstos no *caput* deste artigo terão caráter vinculante em relação ao órgão ou entidade a que se destinam, até ulterior revisão". Assim, pode-se entender que as consultas ao TSE passaram a ter efeito vinculante. Neste sentido, o TSE decidiu pelo caráter vinculante das consultas em 29 de maio de 2018, ao responder a Consulta nº 060023494.

2. Os princípios do Direito Eleitoral.

2.1. O Direito é um fenômeno cultural e político, que reflete interesses e escolhas no estabelecimento de padrões de comportamento axiologicamente valorados como essenciais ao convívio em sociedade. Assim sendo, a compreensão do fenômeno jurídico, e o conseqüente processo de interpretação das suas normas, é um processo complexo, que não se resolve pelo mero silogismo matemático, sendo fundamental, assim, ao aplicador do Direito, conhecer, razoavelmente, pelo menos, os paradigmas da hermenêutica, a fim de almejar uma interpretação jurídica dos fatos sociais o mais justa possível.

2. Os princípios do Direito Eleitoral.

2.2. É possível se afirmar que a atividade hermenêutica compreende, principalmente, duas etapas fundamentais: dizer ou expressar e interpretar ou explicar. O "dizer" como dimensão expressiva de um enunciado, como recitação, constitui-se em etapa importante do processo hermenêutico, que, entretanto, é prejudicada na linguagem escrita, em virtude da perda de parte do seu poder expressivo. Na linguagem oral, a ênfase dada às palavras pelo comunicar constitui-se em fator determinante para a compreensão da sua vontade. Na linguagem escrita, tal ênfase é prejudicada, dificultando a interpretação e valorizando a etapa seguinte do processo hermenêutico. Esta segunda etapa, por sua vez, denominada "etapa da explicação", enfatiza, ao contrário da primeira, o aspecto discursivo da interpretação, almejando, assim, uma perspectiva muito mais explicativa do que expressiva (destacada na primeira etapa citada) das palavras, que, desta forma, não se limitam apenas a expressar algo, mas também a clarificar e racionalizar. Na etapa da explicação, ganha relevância a contextualização do fenômeno a ser interpretado, bem como as concepções de pré-compreensão.

2.3. O pluralismo de idéias e interesses na sociedade, bem como a escassez de bens, terminam por gerar conflitos que originam a necessidade de realização de escolhas traumáticas, nas quais dois valores de grande relevância são contrapostos, devendo haver uma contemporização entre ambos (como ocorreu, recentemente, no julgamento da constitucionalidade da Lei da Ficha Limpa, quando foram opostos os princípios da moralidade eleitoral e da presunção da inocência). É nesse momento de tensão, no qual há a necessidade de uma decisão, que surge a necessidade de aplicação da técnica de ponderação de interesses.

2.4. A partir do julgamento do caso Lüth, a Corte Constitucional da Alemanha desenvolveu as diretrizes do direito alemão para a ponderação de interesses. São elas: a) quanto maior for a intensidade da restrição, mais significativo devem ser os valores comunitários que a justificam; b) quanto maior for o peso e a premência de realização do interesse comunitário que justifica a restrição, mais intensa ela poderá ser; c) quanto mais diretamente forem afetadas manifestações elementares da liberdade individual, mais exigentes devem ser as razões comunitárias que fundamentam a restrição; d) os direitos fundamentais aplicam-se não apenas nas relações entre os indivíduos e o Estado, estendendo-se a todas as áreas do direito, inclusive nas relações privadas; e) a força normativa da Constituição gera um efeito irradiante dos direitos fundamentais sobre todo o sistema jurídico, tornando-os onipresentes; f) o balanceamento entre princípios constitucionais colidentes representa uma forma indispensável do discurso racional, meio necessário para a garantia da proteção dos direitos fundamentais, uma vez que não existem direitos fundamentais absolutos, tampouco hierarquia entre os princípios.

2.5. Segundo o artigo 23 da Lei Complementar nº 64/90, "o tribunal formará sua convicção pela livre apreciação dos fatos públicos e notórios, dos indícios e presunções e provas produzidas, atentando para as circunstâncias dos fatos, ainda que não indicados ou alegados pelas partes, mas que preservem o interesse público da lisura eleitoral". Assim, o princípio da lisura das eleições respalda-se na busca da verdade real, possibilitando até mesmo que o juiz produza provas de ofício, no processo eleitoral, a fim de formar o seu convencimento.

2.6. De acordo com o princípio do aproveitamento do voto, o juiz deverá abster-se de pronunciar nulidades sem prejuízo (in dubio pro voto).

2.7. Uma das principais características do processo eleitoral é a sua celeridade. A garantia da legitimidade do exercício da soberania popular depende bastante da celeridade da Justiça Eleitoral, uma vez que o processo eleitoral, como um todo, ocorre em menos de seis meses, contados do registro das candidaturas até a diplomação, o que exige que as decisões judiciais, em tal matéria, sejam rápidas. Exemplo importante da aplicação do princípio da celeridade no processo eleitoral diz respeito aos prazos recursais, em regra de três dias, inclusive para o Recurso Extraordinário.

2.8. Segundo o artigo 16 da Constituição Federal, "a lei que alterar o processo eleitoral entrará em vigor na data da sua publicação, não se aplicando à eleição que ocorra até um ano da data da sua vigência". Estabeleceu, assim, o legislador constitucional originário, o princípio da anualidade eleitoral, de fundamental importância para a preservação da segurança jurídica. Evita-se, a partir da aplicação do princípio da anualidade, que as normas eleitorais sejam modificadas faltando menos de um ano e um dia para as eleições, prejudicando o equilíbrio da disputa, com a mudança das regras do jogo.

2.9. Com a publicação da Lei da Ficha Limpa, em 2010, o princípio da moralidade eleitoral, previsto no art. 14, § 9º da CF/1988, ganhou densidade, possibilitando, dentre outras situações, que candidatos condenados criminalmente por órgãos colegiados, mesmo sem o trânsito em julgado da decisão, possam vir a ser excluídos do processo eleitoral, flexibilizando o princípio da presunção da inocência.

2.10. O artigo 2º da Emenda Constitucional 107 mitigou o art. 16 da Constituição, estabelecendo que, em face da excepcionalidade da pandemia, tal artigo não seria aplicável à emenda constitucional 107, que alterou o calendário eleitoral das eleições 2020.

2. Os princípios do Direito Eleitoral.
2.11. O projeto do Novo Código Eleitoral, aprovado na Câmara dos Deputados e pendente ainda de análise pelo Senado Federal quando do fechamento desta edição, prevê, no seu artigo 7º, critérios de densificação material do princípio da anualidade. Segundo a proposta do Novo Código, para fins de delimitação do alcance da regra da anualidade inscrita no art. 16 da Constituição Federal, deverão ser consideradas como alteradoras do processo eleitoral as inovações normativas e as decisões judiciais ou administrativas, notadamente as que disponham sobre: I – sistemas eleitorais; II – requisitos para a habilitação de candidatos, de partidos políticos e de coligações; III – propaganda, debates e pesquisas eleitorais; IV – cobertura informativa nos meios de comunicação; V – financiamento de partidos políticos e de campanhas eleitorais; VI – prestação de contas de campanha; VII – direito processual eleitoral, tais como competência, prazos e ritos de ações eleitorais; VIII – ilícitos eleitorais; IX – hipóteses de inelegibilidade e condições de elegibilidade.

✦ CONHECENDO A JURISPRUDÊNCIA

1. SÚMULAS DO TSE

▸ Súmula nº 13

Não é auto-aplicável o § 9º, Art. 14, da Constituição, com a redação da Emenda Constitucional de Revisão nº 4-94.

Capítulo III – Os Direitos Políticos e o Alistamento Eleitoral

✦ QUESTÕES

1. QUESTÕES DE CONCURSOS PARA A MAGISTRATURA ESTADUAL

01. (FCC – Juiz de Direito – TJ – MS/2020) Consideradas a disciplina normativa e a jurisprudência do Tribunal Superior Eleitoral a respeito do alistamento, da transferência do eleitor, do domicílio eleitoral e do cancelamento da inscrição,

a) o domicílio eleitoral é determinado pelo lugar em que o eleitor estabelece a sua residência com ânimo definitivo, não se admitindo a demonstração de outros vínculos para tal determinação.

b) a transferência de título eleitoral de servidor público civil, militar, autárquico, ou de membro de sua família, por motivo de remoção ou transferência, não exige o transcurso de, pelo menos, 1 (um) ano do alistamento ou da última transferência.

c) a transferência de domicílio eleitoral deve ocorrer independentemente da apresentação, pelo eleitor, de declaração relativa a período mínimo de residência no novo domicílio.

d) a suspensão e a perda dos direitos políticos não são causas de cancelamento do alistamento eleitoral.

e) o eleitor transferido poderá votar no novo domicílio eleitoral em eleição suplementar à que tiver sido realizada antes de sua transferência.

COMENTÁRIOS

Alternativa "a": A Justiça Eleitoral admite o chamado "domicílio eleitoral afetivo, que não se confunde necessariamente com o local da residência do eleitor.

Alternativa "b". Regra prevista no art. 8º, parágrafo único da Lei 6.996/82.

Alternativa "c". O eleitor deverá comprovar o transcurso de pelo menos um ano do alistamento ou da última transferência e residência mínima de 03 meses no novo domicílio

Alternativa "d". O eleitor com direitos políticos suspensos ou que os tenha perdido não permanecerá alistado.

Alternativa "e". De acordo com o artigo 6º do Código Eleitoral, "O eleitor transferido não poderá votar no novo domicílio eleitoral em eleição suplementar à que tiver sido realizada antes de sua transferência".

Alternativa correta: letra "b".

---

02. (Vunesp – Juiz de Direito – MS/2015) Nos termos da interpretação do Tribunal Superior Eleitoral, referente ao alistamento eleitoral, não podem alistar-se

a) os índios não integrados.

b) os conscritos, durante o serviço militar obrigatório.

c) os analfabetos.

d) os que não saibam exprimir-se na língua nacional.

e) os alunos das escolas militares de ensino superior para formação de oficiais.

COMENTÁRIOS

Os conscritos são inalistáveis, conforme, previsão expressa da Constituição Federal de 1988. Não há vedação, no Brasil, ao alistamento de índios, analfabetos, pessoas que não saibam exprimir-se na língua nacional e alunos de escolas militares de ensino superior para formação de oficiais.

Alternativa correta: letra "b".

---

03. (Vunesp – Juiz de Direito – TJ – RO/2019) De acordo com a Constituição Federal do Brasil, é correto afirmar, a respeito dos direitos políticos, que

a) a capacidade eleitoral ativa é o direito de ser eleito.

b) somente o nacional e o português equiparado, no gozo de seus direitos políticos, podem alistar-se.

c) estabelecem o direito de sufrágio capacitário, por intermédio do voto direto e secreto.

d) o nacional, durante o serviço militar, pode votar, mas não pode ser eleito.

e) o brasileiro enquanto residente no exterior não pode alistar-se enquanto estiver residindo fora do País, mas, se exercida essa opção no Brasil anteriormente, poderá votar para todos os cargos em disputa nas eleições.

COMENTÁRIOS

Alternativa "a": ERRADO. A capacidade ativa é a capacidade de votar. A de ser eleito é a capacidade política passiva.

Alternativa "b": CERTO. Somente brasileiros, natos e naturalizados, podem votar e ser votados. A única exceção prevista na Constituição refere-se ao português, beneficiário do Tratado de Amizade, Cooperação e Consulta, de 2000, que pode votar e ser votado sem se naturalizar brasileiro, recebendo tratamento idêntico ao brasileiro naturalizado.

Alternativa "c". ERRADO. O sufrágio no Brasil é universal, sendo vedado o sufrágio capacitário.

Alternativa "d". ERRADO. Durante o serviço militar, o conscrito se torna inalistável, não podendo votar ou ser votado.

Alternativa "e". ERRADO. O Brasileiro residente no exterior pode se alistar para votar, tão somente, para presidente da República.

Alternativa correta: Letra "c".

---

04. (FCC – Juiz Substituto – MS/ 2010) O alistamento eleitoral NÃO é

a) facultativo para os naturalizados.

b) facultativo para os analfabetos.

c) facultativo para os maiores de setenta anos.

d) facultativo para os maiores de dezesseis e menores de dezoito anos.

e) obrigatório para os maiores de dezoito anos.

COMENTÁRIOS

Alternativa correta: Assertiva "A". O alistamento eleitoral e o voto são obrigatórios, no Brasil, para todos os brasileiros natos e naturalizados, desde que alfabetizados, maiores de 18 anos e menores de 70 anos. Para os brasileiros entre 16 e 18 anos e maiores de 70 anos, além dos analfabetos a partir de 16 anos, o voto e o alistamento são facultativos. Para quem o alistamento é facultativo, o voto também o será. Estrangeiros não podem votar no Brasil, a não ser que se naturalizem brasileiros. Neste caso, deverão estes, obrigatoriamente, se alistar como eleitores no prazo de até um ano após a naturalização.

---

05. (Vunesp – Juiz Substituto – MT 2009) Leia as seguintes afirmações.

I. O requerimento de inscrição eleitoral é submetido ao juiz, que pode deferir o pedido, indeferi-lo ou ainda converter o julgamento em diligência. Em caso de indeferimento, cabe recurso interposto pelo alistando, no prazo de 10 (dez) dias.

II. Nenhum requerimento de inscrição eleitoral ou de transferência será recebido dentro dos cento e cinquenta dias anteriores à data da eleição.

III. Os oficiais de Registro Civil devem enviar ao juiz eleitoral da zona em que oficiarem, até o dia 10 de cada mês, comunicação dos óbitos de cidadãos alistáveis ocorridos no mês anterior, para cancelamento das inscrições.

IV. O menor que completar 16 (dezesseis) anos de idade até a data da eleição pode se habilitar como eleitor, no prazo de requerimento de inscrição eleitoral ou transferência. No entanto, seu título somente surtirá efeitos quando completar a idade de 16 (dezesseis) anos.

Estão corretas somente as assertivas

a) I e II.

b) II e III.

c) II e IV.

d) III e IV.

e) I e IV.

COMENTÁRIOS

✪ **Nota do autor:** Eventualmente, poderão ocorrer irregularidades no processo de alistamento de eleitores. Sempre que um brasileiro estiver inscrito como eleitor com infração à legislação eleitoral, a Justiça Eleitoral poderá ser acionada para proceder a exclusão ou cancelamento do título irregular. Qualquer eleitor, assim como o Ministério Público, partidos políticos e, até mesmo, o Juiz Eleitoral, de ofício, poderá provocar a deflagração de procedimento de exclusão de eleitor. Considera-se como eleição, para os fins do inciso V do artigo 71 do Código Eleitoral, segundo o entendimento do TSE, turno de eleição ou mesmo consulta popular (plebiscito ou referendo). Assim, se o eleitor deixa de votar no primeiro e segundo turnos de uma eleição e em plebiscito que ocorra a seguir, seu título deverá ser cancelado. As hipóteses de suspensão e perda dos direitos políticos estão previstas no artigo 15 da Constituição Federal. É de se destacar que a perda será sempre definitiva, enquanto que a suspensão dos direitos políticos é temporária. Só há perda de direitos políticos no Brasil que o eleitor deixa de ser brasileiro.

Alternativa correta: assertiva "C". II e IV estão corretas.

Afirmativa "I" ERRADA. A lei nº 6.996/82, em seu artigo 7º, § 1º, estabelece que o referido prazo é de 05 dias para interposição do recurso pelo alistando.

Afirmativa "II" CORRETA. Norma prevista no artigo 91 da Lei nº 9.504/97, o qual dispõe que "nenhum requerimento de inscrição eleitoral ou de transferência será recebido dentro dos cento e cinqüenta dias anteriores à data da eleição".

Afirmativa "III" ERRADA. De acordo com o artigo 71, § 3º do Código Eleitoral, "ss oficiais de registro civil, sob as penas do art. 293, enviarão, até o dia 15 (quinze) de cada mês, ao Juiz Eleitoral da Zona em que oficiarem, comunicação dos óbitos de cidadãos alistáveis, ocorridos no mês anterior, para cancelamento das inscrições".

Afirmativa "IV" CORRETO. É facultado o alistamento, no ano em que se realizarem eleições, do menor que completar 16 anos até a data do pleito, inclusive.

06. (CESPE – Juiz de Direito Substituto-CE/ 2012) Assinale a opção correta no que se refere a alistamento eleitoral, segunda via, transferência, delegados partidários perante o alistamento, cancelamento e exclusão de eleitor, revisão e correição eleitorais.

a) A suspensão de direitos políticos não acarreta cancelamento da inscrição de eleitor, enquanto a perda de tais direitos gera o cancelamento de sua inscrição.

b) A revisão do eleitorado é ordenada por tribunal regional eleitoral quando, realizada correição em determinada zona ou município por ele determinada, fica provada a fraude em proporção comprometedora.

c) Em caso de transferência de domicílio eleitoral para unidade da Federação diversa da originária, o número de inscrição do eleitor será alterado.

d) Nenhum requerimento de inscrição eleitoral, transferência ou segunda via deve ser recebido dentro do prazo de cento e cinquenta dias anteriores à data da eleição.

e) Os partidos têm legitimidade para requerer, por seus delegados, a exclusão de qualquer eleitor, não detendo legitimidade, entretanto, para assumir a defesa de eleitor cuja exclusão esteja sendo promovida.

COMENTÁRIOS

✪ **Nota do autor:** De acordo com o artigo 15 da Constituição Federal de 1988, "é vedada a cassação de direitos políticos, cuja perda ou suspensão só se dará nos casos de: I – cancelamento da naturalização por sentença transitada em julgado; II – incapacidade civil absoluta; III – condenação criminal transitada em julgado, enquanto durarem seus efeitos; IV – recusa de cumprir obrigação a todos imposta ou prestação alternativa, nos termos do art. 5º, VIII; V – improbidade administrativa, nos termos do art. 37, § 4º". Podemos afirmar que a perda dos direitos políticos é definitiva, enquanto que a suspensão é temporária. Diante desta diferenciação, é possível concluir que a única hipótese de perda de direitos políticos prevista no ordenamento jurídico brasileiro ocorre quando o indivíduo perde a sua nacionalidade, seja em ação de cancelamento de naturalização, ou seja, voluntariamente. Deixando de ser brasileiro, o indivíduo fica, evidentemente, impedido de exercer direitos políticos no Brasil, de forma definitiva.

Alternativa correta: assertiva "b". Anualmente, de forma ordinária, ou extraordinariamente, sempre que entender necessário ou ante a existência de indícios de irregularidade, o corregedor-regional eleitoral realizará correição do eleitorado, a fim de verificar se existem irregularidades no processo de alistamento eleitoral que comprometam a normalidade e a legitimidade das eleições (excesso de eleitores em determinado município, acima da média populacional, ou inscrição de eleitores falecidos, por exemplo). Caso, na correição, seja comprovada irregularidade comprometedora, será realizada a revisão do eleitorado, procedimento equivalente a um recadastramento, a partir do qual todos os eleitores de determinada zona ou região serão convocados para uma revisão eleitoral, sob pena de cancelamento do título. O procedimento de revisão eleitoral poderá ser provocado mediante denúncia fundamentada de fraude no alistamento em zona ou município, dirigida ao TRE. Provada a fraude em proporção comprometedora, TRE determina revisão, comunicando ao TSE.

Assertiva "A" INCORRETA. A suspensão dos direitos políticos também acarreta o cancelamento do alistamento eleitoral.

Assertiva "C" INCORRETA. O número será preservado, uma vez que trata-se de transferência e não de novo alistamento.

Assertiva "D" INCORRETA. É justamente o contrário. O cadastro de eleitores fica fechado nos 150 dias anteriores ao pleito.

Assertiva "E" INCORRETA. O partido tem legitimidade para a defesa do eleitor cuja exclusão esteja sendo promovida.

07. (FCC – Juiz de Direito Substituto-GO/ 2012) Relativamente ao alistamento eleitoral, é INCORRETO afirmar que

a) o alistamento se faz mediante a qualificação e inscrição do eleitor.

b) para o efeito da inscrição, é domicílio eleitoral o lugar de residência ou moradia do requerente, e, verificado ter o alistando mais de uma, considerar-se-á domicílio aquela que coincida com o seu local de trabalho.

c) o alistando apresentará em cartório ou local previamente designado, requerimento em fórmula que obedecerá ao modelo aprovado pelo Tribunal Superior.

d) poderá o juiz se tiver dúvida quanto a identidade do requerente ou sobre qualquer outro requisito para o alistamento, converter o julgamento em diligência para que o alistando esclareça ou complete a prova ou, se for necessário, compareça pessoalmente à sua presença.

e) os cegos alfabetizados pelo sistema "Braille", que reunirem as demais condições de alistamento, podem qualificar-se mediante o preenchimento da fórmula impressa e a aposição do nome com as letras do referido alfabeto.

COMENTÁRIOS

Alternativa correta: assertiva "b". ERRADO. Segundo jurisprudência consolidada do TSE (Ac. 18.124, de 16.11.00, do TSE, RJTSE, v. 12, t.3), o domicílio eleitoral não se confunde, necessariamente, com o domicílio civil. Assim, o fato de o eleitor residir em determinado município não constitui óbice para que o mesmo se aliste como eleitor de outro, desde que com este outro mantenha vínculos (negócios, propriedades, atividades políticas etc.). É o chamado "domicílio eleitoral afetivo".

Assertiva "A" CERTO. O alistamento eleitoral, segundo o artigo 42 do Código Eleitoral, se faz mediante a qualificação e a inscrição do eleitor. A qualificação é o ato através do qual o indivíduo faz prova que satisfaz as exigências legais para se tornar eleitor. Já a inscrição é o registro da pretensão à condição de eleitor, realizada por servidor da Justiça Eleitoral a partir de postulação do cidadão. É através do preenchimento de formulário específico denominado RAE (requerimento de alistamento eleitoral) que se realiza a postulação ao alistamento eleitoral. O RAE serve como documento de entrada de dados e é processado eletronicamente, em todo o território nacional, por servidor da Justiça Eleitoral, na presença do eleitor.

Assertiva "C" CERTO. É através do preenchimento de formulário específico denominado RAE (requerimento de alistamento eleitoral) que se realiza a postulação ao alistamento eleitoral. O RAE serve como documento de entrada de dados e é processado eletronicamente, em todo o território nacional, por servidor da Justiça Eleitoral, na presença do eleitor.

Assertiva "D" CERTO. O juiz pode até mesmo indeferir o alistamento, podendo firmar o seu convencimento da forma ilustrada na questão.

Assertiva "E" CERTO. O alistamento é obrigatório também para os cegos, os quais poderão se utilizar do sistema Braille para tal procedimento.

08. (CESPE – Juiz de Direito Substituto-PA/ 2012) Olavo, médico com vinte e cinco anos de idade, em cumprimento do serviço militar obrigatório no Comando Aéreo Regional de Belém – PA, pretendendo votar nas eleições de 2012, requereu, no prazo fixado para requerimento, inscrição como eleitor. Nessa situação, de acordo com as disposições contidas na CF e na legislação aplicável, o juiz eleitoral deve

a) deferir o pedido, desde que o requerente apresente documento assinado pelo comandante do referido comando aéreo, referendando o pedido de alistamento eleitoral do oficial médico.

b) deferir o pedido caso o requerente comprove, em documento oficial do comando aéreo, o licenciamento do contingente de médicos até um mês antes da data da eleição.

c) indeferir o pedido, decisão da qual cabe recurso, em razão de o conscrito não poder alistar-se como eleitor durante o período do serviço militar obrigatório.

d) indeferir o pedido caso o requerente, não tendo pleiteado a inscrição até o final do ano subsequente ao ano em que completou dezoito anos de idade, não apresente prova do pagamento da multa pelo atraso do alistamento eleitoral.

e) deferir o pedido, com base no fato de ser a inscrição eleitoral dever legalmente imposto a todo brasileiro com mais de dezoito anos de idade e direito líquido e certo a ele garantido.

COMENTÁRIOS

Alternativa correta: assertiva "c". A aquisição da capacidade política, para todos os brasileiros alfabetizados, inclusive os naturalizados, é obrigatória aos maiores de 18 e menores de 70 anos de idade, conforme previsão do artigo 14 da Constituição Federal de 1988, salvo os conscritos (art. 14, § 2º da CF/88), durante o período do serviço militar obrigatório (conscrito é aquele indivíduo recrutado para o serviço militar obrigatório). O médico citado no exemplo da questão encontra-se na condição de conscrito. Responde as demais.

---

09. (FCC – Juiz Substituto – RR/ 2008) A recusa de cumprimento de obrigação a todos imposta ou prestação alternativa, acarreta

a) somente a imposição de pena pecuniária.

b) a cassação dos direitos políticos.

c) a perda dos direitos políticos.

d) a suspensão dos direitos políticos.

e) somente a aplicação de pena privativa de liberdade.

COMENTÁRIOS

✪ **Nota do autor**: Podemos afirmar que a perda dos direitos políticos é definitiva, enquanto que a suspensão é temporária. Diante desta diferenciação, é possível concluir que a única hipótese de perda de direitos políticos prevista no ordenamento jurídico brasileiro ocorre quando o indivíduo perde a sua nacionalidade, seja em ação de cancelamento de naturalização, ou seja, voluntariamente. Deixando de ser brasileiro, o indivíduo fica, evidentemente, impedido de exercer direitos políticos no Brasil, de forma definitiva. A cassação dos direitos políticos, caracterizada como uma imposição arbitrária, também é vedada no direito brasileiro. É de se destacar que a suspensão dos direitos políticos atinge a capacidade política passiva e também a ativa do cidadão.

Alternativa correta: assertiva "D" Acarreta a suspensão dos direitos políticos.

---

10. (FCC – Juiz Substituto – RR/ 2008) A respeito dos direitos políticos, é correto afirmar:

a) A lei que alterar o processo eleitoral entrará em vigor na data de sua publicação, mas não se aplicará à eleição que ocorra até um ano da data de sua vigência.

b) Para candidatar-se a Governador de Estado, dentre outras condições de elegibilidade na forma da lei, exige-se a idade mínima de 21 anos.

c) O mandato eletivo poderá ser impugnado ante a Justiça Eleitoral no prazo máximo de 30 dias contados da diplomação.

d) A condenação criminal ainda não transitada em julgado implica em suspensão dos direitos políticos.

e) A ação de impugnação de mandato, por força do princípio da transparência, não tramitará em segredo de justiça e o autor não responderá por litigância de má-fé.

COMENTÁRIOS

Alternativa correta: **Assertiva "A" CORRETA**. É o princípio da anualidade eleitoral, previsto ano artigo 16 da Constituição Federal, de fundamental importância para a preservação da segurança jurídica, o qual dispõe que "a lei que alterar o processo eleitoral entrará em vigor na data da sua publicação, não se aplicando à eleição que ocorra até um ano da data da sua vigência". Evita-se, a partir da aplicação do princípio da anualidade, que as normas eleitorais sejam modificadas faltando menos de um ano e um dia para as eleições, prejudicando o equilíbrio da disputa, com a mudança das regras do jogo.

Assertiva "B" ERRADA. A idade mínima para um brasileiro candidatar-se a governador, de acordo com a Constituição Federal, é 30 anos. A referida idade deverá ser verificada na data da posse.

Assertiva "C" ERRADA. O prazo será de 15 dias, a contar da data da diplomação (artigo 14, § 10 da Constituição Federal de 1988).

Assertiva "D" ERRADA. Mesmo após a publicação da Lei da Ficha Limpa, em 2010 (após a elaboração da questão, portanto), condenação criminal não transitada em julgado não implica suspensão dos direitos políticos (com restrição das capacidades políticas ativa e passiva). O máximo que pode acontecer, caso haja condenação criminal pendente de recurso decidida por órgão judicial colegiado, é a inelegibilidade (restrição apenas da capacidade política passiva).

Assertiva "E" ERRADA. Em virtude de mandamento constitucional (artigo 14, § 11), a AIME tramitará em segredo de justiça.

---

11. (FGV – Juiz Substituto – MS/ 2008) O domicílio eleitoral:

a) subsume-se ao local em que a pessoa tenha vínculos sociais e empresariais.

b) deve ser analisado de forma restritiva para evitar fraudes.

c) é conceito que se identifica com o de domicílio civil.

d) requer prova, a despeito de declaração escrita do eleitor.

e) no caso de funcionário público é obrigatoriamente o seu domicílio legal ou de lotação.

COMENTÁRIOS

✪ **Nota do autor**: De acordo com o parágrafo único do artigo 42 do Código Eleitoral, o domicílio eleitoral é "o lugar de residência ou moradia do requerente e, verificado ter o alistando mais de uma, considerar-se-á domicílio qualquer delas". Segundo jurisprudência consolidada do TSE (Ac. 18.124, de 16.11.00, do TSE, RJTSE, v. 12, t.3), o domicílio eleitoral não se confunde, necessariamente, com o domicílio civil. Assim, o fato de o eleitor residir em determinado município não constitui óbice para que o mesmo se aliste como eleitor de outro, desde que com este outro mantenha vínculos (negócios, propriedades, atividades políticas etc.). É o chamado "domicílio eleitoral afetivo".

Alternativa correta: **Assertiva "A" CORRETA**. É o chamado "domicílio afetivo", explicado na nota acima.

Assertiva "B" ERRADA. Como visto, o TSE, em sua jurisprudência, ampliou o conceito de domicílio eleitoral.

Assertiva "C" ERRADA. O domicílio eleitoral pode abranger o chamado "domicílio afetivo".

Assertiva "D" ERRADA. A lei 6.996/82 dispensou a prova do domicílio pelo alistando, bastando a autodeclaração, sob as penas da lei.

Assertiva "E" ERRADA. De acordo com o parágrafo único do artigo 42 do Código Eleitoral, o domicílio eleitoral é "o lugar de residência ou moradia do requerente e, verificado ter o alistando mais de uma, considerar-se-á domicílio qualquer delas".

---

12. (Vunesp – Juiz de Direito – MS/2015) Nos termos da interpretação do Tribunal Superior Eleitoral, referente ao alistamento eleitoral, não podem alistar-se

a) os índios não-integrados.

b) os conscritos, durante o serviço militar obrigatório.

c) os analfabetos.

d) os que não saibam exprimir-se na língua nacional.

e) os alunos das escolas militares de ensino superior para formação de oficiais.

COMENTÁRIOS

✪ **Nota do autor**: Alternativa correta: assertiva "b" (responde as demais): os conscritos são inalistáveis, conforme, previsão expressa da Constituição Federal de 1988. Não há vedação, no Brasil, ao alistamento de índios, analfabetos, pessoas que não saibam exprimir-se na língua nacional e alunos de escolas militares de ensino superior para formação de oficiais.

2. QUESTÕES DE CONCURSO PARA O MINISTÉRIO PÚBLICO ESTADUAL (PROMOTOR DE JUSTIÇA)

13. (Cespe – Promotor de Justiça – MPE – RR/2017) A suspensão de direitos políticos

a) decorrente de condenação criminal transitada em julgado cessará com o cumprimento da pena, sendo indispensável a prova de reparação dos danos, se for o caso.

b) não ocorre em relação ao beneficiado pela suspensão condicional do processo.

c) não é penalidade prevista para aquele que se recusar a prestar serviço no júri popular e a cumprir o serviço alternativo, mesmo que a recusa deva-se a escusa de consciência.

d) decorrente de condenação criminal transitada em julgado cessará quando a pena privativa de liberdade for substituída por restritiva de direitos.

COMENTÁRIOS

Assertiva "a": A prova da reparação de danos, de natureza cível, é irrelevante para a retomada do pleno exercício dos direitos políticos em caso de condenação criminal transitada em julgado.

Alternativa "b": A suspensão de direitos políticos ocorre quando há condenação criminal transitada em julgado. No caso de suspensão condicional do processo, não há trânsito em julgado de sentença penal condenatória, não ocorrendo, portanto, suspensão de direitos políticos. Alternativa correta: assertiva "b".

Assertiva "c": Quem se recusa a prestar serviço no júri popular e a cumprir o serviço alternativo tem seus direitos políticos suspensos, conforme previsão do art. 15 da Constituição Federal de 1988.

Assertiva "d": O fim da suspensão só ocorre quando há extinção da penalidade. Pouco importa, para que haja a suspensão, que a pena aplicada seja restritiva de liberdade ou não.

Alternativa correta: letra "b".

14. (FCC – Promotor de Justiça-CE/ 2011) Segundo a Constituição Federal o alistamento eleitoral e o voto são:

a) obrigatórios para os maiores de dezesseis anos.

b) facultativos para os estrangeiros residentes no país há mais de três anos.

c) facultativos para os analfabetos e os conscritos durante o serviço militar obrigatório.

d) obrigatório o alistamento e facultativo o voto dos maiores de dezesseis e menores de dezoito anos.

e) facultativos para os maiores de setenta anos.

COMENTÁRIOS

Alternativa correta: alternativa "e": O alistamento eleitoral e o voto são obrigatórios, no Brasil, para todos os brasileiros natos e naturalizados, desde que alfabetizados, maiores de 18 anos e menores de 70 anos. Para os brasileiros entre 16 e 18 anos e maiores de 70 anos, além dos analfabetos a partir de 16 anos, o voto e o alistamento são facultativos. Para quem o alistamento é facultativo, o voto também o será. Estrangeiros não podem votar no Brasil, a não ser que se naturalizem brasileiros. Neste caso, deverão estes, obrigatoriamente, se alistar como eleitores no prazo de até um ano após a naturalização.

---

15. (CESPE – Promotor de Justiça-RN/ 2009) No Brasil, o alistamento e o voto são obrigatórios nos termos constitucionais. No que se refere a esse assunto, assinale a opção correta.

a) O eleitor que não votar em duas eleições consecutivas terá cancelada a sua inscrição.

b) O óbito do eleitor deve ser comunicado à justiça eleitoral pelos herdeiros necessários.

c) A pluralidade de inscrições eleitorais é resolvida mediante o cancelamento de ofício das inscrições mais antigas.

d) Qualquer eleitor tem legitimidade para requerer da justiça eleitoral a exclusão de eleitor que tiver suspensos os direitos políticos.

e) Eleitor objeto de processo por alistamento fraudulento tem a sua inscrição suspensa cautelarmente.

COMENTÁRIOS

✪ **Nota do autor:** Eventualmente, poderão ocorrer irregularidades no processo de alistamento de eleitores. Sempre que um brasileiro estiver inscrito como eleitor com infração à legislação eleitoral, a Justiça Eleitoral poderá ser acionada para proceder a exclusão ou cancelamento do título irregular. Qualquer eleitor, assim como o Ministério Público, partidos políticos e, até mesmo, o Juiz Eleitoral, de ofício, poderá provocar a deflagração de procedimento de exclusão de eleitor. Considera-se como eleição, para os fins do inciso V do artigo 71 do Código Eleitoral, segundo o entendimento do TSE, turno de eleição ou mesmo consulta popular (plebiscito ou referendo). Assim, se o eleitor deixa de votar no primeiro e segundo turnos de uma eleição e em plebiscito que ocorra a seguir, seu título deverá ser cancelado. As hipóteses de suspensão e perda dos direitos políticos estão previstas no artigo 15 da Constituição Federal. É de se destacar que a perda será sempre definitiva, enquanto que a suspensão dos direitos políticos é temporária. sugerimos a releitura do trecho adequando a explicação para uma melhor compreensão

Alternativa correta: assertiva "d": CORRETO. Regra prevista no artigo 71, § 1º do Código Eleitoral.

Assertiva "a": INCORRETO. O cancelamento da inscrição ocorrerá caso o eleitor deixe de votar e justificar a ausência por três pleitos consecutivos.

Assertiva "b": INCORRETO. A comunicação é realizada pelos órgãos estatais competentes.

Assertiva "c": INCORRETO. Conferir artigo 75 do Código Eleitoral, o qual dispõe que:

> **Art. 75.** *O Tribunal Regional, tomando conhecimento através de seu fichário, da inscrição do mesmo eleitor em mais de uma Zona sob sua jurisdição, comunicará o fato ao Juiz competente para o cancelamento, que de preferência deverá recair:*
>
> *I. na inscrição que não corresponda ao domicílio eleitoral;*
>
> *II. naquela cujo título não haja sido entregue ao eleitor;*
>
> *III. naquela cujo título não haja sido utilizado para o exercício do voto na última eleição;*
>
> *IV. na mais antiga.*

Assertiva "e": INCORRETO. De acordo com o artigo 72 do Código Eleitoral, "durante o processo e até a exclusão pode o eleitor votar validamente".

16. (FCC – Promotor de Justiça – AP/2012) A revisão do eleitorado

a) não poderá ser presidida pelo juiz eleitoral da zona submetida à revisão, devendo ser designado pelo Tribunal Regional Eleitoral outro juiz para exercer essas funções.

b) poderá ser ordenada de ofício pelo Tribunal Superior Eleitoral quando o total de transferências de eleitores ocorridas no ano em curso seja dez por cento superior ao do ano anterior.

c) poderá ser ordenada de ofício pelo Tribunal Regional Eleitoral quando o eleitorado for superior a sessenta e cinco por cento da população projetada para aquele ano pelo Instituto Brasileiro de Geografia e Estatística – IBGE.

d) poderá ser realizada em ano eleitoral, independentemente de autorização do Tribunal Superior Eleitoral, quando houver representação nesse sentido do Corregedor Regional Eleitoral.

e) poderá ser ordenada de ofício pelo Tribunal Regional Eleitoral quando o eleitorado for superior ao dobro da população entre dez e quinze anos, somada à de idade superior a setenta anos no território daquele município.

COMENTÁRIOS

✪ **Nota do autor:** Anualmente, de forma ordinária, ou extraordinariamente, sempre que entender necessário ou ante a existência de indícios de irregularidade, o corregedor-regional eleitoral realizará correição do eleitorado, a fim de verificar se existem irregularidades no processo de alistamento eleitoral que comprometam a normalidade e a legitimidade das eleições (excesso de eleitores em determinado município, acima da média populacional, ou inscrição de eleitores falecidos, por exemplo). Caso, na correição, seja comprovada irregularidade comprometedora, será realizada a revisão do eleitorado, procedimento equivalente a um recadastramento, a partir do qual todos os eleitores de determinada zona ou região serão convocados para uma revisão eleitoral, sob pena de cancelamento do título. O procedimento de revisão eleitoral poderá ser provocado mediante denúncia fundamentada de fraude no alistamento em zona ou município, dirigida ao TRE. Provada a fraude em proporção comprometedora, TRE determina revisão, comunicando ao TSE. O juiz eleitoral da zona submetida à revisão deverá presidir os trabalhos, que poderão ser fiscalizados pelos partidos políticos, dando início aos procedimentos no prazo máximo de 30 dias da aprovação da revisão pelo tribunal competente. O TRE, através da corregedoria regional, inspecionará os trabalhos de revisão, que deverão ter ampla divulgação junto ao eleitorado. Edital deverá ser publicado pelo juiz cinco dias antes do início dos trabalhos, comunicando a população. O juiz eleitoral prolatará sentença de cancelamento dos títulos não revisados, cabendo recurso, no prazo de 03 dias, ao TRE. Após, o juiz fará relatório e o encaminhará à Corregedoria Regional Eleitoral. Por fim, o Corregedor Regional Eleitoral, ouvido o Ministério Público, indica eventuais providências a serem tomadas, se verificar irregularidades na realização dos trabalhos, e submete o relatório ao TRE, para homologação, se entender regular os trabalhos revisionais.

Alternativa correta: assertiva "b": CORRETO. O TSE determinará, de ofício, a revisão sempre que: I – total de transferências de eleitores ocorridas no ano em curso seja dez por cento superior à do ano anterior; II – eleitorado for superior ao dobro da população entre dez e quinze anos, somada à idade superior a 70 anos do território daquele município; III – eleitorado for superior a 65% da população projetada para aquele ano pelo IBGE

Assertiva "a": INCORRETO. O juiz eleitoral da zona submetida à revisão deverá presidir os trabalhos, que poderão ser fiscalizados pelos partidos políticos, dando início aos procedimentos no prazo máximo de 30 dias da aprovação da revisão pelo tribunal competente.

Assertiva "c": INCORRETO. É o TSE que faz esta determinação de ofício, e não o TRE.

Assertiva "d": INCORRETO. Neste caso, deverá ocorrer a autorização do TSE.

Assertiva "e": INCORRETO. O TSE, e não o TRE, fará esta determinação.

17. (CESPE – Promotor de Justiça-RN/ 2009) A CF e as leis eleitorais brasileiras estabelecem a disciplina da nacionalidade do candidato, que pode ter particularidades conforme o cargo pretendido. A esse respeito, assinale a opção correta.

a) Um cidadão português que goze do estatuto da reciprocidade pode ser candidato a presidente da República.

b) Em qualquer caso, a dupla nacionalidade de um cidadão brasileiro impõe a inelegibilidade.

c) Brasileiro que se naturalizar alemão em virtude de imposição legal da Alemanha perde a capacidade eleitoral passiva.

d) Estrangeiro nacionalizado brasileiro somente pode ser candidato a cargos legislativos.

e) Cidadão brasileiro nascido no exterior e registrado no consulado do Brasil pode ser candidato a presidente da República.

COMENTÁRIOS

Alternativa correta: assertiva "e": CORRETO. Nesta hipótese, o referido cidadão será brasileiro nato, conforme previsão do artigo 12 da Constituição Federal.

Assertiva "a": INCORRETO. O cargo de Presidente da República é privativo de brasileiro nato.

Assertiva "b": INCORRETO. Para fins eleitorais, não importa se o brasileiro tem dupla nacionalidade.

Assertiva "c": INCORRETO. A Constituição Federal de 1988, em seu artigo 12, prevê a possibilidade de brasileiro naturalizado estrangeiro manter a nacionalidade brasileira.

Assertiva "d": INCORRETO. Brasileiro naturalizado pode ser candidato a prefeito e a governador.

18. (MPE-MS – Promotor de Justiça – MS/2011) Embora eleitores, não podem votar:

a) os eleitores analfabetos;

b) Os oficiais, aspirantes a oficiais, subtenentes ou suboficiais, sargentos ou alunos das escolas militares de ensino superior para formação de oficiais;

c) Os eleitores conscritos;

d) Os estrangeiros naturalizados;

e) nenhuma das alternativas anteriores.

COMENTÁRIOS

Alternativa correta: assertiva "c": CORRETO. Os eleitores conscritos ficam com seus direitos políticos suspensos, durante o serviço militar obrigatório, caso já sejam alistados.

Assertiva "a": INCORRETO. Analfabeto alistado pode votar, só não pode ser votado.

Assertiva "b": INCORRETO. Salvo os conscritos, os militares devem votar.

Assertiva "d": INCORRETO. Estrangeiro naturalizado é brasileiro, submetendo-se também à regra do voto obrigatório.

19. (MPE-MS – Promotor de Justiça – MS/2011) Assinale a alternativa **incorreta.** E vedada a cassação de direitos políticos,

a) salvo se for decretada a incapacidade civil absoluta;

b) salvo escusa de consciência, invocada por quem pretende eximir-se do adimplemento de obrigação legal a todos imposta (art. 5°, VIII, da CF);

c) salvo se houver condenação criminal transitada em julgado, enquanto durarem seus efeitos;

d) salvo condenação por improbidade administrativa, nos termos do art. 37, § 4° da CF;

e) todas as alternativas são corretas.

COMENTÁRIOS

✪ **Nota do autor**: o gabarito oficial determinou a alternativa "e" como correta. Contudo, a questão deveria ter sido anulada, uma vez que a cassação dos direitos políticos é vedada em qualquer hipótese no Brasil. Cassação é um termo que denota a retirada arbitrária dos direitos políticos, o que é vedado no nosso país.

---

20. (MPE-MS – Promotor de Justiça – MS/2011) Analise as assertivas abaixo.

I. A perda ou suspensão dos direitos políticos pode acarretar várias conseqüências jurídicas, e será automática, não cabendo mais recurso visando a manutenção dos direitos políticos do cidadão.

II. Uma das conseqüências jurídicas da perda ou a suspensão de direitos políticos é o cancelamento do alistamento.

III. Não é automática a exclusão do corpo de eleitores, em caso de perda ou suspensão dos direitos políticos, devendo seguir um procedimento próprio junto da Justiça Eleitoral.

IV. O eleitor que teve suspenso seus direitos políticos não tem legitimidade para propor ação popular, enquanto perdurar esta situação.

V. O cidadão tem direito a ampla defesa, antes de ser excluído do corpo de eleitores, podendo, se for o caso, requerer produção de prova visando manter os seus direitos políticos.

a) todos os itens estão corretos;

b) somente os itens I, III e V estão incorretos;

c) somente os itens II, III, IV e V estão corretos;

d) somente os itens I, II e IV estão incorretos;

e) todos os itens estão incorretos.

COMENTÁRIOS

Alternativa correta: assertiva "c". II, III, IV e V estão corretos. De acordo com o artigo 15 da Constituição Federal de 1988, "é vedada a cassação de direitos políticos, cuja perda ou suspensão só se dará nos casos de: I – cancelamento da naturalização por sentença transitada em julgado; II – incapacidade civil absoluta; III – condenação criminal transitada em julgado, enquanto durarem seus efeitos; IV – recusa de cumprir obrigação a todos imposta ou prestação alternativa, nos termos do art. 5º, VIII; V – improbidade administrativa, nos termos do art. 37, § 4º". Como já observado, o gozo dos direitos políticos é requisito para o exercício das capacidades políticas ativa e passiva. Daí a importância do estudo das hipóteses de perda e suspensão dos direitos políticos, tema que suscita muita confusão na doutrina, e na própria legislação, tendo em vista a ocorrência de erros constantes quanto aos conceitos de perda e suspensão. Afinal de contas, qual a diferença entre os dois conceitos? Podemos afirmar que a perda dos direitos políticos é definitiva, enquanto que a suspensão é temporária. Diante desta diferenciação, é possível concluir que a única hipótese de perda de direitos políticos prevista no ordenamento jurídico brasileiro ocorre quando o indivíduo perde a sua nacionalidade, seja em ação de cancelamento de naturalização, ou seja, voluntariamente. Deixando de ser brasileiro, o indivíduo fica, evidentemente, impedido de exercer direitos políticos no Brasil, de forma definitiva. À margem da hipótese de perda da nacionalidade brasileira, não restam outras possibilidades de perda de direitos políticos no Brasil. Afinal, a Constituição Federal é muito clara ao vedar a cassação de direitos políticos. Assim, todas as demais hipóteses de impedimento pleno ao exercício de direitos políticos se vinculam a situações de suspensão de direitos políticos, de caráter temporário. Exemplos, entretanto, não faltam, no que se refere a erros de conceituação entre perda e suspensão de direitos políticos na legislação brasileira. Notória era, neste sentido, a antiga redação do artigo 435 do Código de Processo Penal, que dispunha que "a recusa ao serviço do júri, motivada por convicção religiosa, filosófica ou política, importará a perda dos direitos políticos". Evidentemente, abstraindo-se a própria discussão acerca da constitucionalidade do referido dispositivo, uma vez que, de acordo com a Constituição Federal, existe a possibilidade de prestação alternativa, quando o dispositivo legal referido falava em "perda" de direitos políticos dever-se-ia ler "suspensão" de tais direitos. Afinal, a perda, definitiva, importaria em cassação dos mesmos direitos, vedada constitucionalmente. Admitindo o equívoco, o legislador, por meio da Lei 11.689/08, além de revogar o referido artigo 435, criou um novo, o art. 438, com a seguinte redação: "a recusa ao serviço do júri fundada em convicção religiosa, filosófica ou política importará no dever de prestar serviço alternativo, sob pena de suspensão dos direitos políticos, enquanto não prestar o serviço imposto".

3. QUESTÕES DE CONCURSOS PARA O MINISTÉRIO PÚBLICO FEDERAL (PROCURADOR DA REPÚBLICA)

21. (MPF – Procurador da República/2006) Considerando as seguintes assertivas:

I. O eleitor brasileiro residente no exterior poderá votar em candidatos a deputado federal, a senador e a presidente da República se tiver requerido inscrição até cento e cinquenta e um dias antes do dia da eleição;

II. O domicilio eleitoral é necessariamente o lugar em que o eleitor reside e tem seu domicílio fiscal;

III. Enquanto durarem os efeitos de condenação criminal transitada em julgado por crime de peculato, os direitos políticos ficam suspensos;

Pode-se afirmar que:

a) todas estão erradas

b) apenas I está certa

c) apenas II está certa

d) apenas III está certa

COMENTÁRIOS

Nota do autor: Podemos afirmar que a perda dos direitos políticos é definitiva, enquanto que a suspensão é temporária. Diante desta diferenciação, é possível concluir que a única hipótese de perda de direitos políticos prevista no ordenamento jurídico brasileiro ocorre quando o indivíduo perde a sua nacionalidade, seja em ação de cancelamento de naturalização, ou seja, voluntariamente. Deixando de ser brasileiro, o indivíduo fica, evidentemente, impedido de exercer direitos políticos no Brasil, de forma definitiva. À margem da hipótese de perda da nacionalidade brasileira, não restam outras possibilidades de perda de direitos políticos no Brasil. Afinal, a Constituição Federal é muito clara ao vedar a cassação de direitos políticos. Assim, todas as demais hipóteses de impedimento pleno ao exercício de direitos políticos se vinculam a situações de suspensão de direitos políticos, de caráter temporário.

Alternativa correta: letra "d" – apenas III está certa.

Assertiva I – Incorreto. O eleitor residente no exterior, caso se aliste até 151 dias antes da eleição como eleitor de seção eleitoral localizada fora do país, poderá votar apenas para Presidente da República, ficando dispensado de votar para os demais cargos eletivos.

Assertiva II – Incorreto. Segundo jurisprudência consolidada do TSE (Ac. 18.124, de 16.11.00, do TSE, RJTSE, v. 12, t.3), o domicílio eleitoral não se confunde, necessariamente, com o domicílio civil. Assim, o fato de o eleitor residir em determinado município não constitui óbice para que o mesmo se aliste como eleitor de outro, desde que com este outro mantenha vínculos (negócios, propriedades, atividades políticas etc.). É o chamado "domicílio eleitoral afetivo".

Assertiva III – Correto. De acordo com o artigo 15 da Constituição Federal de 1988, "é vedada a cassação de direitos políticos, cuja perda ou suspensão só se dará nos casos de: I – cancelamento da naturalização por sentença transitada em julgado; II – incapacidade civil absoluta; III – condenação criminal transitada em julgado, enquanto durarem seus efeitos; IV – recusa de cumprir obrigação a todos imposta ou prestação alternativa, nos termos do art. 5º, VIII; V – improbidade administrativa, nos termos do art. 37, § 4º".

---

22. (MPF – Procurador da República – 2008) Os direitos políticos no sistema constitucional-eleitoral do Brasil:

a) Compreendem o alistamento não obrigatório e o voto obrigatório, porém o eleitor deve se vincular a uma circunscrição eleitoral havendo relação com o seu domicilio, o qual não se confunde com o domicílio civil.

b) São exercidos apenas pelos brasileiros natos, desde que presentes os requisitos de domicílio eleitoral, alistamento, idade mínima, ausência de condenação criminal, condições de elegibilidade e ausência de hipóteses de inelegibilidade.

c) Estão entre os direitos fundamentais e se manifestam, além das eleições para os cargos públicos, através do plebiscito e referendo e a necessidade de prévia consulta à população para a elaboração das resoluções do Tribunal Superior Eleitoral.

d) Envolve a cidadania ativa e passiva, sendo um dos pilares do Estado democrático de direito, inexistindo possibilidade de cassação.

COMENTÁRIOS

Alternativa correta: letra "d" – Os direitos políticos no Brasil envolvem a cidadania ativa, correspondente à capacidade política do cidadão para exercer o sufrágio, bem como a cidadania passiva, relativa à elegibilidade (capacidade de ser votado).

Assertiva "a" – Incorreta. O alistamento eleitoral é obrigatório para todos os brasileiros alfabetizados, natos ou naturalizados, entre 18 e 70 anos de idade, sendo facultativo apenas para os analfabetos de qualquer idade, os jovens entre 16 e 18 anos e os maiores de 70 anos de idade.

Assertiva "b" – Incorreta. Os brasileiros naturalizados também podem exercer direitos políticos, sendo-lhes vedados, tão somente, os acessos aos cargos de Presidente e Vice-Presidente da República; Presidente da Câmara dos Deputados; Presidente do Senado Federal; Ministro do Supremo Tribunal Federal; cargos da carreira diplomática; Oficial das Forças Armadas; e Ministro de Estado da Defesa.

Assertiva "c" – Incorreta. Não há necessidade prévia de consulta à população para a elaboração das resoluções do TSE.

---

23. (MPF – Procurador da República/2012) A suspensão dos direitos políticos em virtude de condenação criminal transitada em julgado:

a) só ocorre quando a sentença condenatória expressamente a declarar, não constituindo seu efeito automático;

b) para cessar depende do cumprimento da pena, da declaração da reabilitação do condenado e, quando for o caso, da comprovação da reparação dos danos causados à vítima;

c) não ocorre quando a sentença condenatória aplicar exclusivamente pena de multa;

d) perdura durante o período de prova da suspensão condicional da pena.

COMENTÁRIOS

✪ **Nota do autor:** Segundo o inciso III do artigo 15 da Constituição Federal, é causa de suspensão dos direitos políticos a condenação criminal transitada em julgado enquanto durarem seus efeitos. Assim, pode-se afirmar que a condenação criminal sem trânsito em julgado não gera suspensão de direitos políticos, embora possa gerar inelegibilidade, conforme previsto na LC 135/10 (Lei da Ficha Limpa). Uma antiga discussão, entretanto, no que se refere à expressão "enquanto durarem seus efeitos", vale ser ressaltada: o não cumprimento dos efeitos subsidiários da condenação, como, por exemplo, o dever de indenizar a vítima, preserva a suspensão dos direitos políticos mesmo após o cumprimento da pena? Em 1992, o TRE-RS, em decisão paradigmática (Ac. 50/92, Rel. Juiz Armindo José Lima da Rosa) decidiu que enquanto não atendida a obrigação de indenizar, perdurarão os efeitos da condenação e, portanto, a suspensão dos direitos políticos. Posteriormente, entretanto, o Tribunal Superior Eleitoral, através da sua súmula nº 09, firmou entendimento no sentido contrário, esclarecendo que o cumprimento ou extinção da pena faz cessar a suspensão dos direitos políticos imediatamente, independentemente de reabilitação criminal ou prova de reparação de danos. Ainda no que se refere à suspensão dos direitos políticos por condenação criminal transitada em julgado, enquanto durarem seus efeitos, uma outra polêmica interessante merece ser reacendida: é possível a suspensão dos direitos políticos em virtude de condenação por contravenção penal? Duas correntes se dividem quanto a esta questão: a primeira realiza uma interpretação literal da Constituição, mais restrita, defendendo que somente a condenação definitiva por prática de crime gera a suspensão dos direitos políticos; a segunda, por sua vez, em sentido contrário, realiza uma interpretação teleológica da Constituição, defendendo que o objetivo do legislador constituinte é a defesa da ordem democrática contra a indignidade penal. Assim, para a segunda corrente, a condenação com trânsito em julgado por contravenção penal geraria a suspensão dos direitos políticos, enquanto durarem os efeitos da condenação. O Tribunal Superior Eleitoral, em julgado de 1996 (Ac. 13.027, Rel. Min. Marco Aurélio, DJ 18/09/1996), aderiu à segunda corrente, interpretando que a condenação com trânsito em julgado por contravenção penal gera a suspensão dos direitos políticos do réu. No que se refere, por sua vez, à hipótese de *sursis* (suspensão condicional da pena), entende o TSE que, por continuar a existir condenação criminal com trânsito em julgado, mantém-se a suspensão dos direitos políticos do condenado (Ac. 466, de 31.10.06, do TSE, DJ de 27.11.06). Da mesma forma, caso um indivíduo condenado com trânsito em julgado por prática de crime promova a revisão criminal, continuará o mesmo com os direitos políticos suspensos, até que o pedido da revisão seja julgado definitivamente procedente. Já na hipótese de suspensão condicional do processo, como ainda não houve condenação criminal transitada em julgado, o réu preserva seus direitos políticos intactos. O mesmo ocorre na hipótese de transação penal imposta nos termos do artigo 76 da Lei nº 9.099/95 (Lei dos Juizados Especiais), uma vez que não há, neste caso, sentença penal condenatória.

Alternativa correta: assertiva "d" – Correto. A suspensão condicional da pena só ocorre quando há condenação. Assim, pouco importa se tal benefício for concedido ao condenado. Havendo sentença penal condenatória transitada em julgado, ocorre, de forma imediata, a suspensão dos direitos políticos do condenado, independentemente da espécie de pena aplicada, enquanto perdurarem os efeitos da condenação.

Assertiva "a" – Incorreta. De acordo com o artigo 15 da Constituição Federal de 1988, "é vedada a cassação de direitos políticos, cuja perda ou suspensão só se dará nos casos de: I – cancelamento da naturalização por sentença transitada em julgado; II – incapacidade civil absoluta; III – condenação criminal transitada em julgado, enquanto durarem seus efeitos; IV – recusa de cumprir obrigação a todos imposta ou prestação alternativa, nos termos do art. 5º, VIII; V – improbidade administrativa, nos termos do art. 37, § 4º." O trânsito em julgado de sentença criminal condenatória, portanto, tem como efeito imediato a suspensão dos direitos políticos do condenado.

Assertiva "b" – Incorreta. De acordo com a Súmula nº 09 do TSE, "a suspensão de direitos políticos decorrente de condenação criminal transitada em julgado cessa com o cumprimento ou a extinção da pena, independendo de reabilitação ou de prova de reparação de danos".

Assertiva "c" – Incorreta. Havendo sentença penal condenatória transitada em julgado, ocorre, de forma imediata, a suspensão dos direitos políticos do condenado, independentemente da espécie de pena aplicada, enquanto perdurarem os efeitos da condenação.

---

24. (MPF – Procurador da República/2013) Sobre o alistamento eleitoral e o voto, com base na Constituição Federal de 1988, é correto afirmar:

a) O alistamento eleitoral é obrigatório para os maiores de dezoito anos; é facultativo para os conscritos por estarem prestando o serviço militar.

b) O alistamento eleitoral é facultativo para os maiores de dezesseis anos e menores de dezoito anos, mas o voto é obrigatório.

c) O alistamento eleitoral é facultativo para os maiores de setenta anos, mas o voto é obrigatório, sendo cancelada a inscrição eleitoral se o eleitor maior de setenta anos não comparecer em três eleições consecutivas.

d) O alistamento eleitoral é facultativo para analfabetos; os maiores de setenta anos; os maiores de dezesseis anos e menores de dezoito anos; o voto é facultativo nas três hipóteses citadas.

COMENTÁRIOS

Alternativa correta: assertiva "d" – Correto. A Constituição de 1988 facultou o alistamento aos analfabetos, aos maiores de 70 anos e aos menores entre 16 e 18 anos de idade. Para os brasileiros alfabetizados entre 18 e 70 anos, salvo os conscritos, o alistamento é obrigatório.

Assertiva "a" – Incorreta. Os conscritos são inalistáveis, não lhes sendo facultado, portanto, o alistamento eleitoral.

Assertiva "b" – Incorreta. Não há obrigatoriedade nem de alistamento nem de voto para os jovens entre 16 e 18 anos.

Assertiva "c" – Incorreta. O maior de 70 anos não é obrigado a votar no Brasil.

---

25. (MPF – Procurador da República/2013) Em relação aos direitos políticos, previstos na Constituição Federal de 1988, é correto afirmar:

a) A soberania popular ser exercida somente pelo sufrágio universal e pelo voto direto e secreto, com valor igual para todos, inclusive na hipótese de ocorrer a vacância para os cargos de Presidente e Vice-Presidente nos últimos dois anos do período presidencial.

b) A soberania popular ser exercida, inclusive, nos termos da lei complementar, mediante plebiscito, referendo e iniciativa popular, sendo esta admitida somente para elaboração de leis federais.

c) A soberania popular ser exercida, inclusive, nos termos da lei, mediante plebiscito, referendo e iniciativa popular, sendo esta admitida também para apresentação de projetos de lei de interesse específico do Município, da cidade ou de bairros, através da manifestação de pelo menos, 5% (cinco por cento) do eleitorado.

d) A soberania popular ser exercida, inclusive, nos termos da lei complementar, mediante plebiscito, referendo e iniciativa popular, sendo da competência exclusiva da Câmara dos Deputados, composta por representantes do povo, autorizar referendo, plebiscito e a iniciativa popular.

COMENTÁRIOS

Alternativa correta: assertiva "c" – Correto. Regra prevista na Constituição Federal, no seu artigo 29, XIII.

Assertiva "a" – Incorreta. Nesta hipótese, a eleição será indireta, por colégio eleitoral.

Assertiva "b" – Incorreta. Leis estaduais e municipais também poderão ter iniciativa popular, de acordo com o princípio da simetria.

Assertiva "d" – Incorreta. Não há necessidade de autorização, por parte da Câmara, para a apresentação de projeto de iniciativa popular de lei.

---

26. (MPF – Procurador da República/2011) Com base nas disposições constitucionais sobre eleições, nacionalidade e direitos políticos, assinale a alternativa correta:

a) a lei que alterar o processo eleitoral publicada no dia 10 (dez) de dezembro somente entrará em vigor no primeiro dia do ano seguinte ao de sua publicação, podendo ser aplicada à eleição que ocorrer em outubro deste mesmo ano;

b) o Presidente e o Vice-Presidente da República são eleitos segundo o sistema majoritário (princípio majoritário), enquanto os membros do Congresso Nacional são eleitos pelo sistema proporcional;

c) a lei complementar que dispuser sobre casos de inelegibilidade não poderá estabelecer distinções entre brasileiros natos e naturalizados além das previstas na Constituição;

d) a eleição do Prefeito e do Vice-Prefeito se dará pelo sistema majoritário (princípio majoritário), e nos municípios com mais de duzentos mil habitantes ficará sujeita a dois turnos de votação entre os dois candidatos mais votados, se no primeiro turno nenhum dos candidatos alcançar maioria absoluta de votos.

COMENTÁRIOS

Assertiva "a" – Incorreta. De acordo com o artigo citado, "a lei que alterar o processo eleitoral entrará em vigor na data da sua publicação, não se aplicando à eleição que ocorra até um ano da data da sua vigência". Estabeleceu, assim, o legislador constitucional originário, o princípio da anualidade eleitoral, de fundamental importância para a preservação da segurança jurídica. Evita-se, a partir da aplicação do princípio da anualidade, que as normas eleitorais sejam modificadas faltando menos de um ano e um dia para as eleições, prejudicando o equilíbrio da disputa, com a mudança das regras do jogo.

Assertiva "b" – Incorreta. Nem todos os membros do Congresso nacional são eleitos pelo sistema proporcional. Apenas os deputados federais são eleitos desta forma. Os senadores, também membros do Congresso nacional, são eleitos pelo sistema majoritário simples.

Assertiva "d" – Incorreta. O erro da questão se encontra na expressão "se no primeiro turno nenhum dos candidatos alcançar maioria absoluta de votos", uma vez que para que não ocorra segundo turno bastará que o candidato mais votado tenha a maioria dos votos válidos, e não do total de votos dados na eleição. Se a questão falasse em votos válidos estaria correta.

Alternativa correta: assertiva "c" – É direito político fundamental, acessível a qualquer brasileiro, o exercício da capacidade política ativa. A nacionalidade brasileira, neste diapasão, constitui-se em condição de elegibilidade, a qual não deve ser restringida por norma infraconstitucional, sob pena de violação a direito individual fundamental protegido por cláusula pétrea. Apenas o texto originário da Constituição poderia trazer algum tipo de diferenciação de direitos entre brasileiros natos e naturalizados, o que o fez no art. 12, § 3º. No mesmo artigo 12, só que no § 2º, a Constituição Federal estabelece que "a lei não poderá estabelecer distinção entre brasileiros natos e naturalizados, salvo nos casos previstos nesta Constituição".

4. QUESTÕES DE CONCURSOS PARA A DEFENSORIA PÚBLICA DA UNIÃO

27. (CESPE – Defensor Público – DPU/ 2007) O alistamento eleitoral é obrigatório para todos os que tiverem idade superior a 18 anos.

COMENTÁRIOS

✪ **Nota do autor**: – O alistamento eleitoral, considerado a primeira etapa do processo eleitoral, é o ato pelo qual o indivíduo se habilita, perante a Justiça Eleitoral, como eleitor e sujeito de direitos políticos, conquistando a capacidade eleitoral ativa. O alistamento eleitoral, segundo o artigo 42 do Código Eleitoral, se faz mediante a qualificação e a inscrição do eleitor. A qualificação é o ato através do qual o indivíduo faz prova que satisfaz as exigências legais para se tornar eleitor. Já a inscrição é o registro da pretensão à condição de eleitor, realizada por servidor da Justiça Eleitoral a partir de postulação do cidadão. É através do preenchimento de formulário específico denominado RAE (requerimento de alistamento eleitoral) que se realiza a postulação ao alistamento eleitoral. O RAE serve como documento de entrada de dados e é processado eletronicamente, em todo o território nacional, por servidor da Justiça Eleitoral, na presença do eleitor. De grande relevância é a distinção estabelecida entre alistamento eleitoral, transferência eleitoral, revisão eleitoral e segunda via, prevista nos artigos 4º a 7º da Resolução nº 21.538/03, conforme a seguinte tabela:

Distinção entre alistamento eleitoral, transferência, revisão e segunda via
– alistamento: quando o alistando requerer inscrição e em seu nome não for identificada inscrição em nenhuma zona eleitoral do país ou exterior, ou a única inscrição localizada estiver cancelada por determinação de autoridade judiciária.
– transferência: ocorre sempre que o eleitor desejar alterar seu domicílio eleitoral. Neste caso, é mantido o número do título de eleitor.
– revisão: ocorre quando o eleitor necessitar alterar local de votação no mesmo município, ainda que haja mudança de zona eleitoral, retificar dados pessoais ou regularizar situação de inscrição cancelada por falecimento, duplicidade/pluralidade, deixar de votar em três eleições consecutivas e revisão do eleitorado, desde que comprovada a inexistência de outra inscrição regular ou suspensa para o eleitor.
– segunda via: ocorre quando o eleitor estiver inscrito e em situação regular na zona por ele procurada e desejar apenas a segunda via do seu título eleitoral, sem nenhuma alteração.
– nos casos de revisão e segunda via, a data de domicílio do eleitor não será alterada.

Resposta: alternativa incorreta. Os analfabetos, mesmo quando maiores de 18 anos, não são obrigados a realizar o alistamento eleitoral, embora tenham esta faculdade garantida pela Constituição de 1988.

5. QUESTÕES DE CONCURSOS PARA ANALISTA JUDICIÁRIO – ÁREA JUDICIÁRIA DOS TRIBUNAIS REGIONAIS ELEITORAIS

28. (Consulplan – Analista Judiciário – Área Judiciária – TSE/2012) O conceito de domicílio eleitoral é

a) igual ao conceito de domicílio do direito civil.

b) idêntico ao conceito de residência do direito civil.

c) o local onde o eleitor exerce sua profissão.

d) o lugar onde o eleitor possui moradia ou residência.

COMENTÁRIOS

Nota do autor: Segundo jurisprudência consolidada do TSE (Ac. 18.124, de 16.11.00, do TSE, RJTSE, v. 12, t.3), o domicílio eleitoral não se confunde, necessariamente, com o domicílio civil. Assim, o fato de o eleitor residir em determinado município não constitui óbice para que o mesmo se aliste como eleitor de outro, desde que com este outro mantenha vínculos (negócios, propriedades, atividades políticas etc.). É o chamado "domicílio eleitoral afetivo". A banca examinadora, de forma equivocada, atribuiu como resposta correta a letra "a". Na verdade, a questão não tem resposta correta.

29. (CESPE – Analista Judiciário – Área Judiciária – TRE-RJ/2012) Com base no disposto no Código Eleitoral (Lei nº 4.737/1965) acerca do cancelamento e da exclusão do alistamento eleitoral, julgue os itens a seguir.

I. No processo de exclusão de alistamento eleitoral, a defesa pode ser realizada pelo próprio interessado, por outro eleitor ou, ainda, por delegado de partido.

II. Ressalvada a hipótese de falecimento, a partir da instauração do processo de exclusão, o eleitor, preventivamente, já não poderá votar. Busca-se, com isso, evitar que seja computado como válido voto passível de ser anulado posteriormente no caso de sentença final que determine a exclusão do referido eleitor.

COMENTÁRIOS

✪ **Nota do autor:** São causas de cancelamento do título eleitoral a infração às regras do domicílio eleitoral; a suspensão ou perda dos direitos políticos (que serão estudadas ainda neste capítulo); a pluralidade de inscrição; o falecimento do eleitor e a falta injustificada em três eleições consecutivas, sem pagamento de multa. Anualmente, de forma ordinária, ou extraordinariamente, sempre que entender necessário ou ante a existência de indícios de irregularidade, o corregedor-regional eleitoral realizará correição do eleitorado, a fim de verificar se existem irregularidades no processo de alistamento eleitoral que comprometam a normalidade e a legitimidade das eleições (excesso de eleitores em determinado município, acima da média populacional, ou inscrição de eleitores falecidos, por exemplo). Caso, na correição, seja comprovada irregularidade comprometedora, será realizada a revisão do eleitorado, procedimento equivalente a um recadastramento, a partir do qual todos os eleitores de determinada zona ou região serão convocados para uma revisão eleitoral, sob pena de cancelamento do título.

Respostas:

Item I. Certo. O eleitor poderá realizar sua defesa, neste caso, assim como pode ser defendido por outro eleitor. De acordo com o artigo 27, II da Resolução nº 21.538/03, partido político também pode assumir a defesa do eleitor cuja exclusão esteja sendo promovida. A presente regra está prevista, expressamente, no artigo 73 do Código Eleitoral

Item II. Errado. De acordo com o artigo 72 do Código Eleitoral, "durante o processo e até a exclusão, pode o eleitor votar validamente".

---

30. (CESPE – Analista Judiciário / TRE-BA / 2010) Considerando que um cidadão brasileiro tenha dupla cidadania e candidate-se a deputado federal, julgue os próximos itens com base nas leis eleitorais e partidárias e nas disposições constitucionais sobre cidadania.

I. A justiça eleitoral deverá indeferir essa candidatura, pois a CF veda que pessoa detentora de cidadania estrangeira seja candidata a esse cargo eletivo, ainda que se trate de caso de dupla cidadania.

II. A justiça eleitoral deverá deferir a candidatura apenas se o candidato em apreço renunciar expressamente à cidadania de outro país.

III. A candidatura considerada poderá ser deferida, mas, se o candidato for eleito, ele não poderá ocupar a presidência da Câmara dos Deputados.

IV. A candidatura em questão poderá ser deferida, mas, se o candidato for eleito, ele não poderá ocupar nenhum cargo da Mesa Diretora da Câmara dos Deputados.

COMENTÁRIOS

Respostas:

Item I e II. Errados. Não importa para a legislação eleitoral brasileira se o indivíduo possui dupla nacionalidade. A condição de elegibilidade requerida na Constituição de 1988 é a nacionalidade brasileira, independentemente da existência de polipatria.

Item III. Errado. Se o indivíduo for brasileiro nato, independentemente de ser polipátrida, poderá ocupar a presidência da Câmara dos Deputados, caso eleito.

Item IV. Errado. Se o indivíduo for brasileiro nato, independentemente de ser polipátrida, poderá ocupar qualquer cargo na Mesa Diretora da Câmara dos Deputados, caso eleito.

6. QUESTÕES DE CONCURSOS PARA ANALISTA JUDICIÁRIO – ÁREA JUDICIÁRIA DO TRIBUNAL SUPERIOR ELEITORAL

---

31. (Consulplan – Analista Judiciário – Área Judiciária – TSE/2012) O conceito de domicílio eleitoral é

a) igual ao conceito de domicílio do direito civil.

b) idêntico ao conceito de residência do direito civil.

c) o local onde o eleitor exerce sua profissão.

d) o lugar onde o eleitor possui moradia ou residência.

COMENTÁRIOS

✪ **Nota do autor**: Segundo jurisprudência consolidada do TSE (Ac. 18.124, de 16.11.00, do TSE, RJTSE, v. 12, t.3), o domicílio eleitoral não se confunde, necessariamente, com o domicílio civil. Assim, o fato de o eleitor residir em determinado município não constitui óbice para que o mesmo se aliste como eleitor de outro, desde que com este outro mantenha vínculos (negócios, propriedades, atividades políticas etc.). É o chamado "domicílio eleitoral afetivo". A banca examinadora, de forma equivocada, atribuiu como resposta correta a letra "a". Na verdade, a questão não tem resposta correta.

7. QUESTÕES DE CONCURSOS PARA TÉCNICO JUDICIÁRIO DOS TRIBUNAIS REGIONAIS ELEITORAIS

32. (Consulplan – Técnico Judiciário – Área Administrativa - TSE/2012) Confúcio, um jovem politicamente ativo em sua cidade, fez seu alistamento aos 16 anos, para expressar, por meio do voto, sua indignação acerca da atual administração municipal. Em 2012, ano em que as eleições se verificarão, ele, também por dever constitucional, está prestando o serviço militar obrigatório. No dia da eleição, portando seu título eleitoral, Confúcio encaminha-se para a sua seção eleitoral e é impedido pelo presidente da mesa de votar. Agiu o presidente de forma correta?

a) SIM

b) NÃO

COMENTÁRIOS

Alternativa correta: assertiva "a". O jovem em questão é inalistável, uma vez que esta está na condição de conscrito.

33. (Consulplan – Técnico Judiciário – Área Administrativa - TSE/2012) De acordo com a Constituição da República Federativa do Brasil de 1988, são brasileiros naturalizados

a) os nascidos no estrangeiro de pai brasileiro ou de mãe brasileira, desde que sejam registrados em repartição brasileira competente.

b) os nascidos na República Federativa do Brasil, ainda que de pais estrangeiros, desde que estes não estejam a serviço de seu país.

c) os estrangeiros de qualquer nacionalidade, residentes na República Federativa do Brasil há mais de quinze anos ininterruptos e sem condenação penal.

d) os que, na forma da lei, adquiram a nacionalidade brasileira, exigidas aos originários de países de língua portuguesa apenas residência por um ano ininterrupto e idoneidade moral.

COMENTÁRIOS

✪ **Nota do autor:** Um dos três elementos fundamentais do Estado, ao lado do território e do poder soberano, é o povo, entendido como o grupo de indivíduos que guarda, com o Estado, vínculos jurídicos e políticos que vão além das próprias fronteiras estatais. O povo, assim, guarda com o Estado um vínculo de identidade, do qual derivam direitos e obrigações relacionadas ao exercício do poder e ao sufrágio, ao direito e ao dever de proteção recíprocos. Um brasileiro, esteja onde estiver no mundo, tem obrigações para com o Brasil, da mesma forma que o Brasil tem a obrigação de zelar pela vida, pela dignidade e pela proteção de todos os brasileiros, mesmo aqueles que vivem no exterior. O conceito de povo, assim, difere do de população, uma vez que a população é um mero conceito demográfico, que engloba a soma de todas as pessoas que estão no território de um Estado em determinado momento, inclusive as estrangeiras, e exclui as nacionais que não estão no território estatal. Um brasileiro que viaja pelo exterior, enquanto estiver fora do país, não integrará a população brasileira, mas continuará a ser considerado povo. Já um estrangeiro que reside no Brasil, sem ter sido naturalizado, será parte integrante da população brasileira, mas não do povo. É o povo que tem a prerrogativa de exercer direitos políticos. É o povo que tem capacidade política, sendo, por isso mesmo, elemento essencial do Estado. Através das regras do chamado "direito de nacionalidade", cada Estado define quem é o seu povo. Para isso, são aplicados critérios consagrados no âmbito do Direito Internacional, definidores dos conceitos de nacionalidade primária (também chamada de originária), decorrente do nascimento, e nacionalidade secundária (também chamada de derivada), decorrente de um ato de vontade, a naturalização. No Brasil, as normas referentes ao direito de nacionalidade estão previstas, fundamentalmente, no artigo 12 da Constituição Federal de 1988, e, subsidiariamente, no Estatuto do Estrangeiro (lei nº. 6.815/80). Assim, de acordo com o inciso I do artigo 12 da CF/88, são considerados brasileiros natos (nacionalidade primária), os nascidos no país, ainda que de pais estrangeiros, desde que estes não estejam a serviço do seu país; os nascidos no exterior, de pai ou mãe brasileira, desde que qualquer deles esteja a serviço da República Federativa do Brasil; e os nascidos no exterior, de pai ou mãe brasileira, que sejam registrados em repartição brasileira competente ou venham a residir no Brasil e optem, a qualquer tempo, depois de atingida a maioridade, pela nacionalidade brasileira. Pode-se afirmar, assim, que em relação à nacionalidade primária, o Brasil admite tanto o *jus solis* como o *jus sanguinis*. O *jus solis* é o critério do território, que defere nacionalidade aos nascidos no território do Estado. O *jus sanguinis* é o critério do sangue, da família, que defere a nacionalidade primária aos nascidos fora do território com laços familiares a nacionais (filhos de brasileiros nascidos no exterior). De acordo com o inciso II do citado artigo 12, por sua vez, são considerados brasileiros naturalizados (nacionalidade secundária), os que, na forma da lei (art. 112 da Lei nº. 6.815/80), adquiram a nacionalidade brasileira, exigidos aos originários de países de língua portuguesa apenas residência no Brasil por um ano ininterrupto e idoneidade moral (naturalização ordinária); e os estrangeiros de qualquer nacionalidade, residentes no Brasil há mais de 15 anos ininterruptos e sem condenação penal, desde que requeiram a nacionalidade brasileira (naturalização extraordinária, também chamada de quinzenária). Tanto os brasileiros natos como os brasileiros naturalizados deverão, nos termos da lei, exercer direitos políticos. A aquisição da capacidade política, para todos os brasileiros alfabetizados, inclusive os naturalizados, é obrigatória, como já exposto, aos maiores de 18 e menores de 70 anos de idade, conforme previsão do artigo 14 da Constituição Federal de 1988, salvo os conscritos (art. 14, § 2º da CF/88), durante o período do serviço militar obrigatório (conscrito é aquele indivíduo recrutado para o serviço militar obrigatório).

Alternativa correta: assertiva "d". Regra prevista no art. 12, II, "a" da Constituição Federal.

Assertiva "a". ERRADO. Em tal situação, o brasileiro será nato, conforme previsão constitucional.

Assertiva "b". ERRADO. Em tal situação, o brasileiro será nato, conforme previsão constitucional.

Assertiva "c". ERRADO. A naturalização não é automática, neste caso, necessitando de um processo formal.

---

34. (Técnico Judiciário – Área Administrativa TRE/MS 2013 – CESPE) Relativamente aos direitos políticos e aos partidos políticos, assinale a opção correta:

a) A inelegibilidade reflexa aplica-se ao cônjuge ou parente do vice-prefeito e dos secretários municipais.

b) Para concorrer a outro cargo, o deputado federal deve renunciar ao respectivo mandato até seis meses antes do pleito.

c) A CF adotou o sufrágio capacitário ao estabelecer a inelegibilidade dos analfabetos.

d) O conscrito não pode se alistar como eleitor.

e) A CF permite que os partidos políticos recebam recursos financeiros de governo estrangeiro, desde que haja a correspondente prestação de contas à justiça eleitoral.

COMENTÁRIOS

A resposta correta é letra "D". Previsão expressa do art. 14, § 2º da CF/1988.

Alternativa "a". ERRADO. A inelegibilidade reflexa, também conhecida como inelegibilidade parental, prevista no art. 14, § 7º/CF, somente atinge os parentes do Chefe do Poder Executivo, não atingindo os parentes dos respectivos Vices nem os de Secretários de Estados.

Alternativa "b". ERRADO. Somente os Chefes de Poder Executivo precisam renunciar os mandatos até 6 meses antes do pleito para disputarem outros cargos, conforme art. 14, § 6º/CF.

Alternativa "c". ERRADO. Sufrágio capacitário é o sufrágio reconhecido às pessoas em razão de condições de capacidade educacional, por exemplo, o sufrágio reconhecido apenas aos que tenham determinado grau de escolaridade. A condição de analfabeto realmente revela um aspecto da capacidade educacional da pessoa, mas somente haveria sufrágio capacitário se os analfabetos fossem proibidos de votar e não é isso que ocorrer. Os analfabetos não podem ser votados, mas possuem direito de votar, conforme art. 14, § 1º, II/CF.

Alternativa "e". ERRADO. A constituição, no art. 17, veda que os partidos políticos recebam recursos de procedência estrangeira.

---

35. (CESPE – Técnico Judiciário – Área Judiciária – TRE/RJ 2012) Em nenhuma hipótese poderá ser realizada revisão do eleitorado em ano de eleição.

Certo ( ) Errado ( )

COMENTÁRIOS

Alternativa ERRADA. Não será realizada revisão eleitoral do eleitorado em ano eleitoral, salvo em situações excepcionais, quando autorizada pelo TSE

---

36. (CESPE – Técnico Judiciário – Área Judiciária – TRE/RJ 2012) O processo de cancelamento de alistamento eleitoral não pode ser iniciado de ofício por juiz eleitoral.

Certo ( ) Errado ( )

COMENTÁRIOS

Alternativa ERRADA. O alistamento eleitoral tem natureza administrativa, podendo, em virtude desse fato, o juiz eleitoral, de ofício, cancelar o alistamento que não estiver em consonância com os ditames legais. Neste sentido, conferir o artigo 71, § 1º do Código Eleitoral.

✦ DICAS

1. Os direitos políticos.
1.1. Os direitos políticos compreendem os direitos relacionados ao exercício de prerrogativas inerentes à gerência da vida pública no âmbito das sociedades humanas, quer de maneira direta quer de maneira representativa, vinculados, essencialmente, ao exercício do chamado "poder de sufrágio".
1.2. Ao necessitar do seu semelhante e, ao mesmo tempo, tentar dominá-lo e/ou destruí-lo, o homem demonstra, assim, toda a contradição inerente à sua natureza animal, fato que impõe, como ponto de equilíbrio, a irrefutável presença de uma força abstrata que pode ser considerada um pressuposto de toda e qualquer sociedade: o poder político.
1.3. Os direitos políticos são direitos reconhecidos universalmente, estando previstos no art. XXI da Declaração Universal dos Direitos Humanos, no art. 25 do Pacto Internacional dos Direitos Civis e Políticos, ambos da ONU, no art. 23 da Convenção Americana sobre Direitos Humanos, no art. 3º do Primeiro Protocolo adicional à Convenção Européia de Direitos Humanos, nos arts. 39 e 40 da Carta de Direitos Fundamentais da União Européia e no art. 13 da Carta Africana dos Direitos do Homem e dos Povos.
1.4. Aquele que está no gozo dos direitos políticos, no Brasil, habilita-se, com o alistamento eleitoral, a participar de eleições e consultas populares, promover ação popular, ingressar com projeto de iniciativa popular de lei, ser nomeado para cargos públicos, exercer cargo em entidade sindical e exercer função de diretor ou redator-chefe em periódico.

1. Os direitos políticos.

1.5. A aquisição da capacidade política para os brasileiros, firmada a partir do alistamento eleitoral, por sua vez, é obrigatória para os maiores de 18 anos e menores de 70 anos de idade, e facultativa para os maiores de 16 e menores de 18 anos, maiores de 70 anos e analfabetos.

1.6. O exercício da capacidade eleitoral ativa está diretamente relacionado com o alistamento eleitoral, sendo adequado afirmar que somente as pessoas que estiverem alistadas como eleitores poderão votar, isto é, poderão exercer a capacidade ativa. Já a capacidade eleitoral passiva, capacidade de ser votado, está relacionada com as condições de elegibilidade e as inelegibilidades, podendo-se afirmar que apenas quem preencher as condições de elegibilidade e não incidir em nenhuma causa de inelegibilidade é que poderá ser votado.

1.7. De acordo com a CF/1988, é vedada a cassação de direitos políticos, cuja perda ou suspensão só se dará nos casos de: I – cancelamento da naturalização por sentença transitada em julgado; II – incapacidade civil absoluta; III – condenação criminal transitada em julgado, enquanto durarem seus efeitos; IV – recusa de cumprir obrigação a todos imposta ou prestação alternativa, nos termos do art. 5º, VIII; V – improbidade administrativa, nos termos do art. 37, § 4º.

1.8. A perda dos direitos políticos é definitiva, enquanto que a suspensão é temporária.

1.9. A incapacidade civil superveniente ao alistamento eleitoral não suspende automaticamente os direitos políticos do cidadão. O mesmo deverá ter a sua incapacidade reconhecida por meio de procedimento de interdição.

1.10. De acordo com a Súmula nº 09 do TSE, "a suspensão de direitos políticos decorrente de condenação criminal transitada em julgado cessa com o cumprimento ou a extinção da pena, independendo de reabilitação ou de prova de reparação de danos".

1.11. A suspensão de direitos políticos por improbidade administrativa, ao contrário do que ocorre nas hipóteses de condenação criminal transitada em julgado, não é efeito imediato da condenação, devendo expressamente contar da decisão para que ocorra.

1.12. Cessada a causa de suspensão ou perda dos direitos políticos, deve ser feita a regularização, para que a pessoa possa voltar a exercer normalmente seus direitos. Para tanto, a pessoa deverá comprovar, junto à justiça eleitoral, que cessou a causa de privação do exercício dos direitos, instruindo o pedido com os documentos mencionados no art. 53 da Resolução 21.538 do TSE.

1.13. Uma das grandes inovações legislativas do ano de 2015, ao lado do Novo Código de Processo Civil e da Lei nº. 13.165/15 (reforma eleitoral), com impactos no direito eleitoral, foi gerada pela publicação, em 06 de julho, do Estatuto da Pessoa com Deficiência (Lei nº. 13.146/15), cuja entrada em vigor foi determinada para janeiro de 2016, após 180 dias de vacatio legis. Com um capítulo específico sobre o direito à participação na vida pública e política, além de outras disposições normativas vinculadas ao processo democrático, com repercussões, inclusive, no âmbito criminal, o Estatuto da Pessoa com Deficiência estabelece, como primeira grande novidade geradora de impactos no direito eleitoral, a alteração dos artigos 3º e 4º do Código Civil, referentes à normatização da capacidade civil. Dispunha o Código Civil brasileiro, no seu artigo 3º, que eram absolutamente incapazes: os menores de dezesseis anos; os que, por enfermidade ou deficiência mental, não tivessem o necessário discernimento para a prática desses atos; e os que, mesmo por causa transitória, não pudessem exprimir sua vontade. Já o artigo 4º do Código Civil, antes da vigência do Estatuto da Pessoa com Deficiência, dispunha que seriam relativamente incapazes os maiores de dezesseis e menores de dezoito anos; os ébrios habituais, os viciados em tóxicos, e os que, por deficiência mental, tenham o discernimento reduzido; os excepcionais, sem desenvolvimento mental completo; e os pródigos. Ainda dispunha o parágrafo único do Código que a capacidade dos índios seria regulada por legislação especial. Doravante, com a publicação do Estatuto da Pessoa com Deficiência, o novo artigo 3º do Código Civil passa a dispor, no seu caput, que "são absolutamente incapazes de exercer pessoalmente os atos da vida civil os menores de 16 (dezesseis) anos". Os incisos que existiam anteriormente, referentes ao citado artigo, foram todos revogados pela nova lei. Assim, só será considerado absolutamente incapaz, no Brasil, o menor de 16 anos. O artigo 88, § 2º do Estatuto, por sua vez, estabelece que "considera-se pessoa com deficiência aquela que tem impedimento de longo prazo de natureza física, mental, intelectual ou sensorial, o qual, em interação com uma ou mais barreiras, pode obstruir sua participação plena e efetiva na sociedade em igualdade de condições com as demais pessoas", devendo a avaliação da deficiência, quando necessária, ser obtida de forma biopsicossocial, através de trabalho desenvolvido por equipe multidisciplinar, a qual deverá considerar os impedimentos nas funções e nas estruturas do corpo; os fatores socioambientais, psicológicos e pessoais; a limitação no desempenho de atividades; e a restrição de participação do indivíduo. Estas importantes mudanças, promovidas no texto do Código Civil e/ou previstas no novo Estatuto, serão capazes de gerar importantes consequências no âmbito do Direito Eleitoral, especialmente no que se refere ao exercício da capacidade política, tanto na sua dimensão ativa (que envolve, especialmente, o direito de votar), como na sua dimensão passiva (relativa, em especial, ao direito de ser votado).

1. Os direitos políticos.

1.14.De acordo com o artigo 15, II, da Constituição Federal, é hipótese de suspensão dos direitos políticos a incapacidade civil absoluta. Assim, os absolutamente incapazes, de acordo com o texto constitucional, são impedidos de exercer a capacidade política, nas suas duas dimensões, enquanto perdurarem os efeitos da incapacidade. Antes da publicação do Estatuto da Pessoa com Deficiência, como já destacado, as hipóteses de incapacidade civil absoluta abrangiam não apenas a questão da idade, como também a situação daqueles que, por enfermidade ou deficiência mental, não tivessem o necessário discernimento para a prática desses atos; bem como a daqueles que, mesmo por causa transitória, não pudessem exprimir sua vontade. Em relação aos menores de 16 anos, nada muda no que se refere ao exercício da capacidade política com o Estatuto da Pessoa com Deficiência: continuarão, estes indivíduos, sendo considerados absolutamente incapazes e, portanto, inaptos ao exercício dos direitos políticos. As demais hipóteses anteriormente previstas como sendo de incapacidade civil absoluta, contudo, foram revogadas. Assim pessoas que estavam com os seus direitos políticos suspensos, por incapacidade civil absoluta, salvo nos casos decorrentes da pouca idade, passam a estar aptas, a princípio, ao exercício desses direitos, podendo, inclusive, disputar eleições, caso cumpram as condições de elegibilidade e não incorram em inelegibilidades.

1.15. A partir da publicação do Estatuto da Pessoa com Deficiência, passa a ser direito fundamental dessas pessoas, de forma inquestionável, a participação na vida política do Estado, inclusive no que se refere ao direito de serem votadas. No que se refere ao direito de votar, por sua vez, a nova lei estabelece que é dever do Estado, e, por conseguinte, da Justiça Eleitoral, garantir que os procedimentos, as instalações, os materiais e os equipamentos para votação sejam apropriados, acessíveis a todas as pessoas e de fácil compreensão e uso, sendo vedada a instalação de seções eleitorais exclusivas para a pessoa com deficiência, regra prevista para não estigmatizar estas pessoas, inserindo-as de forma completa na sociedade. Esta regra, de certa forma, já vem sendo observada pela Justiça Eleitoral há alguns anos, não se constituindo em verdadeira novidade.

1.16. De acordo com o Estatuto da Pessoa com Deficiência, sempre que necessário, e a pedido da pessoa com deficiência, deverá ser permitido que esta pessoa seja auxiliada na votação por pessoa de sua escolha. O grande impasse criado por esta norma revela-se no seu conflito com o artigo 60, § 4º, II da Constituição Federal, que estabelece, como cláusula pétrea, o voto secreto. Inevitavelmente, a possibilidade, prevista no Estatuto da Pessoa com Deficiência, desta pessoa solicitar o acompanhamento e auxílio de outra, na hora de votar, entra em colisão com o caráter secreto do voto, exigindo, assim, um exercício hermenêutico de ponderação de interesses. Na situação descrita, o sigilo do voto, necessário à preservação da liberdade do eleitor, corolário do Estado Democrático de Direito, colide com a própria possibilidade material de exercício desta liberdade, uma vez que, em muitas situações, a ausência do auxílio referido inviabiliza o próprio exercício do direito. No caso concreto, portanto, há de ser avaliada, no nosso entendimento, a necessidade real do auxílio, regra determinada na própria lei em comento. Não é, portanto, em qualquer situação, que uma pessoa com deficiência terá o direito de ser acompanhada e auxiliada por outra pessoa no momento de votar. Uma pessoa, por exemplo, que tenha dificuldades de locomoção, mas, ao mesmo tempo, tenha plenas condições, mesmo diante das referidas dificuldades, de agir sozinha, não deve ter o direito de ser auxiliada no momento de votar, desde que verificada a desnecessidade deste auxílio, pelo presidente da mesa receptora dos votos.

1.17. Outro requisito indispensável para o deferimento do auxílio, também extraído da redação do artigo 76, IV do Estatuto da Pessoa com Deficiência, é a manifestação da vontade de ser auxiliada no exercício do voto, por esta pessoa. Caso não haja a manifestação inequívoca desta pessoa, no sentido da solicitação do auxílio, o presidente da mesa receptora dos votos não deverá permitir que haja o acompanhamento do eleitor por estranho, no momento do exercício do voto. É de se destacar que o artigo 88 do Estatuto da Pessoa com Deficiência prevê como crime, sujeito à reclusão de 01 a 03 anos e multa, para quem o cometer, as condutas de praticar, induzir ou incitar discriminação de pessoa em razão de sua deficiência. Diante deste tipo penal, o presidente da mesa receptora poderá ser induzido a permitir, sem qualquer tipo de ponderação, por medo de praticar conduta delituosa, que qualquer pessoa com deficiência, em qualquer situação, seja acompanhada e auxiliada por outra, o momento de votar. Ocorre que o Código Eleitoral, em seu artigo 310, que é crime, com pena de detenção até seis meses e pagamento de multa, "praticar, ou permitir, membro da receptora que seja praticada qualquer irregularidade que determine a anulação da votação". Neste sentido, o artigo 220 do mesmo código prevê, como uma das hipóteses de nulidade da votação, a inobservância de formalidade essencial do sigilo dos sufrágios. Da mesma forma, o artigo 312 do Código Eleitoral também prevê como criminosa a conduta de "violar ou tentar violar sigilo de voto", cuja pena será de detenção por até dos anos. Admitida a participação do presidente da mesa receptora, como co-autor ou partícipe, na execução deste delito, vislumbra-se mais um motivo de preocupação e ponderação a ser observado diante do fato concreto motivador do pedido de auxílio previsto no artigo 76, IV do Estatuto da Pessoa com Deficiência.

1. Os direitos políticos.

1.18. No Brasil, as normas referentes ao direito de nacionalidade estão previstas, fundamentalmente, no artigo 12 da Constituição Federal de 1988, e, subsidiariamente, no Estatuto do Estrangeiro (lei nº 6.815/80). Assim, de acordo com o inciso I do artigo 12 da CF/88, são considerados brasileiros natos (nacionalidade primária), os nascidos no país, ainda que de pais estrangeiros, desde que estes não estejam a serviço do seu país; os nascidos no exterior, de pai ou mãe brasileira, desde que qualquer deles esteja a serviço da República Federativa do Brasil; e os nascidos no exterior, de pai ou mãe brasileira, que sejam registrados em repartição brasileira competente ou venham a residir no Brasil e optem, a qualquer tempo, depois de atingida a maioridade, pela nacionalidade brasileira.

1.19. Ainda segundo a Constituição Federal (artigo 12, § 2º), "a lei não poderá estabelecer distinção entre brasileiros natos e naturalizados, salvo nos casos previstos nesta Constituição". São privativos de brasileiro nato, contudo, os seguintes cargos, conforme previsão do § 3º do artigo 12 da Carta Magna:

Cargos privativos de brasileiro nato
▸ Presidente e vice-presidente da República;
▸ Presidente da Câmara dos Deputados;
▸ Presidente do Senado Federal;
▸ Ministro do Supremo Tribunal Federal;
▸ Cargos da carreira diplomática;
▸ Oficial das Forças Armadas;
▸ Ministro de Estado da Defesa.

1.20. Aos portugueses com residência permanente no país, se houver reciprocidade em favor de brasileiros, serão atribuídos os direitos inerentes ao brasileiro, salvo os casos previstos nesta Constituição. É a situação do chamado "português equiparado a brasileiro naturalizado", disciplinada pelo Tratado de Amizade, Cooperação e Consulta, assinado entre Brasil e Portugal em 22 de abril do ano 2000 (data em que se comemorou os 500 anos do descobrimento do Brasil pelos portugueses) e promulgado pelo decreto nº 3.927, de 19 de setembro de 2001.

1.21. O TSE determinará, de ofício, a revisão sempre que: I – total de transferências de eleitores ocorridas no ano em curso seja dez por cento superior à do ano anterior; II – eleitorado for superior ao dobro da população entre dez e quinze anos, somada à idade superior a 70 anos do território daquele município; III – eleitorado for superior a 65% da população projetada para aquele ano pelo IBGE.

1.22. De acordo com a Súmula nº 09 do TSE, "a suspensão de direitos políticos decorrente de condenação criminal transitada em julgado cessa com o cumprimento ou a extinção da pena, independendo de reabilitação ou de prova de reparação de danos".

1.23. Aos portugueses com residência permanente no país, se houver reciprocidade em favor de brasileiros, serão atribuídos os direitos inerentes ao brasileiro, salvo os casos previstos nesta Constituição. É a situação do chamado "português equiparado a brasileiro naturalizado", disciplinada pelo Tratado de Amizade, Cooperação e Consulta, assinado entre Brasil e Portugal em 22 de abril do ano 2000 (data em que se comemorou os 500 anos do descobrimento do Brasil pelos portugueses) e promulgado pelo decreto nº 3.927, de 19 de setembro de 2001. A Resolução TSE nº. 23.659/2021 estabelece, em seu artigo 11, § 3º que "A aquisição do gozo de direitos políticos por pessoa brasileira em Portugal não acarreta a suspensão de direitos políticos ou o cancelamento da inscrição eleitoral e não impede o alistamento eleitoral ou as demais operações do Cadastro Eleitoral".

1.24. De acordo com o artigo 15 da Constituição Federal de 1988, "é vedada a cassação de direitos políticos, cuja perda ou suspensão só se dará nos casos de: I – cancelamento da naturalização por sentença transitada em julgado; II – incapacidade civil absoluta; III – condenação criminal transitada em julgado, enquanto durarem seus efeitos; IV – recusa de cumprir obrigação a todos imposta ou prestação alternativa, nos termos do art. 5º, VIII; V – improbidade administrativa, nos termos do art. 37, § 4º".

1.25. Podemos afirmar que a perda dos direitos políticos é definitiva, enquanto que a suspensão é temporária. Diante desta diferenciação, é possível concluir que a única hipótese de perda de direitos políticos prevista no ordenamento jurídico brasileiro ocorre quando o indivíduo perde a sua nacionalidade, seja em ação de cancelamento de naturalização, ou seja, voluntariamente. Deixando de ser brasileiro, o indivíduo fica, evidentemente, impedido de exercer direitos políticos no Brasil, de forma definitiva.

1.26. De acordo com a Súmula nº 09 do TSE, "a suspensão de direitos políticos decorrente de condenação criminal transitada em julgado cessa com o cumprimento ou a extinção da pena, independendo de reabilitação ou de prova de reparação de danos".

✦ INFORMATIVOS APLICÁVEIS

1. SÚMULAS DO TSE

▸ Jurisprudência 01

Ac.-TSE, de 17.12.2015, no RO nº 181952: a suspensão dos direitos políticos em condenação por improbidade administrativa opera a partir do trânsito em julgado da decisão e acarreta a perda da filiação partidária e do cargo eletivo, bem como o impedimento de o candidato ser diplomado.

▸ Jurisprudência 02

O domicílio eleitoral, nos termos da jurisprudência do TSE, vai além do domicílio civil, sendo devida a autorização para a transferência quando estiverem comprovadas relações econômicas, sociais e/ou familiares entre o cidadão e o município para o qual se pretenda a transferência. A análise do domicílio eleitoral, quando não há controvérsia a respeito dos fatos, é questão. (Recurso Especial Eleitoral nº 75-24/RN Ação Cautelar nº 0601438-47/RN Relator: Ministro Henrique Neves da Silva). *DJE* de 18.10.2016.

2. RESOLUÇÕES DO TSE APLICÁVEIS

▸ Resolução 23.241/2010

Res.-TSE nº 23241/2010: impossibilidade de expedição de certidão de quitação eleitoral para que os sentenciados cumprindo penas nos regimes semiaberto e aberto obtenham emprego; possibilidade de fornecimento, pela Justiça Eleitoral, de certidões que reflitam a suspensão de direitos políticos, das quais constem a natureza da restrição e o impedimento, durante a sua vigência, do exercício do voto e da regularização da situação eleitoral.

Capítulo IV – Condições de Elegibilidade e Causas de Inelegibilidade

✦ QUESTÕES

1. QUESTÕES DE CONCURSOS PARA A MAGISTRATURA ESTADUAL

01. (FGV – Juiz de Direito – TJ – MG/2022) Conforme a Lei das Eleições (Lei nº 9504/97), a verificação da idade mínima, como condição constitucional de elegibilidade, será com referência

a) à data da diplomação, nas eleições majoritárias, e à data da posse, nas eleições proporcionais.

b) à data da diplomação, nas eleições proporcionais, e à data da posse, nas eleições majoritárias.

c) à data da posse, salvo os eleitos para prefeito e vereador, cuja aferição será na data-limite para o pedido de registro.

d) à data da posse, salvo os eleitos para vereador, cuja aferição será na data-limite para o pedido de registro.

COMENTÁRIOS

A condição de elegibilidade idade mínima é verificada sempre na data da posse do candidato eleito, salvo no caso dos candidatos a vereador, que deverão ter 18 anos quando do pedido de registro de candidatura. Resposta correta é a letra D (responde as demais).

---

02. (Vunesp – Juiz de Direito – TJ – RJ/2019) É condição de elegibilidade o domicílio eleitoral na circunscrição, sendo que, para concorrer às eleições, o candidato deverá possuir domicílio eleitoral na respectiva circunscrição

a) pelo prazo de 1 (um) ano e estar com a filiação deferida no mesmo prazo.

b) pelo prazo de 1 (um) ano e estar com a filiação até a data da convenção partidária.

c) até a data do registro e estar com a filiação deferida no prazo de 1 (um) ano.

d) pelo prazo de 6 (seis) meses e estar com a filiação deferida no mesmo prazo.

e) pelo prazo de 1 (um) ano e estar com a filiação deferida até a data do registro.

COMENTÁRIOS

Alternativa correta: assertiva "d". Após a reforma eleitoral de 2017, os prazos mínimos de filiação partidária e domicílio eleitoral na circunscrição, para quem desejar ser candidato, deverá ser de seis meses antes do pleito. Responde as demais.

03. (FCC – Juiz de Direito – SC/2017) Para concorrer às eleições, o candidato deverá possuir, entre outras condições,

a) domicílio eleitoral na respectiva circunscrição pelo prazo de, pelo menos, um ano antes do pleito e estar com a filiação deferida pelo partido no mesmo prazo.

b) domicílio eleitoral na respectiva circunscrição pelo prazo de, pelo menos, um ano antes do pleito, ressalvado o caso de transferência ou remoção de servidor público ou de membro de sua família.

c) filiação deferida pelo partido no mínimo um ano antes da data da eleição, caso o estatuto partidário não estabeleça prazo inferior.

d) domicílio eleitoral na respectiva circunscrição pelo prazo de, pelo menos, seis meses antes do pleito e estar com a filiação deferida pelo partido no mesmo prazo.

e) domicílio eleitoral na respectiva circunscrição pelo prazo de, pelo menos, um ano antes do pleito, e estar com a filiação deferida pelo partido no mínimo seis meses antes da data da eleição.

COMENTÁRIOS

A resposta correta, de acordo com o gabarito oficial, foi a letra "e". Depois da reforma eleitoral de outubro de 2017, contudo, o domicílio eleitoral na respectiva circunscrição, como condição de elegibilidade, passou a ser exigido seis meses antes do pleito, e não mais um ano antes, mantido o prazo de seis meses anteriores ao pleito para a filiação partidária, conforme estabelecido desde a lei 13.165/15. Assim, o gabarito correto, doravante, deixa de ser a letra "e" e passa a ser a letra "d".

04. (FGV – Juiz de Direito – TJ – MG/2022) José Fulano foi eleito governador de um Estado brasileiro, para um primeiro mandato. Na mesma eleição e na mesma unidade federativa, Antônio Fulano, irmão de José, foi eleito deputado federal. Nas eleições gerais seguintes, 4 anos após, ainda no exercício do cargo, José Fulano disputará um novo mandato de governador.

Assinale a opção que indica os cargos, no território de jurisdição do irmão governador, para os quais Antônio Fulano estará inelegível.

a) Deputado federal, deputado estadual e senador.

b) Deputado estadual, senador, governador e vice-governador.

c) Deputado estadual, senador, governador e vice-governador, presidente e vice-presidente da República.

d) Deputado estadual, deputado federal, senador, governador e vice-governador.

COMENTÁRIOS

Parentes até o 2º grau e cônjuges de titulares de mandatos executivos estarão inelegíveis no âmbito da circunscrição de atuação destes. Assim, parentes até o 2º grau e cônjuges de governadores estão impedidos de disputar eleições municipais no mesmo estado, bem como eleições para deputado estadual, distrital, federal, senador, governador e vice-governador nesse mesmo estado, salvo se já titulares de mandato eletivo e em busca da reeleição para o mesmo cargo. Por isso, Antônio Fulano pode disputar eleição para deputado federal, na situação descrita, mas não pode para deputado estadual, senador, governador e vice-governador. Poderia disputar para presidente ou vice-presidente da república. Resposta correta letra B (responde as demais).

05. (FCC – Juiz de Direito – TJ – GO/2021) A inelegibilidade reflexa

a) alcança o cônjuge e parentes dos chefes do Poder Executivo e dos seus respectivos vices, mesmo que estes não os tenham substituído durante o mandato.

b) não incide se o cônjuge ou parente do titular do mandato também já for titular de mandato eletivo; logo, se o filho do Presidente da República já for vereador, será elegível para o cargo de Deputado Federal.

c) é aquela que atinge o cônjuge e os parentes, consanguíneos ou afins, em qualquer grau, do titular do mandato.

d) é espécie de inelegibilidade constitucional e, portanto, não se sujeita à preclusão temporal, podendo ser arguida tanto na impugnação do registro de candidatura quanto no recurso contra expedição de diploma.

e) é de natureza absoluta, de modo que o cônjuge e parentes de prefeito são inelegíveis em qualquer Município.

COMENTÁRIOS

✪ **Nota do autor**. A banca divulgou que a resposta correta seria a alternativa "e". Contudo, a afirmativa correta é a assertiva "d".

Alternativa "a". ERRADO. Não há inelegibilidade reflexa em relação aos parentes dos vices.

Alternativa "b". ERRADA. O parente do presidente da República que exerce mandato só não será abrangido pela inelegibilidade reflexa caso dispute a reeleição para o mesmo cargo, conforme interpretação vigente no TSE, relativa ao texto da Constituição Federal.

Alternativa "c". ERRADA. A inelegibilidade reflexa atinge os parentes até o segundo grau, apenas.

Alternativa "d". CERTA. A inelegibilidade reflexa é uma espécie de inelegibilidade constitucional

Alternativa "e". ERRADA. A inelegibilidade reflexa só atinge os parentes do prefeito na circunscrição do seu município.

---

06. (FCC – Juiz de Direito – TJ – MS/2020) O artigo 1º, inciso i, alínea "e", da Lei Complementar federal nº 64, de 18 de maio de 1990, estabelece, como causa de inelegibilidade para qualquer cargo, a condenação, pelos crimes que especifica, em decisão transitada em julgado ou proferida por órgão judicial colegiado, desde a condenação até o transcurso do prazo de 8 (oito) anos após o cumprimento da pena. A esse respeito, o Tribunal Superior Eleitoral tem decidido que

a) o reconhecimento da prescrição da pretensão executória pela Justiça Comum afasta a inelegibilidade em questão.

b) os crimes contra a ordem tributária não estão abrangidos pela citada hipótese de inelegibilidade.

c) o Tribunal do Júri não pode ser considerado órgão judicial colegiado para os fins da aplicação dessa hipótese de inelegibilidade.

d) os crimes previstos na Lei de Licitações não estão abrangidos pela citada hipótese de inelegibilidade.

e) o prazo concernente à hipótese de inelegibilidade em questão projeta-se por 8 (oito) anos após o cumprimento da pena, seja ela privativa de liberdade, restritiva de direito ou multa.

COMENTÁRIOS:

Alternativa "a". O reconhecimento da prescrição da pretensão executória pela Justiça Comum não afasta a inelegibilidade prevista no art. 1º, I, e, da LC nº 64/90, porquanto não extingue os efeitos secundários da condenação, na linha da orientação jurisprudencial desta Corte. A Justiça Eleitoral não detém competência para reconhecer a prescrição da pretensão punitiva e declarar a extinção da pena imposta pela Justiça Comum, notadamente em sede de processo de registro de candidatura.

Alternativa "b". A alínea "e" do inciso I do art. 1º da LC 64/90 elenca uma série de 10 espécies de crimes geradores de inelegibilidade, dentre os quais não se inclui os crimes contra a ordem tributária.

Crimes contra a sistema financeiro e relativos ao mercado de capitais, contudo, são geradores da referida inelegibilidade, assim como os crimes de lavagem ou ocultação de bens.

Alternativa "c". Não há exceção para o Tribunal de Júri que afaste a incidência da inelegibilidade da alínea "e", sendo tal órgão considerado como órgão colegiado.

Alternativa "d". Crimes contra a administração pública se enquadram nas hipóteses de incidência da alínea "e",

Alternativa "e" regra prevista expressamente no enunciado normativo da alínea "e" do inciso I do art. 1º da LC 64/90.

Alternativa correta: assertiva "e".

---

07. (Vunesp – Juiz de Direito – TJ – RJ/2019) No que se refere à inelegibilidade relativa por motivo funcional, é correto afirmar que

a) para concorrem a outros cargos, o Presidente da República, os Governadores de Estado e do Distrito Federal e os Prefeitos devem renunciar aos respectivos mandatos até 6 (seis) meses antes da diplomação.

b) para concorrem aos mesmos cargos, o Presidente da República, os Governadores de Estado e do Distrito Federal e os Prefeitos devem licenciar-se aos respectivos mandatos até 4 (quatro) meses antes do pleito.

c) para concorrem aos mesmos cargos, o Presidente da República, os Governadores de Estado e do Distrito Federal e os Prefeitos devem renunciar aos respectivos mandatos até 1 (um) mês antes da diplomação.

d) para concorrem a outros cargos, o Presidente da República, os Governadores de Estado e do Distrito Federal e os Prefeitos devem renunciar aos respectivos mandatos até a data da diplomação.

e) para concorrem a outros cargos, o Presidente da República, os Governadores de Estado e do Distrito Federal e os Prefeitos devem renunciar aos respectivos mandatos até 6 (seis) meses antes do pleito.

COMENTÁRIOS:

Alternativa "a". ERRADO. O certo é 6 meses antes do pleito, e não da diplomação.

Alternativa "b". ERRADO. Não há necessidade de licença.

Alternativa "c". ERRADO. Não há necessidade de renúncia para disputa à reeleição para o mesmo cargo.

Alternativa "d". ERRADO. Não há necessidade de renúncia para disputa à reeleição para o mesmo cargo.

Alternativa "e". CERTO. Quando chefes do executivo desejarem concorrer a outro cargo, deverão renunciar aos seus respetivos cargos em exercício até 6 meses antes do pleito.

Alternativa correta: assertiva "e".

---

08. (Cespe – Juiz de Direito – TJ – CE/2018) É correto afirmar que a inelegibilidade

a) alcança aqueles que não estejam filiados a partido político há, pelo menos, um ano antes da eleição.

b) de candidato a presidente da República se estende ao candidato a vice-presidente da República.

c) pode ser reconhecida de ofício pela justiça eleitoral nos processos de registro de candidatura.

d) obsta temporariamente a capacidade eleitoral ativa dos candidatos.

e) abrange, por força constitucional, os analfabetos, os semianalfabetos, os conscritos e os estrangeiros.

COMENTÁRIOS

Alternativa "a": estarão impedidos de disputar o pleito aqueles sem filiação partidária até seis meses antes da eleição, e não um ano.

Alternativa "b": A inelegibilidade é pessoal, uma vez que impõe restrição de direito político fundamental. Não há correlação direta entre a inelegibilidade do titular e a do vice.

Alternativa "c": Por ter uma natureza híbrida de procedimento administrativo e jurisdicional, o registro de candidatura de postulante inelegível poderá ser declarada de ofício pela Justiça Eleitoral, sem que tal fato afaste a possibilidade de propositura de AIRC pelo MP, partidos políticos, coligações ou candidatos, em conformidade com oart.3º e seguintes da LC 64/90;

Alternativa "d": A inelegibilidade atinge a capacidade eleitoral passiva, e não a ativa.

Alternativa "e": Os semianalfabetos não são inelegíveis, ao contrário dos analfabetos. A elegibilidade só atinge os brasileiros, natos e naturalizados.

Alternativa correta: letra "c".

---

09. (Cespe – Juiz de Direito Substituto - DF/2015) Pedro e Marcos, este último casado com Maria, foram eleitos para os cargos de prefeito e de vice-prefeito, respectivamente, do município X. No mandato imediatamente posterior, foram reeleitos nos mesmos cargos. Nos seis meses anteriores ao próximo pleito, Marcos substituiu Pedro temporariamente.

Nessa situação hipotética, para as eleições seguintes,

a) Marcos poderá se candidatar ao cargo de prefeito do município.
b) Maria será inelegível no território da jurisdição de Marcos, sendo essa condição classificada como cominada, isto é, sanção jurídica que se aplica a Maria por força de seu casamento.
c) Maria não poderá se candidatar no território da jurisdição de Marcos; sua inelegibilidade é direta, por decorrer de fato específico relacionado a si própria.
d) Pedro ficará inelegível para um terceiro mandato no cargo de prefeito, o que não o impede de transferir seu domicílio eleitoral para município diverso, onde poderá concorrer validamente para o referido cargo.
e) Marcos poderá concorrer novamente ao cargo de vice-prefeito do município.

COMENTÁRIOS

Alternativa correta. Assertiva "a". Marcos poderá ser candidato a prefeito, mesmo tendo assumido a prefeitura temporariamente nos seis meses anteriores ao pleito, uma vez que, se tivesse assumido definitivamente o mandato, que seria o primeiro como prefeito, poderia disputar a reeleição. Quem pode o mais, pode o menos. Quatro anos depois, contudo, caso eleito, Marcos não poderia tentar, neste caso, a reeleição.

Assertiva "b". ERRADO. Maria seria inelegível porque seu marido não poderia governar nos seis meses anteriores ao pleito. Tal inelegibilidade, contudo, não é uma inelegibilidade sanção, mas sim uma inelegibilidade inata, na classificação de classificação consagrada por Adriano Soares da Costa.

Assertiva "c". ERRADO. Maria seria inelegível porque seu marido não poderia governar nos seis meses anteriores ao pleito. A inelegibilidade, contudo, seria reflexa, e não direta.

Assertiva "d". ERRADO. Tal impedimento ocorrerá, pois a jurisprudência consolidada do TSE veda a figura do "prefeito itinerante".

Assertiva "e". ERRADO. Segundo jurisprudência consolidada do TSE, ninguém poderá ser eleito para três mandatos consecutivos de vice-prefeito.

10. (Faurgs – Juiz de Direito Substituto - RS/2016) Conforme a Lei Complementar n° 64/1990, com as alterações introduzidas pela Lei Complementar n° 135/2010 (Lei da Ficha Limpa), é considerado inelegível o candidato que

a) for condenado, com decisão proferida por órgão judicial colegiado, pelo crime de peculato na modalidade culposa.

b) for condenado à suspensão dos direitos políticos, com decisão por órgão judicial colegiado, pela prática de improbidade administrativa dolosa, mesmo que não haja enriquecimento ilícito ou lesão ao erário.

c) tiver suas contas relativas ao exercício de cargos ou funções públicas rejeitadas, com decisão proferida por órgão colegiado de Tribunal de Contas, por irregularidade sanável que configure ato culposo de improbidade administrativa.

d) for condenado, com decisão proferida por órgão judicial colegiado, em razão de ter desfeito ou simulado desfazer vínculo conjugal ou de união estável para evitar caracterização de inelegibilidade.

e) for condenado, com decisão proferida por órgão judicial colegiado, em razão da prática de crime eleitoral a que a lei comine exclusivamente pena de multa.

COMENTÁRIOS

Alternativa correta. Assertiva "d". DE acordo com a lei da Ficha Limpa, ficarão inelegíveis os que forem condenados, em decisão transitada em julgado ou proferida por órgão judicial colegiado, em razão de terem desfeito ou simulado desfazer vínculo conjugal ou de união estável para evitar caracterização de inelegibilidade, pelo prazo de 8 (oito) anos após a decisão que reconhecer a fraude.

Assertiva "a". ERRADA. Condenação por prática culposa de crime não gera inelegibilidade.

Assertiva "b". ERRADA. Estarão inelegíveis os que forem condenados à suspensão dos direitos políticos, em decisão transitada em julgado ou proferida por órgão judicial colegiado, por ato doloso de improbidade administrativa que importe lesão ao patrimônio público e enriquecimento ilícito, desde a condenação ou o trânsito em julgado até o transcurso do prazo de 8 (oito) anos após o cumprimento da pena.

Assertiva "c". ERRADA. A irregularidade deverá ser insanável, neste caso, e o ato deverá ser doloso.

Assertiva "e". ERRADO. Não há inelegibilidade decorrente da condenação por órgão colegiado por prática de crime que só admita pena de multa.

11. (Vunesp – Juiz Substituto – SP/ 2011) A elegibilidade é a regra e são elegíveis todos os que atenderem às condições estabelecidas, que são:

a) a nacionalidade brasileira, o domicílio eleitoral, a idade mínima prevista na Constituição e a filiação partidária.

b) a nacionalidade brasileira, a filiação partidária, a idade e o pleno exercício dos direitos políticos.

c) a nacionalidade brasileira, o pleno exercício dos direitos políticos, o alistamento e filiação eleitoral, a idade prevista na Constituição.

d) a nacionalidade brasileira, o pleno exercício dos direitos políticos, alistamento, domicílio e filiação partidária e idade prevista na Constituição.

e) a idade prevista na Constituição, a escolaridade, a nacionalidade brasileira, o pleno exercício dos direitos políticos, alistamento, domicílio e filiação partidária.

COMENTÁRIOS

✪ **Nota do autor:** Segundo os seguidores da chamada "Teoria Clássica", doutrina majoritária no estudo das condições de elegibilidade e das causas de inelegibilidade, tem elegibilidade aquele que reúne as condições fixadas na lei (aspecto positivo) e não incorre nas causas de inelegibilidade (aspecto negativo). As condições de elegibilidade, assim, seriam requisitos que o candidato deve cumprir para se candidatar. Já as causas de inelegibilidade, segundo a Teoria Clássica, se apresentam como impedimentos que obstam o exercício da capacidade eleitoral passiva pelo cidadão brasileiro.

Alternativa correta: assertiva "D". CORRETA. Seguindo a Teoria Clássica, abraçada pelo Supremo Tribunal Federal, podemos apontar as seguintes condições de elegibilidade, previstas no artigo 14, § 3º da Constituição Federal de 1988: a nacionalidade brasileira; o pleno exercício dos direitos políticos; o alistamento eleitoral; o domicílio eleitoral na circunscrição; a filiação partidária; e a idade mínima de 35 anos para presidente, vice-presidente da república e senador, 30 anos para governador e vice-governador de estado e do Distrito Federal, 21 anos para deputado federal, deputado estadual ou distrital, prefeito, vice-prefeito e juiz de paz; e dezoito anos para vereador.

---

12. (PUC – PR – Juiz de Direito Substituto – PR/ 2012) Considere as assertivas a seguir que dizem respeito ao exercício dos direitos políticos e às condições de elegibilidade.

I. Os eleitores que sofreram uma condenação criminal transitada em julgado têm os direitos políticos suspensos e, enquanto durarem os efeitos, não poderão votar nem serem votados.

II. Os eleitores que forem condenados por alguns crimes arrolados no artigo 1º, I, "e", da Lei Complementar nº 64/1990, em decisão transitada em julgado ou proferida por órgão judicial colegiado, ficarão inelegíveis desde a condenação até o transcurso do prazo de 8 (oito) anos após o cumprimento da pena. Neste período, o eleitor poderá votar após o cumprimento da suspensão dos direitos políticos, mas não poderá ser votado.

III. Os conscritos, durante o período do serviço militar obrigatório, são inalistáveis e os militares de carreira (praças e oficiais) são alistáveis, embora ambos sejam inelegíveis.

IV. A justiça de paz, remunerada, é composta de cidadãos eleitos pelo voto direto, universal e secreto, com mandato de quatro anos e competência para, na forma da lei, celebrar casamentos, verificar, de ofício ou em face de impugnação apresentada, o processo de habilitação e exercer atribuições conciliatórias, sem caráter jurisdicional, além de outras previstas na legislação. Uma das condições de elegibilidade para postular o cargo de juiz de paz é a idade mínima de vinte e um anos.

V. O domicílio eleitoral na circunscrição é uma das condições de elegibilidade e é definido como o lugar onde o eleitor estabelece a sua residência com ânimo definitivo, conforme interpretação analógica do Código Civil, em razão de ausência de disposição específica da legislação eleitoral.

Está(ão) CORRETA(S):

a) Apenas as assertivas I, II, III e IV.

b) Apenas as assertivas I, II, III e V.

c) Apenas as assertivas II, III e V.

d) Apenas as assertivas I, II e IV.

e) Apenas as assertivas III, IV e V.

COMENTÁRIOS

Alternativa correta: assertiva "D". Somente I, II e IV estão corretos.

Afirmativa "I" CORRETA. A suspensão dos direitos políticos atinge a capacidade política ativa e a capacidade política passiva.

Afirmativa "II" CORRETA. A inelegibilidade não atinge a capacidade política ativa. O condenado só estará impedido de votar durante o cumprimento da pena.

Afirmativa "III" ERRADA. Os militares de carreira não são inelegíveis. De acordo com o artigo 142, § 3º, V da Constituição Federal de 1988, "o militar, enquanto em serviço ativo, não pode estar filiado a partidos políticos". Podem e devem os militares, no entanto, salvo os conscritos, alistar-se como eleitores, exercendo a capacidade eleitoral ativa. Quanto, entretanto, ao exercício da capacidade eleitoral passiva, é possível ao militar ser candidato a cargo eletivo, uma vez que não pode o mesmo filiar-se a partido político? Dispõe o artigo 14, § 8º da Constituição Federal que o militar é elegível, atendidas as seguintes condições: I – se contar menos de dez anos de serviço, deverá afastar-se da atividade; II – se contar mais de dez anos de serviço, será agregado pela autoridade superior e, se eleito, passará automaticamente, no ato da diplomação, para a inatividade. A situação de militar agregado é aquela em que o militar da ativa deixa de ocupar a vaga na escala hierárquica do seu quadro, nela permanecendo sem número. Como só existe candidatura a cargo eletivo no Brasil mediante partidos políticos, o militar deverá se filiar a partido para concorrer nas eleições. O prazo de filiação partidária a um ano da eleição, contudo, não será exigido, bastando o pedido de registro de candidatura, após prévia escolha em convenção partidária (Res. TSE nº 20.993/2002, art. 12, § 2º). Dessa forma, o militar deverá participar da convenção e, se escolhido candidato, filiar-se a partido político, a fim de concorrer.

Afirmativa "IV" CORRETA. Regra prevista no artigo 14, § 3º da Cf/1988, o qual estabelece a idade mínima de 21 anos como condição de elegibilidade para o cargo de juiz de paz. Ressalte-se que tal idade deverá ser aferida na data da posse, e não na data da eleição.

Afirmativa "V". ERRADA. Segundo jurisprudência consolidada do TSE (Ac. 18.124, de 16.11.00, do TSE, RJTSE, v. 12, t.3), o domicílio eleitoral não se confunde, necessariamente, com o domicílio civil. Assim, o fato de o eleitor residir em determinado município não constitui óbice para que o mesmo se aliste como eleitor de outro, desde que com este outro mantenha vínculos (negócios, propriedades, atividades políticas etc.). É o chamado "domicílio eleitoral afetivo"

---

13. (CESPE – Juiz de Direito Substituto-BA/ 2012) Com relação às disposições constitucionais e legais acerca das condições de elegibilidade, cuja aplicação é disciplinada pela justiça eleitoral, assinale a opção correta.

a) Candidato a presidente da República deve contar com mais de trinta anos de idade na data da inscrição da candidatura.

b) Candidato a prefeito deve contar com vinte e um anos de idade na data das eleições.

c) Candidato a vereador deve ter domicílio eleitoral no município e, pelo menos, dezoito anos de idade na data da convenção partidária.

d) Candidato a governador de estado deve ser filiado a partido político e ter, na data da posse, trinta anos de idade.

e) O candidato a senador da República deve ser aprovado em convenção partidária e contar com mais de trinta e cinco anos de idade na data das eleições.

COMENTÁRIOS

Alternativa correta: **Assertiva "D"** A filiação partidária e a idade mínima de 30 anos, na data da posse, são condições de elegibilidade previstas na CF/1988.

Assertiva "A". INCORRETA. O candidato a presidente da república deverá ter 35 anos de idade na data da posse, podendo ter 34 anos na data da eleição.

Assertiva "B". INCORRETA. A idade mínima de 21 anos deverá ser aferida na data da posse do prefeito, e não na data da eleição.

Assertiva "C". INCORRETA. A idade mínima de 18 anos deverá ser aferida na data-limite do pedido de registro de candidatura, conforme nova redação do art. 11, § 2º da Lei das Eleições, determinada pela Lei nº. 13.165/15.

Assertiva "E". INCORRETA.. A idade mínima de 35 anos deverá ser aferida na data da posse do senador, e não na data da eleição.

14. (UFPR – Juiz de Direito Substituto-PR/ 2012) Identifique as afirmativas a seguir como verdadeiras (V) ou falsas (F), conforme constituam ou não complementações adequadas à seguinte frase:

A perda ou suspensão dos direitos políticos e, portanto, do direito de votar e ser votado, pode se dar quando

( ) o cidadão brasileiro estiver morando no exterior, em caráter definitivo, e exerça cargo, função, profissão ou emprego, público ou privado, onde estiver morando.

( ) o cidadão brasileiro declarar ser maior de 70 (setenta) anos e estiver desobrigado do exercício do voto obrigatório em face de sua incapacidade civil absoluta.

( ) o cidadão brasileiro tiver sido condenado definitivamente por ato de improbidade administrativa.

( ) o cidadão brasileiro tiver sido condenado criminalmente por decisão transitada em julgado, mas somente enquanto durar os efeitos da condenação.

Assinale a alternativa que apresenta a sequência correta, de cima para baixo.

a) F – F – V – V.

b) V – F – V – F.

c) V – V – F – V.

d) F – V – F – F.

COMENTÁRIOS

✪ **Nota do autor**: De acordo com o artigo 15 da Constituição Federal de 1988, "é vedada a cassação de direitos políticos, cuja perda ou suspensão só se dará nos casos de: I – cancelamento da naturalização por sentença transitada em julgado; II – incapacidade civil absoluta; III – condenação criminal transitada em julgado, enquanto durarem seus efeitos; IV – recusa de cumprir obrigação a todos imposta ou prestação alternativa, nos termos do art. 5º, VIII; V – improbidade administrativa, nos termos do art. 37, § 4º". Como já observado, o gozo dos direitos políticos é requisito para o exercício das capacidades políticas ativa e passiva. Daí a importância do estudo das hipóteses de perda e suspensão dos direitos políticos, tema que suscita muita confusão na doutrina, e na própria legislação, tendo em vista a ocorrência de erros constantes quanto aos conceitos de perda e suspensão. Afinal de contas, qual a diferença entre os dois conceitos? Podemos afirmar que a perda dos direitos políticos é definitiva, enquanto que a suspensão é temporária. Diante desta diferenciação, é possível concluir que a única hipótese de perda de direitos políticos prevista no ordenamento jurídico brasileiro ocorre quando o indivíduo perde a sua nacionalidade, seja em ação de cancelamento de naturalização, ou seja, voluntariamente. Deixando de ser brasileiro, o indivíduo fica, evidentemente, impedido de exercer direitos políticos no Brasil, de forma definitiva. À margem da hipótese de perda da nacionalidade brasileira, não restam outras possibilidades de perda de direitos políticos no Brasil. Afinal, a Constituição Federal é muito clara ao vedar a cassação de direitos políticos. Assim, todas as demais hipóteses de impedimento pleno ao exercício de direitos políticos se vinculam a situações de suspensão de direitos políticos, de caráter temporário.

Alternativa correta. Assertiva "a".

Item I. FALSO. A residência no exterior não é motivo para perda ou suspensão dos direitos políticos. O cidadão, inclusive, permanece com a obrigação de votar para presidente da república, residindo no exterior.

Item II. FALSO. A incapacidade civil absoluta não tem relação com a idade do eleitor.

Item III. VERDADEIRO. A condenação definitiva por improbidade administrativa pode acarretar a suspensão dos direitos políticos, desde que declarada na sentença.

Item IV. VERDADEIRO. Nesta hipótese, haverá suspensão dos direitos políticos.

15. (FGV – Juiz de Direito Substituto-PA/ 2009) O prazo de inelegibilidade de três anos, por abuso de poder econômico, é contado a partir:

a) da data da eleição em que se verificou.

b) da data da representação.

c) da data do trânsito em julgado da decisão.

d) da data do ato que originou a condenação.

e) da data do julgamento da representação.

COMENTÁRIOS

Nota do autor: De forma geral, a LC 135/10 (Lei da Ficha Limpa) estabeleceu a substituição de diversas penas de inelegibilidade de três anos, previstas no artigo 1º da Lei Complementar nº 64/90, por outras de oito anos, a contar das eleições em que tenham concorrido os condenados.

Alternativa correta: assertiva "A". A Súmula nº 19 do TSE firmou o entendimento daquela corte segundo o qual o prazo da inelegibilidade por abuso de poder econômico ou político é contado a partir da data da eleição em que se verificou.

---

16. (Vunesp – Juiz de Direito Substituto – RJ/2011) Sobre as inelegibilidades, assinale a alternativa correta.

a) A inelegibilidade de Prefeito que concorre à cadeira no Poder Legislativo sem renunciar ao cargo seis meses antes do pleito deverá ser arguida na fase de registro da candidatura, sob pena de preclusão.

b) Vice-Prefeito que não tenha substituído o titular em ambos os mandatos pode se candidatar ao cargo de Prefeito, sendo-lhe facultada, ainda, a reeleição ao cargo de Chefe do Poder Executivo por um único período.

c) Na hipótese de rejeição de contas relativas ao exercício de cargos e funções públicas, a Justiça Eleitoral só poderá decidir pela não incidência de causa de inelegibilidade mediante prévia desconstituição da decisão de rejeição das contas, obtida na Justiça Comum.

d) Independentemente de eventual decisão desconstitutiva do Poder Judiciário, a demissão do serviço público, imposta em processo administrativo, não constitui causa de inelegibilidade.

COMENTÁRIOS

Afirmativa correta: assertiva "B". O § 5º do artigo 14 da Constituição Federal de 1988, com redação dada pela Emenda Constitucional nº 16/97, por sua vez, dispõe que "o presidente da república, os governadores de estado e do Distrito Federal, os prefeitos e quem os houver sucedido ou substituído no curso dos mandatos, poderão ser reeleitos por um único período subseqüente". É o instituto da reeleição para cargos executivos, criado na década de 1990 e consolidado nas últimas sete eleições (a partir de 1998). No que se refere, entretanto, ao Poder Executivo, o instituto da reeleição somente foi implementado, no Brasil republicano, a partir da citada EC 16/97, à exceção dos cargos de vice, para os quais era possível a reeleição na vigência da Constituição Federal de 1946 (exemplo de reeleição de vice-presidente na história brasileira ocorreu com João Goulart, eleito vice-presidente para dois mandatos consecutivos, em 1955, quando foi eleito vice-presidente de Juscelino Kubitscheck, e no mandato seguinte, quando foi eleito vice-presidente de Jânio Quadros, a quem terminou sucedendo na presidência da república). Atualmente, entretanto, o entendimento do TSE é consolidado no sentido de que o vice-presidente, o vice-governador e o vice-prefeito não podem exercer tais cargos por três vezes consecutivas (Res. TSE nº 22.529, de 20.03.07, DJ de 17.04.07). Questão muito interessante envolve a possibilidade, ou não, de prefeito reeleito disputar uma terceira eleição municipal consecutiva para prefeito concorrendo, no entanto, na terceira eleição, em outro município (por exemplo, o prefeito do município de Irecê, na Bahia, no exercício do segundo mandato consecutivo, disputando a eleição seguinte para prefeito do município vizinho de João Dourado). Segundo jurisprudência do TSE, consolidada a partir do Ac. 32. 539, de 17.12.08, é vedada tal manobra, por se constituir em forma de indevida perpetuação no poder. De acordo com o TSE, "não se pode, mediante a prática de ato formalmente lícito (mudança de domicílio eleitoral) alcançar finalidades incompatíveis com a Constituição: a perpetuação no poder e o apoderamento de unidades federadas para a formação de clãs políticos ou hegemonias familiares (...). Somente é possível eleger-se para o cargo de 'prefeito municipal' por duas vezes consecutivas".

Assertiva "A" ERRADA. A matéria é de ordem constitucional, podendo ser arguida após o período para a propositura da AIRC, em sede de RCD.

Assertiva "C" ERRADA. De acordo com a nova redação da alínea "g" do inciso I do artigo 1º da LC 64/90 serão declarados inelegíveis, para qualquer cargo, "os que tiverem suas contas relativas ao exercício de cargos ou funções públicas rejeitadas por irregularidade insanável **que configure ato doloso de improbidade administrativa,** e por decisão irrecorrível do órgão competente, salvo **se esta houver sido suspensa ou anulada pelo** Poder Judiciário, para as eleições que se realizarem nos **8 (oito)** anos seguintes, contados a partir da data da decisão **(...)". É de se observar, na hipótese prevista na alínea "g', supracitada, que não bastará, para a declaração da inelegibilidade, decisão de órgão colegiado, sendo necessária decisão irrecorrível do órgão competente para o julgamento das contas.** Encerrou, a nova redação da alínea supracitada, antiga polêmica no âmbito do Direito Eleitoral, geradora, inclusive, da Súmula nº 01 do TSE, agora revogada. De acordo com a antiga redação da alínea "g", eram declarados inelegíveis, para qualquer cargo, os que tivessem suas contas relativas ao exercício de cargos ou funções públicas rejeitadas por irregularidade insanável e por decisão irrecorrível do órgão competente, salvo se a questão houvesse sido ou estivesse sendo submetida à apreciação do Poder Judiciário, para as eleições que se realizassem nos 5 (cinco) anos seguintes, contados a partir da data da decisão. Assim, conforme entendimento sumulado do TSE (Súmula nº 01), proposta ação para desconstituir a decisão que rejeitara as contas, anteriormente à impugnação, ficava suspensa a inelegibilidade. Agora, com a nova redação da alínea "g" do inciso I do art. 1º da LC 64/90, patrocinada pela LC 135/10, a decisão de rejeição de contas por irregularidades insanáveis que configurem ato doloso de improbidade administrativa deverá ser suspensa ou anulada pelo Poder Judiciário para que seja evitada a sanção da inelegibilidade, não bastando, portanto, a mera submissão das contas à apreciação do Poder Judiciário, independentemente de manifestação deste, como previa a Súmula nº 01 do TSE. O "órgão competente" que deverá proferir "decisão irrecorrível", previsto na alínea "g" do inciso I do art. 1 º da LC 64/90 poderá variar, a depender do agente político cujas contas estiverem sendo julgadas ou mesmo da origem dos recursos auditados. Assim, é a Câmara Municipal o órgão competente para julgar as contas do prefeito, após emissão de parecer prévio do Tribunal de Contas dos Municípios, onde existir, ou do Tribunal de Contas do Estado (vale destacar que nos municípios de São Paulo e do Rio de Janeiro existem, respectivamente, um Tribunal de Contas Municipal. Ambos são os únicos Tribunais de Contas de um único município existentes no Brasil). O parecer prévio do Tribunal de Contas, rejeitando as contas do prefeito, só deixará de prevalecer por decisão de 2/3 dos vereadores. Em se tratando de convênio celebrado entre a União e a Prefeitura Municipal, o órgão competente para decidir sobre as contas do Prefeito relativas à aplicação da verba federal é unicamente o Tribunal de Contas da União. É de se destacar que em 2021 foi aprovada a EC nº 184, que em seu § 4º-A dispõe que "A inelegibilidade prevista na alínea "g" do inciso I do caput deste artigo não se aplica aos responsáveis que tenham tido suas contas julgadas irregulares sem imputação de débito e sancionados exclusivamente com o pagamento de multa."

Assertiva "D" ERRADA. Os que forem demitidos do serviço público em decorrência de processo administrativo ou judicial estarão inelegíveis pelo prazo de 8 (oito) anos, contado da decisão, salvo se o ato houver sido suspenso ou anulado pelo Poder Judiciário.

---

17. (CESPE – Juiz de Direito Substituto – MA/ 2013) Considerando os casos de inelegibilidade previstos em lei, assinale a opção correta.

a) A jurisprudência do TSE veda a candidatura de pai e filho, em uma mesma chapa, para os cargos de prefeito e vice-prefeito, por tal situação configurar nepotismo.

b) Secretário da administração estadual não está obrigado a afastar-se de seu cargo para candidatar-se a cargo eletivo em âmbito federal.

c) Governador de estado pode manter-se no cargo para candidatar-se à reeleição.

d) Considere que Maria mantenha um relacionamento homoafetivo com a atual prefeita do munícipio X. Nessa situação, a companheira da prefeita poderá candidatar-se a cargo eletivo nesse munícipio.

COMENTÁRIOS

Afirmativa correta: assertiva "C". O governador só deve se desincompatibilizar quando for disputar outro cargo. Para o mesmo cargo, não há necessidade.

Assertiva "A" ERRADA. Não existe nepostismo nesse caso, pois se trata de cargo eletivo.

Assertiva "B" ERRADA. A desincompatibilização deverá ocorrer até 06 meses antes do pleito.

Assertiva "D" ERRADA. A união homoafetiva também acarreta inelegibilidade reflexa, segundo entendimento pacífico do TSE.

---

18. (TJ/SC – Juiz de Direito Substituto – SC/2013) A respeito das seguintes proposições, assinale a alternativa correta:

I. Rejeição de contas de prefeito municipal pelo Tribunal de Contas do Estado como ordenador de despesa é bastante para atrair-lhe a inelegibilidade, sendo irrelevante a eventual aprovação das mesmas contas pela Câmara de Vereadores.

II. Reconhecida pela Justiça Comum a prática de ato de improbidade administrativa, não cabe à Justiça Eleitoral analisar a insanabilidade do ato para fins de inelegibilidade.

III. Tratando-se de disponibilização de verba federal, por convênio com a União, a rejeição de contas de prefeito pelo Tribunal de Contas da União implica na inelegibilidade.

IV. É inelegível o sócio-administrador de sociedade empresária de direito privado que mantém contrato de fornecimento de serviços com o poder público, submetido a cláusulas uniformes, e não tenha se desincompatibilizado no prazo de lei.

a) Somente as proposições I e II estão corretas.

b) Somente as proposições II e III estão corretas.

c) Somente a proposição III está correta.

d) Somente as proposições I, III e IV estão corretas.

e) Todas as proposições estão corretas.

COMENTÁRIOS

Afirmativa correta: assertiva "C". Somente a proposição III está correta.

Item I. ERRADO. De acordo com a nova redação da alínea "g" do inciso I do artigo 1º da LC 64/90, por sua vez, serão declarados inelegíveis, para qualquer cargo, "os que tiverem suas contas relativas ao exercício de cargos ou funções públicas rejeitadas por irregularidade insanável **que configure ato doloso de improbidade administrativa,** e por decisão irrecorrível do órgão competente, salvo **se esta houver sido suspensa ou anulada pelo** Poder Judiciário, para as eleições que se realizarem nos **8 (oito)** anos seguintes, contados a partir da data da decisão **(...)".**O "órgão competente" que deverá proferir "decisão irrecorrível", previsto na alínea "g" do inciso I do art. 1 º da LC 64/90 poderá variar, a depender do agente político cujas contas estiverem sendo julgadas ou mesmo da origem dos recursos auditados. Assim, é a Câmara Municipal o órgão competente para julgar as contas do prefeito, após emissão de parecer prévio do Tribunal de Contas dos Municípios, onde existir, ou do Tribunal de Contas do Estado (vale destacar que nos municípios de São Paulo e do Rio de Janeiro existem, respectivamente, um Tribunal de Contas Municipal. Ambos são os únicos Tribunais de Contas de um único município existentes no Brasil). O parecer prévio do Tribunal de Contas, rejeitando as contas do prefeito, só deixará de prevalecer por decisão de 2/3 dos vereadores.. Em se tratando de convênio celebrado entre a União e a Prefeitura Municipal, o órgão competente para decidir sobre as contas do Prefeito relativas à aplicação da verba federal é unicamente o Tribunal de Contas da União. "É de se destacar que em 2021 foi aprovada a EC nº 184, que em seu § 4º-A dispõe que "A inelegibilidade prevista na alínea "g" do inciso I do caput deste artigo não se aplica aos responsáveis que tenham tido suas contas julgadas irregulares sem imputação de débito e sancionados exclusivamente com o pagamento de multa".

Item II. ERRADO. É a Justiça Eleitoral que avalia se o pré-candidato tem ou não condições de concorrer às eleições.

Item III. CERTO. Em se tratando de convênio celebrado entre a União e a Prefeitura Municipal, o órgão competente para decidir sobre as contas do Prefeito relativas à aplicação da verba federal é unicamente o Tribunal de Contas da União.

Item IV. ERRADO. O sócio-administrador de sociedade empresária de direito privado que mantém contrato de fornecimento de serviços com o poder público submetido a cláusulas uniformes, a exemplo de contratos de fornecimento de água ou energia, não fica inelegível em virtude de tal fato.

---

19. (CESPE – Juiz de Direito Substituto-PI/ 2012) Com relação às inelegibilidades, assinale a opção correta.

a) O candidato condenado, em decisão transitada em julgado ou proferida por órgão colegiado da justiça eleitoral, por conduta vedada a agente público em campanha eleitoral somente será considerado inelegível se a conduta implicar a cassação do registro ou do diploma.

b) O prefeito que perder o mandato por infringência a dispositivo da lei orgânica municipal ficará inelegível, para qualquer cargo, nas eleições a serem realizadas no período remanescente do mandato para o qual tenha sido eleito e nos três anos subsequentes ao término do mandato, reavendo a sua elegibilidade imediatamente após esse período.

c) O prazo da inelegibilidade do indivíduo condenado por crime contra o meio ambiente por decisão transitada em julgado ou proferida por órgão judicial colegiado perdura enquanto durarem os efeitos da condenação.

d) A inelegibilidade não se aplica a membro de assembléia legislativa que renunciar ao mandato após o oferecimento de representação capaz de autorizar a abertura de processo por infringência a dispositivo da constituição estadual.

e) O indivíduo excluído do exercício da profissão por decisão sancionatória do órgão profissional competente em decorrência de infração ético-profissional ficará inelegível, para qualquer cargo, pelo prazo de quatro anos, salvo se o ato houver sido anulado ou suspenso pelo Poder Judiciário.

COMENTÁRIOS

Alternativa correta: assertiva "A". Aqueles que forem condenados, em decisão transitada em julgado ou proferida por órgão colegiado da Justiça Eleitoral, por corrupção eleitoral, por captação ilícita de sufrágio, por doação, captação ou gastos ilícitos de recursos de campanha ou por conduta vedada aos agentes públicos em campanhas eleitorais que impliquem cassação do registro ou do diploma, segundo a alínea "j" do inciso I do artigo 1º da LC 64/90.

Assertiva "B" INCORRETA. O prazo da inelegibilidade será até oito anos após o término previsto do mandato, e não três anos.

Assertiva "C" INCORRETA. Perdurará por até oito anos após o cumprimento da pena.

Assertiva "D" INCORRETA. Aplica-se sim, por até oito anos após o término previsto do mandato.

Assertiva "E" INCORRETA. O prazo de inelegibilidade, neste caso, é de oito anos, e não de quatro.

---

20. (CESPE – Juiz de Direito Substituto-BA/ 2012) Considerando as normas legais brasileiras concernentes à possibilidade de reeleição ao cargo de prefeito municipal, assinale a opção correta.

a) O prefeito de uma cidade no exercício do primeiro mandato pode candidatar-se à prefeitura de outra, desde que transfira o seu domicílio eleitoral em tempo hábil.

b) O impedimento legal a um terceiro mandato consecutivo restringe-se à circunscrição na qual o prefeito exerce o seu mandato.

c) O TSE admite uma terceira candidatura na hipótese de o prefeito renunciar ao cargo seis meses antes da data das eleições.

d) O TSE admite a reeleição em cada município, em respeito ao princípio da soberania popular, sem restrições de mandatos.

e) Considere que Jonas, que cumpre o segundo mandato de prefeito municipal, pretenda candidatar-se a prefeito da cidade vizinha. Nessa situação, a candidatura é permitida pelo TSE,

pelo fato de se tratar de circunscrição diversa.

COMENTÁRIOS

Alternativa correta. Assertiva "a". Não se aplica, neste caso, a regra do "prefeito itinerante", tendo em vista tratar-se de primeiro mandato. Segundo nova jurisprudência do TSE, consolidada a partir do Ac. 32. 539, de 17.12.08, é vedada tal manobra, por se constituir em forma de indevida perpetuação no poder. De acordo com o TSE, "não se pode, mediante a prática de ato formalmente lícito (mudança de domicílio eleitoral) alcançar finalidades incompatíveis com a Constituição: a perpetuação no poder e o apoderamento de unidades federadas para a formação de clãs políticos ou hegemonias familiares (...). Somente é possível eleger-se para o cargo de 'prefeito municipal' por duas vezes consecutivas"

Alternativa "b". ERRADO. Conferir comentário anterior.

Alternativa "c". ERRADO. Só é permitida uma única reeleição subsequente para o cargo de prefeito.

Alternativa "d". ERRADO. Conferir comentário anterior.

Alternativa "e". ERRADO. O TSE veda a possibilidade do "prefeito itinerante".

---

21. (FCC – Juiz Substituto – RR/ 2008) É de quatro meses o prazo de desincompatibilização, para candidatarem-se a Presidente ou Vice-Presidente da República, para os

a) que estejam ocupando cargo de direção em entidades representativas de classe, mantidas parcialmente por contribuições impostas pelo Poder Público.

b) Presidentes, Diretores e Superintendentes de Autarquias, Empresas Públicas, Sociedades de Economia Mista e Fundações Públicas e as mantidas pelo Poder Público.

c) Secretários-Gerais, os Secretários Executivos, os Secretários Nacionais, os Secretários Federais dos Ministérios e as pessoas que ocupem cargos equivalentes.

d) chefes de órgãos de assessoramento direto, civil e militar, da Presidência da República.

e) Magistrados, os Secretários de Estado e os membros dos Tribunais de Contas dos Estados.

COMENTÁRIOS

✪ **Nota do autor:** Na maioria das hipóteses de desincompatibilização exigidas por lei, o prazo previsto é o de seis meses antes do pleito (principalmente no que se refere a titulares de cargos eletivos). Os dirigentes de entidades de classe mantidas, total ou parcialmente, por contribuições impostas pelo poder público, bem como os dirigentes sindicais (Res. TSE nº 21.041, de 21.03.02), deverão se desincompatibilizar dos seus cargos, para a disputa de mandatos eletivos, quatro meses antes das eleições. Além dessas pessoas, todas aquelas que necessitam se desincompatibilizar para a disputa dos cargos de presidente da república, vice-presidente da república, governador de estado ou do DF e vice-governador de estado ou do DF, caso desejem disputar os cargos de prefeito e vice-prefeito deverão se desincompatibilizar quatro meses antes das eleições. (art. 1º, IV, "A" da LC 64/90). Já os servidores públicos civis, estatutários ou não, dos órgãos ou entidades da administração direta ou indireta da União, dos estados, do Distrito Federal, dos municípios e dos territórios, inclusive das fundações mantidas pelo poder público, deverão se afastar das suas atividades três meses antes do pleito, garantido o direito à percepção dos seus vencimentos integrais, de acordo com o previsto no artigo 1º, II, "j" da LC 64/90, para concorrer a qualquer cargo, inclusive o de prefeito municipal (Res. TSE nº 20.623, de 16.05.00, DJ de 02.06.00).

Alternativa correta: **Assertiva "A" CORRETA**. Os dirigentes de entidades de classe mantidas, total ou parcialmente, por contribuições impostas pelo poder público, bem como os dirigentes sindicais (Res. TSE nº 21.041, de 21.03.02), deverão se desincompatibilizar dos seus cargos, para a disputa de mandatos eletivos, quatro meses antes das eleições.

Assertiva "B" ERRADA. O prazo será de 06 meses antes do pleito, conforme previsto no inciso II, alínea "A", "9", do artigo 1º da LC 64/90.

Assertiva "C" ERRADA. O prazo será de 06 meses antes do pleito, conforme previsto no inciso II, alínea "A", "16", do artigo 1º da LC 64/90.

Assertiva "D" ERRADA. O prazo será de 06 meses antes do pleito, conforme previsto no inciso II, alínea "A", "2", do artigo 1º da LC 64/90.

Assertiva "E" ERRADA. O prazo será de 06 meses antes do pleito, conforme previsto no inciso II, alínea "A", "8", "12" e "14" do artigo 1º da LC 64/90.

---

22. (Vunesp – Juiz Substituto – MT 2009) Servidor Público do Município de Cuiabá, aprovado em concurso público realizado em 1998, exerce o cargo efetivo de professor da rede pública municipal. Já possuindo filiação político-partidária, o servidor pretende candidatar-se a vereador no município de Santo Antônio do Leverger nas próximas eleições municipais. Para atender aos requisitos constitucionais e legais de elegibilidade, e, assim, poder concorrer ao pleito, o servidor deve

a) exonerar-se do cargo, em razão da total incompatibilidade, 6 (seis) meses antes do pleito, podendo, no entanto, se não eleito, retornar ao cargo por reintegração.

b) pedir licença do cargo, no mínimo 6 (seis) meses antes do pleito, com direito a percebimento de proventos integrais nesse período.

c) exonerar-se do cargo, em razão da total incompatibilidade, 3 (três) meses antes do pleito, não podendo, mesmo se não eleito, retornar ao cargo que exercia.

d) pedir licença do cargo, no mínimo 3 (três) meses antes do pleito, com direito a percebimento de proventos integrais nesse período.

e) pedir licença do cargo, no mínimo 3 (três) meses antes do pleito, e, em sendo eleito, exonerar-se antes do ato de diplomação.

COMENTÁRIOS

Alternativa correta: assertiva "D". Os servidores públicos civis, estatutários ou não, dos órgãos ou entidades da administração direta ou indireta da União, dos estados, do Distrito Federal, dos municípios e dos territórios, inclusive das fundações mantidas pelo poder público, deverão se afastar das suas atividades três meses antes do pleito, garantido o direito à percepção dos seus vencimentos integrais, de acordo com o previsto no artigo 1º, II, "j" da LC 64/90, para concorrer a qualquer cargo, inclusive o de prefeito municipal (Res. TSE nº 20.623, de 16.05.00, DJ de 02.06.00).

---

23. (IESES – Juiz Substituto – MA/ 2008) Assinale a alternativa correta:

a) Parecer do Tribunal de Contas Estadual pela desaprovação de contas anuais de prefeito municipal não implica em inelegibilidade, que somente ocorrerá se a Câmara de Vereadores respectiva rejeitar as contas.

b) A desincompatibilização, cujas hipóteses devem estar previstas em lei e não por mera Resolução, é desnecessária aos candidatos que ocupam a chefia do Poder Executivo.

c) O vice-prefeito que tenha sido reeleito para o mesmo cargo e que em ambos os mandatos substituiu o prefeito não pode concorrer ao cargo de prefeito para o mandato imediatamente seguinte, independentemente do período em que ocorreu a substituição.

d) Dada a ausência de efeito suspensivo dos recursos em Direito Eleitoral, a condenação por improbidade administrativa em relação à qual esteja pendente apenas recurso especial ou extraordinário constitui causa de inelegibilidade.

COMENTÁRIOS

✪ **Nota do autor:** O "órgão competente" que deverá proferir "decisão irrecorrível", previsto na alínea "g" do inciso I do art. 1 º da LC 64/90 poderá variar, a depender do agente político cujas contas estiverem sendo julgadas ou mesmo da origem dos recursos auditados. Assim, é a Câmara Municipal o órgão competente para julgar as contas do prefeito, após emissão de parecer prévio do Tribunal de Contas dos Municípios, onde existir, ou do Tribunal de Contas do Estado (vale destacar que nos municípios de São Paulo e do Rio de Janeiro existem, respectivamente, um Tribunal de Contas Municipal. Ambos são os únicos Tribunais de Contas de um único município existentes no Brasil).

O parecer prévio do Tribunal de Contas, rejeitando as contas do prefeito, só deixará de prevalecer por decisão de 2/3 dos vereadores. **Em se tratando de convênio celebrado entre a União e a Prefeitura Municipal, o órgão competente para decidir sobre as contas do Prefeito relativas à aplicação da verba federal é unicamente o Tribunal de Contas da União.**

Por fim, vale destacar que o Supremo Tribunal Federal, julgando, em , o Recurso Extraordinário nº. 848826 RG / DF, no qual foi reconhecida a repercussão geral, decidiu que "a inelegibilidade prevista na alínea g do inciso I do art. 1° da LC n° 64/90 pode ser examinada a partir de decisão irrecorrível dos tribunais de contas que rejeitam as contas do prefeito que age como ordenador de despesas, diante da ressalva final da alínea g do inciso I do art. 1º da LC n° 64/90". Assim, quando o chefe do executivo atuar como ordenador de despesas, bastará a rejeição das suas contas pelo Tribunal de Contas para que seja possível a imputação da inelegibilidade, não havendo necessidade e possibilidade, neste caso, de reversão da decisão pela Câmara de Vereadores, restando, contudo, a possibilidade de análise judicial da matéria".

COMENTÁRIOS

Alternativa correta: Assertiva "A" CORRETA. O texto constitucional é expresso no art. 31 quanto à competência da Câmara Municipal para o julgamento das contas anuais de prefeito, cabendo ao Tribunal de Contas a emissão de parecer prévio.

Assertiva "B" INCORRETA. Só não será necessária a desincompatibilização se o chefe do poder executivo estiver disputando a reeleição para o mesmo cargo.

Assertiva "C" INCORRETA. Pode haver a candidatura, desde que o vice-prefeito não assuma a prefeitura nos quatro meses anteriores à eleição.

Assertiva "D" INCORRETA. A inelegibilidade por condenação por improbidade administrativa só ocorre após o trânsito em julgado da decisão.

---

24. (IESES – Juiz Substituto – MA/ 2008) Assinale a alternativa INCORRETA:

a) A idade mínima constitucionalmente estabelecida como condição de elegibilidade é verificada tendo por referência a data do registro da candidatura.

b) A dissolução da sociedade conjugal no curso do mandato não afasta a inelegibilidade.

c) São condições de elegibilidade a nacionalidade brasileira, a filiação partidária há mais de ano do pleito e o alistamento eleitoral.

d) Os magistrados, os membros dos tribunais de contas e os do Ministério Público devem filiar-se a partido político e afastar-se definitivamente de suas funções para se candidatarem a cargo eletivo. Todavia, estão dispensados de cumprir o prazo de filiação partidária de, no mínimo, um ano, devendo satisfazer tal condição de elegibilidade até seis meses antes do pleito para o cargo de vereador e até quatro meses antes do pleito para o cargo de prefeito.

COMENTÁRIOS

Alternativa correta: Assertiva "A" ERRADA. Regra prevista no artigo 11, § 2º da Lei nº 9.504/97, o qual dispõe que "a idade mínima constitucionalmente estabelecida como condição de elegibilidade é verificada tendo por referência a data da posse". A exceção, partir da publicação da Lei nº. 13.165/15, é a da aferição da condição de elegibilidade do candidato a vereador, cuja idade mínima de 18 anos deverá ser aferida no pedido de registro de candidatura.

Assertiva "B" CORRETA. Neste sentido, dispõe a súmula vinculante nº 18 do STF que "a dissolução da sociedade ou do vínculo conjugal, no curso do mandato, não afasta a inelegibilidade prevista no § 7º do artigo 14 da Constituição Federal".

Assertiva "C" CORRETA. Esta alternativa estava correta até a publicação da Lei nº. 13.165/15. A Filiação partidária, como condição de elegibilidade, deveria ser verificada um ano antes do pleito, segundo disposto no artigo 9º da Lei das Eleições, o qual dispunha que para concorrer às eleições, o candidato deveria possuir domicílio eleitoral na respectiva circunscrição pelo prazo de, pelo menos, um ano antes do pleito e estar com a filiação deferida pelo partido no mesmo prazo. Esta regra, agora, após a publicação da Lei nº 13.165/15, foi alterada, determinando que tal prazo deverá ser observado seis meses antes do pleito.

Assertiva "D" CORRETA. Os magistrados e membros dos tribunais de contas, de acordo com a legislação em vigor, deverão se afastar definitivamente dos seus cargos nos prazos de desincompatibilização previstos na Lei Complementar nº 64/90 (até seis meses antes do pleito para o cargo de vereador e até quatro meses antes do pleito para o cargo de prefeito). Uma vez promovida a desincompatibilização, magistrados em membros dos tribunais de contas deverão, imediatamente, filiar-se a partidos políticos, a fim de concorrerem a cargos eletivos. Em relação aos membros do Ministério Público, de acordo com o que foi explicado no capítulo V desta obra, caso o mesmo tenha ingressado na carreira após a Emenda Constitucional nº 45/04, seguirá as mesmas condições dos magistrados e membros dos tribunais de contas. Aqueles, por sua vez, que ingressaram na carreira entre 05 de outubro de 1988 e a data da publicação da EC 45/04, poderão se filiar a partidos políticos e candidatar-se a cargos eletivos, conforme previsão da Resolução nº 05 do Conselho Nacional do Ministério Público, Se eleitos, entretanto, deverão deixar o cargo no MP. Aos que ingressaram na carreira antes da Constituição de 1988, por sua vez, é possível a atividade político-partidária, a candidatura a cargos eletivos e, até mesmo, o exercício de cargo eletivo sem a necessidade de deixar o Ministério Público.

1.1. Questões de concursos para o Ministério Público Estadual (Promotor de Justiça)

25. (MPE – PR – Promotor de Justiça – MPE – PR/2019 – ADAPTADA) A Carteira Nacional de Habilitação gera a presunção da escolaridade necessária ao deferimento do registro de candidatura.

COMENTÁRIOS

Previsão da súmula nº. 55 do TSE.

Alternativa correta: "certo".

26. (MPE – MS – Promotor de Justiça – MPE – MS/2018 – ADAPTADA)

Segundo a jurisprudência do STF, a alteração realizada pela Lei da Ficha Limpa, que ampliou o prazo de inelegibilidade 3 (três) para 8 (oito) anos aos condenados por abuso de poder político e econômico (art.1°, I, d) da LC/64/90), aplica-se às condenações transitadas em julgado, mesmo que baseadas em fatos pretéritos à vigência da norma modificadora.

COMENTÁRIOS

Regra determinada em tese de repercussão geral julgada pelo STF (TESE 860).

Alternativa correta: "certo".

---

27. (MPE – MS – Promotor de Justiça – MPE – MS/2018 – ADAPTADA) São inelegíveis para Prefeito e Vice-Prefeito os membros do Ministério Público e Defensoria Pública em exercício na Comarca, nos 12 (doze) meses que antecedem ao pleito.

COMENTÁRIOS

São inelegíveis para Prefeito e Vice-Prefeito os membros do Ministério Público e Defensoria Pública em exercício na Comarca, nos 24 (vinte e quatro) meses que antecedem ao pleito.

Alternativa correta: "errado".

---

28. (MPE – MS – Promotor de Justiça – MPE – MS/2018 – ADAPTADA) São inelegíveis, no território de jurisdição do titular, o cônjuge e os parentes consanguíneos ou afins, até o segundo grau ou por adoção do Vice-Governador, ainda que este não tenha sucedido o titular nos seis meses anteriores ao pleito.

COMENTÁRIOS

Somente os titulares de cargos executivos (presidente da república, governadores e prefeitos) são capazes de gerar inelegibilidade reflexa, no âmbito da circunscrição, para seus parentes até segundo grau e cônjuges.

Alternativa correta: "errado".

---

29. (FCC – Promotor de Justiça-CE/ 2011) São condições de elegibilidade para o cargo de Vice-Governador de Estado:

a) nacionalidade brasileira, pleno exercício dos direitos políticos, alistamento eleitoral, domicílio eleitoral na circunscrição, filiação partidária e idade mínima de trinta anos.

b) naturalidade brasileira, pleno exercício dos direitos políticos, domicílio eleitoral na circunscrição, filiação partidária e idade mínima de trinta anos.

c) nacionalidade brasileira, pleno exercício dos direitos políticos, alistamento eleitoral, domicílio eleitoral no território nacional, filiação partidária e idade mínima de trinta e cinco anos.

d) nacionalidade brasileira, pleno exercício dos direitos políticos, alistamento eleitoral, domicílio eleitoral na circunscrição e idade mínima de vinte e cinco anos.

e) naturalidade brasileira, pleno exercício dos direitos políticos, alistamento eleitoral, filiação partidária e idade mínima de trinta e cinco anos.

COMENTÁRIOS

✪ **Nota do autor:** Segundo os seguidores da chamada "Teoria Clássica", doutrina majoritária no estudo das condições de elegibilidade e das causas de inelegibilidade, tem elegibilidade aquele que reúne as condições fixadas na lei (aspecto positivo) e não incorre nas causas de inelegibilidade (aspecto negativo). As condições de elegibilidade, assim, seriam requisitos que o candidato deve cumprir para se candidatar. Já as causas de inelegibilidade, segundo a Teoria Clássica, se apresentam como impedimentos que obstam o exercício da capacidade eleitoral passiva pelo cidadão brasileiro.

Alternativa correta: Assertiva "a": CORRETA. Norma correspondente ao artigo 14, § 3º da Constituição Federal de 1988.

Assertiva "b": ERRADO. Naturalidade é diferente de nacionalidade. Naturalidade diz respeito ao local de nascimento, enquanto que a nacionalidade diz respeito à condição de brasileiro. De acordo com a Constituição de 1988, o indivíduo pode ser considerado brasileiro sem ter nascido no Brasil (brasileiro nato, pelo critério do "jus sanguinis", ou brasileiro naturalizado). Assim, não é necessária a naturalidade brasileira para alguém ser candidato a governador, sendo obrigatória, contudo, a nacionalidade brasileira.

Assertiva "c": ERRADO. A idade mínima para o referido cargo é de 30 anos, contados da data da posse.

Assertiva "d": ERRADO. A idade mínima para o referido cargo é de 30 anos, contados da data da posse.

Assertiva "e": ERRADO. A idade mínima para o referido cargo é de 30 anos, contados da data da posse. Naturalidade é diferente de nacionalidade. Naturalidade diz respeito ao local de nascimento, enquanto que a nacionalidade diz respeito à condição de brasileiro. De acordo com a Constituição de 1988, o indivíduo pode ser considerado brasileiro sem ter nascido no Brasil (brasileiro nato, pelo critério do "jus sanguinis", ou brasileiro naturalizado). Assim, não é necessária a naturalidade brasileira para alguém ser candidato a governador, sendo obrigatória, contudo, a nacionalidade brasileira.

---

30. (MPE/PB – Promotor de Justiça-PB/ 2010) Analise as assertivas abaixo e assinale a alternativa que sobre elas contenha o devido julgamento:

I. De acordo com entendimento pacífico do Tribunal Superior Eleitoral, não se exige do militar da ativa a condição de elegibilidade referente à necessidade de filiação partidária há pelo menos um ano da data das eleições, bastando o pedido de registro de candidatura, após prévia escolha em convenção partidária.

II. A suspensão dos direitos políticos, decorrente de condenação criminal transitada em julgado, cessa com o cumprimento ou a extinção da pena, desde que o condenado se reabilite ou, em sendo o caso, comprove a reparação dos danos causados pelo ilícito penal.

III. A investigação judicial eleitoral julgada antes da eleição possui os efeitos de inelegibilidade e cassação do registro e, eventualmente, desde que fundamentado na captação ou gastos ilícitos de recursos para fins eleitorais, a negação do diploma.

a) Todas as assertivas estão corretas.

b) Apenas as assertivas I e III estão corretas.

c) Todas as assertivas estão erradas.

d) Apenas as assertivas II e III estão corretas.

e) Apenas a assertiva III está correta.

COMENTÁRIOS

✪ **Nota do autor:** a presente questão teve como gabarito a assertiva "b". Contudo, é de se destacar, a ressalva prevista na afirmativa III ("desde que fundamentado na captação ou gastos ilícitos de recursos para fins eleitorais") não cabe mais, a partir da publicação da Lei da Ficha Limpa, uma vez que a AIJE, independentemente do objeto da investigação, poderá acarretar a perda do diploma do réu.

Afirmativa I: CORRETA. Dispõe o artigo 14, § 8º da Constituição Federal que o militar é elegível, atendidas as seguintes condições: I – se contar menos de dez anos de serviço, deverá afastar-se da atividade; II – se contar mais de dez anos de serviço, será agregado pela autoridade superior e, se eleito, passará automaticamente, no ato da diplomação, para a inatividade. A situação de militar agregado é aquela em que o militar da ativa deixa de ocupar a vaga na escala hierárquica do seu quadro, nela permanecendo sem número. Como só existe candidatura a cargo eletivo no Brasil mediante partidos políticos, o militar deverá se filiar a partido para concorrer nas eleições. O prazo de filiação partidária a um ano da eleição, contudo, não será exigido, bastando o pedido de registro de candidatura, após prévia escolha em convenção partidária (Res. TSE nº 20.993/2002, art. 12, § 2º). Dessa forma, o militar deverá participar da convenção e, se escolhido candidato, filiar-se a partido político, a fim de concorrer.

Afirmativa II: ERRADA. De acordo com a Súmula nº 09 do TSE, "a suspensão de direitos políticos decorrente de condenação criminal transitada em julgado cessa com o cumprimento ou a extinção da pena, independendo de reabilitação ou de prova de reparação de danos".

Afirmativa III: CORRETA. A presente afirmativa, antes da publicação da Lei da Ficha Limpa, estava plenamente correta, em conformidade com o previsto no artigo 30-A da Lei nº 9.504/97. Hoje, contudo, após a publicação da LC 135/10, a ressalva prevista não cabe mais, uma vez que a AIJE, independentemente do objeto da investigação, poderá acarretar a perda do diploma do réu.

---

31. (MPE-PB – Promotor de Justiça – PB/2011) Em relação à elegibilidade, julgue as seguintes assertivas:

I. A inelegibilidade de parentes diz respeito, apenas, ao Chefe do Executivo, permitindo-se a elegibilidade dos filhos, pais, avós, netos ou irmãos, se o titular do mandato for reelegível e desincompatibilizar-se definitivamente nos seis meses anteriores ao pleito.

II. O filho adotivo é elegível no território da circunscrição em que seu pai seja chefe do executivo municipal e aquele se candidatar a Governador.

III. Exige-se da autoridade policial civil, para que possa concorrer ao cargo de vereador, que se desincompatibilize seis meses antes da data da eleição.

a) Apenas I e II estão corretas.

b) Apenas I e III estão erradas.

c) I, II e III estão corretas.

d) I, II e III estão erradas.

e) ***(Abstenção de resposta – Seção VIII, item 11, do Edital do Concurso).***

COMENTÁRIOS

✪ **Nota do autor:** De acordo com o previsto no § 7º do artigo 14 da Constituição Federal, "são inelegíveis, no território de jurisdição do titular, o cônjuge e os parentes consangüíneos ou afins, até o segundo grau ou por adoção, do presidente da república, de governador de estado ou território, do Distrito Federal, de prefeito ou de quem os haja substituído dentro dos seis meses anteriores ao pleito, salvo se já titular de mandato eletivo e candidato à reeleição.". É a chamada inelegibilidade reflexa, espécie de inelegibilidade relativa decorrente de parentesco. A inelegibilidade reflexa só atinge o cônjuge e os parentes até o segundo grau, consangüíneos, por afinidade ou adoção, dos titulares de cargos do Poder Executivo, ou de quem os haja substituído dentro dos seis meses anteriores ao pleito, no âmbito do território de jurisdição (circunscrição) dos mesmos. A Súmula Vinculante nº 18 do STF dispõe que a dissolução da sociedade ou vínculo conjugal, no curso do mandato, não afasta a inelegibilidade reflexa. Interpretando o dispositivo constitucional supracitado (art. 14, § 7º), podemos concluir que os filhos, netos, pais, avós, irmãos, cunhados, sogros e o cônjuge de prefeito não pode ser candidato a prefeito ou vereador no mesmo município, salvo se já titular de mandato eletivo e candidato à reeleição. Assim, por exemplo, a esposa do prefeito pode ser candidata a vereadora, no mesmo município, se já for titular do mesmo mandato e estiver concorrendo à reeleição. Pode também, a referida esposa do prefeito, ser candidata a prefeita ou vereadora de outro município brasileiro, onde tenha domicílio eleitoral, uma vez que a inelegibilidade é apenas no território de jurisdição do prefeito (como exemplo desta situação, podemos citar que, em 2008, o ex-deputado federal Sérgio Carneiro, do PT da Bahia, foi candidato a prefeito de Feira de Santana, segundo maior município baiano, enquanto que seu irmão, João Henrique Carneiro, prefeito de Salvador, disputava a reeleição, sem que tal fato tenha gerado a inelegibilidade do ex-deputado). Parentes do prefeito, entretanto, podem ser candidatos a deputados no mesmo estado, sem que tal fato gere inelegibilidade reflexa, uma vez que o território de jurisdição do prefeito (o município) é menor do que a circunscrição das eleições para deputado estadual ou federal (todo o estado). Assim, por exemplo, o filho do prefeito de um município no interior do Paraná pode ser candidato a deputado estadual, federal, senador ou mesmo governador daquele estado, mesmo que não seja titular de mandato eletivo e esteja concorrendo à reeleição. O mesmo, entretanto, não ocorre se parente até o segundo grau do governador de um estado queira concorrer, no mesmo estado, a vereador ou prefeito de qualquer um dos municípios, ou mesmo deputado estadual, federal ou senador. Como a jurisdição do governador é todo o estado, ficam impedidos seus parentes até o segundo grau, bem como o seu cônjuge, de concorrer a mandatos eletivos no referido estado, salvo se já titulares de mandato eletivo e candidatos à reeleição. Da mesma forma, a única possibilidade existente, em regra, de parentes até o segundo grau, consangüíneos ou afins, ou por adoção, do presidente da república ser candidato a um cargo eletivo ocorre se o mesmo já for titular de mandato e estiver concorrendo à reeleição, uma vez que o território de jurisdição do presidente da república é todo o país. O falecimento ou a renúncia do prefeito, governador ou presidente da república, seis meses antes da eleição, afasta a inelegibilidade reflexa dos seus parentes e cônjuges. A única hipótese de inelegibilidade reflexa, neste caso, ocorre se o parente ou cônjuge desejar disputar o mesmo cargo anteriormente titularizado por seu familiar, caso este já tenha sido ocupado, de forma consecutiva, nos dois últimos mandatos pelo mesmo (familiar tenha sido eleito e reeleito para o cargo). Se o prefeito, governador ou presidente da república, no exercício do primeiro mandato, contudo, renunciar ao cargo seis meses antes da eleição, ou vier a falecer, no mesmo período, seus parentes poderão disputar o referido cargo, sem que haja inelegibilidade reflexa. Foi o que ocorreu com a ex-governadora do Rio de Janeiro, Rosinha Garotinho, que sucedeu, em 2002, seu marido, Anthony Garotinho, que houvera sido eleito governador em 1998, para um primeiro mandato, e renunciado ao cargo seis meses antes das eleições 2002 para concorrer à presidência da república. Se Anthony Garotinho já estivesse, naquela oportunidade, exercendo um segundo mandato consecutivo de governador, sua renúncia seis meses antes da eleição não seria suficiente para afastar a inelegibilidade reflexa de sua esposa, para a disputa do cargo de governador (para outro cargo afastaria). Como o ex-governador só havia exercido um mandato, Rosinha Garotinho pôde se candidatar e se eleger governadora do Rio de Janeiro, em 2002 (Neste sentido, cf. Ac. TSE nº 19.442, de 21.08.2001). Ainda no que se refere à inelegibilidade reflexa prevista no § 7º do artigo 14 da Constituição Federal, vale destacar que o TSE já firmou entendimento no sentido de que havendo separação de fato, ou mesmo divórcio, durante o curso do mandato, entre titular de cargo de prefeito, governador ou presidente da república, tal fato não impede a inelegibilidade reflexa (Res. 21.798, de 03.06.04, DJ de 09.08.04). Assim, os ex-cunhados, ex-sogros e ex-cônjuge de prefeito, governador ou presidente da república continuam inelegíveis, no seu território de jurisdição, até o término do mandato, por inelegibilidade reflexa, caso o divórcio tenha ocorrido no curso do mesmo, salvo as exceções previstas em lei, já abordadas. Segundo jurisprudência pacífica do TSE, a união estável atrai a inelegibilidade reflexa (REspe nº 23.487), com a ressalva de que o mero namoro não se enquadra nessa hipótese (REspe nº 24.672). Da mesma forma, segundo o TSE (Respe nº 24.564, Rel. Min. Gilmar Mendes), a união homoafetiva também atrai a inelegibilidade reflexa.

Alternativa correta: assertiva "c". I, II e III estão corretas.

Afirmativa I: CORRETA. Se o prefeito, governador ou presidente da república, no exercício do primeiro mandato renunciar ao cargo seis meses antes da eleição, ou vier a falecer, no mesmo período, seus parentes poderão disputar o referido cargo, sem que haja inelegibilidade reflexa. Foi o que ocorreu com a ex-governadora do Rio de Janeiro, Rosinha Garotinho, que sucedeu, em 2002, seu marido, Anthony Garotinho, que houvera sido eleito governador em 1998, para um primeiro mandato, e renunciado ao cargo seis meses antes das eleições 2002 para concorrer à presidência da república. Se Anthony Garotinho já estivesse, naquela oportunidade, exercendo um segundo mandato consecutivo de governador, sua renúncia seis meses antes da eleição não seria suficiente para afastar a inelegibilidade reflexa de sua esposa, para a disputa do cargo de governador (para outro cargo afastaria). Como o ex-governador só havia exercido um mandato, Rosinha Garotinho pôde se candidatar e se eleger governadora do Rio de Janeiro, em 2002 (Neste sentido, cf. Ac. TSE nº 19.442, de 21.08.2001).

Afirmativa II: CORRETA. A circunscrição da eleição para governador é o estado, mais ampla, portanto, que o município, fato que afasta a inelegibilidade reflexa

Afirmativa III: CORRETA. Regra prevista no artigo 2º da LC 64/90, salvo no caso de eleições para prefeitos e vereadores, quando o prazo será de 04 meses.

32. (MPE/MG – Promotor de Justiça-MG/ 2009) As inelegibilidades em matéria eleitoral são disciplinamentos, regras restritivas que vão implicar condições obstativas ou excludentes da participação passiva na atividade de sufrágio, reconhecidos privados de concorrer a cargos eletivos.

Dentre essas, é INCORRETO afirmar

a) O Presidente da República, os Governadores de Estado e do Distrito Federal, os Prefeitos e quem os houver sucedido, ou substituído no curso dos mandatos poderão ser reeleitos para um único período subsequente.

b) Inata é a inelegibilidade resultante do ordenamento jurídico, que apanha o nacional em situação para as quais não tenha contribuído com um comportamento antijurídico. Não se trata de sanção, mas meio de equilíbrio da disputa eleitoral. Tal impedimento alcança os parentes do Chefe do Poder Executivo, até 3° grau.

c) Cominada é a inelegibilidade sanção. Quem comete um crime de tráfico de entorpecentes e tem contra si sentença condenatória transitada em julgado não pode se candidatar.

d) Os conscritos não podem sequer se alistarem.

e) Na inelegibilidade cominada potencial há projeção de inelegibilidade por algum tempo no futuro, caso em que o impedimento alcançará outras eleições, além daquela em que o ilícito foi cometido.

COMENTÁRIOS

✪ **Nota do autor:** As inelegibilidades decorrem, na maioria das vezes, da prática de atos ilícitos. São as chamadas inelegibilidades sanção, denominadas por Adriano Soares da Costa de inelegibilidades cominadas. De acordo com o ilustre doutrinador alagoano, tais inelegibilidades cominadas podem ainda ser classificadas como simples, quando válidas para uma única eleição, sem repercussão em futuros pleitos, ou excluir repetição da expressão Existem situações, entretanto, em que a inelegibilidade não é resultante da prática de tais atos, mas sim previstas pelo ordenamento jurídico a fim de preservar o equilíbrio nas disputas eleitorais e a moralidade administrativa, de forma a que seja resguardado o equilíbrio nas disputas, a normalidade e a legitimidade das eleições. Situam-se, nesta segunda hipótese, por exemplo, as causas de inelegibilidade decorrentes de parentesco ou exercício de determinados cargos, em determinados momentos, por parte de pleiteantes a cargos eletivos. Adriano Soares da Costa, estudando o tema, denomina tais situações de "inelegibilidades inatas", equivalentes, para o doutrinador alagoano, à ausência de elegibilidade.

Alternativa correta: **assertiva 'b":** A afirmativa está incorreta, tendo em vista que o citado impedimento atinge parentes do Chefe do Poder Executivo até o 2° grau, e não até o 3º grau, como afirmado.

Assertiva "a": CORRETO. Regra estabelecida pela Emenda Constitucional nº 16, de 04 de junho de 1997, que alterou o artigo 14, § 5º da CF/1988.

Assertiva "c": CORRETO. Inelegibilidade cominada é o mesmo que inelegibilidade sanção, conforme classificação consagrada pelo doutrinador Adriano Soares da Costa.

Assertiva "d": CORRETO. A Constituição Federal de 1988 estabelece que os conscritos são inalistáveis.

Assertiva "e": CORRETO. A inelegibilidade cominada potencial é aplicável a vários pleitos, enquanto que a inelegibilidade potencial simples se aplica a um único pleito.

---

33. (MPE-MS – Promotor de Justiça – MS/2011) Assinale a alternativa **incorreta.**

a) De acordo com a Lei Complementar n° 64/90, os magistrados se pretenderem concorrer ao cargo de Presidente ou de Vice-Presidente da República somente são considerados elegíveis se afastarem temporariamente das suas funções até seis meses anteriores ao pleito;

b) Os membros do Ministério Público que ingressaram na carreira antes de 05 de outubro de 1988, podem exercer a atividade político-partidária, desde que tenham exercido a opção pelo regime anterior;

c) Os membros do Ministério Público que ingressaram na carreira antes da aprovação da EC n° 45/2004 podem exercer atividade política partidária, em face da interpretação extraída da Resolução n° 5 do Conselho Nacional do Ministério Público;

d) No regime anterior a CF 88, não eram considerados inelegíveis os membros do Ministério Público;

e) Os membros do Ministério Público, com a aprovação da EC n° 45/2004, foram equiparados aos magistrados quanto a atividade político – partidária.

COMENTÁRIOS

Alternativa correta: assertiva "a": ERRADO. Tal afastamento deverá ser definitivo, por renúncia ao cargo ou aposentadoria.

Assertiva "b": CERTO. De acordo com disposição do ADCT da Constituição Federal de 1988.

Assertiva "c": CERTO. Antes da publicação da EC 45/04, os membros do MP podiam exercer atividade político-partidária. A Resolução nº 05 do CNMP permitiu que os membros ingressos na carreira antes de tal emenda constitucional mantivessem tal prerrogativa.

Assertiva "d": CORRETO. Desta norma provém a razão pela qual os membros do MP ingressos na carreira antes da promulgação da atual Carta magna podem exercer atividade político-partidária e advogar.

Assertiva "e": CORRETO. Salvo aqueles ingressos na carreira antes da EC 45/04, conforme resolução nº 05 do CNMP.

---

34. (MPE-MS – Promotor de Justiça – MS/2011) Recentemente o Supremo Tribunal Federal decidiu pela não aplicação da Lei da Ficha Limpa, referente aos candidatos considerados fichas sujas, e que foram eleitos no processo eleitoral de 2010. Não obstante tratar-se de decisão judicial recente, qual seria o principal embasamento jurídico para impedir a aplicação da Lei Complementar n° 135/2010, nas eleições para presidente, federal e estadual de 2010.

a) Por conta do processo eleitoral já ter sido deflagrado, e não haveria tempo de os partidos escolherem outros candidatos, considerados ficha limpa, desrespeitando, assim, o procedimento estabelecido na Lei n° 9.504/97;

b) Ofensa aos princípios individuais da segurança jurídica (CF, art. 5°, caput);

c) Ofensa ao princípio do devido processo legal (CF, art. 5°, LIV);

d) Ofensa ao princípio da anterioridade eleitoral, disposto no art. 16 da Constituição Federal;

e) Nenhuma das alternativas anteriores.

COMENTÁRIOS

Alternativa correta: assertiva "d": a referida Lei Complementar foi publicada apenas em junho de 2010, 04 meses, portanto, antes das eleições, fato que fez incidir o artigo 16 da Constituição Federal, impossibilitando a sua aplicação no pleito de 2010 (responde as demais questões).

---

35. (MPE-PB – Promotor de Justiça – PB/2011) Sobre a inelegibilidade, julgue as seguintes assertivas:

I. A aplicação da pena de multa, a suspensão condicional do processo e a incapacidade civil absoluta acarretam suspensão dos direitos políticos.

II. A comutação de pena e o indulto incidente são exemplos de situações onde não mais subsistem os efeitos da suspensão dos direitos políticos.

III. A suspensão de direitos políticos decorrente de condenação criminal transitada em julgado cessa com o cumprimento ou extinção da pena e com a prova da reparação do dano, se for o caso.

a) I, II e III estão corretas.

b) I, II e III estão erradas.

c) Apenas I está correta.

d) Apenas I está errada.

e) *(Abstenção de resposta – Seção VIII, item 11, do Edital do Concurso).*

COMENTÁRIOS

✪ **Nota do autor:** Podemos afirmar que a perda dos direitos políticos é definitiva, enquanto que a suspensão é temporária. Diante desta diferenciação, é possível concluir que a única hipótese de perda de direitos políticos prevista no ordenamento jurídico brasileiro ocorre quando o indivíduo perde a sua nacionalidade, seja em ação de cancelamento de naturalização, ou seja, voluntariamente. Deixando de ser brasileiro, o indivíduo fica, evidentemente, impedido de exercer direitos políticos no Brasil, de forma definitiva.

Alternativa correta: assertiva "b". I, II e III estão erradas.

Item I: ERRADO. Aplicação de multa não acarreta suspensão dos direitos políticos, tampouco a suspensão condicional do processo, na qual ainda não há condenação criminal transitada em julgado.

Item II: ERRADO. A suspensão só deixa de existir com o término dos efeitos da condenação criminal transitada em julgado.

Item III: ERRADO. A prova da reparação do dano não é necessária para a cessação da suspensão dos direitos políticos, bastando o cumprimento ou extinção da pena.

---

36. (MPE-SP – Promotor de Justiça – SP/2011) Com relação à inelegibilidade, analise os seguintes itens:

I. os conscritos, durante o serviço militar obrigatório, são inelegíveis;

II. o membro do Ministério Público, que tenha pedido exoneração, é inelegível, para qualquer cargo, pelo prazo de 8 (oito) anos;

III. o condenado por assédio sexual, em decisão transitada em julgado, é inelegível, para qualquer cargo, até 8 (oito) anos após o cumprimento da pena;

IV. a declaração de inelegibilidade do candidato a Prefeito não atingirá o candidato a Vice-Prefeito;

V. o cônjuge do Vice-Prefeito é inelegível no território da circunscrição deste.

Está correto apenas o que se afirma em

a) I e II.

b) I e IV.

c) II e III.

d) III e V.

e) IV e V.

COMENTÁRIOS

Alternativa correta: assertiva "b". I e IV estão erradas.

Item I: CERTO. Os conscritos são aqueles que estão prestando o serviço militar obrigatório, estando inelegíveis durante a prestação de tal serviço, segundo determinação da Constituição Federal de 1988.

Item II: ERRADO. Não há, a princípio, qualquer impedimento para que membro exonerado do MP possa exercer atividade político-partidária.

Item III: ERRADO. Tal hipótese, ao contrário daquela de condenação por estupro, não está contemplada na Lei das Inelegibilidades.

Item IV: CORRETO. A inelegibilidade é personalíssima, não atingindo o companheiro de chapa.

Item V: ERRADO. A inelegibilidade reflexa atinge apenas os parentes e cônjuge do prefeito, e não do vice-prefeito.

---

37. (MPE-AL – Promotor de Justiça – AL/2012) A respeito das inelegibilidades e das impugnações ao registro de candidaturas, é correto afirmar:

a) Inclui-se dentre as condições de inelegibilidade previstas na Constituição Federal brasileira a idade mínima de vinte e um anos para Governador e Vice – Governador de Estado e do Distrito Federal.

b) O conhecimento e a decisão das arguições de inelegibilidade do Presidente e do Vice-Presidente da República inserem-se na competência originária do Supremo Tribunal Federal.

c) O prazo para impugnação ao registro de candidatura é de cinco dias para qualquer candidato, partido político ou coligação e de dez dias para o Ministério Público, contados da publicação do pedido.

d) O Vice-Presidente, o Vice-Governador e o Vice-Prefeito poderão candidatar-se a outros cargos, preservando os seus mandatos respectivos, mesmo que, nos últimos seis meses anteriores ao pleito, tenham sucedido ou substituído o titular.

e) São inelegíveis para o Senado Federal, até seis meses depois de afastados definitivamente de seus cargos e funções, os Secretários de Estado.

COMENTÁRIOS

Alternativa correta: assertiva "e": CORRETO. O prazo de desincompatibilização dos secretários de estado, para candidaturas ao Senado, é de 06 meses antes das eleições, conforme artigo 2º da LC 64/90.

Assertiva "a": INCORRETO. Não existem "condições de inelegibilidade", mas sim "causas de inelegibilidade" e "condições de elegibilidade". A idade mínima para ser governador ou vice-governador é 30 anos de idade na data da posse.

Assertiva "b": INCORRETO. Tal competência será do TSE.

Assertiva "c": INCORRETO. O prazo é o mesmo para o MP, 05 dias.

Assertiva "d": INCORRETO. Caso tenham sucedido ou substituído os titulares nos seis meses antes do pleito, os vices ficam inelegíveis.

---

38. (MPE-PR – Promotor de Justiça – PR/2012) Sobre ***elegibilidade, inelegibilidade e ações judiciais eleitorais,*** assinale a alternativa correta***:***

a) São inelegíveis a qualquer cargo os que forem condenados por prática, dentre outros, de crimes de ação penal privada, em decisão transitada em julgado ou proferida por órgão judicial colegiado, desde a condenação até o transcurso do prazo de 8 (oito) anos após o cumprimento da pena;

b) De acordo com a Lei Complementar 135/10 *(Lei da Ficha Limpa),* os que forem condenados, em decisão transitada em julgado ou proferida por órgão judicial colegiado, por prática de crimes contra a saúde pública, não sofrem restrições à elegibilidade;

c) A arguição de inelegibilidade de candidatos ao cargo de Deputado Estadual deverá ser feita perante o Tribunal Regional Eleitoral, e de candidatos ao cargo de Deputado Federal, deverá ser feita perante o Tribunal Superior Eleitoral;

d) A ação de investigação judicial eleitoral poderá ser utilizada para apurar condutas vedadas a agentes públicos em campanha eleitoral, mas não poderá ser manejada para apurar captação ilícita de sufrágio, prevista no art. 41-A da Lei 9.504/97 (Lei das Eleições);

e) A ação de impugnação de mandato eletivo possui previsão na Constituição Federal, o recurso contra a diplomação possui previsão na Lei 4.737/65 (Código Eleitoral) e a ação de investigação judicial eleitoral possui previsão na Lei Complementar 064/90 (Lei das Inelegibilidades).

COMENTÁRIOS

✪ **Nota do autor:** A alínea "e" do artigo 1º, I da LC 64/90, no mesmo sentido da alínea anterior, assim, prevê a inelegibilidade desde a condenação por órgão colegiado até o prazo de 08 anos, a contar do término do cumprimento de pena, para os condenados, mesmo sem trânsito em julgado, pelos seguintes crimes:

Crimes geradores da inelegibilidade prevista no art. 1º, I, "e" da LC 64/90

1. *Crimes contra a economia popular, a fé pública, a administração pública e o patrimônio público;*
2. *Crimes contra o patrimônio privado, o sistema financeiro, o mercado de capitais e os previstos na lei que regula a falência;*
3. *Crimes contra o meio ambiente e a saúde pública;*
4. *Crimes eleitorais, para os quais a lei comine pena privativa de liberdade;*
5. *Crimes de abuso de autoridade, nos casos em que houver condenação à perda do cargo ou à inabilitação para o exercício de função pública;*
6. *Crimes de lavagem ou ocultação de bens, direitos e valores;*
7. *Crimes de tráfico de entorpecentes e drogas afins, racismo, tortura, terrorismo e hediondos;*
8. *Crimes de redução à condição análoga à de escravo;*
9. *Crimes contra a vida e a dignidade sexual; e*
10. *Crimes praticados por organização criminosa, quadrilha ou bando.*

OBSERVAÇÃO: a inelegibilidade será aplicada a partir da condenação, em decisão transitada em julgado ou proferida por órgão judicial colegiado, gerando efeitos até 08 anos após o cumprimento da pena. Caso, no entanto, a condenação se dê por outros crimes, não previstos nesta lista, o eleitor terá apenas seus direitos políticos suspensos enquanto durarem os efeitos da condenação, de acordo com o previsto no artigo 15, III da Constituição Federal de 1988.

Alternativa correta: assertiva "e": CORRETO. O RCD tem previsão no art. 262 do Código Eleitoral. Já a AIJE tem previsão no art. 22 da LC 64/90.

Assertiva "a": INCORRETO. Tais crimes não estão abrangidos pela Lei da Ficha Limpa.

Assertiva "b": INCORRETO. Conferir tabela acima.

Assertiva "c": INCORRETO. A Circunscrição das eleições para deputado federal é o estado, sendo, portanto, o TRE respectivo o competente para tal feito.

Assertiva "d": INCORRETO. O procedimento da AIJE é previsto também na apuração da captação ilícita de sufrágio.

---

39. (MPE-SC – Promotor de Justiça – SC/2013) De acordo com a Lei Complementar 135/2010, a inelegibilidade decorrente de condenação, em decisão transitada em julgado ou proferida por órgão judicial colegiado, desde a condenação até o transcurso do prazo de 8 (oito) anos após o cumprimento da pena, pelos crimes contra a economia popular, a fé pública, a administração pública e o patrimônio público; contra o patrimônio privado, o sistema financeiro, o mercado de capitais e os previstos na lei que regula a falência; contra o meio ambiente e a saúde pública; eleitorais, para os quais a lei comine pena privativa de liberdade; de abuso de autoridade, nos casos em que houver condenação à perda do cargo ou à inabilitação para o exercício de função pública; de lavagem ou ocultação de bens, direitos e valores; de tráfico de entorpecentes e drogas afins, racismo, tortura, terrorismo e hediondos; de redução à condição análoga à de escravo; contra a vida e a dignidade sexual; e praticados por organização criminosa, quadrilha ou bando; não se aplica aos crimes culposos e àqueles definidos em lei como de menor potencial ofensivo, nem aos crimes de ação penal privada.

Alternativa correta. VERDADEIRO. O § 4º do artigo 1º da LC 64/90 estabelece que "a inelegibilidade prevista na alínea 'e' do inciso I deste artigo nãos e aplica aos crimes culposos e àqueles definidos como de menor potencial ofensivo, nem aos crimes de ação penal privada".

---

40. (MPE-RJ – Promotor de Justiça – RJ/2011) No tocante às condições de elegibilidade e às causas de inelegibilidade, analise as seguintes proposições:

I. Enquanto as condições de elegibilidade podem estar previstas na Constituição Federal e em leis ordinárias, as causas de inelegibilidade devem estar contempladas na Constituição Federal e em leis complementares.

II. Nos termos da Constituição Federal, são sempre inelegíveis os inalistáveis e os analfabetos.

III. O alistamento eleitoral é pressuposto para o exercício do direito de votar, não sendo exigido, contudo, para que o cidadão possa se eleger, bastando para esta última hipótese sua prévia filiação partidária.

IV. Nos termos da legislação vigente, são inelegíveis para qualquer cargo aqueles que forem condenados por crimes eleitorais para os quais a lei comine pena privativa de liberdade, desde a condenação até o transcurso do prazo de 08 (oito) anos após o cumprimento da pena, impondo-se, todavia, prévio trânsito em julgado da condenação criminal para configuração da inexigibilidade, em respeito ao princípio constitucional do estado de inocência.

V. Constitui crime eleitoral a arguição de inelegibilidade deduzida de forma temerária ou de manifesta má-fé.

Estão corretas somente as proposições:

a) I, II e III;

b) I, II e V;

c) II, III e IV;

d) II, IV e V;

e) III, IV e V.

COMENTÁRIOS

Alternativa correta: assertiva "b". I, II e V estão corretas.

Item I: CERTO. Segundo entendimento pacífico do TSE, as causas de inelegibilidade devem ser contempladas na Constituição e em lei complementar, enquanto que as condições de elegibilidade podem ser dispostas em lei ordinária, a exemplo da lei nº 9.504/97, a qual estabelece prazo de filiação partidária de um ano antes da eleição, regulamentando dispositivo constitucional.

Item II: CERTO. Inalistáveis e analfabetos são inelegíveis, embora os analfabetos possam votar.

Item III: ERRADO. Para ser votado, é necessário que o indivíduo seja eleitor.

Item IV: ERRADO. O § 4º do artigo 1º da LC 64/90 estabelece que "a inelegibilidade prevista na alínea 'e' do inciso I deste artigo nãos e aplica aos crimes culposos e àqueles definidos como de menor potencial ofensivo, nem aos crimes de ação penal privada".

Item V: CERTO. Regra prevista no artigo 25 da LC 64/90.

41. (MPE-GO – Promotor de Justiça – GO/2012) Considerando o disposto na Lei Complementar n.º 64/90, que estabelece, de acordo com a Constituição da República, os casos de inelegibilidade, a qual foi recentemente alterada pela Lei Complementar 135/2010, qual das alternativas abaixo é incorreta:

a) São inelegíveis, para qualquer cargo, os que tenham contra sua pessoa representação julgada procedente pela Justiça Eleitoral, em decisão transitada em julgado ou proferida por órgão colegiado, em processo de apuração de abuso do poder econômico ou político, para a eleição na qual concorrem ou tenham sido diplomados, bem como para as que se realizarem nos 8 (oito) anos seguintes.

b) Não poderão se candidatar os que forem condenados, em decisão transitada em julgado ou proferida por órgão judicial colegiado, desde a condenação até o transcurso do prazo de 8 (oito) anos após o cumprimento da pena, pelos crimes, dolosos ou culposos, contra a economia popular, a fé pública, a administração pública e o patrimônio público, contra o patrimônio privado, o sistema financeiro, o mercado de capitais e os previstos na lei que regula a falência e contra o meio ambiente e a saúde pública, os eleitorais, para os quais a lei comine pena privativa de liberdade e os de abuso de autoridade, nos casos em que houver condenação à perda do cargo ou à inabilitação para o exercício de função pública, dentre outros.

c) São inelegíveis os que, em estabelecimentos de crédito, financiamento ou seguro, que tenham sido ou estejam sendo objeto de processo de liquidação judicial ou extrajudicial, hajam exercido, nos 12 (doze) meses anteriores à respectiva decretação, cargo ou função de direção, administração ou representação, enquanto não forem exonerados de qualquer responsabilidade.

d) Não poderão se candidatar os magistrados e os membros do Ministério Público que forem aposentados compulsoriamente por decisão sancionatória, que tenham perdido o cargo por sentença ou que tenham pedido exoneração ou aposentadoria voluntária na pendência de processo administrativo disciplinar, pelo prazo de 8 (oito) anos.

COMENTÁRIOS

Alternativa correta: assertiva "b". ERRADO. A condenação por crimes culposos não faz incidir a inelegibilidade, conforme previsão do § 4º do art. 1º da LC 64/90.

Alternativa "a". CERTO. A alínea "d" do inciso I do artigo 1º da LC 64/90, por sua vez, prevê, de acordo com a nova redação patrocinada pela Lei do Ficha Limpa, que serão inelegíveis, para todos os cargos, "os que tenham contra sua pessoa representação julgada procedente pela Justiça Eleitoral, em decisão transitada em julgado ou proferida por órgão colegiado, em processo de apuração de abuso do poder econômico ou político, para a eleição na qual concorrem ou tenham sido diplomados, bem como para as que se realizarem nos 8 (oito) anos seguintes".

Alternativa "c". CERTO. Regra prevista na aliena "i" do artigo 1º da LC 64/90.

Alternativa "d". CERTO. Regra prevista na aliena "q" do artigo 1º da LC 64/90, incluída pela Lei da Ficha Limpa.

42. (CESPE – Promotor de Justiça – RR/2012) Considerando a disciplina constitucional e complementar de elegibilidade e inelegibilidades, assinale a opção correta.

a) O condenado por calúnia e difamação permanece inelegível pelo prazo de oito anos.

b) Advogado excluído, pela OAB, do exercício da profissão, por infração ético-profissional, é inelegível pelo prazo de oito anos.

c) A Lei da Ficha Limpa admite a candidatura de pessoa condenada por crime contra a administração pública, desde que o acórdão respectivo penda de recurso.

d) É elegível o militar conscrito, desde que ele se afaste da atividade.

e) Ocupante do cargo de prefeito pode ser candidato a deputado estadual sem se afastar do exercício do cargo.

COMENTÁRIOS

Alternativa correta: assertiva "b". CERTO. Os que forem excluídos do exercício da profissão, por decisão sancionatória do órgão profissional competente, em decorrência de infração ético-profissional, salvo se o ato houver sido anulado ou suspenso pelo Poder Judiciário ficarão inelegíveis por oito anos, segundo a alínea "m" do inciso I do art. 1º da LC 64/90.

Assertiva "a". ERRADO. A condenação por crimes de ação penal privada não faz incidir a inelegibilidade, conforme previsão do § 4º do art. 1º da LC 64/90.

Alternativa "c". ERRADO. da forma como está escrito o enunciado, entende-se que a inelegibilidade só perduraria enquanto o recurso estivesse pendente, o que não é verdade.

Alternativa "d". ERRADO. Militar conscrito fica com seus direitos políticos suspensos.

Alternativa "e". ERRADO. O mesmo deverá se desincompatibilizar seis meses antes das eleições.

---

43. (UFMT – Promotor de Justiça – MT/2012) São inelegíveis as pessoas que ocuparam cargos ou função de administração, direção ou representação de estabelecimento de crédito, financiamento ou seguro por antes da data de decretação da liquidação judicial ou extrajudicial do empreendimento, enquanto não forem exonerados de qualquer responsabilidade. Assinale a alternativa que preenche corretamente a lacuna do texto.

a) seis meses

b) doze meses

c) dezoito meses

d) vinte e quatro meses

e) trinta e seis meses

COMENTÁRIOS

Alternativa correta: assertiva "b". (responde as demais) .De acordo com a alínea "i" do inciso I do artigo 1º da LC 64/90, os que, em estabelecimentos de crédito, financiamento ou seguro, que tenham sido ou estejam sendo objeto de processo de liquidação judicial ou extrajudicial, hajam exercido, nos 12 (doze) meses anteriores à respectiva decretação, cargo ou função de direção, administração ou representação, enquanto não forem exonerados de qualquer responsabilidade, serão inelegíveis.

---

44. (CESPE – Promotor de Justiça – PI/2012) Assinale a opção correta acerca dos princípios constitucionais e legais relativos aos direitos políticos, à nacionalidade, à elegibilidade e à inelegibilidade.

a) Desde que haja reciprocidade, a lei brasileira atribui a pessoas originárias de países de língua portuguesa com residência permanente no Brasil, independentemente de naturalização, os direitos inerentes ao brasileiro, inclusive o gozo dos direitos políticos, salvo a ocupação de cargo privativo de brasileiro nato.

b) Diferentemente do prefeito, que, para concorrer a outro cargo sem incidir em inelegibilidade, deve renunciar ao mandato no prazo legal, o vice-prefeito que, nos últimos doze meses anteriores ao pleito, não tenha substituído nem sucedido o titular poderá candidatar-se a outro cargo, preservando o mandato.

c) A cassação dos direitos políticos do brasileiro que adquirir outra nacionalidade por reconhecimento de nacionalidade originária pela lei estrangeira só ocorrerá após a declaração da perda da nacionalidade brasileira por sentença judicial transitada em julgado.

d) No caso de cometimento de ato de improbidade administrativa, a suspensão dos direitos políticos ocorre automaticamente na forma e gradação previstas em lei, não havendo necessidade de ser expressamente declarada na sentença condenatória.

e) Considere que tenha sido declarada a dissolução do vínculo conjugal de João com Márcia, prefeita de um município brasileiro, no curso do mandato da prefeita. Nesse caso, João não seria inelegível para o cargo de vereador em município criado por desmembramento do município em que Márcia é prefeita.

COMENTÁRIOS

Alternativa correta. Assertiva "b". CERTO. O vice-prefeito, assim como o vice-governador e o vice-presidente, podem concorrer a outros cargos, desde que nos últimos doze meses anteriores ao pleito, não tenha substituído nem sucedido o titular poderá candidatar-se a outro cargo, preservando o mandato, sem a necessidade de renúncia.

Assertiva "a". ERRADO. Tal prerrogativa é restrita ao português, conforme previsão constitucional.

Assertiva "c". ERRADO. Tal cassação é, em regra, automática, salvo nas situações de reconhecimento da nacionalidade brasileira pelo Estado estrangeiro ou naturalização para exercício de direitos civis no exterior. O brasileiro, contudo, que tem outra nacionalidade primária reconhecida, não perde a sua nacionalidade brasileira por tal fato.

Assertiva "d". ERRADO. A declaração deve ser expressa na sentença, conforme se afere da interpretação do art. 12, § 9º da Lei nº 8.429/92.

Assertiva "e". ERRADO. De acordo com o previsto no § 7º do artigo 14 da Constituição Federal, "são inelegíveis, no território de jurisdição do titular, o cônjuge e os parentes consangüíneos ou afins, até o segundo grau ou por adoção, do presidente da república, de governador de estado ou território, do Distrito Federal, de prefeito ou de quem os haja substituído dentro dos seis meses anteriores ao pleito, salvo se já titular de mandato eletivo e candidato à reeleição.". É a chamada inelegibilidade reflexa, espécie de inelegibilidade relativa decorrente de parentesco. A inelegibilidade reflexa só atinge o cônjuge e os parentes até o segundo grau, consangüíneos, por afinidade ou adoção, dos titulares de cargos do Poder Executivo, ou de quem os haja substituído dentro dos seis meses anteriores ao pleito, no âmbito do território de jurisdição (circunscrição) dos mesmos. A Súmula Vinculante nº 18 do STF dispõe que a dissolução da sociedade ou vínculo conjugal, no curso do mandato, não afasta a inelegibilidade reflexa.

---

45. (MPE – RS – Promotor de Justiça – MPE – RS/2016) Assinale com V (verdadeiro) ou com F (falso) as seguintes afirmações, relativas à Lei Complementar nº 64, de 18 de maio de 1990.

( ) É facultado ao partido político ou coligação que requerer o registro de candidato considerado inelegível dar-lhe substituto, mesmo que a decisão passada em julgado tenha sido proferida após o termo final do prazo de registro.

( ) Cabe a qualquer eleitor, candidato, partido político, coligação, ou ao Ministério Público Eleitoral, no prazo de 5 (cinco) dias, contados da publicação do registro de candidato, impugná-lo em petição fundamentada.

( ) Nos pedidos de registro de candidatos a eleições municipais, o Juiz Eleitoral deve apresentar a sentença em cartório 3 (três) dias após a conclusão dos autos, passando a correr deste momento o prazo para interposição de recurso para o Tribunal Regional Eleitoral.

( ) São inelegíveis os que forem condenados à suspensão dos direitos políticos, em decisão transitada em julgado ou proferida por órgão judicial colegiado, por ato doloso de improbidade administrativa que importe violação aos princípios da administração pública, desde a condenação ou o trânsito em julgado até o transcurso do prazo de 8 (oito) anos após o cumprimento da pena.

A sequência correta de preenchimento dos parênteses, de cima para baixo, é

a) F - V - V - F.

b) F - F - V - V.

c) V - F - F - V.

d) V - V - F - F.

e) V - F - V - F.

COMENTÁRIOS

Alternativa correta: assertiva "e". V-F-V-F

1ª Afirmativa - Verdadeira. Verdadeiro, desde que tal substituição ocorra até 20 dias antes do pleito.

2ª Afirmativa - Falsa. O eleitor não tem legitimidade para propor a Ação de Impugnação de Registro de Candidatura (AIRC)

3ª Afirmativa - Verdadeira. Regra prevista no artigo 10, parágrafo único da LC 64/90.

4ª Afirmativa - Falsa. Da acordo com a alínea "l" do art. 1º, I da LC 64/90, ficarão inelegíveis "os que forem condenados à suspensão dos direitos políticos, em decisão transitada em julgado ou proferida por órgão judicial colegiado, por ato doloso de improbidade administrativa que importe lesão ao patrimônio público e enriquecimento ilícito, desde a condenação ou o trânsito em julgado até o transcurso do prazo de 8 (oito) anos após o cumprimento da pena" (grifos nossos).

---

46. (CEFET - Promotor de Justiça - BA/2015) Acerca das condições de elegibilidade, marque a alternativa CORRETA:

a) Nem todo inalistável é inelegível, mas todo inelegível é inalistável.

b) A dissolução da sociedade ou do vínculo conjugal, no curso do mandato, não afasta a inelegibilidade prevista no § 7° do artigo 14 da Constituição Federal (artigo 14. A soberania popular será exercida pelo sufrágio universal e pelo voto direto e secreto, com valor igual para todos, e, nos termos da lei, mediante: (...). § 7° São inelegíveis, no território de jurisdição do titular, o cônjuge e os parentes consanguíneos ou afins, até o segundo grau ou por adoção, do Presidente da República, de Governador de Estado ou Território, do Distrito Federal, de Prefeito ou de quem os haja substituído dentro dos seis meses anteriores ao pleito, salvo se já titular de mandato eletivo e candidato à reeleição).

c) A prática de ato de improbidade administrativa é causa de perda dos direitos políticos.

d) Todos os que tiverem feito alistamento eleitoral serão elegíveis.

e) A condenação criminal transitada em julgado, enquanto durarem seus efeitos, gera a perda dos direitos políticos.

COMENTÁRIOS

Alternativa correta: assertiva "b": trata-se da chamada "inelegibilidade reflexa", tema previsto na Constituição Federal e que impede o cônjuge e os parentes até o segundo grau, consanguíneos, por adoção ou afinidade, de se tornarem candidatos na circunscrição do titular de mandato executivo, conforme descrição normativa salientada no texto da afirmativa em comento.

Alternativa "a" - ERRADA. Inalistáveis são os estrangeiros, os menores de 16 anos e os conscritos. É possível que haja pessoa inelegível que seja alistável.

Alternativa "c" - ERRADA. A hipótese é de suspensão dos direitos políticos, e não de perda.

Alternativa "d" - ERRADA. Existem várias outras condições de elegibilidade, além do alistamento eleitoral, a exemplo da filiação partidária e da idade mínima para a posse no cargo.

Alternativa "e" - ERRADA. A hipótese é de suspensão dos direitos políticos, e não de perda.

2. QUESTÕES DE CONCURSOS PARA O MINISTÉRIO PÚBLICO FEDERAL (PROCURADOR DA REPÚBLICA)

---

47. (MPF - Procurador da República/2018) O rádio e a televisão, por constituírem serviços públicos dependentes de outorga do Estado, têm o dever de imparcialidade, o que os impede de difundir opinião contrária a candidato, partido, coligação, a seus órgãos ou representantes.

Alternativa correta: Rádio e televisão, como concessões públicas, têm dever de imparcialidade na propaganda eleitoral e na cobertura das eleições. Obviamente, o direito de crítica existe, como inerente ao jornalismo, mas mantendo o dever de imparcialidade.

---

48. (MPF – Procurador da República/2012) Assinale a alternativa correta:

a) ao contrário do Presidente da República, dos Governadores de Estado e do Distrito Federal e dos Prefeitos, que para concorrerem a outros cargos devem renunciar aos respectivos mandatos até seis meses antes do pleito, o Vice-Presidente, o Vice – Governador e o Vice-Prefeito poderão se candidatar a outros cargos, preservando seus mandatos respectivos, desde que, nos últimos 6 (seis) meses anteriores ao pleito, não tenham sucedido ou substituído o titular;

b) o sobrinho do prefeito é inelegível para o cargo de vereador no mesmo município, salvo se for candidato à reeleição ou se o prefeito se afastar definitivamente do seu cargo até seis meses antes da eleição;

c) aos originários de países de língua portuguesa com residência permanente no país, se houver reciprocidade em favor dos brasileiros no respectivo país de origem, poderá ser atribuído pela lei, independentemente de naturalização, os direitos inerentes ao brasileiro, inclusive o gozo dos direitos políticos, respeitados os cargos reservados pela Constituição aos brasileiros natos;

d) será declarada a perda da nacionalidade, e a consequente perda dos direitos políticos, do brasileiro que adquirir outra nacionalidade em face de reconhecimento de nacionalidade originária pela lei estrangeira.

COMENTÁRIOS

Alternativa correta: assertiva "a" – Correto. A desincompatibilização pode ser definida como o afastamento de cargo, emprego ou função, pública ou privada, exercido por cidadão brasileiro, de forma provisória ou definitiva, com o intuito de disputar mandato eletivo, de forma a afastar a inelegibilidade. O vice-presidente, o vice-governador e o vice-prefeito, por sua vez não precisam se desincompatibilizar para disputar outros cargos, desde que, no prazo de desincompatibilização, não substituam, de forma temporária ou definitiva, os titulares do mandato. Da mesma forma, casos estes vices assumam, no prazo de desincompatibilização, mesmo de forma temporária, o mandato dos seus titulares, gerarão inelegibilidade reflexa para os seus parentes e cônjuges, na forma da lei. É o que dispõe os §§ 2º e 3º do artigo 1º da LC 64/90.

Assertiva "b" – Incorreto. De acordo com o previsto no § 7º do artigo 14 da Constituição Federal, "são inelegíveis, no território de jurisdição do titular, o cônjuge e os parentes consangüíneos ou afins, até o segundo grau ou por adoção, do presidente da república, de governador de estado ou território, do Distrito Federal, de prefeito ou de quem os haja substituído dentro dos seis meses anteriores ao pleito, salvo se já titular de mandato eletivo e candidato à reeleição". É a chamada inelegibilidade reflexa, espécie de inelegibilidade relativa decorrente de parentesco. A inelegibilidade reflexa só atinge o cônjuge e os parentes até o segundo grau, consangüíneos, por afinidade ou adoção, dos titulares de cargos do Poder Executivo, ou de quem os haja substituído dentro dos seis meses anteriores ao pleito, no âmbito do território de jurisdição (circunscrição) dos mesmos. A Súmula Vinculante nº 18 do STF dispõe que a dissolução da sociedade ou vínculo conjugal, no curso do mandato, não afasta a inelegibilidade reflexa. Sobrinho é parente de terceiro grau, não atingido, portanto, pela inelegibilidade reflexa.

Assertiva "c" – Incorreto. Tal possibilidade, descrita na questão, é exclusiva para os portugueses, não abrangendo, portanto, pessoas oriundas de outros países de língua portuguesa além de Portugal.

Assertiva "d" – Incorreto. Havendo reconhecimento da nacionalidade originária brasileira pela lei estrangeira, não haverá perda desta, e, consequentemente, não ocorrerá a perda dos direitos políticos do brasileiro em questão.

49. (MPF – Procurador da República/2008) Em relação ás hipóteses de inelegibilidade:

a) A condenação criminal por qualquer delito torna o cidadão inelegível por três anos após o cumprimento da pena e enquanto pender recurso não há a restrição ao direito político fundamental.

b) O parlamentar que perder o mandato em casos de quebra de decoro e infringir o Regimento Interno da casa legislativa ficará inelegível por 08 anos após o termino do mandato, caso o Plenário se pronuncie pela inelegibilidade, cabendo a Justiça eleitoral apenas declarar a inelegibilidade, sem possibilidade de rever a sanção em decorrência do princípio constitucional da independência dos poderes.

c) O exercício de cargos funções ou mandato eletivo pode ser incompatível com a candidatura, havendo necessidade do cidadão se desincompatibilizar em prazo fixado pela Justiça Eleitoral através de resolução específica.

d) O agente público que teve suas contas relativas ao exercício de cargos ou funções públicas, rejeitadas por irregularidade insanável e em decisão irrecorrível do órgão competente, fica inelegível. Compete à Câmara Municipal o julgamento das contas do prefeito, consistindo o parecer prévio do Tribunal de Contas do Estado em peça meramente opinativa.

COMENTÁRIOS

✪ **Nota do autor:** a presente questão foi elaborada antes da promulgação da Lei da Ficha Limpa (LC 135/10), a qual alterou a disciplina jurídica das inelegibilidades. Durante muito tempo se discutiu acerca da questão da aplicabilidade imediata do disposto no § 9º do artigo 14 da CF/88, que, como observado, prevê que lei complementar estabelecerá outros casos de inelegibilidade, além daqueles já previstos na Constituição, visando a proteger, inclusive, a moralidade para o exercício de mandato eletivo, considerada a vida pregressa do candidato. No ano de 2010, após mobilização popular patrocinada pelo Movimento de Combate à Corrupção Eleitoral, foi promulgada, no dia 04 de junho, a Lei Complementar nº 135/10, conhecida como "Lei do Ficha Limpa", que, como já destacado, promoveu várias alterações na Lei das Inelegibilidades. De forma geral, a LC 135/10 estabeleceu a substituição de diversas penas de inelegibilidade de três anos, previstas no artigo 1º da Lei Complementar nº 64/90, por outras de oito anos, a contar das eleições em que tenham concorrido os condenados. Da mesma forma, como principal inovação, a referida lei possibilitou a imputação de inelegibilidades a pessoas condenadas, sem trânsito em julgado, por diversas espécies de crimes, desde que tais condenações sejam proferidas por órgãos colegiados do Poder Judiciário, flexibilizando o princípio da presunção da inocência. Foram alterados pela LC 135/10 o artigo 1º, I da LC 64/90 nas suas alíneas "c", "d", "e", "f", "g" e "h", além de incluídas, no mesmo inciso, as alíneas "j", "k", "l", "m", "n", "o", "p" e "q". Ainda no artigo 1º da LC 64/90, foram incluídos §§ 4º e 5º. Os artigos 15 e 22, por sua vez, também sofreram alterações, e foram incluídos os artigos 26-A, 26-B e 26-C.

Alternativa correta: questão anulada pela banca.

Assertiva "a" – Errado. De acordo com a Lei da Ficha Limpa, aprovada em junho de 2010, ocorreu a substituição de diversas penas de inelegibilidade de três anos, previstas no artigo 1º da Lei Complementar nº 64/90, por outras de oito anos, a contar das eleições em que tenham concorrido os condenados. Da mesma forma, como principal inovação, a referida lei possibilitou a imputação de inelegibilidades a pessoas condenadas, sem trânsito em julgado, por diversas espécies de crimes, desde que tais condenações sejam proferidas por órgãos colegiados do Poder Judiciário, flexibilizando o princípio da presunção da inocência. A presente questão, portanto, encontra-se em dissonância com a nova legislação em vigor no país.

Assertiva "b" – Correto. De acordo com a nova Lei da Ficha Limpa, os parlamentares cujo procedimento for declarado incompatível com o decoro parlamentar ficarão inelegíveis pelo tempo equivalente ao restante do mandato, somado ao tempo de 08 anos subseqüentes ao término da legislatura. A título de exemplo, um parlamentar que tenha perdido o mandato no ano de 2012 ficará inelegível desde a aplicação de tal sanção até 2023, uma vez que o final da legislatura na qual o mesmo perdeu o mandato só ocorreu em fevereiro de 2015, termo inicial para a inelegibilidade de oito anos subseqüentes ao término da legislatura, prevista no art. 1º, I, b da LC 64/90.

Assertiva "c" – Errado. O conteúdo da afirmativa está correto até antes da frase "em prazo fixado pela Justiça Eleitoral através de resolução específica". Não é resolução que estabelece os prazos para a desincompatibilização, mas sim a Constituição Federal de 1988 (art. 14, § 6º) e a LC 64/90 (incisos II a VII do artigo 1º).

Assertiva "d" – Errado. De acordo com a nova redação da alínea "g" do inciso I do artigo 1º da LC 64/90, por sua vez, serão declarados inelegíveis, para qualquer cargo, "os que tiverem suas contas relativas ao exercício de cargos ou funções públicas rejeitadas por irregularidade insanável *que configure ato doloso de improbidade administrativa*, e por decisão irrecorrível do órgão competente, salvo *se esta houver sido suspensa ou anulada pelo* Poder Judiciário, para as eleições que se realizarem nos *8 (oito)* anos seguintes, contados a partir da data da decisão (...)". Como se observa, não basta a rejeição das contas por irregularidade insanável e em decisão irrecorrível do órgão competente para a configuração da inelegibilidade, sendo exigida, também, a configuração do ato doloso de improbidade administrativa. É de se destacar que em 2021 foi aprovada a EC nº 184, que em seu § 4º-A dispõe que "A inelegibilidade prevista na alínea "g" do inciso I do caput deste artigo não se aplica aos responsáveis que tenham tido suas contas julgadas irregulares sem imputação de débito e sancionados exclusivamente com o pagamento de multa.

3. QUESTÕES DE CONCURSOS PARA A DEFENSORIA PÚBLICA DA UNIÃO

50. (CESPE – Defensor Público – DPU/ 2007) É requisito de elegibilidade o domicílio eleitoral no local da eleição por no mínimo dois anos.

COMENTÁRIOS

Resposta: alternativa incorreta. Podemos apontar as seguintes condições de elegibilidade, previstas no artigo 14, § 3º da Constituição Federal de 1988: a nacionalidade brasileira; o pleno exercício dos direitos políticos; o alistamento eleitoral; o domicílio eleitoral na circunscrição; a filiação partidária; e a idade mínima de 35 anos para presidente, vice-presidente da república e senador, 30 anos para governador e vice-governador de estado e do Distrito Federal, 21 anos para deputado federal, deputado estadual ou distrital, prefeito, vice-prefeito e juiz de paz; e dezoito anos para vereador. De acordo com a lei 9.504/97, que regulamenta algumas das condições de elegibilidade no plano infraconstitucional, a regra geral de prazo de domicílio eleitoral na circunscrição do pleito é de um ano antes das eleições, e não dois anos, como afirmado na questão.

51. (CESPE – Defensor Público – DPU/ 2010) Acerca das inelegibilidades, julgue o próximo item.

1) Considere que um indivíduo tenha sido condenado, em decisão transitada em julgado, à pena de três anos de reclusão e multa por adulteração de número de chassi de veículo automotor e que a tenha cumprido integralmente. Considere, ainda, que os efeitos da pena perduraram até 4/5/2009. Nessa situação, o indivíduo permanecerá inelegível até 4/5/2012.

COMENTÁRIOS

Resposta: a banca examinadora do concurso considerou a presente afirmativa correta. Contudo, após a publicação da Lei da Ficha Limpa, a referida inelegibilidade perduraria por 08 anos, a contar do término do cumprimento da pena.

4. QUESTÕES DE CONCURSOS PARA ANALISTA JUDICIÁRIO – ÁREA JUDICIÁRIA DOS TRIBUNAIS REGIONAIS ELEITORAIS

52. (Consulplan – Analista Judiciário – Área Judiciária – TRE-MG/2013)A chamada "Lei da Ficha Limpa", publicada em junho de 2010, trouxe inovações no regime das inelegibilidades, mediante alterações à Lei Complementar 64/90. Foram introduzidas novas causas de inelegibilidade e modificados prazos de incidência de algumas hipóteses já existentes. Com relação ao tema, à luz da legislação vigente, é correto afirmar que ficam inelegíveis os que forem

a) declarados indignos do oficialato, ou com ele incompatíveis, pelo prazo de 10 anos.

b) demitidos do serviço público em decorrência de processo administrativo ou judicial, pelo prazo de 8 anos, contado da decisão, salvo se o ato houver sido suspenso ou anulado pelo Poder Judiciário.

c) condenados por crimes contra a administração pública ou o patrimônio público, em decisão transitada em julgado ou proferida por juízo singular, desde a condenação até o transcurso do prazo de 8 anos após o cumprimento da pena.

d) excluídos do exercício da profissão, por decisão sancionatória do órgão profissional competente, em decorrência de infração ético-profissional, pelo prazo de 10 anos, salvo se o ato houver sido anulado ou suspenso pelo Poder Judiciário.

e) condenados à suspensão dos direitos políticos, em decisão transitada em julgado ou proferida por juízo singular, por ato doloso de improbidade administrativa que importe lesão ao patrimônio público, desde a condenação ou o trânsito em julgado até o decurso do prazo de 10 anos após o cumprimento da sanção.

Comentários:

Alternativa correta: assertiva "b". Regra prevista na alínea "o" do inciso I do art. 1º da Lei das Inelegibilidades (LC 64/90).

Assertiva "a". ERRADA ➔ O prazo de inelegibilidade, nesta hipótese, será de 08 anos.

Assertiva "c". ERRADA ➔ Decisão de juízo singular, quando não transitada em julgado, não gera inelegibilidade.

Assertiva "d". ERRADA ➔ O prazo de inelegibilidade, nesta hipótese, será de 08 anos.

Assertiva "e". ERRADA ➔ O prazo de inelegibilidade, nesta hipótese, será contado desde a condenação ou o trânsito em julgado até o decurso do prazo de 08 anos após o cumprimento da sanção.

---

53. (Consulplan – Analista Judiciário – Área Judiciária – TSE/2012) Marco Túlio da Silva, vice-prefeito da cidade de Campo das Flores, que até hoje sempre se manteve nesta função, pretende se candidatar a vereador nas próximas eleições. Para garantir plenas condições para participar do pleito, é correto afirmar que Marco Túlio da Silva

a) deverá renunciar ao cargo até seis meses antes da disputa eleitoral.

b) mesmo se tiver substituído o titular nos últimos seis meses antes do pleito, poderá se candidatar.

c) se não tiver substituído o titular nos últimos seis meses antes do pleito, não necessitará renunciar.

d) se não tiver substituído o titular nos últimos seis meses antes do pleito, deverá se licenciar 30 dias antes do pleito.

COMENTÁRIOS

Alternativa correta: assertiva "c". O vice-presidente, o vice-governador e o vice-prefeito não precisam se desincompatibilizar para disputar outros cargos (vide caso Marco Maciel, já destacado nesta obra), desde que, no prazo de desincompatibilização, não substituam, de forma temporária ou definitiva, os titulares do mandato. Da mesma forma, casos estes vices assumam, no prazo de desincompatibilização, mesmo de forma temporária, o mandato dos seus titulares, gerarão inelegibilidade reflexa para os seus parentes e cônjuges, na forma da lei. É o que dispõe os §§ 2 e 3ºº do artigo 1º da LC 64/90.

---

54. (Analista Judiciário – Área Judiciária TRE/CE 2012 – FCC) Pedro tem 32 anos de idade. Mesmo preenchidos os demais requisitos legais, NÃO poderá, em razão da sua idade, candidatar-se, dentre outros, ao cargo de

a) Prefeito Municipal.

b) Governador de Estado.

c) Deputado Federal.

d) Deputado Estadual.

e) Senador.

✪ **Nota do autor:** A idade mínima para o exercício de cargos eletivos é condição de elegibilidade prevista no art. 14, § 3º da CF/1988, conforme tabela a seguir:

Idade Mínima para o exercício de cargos eletivos (Conforme o art. 14, § 3º da CF/1988)	
Presidente da República, Vice-Presidente e Senador	**35 anos**
Governador e Vice-Governador de estado ou do Distrito Federal	**30 anos**
Deputado Federal, Deputado Estadual ou Distrital, Prefeito, Vice-Prefeito e Juiz de Paz	**21 anos**
Vereador	**18 anos**

É de se destacar que, com a promulgação da Lei nº. 13.165, em 29 de setembro de 2015, "a idade mínima constitucionalmente estabelecida como condição de elegibilidade é verificada tendo por referência a data da posse, salvo quando fixada em dezoito anos, hipótese em que será aferida na data-limite para o pedido de registro".

COMENTÁRIOS

Alternativa correta: letra "e". A idade mínima para um brasileiro ocupar o cargo de senador é de 35 anos de idade, verificados na data da posse, de acordo com a Constituição Federal de 1988 e o artigo 11, § 2º da Lei nº 9.504/97.

Alternativa "a". Errado. A idade mínima para o exercício do cargo de prefeito municipal é 21 anos de idade, contados na data da posse.

Alternativa "b". Errado. A idade mínima para o exercício do cargo de governador de estado é 30 anos de idade, contados na data da posse.

Alternativa "c". Errado. A idade mínima para o exercício do cargo de deputado federal é 21 anos de idade, contados na data da posse.

Alternativa "d". Errado. A idade mínima para o exercício do cargo de deputado estadual é 21 anos de idade, contados na data da posse.

---

55. (FCC – Analista Judiciário / TRE-AP / 2011) João foi escolhido pela Convenção do Partido a que pertence para concorrer ao cargo de Deputado Estadual, embora tenha 20 anos de idade. Nesse caso, o pedido de registro de sua candidatura, desde que preenchidos os demais requisitos legais,

a) só deverá ser deferido, se João vier a completar 21 anos até a data do pleito.

b) deverá ser indeferido, porque o candidato a Deputado Estadual deve possuir 21 anos completos na data do pedido de registro da candidatura.

c) só deverá ser deferido, se João vier a completar 21 anos até a data da posse.

d) deverá ser indeferido, porque é de 30 anos a idade mínima para o cargo de Deputado Estadual.

e) deverá ser deferido, porque é de 18 anos a idade mínima para o cargo de Deputado Estadual.

COMENTÁRIOS

Alternativa correta: letra "c" (responde as demais alternativas). As condições de elegibilidade estão previstas no art. 14, § 3º da Constituição Federal. No caso da idade, tem-se que, para o cargo de Deputado Estadual, a idade mínima fixada pela Constituição é de 21 anos. Quanto ao momento em que deve ser preenchida essa condição de elegibilidade, o art. 11, § 2º da lei 9.504/97 (lei das eleições), dispõe que a referência é a data da posse. Vale destacar que com a publicação da lei nº. 13.165/15, a idade mínima de 18 anos, para os cargos de vereador, passará a ser aferida não mais na data da posse, mas sim na data-limite para o pedido de registro (15 de agosto do ano eleitoral, também de acordo com a nova lei).

---

56. (FCC – Analista Judiciário / TRE-AP / 2011) Tício é Secretário de Estado. Para candidatar-se a Presidente da República ou Governador do Estado, em que exerce as suas funções, ou Prefeito Municipal da Capital desse Estado deverá observar o prazo para desincompatibilização de:

a) 6 meses, 6 meses e 4 meses, respectivamente.

b) 6 meses, 4 meses e 6 meses, respectivamente.

c) 4 meses, 6 meses e 4 meses, respectivamente.

d) 4 meses.

e) 6 meses.

COMENTÁRIOS

✪ **Nota do autor:** A desincompatibilização pode ser definida como o afastamento de cargo, emprego ou função, pública ou privada, exercido por cidadão brasileiro, de forma provisória ou definitiva, com o intuito de disputar mandato eletivo, de forma a afastar a inelegibilidade. Vale ressaltar, ainda, que a desincompatibilização, em alguns casos, é válida a fim de que seja evitada a inelegibilidade reflexa de parentes. Na maioria das hipóteses de desincompatibilização exigidas por lei, o prazo previsto é o de seis meses antes do pleito (principalmente no que se refere a titulares de cargos eletivos).

Alternativa correta: letra "a". Regra prevista expressamente na Lei Complementar 64/90, nos art. 1º II, "a", 12; III, "a"; e IV, "a".

---

57. (CESPE – Analista Judiciário / TRE-ES / 2011) O recurso administrativo interposto contra decisão sancionatória de órgão profissional competente que tenha reconhecido a exclusão do exercício profissional de pretenso candidato, em decorrência de infração ético-profissional por ele cometida, afasta a inelegibilidade do candidato por tal motivo.

COMENTÁRIOS

Errado. A questão aborda uma das novidades trazidas pela chamada *"Lei da Ficha Limpa" (LC nº 135/10)* Nos termos do art. 1º, I, "m" da LC 64/90, incluído pela lei da ficha limpa, são absolutamente inelegíveis, por 8 anos, os que forem excluídos do exercício da profissão, por decisão sancionatória do órgão profissional competente, em decorrência de infração ético-profissional, salvo se o ato houver sido anulado ou suspenso pelo Poder Judiciário. Perceba-se que a questão dispõe que a inelegibilidade seria afastada pela interposição de recurso administrativo, o que está incorreto.

---

58. (CESPE – Analista Judiciário / TRE-ES / 2011) Tanto a simulação quanto o desfazimento de vínculo conjugal ou de união estável com o intuito de evitar caracterização de inelegibilidade, assim reconhecidos por órgão judicial colegiado, geram o reconhecimento de inelegibilidade para qualquer cargo.

COMENTÁRIOS

✪ **Nota do autor:** De acordo com o previsto no § 7º do artigo 14 da Constituição Federal, "são inelegíveis, no território de jurisdição do titular, o cônjuge e os parentes consangüíneos ou afins, até o segundo grau ou por adoção, do presidente da república, de governador de estado ou território, do Distrito Federal, de prefeito ou de quem os haja substituído dentro dos seis meses anteriores ao pleito, salvo se já titular de mandato eletivo e candidato à reeleição.". É a chamada inelegibilidade reflexa, espécie de inelegibilidade relativa decorrente de parentesco. A inelegibilidade reflexa só atinge o cônjuge e os parentes até o segundo grau, consangüíneos, por afinidade ou adoção, dos titulares de cargos do Poder Executivo, ou de quem os haja substituído dentro dos seis meses anteriores ao pleito, no âmbito do território de jurisdição (circunscrição) dos mesmos. A Súmula Vinculante nº 18 do STF dispõe que a dissolução da sociedade ou vínculo conjugal, no curso do mandato, não afasta a inelegibilidade reflexa.

Certo. Essa inelegibilidade está prevista no art. 1º, I, "n da LC 64/90. Vale destacar que, conforme a redação do dispositivo legal, não é necessário o trânsito em julgado da decisão judicial para a configuração da inelegibilidade.

---

59. (CESPE – Analista Judiciário / TRE-ES / 2011) A condenação pelo crime de peculato culposo, transitada em julgado, não gera inelegilibidade de servidor público.

COMENTÁRIOS

Certo. Segundo o § 4º do art. 1º da LC 64/90, a inelegibilidade decorrente da prática de crimes não se aplica aos crimes culposos, tampouco a crimes de menor potencial ofensivo ou crimes de ação penal privada. Para que surja a inelegibilidade não basta a condenação pela prática de algum dos crimes previstos no art. 1º, I, "e", sendo preciso que a prática tenha sido dolosa, que não se trate de crime de menor potencial ofensivo e que não seja submetido a ação penal privada.

---

60. (CESPE – Analista Judiciário / TRE-ES / 2011) Eventual representação julgada procedente pela Justiça Eleitoral, em decisão transitada em julgado ou proferida por órgão colegiado em processo de apuração de abuso do poder econômico ou político, não tem o condão de atingir candidato já diplomado.

COMENTÁRIOS

Errado. Conforme o art. 1º, I, "d" da LC 64/90, quem tiver contra si representação julgada procedente pela Justiça Eleitoral, em decisão transitada em julgado ou proferida por órgão colegiado em processo de apuração de abuso do poder econômico ou político fica inelegível para qualquer cargo por 8 anos. Tal representação é a Ação de Investigação Judiciária Eleitoral (AIJE), disciplinada pelo art. 22 da citada lei, alterada pela lei da ficha limpa, a qual passou a dispor, nos incisos XIV e XV do referido artigo, que a procedência da AIJE gera a cassação do diploma do candidato diretamente beneficiado pela interferência do poder econômico ou pelo desvio ou abuso do poder de autoridade.

---

61. (FGV – Analista Judiciário /TRE-PA / 2011) A respeito das inelegibilidades, analise as afirmativas a seguir:

I. Os analfabetos são inelegíveis para qualquer cargo e, além disso, estão impedidos de votar por determinação legal.

II. É condição de elegibilidade a idade mínima de 35 (trinta e cinco) anos para os candidatos à Presidência da República e de 30 (trinta) anos para aqueles que pleiteiam a chefia do Poder Executivo dos Estados e do Distrito Federal.

III. Aqueles que forem condenados, em decisão transitada em julgado ou proferida por órgão judicial colegiado, desde a condenação até o transcurso do prazo de 8 (oito) anos após o cumprimento da pena, pelos crimes de lavagem de dinheiro e tráfico de drogas, entre outros, são inelegíveis para qualquer cargo.

IV. As arguições de inelegibilidade são conhecidas pelo TSE quando se tratar de candidato a Presidente ou Vice-Presidente da República e Senador, e pelos Tribunais Regionais Eleitorais no caso dos Governadores ou Vice-Governadores dos Estados e do Distrito Federal.

Assinale

a) se apenas as afirmativas I, III e IV estiverem corretas.

b) se apenas as afirmativas I e III estiverem corretas.

c) se apenas as afirmativas I, II e IV estiverem corretas.

d) se apenas as afirmativas II e III estiverem corretas.

e) se apenas as afirmativas II e IV estiverem corretas.

COMENTÁRIOS

✪ **Nota do autor:** a capacidade eleitoral, decorrente da capacidade para o exercício de direitos políticos, se divide em capacidade eleitoral ativa e capacidade eleitoral passiva. A capacidade eleitoral ativa, de acordo com o que foi abordado alhures, refere-se ao direito inerente ao cidadão de participar, como eleitor, de eleições e consultas populares, bem como propor Ação Popular, promover a Iniciativa Popular de Lei, e outras prerrogativas provenientes do exercício do poder de sufrágio. A capacidade eleitoral passiva, por sua vez, vincula-se à capacidade que o cidadão tem de ser votado, pleiteando mandatos políticos. Diretamente relacionados ao tema da capacidade eleitoral passiva encontram-se os conceitos de "condições de elegibilidade" e de "causas de inelegibilidade", suscitadores de constantes divergências doutrinárias. Segundo os seguidores da chamada "Teoria Clássica", doutrina majoritária no estudo das condições de elegibilidade e das causas de inelegibilidade, tem elegibilidade aquele que reúne as condições fixadas na lei (aspecto positivo) e não incorre nas causas de inelegibilidade (aspecto negativo). Na visão de Adriano Soares da Costa, por sua vez, "as chamadas condições de elegibilidade são, no mais estrito rigor terminológico, verdadeiras condições de registrabilidade, ou seja, pressupostos ao registro de candidatura. São exigências constitucionais ou legais para a realização do registro, implicando a ausência de uma delas a inexistência do direito a registrar". Assim, na visão do eminente doutrinador alagoano, não haveria, efetivamente, uma distinção entre as condições de elegibilidade, previstas no § 3º do artigo 14 da Constituição Federal de 1988, e as causas de inelegibilidade, previstas primordialmente nos §§ 4º a 7º do citado artigo constitucional, sendo ambas hipóteses faces de uma mesma moeda. A divergência existente entre a Teoria Clássica, seguida pelo TSE e pelo STF, e a Teoria de Adriano Soares da Costa, é dotada de importante efeito prático, fugindo ao mero academicismo. Abraçada a Teoria Clássica, o artigo 9º da Lei nº 9.504/97, que dispõe que "para concorrer às eleições, o candidato deverá possuir domicílio eleitoral na respectiva circunscrição pelo prazo de, pelo menos, um ano antes do pleito e estar com a filiação partidária deferida pelo partido no mesmo prazo", embora previsto em lei ordinária, coaduna-se com a Constituição, uma vez que, segundo a referida teoria, trata o citado dispositivo legal de condições de elegibilidade, previstas no artigo 14, § 3º da CF/88, e não de hipóteses de inelegibilidade. Prevalecendo, contudo, a doutrina de Adriano Soares da Costa, o mesmo dispositivo legal seria inconstitucional, uma vez que estabeleceria a inelegibilidade de quem, por exemplo, somente se filiasse a partido político a menos de um ano do pleito (a Constituição aponta como condição de elegibilidade e filiação partidária, sem indicar o prazo). Tal conseqüência decorreria da tese defendida pelo doutrinador de Alagoas segundo a qual as condições de elegibilidade previstas no § 3º do artigo 14 da CF/88 e as causas de inelegibilidade previstas nos §§ seguintes do mesmo artigo seriam equivalentes, o que denotaria a necessidade de lei complementar para a regulamentação dos dispositivos no referido § 3º do artigo 14, e não apenas lei ordinária, em conformidade com o previsto no § 9º do polêmico artigo constitucional que dispõe que outros casos de inelegibilidade e os prazos de sua cessação deverão ser estabelecidos, tão somente, por lei complementar.

Alternativa correta: letra "d". Apenas II e III estão corretas.

Item I. Errado. Os analfabetos são inelegíveis para qualquer cargo (art. 14, § 4º/CF), fato que não os impede mas de votar, sendo-lhes facultados, pela própria Constituição, o alistamento eleitoral e o voto (art. 14, § 1º/CF).

Item II. Correto. Previsão do art. 14, § 3º/CF. É de se ressaltar que, de acordo com o artigo 11, § 2º da Lei nº 9.504/97, a idade mínima, como condição de elegibilidade, é aferida na data da posse.

Item III. Correto. Previsão expressa do art. 1º, I, "e", 6 e 7 da LC 64/90, inseridos pela lei da ficha limpa.

Item IV. Errado. Ao TSE compete conhecer apenas das argüições de inelegibilidades referentes aos candidatos a Presidente e Vice-Presidente da República, que são as únicas candidaturas nacionais. As argüições referentes a candidatos ao Senador, assim como aos demais cargos de âmbito estadual

(Governador e Vice, Deputado Estadual e Federal) são de competência do TRE. Por fim, as relativas aos mandatos municipais (Prefeito, Vice-Prefeito e Vereador) são de competência do juiz eleitoral, em conformidade com o art. 2º da LC 64/90.

---

62. (Analista Judiciário – Área Judiciária TRE/AM 2010 – FCC) Paulo é Deputado Estadual pelo Estado do Amazonas e deseja candidatar-se a Deputado Federal. Nesse caso,

a) não há necessidade de afastar-se suas funções.

b) o prazo para desincompatibilização é de 6 meses.

c) o prazo para desincompatibilização é de 4 meses.

d) o prazo para desincompatibilização é de 3 meses, sem remuneração.

e) o prazo para desincompatibilização é de 3 meses, garantida a percepção dos vencimentos integrais.

COMENTÁRIOS

✪ **Nota do autor:** Prevê o § 6º do artigo 14 da Constituição Federal de 1988 que "para concorrerem a outros cargos, o presidente da república, os governadores de estado e do Distrito Federal e os prefeitos devem renunciar aos respectivos mandatos até seis meses antes do pleito". Firma-se, assim, a primeira regra de desincompatibilização das muitas previstas na legislação, em especial na Lei Complementar nº 64/90, conforme será estudado ainda neste capítulo. Há de se observar, na leitura no dispositivo constitucional supracitado, que para concorrer ao mesmo cargo (reeleição) não é necessário aos titulares de mandatos executivos renunciarem aos seus mandatos respectivos. Seguiu assim, o legislador brasileiro, a fórmula consagrada na grande maioria das democracias que admitem o instituto da reeleição para cargos executivos, fato que, ainda hoje, é alvo de críticas por parte daqueles que entendem que a desnecessidade de desincompatibilização do agente político que pleiteia a reeleição gera desequilíbrio no pleito, em virtude do uso, pelo mandatário-candidato, da máquina pública ao seu favor. Quando, entretanto, o titular de mandato executivo desejar se candidatar a outro cargo, deverá o mesmo renunciar ao seu mandato, seis meses antes do pleito. Nas eleições 2010, por exemplo, os governadores de Minas Gerais, Aécio Neves, e de São Paulo, José Serra, tiveram que renunciar aos seus cargos para concorrer, respectivamente, ao Senado Federal e à presidência da república. Serra, inclusive, poderia ter optado pela reeleição, uma vez que exercia apenas o primeiro mandato à frente do executivo paulista, mas preferiu concorrer à presidência da república, cargo para o qual terminou derrotado no segundo turno eleitoral frente à sua adversária, Dilma Roussef, do Partido dos Trabalhadores, eleita presidente. Na mesma eleição, os governadores da Bahia, Jaques Wagner, e do Rio de Janeiro, Sérgio Cabral Filho, dentre outros, se reelegeram, sem a necessidade de desincompatibilização. Vale dizer, quanto a esta questão, que segundo entendimento consolidado do TSE (Res. 21.053, de 02.04.02, "não atende ao disposto no art. 14, § 6º, da Constituição Federal, a circunstância de o chefe do Poder Executivo licenciar-se do seu cargo, seis meses antes do pleito, querendo concorrer a outro cargo, para, após, se for indicado em convenção de seu partido, converter esta licença em renúncia". É de se ressaltar que o disposto no § 6º do artigo 14 da Constituição Federal aplica-se, tão somente, aos titulares de mandatos de presidente da república, governadores de estado e do Distrito Federal e prefeitos municipais. Seus respectivos vices, portanto, não são abrangidos pela previsão constitucional supracitada, desde que, nos seis meses anteriores ao pleito, não assumam, mesmo em substituição, o cargo de titular. Como exemplo histórico da possibilidade de vice ser candidato a outro cargo sem renunciar ao seu mandato, temos a eleição do vice-presidente da república Marco Maciel para o Senado Federal, pelo Partido da Frente Liberal (PFL) de Pernambuco, nas eleições 2002. Naquela oportunidade, Marco Maciel continuou a exercer o mandato de vice-presidente da república durante o período eleitoral, evitando, entretanto, substituir o titular do cargo, Fernando Henrique Cardoso, no período de seis meses anteriores ao pleito. Passada a eleição, e já eleito senador, Marco Maciel, ainda vice-presidente da república, voltou a estar habilitado a substituir o então presidente FHC, conforme prevê a Constituição Federal.

Alternativa correta: letra "a" (responde as demais alternativas). Titulares de cargos legislativos (deputados, senadores e vereadores) não precisam se desincompatibilizar das suas funções para disputar eleições para outro cargo.

---

63. (CESPE – Analista Judiciário – Área Judiciária – TRE-MS/2013) Com base na Lei Complementar n.º 64/1990 e na Lei n.º 9.504/1997, e em suas respectivas alterações, assinale a opção correta.

a) Suponha que um candidato a prefeito tenha sido considerado inelegível por decisão transitada em julgado às vésperas da eleição. Nessa situação, o partido político do referido candidato poderá escolher um substituto para participar do pleito no lugar do inelegível.

b) O indivíduo condenado por crime contra o patrimônio privado, em decisão transitada em julgado ou proferida por órgão judicial colegiado, é inelegível para qualquer cargo enquanto durarem os efeitos da pena a ele aplicada.

c) A exclusão de um indivíduo do exercício da profissão por decisão sancionatória do órgão profissional competente não constitui causa de inelegibilidade.

d) O rol dos legitimamente aptos a impugnarem pedido de registro de candidato é composto pelo Ministério Público, pelos partidos políticos, por qualquer candidato e pelos cidadãos que estejam no gozo de seus direitos políticos.

e) No procedimento de investigação judicial eleitoral, para a configuração do ato abusivo, é considerada a potencialidade de o fato alterar o resultado da eleição.

COMENTÁRIOS

✪ **Nota do autor:** Aquela que talvez seja a mais salutar mudança legislativa proporcionada pela Lei nº 12.891/13 diz respeito à alteração da redação do § 3º do artigo 13 da Lei nº 9.504/97, a qual altera os prazos para a substituição de candidatos durante o pleito. Até as eleições de 2012, partidos políticos e coligações podiam mudar seus candidatos nas eleições proporcionais até 60 dias antes do pleito, enquanto que, nas eleições majoritárias, não havia prazo estabelecido. Assim, eram comuns mudanças de candidatos a prefeito, por exemplo, na véspera da eleição, confundindo o eleitor e ocasionando, muitas vezes, fraudes, uma vez que o substituto concorria com a foto e o nome do substituído na urna eletrônica, sem que o eleitor tivesse a devida informação acerca da alteração da chapa concorrente.

Com a nova redação do § 3º do artigo 13 da Lei das Eleições, "tanto nas eleições majoritárias como nas proporcionais, a substituição só se efetivará se o novo pedido for apresentado até 20 (vinte) dias antes do pleito, exceto em caso de falecimento de candidato, quando a substituição poderá ser efetivada após esse prazo". Resta saber se, em virtude do princípio da anualidade, previsto no artigo 16 da Constituição Federal, tal alteração legislativa já valerá nas eleições 2014, uma vez que a lei nº 12.891/13 foi publicada apenas em dezembro de 2013, a menos de um ano, portanto, do pleito de 2014.

Alternativa correta: letra "a". *De acordo com o artigo 13, § 3º da Lei das Eleições, esta alteração poderia ser feita até a véspera da eleição. De acordo com a nova redação do artigo, determinada pela lei nº 12.891/13, contudo,* a substituição só se efetivará se o novo pedido for apresentado até 20 (vinte) dias antes do pleito, exceto em caso de falecimento de candidato, quando a substituição poderá ser efetivada após esse prazo.

Alternativa "b". ERRADO. Segundo o art. 1º, I, "e" da LC 64/90, a inelegibilidade perdura por até 08 anos após o cumprimento da pena.

Alternativa "c". ERRADO. A Lei da Ficha Limpa determinou a inelegibilidade por 08 anos, neste caso.

Alternativa "d". ERRADO. Os cidadãos em geral não são incluídos no rol, de acordo com o artigo 3º da LC 64/90.

Alternativa "e". ERRADO. Tal potencialidade não é mais considerada, de acordo com a redação do artigo 22, XVI da LC 64/90, mas sim a gravidade das circunstâncias que o caracterizam.

64. (FGV – Analista Judiciário /TRE-PA / 2011) A respeito das inelegibilidades, analise as afirmativas a seguir:

I. Os analfabetos são inelegíveis para qualquer cargo e, além disso, estão impedidos de votar por determinação legal.

II. É condição de elegibilidade a idade mínima de 35 (trinta e cinco) anos para os candidatos à Presidência da República e de 30 (trinta) anos para aqueles que pleiteiam a chefia do Poder Executivo dos Estados e do Distrito Federal.

III. Aqueles que forem condenados, em decisão transitada em julgado ou proferida por órgão judicial colegiado, desde a condenação até o transcurso do prazo de 8 (oito) anos após o cumprimento da pena, pelos crimes de lavagem de dinheiro e tráfico de drogas, entre outros, são inelegíveis para qualquer cargo.

IV. As arguições de inelegibilidade são conhecidas pelo TSE quando se tratar de candidato a Presidente ou Vice-Presidente da República e Senador, e pelos Tribunais Regionais Eleitorais no caso dos Governadores ou Vice-Governadores dos Estados e do Distrito Federal.

Assinale

a) se apenas as afirmativas I, III e IV estiverem corretas.

b) se apenas as afirmativas I e III estiverem corretas.

c) se apenas as afirmativas I, II e IV estiverem corretas.

d) se apenas as afirmativas II e III estiverem corretas.

e) se apenas as afirmativas II e IV estiverem corretas.

COMENTÁRIOS

✪ **Nota do autor:** a capacidade eleitoral, decorrente da capacidade para o exercício de direitos políticos, se divide em capacidade eleitoral ativa e capacidade eleitoral passiva. A capacidade eleitoral ativa, de acordo com o que foi abordado alhures, refere-se ao direito inerente ao cidadão de participar, como eleitor, de eleições e consultas populares, bem como propor Ação Popular, promover a Iniciativa Popular de Lei, e outras prerrogativas provenientes do exercício do poder de sufrágio. A capacidade eleitoral passiva, por sua vez, vincula-se à capacidade que o cidadão tem de ser votado, pleiteando mandatos políticos. Diretamente relacionados ao tema da capacidade eleitoral passiva encontram-se os conceitos de "condições de elegibilidade" e de "causas de inelegibilidade", suscitadores de constantes divergências doutrinárias. Segundo os seguidores da chamada "Teoria Clássica", doutrina majoritária no estudo das condições de elegibilidade e das causas de inelegibilidade, tem elegibilidade aquele que reúne as condições fixadas na lei (aspecto positivo) e não incorre nas causas de inelegibilidade (aspecto negativo). Na visão de Adriano Soares da Costa, por sua vez, "as chamadas condições de elegibilidade são, no mais estrito rigor terminológico, verdadeiras condições de registrabilidade, ou seja, pressupostos ao registro de candidatura. São exigências constitucionais ou legais para a realização do registro, implicando a ausência de uma delas a inexistência do direito a registrar". Assim, na visão do eminente doutrinador alagoano, não haveria, efetivamente, uma distinção entre as condições de elegibilidade, previstas no § 3º do artigo 14 da Constituição Federal de 1988, e as causas de inelegibilidade, previstas primordialmente nos §§ 4º a 7º do citado artigo constitucional, sendo ambas hipóteses faces de uma mesma moeda. A divergência existente entre a Teoria Clássica, seguida pelo TSE e pelo STF, e a Teoria de Adriano Soares da Costa, é dotada de importante efeito prático, fugindo ao mero academicismo. Abraçada a Teoria Clássica, o artigo 9º da Lei nº 9.504/97, que dispõe que "para concorrer às eleições, o candidato deverá possuir domicílio eleitoral na respectiva circunscrição pelo prazo de, pelo menos, um ano antes do pleito e estar com a filiação partidária deferida pelo partido no mesmo prazo", embora previsto em lei ordinária, coaduna-se com a Constituição, uma vez que, segundo a referida teoria, trata o citado dispositivo legal de condições de elegibilidade, previstas no artigo 14, § 3º da CF/88, e não de hipóteses de inelegibilidade. Prevalecendo, contudo, a doutrina de Adriano Soares da Costa, o mesmo dispositivo legal seria inconstitucional, uma vez que estabeleceria a inelegibilidade de quem, por exemplo, somente se filiasse a partido político a menos de um ano do pleito (a Constituição aponta como condição de elegibilidade e filiação partidária, sem indicar o prazo). Tal conseqüência decorreria da tese defendida pelo doutrinador de Alagoas segundo a qual as condições de elegibilidade previstas no § 3º do artigo 14 da CF/88 e as causas de inelegibilidade previstas nos §§ seguintes do mesmo artigo seriam equivalentes, o que denotaria a necessidade de lei complementar para a regulamentação dos dispositivos no referido § 3º do artigo 14, e não apenas lei ordinária, em conformidade com o previsto no § 9º do polêmico artigo constitucional que dispõe que outros casos de inelegibilidade e os prazos de sua cessação deverão ser estabelecidos, tão somente, por lei complementar.

Alternativa correta: letra "d". Apenas II e III estão corretas.

Item I. Errado. Os analfabetos são inelegíveis para qualquer cargo (art. 14, § 4º/CF), fato que não os impede mas de votar, sendo-lhes facultados, pela própria Constituição, o alistamento eleitoral e o voto (art. 14, § 1º/CF).

Item II. Correto. Previsão do art. 14, § 3º/CF. É de se ressaltar que, de acordo com o artigo 11, § 2º da Lei nº 9.504/97, a idade mínima, como condição de elegibilidade, é aferida na data da posse.

Item III. Correto. Previsão expressa do art. 1º, I, "e", 6 e 7 da LC 64/90, inseridos pela lei da ficha limpa.

Item IV. Errado. Ao TSE compete conhecer apenas das argüições de inelegibilidades referentes aos candidatos a Presidente e Vice-Presidente da República, que são as únicas candidaturas nacionais. As argüições referentes a candidatos ao Senador, assim como aos demais cargos de âmbito estadual (Governador e Vice, Deputado Estadual e Federal) são de competência do TRE. Por fim, as relativas aos mandatos municipais (Prefeito, Vice-Prefeito e Vereador) são de competência do juiz eleitoral, em conformidade com o art. 2º da LC 64/90.

5. QUESTÕES DE CONCURSOS PARA ANALISTA JUDICIÁRIO – ÁREA ADMINISTRATIVA DOS TRIBUNAIS REGIONAIS ELEITORAIS

65. (CESPE – Analista Judiciário – Área Administrativa – TRE-RJ/2012) Com relação ao direito eleitoral, julgue os itens que se seguem.

65.1. Os analfabetos, mesmo aqueles que se tenham alistado, são inelegíveis para qualquer cargo.

COMENTÁRIOS

Resposta correta. Os analfabetos têm, de acordo com a CF/1988, capacidade eleitoral ativa, mas não têm capacidade eleitoral passiva.

65.2. Uma das condições de elegibilidade previstas pela CF é a filiação partidária, requisito esse que estará devidamente preenchido caso o candidato seja filiado a mais de um partido político.

COMENTÁRIOS

Resposta errada. O candidato deverá estar filiado a um único partido, sendo vedada a duplicidade de filiação. É de se destacar que, com a publicação da Lei nº. 12.891/13, o art. 22, parágrafo único, da Lei nº. 9.096/95 teve a sua redação alterada, passando a dispor que "havendo coexistência de filiações partidárias, prevalecerá a mais recente, devendo a Justiça Eleitoral determinar o cancelamento das demais".

6. QUESTÕES DE CONCURSOS PARA TÉCNICO JUDICIÁRIO – ÁREA ADMINISTRATIVA DOS TRIBUNAIS REGIONAIS ELEITORAIS

66. (IBFC – Técnico Judiciário – Área Administrativa – TRE – PA/2020) As condições de elegibilidade são requisitos positivos que devem estar presentes para que determinado cidadão se candidate nas eleições, representando uma capacidade eleitoral passiva. As inelegibilidades consistem no conjunto de causas que impedem o exercício da capacidade eleitoral passiva. Diante disso, analise as afirmativas abaixo e dê valores Verdadeiro (V) ou Falso (F).

( ) São condições próprias de elegibilidade a nacionalidade brasileira, o pleno exercício dos direitos políticos, o alistamento eleitoral, o domicílio eleitoral na circunscrição, a filiação partidária e a idade mínima prevista para ocupação do cargo.

( ) As condições de elegibilidade e as causas de inelegibilidade devem ser aferidas no momento da formalização do pedido de registro da candidatura, ressalvadas as alterações, fáticas ou jurídicas, supervenientes ao registro que afastem a inelegibilidade.

( ) O mandato eletivo poderá ser impugnado ante a Justiça Eleitoral no prazo de trinta dias contados da diplomação, instruída a ação com provas de abuso do poder econômico, corrupção ou fraude. A ação de impugnação de mandato tramitará em segredo de justiça, respondendo o autor, na forma da lei, se temerária ou de manifesta má-fé.

( ) São inelegíveis, no território de jurisdição do titular, o cônjuge e os parentes consangüíneos ou afins, até o terceiro grau ou por adoção, do Presidente da República, de Governador de Estado ou Território, do Distrito Federal, de Prefeito ou de quem os haja substituído dentro dos seis meses anteriores ao pleito, salvo se já titular de mandato eletivo e candidato à reeleição.

Assinale a alternativa que apresenta a sequência correta de cima para baixo.

a) V, V, F, F

b) V, V, V, F

c) V, V, V, V

d) F, F, V, F

COMENTÁRIOS

Afirmativa I. VERDADEIRA. Regra prevista no art. 14, § 3º da CF/1988

Afirmativa II. VERDADEIRA.

Afirmativa III. FALSA. Prazo é de 15 dias após a diplomação (Ação de Impugnação de Mandato Eletivo)

Afirmativa IV. FALSA. A inelegibilidade reflexa atinge até o segundo grau de parentesco, e não o terceiro.

Assertiva correta: alternativa "a".

---

67. (IBFC – Técnico Judiciário – Área Administrativa – TRE – PA/2020) A Lei nº 9.504 de 1997 estabelece normas e regras que norteiam o procedimento para as eleições dos cargos do Poder Executivo e Legislativo, no âmbito federal, estadual, distrital e municipal. Analise as afirmativas abaixo.

Para concorrer às eleições, o candidato deverá possuir domicílio eleitoral na respectiva circunscrição pelo prazo de seis meses e estar com a filiação deferida pelo partido no mesmo prazo. Havendo fusão ou incorporação de partidos após este prazo, será considerada, para efeito de filiação partidária, a data de filiação do candidato ao partido de origem.

Os partidos e coligações solicitarão à Justiça Eleitoral o registro de seus candidatos até as dezenove horas do dia 25 de agosto do ano em que se realizarem as eleições.

Até quinze dias antes da data das eleições, os Tribunais Regionais Eleitorais enviarão ao Tribunal Superior Eleitoral, para fins de centralização e divulgação de dados, a relação dos candidatos às eleições majoritárias e proporcionais, da qual constará obrigatoriamente a referência ao sexo e ao cargo a que concorrem.

Os partidos podem comunicar ao Tribunal Superior Eleitoral até o 1° (primeiro) dia útil do mês de junho a renúncia ao Fundo Especial de Financiamento de Campanha (FEFC), vedada a redistribuição desses recursos aos demais partidos.

Assinale a alternativa correta.

a) Apenas as afirmativas I, III e IV estão corretas

b) Apenas as afirmativas II, III e IV estão corretas

c) Apenas as afirmativas I e III estão corretas

d) Apenas as afirmativas I e IV estão corretas

COMENTÁRIOS

Afirmativa I. VERDADEIRA

Afirmativa II. FALSA. Prazo é até às 19 horas do dia 15 de agosto do ano eleitoral

Afirmativa III. FALSA. Até vinte dias antes da data das eleições, os Tribunais Regionais Eleitorais enviarão ao Tribunal Superior Eleitoral, para fins de centralização e divulgação de dados, a relação dos candidatos às eleições majoritárias e proporcionais, da qual constará obrigatoriamente a referência ao sexo e ao cargo a que concorrem

Afirmativa IV. VERDADEIRA.

Assertiva correta: alternativa "d".

---

68. (IBFC – Técnico Judiciário – Área Administrativa – TRE – PA/2020) A competência para julgamento e consecução de demais procedimentos de arguições de inelegibilidade, perante a Justiça Eleitoral, encontram-se disciplinados, sobretudo, na Lei Complementar nº 64 de 1990. Nesse contexto, analise as afirmativas abaixo e dê valores Verdadeiro (V) ou Falso (F):

( ) A arguição de inelegibilidade será feita perante os Tribunais Regionais Eleitorais, quando se tratar de candidato a Senador, Governador e Vice-Governador de Estado e do Distrito Federal, Deputado Federal, Deputado Estadual e Deputado Distrital, Prefeito e Vice-Prefeito.

( ) Caberá a qualquer candidato, a partido político, coligação ou ao Ministério Público, no prazo de 5 (cinco) dias, contados do pedido de registro da candidatura, impugná-lo em petição fundamentada.

( ) A partir da data em que terminar o prazo para impugnação, passará a correr, após devida notificação, o prazo de 7 (sete) dias para que o candidato, partido político ou coligação possa contestá-la, juntar documentos, indicar rol de testemunhas e requerer a produção de outras provas.

( ) Para a configuração do ato abusivo, será considerada a potencialidade de o fato alterar o resultado da eleição e a gravidade das circunstâncias que o caracterizam.

Assinale a alternativa que representa a sequência correta de cima para baixo:

a) V, F, V, F

b) F, F, V, V

c) F, F, V, F

d) V, V, F, F

COMENTÁRIOS

Afirmativa I. FALSA. No caso de eleições de prefeito e vice-prefeito a arguição deverá ocorrer perante o juiz eleitoral da zona eleitoral competente

Afirmativa II. FALSA. Prazo se inicia da publicação, pela Justiça Eleitoral, do edital com os nomes dos pretensos candidatos postulantes

Afirmativa III. VERDADEIRA

Afirmativa IV. FALSA. Não é necessário o faro de alterar o resultado da eleição, bastando a gravidade das circunstâncias.

Assertiva correta: alternativa "c".

69. (Consulplan – Técnico Judiciário – Programação – TRE-MG/2015) "Esculápio é médico radicado em município situado em região metropolitana de intensa atividade econômica há longos anos. Após ser diagnosticado com nível elevado de estresse, resolve transferir as suas atividades para o município W, que possui cerca de cinco mil habitantes, passando a levar uma vida mais pacata. O médico integra-se por completo à sociedade local e decide contribuir para a atividade política, criando uma associação destinada a fiscalizar a atividade política. Um dos atos encampados pela sua associação foi o de solicitar ao juiz com competência eleitoral a realização de prova de escolaridade básica com o intuito de comprovação da situação de eleitores e candidatos como analfabetos". Esse controle sobre a atuação política do analfabeto decorre do regime constitucional que estipula o(a):

Parte superior do formulário

a) voto do analfabeto como obrigatório.

b) exercício do voto pelo analfabeto sendo restrito.

c) candidatura a cargo eletivo do analfabeto como vedada.

d) analfabeto tendo cota para candidatar-se nas eleições municipais.

COMENTÁRIOS

Alternativa correta: assertiva "c". A Constituição Federal de 1988 garantiu o direito de voto aos analfabetos, mas, ao mesmo tempo, estabeleceu que os analfabetos são inelegíveis. (responde as demais)

---

70. (Consulplan – Técnico Judiciário – Área Administrativa - TSE/2012) Patrício, brasileiro, casado, aos 34 anos, vice-governador de um estado da federação brasileira, nunca tendo assumido o cargo de chefe do executivo estadual, pretende uma candidatura à Presidência da República, antes de terminar seu atual mandato. Contagiada pelo espírito político do marido, Amália decide também concorrer a um cargo político, qual seja, de vereadora na capital do mesmo estado em que seu marido é o vice-governador. Preocupados com as implicações legais de uma possível decisão precipitada, o casal procura o assessor jurídico do partido, para dirimir algumas dúvidas sobre procedimento e possíveis vedações. Acerca das dúvidas sobre a possibilidade da candidatura,

a) para que Amália possa concorrer ao cargo pretendido, Patrício deve renunciar ao respectivo mandato até seis meses antes do pleito.

b) mesmo sendo cônjuge de Patrício, Amália será considerada elegível independente do afastamento de Patrício.

COMENTÁRIOS

✪ **Nota do autor:** De acordo com o previsto no § 7º do artigo 14 da Constituição Federal, "são inelegíveis, no território de jurisdição do titular, o cônjuge e os parentes consanguíneos ou afins, até o segundo grau ou por adoção, do presidente da república, de governador de estado ou território, do Distrito Federal, de prefeito ou de quem os haja substituído dentro dos seis meses anteriores ao pleito, salvo se já titular de mandato eletivo e candidato à reeleição.". É a chamada inelegibilidade reflexa, espécie de inelegibilidade relativa decorrente de parentesco. Interpretando o dispositivo constitucional supracitado (art. 14, § 7º), podemos concluir que os filhos, netos, pais, avós, irmãos, cunhados, sogros e o cônjuge de prefeito não pode ser candidato a prefeito ou vereador no mesmo município, salvo se já titular de mandato eletivo e candidato à reeleição. Assim, por exemplo, a esposa do prefeito pode ser candidata a vereadora, no mesmo município, se já for titular do mesmo mandato e estiver concorrendo à reeleição. Pode também, a referida esposa do prefeito, ser candidata a prefeita ou vereadora de outro município brasileiro, onde tenha domicílio eleitoral, uma vez que a inelegibilidade é apenas no território de jurisdição do prefeito (como exemplo desta situação, podemos citar que, em 2008, o ex-deputado federal Sérgio Carneiro, do PT da Bahia, foi candidato a prefeito de Feira de Santana, segundo maior município baiano, enquanto que seu irmão, João Henrique Carneiro, prefeito de Salvador, disputava a reeleição, sem que tal fato tenha gerado a inelegibilidade do ex-deputado). Parentes do prefeito, entretanto, podem ser candidatos a deputados no mesmo estado, sem que tal fato gere inelegibilidade reflexa, uma vez que o território de jurisdição do prefeito (o município) é menor do que a circunscrição das eleições para deputado estadual ou federal (todo o estado). Assim, por exemplo, o filho do prefeito de um município no interior do Paraná pode ser candidato a deputado estadual, federal, senador ou mesmo governador daquele estado, mesmo que não seja titular de mandato eletivo e esteja concorrendo à reeleição. O mesmo, entretanto, não ocorre se parente até o segundo grau do governador de um estado queira concorrer, no mesmo estado, a vereador ou prefeito de qualquer um dos municípios, ou mesmo deputado estadual, federal ou senador. Como a jurisdição do governador é todo o estado, ficam impedidos seus parentes até o segundo grau, bem como o seu cônjuge, de concorrer a mandatos eletivos no referido estado, salvo se já titulares de mandato eletivo e candidatos à reeleição. Da mesma forma, a única possibilidade existente, em regra, de parentes até o segundo grau, consanguíneos ou afins, ou por adoção, do presidente da república ser candidato a um cargo eletivo ocorre se o mesmo já for titular de mandato e estiver concorrendo à reeleição, uma vez que o território de jurisdição do presidente da república é todo o país. O falecimento ou a renúncia do prefeito, governador ou presidente da república, seis meses antes da eleição, afasta a inelegibilidade reflexa dos seus parentes e cônjuges. A única hipótese de inelegibilidade reflexa, neste caso, ocorre se o parente ou cônjuge desejar disputar o mesmo cargo anteriormente titularizado por seu familiar, caso este já tenha sido ocupado, de forma consecutiva, nos dois últimos mandatos pelo mesmo (familiar tenha sido eleito e reeleito para o cargo). Se o prefeito, governador ou presidente da república, no exercício do primeiro mandato, contudo, renunciar ao cargo seis meses antes da eleição, ou vier a falecer, no mesmo período, seus parentes poderão disputar o referido cargo, sem que haja inelegibilidade reflexa. Foi o que ocorreu com a ex-governadora do Rio de Janeiro, Rosinha Garotinho, que sucedeu, em 2002, seu marido, Anthony Garotinho, que houvera sido eleito governador em 1998, para um primeiro mandato, e renunciado ao cargo seis meses antes das eleições 2002 para concorrer à presidência da república. Se Anthony Garotinho já estivesse, naquela oportunidade, exercendo um segundo mandato consecutivo de governador, sua renúncia seis meses antes da eleição não seria suficiente para afastar a inelegibilidade reflexa de sua esposa, para a disputa do cargo de governador (para outro cargo afastaria). Como o ex-governador só havia exercido um mandato, Rosinha Garotinho pôde se candidatar e se eleger governadora do Rio de Janeiro, em 2002 (Neste sentido, cf. Ac. TSE nº. 19.442, de 21.08.2001). Ainda no que se refere à inelegibilidade reflexa prevista no § 7º do artigo 14 da Constituição Federal, vale destacar que o TSE já firmou entendimento no sentido de que havendo separação de fato, ou mesmo divórcio, durante o curso do mandato, entre titular de cargo de prefeito, governador ou presidente da república, tal fato não impede a inelegibilidade reflexa (Res. 21.798, de 03.06.04, DJ de 09.08.04). Assim, os ex-cunhados, ex-sogros e ex-cônjuge de prefeito, governador ou presidente da república continuam inelegíveis, no seu território de jurisdição, até o término do mandato, por inelegibilidade reflexa, caso o divórcio tenha ocorrido no curso do mesmo, salvo as exceções previstas em lei, já abordadas.

Alternativa correta: assertiva "b". A inelegibilidade reflexa não atinge os parentes do vice-governador. Sendo assim, sua esposa poderá ser candidata, na hipótese descrita.

---

71. (Consulplan – Técnico Judiciário – Área Administrativa - TSE/2012) José Maria, nascido em dezembro de 1992, filho do Prefeito de Rio Novo, eleito para a gestão 2009/2012, possui domicílio eleitoral na cidade circunvizinha de Rio Doce e pretende se candidatar a um cargo eletivo nas próximas eleições municipais de 2012. Em janeiro de 2011, José Maria contraiu núpcias com Maria Rita, vereadora do município de Rio Bonito. Em fevereiro de 2011, a vereadora Maria Rita foi eleita Presidente da Câmara de seu município e, em julho de 2011, separou-se de fato de José Maria. No mês seguinte, José Maria finalizou o curso técnico em Topografia e constituiu união estável com Adriana Cláudia, servidora pública efetiva do município de Rio Novo. Em janeiro de 2012, o prefeito de Rio Novo veio a falecer. Permanecendo a situação acima descrita com todos os vínculos dos envolvidos acima mantidos (civil, funcional e eleitoral), e tendo todos os três municípios menos de 10.000 habitantes, conforme último censo divulgado, responda às questões, de acordo com a legislação pertinente.

72. (Consulplan – Técnico Judiciário – Área Administrativa - TSE/2012) José Maria poderá candidatar-se a prefeito em 2012 em pelo menos uma das três citadas?

a) Sim.

b) Não.

COMENTÁRIOS

Alternativa correta: assertiva "b". José Maria não poderá ser candidato a prefeito, em nenhuma das cidades, porque não terá 21 anos na data da posse, a ocorrer em janeiro de 2013, já que fará 20 anos de idade em dezembro de 2012.

73. (Consulplan – Técnico Judiciário – Área Administrativa - TSE/2012) José Maria poderá candidatar-se a vereador na cidade de

a) Rio Doce.

b) Rio Novo.

COMENTÁRIOS

Alternativa correta: assertiva "a". José Maria poderá ser candidato a vereador, uma vez que já tem 20 anos de idade, no município onde tem domicílio eleitoral, Rio Doce.

74. (Consulplan – Técnico Judiciário – Área Administrativa - TSE/2012) A condição de ter se casado com Maria Rita e de ser filho do Prefeito de Rio Novo, recentemente falecido, impede José Maria de ser candidato a cargo eletivo no Legislativo do Município de Rio Doce?

a) Sim.

b) Não.

COMENTÁRIOS

Alternativa correta: assertiva "b". Não impede, uma vez que seu domicílio eleitoral localiza-se em circunscrição eleitoral distinta.

75. (Consulplan – Técnico Judiciário – Área Administrativa – TRE-MG/2015)"G é Governador do estado Y e pretende candidatar-se ao Senado". Nesse caso, de acordo com as normas constantes da Constituição Federal, deverá:

Parte superior do formulário

a) permanecer no cargo até o final do pleito.

b) permanecer no cargo até um mês antes do pleito.

c) renunciar ao mandato até três meses antes do pleito.

d) renunciar ao mandato até seis meses antes do pleito.

COMENTÁRIOS

✪ **Nota do autor:** A desincompatibilização pode ser definida como o afastamento de cargo, emprego ou função, pública ou privada, exercido por cidadão brasileiro, de forma provisória ou definitiva, com o intuito de disputar mandato eletivo, de forma a afastar a inelegibilidade. Vale ressaltar, ainda, que a desincompatibilização, em alguns casos, é válida a fim de que seja evitada a inelegibilidade reflexa de parentes.

Alternativa correta: assertiva "d". Os chefes do Poder Executivo (presidente da república, governadores e prefeitos) deverão renunciar aos seus respectivos cargos seis meses antes do pleito, a fim de concorrerem a outros cargos. Caso estejam, contudo, buscando a reeleição, não será necessária a desincompatibilização (artigo 1º, § 1º da LC 64/90) – responde as demais.

✦ DICAS

- A capacidade eleitoral ativa refere-se ao direito inerente ao cidadão de participar, como eleitor, de eleições e consultas populares, bem como propor Ação Popular, promover a Iniciativa Popular de Lei, e outras prerrogativas provenientes do exercício do poder de sufrágio. A capacidade eleitoral passiva, por sua vez, vincula-se à capacidade que o cidadão tem de ser votado, pleiteando mandatos políticos.

- Seguindo a Teoria Clássica, abraçada pelo Supremo Tribunal Federal, podemos apontar as seguintes condições de elegibilidade, previstas no artigo 14, § 3º da Constituição Federal de 1988: a nacionalidade brasileira; o pleno exercício dos direitos políticos; o alistamento eleitoral; o domicílio eleitoral na circunscrição; a filiação partidária; e a idade mínima de 35 anos para presidente, vice-presidente da república e senador, 30 anos para governador e vice-governador de estado e do Distrito Federal, 21 anos para deputado federal, deputado estadual ou distrital, prefeito, vice-prefeito e juiz de paz; e dezoito anos para vereador.

Idade Mínima para o exercício de cargos eletivos (Conforme o art. 14, § 3º da CF/1988)	
Presidente da República, Vice-Presidente e Senador	35 anos
Governador e Vice-Governador de estado ou do Distrito Federal	30 anos
Deputado Federal, Deputado Estadual ou Distrital, Prefeito, Vice-Prefeito e Juiz de Paz	21 anos
Vereador	18 anos

- De acordo com o art. 11, § 2º da Lei nº 9.504/97 (Lei das Eleições), "a idade mínima constitucionalmente estabelecida como condição de elegibilidade é verificada tendo por referência a data da posse". A exceção ocorre na aferição da idade mínima dos candidatos a vereador, que deverá ser observada quando do pedido de registro de candidatura.

- O fato de brasileiro ser polipátrida (ter mais de uma nacionalidade, a brasileira e mais uma outra, por exemplo) não é impedimento para o exercício das capacidades eleitorais ativa e passiva no Brasil.

  Classificação das inelegibilidades:

  Classificação das inelegibilidades, segundo Adriano Soares da Costa

Inelegibilidades inatas	Inelegibilidades cominadas
Não resultam da prática de atos ilícitos. Visam a preservar o equilíbrio das disputas eleitorais e a moralidade administrativa e decorrem de incompatibilidades provenientes de parentescos com titulares de cargos eletivos ou mesmo do exercício de determinados cargos, em determinados momentos	Decorrem de uma sanção. Se dividem em cominadas simples, quando aplicáveis a um único pleito, ou cominadas potenciadas, quando tornam inelegível o eleitor para eleições futuras

- A classificação mais difundida, entretanto, no estudo das inelegibilidades, é aquela que diferencia as inelegibilidades absolutas das inelegibilidades relativas. As inelegibilidades absolutas valem para qualquer cargo (por exemplo, os analfabetos são inelegíveis para qualquer cargo). As inelegibilidades relativas, por sua vez, só se referem a determinados cargos, podendo ser originadas de motivos funcionais ou mesmo decorrentes de parentesco (por exemplo, o presidente da república é inelegível para um terceiro mandato consecutivo. O filho do governador da Bahia, salvo se já titular de mandato eletivo e candidato à reeleição, também é inelegível para qualquer cargo disputado na Bahia, mas não para cargos em Pernambuco).

Espécies de inelegibilidades		
Inelegibilidades relativas (para determinados cargos)		**Inelegibilidades absolutas**
originadas por motivos funcionais	decorrentes de parentesco	Válidas para qualquer cargo

- Seguindo a Teoria Clássica, podemos apontar como hipóteses constitucionais de inelegibilidade aquelas previstas nos § § 4º a 7º do artigo 14 da Carta Magna. As inelegibilidades constitucionais podem ser arguidas mesmo após o prazo para o ajuizamento da Ação de Impugnação de Registro de Candidatura (AIRC), ao contrário das inelegibilidades infraconstitucionais.
- São inelegíveis os inalistáveis e os analfabetos. Como inalistáveis, podemos apontar os estrangeiros, uma vez que estes não possuem capacidade política no Brasil (a exceção dos portugueses beneficiados pelo Tratado de Amizade, Cooperação e Consulta), e os conscritos, que são aqueles indivíduos que estão prestando o serviço militar obrigatório. Além desses dois casos, podemos também apontar como inalistáveis os menores de 16 anos (ressaltando, contudo, que, em ano eleitoral, menores com 15 anos de idade podem se alistar eleitores, desde que, na data da eleição já tenham completado 16 anos) e aqueles que tiveram seus direitos políticos perdidos ou suspensos.
- No que se refere aos analfabetos, por sua vez, o entendimento consolidado da Justiça Eleitoral é que o chamado "analfabeto funcional" encontra-se habilitado a disputar eleições, não sendo, portanto, inelegível.
- Segundo jurisprudência consolidada do TSE (Ac.-TSE nº 318/2004, 21.707/2004 e 21.920/2004), havendo dúvida fundada acerca do analfabetismo do candidato, poderá ser realizado teste de alfabetização, desde que individualmente, a fim de evitar constrangimentos. Também o TSE, em sede de acórdão proferido em 2004 (Ac. TSE nº 24.343/2004), entendeu que é ilegítimo o teste de alfabetização quando, apesar de não ser coletivo, traz constrangimentos ao candidato.
- De acordo com a Súmula nº 15 do TSE, "O exercício de cargo eletivo não é circunstância suficiente para, em recurso especial, determinar-se a reforma de decisão mediante a qual o candidato foi considerado analfabeto". Assim, poderá ser considerado analfabeto, e declarado inelegível, candidato que já exerceu mandatos eletivos anteriormente.
- O § 5º do artigo 14 da Constituição Federal de 1988, com redação dada pela Emenda Constitucional nº 16/97 dispõe que "o presidente da república, os governadores de estado e do Distrito Federal, os prefeitos e quem os houver sucedido ou substituído no curso dos mandatos, poderão ser reeleitos por um único período subsequente". É o instituto da reeleição para cargos executivos, criado na década de 1990 e consolidado nas últimas sete eleições (a partir de 1998).
- No que se refere, entretanto, ao Poder Executivo, o instituto da reeleição somente foi implementado, no Brasil republicano, a partir da citada EC 16/97, à exceção dos cargos de vice, para os quais era possível a reeleição na vigência da Constituição Federal de 1946 (exemplo de reeleição de vice-presidente na história brasileira ocorreu com João Goulart, eleito vice-presidente para dois mandatos consecutivos, em 1955, quando foi eleito vice-presidente de Juscelino Kubitscheck, e no mandato seguinte, quando foi eleito vice-presidente de Jânio Quadros, a quem terminou sucedendo na presidência da república). Atualmente, entretanto, o entendimento do TSE é consolidado no sentido de que o vice-presidente, o vice-governador e o vice-prefeito não podem exercer tais cargos por três vezes consecutivas (Res. TSE nº 22.529, de 20.03.07, DJ de 17.04.07).
- Questão muito interessante envolve a possibilidade, ou não, de prefeito reeleito disputar uma terceira eleição municipal consecutiva para prefeito concorrendo, no entanto, na terceira eleição, em outro município. Segundo nova jurisprudência do TSE, consolidada a partir do Ac. 32.539, de 17.12.08, é vedada tal manobra, por se constituir em forma de indevida perpetuação no poder. De acordo com o TSE, "não se pode, mediante a prática de ato formalmente lícito (mudança de domicílio eleitoral) alcançar finalidades incompatíveis com a Constituição: a perpetuação no poder e o apoderamento

de unidades federadas para a formação de clãs políticos ou hegemonias familiares (...). Somente é possível eleger-se para o cargo de 'prefeito municipal' por duas vezes consecutivas".

- Prevê o § 6º do artigo 14 da Constituição Federal de 1988 que "para concorrerem a outros cargos, o presidente da república, os governadores de estado e do Distrito Federal e os prefeitos devem renunciar aos respectivos mandatos até seis meses antes do pleito". Há de se observar, na leitura no dispositivo constitucional supracitado, que para concorrer ao mesmo cargo (reeleição) não é necessário aos titulares de mandatos executivos renunciarem aos seus mandatos respectivos.
- De acordo com a jurisprudência do TSE (Res. 22.129, de 15.12.05, DJ de 13.03.06), o vice que passou a ser chefe do Poder Executivo, em qualquer esfera, somente disputa a reeleição se pleiteia o cargo de titular que ocupa por sucessão (de forma definitiva). Assim, por exemplo, na ocasião histórica da morte do governador de São Paulo, Mário Covas, assumiu o governo, por sucessão, o seu vice, Geraldo Alckmin, que concluiu o mandato. Na eleição seguinte (2002), Alckmin concorreu a reeleição, sendo eleito. Em 2006, por sua vez, Geraldo Alckmin não mais pôde concorrer ao governo paulista, uma vez que não poderia pleitear um terceiro mandato seguido. Ao contrário, se o ex-governador Covas não tivesse falecido no cargo, e Geraldo Alckmin tivesse, tão somente, o substituído durante o mandato de 1998 a 2002, poderia Alckmin ter concorrido a governador em 2002 e, uma vez eleito, ter disputado a reeleição em 2006.
- De acordo com o previsto no § 7º do artigo 14 da Constituição Federal, "são inelegíveis, no território de jurisdição do titular, o cônjuge e os parentes consanguíneos ou afins, até o segundo grau ou por adoção, do presidente da república, de governador de estado ou território, do Distrito Federal, de prefeito ou de quem os haja substituído dentro dos seis meses anteriores ao pleito, salvo se já titular de mandato eletivo e candidato à reeleição.". É a chamada inelegibilidade reflexa, espécie de inelegibilidade relativa decorrente de parentesco.
- A inelegibilidade reflexa só atinge o cônjuge e os parentes até o segundo grau, consanguíneos, por afinidade ou adoção, dos titulares de cargos do Poder Executivo, ou de quem os haja substituído dentro dos seis meses anteriores ao pleito, no âmbito do território de jurisdição (circunscrição) dos mesmos. A Súmula Vinculante nº 18 do STF dispõe que a dissolução da sociedade ou vínculo conjugal, no curso do mandato, não afasta a inelegibilidade reflexa.
- De acordo com a Súmula nº 06 do TSE "é inelegível, para o cargo de prefeito, o cônjuge e os parentes indicados no § 7º do art. 14 da Constituição, do titular do mandato, ainda que este haja renunciado ao cargo há mais de seis meses do pleito". Ainda de acordo com o TSE, o cônjuge e os parentes, até o segundo grau, consanguíneos, por afinidade ou por adoção, do chefe do executivo, são elegíveis para o mesmo cargo do titular, quando este for reelegível e tiver se desincompatibilizado seis meses antes do pleito (Acs. 19.442, de 21.08.01 e 3.043, de 27.11.01).
- O falecimento ou a renúncia do prefeito, governador ou presidente da república, seis meses antes da eleição, afasta a inelegibilidade reflexa dos seus parentes e cônjuges.
- Segundo jurisprudência pacífica do TSE, a união estável atrai a inelegibilidade reflexa (REspe nº 23.487), com a ressalva de que o mero namoro não se enquadra nessa hipótese (REspe nº 24.672). Da mesma forma, segundo o TSE (Respe nº 24.564, Rel. Min. Gilmar Mendes), a união homoafetiva também atrai a inelegibilidade reflexa.
- É a LC 64/90, com suas alterações posteriores, que disciplina, no Brasil, as hipóteses de inelegibilidades infraconstitucionais, as quais, de acordo com o disposto no § 9º do art. 14 da CF/88, somente poderão ser instituídas mediante lei complementar.
- De forma geral a LC 135/10 (Lei da Ficha Limpa) estabeleceu a substituição de diversas penas de inelegibilidade de três anos, previstas no artigo 1º da Lei Complementar nº 64/90, por outras de oito anos, a contar das eleições em que tenham concorrido os condenados. Da mesma forma, como principal inovação, a referida lei possibilitou a imputação de inelegibilidades a pessoas condenadas, sem trânsito em julgado, por diversas espécies crimes, desde que tais condenações sejam proferidas por órgãos colegiados do Poder Judiciário, flexibilizando o princípio da presunção da inocência. Foram alterados pela LC 135/10 o artigo 1º, I da LC 64/90 nas suas alíneas "c", "d",

"e", "f", "g" e "h", além de incluídas, no mesmo inciso, as alíneas "j", "k", "l", "m", "n", "o", "p" e "q". Ainda no artigo 1º da LC 64/90, foram incluídos § § 4º e 5º. Os artigos 15 e 22, por sua vez, também sofreram alterações, e foram incluídos os artigos 26-A, 26-B e 26-C.

- Ficarão inelegíveis para as eleições que se realizarem durante o período remanescente do mandato para o qual foram eleitos e nos oito anos subsequentes ao término da legislatura, de acordo com a alínea b do inciso I do artigo 1º da Lei Complementar nº 64/90, os parlamentares federais, estaduais e municipais que:

<table>
<tr><th colspan="2">Inelegibilidades decorrentes do art. 1º, I, b da LC 64/90</th></tr>
<tr><td rowspan="3">Atinge os parlamentares que:</td><td>Desde a expedição do diploma venham a:
1) firmar ou manter contrato com pessoa jurídica de direito público, autarquia, empresa pública, sociedade de economia mista ou empresa concessionária de serviço público, salvo quando o contrato obedecer a cláusulas uniformes (por exemplo, contrato para fornecimento de luz elétrica ou água na residência do parlamentar);
2) aceitar ou exercer cargo, função ou emprego remunerado, inclusive os que sejam demissíveis ad nutum, nas entidades constantes da alínea anterior.</td></tr>
<tr><td>Desde a posse venham a:
1) ser proprietários, controladores ou diretores de empresa que goze de favor decorrente de contrato com pessoa jurídica de direito público, ou nela exercer função remunerada;
2) ocupar cargo ou função de que sejam demissíveis ad nutum, em pessoas jurídicas de direito público, autarquias, empresas públicas, sociedades de economia mista ou empresas concessionárias de serviço público; ou patrocinar causas em que sejam interessadas qualquer uma destas entidades;
3) ser titulares de mais de um cargo ou mandato público eletivo.</td></tr>
<tr><td>Tenham procedimento declarado incompatível com o decoro parlamentar.</td></tr>
<tr><td colspan="2">A inelegibilidade será aplicada pelo período remanescente do mandato para o qual foram eleitos e nos oito anos subsequentes ao término da legislatura.</td></tr>
</table>

- No que se refere à alínea "c" do referido inciso I do artigo 1º, dispõe a LC 64/90 que o governador e o vice-governador de estado e do Distrito Federal e o prefeito e o vice-prefeito que perderem seus cargos eletivos por infringência a dispositivo da Constituição Estadual, da Lei Orgânica do Distrito Federal ou da Lei Orgânica do Município, ficarão inelegíveis para as eleições que se realizarem durante o período remanescente e nos 8 (oito) anos subsequentes ao término do mandato para o qual tenham sido eleitos. O disposto na alínea "c" do inciso I do artigo 1º da LC 64/90 não se aplica ao presidente e ao vice-presidente da república, mas, tão somente, aos governadores, aos vice-governadores, aos prefeitos e aos vice-prefeitos.

- A alínea "d" do inciso I do artigo 1º da LC 64/90, por sua vez, prevê, de acordo com a nova redação patrocinada pela Lei do Ficha Limpa, que serão inelegíveis, para todos os cargos, "os que tenham contra sua pessoa representação julgada procedente pela Justiça Eleitoral, **em decisão** transitada em julgado **ou proferida por órgão colegiado**, em processo de apuração de abuso do poder econômico ou político, para a eleição na qual concorrem ou tenham sido diplomados, bem como para as que se realizarem nos **8 (oito)** anos seguintes".

- Muito semelhante à hipótese de inelegibilidade prevista na alínea "d" supracitada é a aquela prevista na alínea "h" do mesmo inciso I do artigo 1º da LC 64/90. Segundo a alínea "h", são inelegíveis, para todos os cargos, "os detentores de cargo na administração pública direta, indireta ou fundacional, que beneficiarem a si ou a terceiros, pelo abuso do poder econômico ou político, que forem condenados em decisão transitada em julgado ou proferida por órgão judicial colegiado, para a eleição na qual concorrem ou tenham sido diplomados, bem como para as que se realizarem nos 8 (oito) anos seguintes".

- A alínea "e" do artigo 1º, I da LC 64/90 prevê a inelegibilidade desde a condenação por órgão colegiado até o prazo de 08 anos, a contar do término do cumprimento de pena, para os condenados, mesmo sem trânsito em julgado, pelos seguintes crimes:

Crimes geradores da inelegibilidade prevista no art. 1º, I, "e" da LC 64/90
1) Crimes contra a economia popular, a fé pública, a administração pública e o patrimônio público; 2) Crimes contra o patrimônio privado, o sistema financeiro, o mercado de capitais e os previstos na lei que regula a falência; 3) Crimes contra o meio ambiente e a saúde pública; 4) Crimes eleitorais, para os quais a lei comine pena privativa de liberdade; 5) Crimes de abuso de autoridade, nos casos em que houver condenação à perda do cargo ou à inabilitação para o exercício de função pública;
6) Crimes de lavagem ou ocultação de bens, direitos e valores; 7) Crimes de tráfico de entorpecentes e drogas afins, racismo, tortura, terrorismo e hediondos; 8) Crimes de redução à condição análoga à de escravo; 9) Crimes contra a vida e a dignidade sexual; e 10) Crimes praticados por organização criminosa, quadrilha ou bando.
OBSERVAÇÃO: a inelegibilidade será aplicada a partir da condenação, em decisão transitada em julgado ou proferida por órgão judicial colegiado, gerando efeitos até 08 anos após o cumprimento da pena. Caso, no entanto, a condenação se dê por outros crimes, não previstos nesta lista, o eleitor terá apenas seus direitos políticos suspensos enquanto durarem os efeitos da condenação, de acordo com o previsto no artigo 15, III da Constituição Federal de 1988.

- Segundo a alínea "f' do inciso I do artigo 1º da LC 64/90, que os que forem declarados indignos do oficialato, ou com ele incompatíveis, serão declarados inelegíveis, para qualquer cargo, pelo prazo de **8 (oito)** anos. Antes da publicação da Lei do Ficha Limpa, o prazo de inelegibilidade previsto para esta situação era de quatro anos, e não de oito.

- De acordo com a nova redação da alínea "g" do inciso I do artigo 1º da LC 64/90, por sua vez, serão declarados inelegíveis, para qualquer cargo, "os que tiverem suas contas relativas ao exercício de cargos ou funções públicas rejeitadas por irregularidade insanável **que configure ato doloso de improbidade administrativa,** e por decisão irrecorrível do órgão competente, salvo **se esta houver sido suspensa ou anulada pelo** Poder Judiciário, para as eleições que se realizarem nos **8 (oito)** anos seguintes, contados a partir da data da decisão **(...)".**

- Encerrou, a nova redação da alínea "g", antiga polêmica no âmbito do Direito Eleitoral, geradora, inclusive, da Súmula nº 01 do TSE, agora revogada. De acordo com a antiga redação da alínea "g", eram declarados inelegíveis, para qualquer cargo, os que tivessem suas contas relativas ao exercício de cargos ou funções públicas rejeitadas por irregularidade insanável e por decisão irrecorrível do órgão competente, salvo se a questão houvesse sido ou estivesse sendo submetida à apreciação do Poder Judiciário, para as eleições que se realizassem nos 5 (cinco) anos seguintes, contados a partir da data da decisão. Assim, conforme entendimento sumulado do TSE (Súmula nº 01), proposta ação para desconstituir a decisão que rejeitara as contas, anteriormente à impugnação, ficava suspensa a inelegibilidade. Agora, com a nova redação da alínea "g" do inciso I do art. 1º da LC 64/90, patrocinada pela LC 135/10, a decisão de rejeição de contas por irregularidades insanáveis que configurem ato doloso de improbidade administrativa deverá ser suspensa ou anulada pelo Poder Judiciário para que seja evitada a sanção da inelegibilidade, não bastando, portanto, a mera submissão das contas à apreciação do Poder Judiciário, independentemente de manifestação deste, como previa a Súmula nº 01 do TSE. É de se destacar que em 2021 foi aprovada a EC nº 184, que em seu § 4º-A dispõe que "A inelegibilidade prevista na alínea "g" do inciso I do caput deste artigo não se aplica aos responsáveis que tenham tido suas contas julgadas irregulares sem imputação de débito e sancionados exclusivamente com o pagamento de multa.

- o Supremo Tribunal Federal, julgando o Recurso Extraordinário nº. 848826 RG / DF, no qual foi reconhecida a repercussão geral, decidiu que "a inelegibilidade prevista na alínea g do inciso I do art. 1º da LC nº 64/90 pode ser examinada a partir de decisão irrecorrível dos tribunais de contas que rejeitam as contas do prefeito que age como ordenador de despesas, diante da ressalva final da alínea g do inciso I do art. 1º da LC nº 64/90". Assim, quando o chefe do executivo atuar como ordenador de despesas, bastará a rejeição das suas contas pelo Tribunal de Contas para que seja possível a imputação da inelegibilidade, não havendo necessidade e possibilidade, neste caso, de reversão da decisão pela Câmara de Vereadores, restando, contudo, a possibilidade de análise judicial da matéria".

- O legislador da "Lei do Ficha-Limpa" inovou ao criar novas hipóteses geradoras de inelegibilidades, por meio das alíneas "j", "k", "l", "m", "n", "o", "p" e "q". Assim, tornar-se-ão inelegíveis pelo prazo de oito anos:
- As novas hipóteses de inelegibilidades instituídas pela Lei do Ficha Limpa: Alíneas "j" a "q" do inciso I do art. 1º da LC 64/90
- Aqueles que forem condenados, em decisão transitada em julgado ou proferida por órgão colegiado da Justiça Eleitoral, por corrupção eleitoral, por captação ilícita de sufrágio, por doação, captação ou gastos ilícitos de recursos de campanha ou por conduta vedada aos agentes públicos em campanhas eleitorais que impliquem cassação do registro ou do diploma.
- O Presidente da República, o Governador de Estado e do Distrito Federal, o Prefeito, os membros do Congresso Nacional, das Assembleias Legislativas, da Câmara Legislativa, das Câmaras Municipais, que renunciarem a seus mandatos desde o oferecimento de representação ou petição capaz de autorizar a abertura de processo por infringência a dispositivo da Constituição Federal, da Constituição Estadual, da Lei Orgânica do Distrito Federal ou da Lei Orgânica do Município (prazo de oito anos a contar do término da legislatura, sem afastar a inelegibilidade durante o período restante do mandato).
- Os que forem condenados à suspensão dos direitos políticos, em decisão transitada em julgado ou proferida por órgão judicial colegiado, por ato doloso de improbidade administrativa que importe lesão ao patrimônio público e enriquecimento ilícito (desde a condenação até oito anos após o cumprimento da pena).
- Os que forem excluídos do exercício da profissão, por decisão sancionatória do órgão profissional competente, em decorrência de infração ético-profissional, salvo se o ato houver sido anulado ou suspenso pelo Poder Judiciário; os que forem condenados, em decisão transitada em julgado ou proferida por órgão judicial colegiado, em razão de terem desfeito ou simulado desfazer vínculo conjugal ou de união estável para evitar caracterização de inelegibilidade (prazo de oito anos a contar da decisão que reconhecer a fraude).
- Os que forem demitidos do serviço público em decorrência de processo administrativo ou judicial (prazo de 8 (oito) anos, contado da decisão, salvo se o ato houver sido suspenso ou anulado pelo Poder Judiciário).
- A pessoa física e os dirigentes de pessoas jurídicas responsáveis por doações eleitorais tidas por ilegais por decisão transitada em julgado ou proferida por órgão colegiado da Justiça Eleitoral, pelo prazo de 8 (oito) anos após a decisão, observando-se o procedimento previsto no art. 22 da LC 64/90.
- Os magistrados e os membros do Ministério Público que forem aposentados compulsoriamente por decisão sancionatória, que tenham perdido o cargo por sentença ou que tenham pedido exoneração ou aposentadoria voluntária na pendência de processo administrativo disciplinar.
- A desincompatibilização pode ser definida como o afastamento de cargo, emprego ou função, pública ou privada, exercido por cidadão brasileiro, de forma provisória ou definitiva, com o intuito de disputar mandato eletivo, de forma a afastar a inelegibilidade. Vale ressaltar, ainda, que a desin-

compatibilização, em alguns casos, é válida a fim de que seja evitada a inelegibilidade reflexa de parentes.

- Na maioria das hipóteses de desincompatibilização exigidas por lei, o prazo previsto é o de seis meses antes do pleito (principalmente no que se refere a titulares de cargos eletivos). São estas as principais hipóteses, de acordo com a LC 64/90, de necessidade de desincompatibilização 06 (seis) meses antes do pleito:

Principais hipóteses, de acordo com a LC 64/90, de necessidade de desincompatibilização 06 (seis) meses antes do pleito:
• Presidente da república, governadores de estado e prefeitos, para a disputa de outros cargos
• Interventor federal.
• Magistrados, membros do Ministério Público, membros dos Tribunais de Contas.
• Advogado-Geral da União.
• Chefes do Estado-Maior da Marinha, do Exército e da Aeronáutica.
• Chefes dos gabinetes civil e militar de governador de estado ou do DF.
• Ministro de Estado, secretários de governos estaduais, municipais ou do DF.
• Presidente, superintendente ou diretor de autarquias, empresas públicas, sociedades de economia mista e fundações públicas ou mantidas pelo poder público.
• Diretor-geral do Departamento de Polícia Federal.
• Nomeados, pelo presidente da república, para cargos ou funções cuja nomeação esteja sujeita à aprovação prévia do Senado Federal.
• Diretores de órgãos estaduais, sociedades de assistência aos municípios ou bancos estaduais.
• Diretor de empresa pública internacional.
• Dirigente de entidade de assistência a município que receba contribuição de órgão público.
• Dirigente de fundação privada que receba verbas públicas imprescindíveis à sua manutenção.
• **OBS:** À exceção do presidente da república, dos governadores de estado e dos prefeitos municipais, todas as pessoas acima elencadas deverão se desincompatibilizar dos seus cargos apenas 04 meses antes, e não 06 meses, quando pleitearem concorrer aos cargos de prefeito e vice-prefeito (apenas estes dois cargos, de acordo com o art. 1º, IV, "a" da LC 64/90).

- Os dirigentes de entidades de classe mantidas, total ou parcialmente, por contribuições impostas pelo poder público, bem como os dirigentes sindicais (Res. TSE nº 21.041, de 21.03.02), deverão se desincompatibilizar dos seus cargos, para a disputa de mandatos eletivos, quatro meses antes das eleições. Além dessas pessoas, todas aquelas que necessitam se desincompatibilizar para a disputa dos cargos de presidente da república, vice-presidente da república, governador de estado ou do DF e vice-governador de estado ou do DF, caso desejem disputar os cargos de prefeito e vice-prefeito deverão se desincompatibilizar quatro meses antes das eleições. (art. 1º, IV, "a" da LC 64/90).

- Os servidores públicos civis, estatutários ou não, dos órgãos ou entidades da administração direta ou indireta da União, dos estados, do Distrito Federal, dos municípios e dos territórios, inclusive das fundações mantidas pelo poder público, deverão se afastar das suas atividades três meses antes do pleito, garantido o direito à percepção dos seus vencimentos integrais, de acordo com o previsto no artigo 1º, II, "j" da LC 64/90, para concorrer a qualquer cargo, inclusive o de prefeito municipal (Res. TSE nº 20.623, de 16.05.00, DJ de 02.06.00). Segundo jurisprudência consolidada do TSE (Acs. 16.595/00, 18.019/92, 18.160/92 e 20.128/98), empregados de empresas públicas e sociedades de economia mista também têm garantido o pagamento do salário, durante o período de afastamento.

- Os servidores da Justiça Eleitoral deverão se afastar definitivamente do cargo em tempo hábil para cumprir o prazo de filiação partidária (um ano antes das eleições), conforme entendimento do TSE (Res. 22.088/05).
- Os membros de Conselhos Tutelares, de acordo com o TSE (Ac. 16.878/00), também deverão se desincompatibilizar no prazo de três meses antes das eleições. Os defensores públicos, por sua vez, também deverão se desincompatibilizar das suas funções, de forma temporária, garantidos os vencimentos integrais, três meses antes do pleito, salvo se estiverem concorrendo ao cargo de prefeito ou vice-prefeito, quando a desincompatibilização deverá ocorrer quatro meses antes da eleição, caso estejam em exercício na comarca onde desejem se candidatar.

– Em 07 de outubro de 2020, o TSE decidiu, em questão relativa à chamada "inelegibilidade chapada" e à teoria da conta e risco que 1. o termo inelegibilidade chapada não encontra respaldo na legislação eleitoral, segundo a qual a postulação de candidatura é livre a todo cidadão, inexistindo indeferimento de registro de ofício.2. É assegurado a todos os concorrentes o devido processo legal do registro de candidatura, respeitando-se o contraditório e a ampla defesa.3. Nessa ordem de ideias, são permitidos a todo candidato, ainda que esteja com seu registro indeferido sub judice, a realização de campanha eleitoral, inclusive no rádio e televisão, e o acesso aos fundos públicos, até decisão do Tribunal Superior Eleitoral ou o trânsito em julgado. Precedentes.4. Comprovada a regularidade dos gastos do candidato, não há falar em violação ao art. 82, § 1º, da Res.-TSE nº 23.553/2017, sob o fundamento de utilização indevida de recursos do FEFC.

– No que se refere aos prazos de inelegibilidade, é de se destacar que nas eleições 2020, com o adiamento do calendário eleitoral **em virtude da pandemia**, muitos candidatos que estariam inelegíveis se a eleição tivesse sido realizada no dia 04 de outubro passaram a ser elegíveis, com a nova data do pleito, transferida para 15 de novembro. Em resposta a uma consulta, o TSE decidiu, sobre a questão que os candidatos cujos prazos de inelegibilidade, previstos no inciso I do art. 1º da Lei Complementar (LC) nº 64/1990, findaram em 7.10.2020 estariam elegíveis para concorrer às Eleições 2020, mesmo diante do adiamento da data do pleito para 15 de novembro por força da Emenda Constitucional nº 107/2020 (Consulta nº. 0601143-68, julgada em 01.09.2020. Rel. Min. Alexandre de Moraes)

– Em 19 de dezembro de 2020, o Min. Nunes Marques, do STF, em decisão cautelar no âmbito da ADI 6630, proposta pelo Partido Democrático Trabalhista (PDT), suspendeu a eficácia da expressão "a contar do término do cumprimento de pena", presente na alínea "e" do inciso I do art. 1º da LC 64/90, em comento, entendendo que o referido dispositivo, ao não estabelecer a detração do tempo de inelegibilidade cumprido anteriormente ao transito em julgado do processo criminal, cria uma insegurança jurídica, ao estabelecer uma inelegibilidade por tempo indeterminado, uma vez que o tempo de inelegibilidade poderá ser maior ou menor a depender do tempo de duração do processo criminal, após o julgamento colegiado. Segundo o relator, ""a ausência da previsão de detração, a que aludem as razões iniciais, faz protrair por prazo indeterminado os efeitos do dispositivo impugnado, em desprestígio ao princípio da proporcionalidade e com sério comprometimento do devido processo legal. Defiro o pedido de suspensão da expressão 'após o cumprimento da pena', contida na alínea 'e' do inciso I do art. 1º da Lei Complementar 64/1990, nos termos em que fora ela alterada pela Lei Complementar 135/2010, tão somente aos processos de registro de candidatura das eleições de 2020 ainda pendentes de apreciação, inclusive no âmbito do TSE e do STF. O mérito da ADI 6630 não havia ainda sido julgado quando do fechamento desta edição. Diversos candidatos considerados inelegíveis nas eleições 2020, em virtude da alínea "e", não puderam tomar posse, mas ficaram suspensas a convocações de eleições suplementares nesses locais até a definição da questão pelo plenário do Supremo. Na prática, presidentes da Câmaras Municipais assumiram as prefeituras em que esta situação ocorreu até a resolução da questão.

– Em resposta à Consulta nº 68-82/DF, relatada pela Ministra Luciana Lóssio (DJe de 5.9.2016), examinada conjuntamente com as Consultas nºs 100-87/DF, 103-42/DF, 211-71/DF, 212-56/DF e 227-25/DF, o Tribunal Superior Eleitoral deliberou no sentido de que "a reforma eleitoral promovida pela

Lei nº 13.165/2015 não alterou os prazos de desincompatibilização para disputa de cargos eletivos constantes da LC nº 64/90".

- Em 2020, o TSE não conheceu da consulta nº. 0600190-41/DF, que questionava se servidor público afastado para tentar disputar eleição e não escolhido em convenção deveria restituir os valores percebidos durante o afastamento ao erário. Segundo o relator, Min. Tarcísio Vieira de Carvalho, "O cerne das questões suscitadas pelo consulente gravita em torno do direito remuneratório do servidor público civil da União durante o período de desincompatibilização do cargo efetivo, inclusive na hipótese de posterior desistência da candidatura. As controvérsias estabelecidas entre a União e seus servidores civis, inclusive sobre a percepção de vencimentos, independentemente da causa de pedir, devem ser dirimidas pela Justiça Comum federal, *ex vi* do art. 109, I, da CF".

✦ CONHECENDO A JURISPRUDÊNCIA

1. SÚMULAS DO STF

▸ Súmula Vinculante nº 18

O Tribunal, por maioria, vencido o Senhor Ministro Marco Aurélio, acolheu e aprovou a proposta de edição da Súmula Vinculante nº 18, nos seguintes termos: "A dissolução da sociedade ou do vínculo conjugal, no curso do mandato, não afasta a inelegibilidade prevista no § 7º do artigo 14 da Constituição Federal".

2. SÚMULAS DO TSE

▸ Súmula nº 01 (cancelada)

Proposta a ação para desconstituir a decisão que rejeitou as contas, anteriormente à impugnação, fica suspensa a inelegibilidade (Lei Complementar nº 64/90, art. 1º, I, *g*)

▸ Súmula nº 02

Assinada e recebida a ficha de filiação partidária até o termo final do prazo fixado em lei, considera-se satisfeita a correspondente condição de elegibilidade, ainda que não tenha fluído, até a mesma data, o tríduo legal de impugnação.

▸ Súmula nº 05

Serventuário de cartório, celetista, não se inclui na exigência do art. 1º, II, *l*, da LC nº 64/90.

▸ Súmula nº 06

É inelegível, para o cargo de prefeito, o cônjuge e os parentes indicados no par. 7º do art. 14 da Constituição, do titular do mandato, ainda que este haja renunciado ao cargo há mais de seis meses do pleito.

Nota: com a promulgação da Emenda Constitucional da reeleição para cargos executivos (EC 16/97), o TSE flexibilizou a interpretação desta súmula, estabelecendo que "cônjuge e parentes do chefe do Executivo são elegíveis para o mesmo cargo do titular, quando este for reelegível e tiver se afastado definitivamente do cargo até seis meses antes do pleito (Acs. TSE nºs 3.043/2001 e 19.442/2001)".

▸ Súmula nº 07 (cancelada)

É inelegível para o cargo de prefeito a irmã da concubina do atual titular do mandato.

▸ Súmula nº 08 (cancelada)

O vice-prefeito é inelegível para o mesmo cargo.

▸ Súmula nº 12

São inelegíveis, no Município desmembrado e ainda não instalado, o cônjuge e os parentes consangüíneos ou afins, até o segundo grau ou por adoção, do Prefeito do Município-mãe, ou de quem o tenha substituído, dentro dos seis meses anteriores ao pleito, salvo se já titular de mandato eletivo.

▸ Súmula nº 13

Não é auto-aplicável o § 9º, Art. 14, da Constituição, com a redação da Emenda Constitucional de Revisão nº 4-94.

▸ Súmula nº 15

O exercício de cargo eletivo não é circunstância suficiente para, em recurso especial, determinar-se a reforma de decisão mediante a qual o candidato foi considerado analfabeto.

▸ Súmula nº 19

O prazo de inelegibilidade decorrente da condenação por abuso do poder econômico ou político tem início no dia da eleição em que este se verificou e finda no dia de igual número no oitavo ano seguinte (art. 22, XIV, da LC nº 64/90).

▸ Súmula-TSE nº 38

Nas ações que visem à cassação de registro, diploma ou mandato, há litisconsórcio passivo necessário entre o titular e o respectivo vice da chapa majoritária.

▸ Súmula-TSE nº 39

Não há formação de litisconsórcio necessário em processos de registro de candidatura.

▸ Súmula-TSE nº 44

O disposto no art. 26-C da LC nº 64/90 não afasta o poder geral de cautela conferido ao magistrado pelo Código de Processo Civil.

▸ Súmula-TSE nº 49

O prazo de cinco dias, previsto no art. 3º da LC nº 64/90, para o Ministério Público impugnar o registro inicia-se com a publicação do edital, caso em que é excepcionada a regra que determina a sua intimação pessoal.

▸ Súmula-TSE nº 50

O pagamento da multa eleitoral pelo candidato ou a comprovação do cumprimento regular de seu parcelamento após o pedido de registro, mas antes do julgamento respectivo, afasta a ausência de quitação eleitoral.

▸ Súmula-TSE nº 51

O processo de registro de candidatura não é o meio adequado para se afastarem os eventuais vícios apurados no processo de prestação de contas de campanha ou partidárias.

▸ Súmula-TSE nº 52

Em registro de candidatura, não cabe examinar o acerto ou desacerto da decisão que examinou, em processo específico, a filiação partidária do eleitor.

▸ Súmula-TSE nº 53

O filiado a partido político, ainda que não seja candidato, possui legitimidade e interesse para impugnar pedido de registro de coligação partidária da qual é integrante, em razão de eventuais irregularidades havidas em convenção.

▸ Súmula-TSE nº 54

A desincompatibilização de servidor público que possui cargo em comissão é de três meses antes do pleito e pressupõe a exoneração do cargo comissionado, e não apenas seu afastamento de fato.

▸ Súmula-TSE nº 55

A Carteira Nacional de Habilitação gera a presunção da escolaridade necessária ao deferimento do registro de candidatura.

▸ Súmula-TSE nº 58

Não compete à Justiça Eleitoral, em processo de registro de candidatura, verificar a prescrição da pretensão punitiva ou executória do candidato e declarar a extinção da pena imposta pela Justiça Comum.

▸ Súmula-TSE nº 59

O reconhecimento da prescrição da pretensão executória pela Justiça Comum não afasta a inelegibilidade prevista no art. 1º, I, e, da LC nº 64/90, porquanto não extingue os efeitos secundários da condenação.

▸ Súmula-TSE nº 60

O prazo da causa de inelegibilidade prevista no art. 1º, I, e, da LC nº 64/90 deve ser contado a partir da data em que ocorrida a prescrição da pretensão executória e não do momento da sua declaração judicial.

▸ Súmula-TSE nº 61

O prazo concernente à hipótese de inelegibilidade prevista no art. 1º, I, e, da LC nº 64/90 projeta-se por oito anos após o cumprimento da pena, seja ela privativa de liberdade, restritiva de direito ou multa.

▸ Súmula-TSE nº 66

A incidência do § 2º do art. 26-C da LC nº 64/90 não acarreta o imediato indeferimento do registro ou o cancelamento do diploma, sendo necessário o exame da presença de todos os requisitos essenciais à configuração da inelegibilidade, observados os princípios do contraditório e da ampla defesa.

▸ Súmula-TSE nº 69

Os prazos de inelegibilidade previstos nas alíneas j e h do inciso I do art. 1º da LC nº 64/90 têm termo inicial no dia do primeiro turno da eleição e termo final no dia de igual número no oitavo ano seguinte.

3. INFORMATIVOS DO TSE

▸ Informativo 03 – Alínea "l"

O Plenário do Tribunal Superior Eleitoral reafirmou o entendimento de que, para configurar a inelegibilidade prevista na alínea l do inciso I do art. 1º da Lei Complementar nº 64/1990, é necessária a condenação por ato doloso de improbidade administrativa que implique, concomitantemente, lesão ao Erário e enriquecimento ilícito. (Recurso Especial Eleitoral nº 49-32, Quatá/SP, rel. Min. Luciana Lóssio, em 18.10.2016). Informativo TSE – Ano XVIII – nº 12

▸ Informativo 04- Condenação por improbidade administrativa

Condenação por improbidade administrativa e incidência da alínea l do inciso I do art. 1º da Lei Complementar nº 64/1990. O Plenário do Tribunal Superior Eleitoral reafirmou o entendimento de que, para configurar a inelegibilidade prevista na alínea l do inciso I do art. 1º da Lei Complementar nº 64/1990, é necessária a condenação por ato doloso de improbidade administrativa que implique, concomitantemente, lesão ao Erário e enriquecimento ilícito. (Recurso Especial Eleitoral nº 49-32, Quatá/SP, rel. Min. Luciana Lóssio, em 18.10.2016). Informativo TSE – Ano XVIII – nº 12

▸ Informativo 05 – Promoção de evento festivo e abuso de poder

Promoção de evento festivo às vésperas das eleições, cabimento de prova por gravação ambiental e abuso de poder econômico. O Plenário do Tribunal Superior Eleitoral, por unanimidade, reiterou entendimento de considerar lícita gravação ambiental produzida em local aberto ao público, sem controle de acesso. (Recurso Especial Eleitoral nº 85-47, Jerumenha/PI, rel. Min. Herman Benjamin, em 8.11.2016)). Informativo TSE – Ano XVIII – nº 13

▸ Informativo 06 – Flagrante preparado e infiltração policial

O Plenário do Tribunal Superior Eleitoral, por unanimidade, asseverou que constitui flagrante preparado a infiltração de policial com a finalidade de instigar candidato à prática de conduta vedada pelo Código Eleitoral, ocasionando a nulidade das provas dela decorrentes. (Recurso Especial Eleitoral nº 9529, Porto Velho/RO, rel. Min. Luciana Lóssio, em 7.6.2016). Informativo TSE – Ano XVIII – nº 6

▸ Informativo 07 – Gravação oculta

O Plenário do Tribunal Superior Eleitoral, por maioria, asseverou que a prova produzida por eleitores mediante gravação oculta de reunião com candidato, na qual ofereceram e efetivaram a venda de votos àquele, padece de ilicitude, cuja mácula não obsta a ação penal proposta contra os corruptores que, dissimuladamente, negociaram seus votos em troca de vantagem econômica. (Habeas Corpus nº 444-05, Regeneração/PI, rel. Min. Maria Thereza de Assis Moura, em 1º.3.2016). Informativo TSE – Ano XVIII – nº 2

▸ **Informativo 08 – Litisconsórcio passivo necessário**

O Plenário do Tribunal Superior Eleitoral, por unanimidade, alterando a jurisprudência desta Corte, entendeu pela possibilidade de formação de litisconsórcio passivo necessário, em ação de investigação judicial eleitoral por abuso do poder político, entre o agente público autor da conduta e o candidato beneficiado. (Recurso Especial Eleitoral nº 843-56, Jampruca/MG, rel. Min. João Otávio de Noronha, em 21.6.2016). Informativo TSE – Ano XVIII – nº 7

▸ **Informativo 09 – Alínea "g"**

Autorização de pagamento irregular de remuneração a vereadores e causa de inelegibilidade da alínea g do inciso I do art. 1º da Lei Complementar nº 64/1990. O Plenário do Tribunal Superior Eleitoral reafirmou entendimento de que a rejeição de contas de gestor público que autorizou pagamento de remuneração a vereadores acima do limite previsto na Constituição da República, ainda que amparado por lei municipal, configura a inelegibilidade prevista no art. 1º, inciso I, alínea g, da Lei Complementar nº 64/1990. O relator ressaltou que é competência da Justiça Eleitoral verificar se a falha ou a irregularidade constatada pelo órgão de contas caracteriza vício insanável que possa configurar ato doloso de improbidade. Destacou ainda ser suficiente, para enquadramento na alínea g, a identificação do dolo genérico caracterizado pela simples vontade de praticar a conduta que enseja a irregularidade insanável. Esclareceu que eventual devolução integral ou parcial do valor recebido indevidamente não tem o condão de afastar a incidência da inelegibilidade. (Recurso Especial Eleitoral nº 104-03, Itupeva/SP, rel. Min. Henrique Neves da Silva, em 3.11.2016). Informativo TSE – Ano XVIII – nº 13

▸ **Informativo 10 – Alínea "g"**

Prescrição da sanção de multa decorrente de desaprovação de contas e afastamento da inelegibilidade prevista na alínea g do inc. I do art. 1º da LC 64/90.

O reconhecimento da prescrição de multa imposta pelo Tribunal de Contas, decorrente de rejeição de contas, impede a incidência da inelegibilidade prevista na alínea g do inc. I do art. 1º da LC 64/90. *REspe 28-41, Rel. Min. Napoleão Nunes Maia Filho, j. 28.11.16. (Info 14)*

▸ **Informativo 11 – Alínea "g"**

Tomada de contas especial e inelegibilidade.

A decisão de procedência em tomada de contas especial somente atrai a inelegibilidade prevista no art. 1º, I, g, da LC 64/90 se demonstrado o dolo na conduta do gestor público. O art. 1º, I, g, da LC 64/90 dispõe: os que tiverem suas contas relativas ao exercício de cargos ou funções públicas rejeitadas por irregularidade insanável que configure ato doloso de improbidade administrativa, e por decisão irrecorrível do órgão competente, salvo se esta houver sido suspensa ou anulada pelo Poder Judiciário, para as eleições que se realizarem nos 8 anos seguintes, contados a partir da data da decisão, aplicando-se o disposto no inc. II do art. 71 da CF, a todos os ordenadores de despesa, sem exclusão de mandatários que houverem agido nessa condição. *RO 884-67, Rel. Min. Henrique Neves, j. 25.2.16. (Info 1)*

▸ **Informativo 12 – art. 1º, I, *o***

Demissão de servidor público, anulação do ato punitivo pela própria administração e inelegibilidade prevista na da alínea o do inc. I do art. 1º da LC 64/90.

A inelegibilidade prevista na alínea o do inc. I do art. 1º da Lei das Inelegibilidades não incide quando houver anulação, pela administração pública, de demissão cominada a pretenso candidato outrora servidor público. *REspe 388-12, Rel. Min. Luiz Fux, j. 6.12.16. (Info 14)*

▸ **Informativo 13**

Alteração fática superveniente que afasta inelegibilidade pode ser conhecida na instância ordinária, mesmo que ocorrida após a diplomação.

A causa superveniente que afasta inelegibilidade, reconhecida em processo judicial eleitoral, pode ser considerada para afastar o impedimento ao exercício do direito político do candidato, enquanto este procedimento estiver em trâmite na instância ordinária, ainda que já ocorrida a diplomação. *REspe 10-19, Rel. Min. João Otávio de Noronha, j. 1º.3.16. (Info 2)*

Capítulo V – Os Sistemas Eleitorais

✦ QUESTÕES

1. QUESTÕES DE CONCURSOS PARA A MAGISTRATURA ESTADUAL

01. (FGV – Juiz de Direito – TJ – MG/2022) Analise as afirmativas a seguir e assinale (V) para a verdadeira ou (F) para a falsa.

( ) Conforme a Constituição Federal de 1988, serão eleitos pelo sistema majoritário os prefeitos e vices, governadores e vices, senadores e o presidente da República e vice.

( ) Para efeito de apuração das eleições no sistema proporcional, a Lei nº 9.504/1997 (Lei das Eleições) considera votos válidos apenas os votos dados aos candidatos regularmente inscritos e às legendas partidárias.

( ) Para efeito de apuração das eleições no sistema proporcional, o Código Eleitoral dispõe que a determinação do quociente partidário, para cada partido, resulta da divisão do número de votos válidos dados sob a mesma legenda, pelo número de partidos ou coligações concorrentes, desprezada a fração.

( ) O Art. 10, § 3º, da Lei nº 9.504/1997 (Lei das Eleições) estabelece que, no registro das candidaturas para a disputa das eleições pelo sistema proporcional, "cada partido ou coligação preencherá o mínimo de 30% (trinta por cento) e o máximo de 70% (setenta por cento) para candidaturas de cada sexo". O Tribunal Superior Eleitoral decidiu que, na impossibilidade de registro de candidaturas femininas no percentual mínimo de 30%, o partido ou a coligação deve reduzir o número de candidatos do sexo masculino para adequar-se os respectivos percentuais; ressalva, porém as eleições para vereador nos municípios com menos dez mil eleitores, nos quais, conforme dados atualizados do Instituto Brasileiro de Geografia e Estatística-IBGE, a população masculina seja igual ou superior a 70% da população total do município.

As afirmativas são, na ordem apresentada, respectivamente,

a) V – F – V – F.

b) V – V – F – F.

c) F – V – F – V.

d) V – V – V – F.

COMENTÁRIOS

1ª e 2º Afirmativas são verdadeiras. A terceira é falsa, pois o quociente partidário é a divisão do total de votos obtidos pelo partido, somados todos seus candidatos e votos de legenda, pelo quociente eleitoral. A quarta afirmativa também é falsa, pois não há previsão de flexibilização da regra em municípios com população masculina superior a 70%. Assim, a resposta correta é a da letra B.

---

02. (Vunesp – Juiz de Direito – TJ – SP/2018) Sobre a eleição para Presidente da República ou para Governador, é INCORRETO afirmar que

a) quando for caso de 2 (dois) turnos, se ocorrer morte, desistência ou impedimento legal de candidato, não poderá o partido promover a respectiva substituição.

b) quando for caso de 2 (dois) turnos, se ocorrer morte, desistência ou impedimento legal de candidato, será convocado, dentre os remanescentes, o de maior votação.

c) será considerado eleito o que obtiver maioria absoluta de votos, excluídos somente os nulos.

d) será considerado eleito o que obtiver a maioria absoluta de votos, excluídos os brancos e nulos.

COMENTÁRIOS

Alternativa "a": A afirmativa é CERTA, uma vez que, conforme o art.77 da Constituição, será convocado o terceiro colocado, no primeiro turno, para disputar o segundo turno com o candidato remanescente. Como a questão pede a afirmativa incorreta, não é esta a resposta.

Alternativa "b": A afirmativa é CERTA, uma vez que, conforme o art.77 da Constituição, será convocado o terceiro colocado, no primeiro turno, para disputar o segundo turno com o candidato remanescente. Como a questão pede a afirmativa incorreta, não é esta a resposta.

Alternativa "c": A afirmativa está ERRADA, tendo em vista que não serão considerados válidos os votos brancos e nulos, e não apenas os nulos, como afirmado.

Alternativa "d": A afirmativa é CERTA. O sistema eleitoral majoritário absoluto é previsto para as eleições presidenciais, devendo o candidato vencedor obter a maioria absoluta dos votos válidos. Caso nenhum candidato consiga tal quantidade de votos no primeiro turno, haverá segundo turno entre os dois candidatos mais votados, quando, então, vencerá o candidato que obtiver a maioria absoluta dos votos válidos (excluídos os brancos e nulos). Como a questão pede a afirmativa incorreta, não é esta a resposta.

Alternativa correta: letra "c".

---

03. (FCC – Juiz de Direito – SC/2017) Nos termos da Constituição Federal, a Câmara dos Deputados compõe-se de representantes do povo, eleitos, pelo sistema proporcional. Tal sistema eleitoral

a) determina, segundo o Código Eleitoral, que as vagas não preenchidas segundo o quociente partidário serão distribuídas aos partidos com o maior número de votos remanescentes, ou seja, aqueles que restaram em face do cálculo do quociente partidário.

b) determina, segundo o Código Eleitoral, a eleição dos candidatos que tenham obtido votos em número igual ou superior a 10% (dez por cento) do quociente eleitoral, tantos quantos o respectivo quociente partidário indicar, na ordem da votação nominal que cada um tenha recebido.

c) impede, segundo a legislação eleitoral, que o voto conferido a candidato de determinado partido seja considerado para a eleição de candidato de partido diverso, ainda que coligado.

d) determina, segundo o Código Eleitoral, a eleição dos candidatos que tenham obtido votos em número igual ou superior ao quociente eleitoral, na ordem da votação nominal que cada um tenha recebido.

e) descabe ser aplicado à eleição de Vereadores, em virtude de a Constituição Federal atualmente estabelecer limite máximo de Vereadores para cada Município em função do número de habitantes, afastando a proporcionalidade da representação que originalmente vigorava.

COMENTÁRIOS

✪ **Nota do autor: Três são os sistemas eleitorais conhecidos** para a averiguação dos candidatos eleitos em um pleito: o sistema majoritário, o sistema proporcional e o sistema misto. Neste tópico, analisaremos, em linhas gerais, o funcionamento de cada um destes sistemas eleitorais, com ênfase para o sistema majoritário, adotado no Brasil nas eleições para cargos executivos (prefeito, governador e presidente da república) e para senadores, e para o proporcional, adotado no Brasil nas eleições para deputados e vereadores.

Comecemos o nosso estudo com uma breve **análise do sistema majoritário**, adotado atualmente no Brasil nas eleições para os cargos de presidente da república, governador de estado, prefeito e senador da república. Por este sistema, é considerado eleito o candidato que obtenha a maior soma de votos sobre os seus competidores, sendo os votos atribuídos aos demais candidatos desprezados, prevalecendo, assim, o pronunciamento emitido pela maioria. **Vence a eleição, no sistema majoritário, o candidato mais votado.**

No sistema majoritário, **pode ser necessária** a mera **maioria relativa** para a aferição do candidato vencedor em uma eleição, como também pode haver exigência de **maioria absoluta**. Na primeira hipótese, estaremos diante do chamado **sistema majoritário simples**, adotado no Brasil nas eleições para senadores da república e prefeitos de municípios com até duzentos mil eleitores. Já na segunda hipótese, teremos a aplicação do **sistema majoritário absoluto**, adotado, no Brasil, nas eleições para presidente da república, governadores e prefeitos de municípios com mais de duzentos mil eleitores.

Sistema majoritário	
Simples	Válido nas eleições para senadores e prefeitos de municípios com até 200 mil eleitores.
Absoluto	Válido nas eleições para presidentes da república, governadores e prefeitos de municípios com mais de 200 mil eleitores.

O **sistema majoritário simples**, adotado nas eleições para prefeitos de municípios com até 200 mil eleitores (e não habitantes) e senadores da república exige um único turno de eleições. Vence o candidato mais votado, independentemente da soma dos votos dos seus adversários. Este sistema é alvo de críticas por pecar quanto à legitimidade do eleito. Afinal, é possível, de acordo com o sistema majoritário simples, a eleição de um candidato com alta rejeição do eleitorado, embora bem votado. A partir de um exemplo simples é possível entendermos melhor esta conclusão: imaginemos um condomínio residencial, composto por setenta apartamentos, cada um deles com direito a um voto na assembleia condominial, que esteja elegendo seu síndico. No dia da votação, dos setenta apartamentos, apenas trinta e nove enviam representantes para a assembleia, contabilizando-se, assim, trinta e uma abstenções. Dos trinta e nove presentes, quatro anulam seus votos e seis votam em branco. Tais votos, assim, são descartados (no Brasil de hoje, voto branco e voto nulo não servem para nada, vão para a lata do lixo). Sobram vinte e nove votos válidos, distribuídos entre os quatro candidatos concorrentes: o candidato A obtém 10 votos, o candidato B 08 votos, o candidato C 06 votos e o candidato D 05 votos. De acordo com o sistema eleitoral majoritário simples, aplicável a esta eleição, está eleito o candidato A, com apenas 10 votos, embora o mesmo candidato seja odiado pela grande maioria dos vizinhos. Como não há segundo turno, a forte rejeição ao candidato A não interfere na sua vitória. Se o sistema fosse o **majoritário absoluto**, seria necessário um segundo turno entre os dois candidatos mais votados (neste exemplo, os candidatos A e B), quando, teoricamente, o candidato A, altamente rejeitado, poderia ser derrotado.

No **atual sistema eleitoral brasileiro**, é exigida a **maioria absoluta** dos votos para se apontar o candidato vencedor, em uma eleição, apenas nos pleitos para os **cargos de presidente da república, governador de estado, e prefeito de municípios com mais de duzentos mil eleitores**, conforme disposto nos artigos 28; 29, II e 77 da Constituição Federal. Para estes cargos, o vencedor só será declarado no primeiro turno caso tenha a maioria absoluta dos votos válidos, ou seja, mais votos do que todos os seus adversários somados. De se ressaltar que esta maioria absoluta deve ser aferida somente dos votos válidos, não sendo, portanto, levados em conta os votos em branco, os votos nulos e as abstenções. Caso nenhum candidato consiga maioria absoluta, deverá haver segundo turno entre os dois candidatos mais votados.

Para cargos executivos, portanto, o sistema majoritário é o mais apropriado, e, de certa forma, o único viável, a não ser que o sistema de governo seja o diretorial, no qual a chefia de governo é exercida concorrentemente por um determinado número de pessoas, quando então seria logicamente possível a adoção do sistema proporcional. Em um Estado que não adota o sistema de governo diretorial, o chefe de governo só pode ser democraticamente eleito pelo sistema majoritário, por não haver possibilidade material para a adoção de outro sistema eleitoral.

Os **votos brancos e os votos nulos**, de acordo com a atual legislação eleitoral, **não têm nenhum valor**. Não procede o mito de que votos brancos e nulos vão para o candidato mais votado. Tais votos proferidos no dia da eleição são desconsiderados, são invalidados, não servindo nem mesmo para anular o pleito, segundo jurisprudência pacificada do TSE.

COMENTÁRIOS

Alternativa "a": A distribuição das cadeiras remanescentes não se dá pela mera concessão de cadeiras aos partidos conforme as sobras fracionárias do quociente partidário, mas sim de acordo com as regras da fórmula D'Hont (método do quociente aumentado", previstas no Código Eleitoral.

Alternativa "b": Desde a reforma eleitoral de 2015, candidatos que não atingirem uma votação mínima de 10% do quociente eleitoral não deverão ocupar as vagas eventualmente distribuídas ao seu partido ou coligação, devendo tal cadeira ser redistribuída, como sobra, a outros partidos ou coligações que contem com candidatos não eleitos com votação superior a este percentual.

Alternativa "c": A divisão das cadeiras se dá, até a eleição de 2018, conforme a formação de coligações, permitindo, assim, que um voto dado a um candidato de um partido contribua para a eleição de um candidato de outro partido coligado com o seu.

Alternativa "d": O candidato não precisa ter obtido uma quantidade de votos superior ao quociente eleitoral para era eleito.

Alternativa "e": O sistema eleitoral aplicado nas eleições de vereadores, bem como na de deputados, é o proporcional.

Alternativa correta: letra "b".

---

04. (Vunesp – Juiz de Direito Substituto - SP/2015) O sistema eleitoral brasileiro atual tem como característica:

a) voto proporcional com lista fechada para as eleições majoritárias e proporcionais, o que submete o eleitor às escolhas das lideranças partidárias.

b) voto proporcional com listas abertas para as eleições aos cargos do Legislativo, o que assegura maior participação a grupos minoritários no âmbito partidário.

c) voto majoritário para o Executivo e o Senado, tendo como resultante o denominado Presidencialismo de coalizão.

d) voto majoritário para o Executivo e o Senado, tendo como resultante o atual modelo de financiamento das campanhas.

COMENTÁRIOS

Alternativa correta. Assertiva "b". O sistema eleitoral proporcional de lista aberta é o sistema adotado, no Brasil, nas eleições para vereadores e deputados, objetivando a garantia da representação das minorias políticas.

Assertiva "a". ERRADO. Não há, no Brasil, voto proporcional com lista fechada, uma vez que os eleitores têm a possibilidade de escolher, nas listas oferecidas pelos partidos políticos e coligações, seus candidatos favoritos.

Assertiva "c". ERRADO. De fato as eleições para o executivo e o Senado são majoritárias. O presidencialismo de coalizão, fundado na ideia de multiplicidade de partidos representados no parlamento, em constante negociação com o presidente da república na formação da governabilidade, não tem relação direta com este fato.

Assertiva "d". ERRADO. Não há relação direta entre o modelo de financiamento de campanha e o sistema eleitoral, da forma como exposto no enunciado.

---

05. (Vunesp – Juiz de Direito Substituto - RJ/2016) Assinale a alternativa que corretamente discorre sobre o sistema eleitoral e/ou o registro dos candidatos.

a) Qualquer cidadão no gozo de seus direitos políticos é parte legítima para dar notícia de inelegibilidade ao Juiz Eleitoral, mediante petição fundamentada, no prazo de 5 dias contados da publicação do edital relativo ao pedido de registro, conferindo ao eleitor legitimidade para impugnar pedido de registro de candidatura.

b) Os membros da aliança somente podem coligar-se entre si, porquanto não lhes é facultado unirem-se a agremiações estranhas à coligação majoritária. Assim, é necessário que o consórcio formado para a eleição proporcional seja composto pelos mesmos partidos da majoritária.

c) Ao Juízo ou Tribunal Eleitoral não é dado conhecer ex officio de todas as questões nele envolvidas, nomeadamente as pertinentes à ausência de condição de elegibilidade, às causas de inelegibilidade e ao atendimento de determinados pressupostos formais atinentes ao pedido de registro.

d) No sistema majoritário, a distribuição de cadeiras entre as legendas é feita em função da votação que obtiverem, pois nesse sistema impõe-se que cada partido com representação na Casa Legislativa receba certo número mínimo de votos para que seus candidatos sejam eleitos.

e) O quociente eleitoral é instrumento do sistema proporcional, sendo determinado dividindo-se o número de votos válidos apurados pelo de lugares a preencher em cada circunscrição eleitoral, desprezada a fração se igual ou inferior a meio, equivalente a um, se superior.

COMENTÁRIOS

Alternativa correta. Assertiva "e". Regra expressamente prevista no artigo 106 do Código Eleitoral, segundo o qual "Determina-se o quociente eleitoral dividindo-se o número de votos válidos apurados pelo de lugares a preencher em cada circunscrição eleitoral, desprezada a fração se igual ou inferior a meio, equivalente a um, se superior".

Assertiva "a". ERRADA. Os eleitores não têm legitimidade para propor Ação de Impugnação de Registro de Candidatura.

Assertiva "b". ERRADA. A Constituição de 1988, em seu artigo 17, § 1º garante ampla autonomia para partidos e coligações firmarem suas coligações.

Assertiva "c". ERRADA. Embora mal redigida, a afirmativa diz respeito ao registro de candidaturas, podendo a Justiça Eleitoral agir de ofício sim, para indeferir um pedido de registro que não atenda condições de elegibilidade ou registrabilidade, ou mesmo quando o pretenso candidato for inelegível.

Assertiva "d". ERRADA. Em mais uma afirmativa dúbia, mal redigida e que mereceria ser anulada, parece ser a intenção da banca confundir o candidato quanto às formas de funcionamento do sistema eleitoral majoritário e do sistema eleitoral proporcional. Na verdade, em qualquer sistema eleitoral, a distribuição das cadeiras em disputa dependerá da votação obtida pelo partido, devendo o candidato obter uma votação mínima de votos necessária à sua eleição, mesmo que este mínimo seja de zero voto, como já aconteceu na história do Brasil. Parece ter sido o intuito da banca descrever, nesta afirmativa, o funcionamento do sistema proporcional, onde as descrições do enunciado são mais evidentes.

06. (FCC – Juiz Substituto – PE/ 2011) Sobre o sistema eleitoral brasileiro, no que se refere à representação proporcional, é correto afirmar:

a) A deliberação sobre coligação caberá à Convenção Nacional de cada Partido, quando se tratar de eleição para a Câmara dos Deputados.

b) Só poderão concorrer à distribuição dos lugares os Partidos e coligações que tiverem obtido quociente eleitoral, inclusive quando do preenchimento dos lugares não preenchidos com a aplicação dos quocientes partidários, salvo quando nenhum Partido ou coligação alcançar o quociente eleitoral, hipótese em que serão considerados eleitos, até serem preenchidos todos os lugares, os candidatos mais votados.

c) Determina-se o quociente eleitoral dividindo-se o número de votos válidos apurados (aí incluídos os votos em branco) pelo de lugares a preencher em cada circunscrição eleitoral.

d) Na ocorrência de vaga, não havendo suplente para preenchê-la, far-se-á eleição, salvo se faltarem menos de doze meses para findar o período de mandato.

e) Em caso de empate, haver-se-á por eleito o candidato mais jovem.

COMENTÁRIOS

✪ **Nota do autor**: O processo para a averiguação do número de vagas cabíveis a cada partido ou coligação, no sistema proporcional, não é de tão grande complexidade, como se possa aparentar. A primeira etapa a se cumprir é a de determinar o quociente eleitoral, segundo o que dispõe o artigo 106 do CE: "determina-se o quociente eleitoral dividindo-se o número de votos válidos apurados pelo de lugares a preencher em cada circunscrição eleitoral, desprezada a fração se igual ou inferior a meio, equivalente a um, se superior". De se ressaltar que, neste caso, por votos válidos se entende os votos distribuídos aos candidatos e às legendas, não se computando os votos brancos e nulos. A segunda etapa é a determinação do quociente partidário, que se atinge através da divisão do número de votos válidos dados sob a mesma legenda ou coligação de legendas, pelo quociente eleitoral, desprezada a fração, conforme disposto no artigo 107 do Código.

Alternativa correta: assertiva "B". De acordo com o artigo 111 do Código Eleitoral: "se nenhum partido ou coligação alcançar o quociente eleitoral, considerar-se-ão eleitos, até serem preenchidos todos os lugares, os candidatos mais votados". Dessa forma, o sistema proporcional seria excepcionalmente substituído pelo sistema majoritário de eleição.

Assertiva "A" ERRADA. A eleição para deputado federal é uma eleição de circunscrição estadual, cabendo, assim, à convenção estadual de cada partido definir os candidatos da respectiva legenda, bem como acerca da formação de coligações para tal cargo.

Assertiva "C" ERRADA. Os votos brancos, assim como os votos nulos, não são considerados votos válidos, o que os exclui do cálculo do quociente eleitoral.

Assertiva "D" ERRADA. De acordo com o artigo 113 do Código Eleitoral, "na ocorrência de vaga, não havendo suplente para preenchê-la, far-se-á eleição, salvo se faltarem menos de *nove meses* para findar o período de mandato".

Assertiva "E" ERRADA. Terá preferência o candidato mais idoso, de acordo com previsão do artigo 110 do Código Eleitoral.

07. (CESPE – Juiz de Direito Substituto-BA/ 2012) Considerando as características peculiares do sistema eleitoral brasileiro, assinale a opção correta.

a) A eleição para vereador, assim como as demais eleições para cargos legislativos, é realizada pelo sistema proporcional.

b) Nas eleições para prefeito, haverá segundo turno quando um candidato não obtiver a maioria relativa dos votos.

c) Governador e senador são eleitos pelo sistema majoritário; deputado distrital e federal, pelo sistema proporcional.

d) O candidato a presidente da República será eleito em primeiro turno se obtiver maioria relativa dos votos dos eleitores que efetivamente comparecerem às urnas, excluídos os votos nulos.

e) A eleição dos vereadores é feita pelo sistema majoritário, pelo qual são eleitos, por maioria simples, os mais votados.

COMENTÁRIOS

Alternativa correta: assertiva "C". Governadores são eleitos pelo sistema majoritário absoluto, enquanto os senadores são eleitos pelo sistema majoritário simples. Todos os deputados no Brasil, de todas as esferas, assim como os vereadores, são eleitos pelo sistema proporcional de lista aberta.

Assertiva "A" ERRADA. O erro está no fato dos senadores, que também são parlamentares, serem eleitos pelo sistema majoritário simples.

Assertiva "B" ERRADA. O segundo turno ocorrerá quando nenhum dos candidatos alcançar a maioria absoluta dos votos válidos.

Assertiva "D" ERRADA. O presidente da república será eleito no primeiro turno se obtiver a maioria absoluta dos votos válidos, excluídos, assim, os brancos, nulos e abstenções.

Assertiva "E" ERRADA. O sistema eleitoral adotado é o proporcional de lista aberta.

---

08. (Vunesp – Juiz de Direito Substituto-MG/ 2012) Na apuração de vereadores eleitos, é correto afirmar que, pela aplicação do sistema proporcional, o quociente partidário é obtido dividindo-se pelo

a) quociente eleitoral o número de votos válidos dados sob a mesma legenda ou coligação de legendas, desprezada a fração.

b) quociente eleitoral, somado com o número de bairros que compõem o município respectivo, o número de votos válidos dados sob a mesma legenda ou coligação de legendas, desprezada a fração.

c) quociente eleitoral, somado com o número de distritos que compõem o município respectivo, o número de votos válidos dados sob a mesma legenda ou coligação de legendas, desprezada a fração.

d) quociente eleitoral, somado com o número de bairros e distritos, que compõem o município respectivo, o número de votos válidos dados sob a mesma legenda ou coligação de legendas, desprezada a fração.

COMENTÁRIOS

Alternativa correta: assertiva "A". O quociente partidário indica a quantidade de vagas obtidas pelo partido ou coligação, antes do cálculo das sobras. Para isso, divide-se o total de votos obtidos pela coligação ou partido pelo quociente eleitoral. O comentário responde as demais alternativas.

---

09. (FCC – Juiz de Direito Substituto – PE/2013) Se nenhum candidato alcançar maioria absoluta na primeira votação, far-se-á nova eleição no último domingo de outubro, concorrendo os dois candidatos mais votados, e considerando-se eleito o que obtiver a maioria dos votos válidos. Esta regra aplica-se à eleição para Prefeito em Município com mais de duzentos mil

a) eleitores.

b) habitantes.

c) cidadãos.

d) brasileiros.

e) trabalhadores.

COMENTÁRIOS

Alternativa correta: assertiva "A". No atual sistema eleitoral brasileiro, é exigida a maioria absoluta dos votos para se apontar o candidato vencedor, em uma eleição, apenas nos pleitos para os cargos de presidente da república, governador de estado, e prefeito de municípios com mais de duzentos mil eleitores, conforme disposto nos artigos 28; 29, II e 77 da Constituição Federal. O comentário responde as demais alternativas.

10. (Vunesp – Juiz de Direito – MS/2015) O direito brasileiro adota o sistema eleitoral proporcional, sendo correto afirmar que determina-se o quociente eleitoral dividindo-se o número de

a) votos válidos dados sob a mesma legenda ou coligação de legendas e pelo de lugares a preencher em cada circunscrição eleitoral, desprezada a fração se igual ou inferior a um quarto, equivalente a um, se superior.

b) votos válidos dados sob a mesma legenda ou coligação de legendas pelo de lugares a preencher em cada circunscrição eleitoral, desprezada a fração.

c) votos, incluindo os brancos e nulos, apurados pelo de lugares a preencher em cada circunscrição eleitoral, desprezada a fração se igual ou inferior a um quarto, equivalente a um, se superior.

d) votos válidos apurados pelo de lugares a preencher em cada circunscrição eleitoral, desprezada a fração se igual ou inferior a meio, equivalente a um, se superior.

e) votos válidos dados sob a mesma legenda ou coligação de legendas e os brancos pelo de lugares a preencher em cada circunscrição eleitoral, desprezada a fração se igual ou inferior a um quinto, equivalente a um, se superior.

COMENTÁRIOS

Alternativa correta: assertiva "d" (responde as demais): segundo o artigo 106 do Código Eleitoral, "determina-se o quociente eleitoral dividindo-se o número de votos válidos apurados pelo de lugares a preencher em cada circunscrição eleitoral, desprezada a fração se igual ou inferior a meio, equivalente a um, se superior".

2. QUESTÕES DE CONCURSOS PARA O MINISTÉRIO PÚBLICO ESTADUAL (PROMOTOR DE JUSTIÇA)

11. (MPE – MS – Promotor de Justiça – MPE – MS/2018) Considerando as recentes decisões nas ADIN's n. 5.525 e 5.619 proferidas pelo Supremo Tribunal Federal em matéria eleitoral, referentes aos efeitos do indeferimento do registro, a cassação do diploma ou a perda do mandato de candidato eleito em pleito majoritário, analise as assertivas a seguir.

I. Foi reconhecida a inconstitucionalidade parcial do § 3° do artigo 224 do Código Eleitoral, a fim de afastar a exigência do "trânsito em julgado" para que sejam realizadas novas eleições, bastando, para a sua execução imediata, que o indeferimento do registro, a cassação do diploma ou a perda do mandato de candidato eleito em pleito majoritário ocorra em decisão de última ou única instância da Justiça Eleitoral, independentemente do julgamento dos embargos de declaração.

II. Foi conferida interpretação conforme a Constituição ao § 4° do mesmo artigo 224 do Código Eleitoral, afastando, no entanto, do seu âmbito de incidência as situações de vacância nos cargos de Presidente e Vice-Presidente da República, bem como no de Senador da República.

III. É constitucional legislação federal que estabeleça novas eleições para os cargos majoritários simples, isto é, Prefeitos de Municípios com menos de duzentos mil eleitores e Senadores da República, em casos de vacância por causas eleitorais.

Assinale a alternativa correta:

a) Todas as alternativas estão corretas.

b) Todas as alternativas estão incorretas.

c) As afirmativas II e III estão incorretas.

d) Apenas a afirmativa II está correta.

e) Apenas a afirmativa I está incorreta.

COMENTÁRIOS

A partir do julgamento das ADIs 5.525 e 5.619, passou a vigorar a regra geral da realização imediata de novas eleições quando ocorrer o indeferimento do registro, a cassação do diploma ou a perda do mandato de candidato eleito em pleito majoritário, independentemente do julgamento dos embargos de declaração. Além disso, foi conferida interpretação conforme a Constituição ao § 4° do mesmo artigo 224 do Código Eleitoral, afastando, no entanto, do seu âmbito de incidência as situações de vacância nos cargos de Presidente e Vice-Presidente da República, bem como no de Senador da República. Determinou ainda, o STF, que é constitucional legislação federal que estabeleça novas eleições para os cargos majoritários simples, isto é, Prefeitos de Municípios com menos de duzentos mil eleitores e Senadores da República, em casos de vacância por causas eleitorais

Alternativa correta: letra "a".

---

12. (CESPE - Promotor de Justiça/RR 2008) De 1935 até agora, o sistema brasileiro para a eleição de deputados e vereadores traz essa característica que tanto o distingue dos modelos proporcionais empregados em todo o mundo: a escolha uninominal, pelos eleitores, a partir de listas apresentadas pelos partidos.

Sessenta e tantos anos decorridos da introdução desse modelo de escolha uninominal no Brasil – desde a reforma trazida ao Código de 1932 e pela Lei n° 48/1935 –, somam-se as queixas de políticos e estudiosos contra a experiência, no dizer de Giusti Tavares, "singular e estranha".

Walter C. Porto. A mentirosa urna. São Paulo: Martins Fontes, 2004, p. 121 (com adaptações).

A partir das informações do texto acima, julgue os itens que se seguem, acerca do sistema eleitoral brasileiro nas eleições para deputado e vereador.

I. No sistema proporcional de lista aberta, o eleitor, ao votar em um candidato, contribui para a eleição de todos os demais candidatos do mesmo partido.

II. Conforme as regras brasileiras, o voto conferido a um candidato é unipessoal e intransferível, e, por essa razão, não pode colaborar na eleição de outro candidato.

III. No caso de coligações, o voto conferido à legenda de um partido cujo único candidato tenha sido excluído da eleição pela justiça é computado para a coligação.

IV. O candidato a vereador mais votado em uma cidade é eleito, independentemente do desempenho dos demais candidatos da mesma legenda.

V. De acordo com o princípio da fidelidade partidária, é nulo o voto conferido a candidato a vereador filiado a partido de coligação oposta à do candidato em quem o mesmo eleitor votou para prefeito.

COMENTÁRIOS

Item I: CORRETO. Todos os votos dados a candidatos nas eleições proporcionais são, primeiramente, contabilizados para a legenda, para fins de cálculo do quociente partidário.

Item II: ERRADO. Todos os votos dados a candidatos nas eleições proporcionais são, primeiramente, contabilizados para a legenda, para fins de cálculo do quociente partidário. Assim, os votos dados a um candidato a vereador ou deputado contribuem para a eleição dos seus companheiros de chapa.

Item III: A resposta foi considerada correta pela banca, em consonância com a legislação em vigor na época (2008). Atualmente, entretanto, o voto dado a um candidato excluído pela justiça antes do pleito e que passa a concorrer *sub judice*, nos termos do artigo 16-A da lei nº 9.504/97, deverá ser considerado nulo, não contando para o partido ou coligação, caso o indeferimento da candidatura venha a ser mantido.

Item IV: ERRADO. Para este candidato ser eleito, será necessário que o seu partido ou coligação atinja o quociente eleitoral.

Item V: ERRADO. O voto dado aos candidatos a vereador é independente dos votos dados aos candidatos a prefeito, podendo o eleitor votar em candidatos que representam diferentes partidos políticos, sem necessidade de alinhamento.

---

13. (MPE-GO – Promotor de Justiça – GO/2012) Assinale a alternativa correta

a) O quociente eleitoral indica o número de vagas alcançado pelos partidos, sendo calculado pela divisão do número de votos conferidos ao partido, diretamente, ou a seus candidatos, pelo quociente partidário, desprezando-se a fração.

b) O quociente partidário corresponde ao índice de votos a ser obtido que determina a distribuição das vagas, por meio da divisão do número de votos válidos pelos lugares a preencher na Câmara dos Deputados, no Senado Federal, nas Assembleias Legislativas ou nas Câmaras de Vereadores.

c) O quociente eleitoral tem por finalidade estabelecer a distribuição das vagas entre os partidos na Câmara dos Deputados, no Senado Federal, nas Assembleias Legislativas e nas Câmaras de Vereadores.

d) Acaso nenhum partido atinja o quociente eleitoral, hão de ser considerados eleitos os candidatos mais votados, desconsiderados quaisquer critérios de proporcionalidade.

COMENTÁRIOS

Alternativa correta: **assertiva "d".** Em tese, caso nenhum partido atinja o quociente eleitoral, os candidatos mais votados, independentemente do quociente, estarão eleitos. Tal prática, entretanto, é matematicamente inviável, sendo esta norma totalmente desnecessária.

Alternativa "a": ERRADO. O quociente eleitoral é calculado a partir da divisão do total de votos válidos dados a todos os candidatos, coligações e partidos pelo número de vagas em disputa.

Alternativa "b". ERRADO. Tal explicação diz respeito ao quociente eleitoral e não ao partidário.

Alternativa "c". ERRADO. As eleições no Senado Federal são realizadas em conformidade com o sistema majoritário simples, e não de acordo com o sistema proporcional não se aplicando, portanto, o quociente eleitoral.

3. QUESTÕES DE CONCURSOS PARA ANALISTA JUDICIÁRIO – ÁREA JUDICIÁRIA DOS TRIBUNAIS REGIONAIS ELEITORAIS

---

14. (Consulplan – Analista Judiciário – Área Judiciária – TRE – MG/2013) Os eleitos para ocupar mandatos eletivos no Brasil são definidos segundo os sistemas proporcional ou majoritário. As regras constitucionais e legais é que definem qual o princípio adotado, a depender do cargo. É correto afirmar que se elegem, necessariamente, por maioria absoluta todos os

a) Vereadores.

b) Deputados Federais.

c) Prefeitos de Capitais.

d) Senadores da República.

e) Governadores de Estado.

COMENTÁRIOS

Alternativa correta: assertiva "e" ➔ O sistema majoritário absoluto é adotado, no Brasil, nas eleições para presidente da república, governadores e prefeitos de municípios com mais de 200 mil eleitores.

Assertiva "a" ➔ INCORRETO. O sistema eleitoral adotado é o proporcional.

Assertiva "b" ➔ INCORRETO. O sistema eleitoral adotado é o proporcional.

Assertiva "c" ➔ INCORRETO. O sistema majoritário absoluto só é utilizado nas eleições para prefeitos de capitais com mais de 200 mil eleitores.

Assertiva "d" ➔ INCORRETO. O sistema eleitoral é o majoritário simples, de turno único.

---

15. (AOCP – Analista Judiciário – Área Judiciária – TRE – AC/2015) Em relação às eleições, assinale a alternativa correta

a) Nas eleições proporcionais, os únicos votos considerados válidos são os dados a candidato regularmente inscrito.

b) Será considerado eleito, o candidato a Governador que obtiver a maioria absoluta dos votos, computando os nulos, mas não os brancos.

c) São realizadas eleições simultâneas para Presidente e Vice-Presidente, Governador e Vice-Governador de Estado e do Distrito Federal, Senador e Vereador.

d) Para o eleitor que deixar de votar e não se justificar perante o juiz eleitoral, em até quinze dias após a realização da eleição, incorrerá multa de dez a vinte por cento sobre o salário-mínimo da região.

e) Se, antes de realizado o segundo turno, ocorrer morte, desistência ou impedimento legal do candidato, convocar-se-á, dentre os remanescentes, o de maior votação.

COMENTÁRIOS

Alternativa correta: assertiva "e". Regra prevista no artigo 77, § 4º da CF/1988.

Assertiva "a". ERRADO. Os votos de legenda também são considerados válidos.

Assertiva "b". ERRADO. Votos nulos e votos brancos são votos inválidos, não sendo, portanto, levados em conta no resultado das eleições.

Assertiva "c". ERRADO. As eleições para vereador são realizadas junto com as de prefeito. O erro, portanto, está na inclusão do vereador no rol referido.

Assertiva "d". ERRADO. O prazo de justificativa será de 60 dias, e não de 15. A multa variará de 3 a 10% do salário-mínimo.

---

16. (Cespe – Analista Judiciário – Área Judiciária – TRE – MT/2015 – ADAPTADA) Para que um candidato registrado por um partido político ou coligação seja eleito, é necessário que obtenha votos em número igual ou superior a 10% do quociente eleitoral, salvo aos suplentes.

COMENTÁRIOS

Assertiva CORRETA. Conforme o artigo 108 do Código Eleitoral, com redação estabelecida pela lei nº. 14.211/2021, "Estarão eleitos, entre os candidatos registrados por um partido que tenham obtido votos em número igual ou superior a 10% (dez por cento) do quociente eleitoral, tantos quantos o respectivo quociente partidário indicar, na ordem da votação nominal que cada um tenha recebido".

---

17. (Cespe – Analista Judiciário – Área Judiciária – TRE – PI/2016) Com base no disposto na Lei n.º 9.504/1997, assinale a opção correta.

a) Nas eleições proporcionais, são computados como válidos todos os votos registrados pelas mesas receptoras.

b) As eleições para governador, vice-governador, prefeito, vice-prefeito e vereador realizam-se simultaneamente, no primeiro domingo de outubro do ano de eleições estaduais.

c) Nas eleições proporcionais, consideram-se válidos os votos dados a candidatos regularmente inscritos e às legendas partidárias.

d) Será considerado eleito o candidato a governador que obtiver a maioria absoluta de votos, computados os votos brancos e nulos.

e) Caso candidato a prefeito desista de concorrer à eleição municipal antes do segundo turno, deverá o juiz eleitoral cancelar imediatamente o pleito, devendo convocar novas eleições para o ano seguinte.

COMENTÁRIOS

Alternativa correta: assertiva "c". Por votos válidos se entende os votos distribuídos aos candidatos e às legendas, não se computando os votos brancos e nulos. Até 1997, os votos brancos eram considerados votos válidos, para fins de cálculos do quociente eleitoral.

Assertiva "a". ERRADO. Os votos brancos e os votos nulos não são votos válidos.

Assertiva "b". ERRADO. As eleições municipais se realizam em anos diferentes das eleições estaduais.

Assertiva "d". ERRADO. Os votos brancos e os votos nulos não são votos válidos, não entrando, portanto, no cálculo para a averiguação da maioria absoluta.

Assertiva "e". ERRADO. Neste caso, chama-se o terceiro colocado no primeiro turno para a disputa do segundo turno eleitoral.

---

18. (FCC – Analista Judiciário – Área Judiciária – TRE-PR/2012) Determina-se o quociente eleitoral dividindo-se o número de

a) eleitores pelo de lugares a preencher em cada circunscrição eleitoral, desprezada a fração se igual ou inferior a meio, equivalente a um, se superior.

b) votos válidos dados sob a mesma legenda ou coligação de legendas pelo número de candidatos pelas mesmas registrados.

c) votos válidos apurados pelo de lugares a preencher em cada circunscrição eleitoral, desprezada a fração se igual ou inferior a meio, equivalente a um, se superior.

d) votos válidos atribuídos a cada partido ou coligação de partidos pelo número de lugares a preencher, desprezada a fração se igual ou inferior a meio, equivalente a um, se superior.

e) eleitores pelo número de votos válidos em cada circunscrição eleitoral, desprezada a fração se igual ou inferior a meio, equivalente a um, se superior.

COMENTÁRIOS

Alternativa correta: **letra "c" (responde as demais alternativas).** Regra expressa no caput do artigo 106 do Código Eleitoral, o qual estabelece que "determina-se o quociente eleitoral dividindo-se o número de votos válidos apurados pelo de lugares a preencher em cada circunscrição eleitoral, desprezada a fração se igual ou inferior a meio, equivalente a um, se superior.

---

19. (FCC – Analista Judiciário /TRE-PI / 2009). Considere as eleições para

I. Presidente e Vice-Presidente da República.

II. o Senado Federal.

III. a Câmara dos Deputados.

IV. Governador e Vice-Governador do Estado.

V. as Assembléias Legislativas.

VI. Prefeito e Vice-Prefeito.

VII. as Câmaras Municipais.

A circunscrição será o Estado e será adotado o princípio da representação proporcional nas eleições indicadas APENAS em

a) I e IV.

b) I, VI e VII.

c) II, III e V.

d) II, IV e V.

e) III e V.

COMENTÁRIOS

✪ **Nota do autor:** Na contramão do sistema eleitoral majoritário, nos deparamos com o sistema eleitoral proporcional, cujo pressuposto é a repartição aritmética das vagas, pretendendo-se, dessa forma, que a representação, em determinado território se distribua em proporção às correntes ideológicas ou de interesse, integrada nos partidos políticos concorrentes. Foi com a Revolução Francesa, em 1789, que surgiu o ideal do sistema eleitoral proporcional. Coube a Mirabeau, um dos líderes do Terceiro Estado, defender, na Assembléia Constituinte de Provença, a tese de que o Parlamento deveria expressar o mais fielmente possível, o perfil do eleitorado.

Alternativa correta: letra "e". Somente nas hipóteses III e V.

Item I. Os cargos de presidente e vice-presidente da República são elegíveis pelo sistema majoritário absoluto.

Item II. Os senadores são eleitos pelo sistema majoritário simples.

Item III. Deputados federais são eleitos pelo sistema proporcional, na circunscrição eleitoral do estado.

Item IV. Governador e vice-governador são eleitos pelo sistema majoritário absoluto.

Item V. Os deputados estaduais, eleitos para as assembleias legislativas, são elegíveis pelo sistema proporcional, na circunscrição eleitoral do estado.

Item VI. Prefeito e vice-prefeito são eleitos pelo sistema majoritário absoluto, nos municípios com mais de 200 mil eleitores, e majoritário simples, nos municípios com até 200 mil eleitores.

Item VII. Os vereadores são eleitos também pelo sistema proporcional, mas a circunscrição eleitoral, neste caso, é o município.

---

20. (FCC – Analista Judiciário /TRE-AC / 2010) A respeito da representação proporcional, é correto afirmar:

a) Os lugares não preenchidos com a aplicação dos quocientes partidários serão livremente distribuídos pela Justiça Eleitoral.

b) Se nenhum partido ou coligação alcançar o quociente eleitoral, serão convocadas novas eleições.

c) Determina-se para cada coligação o quociente partidário, dividindo-se pelos lugares a preencher o número de votos válidos dados sob a mesma coligação de legendas, desprezada a fração.

d) Determina-se para cada partido o quociente partidário, dividindo-se pelos lugares a preencher o número de votos válidos dados sob a mesma legenda, desprezada a fração.

e) Determina-se o quociente eleitoral dividindo-se o número de votos válidos apurados pelo de lugares a preencher em cada circunscrição eleitoral, desprezada a fração se igual ou inferior a meio, equivalente a um, se superior.

COMENTÁRIOS

Alternativa correta: letra "e". O quociente eleitoral corresponde à divisão do número de votos válidos pelo número de mandatos a preencher, desprezada a fração se igual ou inferior a meio, equivalente a um, se superior (art. 106 do código eleitoral).

Alternativa "a". Errado. A distribuição dos lugares não preenchidos (distribuição de restos) segue o critério da maior média (art. 109 do código), não sendo feita livremente pela justiça eleitoral.

Alternativa "b". Errado. Se nenhum partido ou coligação alcançar o quociente eleitoral, considerar-se-ão eleitos, até serem preenchidos todos os lugares, os candidatos mais votados (art. 111 do código).

Alternativa "c" e "d". Errados. O quociente partidário, ou da coligação, corresponde à divisão do número de votos obtidos pela coligação, ou pelo partido, pelo quociente eleitoral (art. 107 do Código Eleitoral).

---

21. (FCC – Analista Judiciário /TRE-TO / 2011 - ADAPTADA) No caso das convenções partidárias não indicarem o número máximo de candidatos previstos em lei,

a) o preenchimento das vagas remanescentes dependerá da realização de nova convenção.

b) os partidos concorrerão apenas com os candidatos indicados na convenção.

c) os órgãos de direção dos partidos respectivos poderão preencher as vagas remanescentes até trinta dias antes do pleito.

d) os filiados aos partidos políticos poderão livremente inscrever-se até atingir o número máximo permitido.

e) o preenchimento das vagas remanescentes será feito através da votação da maioria dos candidatos indicados na convenção.

COMENTÁRIOS

Alternativa correta: letra "c". A questão aborda o art. 10 da lei das eleições, que disciplina o processo de escolha de candidatos nas convenções partidárias. Segundo o § 5º desse artigo, com redação definida pela lei nº. 13.165/15, no caso de as convenções para a escolha de candidatos não indicarem o número máximo de candidatos permitido para as eleições, os órgãos de direção dos partidos respectivos poderão preencher as vagas remanescentes até trinta dias antes do pleito.

Alternativa "a". Errado. Não há necessidade de nova convenção para tal preenchimento.

Alternativa "b". Errado. Até trinta dias antes do pleito, o partido poderá preencher as vagas remanescentes, conforme regra estabelecida pelo artigo 10, § 5º da Lei nº. 9.504/97, com redação determinada pela lei nº. 13.165/15.

Alternativa "d". Errado. É o partido que determina esta inscrição, e não seus filiados livremente.

Alternativa "e". Errado. Não há previsão do referido procedimento na Lei das Eleições Lei nº 9.504/97).

4. QUESTÕES DE CONCURSOS PARA TÉCNICO JUDICIÁRIO

---

22. (Consulplan – Técnico Judiciário – Área Administrativa – TRE – MG/2015) Nos termos da Lei Federal nº 9.504/1997, havendo empate na votação para o segundo lugar, o critério de desempate favorecerá o candidato mais

a) idoso.

b) probo.

c) jovem.

d) qualificado.

COMENTÁRIOS

Alternativa correta. Assertiva "a" ➔ Regra prevista no artigo 2º, § 3º da Lei 9.504/91 (responde as demais).

✦ DICAS

Por sistema eleitoral, podemos compreender o conjunto de critérios utilizados para definir os vencedores em um processo eleitoral, as regras, portanto, do jogo eleitoral.

- No sistema majoritário é considerado eleito o candidato que obtenha a maior soma de votos sobre os seus competidores, sendo os votos atribuídos aos demais candidatos desprezados, prevalecendo, assim, o pronunciamento emitido pela maioria.
- No sistema majoritário, pode ser necessária a mera maioria relativa para a aferição do candidato vencedor em uma eleição, como também pode haver exigência de maioria absoluta. Na primeira hipótese, estaremos diante do chamado sistema majoritário simples, adotado no Brasil nas eleições para senadores da república e prefeitos de municípios com até duzentos mil eleitores. Já na segunda hipótese, teremos a aplicação do sistema majoritário absoluto, adotado, no Brasil, nas eleições para presidente da república, governadores e prefeitos de municípios com mais de duzentos mil eleitores.
- O sistema majoritário simples, adotado nas eleições para prefeitos de municípios com até 200 mil eleitores (e não habitantes) e senadores da república exige um único turno de eleições. Vence o candidato mais votado, independentemente da soma dos votos dos seus adversários.
- No atual sistema eleitoral brasileiro, é exigida a maioria absoluta dos votos para se apontar o candidato vencedor, em uma eleição, apenas nos pleitos para os cargos de presidente da república, governador de estado, e prefeito de municípios com mais de duzentos mil eleitores, conforme disposto nos artigos 28; 29, II e 77 da Constituição Federal. Para estes cargos, o vencedor só será declarado no primeiro turno caso tenha a maioria absoluta dos votos válidos, ou seja, mais votos do que todos os seus adversários somados. De se ressaltar que esta maioria absoluta deve ser aferida somente dos votos válidos, não sendo, portanto, levados em conta os votos em branco, os votos nulos e as abstenções. Caso nenhum candidato consiga maioria absoluta, deverá haver segundo turno entre os dois candidatos mais votados.
- Os votos brancos e os votos nulos, de acordo com a atual legislação eleitoral, não têm nenhum valor. Não procede o mito de que votos brancos e nulos vão para o candidato mais votado. Tais votos proferidos no dia da eleição são desconsiderados, são invalidados, não servindo nem mesmo para anular o pleito, segundo jurisprudência pacificada do TSE. Votos brancos e votos nulos, sufragados de forma voluntária pelo eleitor, não anulam a eleição! Hipoteticamente, se um candidato único a prefeito consegue apenas um voto, e todos os demais votos do município são brancos ou nulos, esse candidato será eleito com 100% dos votos válidos.
- Na contramão do sistema eleitoral majoritário, nos deparamos com o sistema eleitoral proporcional, cujo pressuposto é a repartição aritmética das vagas, pretendendo-se, dessa forma, que a representação, em determinado território se distribua em proporção às correntes ideológicas ou de interesse, integrada nos partidos políticos concorrentes.
- O sistema Eleitoral adotado nas eleições para deputados e vereadores no Brasil é o sistema eleitoral proporcional de lista aberta, cabendo, tão somente, aos eleitores a definição dos nomes

dos candidatos que ocuparão as vagas conquistadas pelos partidos ou coligações partidárias. Se o sistema fosse de lista fechada, como vem sendo proposto em muitos projetos de lei integrantes da chamada "reforma política", os eleitores brasileiros votariam apenas nas legendas, ou seja, nos números dos partidos. Neste sistema, os partidos decidem previamente, antes das eleições, a ordem em que os candidatos aparecerão na lista. O eleitor vota somente na legenda, não podendo escolher o seu candidato de preferência, não tendo, assim, a oportunidade de definir livremente os nomes daqueles que ocuparão as cadeiras conquistadas pelo partido ou coligação.

- Não se pode olvidar que, conforme a legislação brasileira em vigor, duas são as possibilidades existentes de sistema majoritário: o sistema majoritário simples, adotado nas eleições para prefeitos de municípios com até 200 mil eleitores (e não habitantes) e senadores da república o qual impõe um único turno de eleições, no qual é declarado vencedor o candidato mais votado (ou, eventualmente, os dois mais votados, quando há renovação de dois terços do Senado Federal, como em 2018), independentemente da soma dos votos dos seus adversários; e o sistema majoritário absoluto, aplicável aos pleitos para os cargos de presidente da república, governador de estado, e prefeito de municípios com mais de duzentos mil eleitores, conforme disposto nos artigos 28; 29, II e 77 da Constituição Federal. Para estes cargos, o vencedor só será declarado no primeiro turno caso tenha a maioria absoluta dos votos válidos, ou seja, mais votos do que todos os seus adversários somados. De se ressaltar que esta maioria absoluta deve ser aferida somente dos votos válidos, não sendo, portanto, levados em conta os votos em branco, os votos nulos e as abstenções. Caso nenhum candidato consiga a maioria absoluta dos votos válidos, deverá haver segundo turno entre os dois candidatos mais votados.
- o sistema eleitoral adotado nas eleições para deputados e vereadores no Brasil é o **sistema eleitoral proporcional de lista aberta**, cabendo, tão somente, aos eleitores a definição dos nomes dos candidatos que ocuparão as vagas conquistadas pelos partidos ou coligações partidárias. Se o sistema fosse de **lista fechada**, como vem sendo proposto em muitos projetos de lei integrantes da chamada "reforma política", os eleitores brasileiros votariam apenas nas legendas, ou seja, nos números dos partidos. Neste sistema, os partidos decidem previamente, antes das eleições, a ordem em que os candidatos aparecerão na lista. O eleitor vota somente na legenda, não podendo escolher o seu candidato de preferência, não tendo, assim, a oportunidade de definir livremente os nomes daqueles que ocuparão as cadeiras conquistadas pelo partido ou coligação.

✦ CONHECENDO A JURISPRUDÊNCIA

1. INFORMATIVOS DO TSE

▸ Votos conferidos a candidato "sub judice" e realização de segundo turno.

Nos municípios com mais de 200 mil eleitores, os votos dados a candidatos que concorreram "sub judice" a cargos majoritários no primeiro turno de votação, em razão de indeferimento inicial do registro de candidatura, devem ser computados para efeito de realização do segundo turno de votação, enquanto estiver pendente decisão final acerca da regularidade da candidatura. *MS 0602028-24, Rel. Min. Henrique Neves da Silva, j. 11.9.16. (Info 11)*

▸ Inconstitucionalidade da expressão "após o trânsito em julgado" prevista no § 3º do art. 224 do CE.

O TSE declarou, incidentalmente, a inconstitucionalidade da expressão "após o trânsito em julgado" prevista no § 3º do art. 224 do CE, com redação dada pela Lei 13.165/15, por violar a soberania popular, a garantia fundamental da prestação jurisdicional célere, a independência dos poderes e a legitimidade exigida para o exercício da representação popular. *EDcl REspe 139-25, Rel. Min. Henrique Neves da Silva, j. 28.11.16. (Info 14)*

Capítulo VI – Os Partidos Políticos

✦ QUESTÕES

1. QUESTÕES DE CONCURSOS PARA A MAGISTRATURA ESTADUAL

01. (FGV – Juiz de Direito – TJ – MG/2022) Para relacionar o Direito Eleitoral com os partidos políticos, assinale a afirmativa correta.

a) A partir da edição da Lei dos Partidos Políticos (Lei nº 9.096/95) e da alteração do Código Civil Brasileiro pela Lei nº 10.825/2003, os partidos políticos são considerados pessoas jurídicas de direito privado; todavia, sendo relevante seu papel no Estado Democrático de Direito, os partidos políticos ocupam posição de destaque no campo do Direito Eleitoral.

b) A partir da edição da Lei dos Partidos Políticos (Lei nº 9.096/95) e da alteração do Código Civil Brasileiro pela Lei nº 10.825/2003, os partidos políticos são considerados pessoas jurídicas de direito público e estão abrangidos de modo integral no campo do Direito Eleitoral.

c) A partir da edição da Lei dos Partidos Políticos (Lei nº 9.096/95) e da alteração do Código Civil Brasileiro pela Lei nº 10.825/2003, os partidos políticos são considerados pessoas jurídicas de direito público; não obstante, sua abrangência ao campo do Direito Eleitoral é parcial.

d) A partir da edição da Lei dos Partidos Políticos (Lei nº 9.096/95) e da alteração do Código Civil Brasileiro pela Lei nº 10.825/2003, os partidos políticos são considerados pessoas jurídicas de direito privado; todavia, sendo relevante seu papel no Estado Democrático de Direito, toda a matéria relativa aos partidos políticos está no âmbito da competência da Justiça Eleitoral.

COMENTÁRIOS

Os Partidos políticos são pessoas jurídicas de direito privado, conforme previsão da Lei 9.096/95, art. 1º e artigo 44, V do Código Civil. Matérias relativas aos partidos de natureza *interna corporis*, não vinculadas ao processo eleitoral, são da competência da Justiça Comum, e não da Justiça Eleitoral. Isto posto, a alternativa correta é a da letra A.

02. (Vunesp – Juiz de Direito – TJ – RO/2019) Com relação aos partidos políticos, assinale a alternativa correta.

a) Os órgãos partidários municipais que não tenham movimentado recursos financeiros ficam desobrigados de prestar contas à Justiça Eleitoral, inclusive de enviar declarações de isenção, exigindo-se apenas, do responsável partidário, a apresentação de declaração da ausência de movimentação de recursos até 30 de abril do ano seguinte.

b) Uma das fontes de constituição do Fundo Especial de Assistência Financeira aos Partidos Políticos são as doações de pessoa física ou jurídica, efetuadas por intermédio de cheques nominais para fins exclusivos de campanha eleitoral.

c) O partido político, após adquirir personalidade jurídica na forma da lei civil, está apto a disputar as eleições.

d) Os recursos oriundos do Fundo Partidário vinculam os partidos políticos à observância da Lei das Licitações para fins de contratação e realização de despesas.

e) Os recursos provenientes do Fundo Especial de Financiamento de Campanha que não forem utilizados nas campanhas eleitorais serão transferidos ao Fundo Partidário pelo partido político que não o utilizou, no momento da apresentação da respectiva prestação de contas.

COMENTÁRIOS

Alternativa "a". CERTO. A questão foi considerada correta. Porém, em 2019, com a publicação da Lei 13.831/19, o prazo para a apresentação do referido documento passou a ser 30 de junho, e não mais 30 de abril.

Alternativa "b". ERRADO. Pessoas jurídicas não podem mais fazer doações de campanhas, desde o julgamento da ADI 4.650, em 2015.

Alternativa "c". ERRADO. Só estará apto a disputar as eleições após o registro pelo TSE.

Alternativa "d". ERRADO. Os partidos políticos são pessoas jurídicas de direito privado, não se submetem à necessidade de realizar licitações, mesmo recebendo dinheiro público.

Alternativa "e". ERRADO. Serão devolvidos ao Tesouro Nacional.

Alternativa correta: assertiva "a".

---

03. (Vunesp – Juiz de Direito – TJ SP/2017) Sobre filiação partidária, é incorreto afirmar:

a) o cancelamento imediato ocorre nos casos de morte, perda de direitos políticos, expulsão e filiação a outro partido.

b) ela exige que o eleitor esteja no pleno gozo de seus direitos políticos.

c) se for constatada a coexistência de filiações partidárias, serão todas elas canceladas.

d) consideram-se justa causa para a desfiliação a mudança substancial ou desvio reiterado de programa partidário; a grave discriminação política pessoal; e a mudança de partido efetuada durante o período de trinta dias que antecede o prazo de filiação exigido em lei para concorrer à eleição, majoritária ou proporcional, ao término do mandato vigente.

COMENTÁRIOS

✪ **Nota do autor:** Em 20 de agosto de 2019 o TSE aprovou a resolução 23.596/19 criando o sistema FILIA e estabelecendo procedimentos para a filiação e desfiliação de cidadãos a partidos políticos. Em 2021, a publicação da Resolução TSE 23.668/21 promoveu uma série de alterações na Resolução 23.596/19.

De acordo com a Resolução TSE 23.596/19 e suas alterações posteriores, somente poderá filiar-se a partido político o eleitor que estiver no pleno gozo de seus direitos políticos (Lei nº 9.096/1995, art. 16), ressalvada a possibilidade de filiação do eleitor considerado inelegível, considerando-se deferida, para todos os efeitos, a filiação partidária com o atendimento das regras estatutárias do partido.

Para concorrer a cargo eletivo, o eleitor deverá estar filiado ao respectivo partido político pelo prazo mínimo definido em lei. O partido político pode estabelecer, em seu estatuto, para a candidatura a cargos eletivos, prazos de filiação partidária superiores aos definidos em lei, os quais não poderão ser alterados no ano da eleição. filiação partidária poderá ser requerida a qualquer órgão partidário, observadas as regras do estatuto do partido político.

O FILIA, desenvolvido pela Secretaria de Tecnologia da Informação do Tribunal Superior Eleitoral (TSE) e integrado ao Sistema de Gerenciamento de Informações Partidárias (SGIP), será utilizado em todo o território nacional para anotação das filiações partidárias a que se refere o art. 19 da Lei nº 9.096/1995. s informações referentes a filiações efetuadas perante os órgãos partidários, independentemente da abrangência, quando admitidas pelo estatuto do partido, deverão ser inseridas no FILIA com a finalidade de comunicação à Justiça Eleitoral. Observadas as disposições estatutárias, qualquer órgão partidário poderá registrar as filiações no sistema FILIA.

O FILIA estará disponível vinte e quatro horas por dia, ininterruptamente, ressalvados os períodos de manutenção do sistema, que serão programados e divulgados com antecedência aos usuários, em área do sistema criada para esse fim e no portal do TSE; e preferencialmente realizada entre a zero hora do sábado e as vinte e duas horas do domingo, ou no horário entre zero hora e seis horas nos demais dias da semana.

O FILIA é composto dos módulos interno, externo e consulta pública. O Módulo Interno, de uso obrigatório e exclusivo da Justiça Eleitoral, objetiva o gerenciamento das informações relativas a filiações partidárias, bem como o cadastramento de usuário e senha do representante nacional do partido político; o Módulo Externo, de uso dos partidos políticos, permite o cadastramento de usuários na forma do art. 8º desta Resolução e a inserção dos dados dos filiados no sistema; e o Módulo Consulta, disponível na rede mundial de computadores, possibilita a emissão e validação de certidão de filiação pelos titulares dos dados.

Deferido internamente o pedido de filiação, o partido político, por seus órgãos de direção municipais, regionais ou nacional, deverá inserir os dados do filiado no sistema eletrônico da Justiça Eleitoral, que automaticamente enviará aos juízes eleitorais, para arquivamento, publicação e cumprimento dos prazos de filiação partidária para efeito de candidatura a cargos eletivos, a relação dos nomes de todos os seus filiados, da qual constará a data de filiação, o número dos títulos eleitorais e das seções em que estão inscritos. A inserção de dados, pelos partidos políticos, deverá ocorrer no prazo de 10 (dez) dias corridos, contados da data da filiação constante da ficha respectiva. Os prejudicados por desídia ou má-fé poderão requerer, diretamente ao juízo da zona eleitoral em que forem inscritos, a inclusão de seu nome nos registros oficiais do partido, devendo instruir o pedido com documentos e informações que possam auxiliar no exame.

A prova da filiação partidária, inclusive com vista à candidatura a cargo eletivo, será feita com base nos registros oficiais do FILIA. No processo de registro de candidatura, a certificação do preenchimento da condição de elegibilidade prevista no inciso V do § 3º do art. 14 da Constituição, pela Justiça Eleitoral, considerará as filiações datadas de até seis meses antes do primeiro turno da eleição e que tenham sido registradas no FILIA. Inexistindo registro no FILIA, a prova de filiação partidária deverá ser realizada por outros elementos de convicção, no próprio processo de registro de candidatura ou na forma do § 2º do art. 11 da Resolução (Os prejudicados por desídia ou má-fé poderão requerer, diretamente ao juízo da zona eleitoral em que forem inscritos, a inclusão de seu nome nos registros oficiais do partido, devendo instruir o pedido com documentos e informações que possam auxiliar no exame), não se admitindo para tal finalidade documentos produzidos unilateralmente, destituídos de fé pública.

Em caso de suspensão de direitos políticos, a filiação partidária será: I – nula, se realizada durante o período de suspensão dos direitos políticos; ou II – suspensa, se for preexistente à suspensão de direitos políticos. Nesta segunda hipótese, a filiação voltará a produzir todos os seus efeitos, inclusive para fins de aferição da condição de elegibilidade prevista no inciso V do § 3º do art. 14 da Constituição, na data em que forem restabelecidos os direitos políticos, ainda que a respectiva comunicação à Justiça Eleitoral ocorra em momento posterior.

Havendo coexistência de filiações partidárias, prevalecerá a mais recente, devendo as demais serem canceladas automaticamente.

Para desligar-se do partido, o filiado fará comunicação escrita ao órgão de direção municipal ou zonal e ao juiz eleitoral da zona em que for inscrito. O representante do órgão partidário municipal ou zonal deve lançar recibo na comunicação realizada pelo eleitor. O eleitor comunicará a desfiliação ao juízo eleitoral por meio de requerimento acompanhado da comunicação com recibo direcionada ao órgão partidário. Comunicada a desfiliação ao juízo eleitoral, o Cartório Eleitoral providenciará o imediato registro no sistema FILIA.

Decorridos dois dias da data da entrega da comunicação no cartório eleitoral, o vínculo torna-se extinto para todos os efeitos. Não comunicada a desfiliação à Justiça Eleitoral, o registro de filiação ainda será considerado, inclusive para fins de verificação da coexistência de filiações. Na hipótese de inexistência de órgão partidário municipal ou zonal, ou de comprovada impossibilidade de localização de quem o represente, o filiado poderá fazer a comunicação prevista no caput deste artigo apenas ao juiz da zona eleitoral em que for inscrito. O FILIA deve permitir ao usuário externo o cancelamento da filiação, salvo a constante do registro oficial.

Nos casos de mudança de partido de filiado eleito, a Justiça Eleitoral deverá intimar pessoalmente a agremiação partidária e dar-lhe ciência da saída do seu filiado, a partir do que passarão a ser contados os prazos para ajuizamento das ações cabíveis.

A pedido do partido político pelo qual se elegeu o parlamentar, do Ministério Público Eleitoral ou de suplentes dos eleitos, os tribunais regionais fornecerão relação informando as desfiliações e migrações partidárias efetuadas pelos titulares de mandatos eletivos proporcionais e de suplentes ocorridas nos últimos 60 (sessenta) dias, a fim de subsidiar eventuais ações de perda de mandato. Será disponibilizado exclusivamente aos presidentes dos órgãos partidários nacionais e estaduais/regionais, conforme sua circunscrição eleitoral, o acesso a todas as informações biográficas de seus filiados constantes do cadastro eleitoral, incluídas as relacionadas a seu nome completo, gênero, número do título de eleitor e de inscrição no Cadastro de Pessoa Física, endereço e telefones, observada a Lei Geral de Proteção de Dados Pessoais, sendo vedada a disponibilização de dados biométricos de eleitor.

Em caso de fusão ou incorporação, a Secretaria de Tecnologia da Informação do TSE providenciará a conversão, no FILIA, de todas as anotações de filiação dos partidos políticos envolvidos.

Alternativa "a": Todas as hipóteses listadas geram o cancelamento imediato da filiação.

Alternativa "b": O pleno gozo dos direitos políticos é requisito para a filiação partidária, embora o cidadão inelegível possa ter filiação partidária.

Alternativa "c": É INCORRETO afirmar que a coexistência de filiações partidárias acarreta o cancelamento das suas filiações, pois, de acordo com a legislação em vigor, prevalece a filiação mais recente. No passado, prevalecia a regra segundo a qual as duas filiações eram canceladas, caracterizada, inclusive, a prática de crime eleitoral. Porém esta regra não mais prevalece.

Alternativa "d": A afirmativa está correta, conforme previsão do art. 22-A da Lei 9.096/95.

Alternativa correta: letra "c".

---

04. (Cespe – Juiz de Direito – TJ – PA/2019) De acordo com a legislação dos partidos políticos, o detentor de cargo eletivo que se desfiliar sem justa causa poderá perder o seu mandato. Tal legislação prevê expressamente hipóteses de justa causa para a desfiliação. Assinale a opção que apresenta tais hipóteses.

a) grave discriminação política pessoal, criação de nova legenda partidária e mudança de partido nos últimos seis meses do mandato

b) grave discriminação política pessoal, desvio reiterado do programa partidário e mudança de partido nos últimos seis meses do mandato

c) mudança substancial ou desvio reiterado do programa partidário, grave discriminação política pessoal e mudança de partido no período de trinta dias que antecede ao prazo de filiação para concorrer à eleição, ao término do mandato vigente

d) desvio reiterado do programa partidário, criação de nova legenda partidária e mudança de partido no período de trinta dias que antecede ao prazo de filiação para concorrer à eleição, ao término do mandato vigente

e) mudança substancial ou desvio reiterado do programa partidário, grave discriminação política pessoal e criação de nova legenda partidária

Dica:

As regras de fidelidade partidária somente são aplicáveis a vereadores e deputados estaduais, distritais ou federais.

COMENTÁRIOS

Alternativa "a". ERRADO. A criação de nova legenda partidária, que era uma das hipóteses que justificavam a troca de partido, sem prática de infidelidade partidária, deixou de ser, com a reforma eleitoral de 2015 (Lei 13.165). Vale hoje a regra do artigo 22-A da Lei 9.096/95, que não mais contempla essa hipótese.

Alternativa "b". ERRADO. A mudança do partido, sem perda do mandato, só é permitida para vereadores ou deputados em fim de mandato, no prazo correspondente aos 30 dias anteriores à data que marca a expectativa de seis meses para o dia do pleito.

Alternativa "c". CORRETO. Regra expressa no artigo 22-A da Lei 9.096/95.

Alternativa "d". ERRADO. A criação de nova legenda partidária, que era uma das hipóteses que justificavam a troca de partido, sem prática de infidelidade partidária, deixou de ser, com a reforma eleitoral de 2015 (Lei 13.165). Vale hoje a regra do artigo 22-A da Lei 9.096/95, que não mais contempla essa hipótese.

Alternativa "e". ERRADO. Conferir comentário anterior.

Alternativa correta: assertiva "c".

---

05. (FCC – Juiz de Direito Substituto – AL/2015) A autonomia assegurada constitucionalmente aos partidos políticos

a) impede que disposição legal imponha vedação à participação, em propaganda partidária gratuita efetuada mediante transmissão por rádio e televisão, de pessoa filiada a partido político diverso do responsável pelo programa partidário.

b) destina-se especificamente à definição da estrutura interna, organização e funcionamento dos partidos políticos, bem como à adoção dos critérios de escolha e do regime de suas coligações eleitorais.

c) impede que seja determinado o cancelamento do registro civil e do estatuto do partido caso a agremiação partidária não tenha prestado as devidas contas à Justiça Eleitoral.

d) obsta, no caso de incorporação de partido político, que o legislador estipule quórum mínimo para votação, pelo respectivo órgão nacional de deliberação, sobre a adoção, por parte do partido incorporando, do estatuto e do programa da outra agremiação.

e) não obsta que disposição legal vincule as coligações eleitorais formalizadas em âmbito estadual àquelas constituídas em âmbito federal, de modo a impor, em nome do caráter nacional que informa sua atuação, coerência política e programática aos partidos políticos durante o processo eleitoral.

COMENTÁRIOS

Alternativa correta. Assertiva "b". A autonomia partidária, consagrada no artigo 17 da Constituição Federal, permite que o partido possa, através dos seus estatutos, definir sua estrutura interna, sem a preponderância de imposições legais, bem como os critérios para a escolha e o regime de suas coligações eleitorais (art. 17, § 1º da CF/1988)

Alternativa "a". ERRADA. Tal matéria não está diretamente relacionada à autonomia de organização e funcionamento dos partidos, mas sim à atuação do partido político na esfera pública, sendo viável, portanto, a imposição de restrições.

Alternativa "c". ERRADA. Existem obrigações constitucionais impostas aos partidos, independentes da autonomia deferida aos seus respectivos funcionamentos, como a citada na proposição.

Alternativa "d". ERRADA. Tal matéria, interna corporis, vincula-se à autonomia partidária, garantida constitucionalmente.

Alternativa "e". ERRADA. Tal matéria não está diretamente relacionada à autonomia de organização e funcionamento dos partidos, mas sim à atuação do partido político na esfera pública, sendo viável, portanto, a imposição de restrições.

---

06. (Vunesp – Juiz de Direito Substituto - SP/2015) O art. 22 da Lei no 9.096/95, com a redação da Lei no 12.891/13, estabelece como hipótese de cancelamento imediato de filiação partidária, entre outras:

a) a filiação a outro partido, comunicado o fato ao Juiz da respectiva zona eleitoral, prevalecendo a filiação mais recente em caso de coexistência de filiações.

b) a perda dos direitos políticos diante de condenação, em decisão proferida por órgão colegiado, por ato de improbidade decorrente de dolo.

c) a filiação a outro partido, desde que comunicado o fato ao partido para cancelamento da filiação anterior.

d) a expulsão do partido nos casos de posicionamentos contrários à liderança partidária, desde que consultados os filiados.

COMENTÁRIOS

Alternativa correta: assertiva "a". A partir da publicação da lei 12.891/13, a coexistência de filiações deixou de configurar dupla filiação, prevalecendo a filiação mais recente.

Assertiva "b". ERRADA. Ato de improbidade administrativa não gera perda de direitos políticos, mas sim a suspensão destes direitos. Quando proferida por órgão colegiado, sem decisão transitada em julgado, poderá gerar, tão somente, inelegibilidade. A jurisprudência consolidada do TSE é no sentido de que pessoas inelegíveis podem ter filiação partidária.

Assertiva "c". ERRADO. Não há necessidade de tal comunicação.

Assertiva "d". ERRADO. Não há necessidade de tal consulta.

---

07. (Cespe – Juiz de Direito Substituto - DF/2015) Com relação à fidelidade partidária, assinale a opção correta.

a) O dever de observância da fidelidade partidária não alcança os detentores de mandato proporcional.

b) Em tese, não incorrerá em infidelidade partidária o parlamentar que, com a aquiescência do partido, se filiar pela segunda vez a agremiação partidária após ter-se desligado dela sem justa causa.

c) Incorrerá em infidelidade partidária e perderá o mandato o parlamentar que se desligar de agremiação partidária em razão de essa ter-se fundido com partido diverso, de ideologia distinta.

d) O mandato deixado vago pelo partidário infiel deverá ser preenchido por suplente da mesma agremiação partidária, independentemente da existência de coligação.

e) Em tese, não incorrerá em infidelidade partidária o parlamentar que trocar o partido pelo qual foi eleito por outro que participou da coligação integrada pelo seu antigo partido na última eleição.

COMENTÁRIOS

✪ **Nota do autor:**

Com a publicação da Lei nº. 13.165/15, e a criação do art. 22-A da Lei nº. 9.096/95, finalmente foi instituída a disciplina legal do instituto da fidelidade partidária, uma vez que, até então, infraconstitucionalmente, a matéria era disciplinada, tão somente, pela Resolução TSE nº. 22.610/07.

Como novidade maior, o inciso III do art. 22-A trouxe a possibilidade de uma janela para a troca de partido por mandatários, durante o período de trinta dias que antecede o prazo de filiação exigido em lei para concorrer à eleição, majoritária ou proporcional, ao término do mandato vigente. As demais hipóteses, previstas nos incisos I e II, já eram previstas como situações autorizadoras da troca de partido, sem perda do mandato político, pela Resolução do TSE. Por outro lado, a hipótese também prevista na resolução de troca de partido para fundar partido novo por parte do mandatário, sem perda do mandato, não foi reproduzida pela lei nº. 13.165/15.

Em 18 de fevereiro de 2016, com a promulgação da Emenda Constitucional nº 91, a dúvida sobre a abrangência da chamada "janela" para troca de partidos foi dirimida: a nova emenda permitiu ao detentor de mandato eletivo, de forma excepcional, desligar-se do partido pelo qual foi eleito nos trinta dias seguintes à promulgação da referida Emenda Constitucional (ou seja, no período de 19 de fevereiro a 19 de março de 2016), sem prejuízo do mandato, não sendo essa desfiliação considerada para fins de distribuição dos recursos do Fundo Partidário e de acesso gratuito ao tempo de rádio e televisão. Uma emenda, portanto, puramente casuística, que afronta o princípio da fidelidade partidária.

<table>
<tr><th colspan="2">Quadro-resumo: disciplina e fidelidade partidárias</th></tr>
<tr><td>Fidelidade partidária é o instituto de direito público que relaciona não apenas o mandatário ao seu partido político, mas sim ao próprio eleitor que, ao elegê-lo, escolheu também votar em determinado partido. O infiel, assim, deverá perder o mandato eletivo.</td><td>Indisciplina partidária é o instituto de direito privado, que relaciona os partidos políticos aos seus filiados. Nos termos do estatuto do partido, o filiado indisciplinado deverá ser advertido, suspenso, ou até mesmo expulso do partido, sem que tal fato, no entanto, acarrete a perda de eventual mandato que esteja exercendo. O que está em jogo, tão somente, é a relação do filiado com o partido político, e o respeito a questões interna corporis da agremiação partidária.</td></tr>
<tr><td colspan="2">- Em resposta à consulta nº. 1398, formulada pelo antigo Partido da Frente Liberal (PFL), o TSE firmou entendimento que os mandatos de deputados e vereadores pertencem aos partidos políticos.</td></tr>
<tr><td colspan="2">- Posteriormente, foi formulada pelo deputado federal Nilson Mourão (PT-AC), ao TSE, a consulta nº. 1.407, em resposta da qual foi estendida aos titulares de mandatos majoritários (presidente da república, vice-presidente, governador, vice-governador, prefeito, vice-prefeito e senador) a possibilidade</td></tr>
<tr><td colspan="2">de perda de mandato eletivo por prática de atos de infidelidade partidária. Com o julgamento da ADI nº. 5018, em maio de 2015, o STF definiu, finalmente, que o princípio da fidelidade partidária não se aplica a mandatos obtidos por meio do sistema eleitoral majoritário.</td></tr>
<tr><td colspan="2">- Por meio da Resolução nº. 22.610, o TSE disciplinou o procedimento de perda de mandato eletivo por infidelidade partidária. O STF declarou a constitucionalidade da resolução.</td></tr>
<tr><td colspan="2">- De acordo com a resolução nº. 22.610, são legitimados para propor a ação de perda de mandato por infidelidade partidária o partido político, no prazo de 30 dias, e, após, em novo prazo de trinta dias, o Ministério Público e demais interessados jurídicos.</td></tr>
<tr><td colspan="2">- A competência para processar e julgar ações de perda de mandato eletivo de deputados federais, senadores, presidente e vice-presidente da república é do TSE. Já as relativas a mandatos de governador, vice-governador, prefeito, vice-prefeito, deputado estadual e vereador são de competência dos tribunais regionais eleitorais.</td></tr>
<tr><td colspan="2">- Considera-se justa causa para a troca de partido, sem perda de mandato por infidelidade partidária, a grave discriminação pessoal sofrida pelo mandatário e praticada por seu partido, bem como a mudança substancial ou o desvio reiterado do programa partidário, conforme o novo art. 22-A da Lei 9.096/95, incluído pela Lei nº 13.165/15. Além disso, a nova lei estabeleceu uma janela de troca de partido para aqueles que estiverem em fim de mandato, a ser observada um mês antes do termo final para a filiação partidária com vistas às disputas das eleições (ou seja, no mês de março do ano eleitoral). Excepcionalmente, nas eleições de 2016, em virtude da promulgação da Emenda Constitucional nº. 91/2016, possibilitou-se que todo e qualquer mandatário, mesmo sem estar em fim de mandato, viesse a trocar de partido, sem perder o mandato, entre os dias 16 de fevereiro e 16 de março de 2016.</td></tr>
</table>

COMENTÁRIOS

Alternativa correta. Assertiva "b". Est e tem sido o entendimento dominante na jurisprudência, no sentido de que eventual ação teria perdido seu objeto.

Assertiva "a". ERRADA. Alcança sim, não atingido, contudo, os detentores de mandato majoritário (presidente da república, governadores, prefeitos e seus vices, além dos senadores e seus suplentes).

Assertiva "c". ERRADA. A mudança de ideologia do partido ao qual o mandatário está filiado é motivo suficiente para autorizar a troca de partido, sem perda do mandato.

Assertiva "d". Esta questão está correta, embora o gabarito oficial tenha considerado falsa. Em caso de infidelidade partidária, assume o mandato, como suplente, o não eleito mais votado do partido, na mesma lista de candidatos, e não o suplente mais votado da coligação, ao contrário do que ocorre em outras situações, como morte ou renúncia, quando assume o mais votado da coligação.

Assertiva "e". ERRADO. A fidelidade partidária leva em conta os partidos, e não as coligações, que só existem formalmente no período eleitoral

---

08. (FCC – Juiz Substituto – MS/ 2010) Segundo a legislação brasileira, partido político

a) é pessoa jurídica de direito público, destinada a assegurar, no interesse do regime democrático, a autenticidade do sistema representativo e a defender os direitos fundamentais definidos na Constituição.

b) deve ter caráter nacional, considerando-se como tal aquele que comprove o apoiamento de eleitores correspondentes a, pelo menos, um por cento dos votos dados na última eleição geral para a Câmara dos Deputados, distribuídos por um terço, ou mais, dos Estados.

c) pode adotar uniforme para seus membros.

d) deve registrar seu estatuto no Tribunal Superior Eleitoral antes de adquirir personalidade jurídica na forma da lei civil.

e) é de livre criação, fusão, incorporação e extinção, desde que o respectivo programa respeite a soberania nacional, o regime democrático, o pluripartidarismo e os direitos fundamentais da pessoa humana.

COMENTÁRIOS

✪ **Nota do autor:** O artigo 7º, § 1º da Lei nº 9.096/95, ao começar a dispor sobre a forma de criação e registro dos partidos, temática destacada no título II da mesma lei, disciplina a obrigatoriedade de obediência do caráter nacional do partido político, verificado através do chamado "apoiamento mínimo" para a sua criação. Segundo o referido dispositivo legal, "só e admitido o registro do estatuto de partido político que tenha caráter nacional, considerando-se como tal aquele que comprove o apoiamento de eleitores correspondente a, pelo menos, meio por cento dos votos dados na última eleição geral para a Câmara dos Deputados, não computados os votos em branco e os nulos, distribuídos por um terço, ou mais, dos Estados, com um mínimo de um décimo por cento do eleitorado que haja votado em cada um deles".

Alternativa correta: **Assertiva "E" CORRETA**. De acordo com o caput do artigo 17 da Carta Magna, "é livre a criação, fusão, incorporação e extinção de partidos políticos, resguardados a soberania nacional, o regime democrático, o pluripartidarismo e os direitos fundamentais da pessoa humana". Ainda de acordo com o artigo 17, deverão ser observados, no funcionamento dos partidos políticos no país, o caráter nacional; a proibição de recebimento de recursos financeiros de entidade ou governo estrangeiro ou de subordinação a estes; a prestação de contas à Justiça Eleitoral e o funcionamento parlamentar de acordo com a lei.

Assertiva "A" ERRADA. O artigo 1º da Lei nº 9.096/95 estabelece que a natureza jurídica dos partidos políticos é de pessoas jurídicas de direito privado.

Assertiva "B" ERRADA. A obtenção do apoiamento mínimo de eleitores, correspondente a, pelo menos, meio por cento dos votos dados na última eleição geral, não computados os votos em branco e os nulos, distribuídos por um terço, ou mais, dos estados, com um mínimo de um décimo por cento do eleitorado que haja votado em cada um deles é etapa necessária à criação e registro dos partidos políticos junto ao TSE. Não é um por cento dos votos dados na última eleição geral para a Câmara dos Deputados, distribuídos por um terço, ou mais, dos Estados, como afirmado na questão, portanto.

Assertiva "C" ERRADA. A Lei nº 9.096/95, em consonância com a Constituição Federal, disciplinou a vedação constitucional de utilização de organização paramilitar pelos partidos políticos, estabelecendo, no seu artigo 6º, que é vedado aos partidos políticos "ministrar instrução militar ou paramilitar, utilizar-se de organização da mesma natureza e adotar uniforme para seus membros". Os partidos existem para o debate democrático, e não para a guerra.

Assertiva "D" ERRADA. De acordo com o artigo 7º, caput, da Lei nº 9.096/95, "o partido político, após adquirir personalidade jurídica na forma da lei civil, registra seu estatuto no Tribunal Superior Eleitoral".

---

09. (FCC - Juiz Substituto - RR/ 2008) Os partidos políticos

a) adquirem personalidade jurídica com o registro do estatuto no Tribunal Superior Eleitoral.

b) têm ação de caráter regional.

c) podem adotar uniforme para seus membros.

d) são pessoas jurídicas de direito privado.

e) podem receber recursos do Fundo Partidário independentemente do registro de seus estatutos no Tribunal Superior Eleitoral.

COMENTÁRIOS

Alternativa correta: assertiva "D". A Lei nº 9.096/95 dispõe, em seu artigo 1º, que o partido político é pessoa jurídica de direito privado, destinada a assegurar, "no interesse do regime democrático, a autenticidade do sistema representativo e defender os direitos fundamentais definidos na Constituição Federal". Posteriormente, o Código Civil de 2002, em seu artigo 44, V, consagrou, mais uma vez, a regra segundo a qual os partidos políticos são pessoas jurídicas de direito privado que gozam de autonomia para organização e funcionamento.

Alternativa "A" ERRADA. De acordo com o artigo 7º, caput, da Lei nº 9.096/95, "o partido político, após adquirir personalidade jurídica na forma da lei civil, registra seu estatuto no Tribunal Superior Eleitoral". A personalidade jurídica do partido, portanto, é adquirida antes do registro dos eu estatuto no TSE.

Alternativa "B" ERRADA. De acordo com o artigo 17 da Constituição Federal, deverão ser observados, no funcionamento dos partidos políticos no país, o caráter nacional; a proibição de recebimento de recursos financeiros de entidade ou governo estrangeiro ou de subordinação a estes; a prestação de contas à Justiça Eleitoral e o funcionamento parlamentar de acordo com a lei.

Assertiva "C" ERRADA. A Lei nº 9.096/95, em consonância com a Constituição Federal, disciplinou a vedação constitucional de utilização de organização paramilitar pelos partidos políticos, estabelecendo, no seu artigo 6º, que é vedado aos partidos políticos "ministrar instrução militar ou paramilitar, utilizar-se de organização da mesma natureza e adotar uniforme para seus membros". Os partidos existem para o debate democrático, e não para a guerra.

Assertiva "E" ERRADA. Apenas após o registro no TSE, garante-se ao partido o recebimento de recursos do fundo partidário, o acesso gratuito ao rádio e TV e a exclusividade da sua denominação, sigla e símbolos., bem como a possibilidade de participar de eleições.

---

10. (PUC - PR - Juiz de Direito Substituto - PR/ 2012) Sobre os partidos políticos, afirma-se:

I. Os partidos políticos adquirirem personalidade jurídica com o registro de seus estatutos no Tribunal Superior Eleitoral.

II. Os partidos políticos têm direito a recursos do fundo partidário e acesso gratuito a rádio e à televisão e, na forma da lei, as emissoras de rádio e televisão têm direito à compensação fiscal pela cedência do horário gratuito destinado à propaganda eleitoral e partidária.

III. É assegurado aos partidos políticos autonomia para definir o regime de suas coligações eleitorais, sem obrigatoriedade de vinculação entre as candidaturas em âmbito nacional, estadual, distrital ou municipal.

IV. O Tribunal Regional Eleitoral do Mato Grosso do Sul tem competência originária para processar e julgar as ações de perda do mandato por infidelidade partidária ajuizada em face de prefeitos e vereadores dos municípios sul-mato-grossenses.

V. É possível que um detentor de cargo eletivo deixe o partido pelo qual foi eleito e se filie em outro, evitando a perda do mandato, se alegar uma das hipóteses de justa causa objetiva ou subjetiva previstas em Resolução do Tribunal Superior Eleitoral.

Está(ão) CORRETA(S):

a) Apenas as afirmativas I, III e IV.
b) Apenas as afirmativas I, IV e V.
c) Apenas as afirmativas II, III, IV e V.
d) Apenas as afirmativas II, III e V.
e) Todas as afirmativas.

COMENTÁRIOS

Alternativa correta: assertiva "C" afirmativas II, III, IV e V estão corretas.

Afirmativa "I" INCORRETA. Os partidos políticos adquirirem personalidade jurídica com o registro de seus estatutos no cartório de registro de pessoas jurídicas do DF.

Afirmativa "II" CORRETO. A propaganda partidária, no rádio e na televisão, será sempre gratuita e restrita aos horários disciplinados em lei. No mínimo 10% do tempo da propaganda partidária deverá ser utilizado na promoção e difusão da participação feminina na política. Somente partido político pode oferecer, à Justiça Eleitoral, representação contra propaganda irregular, até o último dia do semestre em que for veiculado o programa impugnado, ou, se este tiver sido transmitido nos últimos 30 dias do semestre, até o 15º dia do semestre seguinte. A propaganda partidária ocorre sempre nos semestres não-eleitorais. As emissoras de rádio e TV terão direito a compensação fiscal pela cedência do horário gratuito para a divulgação da propaganda partidária.

Afirmativa "III" CORRETO. Regra prevista no § 1º do art. 17 da Constituição Federal, com redação dada pela EC 52/06.

Afirmativa "IV" CORRETA. Segundo a Resolução TSE nº 22.610, a competência para processar e julgar vereadores por infidelidade partidária é dos TREs.

Afirmativa "V" CORRETA. Considera-se *justa causa para a troca de partido*, sem perda de mandato por infidelidade partidária, a saída do partido para fundação de novo partido, a fusão ou incorporação do partido do mandatário a outro partido político, a grave discriminação pessoal sofrida pelo mandatário e praticada por seu partido, bem como a mudança substancial ou o desvio reiterado do programa partidário.

---

11. (CESPE – Juiz de Direito Substituto – MA/ 2013) Com relação à organização e ao funcionamento dos partidos políticos, assinale a opção correta.

a) O deputado que se desfiliar de seu atual partido para criar um novo estará sujeito à perda do mandato.
b) De acordo com a jurisprudência do TSE no que se refere à fidelidade partidária, é assegurado o mandato ao parlamentar que altera sua filiação partidária em decorrência de desvio reiterado do partido de seu programa partidário.

c) Um partido político pode utilizar tempo reservado à propaganda partidária gratuita para divulgar candidatura à presidência da República de liderança política filiada a outro partido.

d) Admite-se a propaganda partidária paga, para divulgação do programa partidário, desde que seja comprovada a capacidade financeira do partido político para custeá-la.

COMENTÁRIOS

Alternativa correta. Assertiva "b". Considera-se *justa causa para a troca de partido*, sem perda de mandato por infidelidade partidária, a saída do partido para fundação de novo partido, a fusão ou incorporação do partido do mandatário a outro partido político, a grave discriminação pessoal sofrida pelo mandatário e praticada por seu partido, bem como a mudança substancial ou o desvio reiterado do programa partidário, de acordo com a Resolução TSE nº 22.610.

Assertiva "A" ERRADA. Esta é uma das hipóteses que justificam a troca de partido sem perda do mandato, de acordo com a Resolução TSE nº 22.610.

Assertiva "C" ERRADA. A propaganda partidária gratuita, prevista na lei nº 9.096/95, não pode ser utilizada para fins eleitorais.

Assertiva "D" ERRADA. Tal espécie de propaganda, prevista na lei nº 9.096/95, será sempre gratuita, no rádio e na TV.

---

12. (IESES – Juiz Substituto – MA/ 2008) Assinale a alternativa correta:

a) A permissão para se desfiliar de partido político em caso de incorporação, levando o parlamentar o mandato, só se justifica quando ele pertencer ao partido político incorporador, e não ao incorporado.

b) Não autoriza a perda de mandato a desfiliação de parlamentar de partido político pelo qual se elegeu, desde que se transfira para outro partido que disputou o pleito coligado com seu partido original.

c) Nas situações em que o parlamentar se desfiliou do partido sob cuja legenda foi eleito em data anterior a 27 de março de 2007, a agremiação não detém legitimidade para requerer a perda do cargo em decorrência de outras desfiliações consumadas após a mencionada data.

d) Diretório municipal de partido político não é legitimado a pedir a perda de mandato eletivo por desfiliação partidária, uma vez que não é legalmente autorizado a postular perante Tribunais Eleitorais.

COMENTÁRIOS

✪ **Nota do autor**: É possível se afirmar que a disciplina partidária é um instituto de direito privado, que relaciona os partidos políticos aos seus filiados. Nos termos do estatuto do partido, o filiado indisciplinado deverá ser advertido, suspenso, ou até mesmo expulso do partido, sem que tal fato, no entanto, acarrete a perda de eventual mandato que esteja exercendo. O que está em jogo, tão somente, é a relação do filiado com o partido político, e o respeito a questões *interna corporis* da agremiação partidária. Diferente conceito tem o instituto da fidelidade partidária. Sua natureza é de direito público, relacionando não apenas o mandatário ao seu partido político, mas sim ao próprio eleitor que, ao elegê-lo, escolheu também votar em determinado partido. Um ato de infidelidade, portanto, é muito mais grave que um ato de indisciplina, devendo acarretar a perda do mandato político titularizado pelo seu praticante. Ocorre que, até a resposta à Consulta nº 1.398, o Poder Judiciário e o Poder Legislativo brasileiros interpretavam como sinônimos os dois institutos, relativizando a questão da infidelidade partidária, vista como mera questão *interna corporis* dos partidos, o que viabilizava o desmedido troca-troca de agremiações, tão prejudicial à democracia. A partir da resposta do TSE a referida consulta, em 27 de março de 2007, passou a ser possível a perda de mandato eletivo por prática de infidelidade partidária.

Alternativa correta: Assertiva "C" CORRETA. O STF considerou que a perda do mandato do parlamentar por infidelidade partidária só seria possível caso o ato de infidelidade tivesse sido praticado após o dia 27 de março de 2007, data do julgamento, pelo TSE, da consulta nº 1398, formulada pelo extinto Partido da Frente Liberal.

Alternativa "A" ERRADA. Segundo o parágrafo primeiro do artigo 1º da Resolução TSE nº 22.610, vigente à época da realização desta concurso, considerava-se justa causa para o filiado sair do partido sem praticar infidelidade partidária a incorporação ou fusão do partido, a criação de nova agremiação partidária, a mudança substancial ou o desvio reiterado do programa partidário e a grave discriminação pessoal sofrida pelo mandatário. A incorporação do partido por outro pode ser considerada criação de nova agremiação partidária, justificando a troca de partido pelo filiado a partido incorporado, até mesmo porque o seu partido de origem deixava de existir. Esta possibilidade não é mais viável, após a publicação da Lei nº. 13.165/15, que criou o art. 22-A da Lei Geral dos Partidos Políticos, o qual passou a disciplinar as hipóteses de justa causa para desfiliação partidária, sem perda de mandato por infidelidade, excluindo a hipótese de filiação a novo partido político.

Alternativa "B" ERRADA. A mudança para qualquer outro partido, mesmo aquele que tenha se coligado na eleição anterior, acarretará a infidelidade partidária, salvo na ocorrência das hipóteses de justa causa previstas no artigo 22-A da Lei nº. 9.096/95, incluído pela Lei nº. 13.165/15.

Alternativa "D" ERRADA. Os referidos diretórios têm sim legitimidade para postular a perda de mandato de vereadores ou prefeitos infiéis, junto aos TREs, segundo previsão da Resolução TSE nº 22.610.

---

13. (CESPE – Juiz de Direito Substituto-BA/ 2012) A respeito da fidelidade partidária, assinale a opção correta.

a) O mandato do parlamentar pertence ao próprio detentor do cargo caso os votos a ele conferidos sejam suficientes para alcançar o quociente eleitoral, independentemente dos votos de seus companheiros de legenda.

b) Embora o mandato legislativo pertença ao partido político, não perderá o mandato o parlamentar que justificar sua saída do partido para fundar um novo.

c) Os eleitores, aos quais pertence o mandato do parlamentar, podem cassá-lo mediante procedimento denominado recall.

d) O mandato legislativo pertence ao partido político, diferentemente dos relacionados aos cargos do Poder Executivo, cujos detentores não se sujeitam à fidelidade partidária.

e) Dada a polêmica gerada, no âmbito do TSE, a respeito da natureza jurídica do vínculo entre o mandatário e o seu mandato, a matéria encontra-se sub judice.

COMENTÁRIOS

Alternativa correta: Assertiva "B" CORRETA. Segundo o parágrafo primeiro do artigo 1º da Resolução TSE nº 22.610, considera-se justa causa para o filiado sair do partido sem praticar infidelidade partidária a incorporação ou fusão do partido, a criação de nova agremiação partidária, a mudança substancial ou o desvio reiterado do programa partidário e a grave discriminação pessoal sofrida pelo mandatário. Vale destacar, contudo, que após a publicação da Lei nº. 13,165/15, esta afirmativa passou a ser errada, uma vez que o novo artigo 22-A da Lei nº. 9.096/95, que passou a dispor sobre a fidelidade partidária, não prevê mais a possibilidade de manutenção do mandato daquele deputado ou vereador que sair do partido para fundar um partido novo.

Alternativa "A" ERRADA. A partir de 2007, o TSE, respondendo à consulta nº 1398, passou a entender que o mandato pertence ao partido político.

Alternativa "C" ERRADA. Não há previsão de recall no Brasil, uma vez que o mandato político não é imperativo.

Alternativa "D" ERRADA. A resposta a esta questão foi considerada errada, tendo em vista que o TSE havia afirmado, respondendo a consulta nº 1.407, que o princípio da fidelidade partidária também era aplicável aos cargos majoritários do poder executivo. Ocorre que, em 2015, o STF, julgando a ADI 5018, decidiu que o princípio da fidelidade partidária não é aplicável aos mandatos obtidos pelo sistema majoritário (presidente da república, governador, prefeito e senador).

Alternativa "E" ERRADA. A matéria está pacificada, conforme se observa a partir da aplicação da Resolução nº, 22.610 do TSE e, mais recentemente, da promulgação da Lei nº. 13.165/15, a qual incluiu o artigo 22-A na Lei Geral dos Partidos Políticos, disciplinando a matéria da fidelidade partidária.

---

14. (Vunesp – Juiz de Direito Substituto-MG/ 2012) O artigo 1º, *caput*, da Resolução nº 22.610/07, do Tribunal Superior Eleitoral, estabelece que "o partido político interessado pode pedir, perante a Justiça Eleitoral, a decretação da perda de cargo eletivo em decorrência de desfiliação partidária sem justa causa".

É correto afirmar que a competência para decretar a perda do mandato de vereador, por infidelidade partidária, será do

a) juiz da zona eleitoral em que se situa o município no qual o vereador exerce o mandato.

b) Tribunal Regional Eleitoral do estado em que se situa o município no qual o vereador exerce o mandato.

c) juiz de direito da comarca em que se situa o município no qual o vereador exerce o mandato, *ad referendum* do respectivo Tribunal de Justiça.

d) juiz da zona eleitoral em que se situa o município no qual o vereador exerce o mandato, *ad referendum* do respectivo Tribunal Regional Eleitoral.

COMENTÁRIOS

Alternativa correta: Assertiva "B" CORRETA. De acordo com a Resolução TSE nº 22.610, A *competência* para processar e julgar ações de perda de mandato eletivo de deputados federais, senadores, presidente e vice-presidente da república é do TSE. Já as relativas a mandatos de governador, vice-governador, prefeito, vice-prefeito, deputado estadual e vereador são de competência dos tribunais regionais eleitorais. Alternativa responde às demais.

2. QUESTÕES DE CONCURSOS PARA O MINISTÉRIO PÚBLICO ESTADUAL (PROMOTOR DE JUSTIÇA)

---

15. (FCC – Promotor de Justiça-CE/ 2011) A Constituição Federal assegura que é livre a criação, fusão, incorporação e extinção de partidos políticos, resguardados a soberania nacional, o regime democrático, o pluripartidarismo, os direitos fundamentais da pessoa humana. No plano de sua estrutura interna é correto afirmar:

a) As coligações eleitorais poderão dispor sobre a organização e funcionamento dos partidos políticos e adotar os critérios de escolha de candidaturas, com obrigatoriedade de vinculação entre as candidaturas em âmbito nacional, estadual, distrital ou municipal.

b) É assegurada aos partidos políticos autonomia para definir sua estrutura interna, organização e funcionamento e para adotar os critérios de escolha e o regime de suas coligações eleitorais, sem obrigatoriedade de vinculação entre as candidaturas em âmbito nacional, estadual, distrital ou municipal, devendo seus estatutos estabelecer normas de disciplina e fidelidade partidária.

c) Os partidos políticos e as coligações partidárias são livres para definir sua organização e funcionamento e para adotar os critérios de escolha de candidaturas avulsas, sem obrigatoriedade de vinculação entre as candidaturas em âmbito nacional, estadual, distrital ou municipal, devendo seus estatutos estabelecer normas de disciplina e fidelidade partidária.

d) É assegurada aos partidos políticos autonomia para definir as condições de alistamento e elegibilidade, organização e funcionamento e para adotar os critérios de escolha e o regime de suas coligações eleitorais, sem obrigatoriedade de vinculação entre as candidaturas em âmbito nacional, estadual, distrital ou municipal, devendo seus estatutos estabelecer normas de disciplina e fidelidade partidária.

e) É assegurada aos partidos políticos autonomia para definir sua organização e funcionamento e para adotar os critérios de escolha de filiados e o regime de suas coligações eleitorais, bem como obrigatoriedade de vinculação entre as candidaturas em âmbito nacional, estadual, distrital ou municipal, vedado aos seus estatutos estabelecer normas de disciplina e fidelidade partidária.

COMENTÁRIOS

✪ **Nota do autor:** No Brasil, de acordo com o estabelecido no artigo 17 da Constituição Federal de 1988, os partidos políticos são considerados protagonistas do diálogo democrático, sendo vedadas candidaturas de pessoas que não estejam filiadas a partidos políticos. Considerados pessoas jurídicas de direito privado

Alternativa correta: assertiva "b": CORRETA. Resposta de acordo com o disposto no artigo 17, § 1º da CF/ 1988, o qual dispõe que "É assegurada aos partidos políticos autonomia para definir sua estrutura interna e estabelecer regras sobre escolha, formação e duração de seus órgãos permanentes e provisórios e sobre sua organização e funcionamento e para adotar os critérios de escolha e o regime de suas coligações nas eleições majoritárias, vedada a sua celebração nas eleições proporcionais, sem obrigatoriedade de vinculação entre as candidaturas em âmbito nacional, estadual, distrital ou municipal, devendo seus estatutos estabelecer normas de disciplina e fidelidade partidária".

Assertiva "a": ERRADA. De acordo com o artigo 17, § 1º da CF/1988, não há a referida obrigatoriedade de vinculação entre as candidaturas em âmbito nacional, estadual, distrital ou municipal.

Assertiva "c": ERRADA. Candidatura avulsa significa candidatura sem partido. É condição de elegibilidade, prevista na Constituição de 1988, a filiação partidária, sendo portanto vedada, no nosso país, a candidatura avulsa.

Assertiva "d": ERRADA. Não são os partidos que definem as condições de alistamento eleitoral, mas sim a Constituição Federal e a legislação infraconstitucional.

Assertiva "e": ERRADA. De acordo com o artigo 17, § 1º da CF/1988, não há a referida obrigatoriedade de vinculação entre as candidaturas em âmbito nacional, estadual, distrital ou municipal. Os estatutos dos partidos, por sua vez, deverão estatutos estabelecer normas de disciplina e fidelidade partidária.

---

16. (CESPE – Promotor de Justiça-RN/ 2009) Os partidos políticos, no sistema constitucional brasileiro e nos termos da Lei dos Partidos Políticos (Lei nº 9.096/**1995)** e da Lei Eleitoral (Lei nº 9.504/**1997)**, constituem pessoa jurídica de direito privado e são elementos fundamentais da democracia brasileira. Com relação à disciplina do funcionamento dessas organizações, assinale a opção correta.

a) Conforme imposição da Lei dos Partidos, o diretório nacional de partido político é composto por 101 pessoas.

b) Não se permitem coligações partidárias na eleição majoritária para senador.

c) Na mesma eleição, pode um partido fazer coligações distintas para governador e para deputado estadual.

d) A verticalização é imposta pela lei partidária e se aplica, no que couber, às eleições municipais.

e) Compete aos partidos políticos organizar estrutura paramilitar para a proteção de seus candidatos.

COMENTÁRIOS

Alternativa correta: assertiva "c": CORRETO. Regra prevista no artigo 17, § 1º da Constituição Federal, o qual dispõe que "é assegurada aos partidos políticos autonomia para definir sua estrutura interna, organização e funcionamento e para adotar os critérios de escolha e o regime de suas coligações eleitorais, sem obrigatoriedade de vinculação entre as candidaturas em âmbito nacional, estadual, distrital ou municipal, devendo seus estatutos estabelecer normas de disciplina e fidelidade partidária".

Assertiva "a": INCORRETO. A Lei dos Partidos Políticos não faz este tipo de imposição, uma vez que garante a autonomia partidária.

Assertiva "b": INCORRETO. O artigo 17, § 1º da Constituição Federal autoriza coligações partidárias para a disputa de qualquer cargo eletivo.

Assertiva "d": INCORRETO. A Emenda Constitucional nº 52/06, que alterou o artigo 17, § 1º da Constituição Federal, afastou a possibilidade de imposição de verticalização de coligações.

Assertiva "e": INCORRETO. A Constituição Federal, em seu artigo 17, veda a organização de estrutura paramilitar pelos partidos políticos.

---

17. (CESPE – Promotor de Justiça-SE/ 2010) Assinale a opção correta quanto à disciplina legal dos partidos políticos.

a) Como entidade de direito privado, para participar das eleições, o partido político deve registrar seus estatutos no registro civil de pessoas jurídicas de qualquer cidade brasileira.

b) O partido adquire personalidade jurídica na forma da lei civil e registra seus estatutos no TSE.

c) Admite-se o registro de partido que comprove o apoiamento do número bastante de eleitores, desde que distribuído em pelo menos cinco unidades da Federação.

d) O partido político tem direito à propaganda partidária após participar de, pelo menos, uma eleição.

e) A exclusão de filiado das listas partidárias depende de autorização judicial específica.

COMENTÁRIOS

✪ **Nota do autor:** O artigo 8º e seguintes da Lei nº 9.096/95 disciplinam o procedimento de criação e registro dos partidos políticos. O partido deverá, para obter o seu registro junto ao Tribunal Superior Eleitoral, possuir caráter nacional, em conformidade com o disposto no art. 7º, I da Lei nº 9096/95), buscando o apoiamento mínimo. Antes disso, no entanto, o partido deverá requerer seu registro no cartório do registro civil de pessoas jurídicas do Distrito Federal, quando adquirirá personalidade jurídica. Satisfeitas as condições, o partido promove a obtenção do apoiamento mínimo, em conformidade com o disposto no artigo 7º, § 1º da lei nº 9.096/95. O TSE não aceita como válidas assinaturas de apoiamento colhidas pela internet. Após a obtenção do apoiamento mínimo, deverá ser realizado o registro do estatuto do novo partido no TSE. Feita a instrução, o processo é distribuído a relator, no prazo de 48h; é ouvida a procuradoria, no prazo de 10 dias; e, após, é fixado prazo de 10 dias para eventuais diligências. Ao final, verifica-se um último prazo, de 30 dias, para o registro. Apenas após o registro no TSE, garante-se ao partido o recebimento de recursos do fundo partidário, o acesso gratuito ao rádio e TV e a exclusividade da sua denominação, sigla e símbolos, bem como a possibilidade de participar de eleições.

Alternativa correta: assertiva "b": CORRETO. Regra prevista nos artigos 8º e seguintes da Lei nº 9.096/95.

Assertiva "a": ERRADO. O registro civil do partido deverá ocorrer, primeiramente, em Brasília-DF, sede do governo federal.

Assertiva "c": ERRADO. O apoiamento referido deverá contar com eleitores distribuídos em, pelo menos, um terço das unidades federativas.

Assertiva "d": ERRADO. Uma vez registrado no TSE, o partido político adquire direito a acesso à propaganda partidária gratuita no rádio e TV.

Assertiva "e": ERRADO. O partido político tem autonomia para expulsar filiados, nos termos do seu estatuto.

---

18. (CESPE – Promotor de Justiça – RR/2012) Assinale a opção correta no que se refere à disciplina legal e constitucional dos partidos políticos.

a) A liberdade política e partidária, na democracia brasileira, comporta partido contrário ao regime democrático.

b) A lei que rege os partidos políticos é orgânica, pois disciplina sua estrutura interna, organização e funcionamento.

c) Pessoa jurídica de direito privado, o partido político deve registrar seus estatutos no cartório de registro civil.

d) Partido político ou sua facção são autorizados por lei a adotar uniforme para seus integrantes.

e) Para o registro de novo partido, é necessário, entre outras exigências, o apoio de 0,5% dos eleitores (considerados os votos válidos) que votaram nas eleições anteriores para a Câmara dos Deputados.

COMENTÁRIOS

Alternativa correta: assertiva "e": CORRETO. Trata-se do apoiamento mínimo, previsto no artigo 7º, § 1º, que, ao começar a dispor sobre a forma de criação e registro dos partidos, temática destacada no título II da mesma lei, disciplina a obrigatoriedade de obediência do caráter nacional do partido político, verificado através do chamado "apoiamento mínimo" para a sua criação. Segundo o referido dispositivo legal, "só e admitido o registro do estatuto de partido político que tenha caráter nacional, considerando-se como tal aquele que comprove o apoiamento de eleitores correspondente a, pelo menos, meio por cento dos votos dados na última eleição geral para a Câmara dos Deputados, não computados os votos em branco e os nulos, distribuídos por um terço, ou mais, dos Estados, com um mínimo de um décimo por cento do eleitorado que haja votado em cada um deles." Vale destacar que, com a publicação da Lei nº. 13.165, em 29 de setembro de 2015, o referido dispositivo legal teve sua redação alterada, com a finalidade de dificultar a criação de novos partidos políticos. Doravante, a colheita de assinatura de eleitores para o apoiamento mínimo necessário para o registro do partido no TSE deverá ocorrer durante o período de dois anos, exigência que não era prevista até então. O processo de criação de um novo partido, assim, será mais moroso do que aquele que era observado até a publicação da nova lei, quando não era exigido tal prazo. Como complemento a esta nova regra, o artigo 13 da Lei nº. 13.165/15, em regra de transição, deixa de exigir que o prazo mínimo de dois anos para o recolhimento das assinaturas necessárias ao apoiamento mínimo de eleitores para a criação de novos partidos políticos seja aplicado aos processos de criação de partidos já iniciados na data da promulgação dessa lei (29 de setembro de 2015), valendo, nesta hipótese, a legislação anterior.

Assertiva "a": ERRADO. O respeito à democracia é fundamental para a existência do partido político, conforme pode interpretar-se das condições para a sua existência, previstas no artigo 17 da Constituição Federal.

Assertiva "b: ERRADO. Os partidos políticos têm natureza jurídica de direito privado, não sendo regidos por lei orgânica, mas sim pelos seus estatutos. A lei orgânica somente é observada em casos de pessoas jurídicas de direito público, como eram os partidos políticos antes da Constituição de 1988.

Assertiva "c": ERRADO. O registro do estatuto do novo partido deverá ocorrer junto ao TSE, após a conquista do apoiamento mínimo, não sendo necessária quando do registro do partido no cartório de pessoas jurídicas.

Assertiva "d": ERRADO. É vedada a utilização de uniformes pelos partidos políticos, conforme verifica-se na lei 9.096/95.

19. (MPE-MS – Promotor de Justiça – MS/2011) Analise as assertivas abaixo.

I. O Ministério Público Eleitoral pode requerer à Justiça Eleitoral a decretação de perda de cargo eletivo em decorrência de desfiliação partidária sem justa causa, ainda que a agremiação partidária interessada não tenha feito.

II. É considerada infidelidade partidária a desfiliação do mandatário de determinada agremiação partidária para outro partido, ainda que se trate de novo partido.

III. A agremiação partidária interessada terá o prazo de vinte dias para ingressar com a ação visando a decretação de perda de mandato do infiel, contados da desfiliação (Resolução n° 22.610/2007/TSE).

IV. Cabe ao órgão partidário estabelecer em seu estatuto normas de disciplina e fidelidade partidária, por força de norma constitucional e infraconstitucional.

V. É de competência dos juízes eleitorais a decretação de perda do cargo de mandatos municipais cujo pedido tenha como fundamento a infidelidade partidária.

a) todos os itens estão corretos;

b) somente os itens II, III e V estão incorretos;

c) somente os itens I e III estão incorretos;

d) somente os itens II, III e IV estão corretos;

e) todos os itens estão incorretos.

COMENTÁRIOS

Alternativa correta: assertiva "b". Somente os itens II, III e V estão incorretos. É de se destacar, contudo, que com a publicação da Lei nº. 13.165/15, a afirmativa II continuaria incorreta, mas por outros fundamentos, já que a troca de partido para fundar partido novo não é mais excludente da infidelidade partidária. A afirmativa, contudo, continuaria incorreta, por afirmar que qualquer troca de partido caracterizaria a infidelidade, o que é errado, já que existem situações em que a troca é possível,, conforme previsão do art. 22-A da Lei Geral dos Partidos Políticos.

Item I: CORRETO. Ocorrendo infidelidade partidária, conforme disposto na Resolução TSE nº 22.610/07, o Ministério Público Eleitoral poderá requerer a decretação da perda do mandato do mandatário infiel.

Item II: ERRADO. Conferir comentário acima.

Item III: ERRADO. O prazo é de 30 dias.

Item IV: CORRETO. Tal regra está prevista no art. 17, § 1º da Constituição Federal, bem como encontra-se incursa na lei nº 9.096/95.

Item V: ERRADO. De acordo com a Resolução nº 22.610/07, tal competência será dos tribunais regionais eleitorais.

---

20. (CEFET – Promotor de Justiça – BA/2015) Levando-se em consideração a Lei n° 9.096/95, notadamente no que dispõe acerca da temática da fidelidade e da disciplina partidárias, assinale a alternativa INCORRETA:

a) O estatuto do partido poderá estabelecer, além das medidas disciplinares básicas de caráter partidário, normas sobre penalidades, inclusive com desligamento temporário da bancada, suspensão do direito de voto nas reuniões internas ou perda de todas as prerrogativas, cargos e funções que exerça em decorrência da representação e da proporção partidária, na respectiva Casa Legislativa, ao parlamentar que se opuser, pela atitude ou pelo voto, às diretrizes legitimamente estabelecidas pelos órgãos partidários.

b) Na Casa Legislativa, o integrante da bancada de partido deve subordinar sua ação parlamentar aos princípios doutrinários e programáticos e às diretrizes estabelecidas pelos órgãos de direção partidários, na forma do estatuto.

c) A responsabilidade por violação dos deveres partidários deve ser apurada e punida pelo órgão competente, na conformidade do que disponha o estatuto de cada partido.

d) Filiado algum pode sofrer medida disciplinar ou punição por conduta que não esteja tipificada no estatuto do partido político.

e) Não perde automaticamente a função ou cargo que exerça, na respectiva Casa Legislativa, em virtude da proporção partidária, o parlamentar que deixar o partido sob cuja legenda tenha sido eleito.

✪ **Nota do autor**: Com a publicação da Lei nº. 13.165/15, e a criação do art. 22-A da Lei nº. 9.096/95, finalmente foi instituída a disciplina legal do instituto da fidelidade partidária, uma vez que, até então, infraconstitucionalmente, a matéria era disciplinada, tão somente, pela Resolução TSE nº. 22.610/07.

Como novidade maior, o inciso III do art. 22-A trouxe a possibilidade de uma janela para a troca de partido por mandatários, durante o período de trinta dias que antecede o prazo de filiação exigido em lei para concorrer à eleição, majoritária ou proporcional, ao término do mandato vigente. As demais hipóteses, previstas nos incisos I e II (mudança substancial ou desvio reiterado do programa partidário e grave discriminação política pessoal), já eram previstas como situações autorizadoras da troca de partido, sem perda do mandato político, pela Resolução do TSE. Por outro lado, a hipótese também prevista na resolução de troca de partido para fundar partido novo por parte do mandatário, sem perda do mandato, não foi reproduzida pela lei nº. 13.165/15.

COMENTÁRIOS

Resposta: a assertiva "e" está INCORRETA: o artigo 26 da Lei nº. 9.096/95 estabelece justamente o contrário, ao dispor que "Perde automaticamente a função ou cargo que exerça, na respectiva Casa Legislativa, em virtude da proporção partidária, o parlamentar que deixar o partido sob cuja legenda tenha sido eleito".

Alternativa "a" – CORRETO. Afirmativa em conformidade com o disposto o artigo 25 da Lei nº. 9.096/95, a qual dispõe que "O estatuto do partido poderá estabelecer, além das medidas disciplinares básicas de caráter partidário, normas sobre penalidades, inclusive com desligamento temporário da bancada, suspensão do direito de voto nas reuniões internas ou perda de todas as prerrogativas, cargos e funções que exerça em decorrência da representação e da proporção partidária, na respectiva Casa Legislativa, ao parlamentar que se opuser, pela atitude ou pelo voto, às diretrizes legitimamente estabelecidas pelos órgãos partidários".

Alternativa "b" – CORRETO. Regra concernente ao preceito da disciplina partidária, de acordo com a legislação em vigor. É de se destacar que, embora a lógica aponte para a caracterização do descumprimento da referida conduta como prática de infidelidade partidária, a lei não prevê tal situação como capaz de gerar a perda do mandato legislativo pelo infrator.

Alternativa "c" – CORRETO. Trata-se do instituto da disciplina partidária.

Alternativa "d" – CORRETO. A banca do concurso considerou correta esta afirmativa, levando em conta os preceitos jurídicos disciplinadores da chamada "disciplina partidária".

3. QUESTÕES DE CONCURSOS PARA O MINISTÉRIO PÚBLICO FEDERAL (PROCURADOR DA REPÚBLICA)

21. (MPF – Procurador da República/2018) O pluripartidarismo político caracteriza-se pela oposição a qualquer artefato monopolista, seja social, político, cultural, educacional, econômico ou de comunicação.

Comentário: assertiva correta. O Pluripartidarismo é uma das facetas do pluralismo político, representando a democratização do poder e a difusão da diversidade política, com a consequente oposição ao monopólio de ideias.

22. (MPF – Procurador da República/2008) Os partidos políticos no ordenamento jurídico brasileiro:

a) Recebem tratamento constitucional sendo pessoa jurídica de direito privado, mas recebem recursos públicos, através do fundo partidário, pois exercem função de relevância pública.

b) São pessoas jurídicas de direito privado e assim não sofrem controle jurisdicional, a não ser quando em campanha eleitoral.

c) Podem estatuir normas de fidelidade partidária, inclusive decretando a inelegibilidade de seus ex-integrantes por infidelidade.

d) São pessoas jurídicas de direito público, regidas pela Constituição Federal e por lei específica, embora possuam estatutos próprios.

COMENTÁRIOS

✪ **Nota do autor:** No Brasil, de acordo com o estabelecido no artigo 17 da Constituição Federal de 1988, os partidos políticos são considerados protagonistas do diálogo democrático, sendo vedadas candidaturas de pessoas que não estejam filiadas a partidos políticos. Considerados pessoas jurídicas de direito privado, os partidos políticos têm suas atuações genericamente disciplinadas na Carta Magna, na Lei nº 9096/95 (Lei Geral dos Partidos Políticos), além da própria Lei nº 9.504/97 (Lei das Eleições), que, no seu artigo sexto, disciplina a formação das coligações partidárias.

Alternativa correta: assertiva "a" – Seguindo a tendência de consolidação dos partidos políticos como elementos fundamentais do jogo democrático, consagrada principalmente após o término da Segunda Guerra Mundial, a Constituição Federal de 1988 reserva o capítulo V do seu título II à disciplina dos partidos políticos. Assegura a Constituição Federal autonomia aos partidos políticos para definir sua estrutura e organização interna, liberdade para a adoção dos critérios de escolha e regime de suas coligações eleitorais, bem como direito a recursos do fundo partidário, acesso gratuito ao rádio e à televisão, na forma da lei, e vedação à utilização de organização paramilitar. Em 1995 foi promulgada a Lei nº 9.096/95, a Lei Geral dos Partidos Políticos, garantindo autonomia aos partidos, considerados pessoas jurídicas de direito privado, e, ao mesmo tempo, regulamentando os limites a esta autonomia, em consonância com a Constituição Federal. Como forma de colaborar financeiramente para o funcionamento dos partidos políticos, a Lei nº 9.096/95 estabeleceu, nos artigos 38 e seguintes, o Fundo Especial de Assistência Financeira aos Partidos Políticos, também chamado de Fundo Partidário.

Assertiva "b" – Incorreta. Embora sejam pessoas jurídicas de direito privado, os partidos políticos brasileiros sujeitam-se ao controle jurisdicional. Como destacado, em 1995 foi promulgada a Lei nº 9096/95, a Lei Geral dos Partidos Políticos, garantindo autonomia aos partidos, considerados pessoas jurídicas de direito privado, e, ao mesmo tempo, regulamentando os limites a esta autonomia, em consonância com a Constituição Federal. Assim, de acordo com o caput do artigo 17 da Carta Magna, "é livre a criação, fusão, incorporação e extinção de partidos políticos, resguardados a soberania nacional, o regime democrático, o pluripartidarismo e os direitos fundamentais da pessoa humana". Ainda de acordo com o artigo 17, deverão ser observados, no funcionamento dos partidos políticos no país, o caráter nacional; a proibição de recebimento de recursos financeiros de entidade ou governo estrangeiro ou de subordinação a estes; a prestação de contas à Justiça Eleitoral e o funcionamento parlamentar de acordo com a lei. A inobservância de tais normas poderá ensejar o controle jurisdicional dos partidos políticos.

Assertiva "c" – Incorreto. Os partidos políticos não têm o poder de determinar a inelegibilidade de filiados infiéis. Hipóteses de inelegibilidade só poderão ser criadas pela Constituição ou por Lei Complementar específica.

Assertiva "d" – Incorreto. Como observado, a Lei nº 9.096/95 estabelece, logo no seu artigo 1º, que o partido político é pessoa jurídica de direito privado, destinada a assegurar, "no interesse do regime democrático, a autenticidade do sistema representativo e defender os direitos fundamentais definidos na Constituição Federal". Posteriormente, o Código Civil de 2002, em seu artigo 44, V, consagrou, mais uma vez, a regra segundo a qual os partidos políticos são pessoas jurídicas de direito privado que gozam de autonomia para organização e funcionamento.

23. (MPF – Procurador da República/2011) Relativamente aos partidos políticos, assinale a alternativa correta:

I. possuem personalidade jurídica de direito privado;

II. mesmo sendo-lhes assegurada autonomia para definirem sua estrutura interna, organização e funcionamento, o ordenamento jurídico lhes impõe, entre outros comandos, que seus estatutos estabeleçam normas de disciplina e fidelidade partidária;

III. devem ter caráter nacional, sendo-lhes vedado o caráter regional, mesmo que suas ações se direcionem a um terço, ou mais, dos Estados.

Das proposições acima

a) apenas as alternativas I e II estão corretas;

b) apenas as alternativas I e III estão corretas;

c) apenas as alternativas II e III estão corretas;

d) todas as alternativas estão corretas.

COMENTÁRIOS

Alternativa correta: assertiva "d" – Todas as alternativas estão corretas.

Afirmativa I – Correto. A Lei nº 9.096/95 estabelece, logo no seu artigo 1º, que o partido político é pessoa jurídica de direito privado, destinada a assegurar, "no interesse do regime democrático, a autenticidade do sistema representativo e defender os direitos fundamentais definidos na Constituição Federal". Posteriormente, o Código Civil de 2002, em seu artigo 44, V, consagrou, mais uma vez, a regra segundo a qual os partidos políticos são pessoas jurídicas de direito privado que gozam de autonomia para organização e funcionamento.

Afirmativa II – Correto. Tema de grande relevância, e extremamente polêmico, envolvendo os partidos políticos é o tema da fidelidade e da disciplina partidárias. Afinal, a Constituição Federal de 1988, em seu artigo 17, § 1º, é muito clara ao dispor que deverão os partidos políticos, em seus respectivos estatutos, dispor sobre normas de fidelidade e disciplina partidárias. Da mesma forma, a Lei nº 9.096/95, em seus artigos 23 a 26, dispõe sobre a fidelidade e a disciplina partidárias, estabelecendo que a responsabilidade por violação dos deveres partidários deve ser apurada e punida por cada partido político, na forma do seu estatuto, assegurada a ampla defesa ao filiado. O artigo 26, inclusive, determina que o parlamentar que deixar o partido sob cuja legenda tenha sido eleito perderá, automaticamente, a função ou cargo que exerça na casa legislativa em virtude da proporção partidária. Tecnicamente, é possível se afirmar que a disciplina partidária é um instituto de direito privado, que relaciona os partidos políticos aos seus filiados. Nos termos do estatuto do partido, o filiado indisciplinado deverá ser advertido, suspenso, ou até mesmo expulso do partido, sem que tal fato, no entanto, acarrete a perda de eventual mandato que esteja exercendo. O que está em jogo, tão somente, é a relação do filiado com o partido político, e o respeito a questões *interna corporis* da agremiação partidária. Diferente conceito tem o instituto da fidelidade partidária. Sua natureza é de direito público, relacionando não apenas o mandatário ao seu partido político, mas sim ao próprio eleitor que, ao elegê-lo, escolheu também votar em determinado partido. Um ato de infidelidade, portanto, é muito mais grave que um ato de indisciplina, devendo acarretar a perda do mandato político titularizado pelo seu praticante.

Afirmativa III – Correto. De acordo com o caput do artigo 17 da Carta Magna, "é livre a criação, fusão, incorporação e extinção de partidos políticos, resguardados a soberania nacional, o regime democrático, o pluripartidarismo e os direitos fundamentais da pessoa humana". Ainda de acordo com o artigo 17, deverão ser observados, no funcionamento dos partidos políticos no país, o caráter nacional; a proibição de recebimento de recursos financeiros de entidade ou governo estrangeiro ou de subordinação a estes; a prestação de contas à Justiça Eleitoral e o funcionamento parlamentar de acordo com a lei.

24. (MPF – Procurador da República/2015) O Deputado Federal João da Silva, eleito pelo partido PPA, assumiu o cargo na legislatura que teve início no ano de 2011. Em 2012, ele se mudou para o partido PPB, recém-criado, cujo estatuto havia sido registrado no Tribunal Superior Eleitoral vinte e cinco dias antes da migração do parlamentar. O partido PPA propôs ação perante o Tribunal Superior Eleitoral, pleiteando a cassação do mandato do parlamentar sob o fundamento de que incorreu em infidelidade partidária. Tem-se que:

a) ( ) A ação foi ajuizada corretamente, mas não é o caso de cassação de mandato;

b) ( ) É caso de cassação de mandato, mas o Tribunal Superior Eleitoral é incompetente para julgar a causa;

c) ( ) A competência é do Tribunal Superior Eleitoral e a mudança de partido, na hipótese, implica a cassação do mandato do parlamentar;

d) ( ) A competência é do Tribunal Regional Eleitoral respectivo, mas não é o caso de cassação de mandato.

✪ **Nota do autor:** Com a publicação da Lei nº. 13.165/15, e a criação do art. 22-A da Lei nº. 9.096/95, finalmente foi instituída a disciplina legal do instituto da fidelidade partidária, uma vez que, até então, infraconstitucionalmente, a matéria era disciplinada, tão somente, pela Resolução TSE nº. 22.610/07.

Como novidade maior, o inciso III do art. 22-A trouxe a possibilidade de uma janela para a troca de partido por mandatários, durante o período de trinta dias que antecede o prazo de filiação exigido em lei para concorrer à eleição, majoritária ou proporcional, ao término do mandato vigente. As demais hipóteses, previstas nos incisos I e II (mudança substancial ou desvio reiterado do programa partidário e grave discriminação política pessoal), já eram previstas como situações autorizadoras da troca de partido, sem perda do mandato político, pela Resolução do TSE. Por outro lado, a hipótese também prevista na resolução de troca de partido para fundar partido novo por parte do mandatário, sem perda do mandato, não foi reproduzida pela lei nº. 13.165/15.

COMENTÁRIOS

Alternativa correta: assertiva "a"(responde as demais): em 2012, ainda não havia sido promulgada a Lei nº. 13.165/15, a qual instituiu, no plano legal, as hipóteses de fidelidade partidária, hoje previstas no novo art. 22-A da Lei nº. 9.096/95. Assim, aplica-se, ao caso concreto, a Resolução TSE nº. 22.610/08. No caso concreto exposto, a ação foi ajuizada corretamente, pois, conforme a citada resolução, cabe ao TSE processar e julgar parlamentares federais por prática de infidelidade partidária. Não é o caso em tela, contudo, de acordo com a referida resolução, integralmente em vigor à época do fato, apto a gerar perda de mandato por infidelidade partidária, tendo em vista que uma das hipóteses autorizadas para a troca de partido pelo parlamentar, sem possibilidade de perda de mandato, previstas na referida resolução é a hipótese de troca de partido com vistas à filiação em partido novo (hipótese não mais autorizada, após a promulgação da Lei nº. 13.165/15).

25. (MPF – Procurador da República/2015) O Fundo Partidário é composto por:

a) ( ) recursos exclusivamente públicos, vindos do Tesouro Nacional;

b) ( ) recursos públicos e privados, excluídas multas e penalidades aplicadas pela Justiça Eleitoral;

c) ( ) doações privadas e multas e penalidades aplicadas pela Justiça Eleitoral;

d) ( ) recursos públicos, doações privadas, multas e penalidades aplicadas pela Justiça Eleitoral.

COMENTÁRIOS

Alternativa correta: assertiva "d"(responde as demais): o artigo 38 da Lei Geral dos Partidos Políticos (Lei nº. 9.096/95) determina que o Fundo Partidário será constituído de recursos oriundos de multas e penalidades aplicadas nos termos do Código Eleitoral, recursos financeiros que lhe forem destinados por lei, em caráter permanente ou eventual, e doações de pessoas físicas ou jurídicas, além de dotações orçamentárias da União, em valor nunca inferior, cada ano, ao número de eleitores inscritos em 31 de dezembro do ano anterior ao da proposta orçamentária, multiplicados por trinta e cinco centavos de real, em valores de agosto de 1995.

---

26. (MPF – Procurador da República/2015) O deputado federal João da Silva, eleito pelo partido PPA, assumiu o cargo na legislatura que teve início no ano de 2011. em 2012, ele se mudou para o partido PPB, recém-criado, cujo estatuto havia sido registrado no tribunal superior eleitoral vinte e cinco dias antes da migração do parlamentar. O partido PPA propôs ação perante o tribunal superior eleitoral, pleiteando a cassação do mandato do parlamentar sob o fundamento de que incorreu em infidelidade partidária. Tem-se que:

a) A ação foi ajuizada corretamente, mas não é o caso de cassação de mandato;

b) É caso de cassação de mandato, mas o Tribunal Superior Eleitoral é incompetente para julgar a causa;

c) A competência é do Tribunal Superior Eleitoral e a mudança de partido, na hipótese, implica a cassação do mandato do parlamentar;

d) A competência é do Tribunal Regional Eleitoral respectivo, mas não é o caso de cassação de mandato.

✪ **Nota do autor:** Com a publicação da Lei nº. 13.165/15, e a criação do art. 22-A da Lei nº. 9.096/95, finalmente foi instituída a disciplina legal do instituto da fidelidade partidária, uma vez que, até então, infraconstitucionalmente, a matéria era disciplinada, tão somente, pela Resolução TSE nº. 22.610/07.

Como novidade maior, o inciso III do art. 22-A trouxe a possibilidade de uma janela para a troca de partido por mandatários, durante o período de trinta dias que antecede o prazo de filiação exigido em lei para concorrer à eleição, majoritária ou proporcional, ao término do mandato vigente. As demais hipóteses, previstas nos incisos I e II (mudança substancial ou desvio reiterado do programa partidário e grave discriminação política pessoal), já eram previstas como situações autorizadoras da troca de partido, sem perda do mandato político, pela Resolução do TSE. Por outro lado, a hipótese também prevista na resolução de troca de partido para fundar partido novo por parte do mandatário, sem perda do mandato, não foi reproduzida pela lei nº. 13.165/15.

COMENTÁRIOS

Alternativa correta: assertiva "a" (responde as demais): em 2012, ainda não havia sido promulgada a Lei nº. 13.165/15, a qual instituiu, no plano legal, as hipóteses de fidelidade partidária, hoje previstas no novo art. 22-A da Lei nº. 9.096/95. Assim, aplica-se, ao caso concreto, a Resolução TSE nº. 22.610/08. No caso concreto exposto, a ação foi ajuizada corretamente, pois, conforme a citada resolução, cabe ao TSE processar e julgar parlamentares federais por prática de infidelidade partidária. Não é o caso em tela, contudo, de acordo com a referida resolução, integralmente em vigor à época do fato, apto a gerar perda de mandato por infidelidade partidária, tendo em vista que uma das hipóteses autorizadas para a troca de partido pelo parlamentar, sem possibilidade de perda de mandato, previstas na referida resolução é a hipótese de troca de partido com vistas à filiação em partido novo (hipótese não mais autorizada, após a promulgação da Lei nº. 13.165/15).

4. QUESTÕES DE CONCURSOS PARA ANALISTA JUDICIÁRIO DOS TRIBUNAIS REGIONAIS ELEITORAIS

---

27. (IBFC – Analista Judiciário – Área Judiciária – TRE – PA/2020) Devido à grande importância dos partidos políticos no processo eleitoral, a Lei nº 9.096/1995 dispensou especial atenção para disciplinar a criação, o funcionamento e demais peculiaridades inerentes a tais pessoas jurídicas. Sobre o tema, analise as afirmativas abaixo e dê valores Verdadeiro (V) ou Falso (F):

( ) É assegurada aos partidos políticos autonomia para definir o prazo de duração dos mandatos dos membros dos seus órgãos partidários permanentes ou provisórios. O prazo de vigência dos órgãos provisórios dos partidos políticos poderá ser de até 4 (quatro) anos.

( ) Exaurido o prazo de vigência de um órgão partidário, ficam vedados a extinção automática do órgão e o cancelamento de sua inscrição no Cadastro Nacional da Pessoa Jurídica (CNPJ).

( ) O requerimento do registro de partido político, dirigido ao cartório competente do Registro Civil das Pessoas Jurídicas do local de sua sede, deve ser subscrito pelos seus fundadores, em número nunca inferior a 101 (cento e um), com domicílio eleitoral em, no mínimo, 1/3 (um terço) dos estados.

( ) O partido está obrigado a enviar, anualmente, à Justiça Eleitoral, o balanço contábil do exercício findo, até o dia 30 de junho do ano seguinte. O balanço contábil do órgão nacional será enviado ao Tribunal Superior Eleitoral, o dos órgãos estaduais aos Tribunais Regionais Eleitorais e o dos órgãos municipais aos Juízes Eleitorais.

Assinale a alternativa que apresenta a sequência correta de cima para baixo.

a) V, F, F, F

b) F, F, F, V

c) V, V, V, F

d) F, V, V, V

COMENTÁRIOS

Afirmativa I. FALSA. O prazo de vigência dos órgãos provisórios dos partidos políticos poderá ser de até 8 (oito) anos.

Afirmativa II. VERDADEIRO

Afirmativa III. VERDADEIRO., garantindo o caráter nacional do partido

Afirmativa IV. VERDADEIRO. Antigamente era 30 de abril, regra alterada por lei para 30 de junho

Assertiva correta: alternativa "d".

---

28. (Consulplan – Analista Judiciário – Área Judiciária – TRE – MG/2013) Atualmente, há cerca de 30 partidos políticos regularmente registrados e em funcionamento no Brasil. Trata-se de pessoas jurídicas de direito privado que desempenham importante papel no concerto democrático. A respeito das regras aplicáveis aos partidos políticos, assinale a alternativa correta.

a) Os recursos do Fundo Partidário são distribuídos, de forma paritária, aos órgãos nacionais de todos os partidos.

b) É expressamente vedado ao partido político ministrar instrução militar ou paramilitar e adotar uniforme para seus membros.

c) O partido político, após adquirir personalidade jurídica, registra seu estatuto no Tribunal Regional Eleitoral do Estado em que funcionar sua sede.

d) Diante do interesse público inerente a sua atuação, ao partido político não se assegura autonomia para definir sua estrutura interna, organização e funcionamento, que são inteiramente delimitados pela Justiça Eleitoral.

e) É livre a criação, fusão e incorporação de partidos políticos cujos programas respeitem a soberania nacional, o regime democrático, o pluripartidarismo e os direitos fundamentais da pessoa humana. A extinção de um partido, no entanto, depende de aprovação do Congresso Nacional.

COMENTÁRIOS

Alternativa correta: assertiva "b" ➔ Regra prevista no art. 6º da Lei nº 9.096/95, o qual dispõe que "É vedado ao partido político ministrar instrução militar ou paramilitar, utilizar-se de organização da mesma natureza e adotar uniforme para seus membros".

Assertiva "a". Errada. Os recursos do Fundo Partidário são divididos desigualmente entre os partidos políticos, conforme regra expressa no art. 41-A da Lei 9.096/95, o qual dispõe que: "Do total do Fundo Partidário: I - 5% (cinco por cento) serão destacados para entrega, em partes iguais, a todos os partidos que atendam aos requisitos constitucionais de acesso aos recursos do Fundo Partidário; e II - 95% (noventa e cinco por cento) serão distribuídos aos partidos na proporção dos votos obtidos na última eleição geral para a Câmara dos Deputados.

Assertiva "c". Errada. Tal registro deverá ocorrer junto ao Tribunal Superior Eleitoral.

Assertiva "d". Errada. De acordo com o art. 17 da Constituição Federal, os partidos são entidades com autonomia, com personalidade jurídica de direito privado.

Assertiva "e". Errada. Como pessoas jurídicas de direito privado que são, os partidos políticos não precisam de autorização do Congresso Nacional para serem extintos.

---

29. (Consulplan – Analista Judiciário – Área Judiciária – TRE – MG/2013) A Resolução TSE 22.610/2007 disciplina o processo de perda de cargo eletivo em decorrência de desfiliação partidária sem justa causa e de justificação de desfiliação partidária. Essa Resolução nasceu de consultas formuladas junto ao Tribunal Superior Eleitoral a respeito dos efeitos da infidelidade partidária. Sua constitucionalidade já foi reconhecida pelo Supremo Tribunal Federal. Imagine-se que determinado Senador da República, representante do Estado de Minas Gerais, deixa, injustificadamente, o partido pelo qual se elegeu e, a seguir, filia-se a uma outra entidade partidária. Inconformado, seu partido de origem almeja reaver o mandato. Na hipótese, de conformidade com a Resolução TSE 22.610/2007, será competente para receber e examinar a pretensão do partido pelo qual se elegera o Senador, o

a) Senado Federal.

b) Supremo Tribunal Federal.

c) Tribunal Superior Eleitoral.

d) Tribunal Regional Eleitoral de Minas Gerais.

e) Tribunal Regional Eleitoral do Distrito Federal.

COMENTÁRIOS

Alternativa correta: assertiva "c" ➔ De acordo com a Resolução nº. 22.610/07, a resolução de conflitos que envolvam a questão da infidelidade partidária no exercício de mandatos federais (deputados federais e senadores) caberá ao TSE. (responde as demais).

---

30. (AOCP – Analista Judiciário – Área Judiciária – TRE – AC/2015) Os requisitos para admissão do registro do estatuto de partido político de caráter nacional são:

a) comprovar o apoiamento de eleitores correspondente a, pelo menos, 0,5% dos votos totais dados na última eleição para Presidente, distribuídos por 1/3 (um terço), ou mais, dos Estados com um mínimo de 0,1% do eleitorado que haja votado em cada um deles

b) comprovar o apoiamento de eleitores não filiados a partido político, correspondente a, pelo menos, 0,5% dos votos dados na última eleição geral para a Câmara dos Deputados, não computados os votos em branco e nulos, distribuídos por 1/3 (um terço), ou mais, dos Estados, com um mínimo de 0,1% do eleitorado que haja votado em cada um deles.

c) comprovar o apoiamento de eleitores correspondente a, pelo menos, 0,1 % dos votos totais dados na última eleição para a Câmara dos Deputados, distribuídos por 1/5 (um quinto), ou mais, dos Estados, com um mínimo de 1% do eleitorado que haja votado em cada um deles.

d) comprovar o apoiamento de eleitores não filiados a partido político, correspondente a, pelo menos, 0,5% dos votos dados na última eleição geral para Presidente, não computados os votos em branco e nulos, distribuídos por 1/5 (um quinto), ou mais, dos Estados, com um mínimo de 1% do eleitorado que haja votado em cada um deles.

e) comprovar o apoiamento de eleitores não filiados a partido político, correspondente a. pelo menos, 0.1% dos votos totais dados na última eleição geral para a Câmara dos Deputados distribuídos por 1/3 (um terço), ou mais, dos Estados; com um mínimo de 1% do eleitorado que haja votado em cada um deles.

COMENTÁRIOS

Alternativa correta: assertiva "b". Segundo o art. 7, § 1º da Lei 9.096/95, "Só é admitido o registro do estatuto de partido político que tenha caráter nacional, considerando-se como tal aquele que comprove, no período de dois anos, o apoiamento de eleitores não filiados a partido político, correspondente a, pelo menos, 0,5% (cinco décimos por cento) dos votos dados na última eleição geral para a Câmara dos Deputados, não computados os votos em branco e os nulos, distribuídos por um terço, ou mais, dos Estados, com um mínimo de 0,1% (um décimo por cento) do eleitorado que haja votado em cada um deles". (Responde as demais)

---

31. (FCC – Analista Judiciário – Área Judiciária – TRE-SP/2012) O eleitor Pedro encaminhou à Justiça Eleitoral documento comprobatório de que determinado partido político está recebendo recursos financeiros de procedência estrangeira. Nesse caso, o processo de cancelamento do registro e do estatuto do partido

a) dependerá de representação fundamentada do Ministério de Relações Exteriores.

b) poderá ser determinado de ofício, sem qualquer defesa do partido.

c) dependerá de representação formulada por outro partido político.

d) dependerá de representação formulada pelo Ministério Público Eleitoral.

e) poderá ser iniciado pelo Tribunal Superior Eleitoral com base na denúncia formulada por Pedro.

COMENTÁRIOS

✪ **Nota do autor:** O partido político poderá se dissolver, na forma do seu estatuto, ou após decisão judicial transitada em julgado no Tribunal Superior Eleitoral, ter o seu registro civil e seu estatuto cancelado. São as seguintes as hipóteses legais ensejadoras do cancelamento do registro e do estatuto do partido político, de acordo com o artigo 28 da Lei nº 9.096/95:

Hipóteses legais ensejadoras do cancelamento do registro e do estatuto do partido político, de acordo com o artigo 28 da Lei nº 9.096/95:

I. recebimento de recursos financeiros de procedência estrangeira;

II. subordinação a entidade ou governo estrangeiro;

III. ausência de prestação de contas à Justiça Eleitoral;

IV. manutenção de organização paramilitar.

O processo de cancelamento é iniciado pelo TSE à vista de denúncia de qualquer eleitor, representante de partido ou de representação do Procurador-Geral Eleitoral. O partido político, em nível nacional, não sofrerá a suspensão das cotas do fundo partidário, nem qualquer outra punição, como conseqüência de atos praticados por órgãos regionais ou municipais.

Alternativa correta: letra "e". De acordo com o artigo 28, I da Lei nº 9.096/95, é hipótese legal ensejadora de cancelamento do registro e do estatuto de partido político o recebimento de recursos de procedência estrangeira. Para que haja a dissolução do partido, no entanto, decorrente deste fato, há de se observar decisão transitada em julgado no TSE. O processo de cancelamento pode ser iniciado por denúncia de qualquer eleitor, representante de partido ou do Procurador-Geral Eleitoral.

Alternativa "a". Incorreta. O processo de cancelamento pode ser iniciado por denúncia de qualquer eleitor, representante de partido ou do Procurador-Geral Eleitoral. Não há necessidade de representação do Ministério das Relações Exteriores.

Alternativa "b". Incorreta. No processo de cancelamento de registro de partido deverá ser observado o devido processo legal, a ampla defesa e o contraditório.

Alternativa "c". Incorreta. Como já observado, o processo de cancelamento pode ser iniciado por denúncia de qualquer eleitor, representante de partido ou do Procurador-Geral Eleitoral.

Alternativa "d". Incorreta. Como já observado, o processo de cancelamento pode ser iniciado por denúncia de qualquer eleitor, representante de partido ou do Procurador-Geral Eleitoral.

---

32. (FCC – Analista Judiciário /TRE-AC / 2010) O requerimento de registro de partido político deve ser subscrito pelos seus fundadores, em número nunca inferior a:

a) cento e um, com domicílio eleitoral em, no mínimo, um terço dos Estados.

b) duzentos e um, com domicílio eleitoral em, no mínimo, dois terços dos Estados.

c) trezentos e um, com domicílio eleitoral em, no mínimo, um quinto dos Estados.

d) quatrocentos e um, com domicílio eleitoral em, no mínimo, um sexto dos Estados.

e) quinhentos e um, com domicílio eleitoral em, no mínimo, metade dos Estados.

COMENTÁRIOS

✪ **Nota do autor:** São as seguintes as etapas para a formação de um partido político no Direito brasileiro:

1ª Etapa: requerimento do registro de partido político, dirigido ao cartório competente do registro civil das pessoas jurídicas da capital federal, subscrito por, no mínimo, 101 fundadores, com domicílio eleitoral em, no mínimo, 1/3 dos estados, acompanhado de:

a) cópia autenticada da ata da reunião de fundação do partido;

b) exemplares do Diário Oficial que publicou, no seu inteiro teor, o programa e o estatuto;

c) relação de todos os fundadores com o nome completo, naturalidade, número do título eleitoral com a zona, seção, município e estado, profissão e residência;

d) nome e função dos dirigentes provisórios e o endereço da sede do partido na capital federal.

2ª Etapa: efetuação, pelo oficial do registro civil, do registro do partido no livro correspondente, com a conseqüente expedição de certidão de inteiro teor.

3ª Etapa: obtenção do apoiamento mínimo de eleitores, correspondente a, pelo menos, meio por cento dos votos dados na última eleição geral, não computados os votos em branco e os nulos, distribuídos por um terço, ou mais, dos estados, com um mínimo de um décimo por cento do eleitorado que haja votado em cada um deles.

4ª Etapa: promoção do registro do estatuto do partido junto ao TSE, através de requerimento acompanhado de exemplar autenticado de inteiro teor do programa e do estatuto partidários, inscritos no registro civil; certidão do registro civil da pessoa jurídica; certidões dos cartórios eleitorais que comprovem ter o partido obtido o apoiamento mínimo de eleitores.

Não havendo eventuais falhas no processo, o TSE registra o estatuto do partido no prazo de trinta dias.

Apenas após o registro no TSE, garante-se ao partido o recebimento de recursos do fundo partidário, o acesso gratuito ao rádio e TV e a exclusividade da sua denominação, sigla e símbolos., bem como a possibilidade de participar de eleições. Fica cancelado, junto ao ofício civil e ao Tribunal Superior Eleitoral, o registro do partido que, na forma de seu estatuto, se dissolva, se incorpore ou venha a se fundir a outro.

Alternativa correta: letra "a". Regra prevista expressamente no artigo 8º, caput, da Lei nº 9.096/95, o qual afirma que o número mínimo de fundadores de um partido político será cento e um, nos termos citados no enunciado da questão. (responde as demais).

---

33. (CESPE – Analista Judiciário / TRE-ES / 2011) Eleitor considerado inelegível não pode se filiar a partido político em razão do fato de que tal condição afasta o reconhecimento do pleno gozo de seus direitos políticos.

COMENTÁRIOS

Errado. Segundo a Resolução nº 23.117/2009 do TSE, eleitor considerado inelegível pode filiar-se a partido político. Quem não pode se filiar a partido político, de acordo com o que se afere do artigo 16 da lei nº 9.096/95, é o eleitor com direitos políticos suspensos ou perdidos.

---

34. (CESPE – Analista Judiciário / TRE-ES / 2011) Eleitor considerado inelegível não pode se filiar a partido político em razão do fato de que tal condição afasta o reconhecimento do pleno gozo de seus direitos políticos.

COMENTÁRIOS

Errado. Conforme o art. 16 da lei dos partidos políticos, só pode filiar-se a partido o eleitor que estiver no pleno gozo dos direitos políticos. A inelegibilidade atinge a capacidade eleitoral passiva, mas não atinge o exercício pleno dos direitos políticos. Neste sentido, decidiu o TSE, através da Resolução nº 23.117/09.

---

35. (FCC – Analista Judiciário /TRE-AC / 2010) A respeito da fusão, incorporação e extinção dos partidos políticos, considere:

I. O Tribunal Superior Eleitoral, após o trânsito em julgado de decisão, determinará o cancelamento do registro civil e do estatuto do partido contra o qual fique provado estar recebendo recursos de procedência estrangeira.

II. O partido político, em nível nacional, sofrerá suspensão das cotas do fundo partidário como conseqüência de atos praticados por órgãos regionais ou municipais.

III. A falta de prestação, na forma da lei, das devidas contas à Justiça Eleitoral não se inclui dentre as causas de cancelamento do registro e do estatuto do partido.

Está correto o que se afirma APENAS em

a) I.

b) I e II.

c) I e III.

d) II e III.

e) III.

COMENTÁRIOS

Alternativa correta: letra "a". Apenas I está correto.

Item I. Certo. Previsão expressa do art. 28, I da lei dos partidos políticos Lei nº 9.096/95, o qual estabelece que "o Tribunal Superior Eleitoral, após o trânsito em julgado de decisão, determinará o cancelamento do registro civil e do estatuto do partido contra o qual fique provado estar recebendo recursos de procedência estrangeira". A CF/1988 também veda qualquer recebimento de recursos de procedência estrangeira por partido político.

Item II. Errado. Conforme o art. 28, § 3º da lei dos partidos, o partido político, em nível nacional, não sofrerá a suspensão das cotas do Fundo Partidário, nem qualquer outra punição como conseqüência de atos praticados por órgãos regionais ou municipais.

Item III. Errado. A falta de prestação de contas à Justiça Eleitoral é uma das causas de cancelamento do registro e do estatuto do partido, conforme art. 28, III da lei geral dos partidos políticos.

---

36. (CESPE – Analista Judiciário – Área Judiciária – TRE-RJ/2012) Propaganda partidária gratuita, gravada ou ao vivo, poderá ser veiculada a qualquer hora do dia ou da noite.

COMENTÁRIOS

Errado. De acordo com o artigo 45, caput, da Lei nº 9.096/95, a propaganda partidária gratuita será realizada entre as dezenove horas e trinta minutos e as vinte e duas horas.

---

37. (CESPE – Analista Judiciário – Área Judiciária – TRE-RJ/2012) Na casa legislativa, o integrante de bancada partidária atua livremente, não estando subordinado às diretrizes estabelecidas em estatuto pelos órgãos de direção do partido político a que ele estiver filiado.

COMENTÁRIOS

Errado. O integrante de bancada partidária deverá obedecer às normas de disciplina e fidelidade partidárias, subordinando-se às diretrizes legítimas estabelecidas em estatuto pelos órgãos de direção do partido político a que estiver filiado.

5. QUESTÕES DE CONCURSOS PARA ANALISTA JUDICIÁRIO – ÁREA JUDICIÁRIA DO TRIBUNAL SUPERIOR ELEITORAL

---

38. (CESPE – Analista Judiciário – Área Judiciária – TSE/2006) Professores e servidores da rede pública de ensino de vários estados brasileiros decidiram fundar o Partido pelo Progresso da Educação Nacional (PPEN). Ivan, em pleno gozo de seus direitos políticos, tendo-se identificado com as propostas do partido e pretendendo concorrer ao cargo eletivo de deputado federal, procurou o PPEN para filiar-se.

Com referência a essa situação hipotética e com base na Lei nº 9.096/1995, assinale a opção **incorreta**.

a) Os fundadores do PPEN devem ser domiciliados em, no mínimo, nove unidades federativas do Brasil, a fim de formularem pedido de requerimento do partido no Registro Civil das Pessoas Jurídicas.

b) O registro do estatuto do PPEN no Registro Civil das Pessoas Jurídicas assegura a exclusividade de sua denominação, sua sigla e seus símbolos em âmbito nacional.

c) Para concorrer ao cargo de deputado federal, Ivan deve filiar-se ao PPEN pelo menos um ano antes da data das eleições.

d) Se, na forma de seu estatuto, o PPEN se fundir com outro partido, será cancelado seu registro perante o Registro Civil das Pessoas Jurídicas.

COMENTÁRIOS

✪ **Nota do autor: São as seguintes as e**tapas para a formação de um partido político no Direito brasileiro:

1ª Etapa: requerimento do registro de partido político, dirigido ao cartório competente do registro civil das pessoas jurídicas da capital federal, subscrito por, no mínimo, 101 fundadores, com domicílio eleitoral em, no mínimo, 1/3 dos estados, acompanhado de:

a) cópia autenticada da ata da reunião de fundação do partido;

b) exemplares do Diário Oficial que publicou, no seu inteiro teor, o programa e o estatuto;

c) relação de todos os fundadores com o nome completo, naturalidade, número do título eleitoral com a zona, seção, município e estado, profissão e residência;

d) nome e função dos dirigentes provisórios e o endereço da sede do partido na capital federal.

2ª Etapa: efetuação, pelo oficial do registro civil, do registro do partido no livro correspondente, com a conseqüente expedição de certidão de inteiro teor.

3ª Etapa: obtenção do apoiamento mínimo de eleitores, correspondente a, pelo menos, meio por cento dos votos dados na última eleição geral, não computados os votos em branco e os nulos, distribuídos por um terço, ou mais, dos estados, com um mínimo de um décimo por cento do eleitorado que haja votado em cada um deles.

4ª Etapa: promoção do registro do estatuto do partido junto ao TSE, através de requerimento acompanhado de exemplar autenticado de inteiro teor do programa e do estatuto partidários, inscritos no registro civil; certidão do registro civil da pessoa jurídica; certidões dos cartórios eleitorais que comprovem ter o partido obtido o apoiamento mínimo de eleitores.

Não havendo eventuais falhas no processo, o TSE registra o estatuto do partido no prazo de trinta dias.

Apenas após o registro no TSE, garante-se ao partido o recebimento de recursos do fundo partidário, o acesso gratuito ao rádio e TV e a exclusividade da sua denominação, sigla e símbolos., bem como a possibilidade de participar de eleições.

Alternativa correta: assertiva "b". INCORRETO. Somente com o registro no TSE o partido assegura a exclusividade de sua denominação, sua sigla e seus símbolos em âmbito nacional.

Alternativa "a". CERTO. Na primeira etapa para a criação de um partido político, deverá ser formalizado requerimento do registro de partido político, dirigido ao cartório competente do registro civil das pessoas jurídicas da capital federal, subscrito por, no mínimo, 101 fundadores, com domicílio eleitoral em, no mínimo, 1/3 dos estados, o que equivale, atualmente, a nove estados da federação.

Alternativa "c". CERTO. Esta questão, à época da realização do concurso em tela, estava certa, de acordo com a antiga redação do artigo 11 da Lei nº. 9.504/97. Com a publicação da Lei nº. 13.165/15, contudo, o referido artigo teve sua redação alterada, estabelecendo que, a partir das eleições de 2016, o prazo a ser observado, para a filiação partidária com vistas ao pleito, deverá ser de seis meses antes da eleição.

Alternativa "d". CERTO. Fica cancelado, junto ao ofício civil e ao Tribunal Superior Eleitoral, o registro do partido que, na forma de seu estatuto, se dissolva, se incorpore ou venha a se fundir a outro.

6. QUESTÕES DE CONCURSOS PARA TÉCNICO JUDICIÁRIO DOS TRIBUNAIS REGIONAIS ELEITORAIS

39. (Consulplan – Técnico Judiciário – Área Administrativa – TRE – MG/2015) Os partidos políticos são dotados de autonomia e devem, nos seus estatutos, regular a disciplina e fidelidade partidária. Após a sua regular constituição de acordo com a lei civil deve, de acordo com a Constituição Federal, registrar seu estatuto no(a):

a) Junta Eleitoral.

b) Circunscrição Eleitoral.

c) Tribunal Superior Eleitoral.

d) Tribunal Regional Eleitoral.

COMENTÁRIOS

✪ **Nota do autor:** Os partidos políticos são pessoas jurídicas de direito privado, com autonomia e regidos por seus respectivos estatutos. A Lei Geral dos Partidos Políticos, no entanto, respeitando a liberdade inerente a cada partido para fixar seu programa, objetivos políticos, estrutura interna, organização e funcionamento, impõe algumas regras de observância obrigatória às agremiações partidárias, que, necessariamente, deverão ser contempladas em seus programas e estatutos. Assim, o estatuto do partido deverá conter, dentre outras, normas sobre seu nome, denominação abreviada, sede na capital federal, filiação e desligamento dos seus membros, direitos e deveres dos seus filiados, modo de organização e administração, fidelidade e disciplina partidárias, condições e formas de escolha de seus candidatos a cargos e funções eletivas, finanças e contabilidade, critérios de distribuição dos recursos do fundo partidário entre os órgãos de nível municipal, estadual e nacional e procedimentos de reforma do programa e do estatuto.

Alternativa correta: assertiva "c" → Regra prevista no artigo 17, § 2º da Constituição Federal de 1988 (responde as demais).

---

40. (Consulplan – Técnico Judiciário – Área de Contabilidade – TRE – MG/2015) A Lei nº 9096/1995 dispõe que o partido político, através de seus órgãos nacionais, regionais e municipais deve manter escrituração contábil, de forma a permitir o conhecimento da origem de suas receitas e a destinação de suas despesas. O Fundo Especial de Assistência Financeira aos Partidos Políticos (Fundo Partidário) é constituído por

Parte superior do formulário

a) entidade de classe ou sindical.

b) entidade ou governos estrangeiros.

c) multas e penalidades pecuniárias aplicadas nos termos do Código Eleitoral e leis conexas.

d) autarquias, empresas públicas ou concessionárias de serviços públicos, sociedades de economia mista e fundações instituídas em virtude de lei e para cujos recursos concorram órgãos ou entidades governamentais.

COMENTÁRIOS

✪ **Nota do autor:** Como forma de colaborar financeiramente para o funcionamento dos partidos políticos, a Lei nº. 9.096/95 estabeleceu, nos artigos 38 e seguintes, o Fundo Especial de Assistência Financeira aos Partidos Políticos, também chamado de Fundo Partidário, constituído pelos seguintes recursos:

Recursos constitutivos do Fundo Partidário

I - multas e penalidades pecuniárias aplicadas nos termos do Código Eleitoral e leis conexas;

II - recursos financeiros que lhe forem destinados por lei, em caráter permanente ou eventual;

III - doações de pessoas físicas ou jurídicas, efetuadas por intermédio de depósitos bancários, diretamente na conta do Fundo Partidário (por cheque cruzado ou depósito bancário na conta do partido);

IV - dotações orçamentárias da União, em valor nunca inferior, cada ano, ao número de eleitores inscritos em 31 de dezembro do ano anterior ao da proposta orçamentária, multiplicados por trinta e cinco centavos de real, em valores de agosto de 1995.

Alternativa correta: assertiva "c" → Regra prevista no art. 38, I da Lei 9.096/95. O Fundo Partidário é um fundo de recursos financeiros, fato que exclui a possibilidade das demais alternativas estarem corretas. (Reponde as demais).

41. (FCC – Técnico Judiciário – Área Administrativa – TRE-SP/2012) Sete partidos políticos decidiram, por seus órgãos nacionais de deliberação, fundir-se em um só. Essa fusão:

a) é ilegal, porque viola o princípio do pluripartidarismo.

b) não depende de prévia autorização da Justiça Eleitoral.

c) depende de prévia autorização do Tribunal Superior Eleitoral.

d) deve, previamente, ser submetida ao Ministério Público Eleitoral.

e) só pode ser efetivada se houver prévia aprovação da Câmara dos Deputados.

COMENTÁRIOS

Alternativa correta. Letra "b". Os partidos políticos são entidades de direito privado, sendo livre a possibilidade de criação, extinção ou fusão de partidos. Desta forma, a referida fusão não precisa ser previamente autorizada pela Justiça Eleitoral, tampouco pelo Ministério Público ou pela Câmara dos Deputados. Tal possibilidade também não viola o princípio do pluripartidarismo, uma vez que a possibilidade de criação de outros partidos continua a existir (responde as demais).

42. (CESPE – Técnico Judiciário – Área Administrativa – TRE-MS/2013) Assinale a opção correta acerca da Lei nº 9.096/1995, que dispõe sobre partidos.

a) Para desligar-se de partido, o filiado deve encaminhar ao órgão de direção municipal seu pedido de desligamento, que, se negado, deverá ser apreciado pelo juiz eleitoral da zona em que for inscrito.

b) A decisão partidária no sentido do deferimento do cancelamento da filiação é necessária para que o vínculo com o partido torna-se extinto para todos os efeitos.

c) É proibida a filiação de um eleitor a um partido político antes de seu desligamento do outro partido ao qual era filiado.

d) A organização e o funcionamento dos partidos são determinados por lei específica.

e) Os órgãos de direção nacional de partidos políticos têm pleno acesso às informações de seus filiados constantes do cadastro eleitoral.

COMENTÁRIOS

Alternativa correta: letra "e". CORRETO. Previsão do art. 19, § 3º da lei dos partidos políticos.

Alternativa "a". ERRADO. Para desligar-se de partido, o filiado deve comunicar o desligamento ao órgão de direção municipal e ao Juiz Eleitoral da Zona em que for inscrito, conforme art. 21 da lei dos partidos políticos. Não se trata de um pedido, mas de uma mera comunicação, que, por evidente, não precisa ser deferida nem pelo partido nem pelo juiz.

Alternativa "b". ERRADO. Conforme comentado na proposição anterior, o partido não precisa anuir com o cancelamento da filiação.

Alternativa "c". ERRADO. Até a publicação da Lei nº. 12.891/13, caso um eleitor se filiasse a um partido político já sendo filiado a outro, caracterizava-se a dupla filiação. Atualmente, contudo, conforme previsão do parágrafo único do art. 22 da Lei nº. 9.096/95, com redação determinada pela lei nº. 12.891/13, " havendo coexistência de filiações partidárias, prevalecerá a mais recente, devendo a Justiça Eleitoral determinar o cancelamento das demais".

Alternativa "d". ERRADO. A organização e o funcionamento dos partidos são determinados pelo próprio partido, no âmbito de sua autonomia, conforme art. 3º da lei dos partidos políticos.

✦ DICAS

- No Brasil, de acordo com o estabelecido no artigo 17 da Constituição Federal de 1988, os partidos políticos são considerados protagonistas do diálogo democrático, sendo vedadas candidaturas de pessoas que não estejam filiadas a partidos políticos. Considerados pessoas jurídicas de direito privado, os partidos políticos têm suas atuações genericamente disciplinadas na Carta Magna, na Lei nº 9096/95 (Lei Geral dos Partidos Políticos), além da própria Lei nº 9.504/97 (Lei das Eleições), que, no seu artigo sexto, disciplina a formação das coligações partidárias.
- De acordo com o caput do artigo 17 da Carta Magna, "é livre a criação, fusão, incorporação e extinção de partidos políticos, resguardados a soberania nacional, o regime democrático, o pluripartidarismo e os direitos fundamentais da pessoa humana". Ainda de acordo com o artigo 17, deverão ser observados, no funcionamento dos partidos políticos no país, o caráter nacional; a proibição de recebimento de recursos financeiros de entidade ou governo estrangeiro ou de subordinação a estes; a prestação de contas à Justiça Eleitoral e o funcionamento parlamentar de acordo com a lei.
- Assegura, ainda, a Constituição Federal, autonomia aos partidos políticos para definir sua estrutura e organização interna, liberdade para a adoção dos critérios de escolha e regime de suas coligações eleitorais, bem como direito a recursos do fundo partidário, acesso gratuito ao rádio e à televisão, na forma da lei, e vedação à utilização de organização paramilitar.

Etapas para a formação de um partido político no Direito brasileiro:	
1ª Etapa	requerimento do registro de partido político, dirigido ao cartório competente do registro civil das pessoas jurídicas do seu local de sede, subscrito por, no mínimo, 101 fundadores, com domicílio eleitoral em, no mínimo, 1/3 dos estados, acompanhado de: 1) cópia autenticada da ata da reunião de fundação do partido; 2) exemplares do Diário Oficial que publicou, no seu inteiro teor, o programa e o estatuto; 3) relação de todos os fundadores com o nome completo, naturalidade, número do título eleitoral com a zona, seção, município e estado, profissão e residência; 4) nome e função dos dirigentes provisórios e o endereço da sede do partido na capital federal.
2ª Etapa	efetuação, pelo oficial do registro civil, do registro do partido no livro correspondente, com a consequente expedição de certidão de inteiro teor.
3ª Etapa	obtenção do apoiamento mínimo de eleitores, correspondente a, pelo menos, meio por cento dos votos dados na última eleição geral, não computados os votos em branco e os nulos, distribuídos por um terço, ou mais, dos estados, com um mínimo de um décimo por cento do eleitorado que haja votado em cada um deles.
4ª Etapa	promoção do registro do estatuto do partido junto ao TSE, através de requerimento acompanhado de exemplar autenticado de inteiro teor do programa e do estatuto partidários, inscritos no registro civil; certidão do registro civil da pessoa jurídica; certidões dos cartórios eleitorais que comprovem ter o partido obtido o apoiamento mínimo de eleitores.
	Não havendo eventuais falhas no processo, o TSE registra o estatuto do partido no prazo de trinta dias.

- o partido deverá, para obter o seu registro junto ao Tribunal Superior Eleitoral, possuir caráter nacional, em conformidade com o disposto no art. 7º, I, da Lei nº 9096/95, buscando o apoiamento mínimo. Antes disso, no entanto, o partido deverá requerer seu registro no cartório do registro civil de pessoas jurídicas do local de sua sede (novidade estabelecida pela Lei 13.877/2019), quando adquirirá personalidade jurídica
- DOCUMENTOS NECESSÁRIOS PARA O REGISTRO DE PARTIDO POLÍTICO NO CARTÓRIO DO REGISTRO CIVIL DE PESSOAS JURÍDICAS DO DF I – Requerimento dirigido ao cartório do Registro Civil das Pessoas Jurídicas do local de sua sede, subscrito por 101 fundadores, com domicílio em 1/3 dos estados; II – Cópia autenticada da ata da reunião de fundação do partido; III – Exemplares do Diário Oficial que publicou, no seu inteiro teor, o programa e estatuto do novo partido; IV – Relação de todos os fundadores com o nome completo, naturalidade, número do título eleitoral com zona,

seção, município e estado, profissão e endereço da residência. V – Nome e função dos dirigentes provisórios e endereço da sede no território nacional.

- o partido comunica ao Tribunal Superior Eleitoral a constituição e eventuais alterações de seus órgãos de direção nacional e nomes dos respectivos integrantes, e aos tribunais regionais eleitorais quando se tratar de órgãos de direção estaduais, municipais ou zonais
- Após o recebimento da comunicação de constituição dos órgãos de direção regionais e municipais, definitivos ou provisórios, o Tribunal Superior Eleitoral, na condição de unidade cadastradora, deverá proceder à inscrição, ao restabelecimento e à alteração de dados cadastrais e da situação cadastral perante o CNPJ na Secretaria Especial da Receita Federal do Brasil. (Redação dada pela Lei nº 14.063, de 2020)
- Na hipótese de fusão, a existência legal do novo partido tem início com o registro, no Ofício Civil competente da sede do novo partido, do estatuto e do programa, cujo requerimento deve ser acompanhado das atas das decisões dos órgãos competentes. Em 2021, o STF julgou a ADI 6044/DF, analisando a constitucionalidade de regra introduzida pela Lei 13.107/2015 na Lei dos Partidos Políticos (Lei 9.096/1995) que impede a fusão ou a incorporação de legendas criadas há menos de cinco anos. Segundo o STF, é **vedada a fusão ou incorporação de partidos políticos que tenham obtido o registro definitivo do Tribunal Superior Eleitoral há menos de 5 anos.** A Constituição Federal (CF) garante a liberdade para a criação, fusão, incorporação e extinção de partidos políticos, a eles assegurando a autonomia. Mas não há liberdade absoluta, tampouco autonomia sem limitação. A norma legal impugnada não afeta, reduz ou condiciona a autonomia partidária, porque o espaço de atuação livre dos partidos políticos conforma-se a normas jurídicas postas para a definição das condições pelas quais se pode dar a criação, ou recriação por fusão ou incorporação, de partido sem intervir no seu funcionamento interno. Com base nesse entendimento, o Plenário, por unanimidade, converteu o julgamento da medida cautelar em definitivo de mérito para julgar improcedente a presente ação direta e declarar.
- No caso de **incorporação**, por sua vez, caberá ao partido incorporando deliberar, por maioria absoluta de votos, em seu órgão nacional de deliberação, sobre a adoção do estatuto e do programa de outra agremiação. Adotados o estatuto e o programa do partido incorporador, realizar-se-á a eleição do novo órgão de direção nacional, em reunião conjunta dos órgãos nacionais de deliberação. Após, o instrumento formalizador da incorporação deverá ser levado ao ofício civil competente do seu local de sede nacional para que seja procedido o cancelamento do registro do partido incorporado. De acordo com o artigo 3º da Emenda Constitucional nº 111, publicada em 2021, até que entre em vigor lei específica sobre o tema, nos processos de incorporação de partidos políticos, as sanções eventualmente aplicadas aos órgãos partidários regionais e municipais do partido incorporado, inclusive as decorrentes de prestações de contas, bem como as de responsabilização de seus antigos dirigentes, não serão aplicadas ao partido incorporador nem aos seus novos dirigentes, exceto aos que já integravam o partido incorporado. No mesmo sentido, nas anotações relativas às alterações dos estatutos dos partidos políticos, serão objeto de análise pelo Tribunal Superior Eleitoral apenas os dispositivos objeto de alteração.
- A partir da publicação da Lei nº. 13.165/15, a colheita de assinatura de eleitores para o apoiamento mínimo necessário para o registro do partido no TSE deverá ocorrer durante o período de dois anos, exigência que não era prevista até então. O processo de criação de um novo partido, assim, será mais moroso do que aquele que era observado até a publicação da nova lei, quando não era exigido tal prazo. Como complemento a esta nova regra, o artigo 13 da Lei nº. 13.165/15, em regra de transição, deixa de exigir que o prazo mínimo de dois anos para o recolhimento das assinaturas necessárias ao apoiamento mínimo de eleitores para a criação de novos partidos políticos seja aplicado aos processos de criação de partidos já iniciados na data da promulgação dessa lei (29 de setembro de 2015), valendo, nesta hipótese, a legislação anterior.
- Em dezembro de 2019, respondendo a consulta formulada pelo partido político "Progressistas", o TSE, por 4 votos a 3, admitiu a possibilidade de apoiamento para a criação de partidos políticos por meio de assinaturas digitais, em procedimento a ser regulamentado pela corte oportunamente.

- O partido político não se equipara às entidades paraestatais."
- As atividades de direção exercidas nos órgãos partidários e em suas fundações e institutos, bem como as de assessoramento e as de apoio político-partidário, assim definidas em normas internas de organização, não geram vínculo de emprego, não sendo aplicável o regime jurídico previsto na Consolidação das Leis do Trabalho, aprovada pelo Decreto-Lei nº 5.452, de 1º de maio de 1943, quando remuneradas com valor mensal igual ou superior a 2 (duas) vezes o limite máximo do benefício do Regime Geral de Previdência Social.
- Poderá participar das eleições o partido que, até seis meses antes do pleito, tenha registrado seu estatuto no Tribunal Superior Eleitoral, conforme o disposto em lei, e tenha, até a data da convenção, órgão de direção constituído na circunscrição, de acordo com o respectivo estatuto (novidade da reforma eleitoral de 2017).
- Segundo o TSE, a limitação criada pela art. 2º da Lei 13.107/15, na parte que alterara os artigos 7º e 29 da Lei dos Partidos Políticos, quanto ao apoio para a criação de novos partidos, a qual ficaria restrita aos cidadãos sem filiação partidária, está em conformidade com o regramento constitucional relativo ao sistema representativo. A exigência temporal para se levar a efeito fusões e incorporações entre partidos assegura o atendimento do compromisso do cidadão com a sua opção partidária, o que evita o estelionato eleitoral ou a reviravolta política contra o apoio dos eleitores, então filiados. A norma distingue cidadãos filiados e não filiados para o exclusivo efeito de conferência de legitimidade do apoio oferecido à criação de novos partidos políticos. O objetivo único é a garantia de coesão, coerência e substância ao modelo representativo instrumentalizado pela atuação partidária. A disseminação de práticas antidemocráticas que vão desde a compra e venda de votos ao aluguel de cidadãos e de partidos inteiros, devem ser combatidas pelo legislador, sem prejuízo da autonomia partidária. Portanto, as normas objurgadas tendem a enfraquecer essa lógica mercantilista de prática política. Não se demonstrou ingerência estatal na autonomia constitucional dos partidos políticos.
- Segundo o novo § 7º do art. 29, com redação da Lei nº. 13.107/15 "havendo fusão ou incorporação, devem ser somados exclusivamente os votos dos partidos fundidos ou incorporados obtidos na última eleição geral para a Câmara dos Deputados, para efeito da distribuição dos recursos do Fundo Partidário e do acesso gratuito ao rádio e à televisão". Este novo dispositivo, contudo, logo foi declarado inconstitucional, tendo em vista o julgamento da ADI 5105, em 01 de outubro de 2015.

- Apenas após o registro no TSE, garante-se ao partido o recebimento de recursos do fundo partidário, o acesso gratuito ao rádio e TV e a exclusividade da sua denominação, sigla e símbolos, bem como a possibilidade de participar de eleições.
- Fica cancelado, junto ao ofício civil e ao Tribunal Superior Eleitoral, o registro do partido que, na forma de seu estatuto, se dissolva, se incorpore ou venha a se fundir a outro.
- O STF julgando as ADINs nos. 1351-3 e 1.354-8, ajuizadas pelo PC do B e pelo PSC, respectivamente, declarou a inconstitucionalidade do artigo 13 da Lei nº 9.096/95, derrubando a cláusula de barreira, em 07/12/2006, por decisão unânime. Com a Emenda Constitucional 97/17, a previsão de uma cláusula de desempenho voltou a ser prevista, válida a partir das eleições de 2018, conforme nova redação do art. 17 da Constituição Federal.
- Os partidos políticos são pessoas jurídicas de direito privado, com autonomia e regidos por seus respectivos estatutos. A Lei Geral dos Partidos Políticos, no entanto, respeitando a liberdade inerente a cada partido para fixar seu programa, objetivos políticos, estrutura interna, organização e funcionamento, impõe algumas regras de observância obrigatória às agremiações partidárias, que, necessariamente, deverão ser contempladas em seus programas e estatutos. Assim, o estatuto do partido deverá conter, dentre outras, normas sobre seu nome, denominação abreviada, sede na capital federal, filiação e desligamento dos seus membros, direitos e deveres dos seus filiados, modo de organização e administração, fidelidade e disciplina partidárias, condições e formas de escolha de seus candidatos a cargos e funções eletivas, finanças e contabilidade, critérios

de distribuição dos recursos do fundo partidário entre os órgãos de nível municipal, estadual e nacional e procedimentos de reforma do programa e do estatuto.

- Fidelidade partidária é o instituto de direito público que relaciona não apenas o mandatário ao seu partido político, mas sim ao próprio eleitor que, ao elegê-lo, escolheu também votar em determinado partido. O infiel, assim, deverá perder o mandato eletivo.
- Indisciplina partidária é o instituto de direito privado, que relaciona os partidos políticos aos seus filiados. Nos termos do estatuto do partido, o filiado indisciplinado deverá ser advertido, suspenso, ou até mesmo expulso do partido, sem que tal fato, no entanto, acarrete a perda de eventual mandato que esteja exercendo. O que está em jogo, tão somente, é a relação do filiado com o partido político, e o respeito a questões *interna corporis* da agremiação partidária.
- Em resposta à consulta nº 1398, formulada pelo antigo Partido da Frente Liberal (PFL), o TSE firmou entendimento que os mandatos de deputados e vereadores pertencem aos partidos políticos. Posteriormente, foi formulada pelo deputado federal Nilson Mourão (PT-AC), ao TSE, a consulta nº 1.407, em resposta da qual foi estendida aos titulares de mandatos majoritários (presidente da república, vice-presidente, governador, vice-governador, prefeito, vice-prefeito e senador) a possibilidade de perda de mandato eletivo por prática de atos de infidelidade partidária. Em maio de 2015, contudo, o STF, em decisão bastante questionável, no julgamento da ADI 5018, entendeu que o princípio da fidelidade partidária não mais se aplica aos detentores de mandatos eleitos pelo sistema majoritário, sob pena, segundo a Corte Maior "de violação da soberania popular e das escolhas feitas pelo eleitor".
- Por meio da Resolução nº 22.610, o TSE disciplinou o procedimento de perda de mandato eletivo por infidelidade partidária. O STF declarou a constitucionalidade da resolução.
- De acordo com a resolução nº 22.610, são legitimados para propor a ação de perda de mandato por infidelidade partidária o partido político, no prazo de 30 dias, e, após, em novo prazo de trinta dias, o Ministério Público e demais interessados jurídicos.
- A competência para processar e julgar ações de perda de mandato eletivo de deputados federais, senadores, presidente e vice-presidente da república é do TSE. Já as relativas a mandatos de governador, vice-governador, prefeito, vice-prefeito, deputado estadual e vereador são de competência dos tribunais regionais eleitorais.
- Considerava-se justa causa para a troca de partido, sem perda de mandato por infidelidade partidária, de acordo com a Resolução TSE nº. 22.610, a saída do partido para fundação de novo partido, a fusão ou incorporação do partido do mandatário a outro partido político, a grave discriminação pessoal sofrida pelo mandatário e praticada por seu partido, bem como a mudança substancial ou o desvio reiterado do programa partidário. Com a publicação da Lei nº. 13.165/15, e a criação do art. 22-A da Lei nº. 9.096/95, finalmente foi instituída a disciplina legal do instituto da fidelidade partidária, uma vez que, até então, infraconstitucionalmente, a matéria era disciplinada, tão somente, pela Resolução TSE nº. 22.610/07. Como novidade maior, o inciso III do art. 22-A trouxe a possibilidade de uma janela para a troca de partido por mandatários, durante o período de trinta dias que antecede o prazo de filiação exigido em lei para concorrer à eleição, majoritária ou proporcional, ao término do mandato vigente. As demais hipóteses, previstas nos incisos I e II, já eram previstas como situações autorizadoras da troca de partido, sem perda do mandato político, pela Resolução do TSE. Por outro lado, a hipótese também prevista na resolução de troca de partido para fundar partido novo por parte do mandatário, sem perda do mandato, não foi reproduzida pela lei nº. 13.165/15.
- Só há possibilidade de condenação de mandatários a perda de mandato por infidelidade partidária relativas a desfiliações consumadas após 27/03/2007, em se tratando de mandatários eleitos pelo sistema proporcional, e 16/10/2007, em se tratando de mandatários eleitos pelo sistema majoritário.

– Com a publicação da Lei nº. 13.165/15, e a criação do art. 22-A da Lei nº. 9.096/95, finalmente foi instituída a disciplina legal do instituto da fidelidade partidária, uma vez que, até então, infraconstitucionalmente, a matéria era disciplinada, tão somente, pela Resolução TSE nº. 22.610/07. Como novidade maior, o inciso III do art. 22-A trouxe a possibilidade de uma janela para a troca de partido por mandatários, durante o período de trinta dias que antecede o prazo de filiação exigido em lei para concorrer à eleição, majoritária ou proporcional, ao término do mandato vigente. Assim, por exemplo, nas eleições municipais, apenas vereadores poderão utilizar-se dessa janela. Já nas eleições gerais, deputados poderão fazê-lo, sendo vedada tal prática aos vereadores.

- Em 18 de fevereiro de 2016, com a promulgação da Emenda Constitucional nº 91, foi estabelecida uma regra excepcional, válida apenas para as eleições 206, referente à citada janela: a nova emenda permitiu a qualquer detentor de mandato eletivo, de forma excepcional, desligar-se do partido pelo qual foi eleito nos trinta dias seguintes à promulgação da referida Emenda Constitucional (ou seja, no período de 19 de fevereiro a 19 de março de 2016), sem prejuízo do mandato, não sendo essa desfiliação considerada para fins de distribuição dos recursos do Fundo Partidário e de acesso gratuito ao tempo de rádio e televisão. Uma emenda, portanto, puramente casuística, que afronta o princípio da fidelidade partidária. Assim, naquele ano, deputados puderam trocar de partido na referida janela, mesmo sem estar em fim de mandato. Essa regra não se aplica mais.
- Em 2021, com a publicação da Emenda Constitucional 111, o Congresso Nacional deu mais um passo rumo à total impunidade relativa aos atos de infidelidade partidária. alterando o § 6º ao artigo 17 da Constituição Federal. Segundo o dispositivo constitucional alteado, os Deputados Federais, os Deputados Estaduais, os Deputados Distritais e os Vereadores que se desligarem do partido pelo qual tenham sido eleitos perderão o mandato, salvo nos casos de anuência do partido ou de outras hipóteses de justa causa estabelecidas em lei, não computada, em qualquer caso, a migração de partido para fins de distribuição de recursos do fundo partidário ou de outros fundos públicos e de acesso gratuito ao rádio e à televisão. Em resumo: para não perder o mandato por infidelidade partidária, basta que o parlamentar que deseje migrar de partido obtenha a concordância do seu partido, afastando-se, assim, a legitimidade do Ministério Público para a propositura de representação por infidelidade.
- Segundo o TSE, acusações de atos de corrupção praticados por dirigentes do partido não são suficientes para configurar hipótese de justa causa para desfiliação partidária consistente na mudança substancial ou desvio reiterado do programa partidário, prevista no art. 22-A, I, da Lei nº 9.096/1995. Em seu voto, o Ministro Mauro Campbell Marques (relator) ressaltou que, segundo a jurisprudência do TSE, o pedido de desfiliação com fundamento em desvio reiterado de programa partidário, previsto no art. 22-A, I, da Lei dos Partidos Políticos, somente pode ser deferido quando comprovado por fatos que, praticados de forma ostensiva, vão de encontro à ideologia da agremiação, devendo ter caráter nacional, e não apenas regional ou local (Ação de Justificação de Desfiliação Partidária/Perda de Cargo Eletivo nº 0601837-37, Rio de Janeiro/RJ, rel. Min. Mauro Campbell Marques, julgada na sessão virtual de 13 a 19/8/2021)

• De acordo com o art. 14, § 3º, V da Constituição Federal de 1988, é condição de elegibilidade a filiação partidária. Cabe à lei 9.096/95, então, disciplinar esta condição de elegibilidade, estabelecendo as normas relativas à filiação partidária no seu capítulo IV do título II. (arts. 16 a 22).

- Deferido internamente o pedido de filiação, o partido político, por seus órgãos de direção municipais, regionais ou nacional, deverá inserir os dados do filiado no sistema eletrônico da Justiça Eleitoral, que automaticamente enviará aos juízes eleitorais, para arquivamento, publicação e cumprimento dos prazos de filiação partidária para efeito de candidatura a cargos eletivos, a relação dos nomes de todos os seus filiados, da qual constará a data de filiação, o número dos títulos eleitorais e das seções em que estão inscritos. Nos casos de mudança de partido de filiado eleito, a Justiça Eleitoral deverá intimar pessoalmente a agremiação partidária e dar-lhe ciência da saída do seu filiado, a partir do que passarão a ser contados os prazos para ajuizamento das ações cabíveis. Este procedimento é uma inovação estabelecida a partir da nova redação do art. 19 da Lei 9.096/95, formulada pela lei 13.877/19, acabando com a antiga previsão de obrigatoriedade de informação por parte dos partidos políticos, à Justiça Eleitoral, da sua lista atualizada de filiados, nos meses de abril e outubro, prevista na anterior redação do art. 19.

- Em 20 de agosto de 2019 o TSE aprovou a resolução 23.596/19 criando o sistema FILIA e estabelecendo procedimentos para a filiação e desfiliação de cidadãos a partidos políticos. Em 2021, a publicação da Resolução TSE 23.668/21 promoveu uma série de alterações na Resolução 23.596/19. De acordo com a Resolução TSE 23.596/19 e suas alterações posteriores, somente poderá filiar-se a partido político o eleitor que estiver no pleno gozo de seus direitos políticos (Lei nº 9.096/1995, art. 16), ressalvada a possibilidade de filiação do eleitor considerado inelegível, considerando-se deferida, para todos os efeitos, a filiação partidária com o atendimento das regras estatutárias do partido.
- Para concorrer a cargo eletivo, o eleitor deverá estar filiado ao respectivo partido político pelo prazo mínimo definido em lei. O partido político pode estabelecer, em seu estatuto, para a candidatura a cargos eletivos, prazos de filiação partidária superiores aos definidos em lei, os quais não poderão ser alterados no ano da eleição. filiação partidária poderá ser requerida a qualquer órgão partidário, observadas as regras do estatuto do partido político.
- O FILIA, desenvolvido pela Secretaria de Tecnologia da Informação do Tribunal Superior Eleitoral (TSE) e integrado ao Sistema de Gerenciamento de Informações Partidárias (SGIP), será utilizado em todo o território nacional para anotação das filiações partidárias a que se refere o art. 19 da Lei nº 9.096/1995. s informações referentes a filiações efetuadas perante os órgãos partidários, independentemente da abrangência, quando admitidas pelo estatuto do partido, deverão ser inseridas no FILIA com a finalidade de comunicação à Justiça Eleitoral. Observadas as disposições estatutárias, qualquer órgão partidário poderá registrar as filiações no sistema FILIA.
- Ainda no que se refere ao dispositivo constitucional que impõe a filiação partidária como condição de elegibilidade (art. 14, § 3º, I), vale destacar a polêmica tese segundo a qual tal dispositivo seria incompatível com a Convenção Interamericana dos Direitos Humanos (Pacto de San Jose da Costa Rica), o que permitiria, na visão de muitos, a candidatura avulsa. A matéria, inclusive, encontra-se em discussão no Supremo Tribunal Federal, tendo sido suscitada a repercussão geral no Agravo em Recurso Extraordinário ARE 1054490. No referido ARE 1054490, argumentou-se, como fundamento de uma suposta inconvencionalidade do disposto no art. 14, § 3º, V da Constituição Federal, que a regra constitucional violaria o direito fundamental de candidatura independente, a dignidade humana, a liberdade de associação e o Pacto de San Jose da Costa Rica, que, em seu artigo 23, assim dispõe:

    Artigo 23 do Pacto San Jose da Costa Rica – Direitos políticos

    1. Todos os cidadãos devem gozar dos seguintes direitos e oportunidades:

    a) de participar da condução dos assuntos públicos, diretamente ou por meio de representantes livremente eleitos;

    b) de votar e ser eleito em eleições periódicas, autênticas, realizadas por sufrágio universal e igualitário e por voto secreto, que garantam a livre expressão da vontade dos eleitores; e

    c) de ter acesso, em condições gerais de igualdade, às funções públicas de seu país.

    2. A lei pode regular o exercício dos direitos e oportunidades, a que se refere o inciso anterior, exclusivamente por motivo de idade, nacionalidade, residência, idioma, instrução, capacidade civil ou mental, ou condenação, por juiz competente, em processo penal.

- Em análise à jurisprudência internacional, no caso Castañeda Gutman versus México (2006), a Corte Interamericana, interpretando o artigo 23 do Pacto de San Jose da Costa Rica, decidiu que a indicação por partidos políticos aos cargos eletivos é proporcional como critério de organização dos processos eleitorais, sendo uma escolha política constitucional. Ao estabelecer o princípio do pluralismo político como fundamento constitucional, o legislador constituinte almejou garantir a democratização do poder, a representação das minorias e a pluralidade de ideias, pressupostos de uma democracia partidária. O sistema político brasileiro, portanto, fundamenta-se em uma escolha constitucional que privilegia a democracia partidária, cujo fundamento teórico encontra-se na obra "Democracia", de Hans Kelsen, quando o jurista austríaco difunde a célebre frase segundo a qual "somente a hipocrisia poderia fundamentar uma democracia sem partidos políticos". O sistema político brasileiro, fundado no pluralismo político, baseia-se em premissas inclusivas de minorias, como o sistema proporcional, nas eleições para a Câmara dos Deputados, assembleias legislativas e câmaras de vereadores, e consequentemente, um sistema multipartidário, propugnador da representatividade e da legitimidade dessas minorias. É importante, contudo, acompanhar o desenrolar desta discussão, a qual poderá, talvez, viabilizar as candidaturas avulsas no Brasil.

- Até o dia 30 de junho (regra estabelecida pela reforma eleitoral de 2019) do ano seguinte, os partidos políticos estão obrigados a enviar, anualmente, à Justiça Eleitoral, balanços contábeis do exercício findo. O balanço contábil do órgão nacional deverá ser enviado ao TSE, os dos órgãos estaduais aos respectivos TREs e o dos órgãos municipais aos juízes eleitorais. No ano em que ocorrerem eleições, o partido deverá enviar balancetes mensais à Justiça Eleitoral durante os quatro meses anteriores e os dois meses posteriores ao pleito.
- De acordo com o artigo 31 da Lei nº 9.096/95, o partido político não pode receber, sob qualquer forma ou pretexto, contribuição em dinheiro, ou estimável em dinheiro, inclusive através de publicidade de qualquer espécie, procedente de: I – entidade ou governo estrangeiros; II – autoridade ou órgãos públicos, ressalvadas as originadas do fundo partidário; III – autarquias; IV – empresas públicas; V – concessionárias de serviços públicos; VI – sociedades de economia mista; VII – fundações instituídas em virtude de lei e para cujos recursos concorram órgãos ou entidades governamentais; VIII – entidade de classe ou sindical.
- Como forma de colaborar financeiramente para o funcionamento dos partidos políticos, a Lei nº 9.096/95 estabeleceu, nos artigos 38 e seguintes, o Fundo Especial de Assistência Financeira aos Partidos Políticos, também chamado de Fundo Partidário, constituído pelos seguintes recursos:

Recursos constitutivos do Fundo Partidário
I – multas e penalidades pecuniárias aplicadas nos termos do Código Eleitoral e leis conexas;
II – recursos financeiros que lhe forem destinados por lei, em caráter permanente ou eventual;
III – doações de pessoas físicas ou jurídicas, efetuadas por intermédio de depósitos bancários, diretamente na conta do Fundo Partidário (por cheque cruzado ou depósito bancário na conta do partido);
IV – dotações orçamentárias da União, em valor nunca inferior, cada ano, ao número de eleitores inscritos em 31 de dezembro do ano anterior ao da proposta orçamentária, multiplicados por trinta e cinco centavos de real, em valores de agosto de 1995.

De acordo com o previsto no artigo 44 da lei nº. 9.096/95, que sofreu importantes alterações com a publicação da Lei nº 13.165/15, os **recursos oriundos do Fundo Partidário deverão ser aplicados da seguinte forma**:

Forma de aplicação dos recursos oriundos do Fundo Partidário (art. 44 da Lei nº 9.096/95)
I. na manutenção das sedes e serviços do partido, permitido o pagamento de pessoal, a qualquer título, observado, do total recebido, os seguintes limites: a) 50% (cinquenta por cento) para o órgão nacional; b) 60% (sessenta por cento) para cada órgão estadual e municipal;
II. na propaganda doutrinária e política;
III. no alistamento e campanhas eleitorais;
IV. na criação e manutenção de instituto ou fundação de pesquisa e de doutrinação e educação política, sendo esta aplicação de, no mínimo, vinte por cento do total recebido;
V – na criação e manutenção de programas de promoção e difusão da participação política das mulheres, criados e executados pela Secretaria da Mulher ou, a critério da agremiação, por instituto com personalidade jurídica própria presidido pela Secretária da Mulher, em nível nacional, conforme percentual que será fixado pelo órgão nacional de direção partidária, observado o mínimo de 5% (cinco por cento) do total;

VI – no pagamento de mensalidades, anuidades e congêneres devidos a organismos partidários internacionais que se destinem ao apoio à pesquisa, ao estudo e à doutrinação política, aos quais seja o partido político regularmente filiado;
VII – no pagamento de despesas com alimentação, incluindo restaurantes e lanchonetes.
VIII – na contratação de serviços de consultoria contábil e advocatícia e de serviços para atuação jurisdicional em ações de controle de constitucionalidade e em demais processos judiciais e administrativos de interesse partidário, bem como nos litígios que envolvam candidatos do partido, eleitos ou não, relacionados exclusivamente ao processo eleitoral IX – (VETADO); X – na compra ou locação de bens móveis e imóveis, bem como na edificação ou construção de sedes e afins, e na realização de reformas e outras adaptações nesses bens; XI – no custeio de impulsionamento, para conteúdos contratados diretamente com provedor de aplicação de internet com sede e foro no País, incluída a priorização paga de conteúdos resultantes de aplicações de busca na internet, mediante o pagamento por meio de boleto bancário, de depósito identificado ou de transferência eletrônica diretamente para conta do provedor, o qual deve manter conta bancária específica para receber recursos dessa natureza, proibido nos 180 (cento e oitenta) dias anteriores à eleição.

- Os partidos que não tenham observado a aplicação de recursos prevista no inciso V do **caput** do art. 44 da Lei 9.096/95 (incentivo à participação política feminina) nos exercícios anteriores a 2019, e que tenham utilizado esses recursos no financiamento das candidaturas femininas até as eleições de 2018, não poderão ter suas contas rejeitadas ou sofrer qualquer outra penalidade (regra determinada pela Lei 13.831/2019). Além disso, os partidos que, nos termos da legislação anterior à publicação da Lei 13.831/2019, ainda possuam saldo em conta bancária específica conforme o disposto no § 5º-A do art. 44 da Lei 9.096/95 poderão utilizá-lo na criação e na manutenção de programas de promoção e difusão da participação política das mulheres até o exercício de 2020, como forma de compensação.
- Também de acordo com regra estabelecida pela Lei 13.831/2019, ficam anistiadas as devoluções, as cobranças ou as transferências ao Tesouro Nacional que tenham como causa as doações ou contribuições feitas em anos anteriores por servidores públicos que exerçam função ou cargo público de livre nomeação e exoneração, desde que filiados a partido político

  A Lei nº. 13.165, de 29 de setembro de 2015, trouxe uma série de novidades no que se refere ao processo de arrecadação de recursos e prestação de contas pelos partidos políticos. Assim, por exemplo, ao revogar o § 3º do art. 32 da Lei nº. 9.096/95, a reforma eleitoral de setembro de 2015 acabou com a obrigatoriedade do partido político, em ano eleitoral, enviar balancetes mensais à Justiça Eleitoral, durante os quatro meses anteriores e os dois meses posteriores ao pleito. Importante também destacar que o novo § 5º do referido artigo 32 ressaltou que a desaprovação da prestação de contas do partido não enseja sanção alguma que o impeça de participar do pleito eleitoral, restringindo, portanto, as possibilidades de sanção possíveis de ser impostas aos partidos que não fazem a gerência de suas contas adequadamente. O novo caput do art.34 da Lei Geral dos Partidos Políticos, por sua vez, retirou, da Justiça Eleitoral, o papel de fiscal da escrituração contábil do partido político, preservando, contudo, a fiscalização sobre a prestação de contas do partido e das despesas de campanha eleitoral. Os novos incisos I e V, bem como o novo § 1º do referido artigo, por outro lado, reproduziram previsão expressa em vários dispositivos inovadores trazidos pela lei nº. 13.165/15, extinguindo a figura do comitê partidário nas campanhas eleitorais. Já o inciso II, que previa a responsabilização pessoal dos dirigentes do partido, no âmbito cível e criminal, por quaisquer irregularidades nas contas dos partidos foi revogado.
- Eventuais descontos nos futuros repasses do Fundo partidário, como consequência da sanção prevista no novo caput do art. 37, deverão ocorrer, segundo o § 3º, de forma proporcional e razoável, pelo período de um a doze meses. A sanção a que se refere o **caput** deste artigo deverá ser aplicada de forma proporcional e razoável, pelo período de 1 (um) a 12 (doze) meses, e o pagamento deverá ser feito por meio de desconto nos futuros repasses de cotas do fundo partidário

a, no máximo, 50% (cinquenta por cento) do valor mensal, desde que a prestação de contas seja julgada, pelo juízo ou tribunal competente, em até 5 (cinco) anos de sua apresentação, vedada a acumulação de sanções. O cumprimento da sanção aplicada a órgão estadual, distrital ou municipal somente será efetivado a partir da data de juntada aos autos do processo de prestação de contas do aviso de recebimento da citação ou intimação, encaminhada, por via postal, pelo Tribunal Regional Eleitoral ou Juízo Eleitoral ao órgão partidário hierarquicamente superior (regras estabelecidas a partir da reforma eleitoral de 2019, lei 13.877/2019)

- A nova redação do § 3º do art. 39 da Lei Geral dos Partidos Políticos, por sua vez, ao instituir o seu novo inciso III, possibilitou que as doações de recursos financeiros a partidos políticos possam vir a ser realizadas mediante mecanismo disponível em sítio do partido na internet que permita o uso de cartão de crédito ou de débito, o que não era possível, até então. Com a reforma eleitoral de 2019 (Lei 13.877/2019), estabeleceu-se a possibilidade de doações mediante emissão **on-line** de boleto bancário ou, ainda, convênios de débitos em conta. Além disso, As instituições financeiras devem oferecer aos partidos políticos pacote de serviços bancários que agreguem o conjunto dos serviços financeiros, e a mensalidade desse pacote não poderá ser superior à soma das tarifas avulsas praticadas no mercado, conforme previsto no § 8º do art. 39 da Lei 9.096/95, com redação determinada pela Lei 13.877/2019.
- Os órgãos partidários municipais que não tenham movimentado recursos financeiros ou arrecadado bens estimáveis em dinheiro ficam desobrigados de prestar contas à Justiça Eleitoral e de enviar declarações de isenção, declarações de débitos e créditos tributários federais ou demonstrativos contábeis à Receita Federal do Brasil, bem como ficam dispensados da certificação digital, exigindo-se do responsável partidário, até o dia 30 de junho, a apresentação de declaração da ausência de movimentação de recursos no respectivo período anterior. Por determinação da Lei 13.831/2019, o Tribunal Superior Eleitoral, na condição de unidade cadastradora, deverá proceder à reativação da inscrição perante o CNPJ na Secretaria Especial da Receita Federal do Brasil dos órgãos partidários municipais referidos no § 4º deste artigo que estejam com a inscrição baixada ou inativada, após o recebimento da comunicação de constituição de seus órgãos de direção regionais e municipais, definitivos ou provisórios. (Redação dada pela Lei nº 14.063, de 2020). O requerimento indicará se a agremiação partidária pretende a efetivação imediata da reativação da inscrição pela Secretaria Especial da Receita Federal do Brasil ou a partir de 1º de janeiro de 2020, hipótese em que a efetivação será realizada sem a cobrança de quaisquer taxas, multas ou outros encargos administrativos relativos à ausência de prestação de contas. As decisões da Justiça Eleitoral nos processos de prestação de contas não ensejam, ainda que desaprovadas as contas, a inscrição dos dirigentes partidários no Cadastro Informativo dos Créditos não Quitados do Setor Público Federal (Cadin).
- Os partidos que não tenham observado a aplicação de recursos prevista no inciso V do **caput** do art. 44 da Lei 9.096/95 (incentivo à participação política feminina) nos exercícios anteriores a 2019, e que tenham utilizado esses recursos no financiamento das candidaturas femininas até as eleições de 2018, não poderão ter suas contas rejeitadas ou sofrer qualquer outra penalidade (regra determinada pela Lei 13.831/2019). Além disso, Os partidos que, nos termos da legislação anterior à publicação da Lei 13.831/2019, ainda possuam saldo em conta bancária específica conforme o disposto no § 5º-A do art. 44 da Lei 9.096/95 poderão utilizá-lo na criação e na manutenção de programas de promoção e difusão da participação política das mulheres até o exercício de 2020, como forma de compensação.
- Também de acordo com regra estabelecida pela Lei 13.831/2019, ficam anistiadas as devoluções, as cobranças ou as transferências ao Tesouro Nacional que tenham como causa as doações ou contribuições feitas em anos anteriores por servidores públicos que exerçam função ou cargo público de livre nomeação e exoneração, desde que filiados ao partido político.

  Os partidos podem comunicar ao Tribunal Superior Eleitoral até o 1º (primeiro) dia útil do mês de junho a renúncia ao FEFC, vedada a redistribuição desses recursos aos demais partidos (regra estabelecida pela Lei 13.877/2019).

No que se refere ao inciso III do art. 16-D (que prevê que 48% (quarenta e oito por cento) do FEFC será dividido entre os partidos, na proporção do número de representantes na Câmara dos Deputados, consideradas as legendas dos titulares), a reforma eleitoral de 2019 ainda estabeleceu que a distribuição dos recursos entre os partidos terá por base o número de representantes eleitos para a Câmara dos Deputados na última eleição geral, ressalvados os casos dos detentores de mandato que migraram em razão de o partido pelo qual foram eleitos não ter cumprido os requisitos previstos no § 3º do art. 17 da Constituição Federal (cláusula de desempenho).

No mesmo sentido, a reforma eleitoral de 2019 determinou que os 15% (quinze por cento do FEFC, a ser dividido entre os partidos, na proporção do número de representantes no Senado Federal, terá por base o número de representantes eleitos para o Senado Federal na última eleição geral, bem como os Senadores filiados ao partido que, na data da última eleição geral, encontravam-se nº 1º (primeiro) quadriênio de seus mandatos.

- Se antes da lei nº. 13.165/15 a falta de prestação de contas implicava a suspensão de novas cotas do Fundo Partidário e sujeitava os responsáveis às penas da lei, agora tal procedimento implicará, tão somente, a suspensão de novas cotas do Fundo Partidário enquanto perdurar a inadimplência, mantendo-se a sujeição dos responsáveis às penas da lei. A nova redação do § 3º do art. 39 da Lei Geral dos Partidos Políticos, por sua vez, ao instituir o seu novo inciso III, possibilitou que as doações de recursos financeiros a partidos políticos possam vir a ser realizadas mediante mecanismo disponível em sítio do partido na internet que permita o uso de cartão de crédito ou de débito, o que não era possível, até então. Para que tal forma de doação seja possível, contudo, será necessário que tal mecanismo permita a identificação do doador e emita, obrigatoriamente, recibo eleitoral para cada doação realizada.

• De acordo com o disposto no artigo 17 da Constituição Federal de 1988, os partidos políticos têm direito a acesso gratuito ao rádio e a TV. A partir de 2018, a propaganda partidária foi extinta, conforme a reforma eleitoral de 2017. Em 03 de janeiro de 2022, foi promulgada a Lei nº. 14.291/22, restabelecendo a propaganda partidária gratuita no rádio e na TV nos semestres não eleitorais, já válida para o primeiro semestre de 2022, uma vez que se trata de regra de direito partidário, e não de direito eleitoral, não abrangida, portanto, pelo princípio da anualidade, previsto no artigo 16 da Constituição Federal.

- De acordo com a Lei 14.291/2022, a propaganda partidária gratuita mediante transmissão no rádio e na televisão será realizada entre as 19h30 (dezenove horas e trinta minutos) e as 22h30 (vinte e duas horas e trinta minutos), em âmbito nacional e estadual, por iniciativa e sob a responsabilidade dos respectivos órgãos de direção partidária (art. 50-A da Lei 9.096/95, estabelecido pela Lei 14.291/2022).

- As transmissões serão em bloco, em cadeia nacional ou estadual, por meio de inserções de 30 (trinta) segundos, no intervalo da programação normal das emissoras. O órgão partidário respectivo apresentará à Justiça Eleitoral requerimento da fixação das datas de formação das cadeias nacional e estaduais.

- A formação das cadeias nacional e estaduais será autorizada respectivamente pelo Tribunal Superior Eleitoral e pelos Tribunais Regionais Eleitorais, que farão a necessária requisição dos horários às emissoras de rádio e de televisão. A critério do órgão partidário nacional, as inserções em redes nacionais poderão veicular conteúdo regionalizado, com comunicação prévia ao Tribunal Superior Eleitoral.

- Se houver coincidência de data, a Justiça Eleitoral dará prioridade ao partido político que apresentou o requerimento primeiro. As inserções serão entregues às emissoras com a antecedência mínima acordada e em mídia com tecnologia compatível com a da emissora recebedora. As inserções a serem feitas na programação das emissoras serão determinadas: I – pelo Tribunal Superior Eleitoral, quando solicitadas por órgão de direção nacional de partido político; e II – pelo Tribunal Regional Eleitoral, quando solicitadas por órgão de direção estadual de partido político. Em cada rede somente serão autorizadas até 10 (dez) inserções de 30 (trinta) segundos por dia.

- As inserções deverão ser veiculadas pelas emissoras de rádio e de televisão no horário estabelecido no caput, divididas proporcionalmente dentro dos intervalos comerciais no decorrer das 3 (três) horas de veiculação, da seguinte forma: I – na primeira hora de veiculação, no máximo 3 (três) inserções; II – na segunda hora de veiculação, no máximo 3 (três) inserções; III – na terceira hora de veiculação, no máximo 4 (quatro) inserções. É vedada a veiculação de inserções sequenciais, observado obrigatoriamente o intervalo mínimo de 10 (dez) minutos entre cada veiculação. As inserções serão veiculadas da seguinte forma: I – as nacionais: nas terças-feiras, quintas-feiras e sábados; II – as estaduais: nas segundas-feiras, quartas-feiras e sextas-feiras
- O partido político com estatuto registrado no Tribunal Superior Eleitoral poderá divulgar propaganda partidária gratuita mediante transmissão no rádio e na televisão, por meio exclusivo de inserções, para: I – difundir os programas partidários; II – transmitir mensagens aos filiados sobre a execução do programa partidário, os eventos com este relacionados e as atividades congressuais do partido; III – divulgar a posição do partido em relação a temas políticos e ações da sociedade civil; IV – incentivar a filiação partidária e esclarecer o papel dos partidos na democracia brasileira; V – promover e difundir a participação política das mulheres, dos jovens e dos negros.
- Os partidos políticos que tenham cumprido as condições estabelecidas no § 3º do art. 17 da Constituição Federal terão assegurado o direito de acesso gratuito ao rádio e à televisão, na proporção de sua bancada eleita em cada eleição geral, nos seguintes termos: I – o partido que tenha eleito acima de 20 (vinte) Deputados Federais terá assegurado o direito à utilização do tempo total de 20 (vinte) minutos por semestre para inserções de 30 (trinta) segundos nas redes nacionais, e de igual tempo nas emissoras estaduais; II – o partido que tenha eleito entre 10 (dez) e 20 (vinte) Deputados Federais terá assegurado o direito à utilização do tempo total de 10 (dez) minutos por semestre para inserções de 30 (trinta) segundos nas redes nacionais, e de igual tempo nas emissoras estaduais; III – o partido que tenha eleito até 9 (nove) Deputados Federais terá assegurado o direito à utilização do tempo total de 5 (cinco) minutos por semestre para inserções de 30 (trinta) segundos nas redes nacionais, e de igual tempo nas redes estaduais.
- O tempo total disponível para o partido político, no mínimo 30% (trinta por cento) deverão ser destinados à promoção e à difusão da participação política das mulheres. Nos anos de eleições, as inserções somente serão veiculadas no primeiro semestre.
- Ficam vedadas nas inserções: I – a participação de pessoas não filiadas ao partido responsável pelo programa; II – a divulgação de propaganda de candidatos a cargos eletivos e a defesa de interesses pessoais ou de outros partidos, bem como toda forma de propaganda eleitoral; III – a utilização de imagens ou de cenas incorretas ou incompletas, de efeitos ou de quaisquer outros recursos que distorçam ou falseiem os fatos ou a sua comunicação; IV – a utilização de matérias que possam ser comprovadas como falsas (*fake news*); V – a prática de atos que resultem em qualquer tipo de preconceito racial, de gênero ou de local de origem; VI – a prática de atos que incitem a violência. Tratando-se de propaganda partidária no rádio e na televisão, o partido político que descumprir estas regras será punido com a cassação do tempo equivalente a 2 (duas) a 5 (cinco) vezes o tempo da inserção ilícita, no semestre seguinte.
- A representação, que poderá ser oferecida por partido político ou pelo Ministério Público Eleitoral, será julgada pelo Tribunal Superior Eleitoral quando se tratar de inserções nacionais e pelos Tribunais Regionais Eleitorais quando se tratar de inserções transmitidas nos Estados correspondentes. O prazo para o oferecimento da representação encerra-se no último dia do semestre em que for veiculado o programa impugnado ou, se este tiver sido transmitido nos últimos 30 (trinta) dias desse período, até o 15º (décimo quinto) dia do semestre seguinte. Da decisão do Tribunal Regional Eleitoral que julgar procedente a representação, cassando o direito de transmissão de propaganda partidária, caberá recurso para o Tribunal Superior Eleitoral, que será recebido com efeito suspensivo.
- Para agilizar os procedimentos, condições especiais podem ser pactuadas diretamente entre as emissoras de rádio e de televisão e os órgãos de direção do partido, obedecidos os limites estabelecidos nesta Lei, dando-se conhecimento ao Tribunal Eleitoral da respectiva jurisdição. A propa-

ganda partidária no rádio e na televisão fica restrita aos horários gratuitos disciplinados nesta Lei, com proibição de propaganda paga.

- O artigo 50-E da Lei 9.096/95, que seria incluído pela Lei 14.291/2022, estabelecendo compensações fiscais para as empresas de radiodifusão pela cessão do horário partidário no rádio e na TV, como ocorria até 2017, foi vetado pelo presidente Jair Bolsonaro. Tal veto ainda não havia sido apreciado pelo Congresso Nacional quando do fechamento desta edição.
- Com a publicação da lei nº 12.875/13, a redação do artigo 41-A da lei nº 9.096/95 sofreu pequena alteração, tendo sido o antigo caput dividido em dois incisos. Além disso, foi incluído o parágrafo único, estabelecendo que, para a distribuição dos 95% dos recursos do Fundo partidário para distribuição entre todos os partidos com estatutos registrados no TSE, na proporção dos votos obtidos na última eleição para a Câmara Federal, "serão desconsideradas as mudanças de filiação partidária, em quaisquer hipóteses, ressalvado o disposto no § 6º do art. 29", o qual, por sua vez, determina que "havendo fusão ou incorporação, devem ser somados exclusivamente os votos dos partidos fundidos ou incorporados obtidos na última eleição geral para a Câmara dos Deputados, para efeito da distribuição dos recursos do Fundo Partidário e do acesso gratuito ao rádio e à televisão". Buscou-se, dessa forma, evitar-se uma prática muito comum recentemente, vislumbrada principalmente quando da criação de novos partidos políticos e acatada pela JURISPRUDÊNCIA do TSE: a transferência de tempo de propaganda e recursos do Fundo Partidário de partidos já existentes para novos partidos, na proporção das incorporações de perda e ganho respectivo de bancadas na Câmara Federal a partir da criação destas novas legendas. Partidos que perdiam deputados para novas agremiações partidárias estavam perdendo também recursos financeiros e tempo de rádio e TV. É de destacar, contudo, que a Lei nº. 12.875/2013 foi declarada inconstitucional pelo Supremo Tribunal Federal no julgamento da ADI nº. 5015, ocorrido em setembro de 2015.
- O Plenário do TSE julgou inconstitucionais os artigos 1º e 2º da Lei 12.875/13, que, ao promoverem alterações nas leis 9.096/95 e 9.504/97, restringiram, aos novos partidos políticos, criados após a realização das eleições para a Câmara dos Deputados, qualquer acesso aos recursos do Fundo Partidário, bem como qualquer tempo destinado a propaganda eleitoral. De início, o Colegiado destacou que as disposições ora impugnadas decorreriam de superação legislativa da interpretação conferida pelo STF ao art. 47, § 2º, II, da Lei 9.504/97 (ADI 4430 e ADI 4795). A análise da justificação do projeto de lei que desaguara na norma supracitada revelaria a inaptidão dos fundamentos ali expendidos para legitimar a reversão da interpretação fixada pelo STF.
- Com a publicação da Lei nº. 13.165/15, algumas importantes novidades foram instituídas, referentes à utilização, pelos partidos políticos, dos recursos oriundos do Fundo Partidário. Assim, o novo inciso I do art. 41-A da Lei nº. 9.096/95, a exemplo de outros que tiveram suas redações alteradas pela Lei nº. 13.165/15, passou a possibilitar restrições ao recebimento de recursos do Fundo Partidário a partidos políticos que não venham a atender requisitos constitucionais de acesso ao Fundo Partidário. Atualmente, o requisito necessário, conforme previsão do art. 17 da CF/1988, é o registro do partido no TSE. Dispõe o referido dispositivo legal, com redação conferida pela Lei nº. 13.165/15, que, dos valores arrecadados pela União para a manutenção do benefício, "5% (cinco por cento) serão destacados para entrega, em partes iguais, a todos os partidos que atendam aos requisitos constitucionais de acesso aos recursos do Fundo Partidário". O novo inciso I do art. 44 da Lei Geral dos Partidos Políticos cria, por meio da nova alínea "b", um limite mais amplo, de 60% dos recursos oriundos do Fundo Partidário, para uso dos órgãos estaduais e municipais dos partidos políticos para fins de pagamento de pessoal. Até então, este limite era de 50%. O novo inciso V do art. 44, por sua vez, prevê a possibilidade dos partidos políticos criarem secretarias da mulher, com a finalidade de gerir programas de promoção e difusão da participação política feminina, mister que poderá ser cumprindo, também, por instituto ou fundação de pesquisa mantidos pelo partido para a doutrinação e educação política. O percentual mínimo de utilização de 5% dos recursos do Fundo Partidário para o incentivo à participação feminina na política, já previsto na legislação anterior, foi preservado. De se destacar, também, o novo § 5º-A, incluído pela Lei nº. 13.165/15, o qual prevê que os partidos políticos que não aplicarem o percentual de 5% do Fundo Partidário em ações de incentivo à participação feminina na política, conforme o inciso V, deverão transferir

o respectivo saldo para conta específica, sendo vedada sua aplicação para finalidade diversa, de modo que o saldo remanescente deverá ser aplicado dentro do exercício financeiro subsequente, sob pena de acréscimo de 12,5% (doze inteiros e cinco décimos por cento) do valor previsto, a ser aplicado na mesma finalidade. Por fim, o novo § 7º do artigo 44 prevê que o partido político, por meio da sua secretaria da mulher, ou, inexistindo esta, através da fundação de pesquisa e de doutrinação e educação política, poderá acumular os recursos a que se refere o inciso V do caput em diferentes exercícios financeiros, mantidos em contas bancárias específicas, para utilização futura em campanhas eleitorais de candidatas do partido.

- De acordo com o disposto no artigo 17, § 1º da Constituição Federal, os partidos políticos têm autonomia para "adotar os critérios de escolha e os regimes de suas coligações eleitorais, sem obrigatoriedade de vinculação entre as candidaturas em âmbito nacional, estadual, distrital ou municipal".
- É durante a realização das convenções partidárias, realizadas entre os dias 20 de julho e 05 de agosto do ano eleitoral, que os partidos políticos deliberam sobre a realização ou não de coligações com outras agremiações partidárias, em conformidade com a Constituição Federal de 1988 (art. 17, § 1º) e a Lei das Eleições (Lei nº 9.504/97), a qual, em seu artigo 6º, estabelece as regras relativas ao funcionamento das coligações partidárias, conceituadas como "acordos entre dois ou mais partidos para apresentação à eleição da mesma ou das mesmas candidaturas". Uma vez coligado, o partido político somente possui **legitimidade para atuar de forma isolada no processo eleitoral** quando questionar a validade da própria coligação, durante o período compreendido entre a data da convenção e o termo final do prazo para a impugnação do registro de candidatos, segundo norma expressa no § 4º do artigo 6º da lei nº. 9.504/97, incluído pela lei nº. 12.034/09, **encerrando uma antiga polêmica** acerca das prerrogativas dos partidos políticos coligados, ao dispor que os mesmos somente possuem legitimidade para atuar de forma isolada no processo eleitoral quando questionarem a validade da própria coligação, durante o período compreendido entre a data da convenção e o termo final do prazo para a impugnação do registro de candidatos. Tal disposição, dessa forma, se coaduna com o disposto no § 1º do mesmo artigo, que estabelece que **serão atribuídas à coligação "as prerrogativas e obrigações de partido político** no que se refere ao processo eleitoral", devendo a mesma atuar "como um só partido no relacionamento com a Justiça Eleitoral e no trato dos interesses interpartidários".

- Enquanto a formação de coalizões entre partidos políticos em sistemas pluripartidários, tanto no parlamentarismo como no presidencialismo, pode ser considerada como algo normal e necessário, a instituição volátil de coligações partidárias com finalidades meramente eleitorais, alheias a qualquer espécie de coerência programática ou ideológica, como ocorre no Brasil, se apresenta como um fato preocupante à estabilidade democrática, em um regime político que se propõe a fortalecer os partidos políticos como ventríloquos sociais. Não por outro motivo, as críticas ao atual regime jurídico das coligações eleitorais no Brasil têm sido constantes, como observado. O debate em torno da extinção ou, pelo menos, da alteração do modelo de coligações eleitorais vigentes no país, a partir, por exemplo, da substituição dessas por federações partidárias, revela-se, portanto, como um dos mais relevantes no âmbito da agenda das reformas institucionais, guardando relações não apenas com a necessidade de fortalecimento do sistema partidário, mas também com temas correlatos, como sistemas eleitorais e sistemas de governo. A Emenda Constitucional nº. 97, de 04 de outubro de 2017, modificou os §§ 1º, 3º e 5º do art. 17 da Constituição a fim de estabelecer limites e vedações à formação de coligações eleitorais, ao acesso a recursos do Fundo Partidário e ao exercício de propaganda política no rádio e na televisão.

  De acordo com o novo § 1º do artigo 17 da Constituição:

  > *É assegurada aos partidos políticos autonomia para definir sua estrutura interna e estabelecer regras sobre escolha, formação e duração de seus órgãos permanentes e provisórios e sobre sua organização e funcionamento e para adotar os critérios de escolha e o regime de suas coligações nas eleições majoritárias, vedada a sua celebração nas eleições proporcionais, sem obrigatoriedade de vinculação entre as candidaturas em âmbito nacional, estadual, distrital ou municipal, devendo seus estatutos estabelecer normas de disciplina e fidelidade partidária.*

- Como se observa, a nova redação do referido dispositivo constitucional fez menção expressa à autonomia partidária para o estabelecimento de regras sobre escolha, formação e duração de seus órgãos permanentes e provisórios, algo que não era expressamente previsto na redação constitucional anterior, a qual apenas fazia menção à autonomia partidária de forma vaga.

- Além disso, como principal novidade, o novo texto constitucional vedou a celebração de coligações eleitorais nas eleições proporcionais (vereadores e deputados). De acordo com o disposto originalmente no artigo 17, § 1º da Constituição Federal, os partidos políticos tinham autonomia para "adotar os critérios de escolha e os regimes de suas coligações eleitorais, sem obrigatoriedade de vinculação entre as candidaturas em âmbito nacional, estadual, distrital ou municipal". Com a reforma eleitoral de 2017, o Congresso Nacional parece, enfim, ter conseguido superar as barreiras impostas historicamente ao tema do fim das coligações eleitorais, pelo menos no âmbito das eleições proporcionais. Para 2018, entretanto, as coligações nas eleições para deputados estaduais, distritais e federais continuaram a existir, uma vez que regras de transição, para o novo regime de coligações, foram impostas pelo legislador reformador. Assim, conforme previsão do artigo 2º da Emenda Constitucional nº. 97, "a vedação à celebração de coligações nas eleições proporcionais, prevista no § 1º do art. 17 da Constituição Federal, aplicar-se-á a partir das eleições de 2020".

- Foi acrescentado o parágrafo único ao artigo 3º da Lei nº 9.096/95, determinando que "é assegurada aos candidatos, partidos políticos e coligações autonomia para definir o cronograma das atividades eleitorais de campanha e executá-lo em qualquer dia e horário, observados os limites estabelecidos em lei". Entendemos que tal alteração não traz nenhuma novidade ao processo eleitoral, uma vez que, obviamente, tal autonomia já era implicitamente prevista.

- Foi acrescentado o parágrafo único ao artigo 15-A da Lei nº 9.096/95, estabelecendo norma processual quanto à competência para demanda judiciais em face de diretório nacional de partido político nas ações cíveis e trabalhistas, Dispõe a nova norma que "o órgão nacional do partido político, quando responsável, somente poderá ser demandado judicialmente na circunscrição especial judiciária da sua sede, inclusive nas ações de natureza cível ou trabalhista".

- Foi acrescentado pela Lei nº 12.891/13 o inciso V e alterada a redação do parágrafo único do artigo 22 da Lei Geral dos Partidos Políticos, modificando, de forma relevante, a disciplina jurídica do cancelamento de filiação partidária por parte daquele que se filia a outro partido. Segundo o novo inciso V, será imediatamente cancelada a inscrição partidária daquele que se filiar a outro partido, desde que tal fato venha a ser comunicado ao juiz eleitoral da zona respectiva. Assim, abole-se a necessidade, neste caso, de comunicação, por parte do cidadão, de tal fato ao seu partido originário. O novo parágrafo único, por sua vez, estabelece nova disciplina para os casos de duplicidade de filiação. Doravante, a filiação partidária mais recente prevalece sobre as anteriores, ao contrário do que previa a legislação, a qual determinava que na ocorrência de dupla filiação, ambas seriam consideradas nulas para todos os efeitos.

- A Lei nº. 13.165, de 29 de setembro de 2015, trouxe uma importante novidade, no que se refere ao prazo para a filiação partidária, com vistas à disputa eleitoral. A filiação ao partido político é uma das condições de elegibilidade previstas no artigo 14, § 3º da Constituição Federal de 1988. A escolha do legislador constituinte por esta regra denota a importância dos partidos políticos para o sistema político brasileiro, o qual não admite, portanto, candidaturas avulsas, dando aos partidos políticos, assim, o papel de protagonistas do processo democrático, organizadores do debate público e legítimos representantes do pluralismo político, interpretado como o princípio constitucional fundamental norteador da democratização do poder. Embora preveja a filiação partidária como condição de elegibilidade, a Constituição de 1988 não prevê expressamente qual seria o prazo mínimo desta filiação, delegando à legislação ordinária esta definição. É a Lei das Eleições (Lei 9.504/97), em seu artigo 9º, que define qual o prazo geral mínimo de filiação partidária exigível para que alguém possa disputar uma eleição. Vale destacar, neste sentido, que o prazo do referido artigo é o prazo mínimo geral de filiação, podendo cada partido, no exercício da sua respectiva autonomia, exigir prazos maiores de filiação para a promoção de candidaturas dos seus respectivos filiados. Até a publicação da Lei nº. 13.165, em 29 de setembro de 2015, o artigo 9º da Lei das

Eleições previa que para concorrer às eleições, o candidato deveria possuir domicílio eleitoral na respectiva circunscrição e filiação partidária há pelo menos um ano, na data do pleito. Doravante, em regra válida a partir das as eleições municipais de 2016, o prazo para a filiação partidária dos pretensos candidatos foi alargado, podendo ocorrer até seis meses antes do pleito.

É vedado ao partido receber, direta ou indiretamente, sob qualquer forma ou pretexto, contribuição ou auxílio pecuniário ou estimável em dinheiro, inclusive através de publicidade de qualquer espécie, procedente de entes públicos e pessoas jurídicas de qualquer natureza, ressalvadas as dotações referidas no art. 38 da Lei 9.096/95 e as provenientes do Fundo Especial de Financiamento de Campanha.

- pessoas físicas que exerçam função ou cargo público de livre nomeação e exoneração, ou cargo ou emprego público temporário, ressalvados os filiados ao partido político não poderão fazer doações a partidos.
- A fundação ou instituto de direito privado, criado por partido político, destinado ao estudo e pesquisa, à doutrinação e à educação política, rege-se pelas normas da lei civil e tem autonomia para contratar com instituições públicas e privadas, prestar serviços e manter estabelecimentos de acordo com suas finalidades, podendo, ainda, manter intercâmbio com instituições não nacionais.
- Deferido internamente o pedido de filiação, o partido político, por seus órgãos de direção municipais, regionais ou nacional, deverá inserir os dados do filiado no sistema eletrônico da Justiça Eleitoral, que automaticamente enviará aos juízes eleitorais, para arquivamento, publicação e cumprimento dos prazos de filiação partidária para efeito de candidatura a cargos eletivos, a relação dos nomes de todos os seus filiados, da qual constará a data de filiação, o número dos títulos eleitorais e das seções em que estão inscritos. Nos casos de mudança de partido de filiado eleito, a Justiça Eleitoral deverá intimar pessoalmente a agremiação partidária e dar-lhe ciência da saída do seu filiado, a partir do que passarão a ser contados os prazos para ajuizamento das ações cabíveis.
- As atividades de direção exercidas nos órgãos partidários e em suas fundações e institutos, bem como as de assessoramento e as de apoio político-partidário, assim definidas em normas internas de organização, não geram vínculo de emprego, não sendo aplicável o regime jurídico previsto na Consolidação das Leis do Trabalho, aprovada pelo Decreto-Lei nº 5.452, de 1º de maio de 1943, quando remuneradas com valor mensal igual ou superior a 2 (duas) vezes o limite máximo do benefício do Regime Geral de Previdência Social
- A Lei 13.877/2019 estabeleceu que os partidos que não tenham observado a aplicação de recursos prevista no inciso V do **caput** do art. 44 desta Lei nos exercícios anteriores a 2019, e que tenham utilizado esses recursos no financiamento das candidaturas femininas até as eleições de 2018, não poderão ter suas contas rejeitadas ou sofrer qualquer outra penalidade. A não observância do disposto no inciso V do **caput** do art. 44 desta Lei até o exercício de 2018 não ensejará a desaprovação das contas. Foram ainda anistiadas, pela reforma eleitoral de 2019, as devoluções, as cobranças ou as transferências ao Tesouro Nacional que tenham como causa as doações ou contribuições feitas em anos anteriores por servidores públicos que exerçam função ou cargo público de livre nomeação e exoneração, desde que filiados a partido político
- Os gastos com passagens aéreas serão comprovados mediante apresentação de fatura ou duplicata emitida por agência de viagem, quando for o caso, e os beneficiários deverão atender ao interesse da respectiva agremiação e, nos casos de congressos, reuniões, convenções, palestras, poderão ser emitidas independentemente de filiação partidária segundo critérios **interna corporis**, vedada a exigência de apresentação de qualquer outro documento para esse fim.
- Embora juridicamente tenham caráter de pessoas jurídicas de direito privado, com autonomia de organização e funcionamento, os partidos políticos, a partir de decisão do TSE em maio de 2020, passaram a ser obrigados a reservar cotas de gênero para as suas comissões executivas e diretórios municipais, estaduais e federais. O Plenário do TSE, por unanimidade, respondeu afirmativamente a quesito de consulta formulada por senadora da República Benedita da Silva sobre reconhecer a

aplicabilidade do art. 10, § 3º, da Lei nº 9.504/1997, que trata da previsão de reserva de vagas para a disputa de candidaturas proporcionais, para a composição de comissões executivas de partidos políticos, bem como de seus diretórios nacionais, estaduais e municipais, de suas comissões provisórias e demais órgãos equivalentes. (Consulta nº. 06003816-39.2017. Rel. Min. Rosa Weber, julgada em 19.5.2020)

- O Plenário do Supremo Tribunal Federal (STF), por maioria de votos, julgou improcedente a Ação Direta de Inconstitucionalidade (ADI) 5311, ajuizada pelo Partido Republicano da Ordem Social (Pros) contra alterações introduzidas pela Lei 13.107/2015 nas regras para criação e fusão de legendas previstas na Lei dos Partidos Políticos (Lei 9.096/1995). A norma veda a contabilização de assinatura de eleitores filiados a outras legendas e impede a fusão ou a incorporação de partidos com menos de cinco anos. A decisão confirma o indeferimento de liminar pela Corte em setembro de 2015 (04 de março de 2020, Rel. Min. Cármen Lúcia)
- Segundo o TSE, em processo de prestação de contas, referente ao exercício financeiro de 2014, prevaleceu entendimento de que a Justiça Eleitoral é o órgão competente para apreciar as contas dos institutos criados por partidos políticos para pesquisa, doutrinação e educação política, no que se refere aos valores oriundos do Fundo Partidário. (Prestação de contas nº. 241-43, Brasília-DF, Rel. Min. Luís Felipe Salomão, julgado em 27.4.2020).No que se refere, por sua vez, à competência da Justiça Eleitoral para a análise das contas de fundações vinculadas a partidos políticos, existe, historicamente, uma divergência jurisprudencial. Em julgado de maio de 2020, o TSE decidiu que não cabe à Justiça Eleitoral fiscalizar o emprego de recursos pelas fundações mantidas pelos partidos políticos. O Ministro Edson Fachin, relator, asseverou que as fundações possuem "natureza única", com patrimônio afetado para o atingimento de um fim. Desse modo, o legislador infraconstitucional optou pela adoção de regime diferenciado de fiscalização, incumbindo o Ministério Público Fundacional da referida missão. (Prestação de Contas nº 237-06, Brasília/DF, rel. Min. Edson Fachin, julgada na sessão virtual de 22 a 28.5.2020).

  Ocorre que, ainda em 2020, em julgado de outubro, o TSE mudou de entendimento, decidindo que a partir do exercício financeiro de 2021, a Justiça Eleitoral será competente para processar e julgar as contas anuais envolvendo a aplicação de verbas do Fundo Partidário das fundações vinculadas aos partidos políticos (questão de ordem na prestação de contas nº. 192-65, julgada em 27.10.2020, Rel. Min. Luís Felipe Salomão).
- Durante o ano de 2021, discutiu-se bastante no Congresso Nacional a possibilidade de retorno das coligações proporcionais a partir das eleições 2022. Vencida, contudo, essa proposta, uma alternativa diferente terminou sendo aprovada, com a publicação da Lei 14.208: trata-se da possibilidade de criação de federações partidárias, a partir das quais partidos políticos poderão se unir em uma espécie de coligação duradoura e verticalizada, com duração superior à do processo eleitoral. De acordo com o art. 11-A da Lei 9.096/95, acrescido pela Lei 14.208/21, "Dois ou mais partidos políticos poderão reunir-se em federação, a qual, após sua constituição e respectivo registro perante o Tribunal Superior Eleitoral, atuará como se fosse uma única agremiação partidária", aplicando-se à federação todas as normas que regem o funcionamento parlamentar e a fidelidade partidária. A nova lei assegura, contudo, a preservação da identidade e da autonomia dos partidos integrantes de federação.
- A criação de federação obedecerá às seguintes regras: I – a federação somente poderá ser integrada por partidos com registro definitivo no Tribunal Superior Eleitoral; II – os partidos reunidos em federação deverão permanecer a ela filiados por, no mínimo, 4 (quatro) anos; III – a federação poderá ser constituída até a data final do período de realização das convenções partidárias; e IV – a federação terá abrangência nacional e seu registro será encaminhado ao Tribunal Superior Eleitoral. Caso um partido federado descumpra o prazo mínimo de adesão à federação (04 anos), rompendo o pacto, tal partido sofrerá vedação de ingressar em federação, de celebrar coligação nas 2 (duas) eleições seguintes e, até completar o prazo mínimo remanescente, de utilizar o fundo partidário. Na hipótese de desligamento de 1 (um) ou mais partidos, a federação continuará em funcionamento, até a eleição seguinte, desde que nela permaneçam 2 (dois) ou mais partidos.

- Perderá o mandato o detentor de cargo eletivo que se desfiliar, sem justa causa, de partido que integra federação. É vedada a formação de federação de partidos após o prazo de realização das convenções partidárias, com vistas à eleição subsequente.
- Proposta, pelo Partido Trabalhista Brasileiro (PTB), a ADI 7021, questionando a constitucionalidade das federações partidária, o Ministro Luís Roberto Barroso, relator da ADI, decidiu que as federações partidárias devem obter registro de estatuto até seis meses antes das eleições, mesmo prazo definido em lei para que qualquer legenda esteja registrada e apta a lançar candidatos, entendendo não ser inconstitucional a lei que estabeleceu a possibilidade de criação das federações.
- Em julgamento de 22 de setembro de 2021, o STF, julgamento o mérito da ADC 31/DF (rel. Min. Dias Tófoli), decidiu que não há responsabilidade solidária entre os diretórios partidários municipais, estaduais e nacionais pelo inadimplemento de suas respectivas obrigações ou por dano causado, violação de direito ou qualquer ato ilícito. Segundo o STF, a expressão "caráter nacional", contida no art. 17, I, da Constituição Federal (CF) (1) não guarda relação com a regra de responsabilidade. Mesmo inseridos na estrutura organizacional da mesma pessoa jurídica, os diretórios partidários dispõem de considerável autonomia administrativa, financeira, operacional e funcional e, por conseguinte, possuem liberdade e capacidade jurídica para praticar atos civis. Dessa forma, não é incompatível com a CF a previsão legal da responsabilidade exclusiva desses órgãos partidários pelos atos que individualmente praticarem.

✦ CONHECENDO A JURISPRUDÊNCIA

1. SÚMULAS DO TSE APLICÁVEIS

▸ Súmula nº 20

Segundo a Súmula nº 20 do TSE, "A falta do nome do filiado ao partido na lista por este encaminhada à Justiça Eleitoral, nos termos do art. 19 da Lei nº 9.096, de 19.9.95, pode ser suprida por outros elementos de prova de oportuna filiação".

2. JULGADOS DO STF

▸ Jurisprudência 01

A Constituição da República assegura a livre criação, fusão e incorporação de partidos políticos. Liberdade não é absoluta, condicionando-se aos princípios do sistema democrático-representativo e do pluripartidarismo. São constitucionais as normas que fortalecem o controle quantitativo e qualitativo dos partidos, sem afronta ao princípio da igualdade ou qualquer ingerência em seu funcionamento interno. O requisito constitucional do caráter nacional dos partidos políticos objetiva impedir a proliferação de agremiações sem expressão política, que podem atuar como "legendas de aluguel", fraudando a representação, base do regime democrático. [ADI 5.311 MC, rel. min. **Cármen Lúcia**, j. 30-9-2015, P, *DJE* de 4-2-2016.]

▸ Jurisprudência 02

Ofensa aos princípios fundamentais democrático e da igualdade política. Premissas teóricas. Postura particularista e expansiva da Suprema Corte na salvaguarda dos pressupostos democráticos. Sensibilidade da matéria, afeta que é ao processo político-eleitoral. Autointeresse dos agentes políticos. Ausência de modelo constitucional cerrado de financiamento de campanhas. Constituição-moldura. Normas fundamentais limitadoras da discricionariedade legislativa. Pronunciamento do Supremo Tribunal Federal que não encerra o debate constitucional em sentido amplo. Diálogos institucionais. Última palavra provisória. Mérito. Doação por pessoas jurídicas. Inconstitucionalidade dos limites previstos na legislação (2% do faturamento bruto do ano anterior à eleição). (...). Captura do processo político pelo poder econômico. "Plutocratização" do prélio eleitoral. Limites de doação por naturais e uso de recursos próprios pelos candidatos. Compatibilidade material com os cânones democrático, republicano e da igualdade política. (...). Ação direta de inconstitucionalidade julgada parcialmente procedente para assentar apenas e tão somente a inconstitucionalidade parcial sem redução de texto do art. 31 da Lei 9.096/1995, na parte em que autoriza, a *contrario sensu*, a realização de doações por pessoas jurídicas a partidos políticos, e pela declaração de inconstitucionalidade das expressões "ou pessoa jurídica", constante no art. 38, III, e "e jurídicas", inserta no art. 39, *caput* e § 5º, todos os preceitos da Lei 9.096/1995. [ADI 4.650, rel. min. **Luiz Fux**, j. 17-9-2015, P, *DJE* de 24-2-2016.]

▸ **Jurisprudência 03**

Direito constitucional e eleitoral. Direito de antena e de acesso aos recursos do fundo partidário às novas agremiações partidárias criadas após a realização das eleições. Reversão legislativa à exegese específica da Constituição da República pelo Supremo Tribunal Federal nas ADI 4.490 e 4.795, rel. min. Dias Toffoli. Interpretação conforme do art. 47, § 2º, II, da Lei das Eleições, a fim de salvaguardar aos partidos novos, criados após a realização do pleito para a Câmara dos Deputados, o direito de acesso proporcional aos dois terços do tempo destinado à propaganda eleitoral gratuita no rádio e na televisão. Lei 12.875/2013. Teoria dos diálogos constitucionais. Arranjo constitucional pátrio conferiu ao STF a última palavra provisória (viés formal) acerca das controvérsias constitucionais. Ausência de supremacia judicial em sentido material. Justificativas descritivas e normativas. Precedentes da Corte chancelando reversões jurisprudenciais (análise descritiva). Ausência de instituição que detenha o monopólio do sentido e do alcance das disposições constitucionais. Reconhecimento *prima facie* de superação legislativa da jurisprudência pelo constituinte reformador ou pelo legislador ordinário. Possibilidade de as instâncias políticas autocorrigirem-se. Necessidade de a Corte enfrentar a discussão jurídica *sub judice* à luz de novos fundamentos. Pluralismo dos intérpretes da Lei Fundamental. Direito constitucional fora das Cortes. Estímulo à adoção de posturas responsáveis pelos legisladores. *Standards* de atuação da Corte. Emendas Constitucionais desafiadoras da jurisprudência reclamam maior deferência por parte do tribunal, podendo ser invalidadas somente nas hipóteses de ultraje aos limites insculpidos no art. 60, CRFB/88. Leis ordinárias que colidam frontalmente com a jurisprudência da Corte (*leis in your face*) nascem presunção *iuris tantum* de inconstitucionalidade, notadamente quando a decisão ancorar-se em cláusulas superconstitucionais (cláusulas pétreas). Escrutínio mais rigoroso de constitucionalidade. Ônus imposto ao legislador para demonstrar a necessidade de correção do precedente ou que os pressupostos fáticos e axiológicos que lastrearam o posicionamento não mais subsistem (hipótese de mutação constitucional pela via legislativa). [ADI 5.105, rel. min. **Luiz Fux**, j. 1º-10-2015, P, *DJE* de 16-3-2016.]

3. JULGADOS DO TSE

▸ **Jurisprudência 01**

Não compete à Justiça Eleitoral o julgamento de ação anulatória de ato de intervenção entre órgãos do mesmo partido. Recurso especial não conhecido. (Ac. 16.413, de 16.8.01, do TSE).

▸ **Jurisprudência 02**

Recurso especial. Pedido de anotação de órgão partidário. Incompetência do juiz eleitoral. Inexistência de violação de disposição legal. A competência para proceder às anotações de órgãos partidários estadual, municipal ou zonal é dos TREs, e não do juízo da zona eleitoral. (Ac. 21.127 de 17.8.04, do TSE)

▸ **Jurisprudência 03**

Não compete a este Tribunal responder consultas relativas a funcionamento parlamentar de partidos políticos, por se tratar de matéria não eleitoral. Não conhecimento. (Res. 22.708, de 21.2.08, do TSE).

▸ **Jurisprudência 04**

Comprovada a filiação partidária, nos termos do art. 17 da Lei 9.096/95, satisfeita está a condição de elegibilidade, mesmo que o nome do candidato não conste da relação enviada pelo partido à Justiça Eleitoral. Recurso não conhecido. (Ac. 12.961/96 do TSE).

▸ **Jurisprudência 05**

Indefere-se o registro de candidato que, à época em que formulado o pedido, não comprovou a regular inscrição eleitoral e o deferimento de sua filiação partidária. Recurso desprovido. (Ac. 22.611, de 24.9.04, do TSE).

▸ **Jurisprudência 06**

A filiação partidária pressupõe a efetiva constituição do partido, ou seja, só pode ser manifestada após o registro no Tribunal Superior Eleitoral. 3. Para concorrer a cargo eletivo, o eleitor deverá estar filiado ao respectivo partido pelo menos um ano antes da data fixada para as eleições. Não se pode considerar, para fins de candidatura, o prazo que o eleitor figurava apenas como fundador ou apoiador na criação da legenda. (Ac. 76142, de 16.6.11, do TSE).

▸ Jurisprudência 07

É viável a comprovação da filiação partidária através da ficha de inscrição, mesmo que o nome do candidato não conste da lista encaminhada pelo partido à Justiça Eleitoral. 3. Recurso não provido. (Ac. 587, de 1.7.99, do TSE).

▸ Jurisprudência 08

Petição. Solicitação de que se verifique a possibilidade de revisão do Enunciado nº 14 da súmula desta Corte. A edição do Enunciado nº 14 da súmula do TSE deu-se em razão dos problemas surgidos com o advento da Lei nº 9.096/95 em substituição à antiga Lei nº 5.682/71 (LOPP), tendo em vista o disposto no art. 58 daquele diploma legal, que tratava do encaminhamento da primeira lista de filiados. Passados quase nove anos da vigência da Lei nº 9.096/95, não há mais razão para prevalecer aquela súmula, uma vez que não persiste a situação determinante da sua existência. Cancelada. (Res. 21885, de 17.8.04, do TSE)

▸ Jurisprudência 09

Filiação. Pedido. Eleitora. Inclusão. Lista. 1. Se consta do cadastro da Justiça Eleitoral registro da filiação de eleitora na agremiação partidária, o que foi corroborado por outros documentos acostados aos autos, deve ser reconhecida a regularidade da referida filiação. 2. Reconhecida a desídia do partido em incluir o nome da filiada na lista encaminhada à Justiça Eleitoral, correto o juízo eleitoral que deferiu o pleito formulado pela interessada, com base no art. 19, § 2º, da Lei nº 9.096/95. Recurso especial provido. (Ac. 35.793, de 26.11.09, do TSE).

▸ Jurisprudência 10

Recurso especial. Agravo Regimental. Registro de candidatura. Filiação partidária. Duplicidade. Não-ocorrência. O disposto no art. 21, parágrafo único, da Lei n° 9.096/95, não impõe àquele que pretende desfiliar-se de um partido a observância do interregno de 2 (dois) dias para filiar-se a outra agremiação partidária. Impõe, isto sim, que, para se desfiliar do primeiro partido, deve ser feita a comunicação escrita a esse e ao juiz eleitoral da zona em que for inscrito o candidato. Agravo regimental desprovido. (Ac. 17.369, de 21.11.00, do TSE).

▸ Jurisprudência 11

No procedimento destinado a verificar a duplicidade de filiações, que terá como conseqüência a nulidade de ambas, deve o interessado ser citado para apresentar defesa e intimado da decisão para poder oferecer recurso, caso queira. (Ac. 2.980, de 25.9.01, do TSE).

▸ Jurisprudência 12

O que se contém no inciso III, do artigo 31, da Lei 9.096/95, quanto às fundações, há de ser observado consideradas as fundações de natureza pública. [...] (Ac. 25.559, de 23.2.06, do TSE).

▸ Jurisprudência 13

Prestação de contas anual de partido político. Recurso especial. Direito intertemporal. 1. A jurisprudência deste Tribunal Superior, anterior ao advento da Lei nº 12.034/2009, pacificou – se no sentido do não cabimento de recurso em processo de prestação de contas, tendo em vista seu caráter administrativo. 2. A Lei nº 12.034/2009 acrescentou os §§ 4º e 6º ao art. 37 da Lei nº 9.096/95, prevendo expressamente o cabimento de recurso em processo de prestação de contas anual de partido político, inclusive dirigido ao Tribunal Superior Eleitoral. 3. Conforme já decidido pelo TSE, tais disposições têm eficácia imediata, dado o caráter processual, e aplicam-se aos processos em curso, admitindo-se o recurso desde que interposto na vigência da Lei nº 12.034/2009. 4. Não é cabível o recurso especial no processo de prestação de contas, se ele foi interposto antes da publicação da nova lei. Agravo regimental não provido. (Ac. 11153, de 3.2.11, do TSE)

▸ Jurisprudência 14

A exigência de abertura de conta bancária específica para registrar todo o movimento financeiro da agremiação, como previsto nos arts. 39, § 3º, e 43 da Lei nº 9.096/95, não contraria o princípio constitucional de autonomia dos partidos, constituindo elemento essencial no exame da regularidade e transparência da movimentação anual dos recursos pelos partidos políticos. 4. Agravo regimental desprovido. (Ac. 381380, de 15.9.11, do TSE)

▸ Jurisprudência 15

Prestação de contas. Desaprovação. Partido Político. 1. A extrapolação do limite dos gastos com pessoal definido no art. 44, I, da Lei nº 9.096/95 não pode configurar mera irregularidade em prestação de contas, sob pena de permitir ao partido gastar excessivamente recursos públicos, oriundos do fundo partidário, com pessoal. [...] (Ac. 16813, de 7.12.11, do TSE)

▸ Jurisprudência 16

Representação. Propaganda partidária. Crítica ao governo federal. Alegação de desvirtuamento. Pena de multa. Propaganda eleitoral antecipada. Ofensas não configuradas. Improcedência. Assertivas que, desferindo críticas ao governo quanto à gestão administrativa, guardam vínculo com a divulgação do posicionamento de partido de oposição relativamente a tema de interesse político-comunitário. Improcedente a representação quando não caracterizadas transgressões quanto à utilização do espaço destinado à veiculação de programa partidário e à realização de propaganda eleitoral extemporânea. (Ac. 869, de 20.3.07, do TSE).

▸ Jurisprudência 17

É assente o entendimento desta Corte Superior no sentido de autorizar, durante a propaganda partidária, a divulgação de informações sobre o desempenho de filiado no exercício de mandato eletivo, como forma de expor à população as idéias defendidas pelo partido político responsável pelo programa, desde que nela não ocorra explícita publicidade de teor eleitoral ou exclusiva promoção pessoal. (Ac. 1.232, de 24.5.07, do TSE).

▸ Jurisprudência 18

A jurisprudência desta Corte admite que haja, no programa partidário, a participação de filiados com destaque político, bem como a divulgação da atuação política de filiados, desde que não exceda o limite da discussão de temas de interesse político-comunitário, de modo que realize propaganda eleitoral antecipada em prol de determinada candidatura. Agravo regimental não provido. (Ac. 302736, de 10.2.11, do TSE)

▸ Jurisprudência 19

A promoção de pessoa filiada a partido diverso daquele responsável pelo programa configura prática que se expõe à penalidade de cassação do direito de transmissão. O uso do tempo de propaganda partidária para beneficiar político filiado a outra agremiação, com ostensiva intenção de concorrer a cargo eletivo no pleito a realizar-se no período eleitoral subseqüente, traduz falta gravíssima sujeita a sanção correspondente ao máximo previsto em lei: a cassação integral do tempo de transmissão a que o infrator faria jus no semestre seguinte, salvo quando o julgamento ocorrer em momento posterior a este último. (Ac. 921, de 8.3.07, do TSE).

▸ Jurisprudência 20

Constituem-se as coligações partidárias por interesse comum para finalidade determinada – disputar eleição específica. A desistência dos candidatos, sem que a coligação lhes indique substitutos, extingue a coligação. Sendo a coligação partidária pessoa jurídica *pro tempore* (Lei nº 9.504/97, art. 6º e seu § 1º), não se confunde com as pessoas individuais dos partidos políticos que a integram, ainda que todos. Os partidos políticos integrantes de uma coligação não a sucedem para o fim de substituição processual. A perda da legitimação da parte, implica extinção do processo sem julgamento do mérito (CPC, art. 267, VI). (Ac. 24.531, de 25.11.04, do TSE).

▸ Jurisprudência 21

Coligação assume todos os direitos e obrigações dos partidos no momento de sua constituição (art. 6º, § 1º, da Lei nº 9.504/97) até a realização das eleições, após o que, a agremiação partidária coligada terá legitimidade para agir isoladamente. (Ac. 25.547, de 7.12.06, do TSE, DJ de 21.2.07).

▸ Jurisprudência 22

Investigação judicial. Legitimidade ativa. Coligação. 1. A coligação é parte legítima para propor as ações previstas na legislação eleitoral, mesmo após a realização da eleição, porquanto os atos praticados durante o processo eleitoral podem ter repercussão até após a diplomação. 2. Com o advento das eleições, há legitimidade concorrente entre a coligação e os partidos que a compõem, para fins de ajuizamento dos meios de impugnação na Justiça Eleitoral, em face da eventual possibilidade de desfazimento dos interesses das agremiações que acordaram concorrer conjuntamente. 3. Essa interpretação é a que melhor preserva o interesse público de apuração dos ilícitos eleitorais, já que permite a ambos os legitimados – partidos isolados ou coligações – proporem, caso assim entendam, as demandas cabíveis após a votação. Agravo regimental a que se nega provimento. (Ac. 36398, de 4.5.10, do TSE)

▸ Jurisprudência 23

O art. 6º, § 3º, IV, da Lei nº 9.504/97, não confere capacidade postulatória a delegado de partido. 2. Para recorrer, em nome do candidato, contra acórdão que tenha indeferido pedido de registro, faz-se necessário que o delegado do partido demonstre sua condição de advogado e que seja juntada aos autos procuração lhe outorgando poderes. [...] (Ac. 26.587, de 20.9.06, do TSE).

4. RESOLUÇÕES DO TSE APLICÁVEIS

▸ Resolução nº 22.592/2007

Segundo o TSE (Res. nº 22.592/2007) o partido incorporador tem direito à percepção das cotas do Fundo Partidário devidas ao partido incorporado, anteriores à averbação do registro no TSE.

▸ Resolução nº 22.553/2007

Petição. Partido político. Partido federalista. Estatuto. Registro. Agremiação. Requisitos. Art. 7º da Lei nº 9.096/95. Exigência. Apoiamento. Eleitores. Art. 9º da mesma lei. Fichas. Assinaturas. Encaminhamento. Internet. Impossibilidade. 1. Conforme expressamente dispõe o art. 7º, § 1º, da Lei nº 9.096/95, só é admitido o registro do estatuto de partido político que tenha caráter nacional, considerando-se como tal aquele que comprove o apoiamento de eleitores conforme especificado nessa disposição legal. 2. Por sua vez, nos termos do art. 9º, § 1º, da Lei dos Partidos Políticos, a veracidade das assinaturas e do número dos títulos constantes das fichas de apoiamento de eleitores deve ser atestada pelo escrivão eleitoral. 3. Hipótese em que não há como se acolher pedido de encaminhamento de fichas de apoiamento de eleitores por meio da Internet, haja vista a exigência contida no art. 9º, § 1º, da Lei dos Partidos Políticos. Pedido indeferido. (Res. 22.553, de 14.6.07, do TSE).

▸ Resolução nº 23.382/2010

Resolução TSE 23.382/2010 – Disciplina a criação, organização, fusão, incorporação e extinção de partidos políticos.

▸ Resolução nº 21.570/2003

Resolução TSE nº 21.570/2003: filiação partidária proibida ao servidor da Justiça Eleitoral.

▸ Resolução nº 22.088/2005

Resolução TSE nº 22.088/2005: servidor da Justiça Eleitoral deve se exonerar para cumprir o prazo legal de filiação partidária, ainda que afastado do órgão de origem e pretenda concorrer em estado diverso de seu domicílio profissional.

▸ Resolução nº 20.614/2000

Consulta. Militar que passa a inatividade após o prazo limite de filiação partidária (art. 18 da lei 9.096/95). Elegibilidade. Se a passagem para a inatividade ocorre depois do prazo de um ano para filiação partidária, mas antes da escolha em convenção, deve o militar, no momento em que se torna inativo, cumprir a condição de elegibilidade pela filiação partidária. (Res. 20.614, de 4.5.00, do TSE).

▸ Resolução nº 22.610/07

A Resolução TSE nº 22.610 disciplina o procedimento de perda de mandato eletivo por prática de infidelidade partidária.

▸ Resolução nº 22.885/2008

Consulta. Fidelidade partidária. Incorporação de partido. Desfiliação. Partido incorporador. Justa causa. Não-caracterização. 1. A permissão para se desfiliar de partido político em caso de incorporação, levando o parlamentar o mandato (art. 1º, § 1º, inciso I, da Resolução nº 22.610/2007), só se justifica quando ele pertença ao partido político incorporado, e não ao incorporador. [...] (Res. 22885, de 5.8.08, do TSE)

▸ Resolução nº 22.089/2005

Consulta. Partido político. Registro. Estatuto. Cancelamento. Hipóteses. Um dos requisitos para concorrer a cargo eletivo é estar o eleitor filiado a partido político pelo menos um ano antes do pleito (art. 18 da Lei nº 9.096/95). Se o partido vier a ser extinto a menos de um ano das próximas eleições, seus filiados quedam-se impossibilitados de concorrer a esse pleito. (Res. 22.089, de 20.9.05, do TSE).

▸ Resolução nº 22.585/2007

Não é permitido aos partidos políticos receberem doações ou contribuições de titulares de cargos demissíveis *ad nutum* da administração direta ou indireta, desde que tenham a condição de autoridades. (Res. 22.585, de 6.9.07, do TSE).

▸ Resolução nº 23.126/2009

Segundo a Res. TSE nº 23.126/2009, os recursos recebidos pelos partidos políticos oriundos de fontes não identificadas devem ser recolhidos ao Fundo Partidário mediante Guia de Recolhimento da União (GRU).

▸ Resolução nº 22.807/2008

Os pedidos de transmissão de programa partidário devem ser formulados até o dia 1º de dezembro do ano anterior à veiculação, nos termos das Res.-TSE nos 20.034/97 e 20.479/99. 2. Conforme já decidiu o Tribunal (Agravo de Instrumento nº 2.175, rel. Min. Garcia Vieira, de 13.6.2000), a fixação de data, mediante resolução, para apresentação dos pedidos de formação de rede, não restringe direito dos partidos, nem ofende a Lei nº 9.096/95, pois esta deferiu ao Tribunal Superior Eleitoral competência para regular sua fiel execução. Pedido de reconsideração indeferido. (Res. 22807, de 20.5.08, do TSE)

▸ Resolução nº 22.503/2006

Com a edição da Res. TSE nº 22.503/2006, foi extinta a propaganda partidária regional.

▸ Resolução nº 22.580/2007

A formação de coligação constitui faculdade atribuída aos partidos políticos para a disputa do pleito, conforme prevê o art. 6º, caput, da Lei nº 9.504/97, tendo a sua existência caráter temporário e restrita ao processo eleitoral. (Res. 22.580, de 30.8.07, do TSE).

▸ Resolução nº 23.211/2010

Permite-se a formação de mais de uma coligação apenas para a eleição proporcional desde que entre partidos que integrem a coligação para o pleito majoritário, ao qual não é possível a celebração de mais de uma coligação. (Res. 23.211, de 23.2.10, do TSE).

Capítulo VII – Justiça Eleitoral e Ministério Público Eleitoral

✦ QUESTÕES

1. QUESTÕES DE CONCURSOS PARA A MAGISTRATURA ESTADUAL

01. (FGV – Juiz de Direito – TJ – PE/2022) A Justiça Eleitoral atua para garantir o exercício da democracia, cuidando de estabelecer diretrizes ético-jurídicas para que o processo eleitoral se desenvolva num clima de tolerância democrática.

Com relação às funções desempenhadas pela Justiça Eleitoral, é correto afirmar que:

a) a Justiça Eleitoral não desempenha função consultiva;

b) a função administrativa da Justiça Eleitoral tem por objetivo solucionar o conflito de interesses em matéria eleitoral;

c) a consulta prevista no Art. 23, inciso XII, do Código Eleitoral não se restringe à matéria eleitoral;

d) a vedação de agir de ofício se aplica aos juízes eleitorais tanto no desempenho da função jurisdicional quanto no da função administrativa;

e) no exercício da função normativa, o Tribunal Superior Eleitoral tem competência para emitir Resoluções e outros atos normativos de caráter genérico em matéria eleitoral.

COMENTÁRIOS

Afirmativa A. FALSA. A Justiça Eleitoral pode responder consultas abstratas acerca da correta aplicação da legislação, desvinculadas de casos concretos.

Afirmativa B. FALSA. A função jurisdicional, e não a administrativa da Justiça Eleitoral, tem a finalidade de resolução de conflitos.

Afirmativa C. FALSA. O Objeto da consulta será matéria eleitoral

Afirmativa D. FALSA. Não se aplica a vedação à matéria administrativa.

Afirmativa E. VERDADEIRA. A Justiça Eleitoral expede atos normativos de conteúdo genérico, conforme limites estabelecidos no artigo 105 da Lei 9.504/97.

02. (FGV – Juiz de Direito – TJ – MG/2022) Sobre juiz eleitoral e Ministério Público Eleitoral, assinale a resposta correta.

a) O juiz eleitoral é nomeado entre juízes de direito (justiça estadual), em sistema de rodízio (nas zonas eleitorais onde haja mais de um juiz), por um biênio. O promotor de justiça eleitoral é nomeado entre promotores de justiça (Ministério Público estadual), em sistema de rodízio (nas zonas eleitorais onde haja mais de um promotor de justiça), por um biênio.

b) O juiz eleitoral é nomeado entre juízes de direito (justiça estadual), em sistema de rodízio (nas zonas eleitorais onde haja mais de um juiz), por um biênio; nas capitais dos estados e nas cidades onde haja varas da Justiça Federal, as funções de juiz eleitoral serão distribuídas igualitariamente entre juízes estaduais e juízes federais. O promotor de justiça eleitoral é nomeado entre promotores de justiça (Ministério Público estadual), em sistema de rodízio (nas zonas eleitorais onde haja mais de um promotor de justiça), por um biênio; nas capitais dos estados e nas cidades onde haja varas da Justiça Federal, as funções do Ministério Público eleitoral serão distribuídas igualitariamente entre promotores de justiça (Ministério Público estadual) e procuradores da República (Ministério Público federal).

c) O juiz eleitoral é nomeado entre juízes de direito (justiça estadual), em sistema de rodízio (nas zonas eleitorais onde haja mais de um juiz), por um biênio; nas capitais dos estados e nas cidades onde haja mais de 200 mil eleitores, as funções de juiz eleitoral serão distribuídas igualitariamente entre juízes estaduais e juízes federais. O promotor de justiça eleitoral é nomeado entre promotores de justiça (Ministério Público estadual), em sistema de rodízio (nas zonas eleitorais onde haja mais de um promotor de justiça), por um biênio; nas capitais dos estados e nas cidades onde haja mais de 200 mil eleitores, as funções do Ministério Público eleitoral serão distribuídas igualitariamente entre promotores de justiça (Ministério Público estadual) e procuradores da República (Ministério Público federal).

d) O juiz eleitoral é nomeado entre juízes de direito (justiça estadual), em sistema de rodízio (nas zonas eleitorais onde haja mais de um juiz), por um biênio. As funções do Ministério Público Eleitoral, junto às zonas eleitorais, em face do princípio da indivisibilidade do Ministério Público, são distribuídas igualitariamente, em sistema de rodízio, por um biênio, entre promotores de justiça (Ministério Público estadual) e procuradores da República (Ministério Público federal).

COMENTÁRIOS

Os juízes eleitorais serão sempre juízes estaduais de direito, que atuarão em biênios nas zonas eleitorais. Da mesma forma, os promotores eleitorais, atuantes junto às zonas eleitorais, serão sempre promotores de justiça dos ministérios públicos estaduais dos estados respectivos. A resposta correta é a da letra A (responde as demais).

---

03. (FCC – Juiz de Direito – TJ – GO/2021) A respeito da organização da Justiça Eleitoral, considere:

I. A Justiça Eleitoral é composta pelos seguintes órgãos: Tribunal Superior Eleitoral, Tribunais Regionais Eleitorais, Juízes Eleitorais, Juntas Eleitorais, Zonas Eleitorais e Seções Eleitorais.

II. A Justiça Eleitoral desempenha, além das funções administrativa, jurisdicional e normativa, a função consultiva.

III. Os juízes de direito que exercem funções eleitorais são designados pelo Tribunal Regional Eleitoral em caráter vitalício.

IV. A zona eleitoral é o espaço territorial sob a jurisdição do juiz eleitoral para fins de organização do eleitorado, ao passo que a seção eleitoral é a menor unidade na divisão judiciária eleitoral.

Está correto o que se afirma APENAS em

a) I e IV.

b) II e IV.

c) I e II.

d) I e III.

e) II e III.

COMENTÁRIOS

A banca considerou correta a afirmativa "d". Contudo, esta questão deveria ter como resposta correta a afirmativa "b" (apenas II e IV estão corretas). A afirmação I está errada, pois zonas eleitorais e seções eleitorais não são órgãos da Justiça Eleitoral. A afirmativa II está correta. A afirmativa III, por sua vez, está errada, uma vez que os juízes eleitorais cumprem mandatos de 2 anos, não sendo vitalícios nos seus cargos. A afirmativa IV, por fim, está correta, sendo a zona eleitoral dividida em seções eleitorais.

---

04. (Consulplan – Juiz de Direito – TJ – MG/2018) Avalie as seguintes asserções e a relação proposta entre elas.

I. "No primeiro grau de jurisdição a Justiça Eleitoral fica a cargo do Juiz de Direito designado pelo Tribunal Regional Eleitoral (Resolução TSE 21.009/02)."

PORQUE

II. "A competência do Juiz Eleitoral está prevista no art. 35 do Código Eleitoral e no tratamento ao tema conferidos pela Lei das Eleições e pela Lei das Inelegibilidades."

A respeito dessas asserções, assinale a alternativa correta.

a) A segunda afirmativa é falsa e a primeira verdadeira.
b) A primeira afirmativa é falsa e a segunda é verdadeira.
c) As duas afirmativas são verdadeiras e a segunda justifica a primeira.
d) As duas afirmativas são verdadeiras, mas a segunda não justifica a primeira.

COMENTÁRIOS

As duas afirmativas estão corretas, mas não têm, entre sim, relação de subordinação. Juízes de direito exercem, por dois anos, as funções de juízes eleitorais, sendo designados conforme a Resolução TSE 21.009/02. As competências do juiz eleitoral estão previstas, de forma agregada, no artigo 35 do Código Eleitoral, na Lei 9.504/97 e na LC 64/90.

Alternativa correta: letra "d".

---

05. (FCC – Juiz de Direito – SC/2017) O Código Eleitoral impede de servir como juízes nos Tribunais Eleitorais, ou como juiz eleitoral, o cônjuge ou o parente consanguíneo ou afim, até o segundo grau, de candidato a cargo eletivo registrado na circunscrição. Esse impedimento alcança

a) do início da campanha eleitoral até a apuração final da eleição.
b) apenas os feitos decorrentes do processo eleitoral em que seja interessado o respectivo candidato ou o partido político em que está filiado.
c) do início da campanha eleitoral até a apuração final da eleição e os feitos decorrentes do processo eleitoral em que seja interessado o respectivo candidato.
d) da homologação da respectiva convenção partidária até a diplomação e os feitos decorrentes do processo eleitoral.
e) da homologação da respectiva convenção partidária até a apuração final da eleição.

COMENTÁRIOS

De acordo com o art. 14, § 3º do Código Eleitoral, "Da homologação da respectiva convenção partidária até a diplomação e nos feitos decorrentes do processo eleitoral, não poderão servir como juízes nos tribunais eleitorais, ou como juiz eleitoral, o cônjuge ou o parente consanguíneo ou afim, até o segundo grau, de candidato a cargo eletivo registrado na circunscrição". Responde as demais.

Alternativa correta: letra "d".

06. (Vunesp – Juiz de Direito Substituto - SP/2015) A Justiça Eleitoral, no exercício de suas atribuições legais e constitucionais, não pode

a) estabelecer, por meio do juiz da respectiva zona eleitoral, regras municipais diferenciadas para propaganda eleitoral, por conta das peculiaridades locais, observada a competência legislativa municipal.

b) emitir resoluções com caráter normativo secundário, relativas ao processo eleitoral diante do princípio da reserva legal.

c) emitir opiniões, respondendo a consultas partidárias a respeito de situações apresentadas.

d) apreciar deliberações dos órgãos máximos partidários em relação a questões eleitorais envolvendo os seus membros, diante da autonomia dos Partidos.

COMENTÁRIOS

Alternativa correta. Assertiva "a". As normas de propaganda eleitoral prevalecem sobre normas municipais, não podendo o juiz eleitoral, portanto, tomar tal atitude.

Assertiva "b". ERRADO. Tal possibilidade é viável, desde que não haja a criação de sanções distintas da lei, dentro do poder regulamentar próprio da Justiça Eleitoral.

Assertiva "c". ERRADO. A função consultiva da Justiça Eleitoral é uma das suas maiores peculiaridades, sendo que as consultas devem sempre ser dissociadas de casos concretos.

Assertiva "d". ERRADA. A autonomia partidária não se confunde com soberania, cabendo à Justiça Eleitoral zelar pela normalidade e legitimidade do pleito, inclusive no que se refere a eventuais violações à legislação praticadas por partidos políticos em relação a seus filiados

07. (FGV – Juiz de Direito Substituto-PA/ 2009) As Juntas Eleitorais são compostas por:

a) um juiz de direito, que será o presidente, 1 delegado de cada coligação e 1 ou 2 cidadãos de notória idoneidade.

b) um juiz de direito, que será o presidente, um representante do Ministério Público, 1 delegado de cada partido ou 4 cidadãos de notória idoneidade.

c) um juiz de direito, que será o presidente, e 2 ou 4 cidadãos de notória idoneidade.

d) um juiz de direito, que será o presidente e 1 delegado de cada coligação ou partido com candidatos à eleição majoritária.

e) um juiz de direito, que será o presidente, um representante do Ministério Público e 2 cidadãos de notória idoneidade.

COMENTÁRIOS

Alternativa correta: assertiva "C". Na primeira instância da Justiça Eleitoral funcionarão, de acordo com o Código Eleitoral (arts. 36 a 41), as Juntas Eleitorais, compostas por um juiz de direito, que a presidirá, e de dois a quatro cidadãos de notória idoneidade. O juiz de direito que presidirá a junta eleitoral não necessariamente será o juiz eleitoral da zona eleitoral respectiva, embora haja preferência para este. Vale destacar que, em uma mesma zona eleitoral, poderá ser organizada mais de uma Junta Eleitoral, podendo ser organizadas tantas juntas quantas permitir o número de juízes de direito atuantes na área territorial correspondente à zona eleitoral. Às Juntas Eleitorais compete, de acordo com o artigo 40 do Código Eleitoral, apurar as eleições, resolver as impugnações e demais incidentes verificados durante os trabalhos de contagem e apuração, expedir os boletins de apuração, bem como os diplomas aos eleitos para cargos municipais (prefeito, vice-prefeito e vereadores). Nos municípios onde houver mais de uma junta eleitoral, a expedição dos diplomas do prefeito, vice-prefeito e vereadores eleitos será feita pela junta que for presidida pelo juiz eleitoral mais antigo.

08. (PUC/PR – Juiz Substituto – PR/ 2010) Analise as assertivas e assinale a alternativa CORRETA.

I. O Tribunal Superior Eleitoral compor-se-á, no mínimo, de 7 (sete) membros, sendo escolhidos, mediante eleição, pelo voto secreto, 2 (dois) juízes, entre os Ministros do Supremo Tribunal Federal, e 3 (três) juízes, entre os Ministros do Superior Tribunal de Justiça.

II. É competência privativa do Tribunal Superior Eleitoral propor ao Poder Legislativo o aumento do número dos Juízes de qualquer Tribunal Eleitoral, indicando a forma desse aumento.

III. A composição dos Tribunais Regionais Eleitorais, mediante eleição em escrutínio secreto, é de 2 (dois) Juízes, entre os Desembargadores do Tribunal de Justiça, e de 2 (dois) Juízes de Direito, escolhidos pelo Tribunal de Justiça.

IV. Aos Tribunais Regionais Eleitorais compete processar e julgar originariamente o habeas corpus ou mandado de segurança, em matéria eleitoral, contra ato de autoridades que respondam perante os Tribunais de Justiça por crime de responsabilidade e, em grau de recurso, os denegados ou concedidos pelos Juízes Eleitorais.

V. As Juntas Eleitorais são compostas por 2 (dois) Juízes de Direito, sendo um o Presidente e o outro Vice-Presidente, e de 2 (dois) ou 4 (quatro) cidadãos de notória idoneidade.

a) As assertivas II, III e IV são verdadeiras.

b) Apenas a assertiva V é falsa.

c) As assertivas I, II e V são falsas.

d) Apenas as assertivas IV e V são verdadeiras.

COMENTÁRIOS

✪ **Nota do autor:** segundo o artigo 120 da Constituição Federal de 1988, os tribunais regionais eleitorais serão compostos de dois juízes dentre desembargadores do Tribunal de Justiça; dois juízes dentre juízes de direito escolhidos pelo Tribunal de Justiça; um juiz do Tribunal Regional Federal com sede na capital do estado ou no Distrito Federal, ou, não havendo, de juiz federal, escolhido, em qualquer caso, pelo Tribunal Regional Federal respectivo; e dois advogados, de notável saber jurídico e reputação ilibada, nomeados pelo presidente da república, a partir de lista de seis nomes elaborada pelo Tribunal de Justiça.

Alternativa correta: assertiva "A". II, III e IV são verdadeiras.

Afirmativa "I" FALSA. Serão três ministros oriundos do STF e dois oriundos do STJ, o contrário do afirmado, portanto.

Afirmativa "II" VERDADEIRA. Segundo o artigo 23, VI do Código Eleitoral, compete privativamente ao TSE "propor ao Poder Legislativo o aumento do número dos Juízes de qualquer Tribunal Eleitoral, indicando a forma desse aumento".

Afirmativa "III" VERDADEIRA. A banca considerou que a previsão constitucional segundo a qual estes quatro membros dos TREs citados são eleitos, pelo escrutínio secreto, pelos tribunais de justiça. A redação da afirmativa, contudo, está dúbia, suscitando a possibilidade de o intérprete entender que os TREs seriam formados apenas por quatro membros. A afirmativa foi mal elaborada.

Afirmativa "IV" VERDADEIRA. De acordo com o artigo 29, I, "E" do Código Eleitoral, compete aos TREs processar e julgar originalmente "o *habeas corpus* ou mandado de segurança, em matéria eleitoral, contra ato de autoridades que respondam perante os Tribunais de Justiça por crime de responsabilidade e, em grau de recurso, os denegados ou concedidos pelos Juízes Eleitorais; ou, ainda, o *habeas corpus*, quando houver perigo de se consumar a violência antes que o Juiz competente possa prover sobre a impetração".

Afirmativa "V" FALSA. As juntas eleitorais serão compostas de apenas um juiz de direito, além de 02 ou 04 cidadãos de notória idoneidade.

09. (FCC – Juiz Substituto – AP/ 2009) O Tribunal Superior Eleitoral elegerá o Corregedor Eleitoral dentre

a) os membros do Ministério Público que fazem parte da sua composição.

b) os advogados nomeados pelo Presidente da República.

c) os Ministros do Supremo Tribunal Federal que o integram.

d) os Ministros do Superior Tribunal de Justiça que o integram.

e) quaisquer de seus integrantes.

COMENTÁRIOS

Alternativa correta: assertiva "D". De acordo com o parágrafo único do artigo 119 da Constituição Federal, "o Tribunal Superior Eleitoral elegerá seu Presidente e o Vice-Presidente dentre os Ministros do Supremo Tribunal Federal, e o Corregedor Eleitoral dentre os Ministros do Superior Tribunal de Justiça".

10. (Vunesp – Juiz Substituto – MT 2009) Assinale a alternativa correta.

a) O Tribunal Superior Eleitoral é composto de no mínimo sete membros, sendo que três deverão ser escolhidos entre os membros do Supremo Tribunal Federal, e, outros três dentre os membros do Superior Tribunal de Justiça.

b) Os prazos na Justiça Eleitoral são contados de forma diversa da Justiça Comum, pois naquela computam-se sábados, domingos e feriados.

c) Das decisões dos Tribunais Regionais Eleitorais somente caberá recurso quando forem proferidas contra disposição expressa da Constituição Federal ou decretarem a perda de mandatos eletivos federais.

d) Compete aos Juízes Eleitorais resolver as impugnações e demais incidentes verificados durante os trabalhos da contagem e da apuração e expedir diploma aos eleitos para cargos municipais.

e) Até 10 (dez) dias antes da nomeação, os nomes das pessoas indicadas para compor as juntas serão publicados no órgão oficial do Estado, podendo qualquer cidadão, no prazo de 3 (três) dias, em petição fundamentada, impugnar as indicações.

COMENTÁRIOS

Alternativa correta: **Assertiva "B" CORRETA**. De acordo com previsão expressa no artigo 16 da LC 64/90, os prazos de várias ações eleitorais, como a Ação de Impugnação de Registro de Candidatura, são peremptórios e contínuos, correndo em cartório ou secretaria, não se suspendendo aos sábados, domingos e feriados.

Assertiva "A" ERRADA. Serão no mínimo três membros oriundos do STF e dois membros oriundos do STJ (e não três, neste caso).

Assertiva "C" ERRADA. A CF/88, em seu art. 121, § 4º estabeleceu que "das decisões dos tribunais regionais eleitorais somente caberá recurso quando: I – forem proferidas contra disposição expressa desta Constituição ou de lei; II – ocorrer divergência na interpretação de lei entre dois ou mais tribunais eleitorais; III – versarem sobre inelegibilidade ou expedição de diplomas nas eleições federais ou estaduais; IV – anularem diplomas ou decretarem a perda de mandatos eletivos federais ou estaduais; V – denegarem *habeas corpus*, mandado de segurança, *habeas data* ou mandado de injunção".

Assertiva "D" ERRADA. Às Juntas Eleitorais compete, de acordo com o artigo 40 do Código Eleitoral, apurar as eleições, resolver as impugnações e demais incidentes verificados durante os trabalhos de contagem e apuração, expedir os boletins de apuração, bem como os diplomas aos eleitos para cargos municipais (prefeito, vice-prefeito e vereadores). Nos municípios onde houver mais de uma junta eleitoral, a expedição dos diplomas do prefeito, vice-prefeito e vereadores eleitos será feita pela junta que for presidida pelo juiz eleitoral mais antigo.

Assertiva "E" ERRADA. De acordo com o artigo 39 do Código Eleitoral, "até 30 (trinta) dias antes da eleição o Presidente da Junta comunicará ao Presidente do Tribunal Regional as nomeações que houver feito e divulgará a composição do órgão por edital publicado ou afixado, podendo qualquer partido oferecer impugnação motivada no prazo de 3 (três) dias".

---

11. (CESPE – Juiz de Direito Substituto – AC/ 2012) Assinale a opção correta a respeito da organização e das competências da justiça eleitoral.

a) Não podem ser nomeados membros das juntas eleitorais os que pertencerem ao serviço eleitoral.

b) Cabe ao juiz eleitoral resolver as impugnações e os demais incidentes verificados durante os trabalhos de contagem e apuração de votos.

c) Compete aos TREs a divisão de zona em seções eleitorais.

d) A designação dos locais das seções é de competência dos TREs.

e) Compete ao juiz eleitoral nomear cidadãos de notória idoneidade para comporem a junta eleitoral por ele presidida.

COMENTÁRIOS

✪ **Nota do autor:** Na primeira instância da Justiça Eleitoral funcionarão, de acordo com o Código Eleitoral (arts. 36 a 41), as Juntas Eleitorais, compostas por um juiz de direito, que a presidirá, e de dois a quatro cidadãos de notória idoneidade. O juiz de direito que presidirá a junta eleitoral não necessariamente será o juiz eleitoral da zona eleitoral respectiva, embora haja preferência para este. Vale destacar que, em uma mesma zona eleitoral, poderá ser organizada mais de uma Junta Eleitoral, podendo ser organizadas tantas juntas quantas permitir o número de juízes de direito atuantes na área territorial correspondente à zona eleitoral. Os membros das juntas eleitorais serão nomeados 60 (sessenta) dias antes da eleição, depois de aprovação do Tribunal Regional Eleitoral, pelo presidente deste. Cabe também ao presidente do TRE designar a sede da Junta Eleitoral. Até dez dias antes da nomeação, os nomes das pessoas indicadas para compor as juntas serão publicados no órgão oficial do estado, podendo qualquer partido, no prazo de três dias, em petição fundamentada, impugnar as indicações.

Alternativa correta: **Assertiva "A" CORRETA**. Não podem ser nomeados membros das juntas eleitorais os candidatos e seus parentes, ainda que por afinidade, até o segundo grau, assim como o cônjuge; os membros de diretórios de partidos políticos, as autoridades e agentes policiais; funcionários no desempenho de cargos de confiança do Poder Executivo; além de servidores da Justiça Eleitoral. Os membros da junta, entrando em exercício, gozam da garantia da inamovibilidade e demais prerrogativas comuns aos magistrados, no que for aplicável

Assertiva "B" ERRADA. Tal competência será da junta eleitoral.

Assertiva "C" ERRADA. Tal competência será do juiz eleitoral, conforme previsão do art. 35 do Código Eleitoral.

Assertiva "D" ERRADA. Tal competência será do juiz eleitoral, conforme previsão do art. 35 do Código Eleitoral.

Assertiva "E" ERRADA. Os membros das juntas eleitorais serão nomeados 60 (sessenta) dias antes da eleição, depois de aprovação do Tribunal Regional Eleitoral, pelo presidente deste. Cabe também ao presidente do TRE designar a sede da Junta Eleitoral. Até dez dias antes da nomeação, os nomes das pessoas indicadas para compor as juntas serão publicados no órgão oficial do estado, podendo qualquer partido, no prazo de três dias, em petição fundamentada, impugnar as indicações.

---

12. (PUC – PR – Juiz de Direito Substituto – PR/ 2012) Considere as assertivas a seguir quanto à competência e à organização da Justiça Eleitoral.

I. São matérias reservadas à lei complementar.

II. Na composição do Tribunal Superior Eleitoral, por nomeação do Presidente da República, integram dois juízes dentre seis advogados de notável saber jurídico e idoneidade moral, indicados pelo Supremo Tribunal Federal.

III. Na composição do Tribunal Regional Eleitoral do Mato Grosso do Sul, por nomeação do Governador, integram dois juízes dentre seis advogados de notável saber jurídico e idoneidade moral, indicados pelo Tribunal de Justiça.

IV. As juntas eleitorais foram extintas pela Emenda Constitucional nº 45/2004.

V. O Tribunal Superior Eleitoral e os Tribunais Regionais Eleitorais designarão três juízes auxiliares para a apreciação das reclamações ou representações que lhes forem dirigidas e os recursos contra as decisões destes juízos serão julgadas pelo Plenário destes tribunais.

Está(ão) CORRETA(S):

a) Apenas as assertivas I, II, III e V.

b) Apenas as assertivas I, III e IV.

c) Apenas as assertivas I, II e V.

d) Apenas as assertivas II, IV e V.

e) Apenas as assertivas I, II, III e IV.

COMENTÁRIOS

Alternativa correta: assertiva "C". I, II e V são verdadeiras.

Afirmativa "I" VERDADEIRA. O Código Eleitoral, que no plano infraconstitucional dispõe sobre a organização e competência da Justiça Eleitoral, foi recepcionado pela CF/1988 com status de Lei Complementar, naquilo que não é incompatível com a atual carta constitucional. Matéria relativa à organização e competência da Justiça Eleitoral é reservada à lei complementar, de acordo com a CF/1988.

Afirmativa "II" VERDADEIRA. De acordo com o referido artigo 119 da CF/88, os sete membros do TSE serão escolhidos mediante eleição, pelo voto secreto: três deles dentre ministros do Supremo Tribunal Federal, dois dentre ministros do Superior Tribunal de Justiça, além de dois advogados de notável saber jurídico e idoneidade moral, indicados a partir de uma lista sêxtupla elaborada pelo STF e nomeados pelo presidente da república. Na prática, entretanto, são elaboradas pelo STF, para cada vaga de advogados, listas tríplices de causídicos, das quais é nomeado um advogado, pelo presidente da república.

Afirmativa "III" FALSA. A nomeação será do presidente da república, uma vez que os TREs são órgãos federais.

Afirmativa "IV" FALSA As juntas eleitorais continuam a existir no período eleitoral

Afirmativa "V" VERDADEIRO Regra prevista no art. 96 da Lei das Eleições, especialmente em matéria de propaganda eleitoral.

---

13. (CESPE – Juiz de Direito Substituto-BA/ 2012) Acerca da estrutura e composição da justiça eleitoral, assinale a opção correta com base no que dispõem a CF e a legislação específica.

a) É vedada a acumulação do cargo de ministro do TSE com o de ministro do STF, em razão do princípio da especialização.

b) Um dos integrantes do TSE é indicado pelo MPU, em respeito ao princípio do quinto constitucional.

c) É legítima a indicação de vereador para ministro do TSE na vaga reservada à categoria, desde que, além de deter reputação ilibada e notório saber, esse vereador não seja filiado a partido político.

d) O ministro-corregedor do TSE deve ser sempre oriundo do STJ.

e) Não há impedimento legal à indicação para o cargo de ministro do TSE de servidor comissionado que atue como assessor de ministro do STF, desde que o servidor seja advogado com notório saber e reputação ilibada.

COMENTÁRIOS

✪ **Nota do autor:** Previsto como órgão de cúpula da Justiça Eleitoral pela Constituição Federal de 1988, o Tribunal Superior Eleitoral (TSE), sediado na capital federal, compor-se-á, no mínimo, por sete membros, de acordo com o caput do artigo 119 da Carta Magna. Lei complementar de iniciativa do TSE, contudo, poderá, aumentar o número de membros do TSE, conforme previsão do artigo 121 da Constituição (atualmente, o Código Eleitoral, recepcionado com status de Lei Complementar pela Constituição de 1988, dispõe sobre a organização e a competência do TSE e demais órgãos da Justiça Eleitoral, naquilo que é compatível com o texto constitucional). De acordo com o referido artigo 119 da CF/88, os sete membros do TSE serão escolhidos mediante eleição, pelo voto secreto: três deles dentre ministros do Supremo Tribunal Federal, dois dentre ministros do Superior Tribunal de Justiça, além de dois advogados de notável saber jurídico e idoneidade moral, indicados a partir de uma lista sêxtupla elaborada pelo STF e nomeados pelo presidente da república. Na prática, entretanto, são elaboradas pelo STF, para cada vaga de advogados, listas tríplices de causídicos, das quais é nomeado um advogado, pelo presidente da república. Os integrantes do TSE continuam a exercer suas atividades no STF, STJ e advocacia de forma concomitante ao exercício das suas funções naquela corte. Aos advogados impede-se, tão somente, o exercício da advocacia na Justiça Eleitoral, durante o período dos seus mandatos como magistrados eleitorais.

Alternativa correta: **Assertiva "D" CORRETA**. Dispõe a Constituição Federal, no parágrafo único do seu artigo 119, que o TSE elegerá seu presidente e seu vice-presidente dentre os ministros do STF, e o corregedor-geral eleitoral dentre os ministros do STJ.

Assertiva "A" ERRADA. De acordo com a súmula nº 72 do Supremo Tribunal Federal, no julgamento de questão constitucional, vinculada a decisão do Tribunal Superior Eleitoral, não estão impedidos os ministros do STF que ali tenham funcionado no mesmo processo ou no processo originário.

Assertiva "B" ERRADA. De acordo com o referido artigo 119 da CF/88, os sete membros do TSE serão escolhidos mediante eleição, pelo voto secreto: três deles dentre ministros do Supremo Tribunal Federal, dois dentre ministros do Superior Tribunal de Justiça, além de dois advogados de notável saber jurídico e idoneidade moral, indicados a partir de uma lista sêxtupla elaborada pelo STF e nomeados pelo presidente da república. Não há integrante do MPU no TSE.

Assertiva "c" ERRADA. Não há vaga reservada à categoria de vereador.

Assertiva "E" ERRADA. A banca considerou a resposta errada. Contudo, caso haja renúncia à função comissionada, não vislumbramos impedimento para que a referida nomeação ocorra.

---

14. (Vunesp – Juiz de Direito Substituto-MG/ 2012) É correto afirmar que a criação da Justiça Eleitoral ocorreu

a) após a instauração do Regime Militar de 1964, pois os militares, ao assumirem o poder, tinham como meta moralizar as práticas políticas no país.

b) ao tempo do Império, por iniciativa de D. Pedro II, copiando o modelo português, de inspiração francesa.

c) após a Revolução de 1930, durante o governo de Getúlio Vargas.

d) em 1946, após a restauração democrática, quando os militares, egressos da Força Expedicionária Brasileira, inspiraram-se na reação aos regimes nazifascistas corrente na Europa do pós-Guerra.

COMENTÁRIOS

Alternativa correta: **Assertiva "c" CORRETA**. A Justiça Eleitoral foi criada em 1932, durante o governo Vargas, pelo Código Eleitoral publicado naquele ano. Responde as demais.

---

15. (FCC – Juiz de Direito Substituto-GO/ 2012) Haverá um Tribunal Regional Eleitoral na Capital de cada Estado e no Distrito Federal, cujas composições deverão incluir

a) mediante eleição, pelo voto secreto, dois juízes dentre os desembargadores do Tribunal de Justiça do respectivo Estado.

b) mediante eleição, pelo voto secreto, dois juízes, dentre juízes de direito, escolhidos pelo Tribunal Regional Eleitoral.

c) mediante eleição, pelo voto secreto, um juiz dentre os membros do Ministério Público do respectivo Estado.

d) um juiz de Tribunal Regional Federal, escolhido pelo Tribunal Regional Federal com jurisdição sob a respectiva Região.

e) por nomeação, pelo Governador do Estado, dois juízes dentre seis advogados de notável saber jurídico e idoneidade moral, indicados pelo Tribunal de Justiça.

COMENTÁRIOS

✪ **Nota do autor:** De acordo com o artigo 120 da Constituição Federal, haverá um Tribunal Regional Eleitoral na capital de cada estado e no Distrito Federal, composto, também por sete membros, eleitos pelo voto secreto (vale ressaltar, mais uma vez, que Lei Complementar poderá aumentar o número de membros dos TREs, conforme interpretação do artigo 121 da Constituição). As composições dos tribunais regionais eleitorais, entretanto, embora parecidas com a do TSE, têm as suas peculiaridades, previstas nos incisos I, II e III do § 1º do referido artigo 120 da CF/88. Assim, compõem os tribunais regionais eleitorais dois juízes dentre desembargadores do Tribunal de Justiça estadual; dois juízes de direito, também escolhidos pelo Tribunal de Justiça do estado; um juiz federal, escolhido pelo Tribunal Regional Federal respectivo (caso a capital sede do TRE seja também sede de TRF, ao invés de um juiz federal comporá o Tribunal Regional Eleitoral um desembargador federal oriundo do TRF respectivo); além de dois advogados, de notável saber jurídico e idoneidade moral, nomeados pelo presidente da república a partir de lista de seis nomes elaborada pelo Tribunal de Justiça estadual.

Alternativa correta: **Assertiva "a" CORRETA**. O TJ do respectivo estado elege, pelo voto secreto, dois juízes estaduais para compor o TRE.

Assertiva "b" ERRADA. O TRE não escolhe os seus membros.

Assertiva "c" ERRADA. Não há representantes do Ministério Público nos TREs.

Assertiva "d" ERRADA. O escolhido será um juiz federal de primeira instância, da seção judiciária respectiva, salvo nos estados que são sedes de TRF, quando o escolhido será um desembargador federal.

Assertiva "E" ERRADA. A nomeação será feita pelo presidente da república.

2. QUESTÕES DE CONCURSOS PARA O MINISTÉRIO PÚBLICO ESTADUAL (PROMOTOR DE JUSTIÇA)

16. (Cespe – Promotor de Justiça – MPE – AP/2021) De acordo com a legislação eleitoral e o entendimento do TSE, as decisões desse tribunal sobre quaisquer recursos que acarretarem a perda de diplomas somente poderão ser tomadas com a presença

a) de todos os seus membros, inclusive em embargos de declaração de deliberação que tenha importado perda de diploma.

b) de dois terços de seus membros, inclusive em embargos de declaração de deliberação que tenha importado perda de diploma.

c) de dois terços de seus membros, excluindo-se os casos de embargos de declaração de deliberação que tenha importado perda de diploma, ocasião em que se admite deliberação monocrática.

d) da maioria simples de seus membros, inclusive em embargos de declaração de deliberação que tenha importado perda de diploma.

e) da maioria simples de seus membros, excluindo-se os casos de embargos de declaração de deliberação que tenha importado perda de diploma, ocasião em que se admite deliberação monocrática.

COMENTÁRIOS

Alternativa correta: assertiva "a". Os novos §§ 4º e 5º do art. 28 do Código Eleitoral, incluídos pela reforma de setembro de 2015, por outro lado, estabeleceram que decisões de TREs que importem cassação de registro de candidatos, anulação geral das eleições ou perda de diplomas somente poderão ser tomadas com a presença dos sete membros da corte. Quando isso não for possível, no caso, por exemplo, de impedimento de algum juiz, o suplente deverá ser convocado. Responde as demais afirmativas.

---

17. (Cespe – Promotor de Justiça – MPE – AP/2021) Assinale a opção que relaciona, sequencialmente, órgãos do MPE, o grau de jurisdição em que eles atuam e as matérias que lhes competem originariamente.

a) promotores eleitorais — tribunais regionais eleitorais — eleições federais, estaduais e distritais

b) promotores eleitorais — tribunais regionais eleitorais — eleições municipais

c) promotores eleitorais — juízes eleitorais — eleições federais, estaduais e distritais

d) procuradores regionais eleitorais — tribunais regionais eleitorais — eleições federais, estaduais e distritais

e) procuradores regionais eleitorais — juízes eleitorais — eleições municipais

COMENTÁRIOS

Alternativa "a". FALSA. Promotores eleitorais atuam originariamente nas eleições municipais, junto às zonas eleitorais.

Alternativa "b". FALSA. Conferir comentário anterior.

Alternativa "c". FALSA. Promotores eleitorais atuam originariamente nas eleições municipais.

Alternativa "e". FALSA. Os procuradores regionais eleitorais atuam junto aos TREs nas eleições de circunscrição estadual, originariamente.

Alternativa correta: assertiva "d". Junto aos TREs oficiam os procuradores regionais eleitorais, oriundos do Ministério Público Federal. Eles atuarão, de forma originária, nas eleições de circunscrição estadual (governadores e vices, deputados estaduais, distritais e federais e senadores).

---

18. (Cespe – Promotor de Justiça – MPE – SC/2021) Com relação à organização, às funções e à atuação do Ministério Público Eleitoral, julgue os itens a seguir.

18.1. O Ministério Público Eleitoral é composto por membros do Ministério Público Federal e do Ministério Público estadual.

- CERTO
- ERRADO

COMENTÁRIO

resposta CERTA. Não há uma carreira permanente do Ministério Público Eleitoral. Os membros do MPE são membros emprestados do Ministério Público Estadual (promotores de justiça que atuam junto a Zonas Eleitorais) e do Ministério Público Federal (atuantes nos TREs e TSE).

18.2. Os procuradores regionais possuem competência para propor ações judiciais contra candidatos a governador e a senador perante o tribunal regional eleitoral.

- CERTO
- ERRADO

COMENTÁRIO

resposta CERTA. Os Procuradores regionais eleitorais atuam junto aos TREs, os quais têm competência originária para processar e julgar questões que envolvem as eleições estaduais (governador, senador e deputados)

18.3. O princípio da independência funcional veda ao procurador-geral da República acumular encargos próprios do procurador-geral eleitoral.

- CERTO
- ERRADO

COMENTÁRIO

resposta ERRADA . O Procurador Geral da República atua também como Procurador Geral Eleitoral, função na qual pode ser auxiliado pelo Vice-Procurador Geral Eleitoral

---

19. (Cespe – Promotor de Justiça – MPE – SC/2021) Acerca da ação de impugnação de mandato eletivo (AIME), julgue os itens subsequentes.

19.1. O prazo para o ajuizamento da AIME é de até 15 dias contados da data da diplomação.

- CERTO
- ERRADO

COMENTÁRIO

resposta CERTA. Regra prevista no art. 14, §§ 10 e 11 da Constituição Federal de 1988.

19.2. Dada a natureza jurídica da AIME, dispensa-se sua tramitação em segredo de justiça.

- CERTO
- ERRADO

COMENTÁRIO

resposta ERRADA . A AIME tramita em segredo de justiça, embora seu julgamento seja público.

19.3. São igualmente legitimados à propositura da AIME os candidatos, as coligações e os partidos políticos.

- CERTO
- ERRADO

COMENTÁRIO

resposta CERTA. Ministério Público, candidatos, coligações, federações partidárias e partidos políticos são legitimados para a propositura da AIME.

19.4. A AIME é ação pública, constitucional, de natureza desconstitutiva e de caráter cível e eleitoral.

- CERTO
- ERRADO

COMENTÁRIO

resposta CERTA. A AIME tem previsão constitucional no art. 14, §§ 10 e 11, tendo como objeto a possibilidade de desconstituição de mandato de quem praticar atos de abuso de poder, corrupção ou fraude nas eleições.

19.5. A AIME destina-se a impugnar mandato eleitoral conquistado com abuso de poder econômico, não se aplicando aos casos em que há, ainda, abuso de poder político.

- CERTO
- ERRADO

COMENTÁRIO

resposta ERRADA. A AIME é cabível quando houver, de forma cumulativa, abuso de poder político e abuso de poder econômico.

---

20. (Cespe – Promotor de Justiça – MPE – CE/2020) A respeito de membros do Ministério Público Federal (MPF) e dos Ministérios Públicos estaduais e de suas atribuições, considerando a matéria de sua competência originária nos órgãos da justiça eleitoral em que atuam, assinale a opção correta.

a) O procurador-geral eleitoral integra o MPF e exerce encargos no Tribunal Superior Eleitoral (TSE) e nos tribunais regionais eleitorais em caso de matéria referente a eleição de presidente, de governador de estado ou do Distrito Federal, e de prefeito.

b) Procurador regional eleitoral integra Ministério Público estadual e exerce encargos perante os juízes eleitorais e as juntas eleitorais em caso de matéria referente a eleições estaduais, municipais e distritais.

c) O procurador-geral eleitoral e os procuradores regionais eleitorais integram, respectivamente, o MPF e Ministérios Públicos estaduais e exercem encargos perante o Tribunal Superior Eleitoral (TSE), os tribunais regionais eleitorais, os juízes eleitorais e as juntas eleitorais em caso de matéria referente a eleições federais, estaduais, distritais e municipais.

d) Promotores eleitorais integram os Ministérios Públicos estaduais e exercem encargos perante os juízes eleitorais e as juntas eleitorais em caso de matéria referente a eleições municipais.

e) Todos os membros do MPF e dos Ministérios Públicos estaduais podem atuar livremente como promotores eleitorais, em quaisquer órgãos da justiça eleitoral, em caso de matérias referentes a eleições em geral, proporcionais ou majoritárias, em qualquer parte do território nacional.

COMENTÁRIOS

a) O Procurador-Geral Eleitoral atua apena junto ao TSE

b) O Proocurador Regional Eleitoral será sempre um membro do Ministério Público Federal

c) Os procuradores regionais eleitorais são membros do MPF

d) Resposta correta.

e) Os membros do Ministério Público Eleitoral são designados para a função por um prazo de 2 anos. Nem todos os membros do Ministério Público comum atuarão no Ministério Público Eleitoral.

Afirmativa correta: assertiva "d".

---

21. (Cespe – Promotor de Justiça – MPE – RR/2017) O MP eleitoral

a) atua em todas as fases do processo eleitoral com observância dos princípios da federalização, da delegação e da excepcionalidade.

b) tem atribuição de oficiar à justiça eleitoral — juízes e juntas eleitorais — por intermédio de membros do MPF.

c) tem legitimidade para recorrer de decisão que julgue o pedido de registro de candidatura, mesmo que não tenha apresentado impugnação anterior.

d) não tem legitimidade para prosseguir com a ação de impugnação de mandato eleitoral quando a parte autora apresenta pedido de desistência da ação.

COMENTÁRIOS

Assertiva "a": O princípio da excepcionalidade, que permitia, até 1993, que membros do MP estadual atuassem em TREs, não se aplica mais. Os membros do MP estadual atuam apenas junta às zonas eleitorais, pelo princípio da delegação, previsto na LC 75/93.

Assertiva "b": Junto às juntas e juízes eleitorais, atuam membros dos MP estaduais, pelo princípio da delegação, e não membros do MPF.

Alternativa "c": Tendo em vista o interesse público do resguardo da legitimidade democrática, almejado pelo direito eleitoral, o Ministério Público é legitimado para recorrer de decisão que julgue o pedido de registro de candidatura, mesmo que não tenha apresentado impugnação anterior. Tal entendimento foi consagrado pelo STF, em tese de repercussão geral. Alternativa correta: assertiva "c".

Assertiva "d": O interesse público do resguardo da legitimidade democrática, almejado pelo direito eleitoral, autoriza que o MP prossiga com a ação de impugnação de mandato eleitoral quando a parte autora venha a apresentar pedido de desistência da ação.

Alternativa correta: letra "c".

---

22. (MPE/PB – Promotor de Justiça-PB/ 2010) Considere as proposições abaixo, assinalando, em seguida, a alternativa correta:

I. As Zonas Eleitorais não são órgãos da Justiça Eleitoral.

II. Para cada Zona Eleitoral somente pode haver uma Junta Eleitoral.

III. Desde a diplomação, é vedado ao parlamentar contratar com pessoa jurídica de direito público, autarquia, empresa pública, sociedade de economia mista ou empresa do serviço público, ainda que o contrato estabeleça cláusulas uniformes.

a) Todas as proposições estão erradas.

b) Todas as proposições estão corretas.

c) Estão erradas apenas as proposições II e III.

d) Estão erradas apenas as proposições I e II.

e) Somente a proposição II está errada.

COMENTÁRIOS

Nota do autor: Enquanto que a Justiça Comum Estadual é dividida em comarcas, a Justiça Eleitoral é dividida em zonas eleitorais, nem sempre coincidentes com o território de um município. Grandes municípios, a exemplo de Salvador, São Paulo ou Rio de Janeiro, são divididos em várias zonas eleitorais, enquanto que também é muito comum vários municípios pouco populosos serem englobados em uma única zona eleitoral. É a zona eleitoral o espaço territorial sob jurisdição do juiz eleitoral.

Alternativa correta: assertiva "c": apenas a afirmativa I está correta.

Afirmativa I: CORRETA. Os órgãos da Justiça Eleitoral são o TSE, os TREs, os juízes eleitorais e as juntas eleitorais. Zonas eleitorais dizem respeito à divisão geográfica da Justiça Eleitoral.

Afirmativa II: ERRADA. As zonas eleitorais podem ter mais de uma Junta Eleitoral, presidida, cada uma delas, por um juiz de direito.

Afirmativa III: ERRADA. Os parlamentares podem realizar contratos uniformes com as referidas pessoas, a exemplo de contratos de fornecimento de água ou luz.

---

23. (FCC – Promotor de Justiça-PE/ 2008) Integram os Tribunais Regionais Eleitorais, dentre outros,

a) dois Desembargadores do Tribunal de Justiça do respectivo Estado, nomeados pelo Presidente da República.

b) dois Juízes de Direito, escolhidos, mediante eleição, pelo voto secreto, pelo Tribunal de Justiça do respectivo Estado.

c) um representante do Ministério Público Eleitoral, indicado pelo Procurador-Geral Eleitoral.

d) um Juiz do Tribunal Regional Federal com sede na capital do Estado ou do Distrito Federal, nomeado pelo Presidente da República.

e) um Juiz Federal nomeado pelo Presidente da República.

COMENTÁRIOS

✪ **Nota do autor:** segundo o artigo 120 da Constituição Federal de 1988, os Tribunais Regionais Eleitorais serão compostos de dois juízes dentre desembargadores do Tribunal de Justiça; dois juízes dentre juízes de direito escolhidos pelo Tribunal de Justiça; um juiz do Tribunal Regional Federal com sede na capital do estado ou no Distrito Federal, ou, não havendo, de juiz federal, escolhido, em qualquer caso, pelo Tribunal Regional Federal respectivo; e dois advogados, de notável saber jurídico e reputação ilibada, nomeados pelo presidente da república, a partir de lista de seis nomes elaborada pelo Tribunal de Justiça.

Alternativa correta: assertiva "b": Regra prevista no artigo 120 da Constituição Federal.

Assertiva "a": ERRADO. Os desembargadores citados não são nomeados pelo Presidente da República.

Assertiva "c": ERRADO. Não há reserva de vagas nos TREs para egressos do Ministério Público.

Assertiva "d": ERRADO. Não há nomeação do Presidente da República, neste caso.

Assertiva "e": ERRADO. Não há nomeação do Presidente da República, neste caso.

---

24. (CESPE – Promotor de Justiça-RO/ 2008) Acerca da organização e do funcionamento da justiça eleitoral e do Ministério Público Eleitoral, assinale a opção correta.

a) O procurador-geral da República acumula o cargo de procurador-geral eleitoral.

b) Juiz eleitoral irmão de candidato a vereador na circunscrição poderá permanecer no cargo caso tenha sido nomeado antes da convenção partidária que indicou o candidato.

c) Advogado indicado pelo STF ocupará a vice-presidência do TSE.

d) Todos os tribunais eleitorais terão, no mínimo, um integrante indicado pelo MP.

e) O mandato dos juízes eleitorais, inclusive no TSE, é de três anos, vedada a recondução.

COMENTÁRIOS

Alternativa correta: Assertiva "a": CORRETO. O procurador-geral da República acumula o cargo de procurador-geral eleitoral, atuando junto ao TSE.

Assertiva "b": ERRADO. Não poderá servir como juiz eleitoral o cônjuge, parente consangüíneo ou afim até o 2º grau de candidato a cargo eletivo registrado na circunscrição.

Assertiva "c": ERRADO. O vice-presidente do TSE será um dos ministros do STF que compõem a corte.

Assertiva "d": ERRADO. Os TREs não têm nas suas composições membros oriundos do Ministério Público.

Assertiva 'e": ERRADO. O mandato citado é de dois anos, permitida uma recondução.

---

25. (MPE-SP – Promotor de Justiça – SP/2012) Nos termos da Constituição Federal de 1988, são órgãos da Justiça Eleitoral:

a) O Tribunal Superior Eleitoral, os Tribunais Regionais Eleitorais, os Juízes e Promotores Eleitorais e as Seções Eleitorais.

b) O Tribunal Superior Eleitoral, os Tribunais Regionais Eleitorais, os Juízes Eleitorais, os Cartórios Eleitorais e as Seções Eleitorais.

c) O Supremo Tribunal Federal, o Tribunal Superior Eleitoral, os Tribunais Regionais Eleitorais, as Zonas Eleitorais e as Juntas Eleitorais.

d) O Tribunal Superior Eleitoral, os Tribunais Regionais Eleitorais, as Zonas Eleitorais e as Juntas Eleitorais.

e) O Tribunal Superior Eleitoral, os Tribunais Regionais Eleitorais, os Juízes Eleitorais e as Juntas Eleitorais.

COMENTÁRIOS

Alternativa correta: Assertiva "e": CORRETO. A Justiça Eleitoral é formada, de acordo com a CF/1988, por este quatro órgãos citados.

Assertiva "a": ERRADO. Promotores eleitorais não pertencem à Justiça Eleitoral, mas sim ao MP eleitoral. Seções eleitorais são divisões das zonas eleitorais..

Assertiva "b": ERRADO. Cartórios e seções eleitorais não são órgãos da Justiça Eleitoral.

Assertiva "c": ERRADO. O STF não é órgão da Justiça Eleitoral, embora caiba recurso extraordinário das decisões do TSE para o STF.

Assertiva 'd": ERRADO. As zonas eleitorais são divisões territoriais da Justiça Eleitoral de primeiro grau.

---

26. (MPE-MS – Promotor de Justiça – MS/2013) Assinale a alternativa incorreta, sobre a forma de escolha e sobre os profissionais que integram os Tribunais Regionais Eleitorais, na condição de juízes, segundo previsão constitucional:

a) os TRE's compor-se-ão (dentre outros) de dois juízes dentre os Desembargadores do Tribunal de Justiça.

b) os TRE's compor-se-ão (dentre outros) de um juiz do Tribunal Regional Federal com sede na Capital do Estado ou no Distrito Federal, ou, não havendo, de juiz federal, escolhido, em qualquer caso, pelo Tribunal Regional Federal respectivo.

c) os TRE's compor-se-ão (dentre outros) de dois juízes, dentre juízes de direito, escolhidos pelo Tribunal de Justiça.

d) os TRE's compor-se-ão (dentre outros), por nomeação, pelo Presidente da República, após listas tríplices encaminhadas pela OAB e aprovadas pelo Tribunal de Justiça, de dois juízes dentre seis advogados de notável saber jurídico e idoneidade moral.

e) deverá haver eleição, pelo voto secreto, quanto à indicação dos juízes da classe dos desembargadores do Tribunal de Justiça, bem como quanto aos juízes da classe dos juízes de direito escolhidos pelo Tribunal de Justiça.

COMENTÁRIOS

Alternativa correta: Assertiva "d": ERRADO. A OAB não tem participação na escolha dos advogados que irão compor os tribunais regionais eleitorais.

Assertiva "a": CERTO. Cada TRE terá, na sua composição, dois desembargadores do TJ do estado, um dos quais exercerá a presidência do órgão..

Assertiva "b": CERTO. Regra prevista na Constituição Federal de 1988.

Assertiva "c": CERTO. O TJ indica dois juízes de primeiro grau para compor o TRE.

Assertiva 'd": CERTO. A escolha dos juízes e desembargadores será feita, pelo TJ, em votação secreta.

---

27. (MPE/BA – Promotor de Justiça-BA/ 2008) Ao Ministério Público Eleitoral não se aplica a seguinte afirmativa:

a) O Procurador-Geral da República é o chefe do Ministério Público Eleitoral, devendo ele, além de defender a jurisdição do Tribunal Superior Eleitoral, instruir, nos Estados, os órgãos do Ministério Público junto aos Tribunais Regionais Eleitorais.

b) Mesmo havendo desistência do autor de representação, pode o Promotor de Justiça Eleitoral, embora atuando como custos legis, assumir a titularidade e requerer o prosseguimento do feito;

c) O Ministério Público Eleitoral atua em todas as fases do processo eleitoral, inclusive em defesa dos interesses extra ou suprapartidários, garantindo, dessa maneira, a observância do regime democrático e a ordem jurídica.

d) Na instrução processual, em caso de crime eleitoral, não pode o Promotor excluir a possibilidade de aplicação dos institutos despenalizadores da Lei 9099/95, mesmo sendo caso de regulação por lei especial ou de competência da justiça especial, especificamente a suspensão condicional da pena.

e) O Promotor de Justiça Eleitoral, em cumprimento estrito à lei, deve pugnar pelo cancelamento da nova filiação partidária, em caso de dupla filiação partidária.

COMENTÁRIOS

✪ **Nota do autor:** O Ministério Público Eleitoral não tem previsão expressa de existência na Constituição de 1988. Afinal, conforme disposto no artigo 128 da Carta Magna, o Ministério Público abrange o Ministério Público dos Estados e o Ministério Público da União, que compreende, por sua vez, o Ministério Público Federal, o Ministério Público do Trabalho, o Ministério Público Militar e o Ministério Público do Distrito Federal e Territórios. Tal fato, entretanto, ao contrário do que possa inicialmente transparecer, não exclui a existência e a importância do Ministério Público Eleitoral, cuja previsão de funcionamento encontra-se, como já destacado, na Lei Complementar nº 75/93 e, residualmente, no próprio Código Eleitoral (artigos 18, 24 e 27).

Alternativa correta: questão anulada pela banca.

Assertiva "a": CORRETO o Procurador-Geral da República atua na condição de Procurador-Geral Eleitoral junto ao TSE, cabendo ao mesmo também instruir, dentro do possível, os órgãos do Ministério Público juntos aos TREs.

Assertiva "b": CORRETA: A presente afirmativa é falha por não indicar a qual espécie de representação se refere. O Ministério Público atua na defesa da ordem jurídica, do regime democrático e dos interesses sociais e individuais indisponíveis (art. 127 da CF), sendo, portanto, parte legítima para, em face da desistência de representações eleitorais pelo autor, assumir a sua titularidade e requerer o prosseguimento do feito. Contudo, é possível se questionar esta afirmação quando a hipótese fática se referir, por exemplo, a ofensa praticada contra candidato na propaganda eleitoral. Neste caso, parece ser mais correto considerar-se que a legitimidade ativa se restringe ao ofendido.

Assertiva "c": CORRETA: Segundo o art. 72 da LC nº 75/93, o Ministério Público Eleitoral atua em todas as fases e instâncias do processo eleitoral, na tutela de interesses extrapartidários ou suprapartidários.

Assertiva "d": CORRETA: É um direito subjetivo do réu o acesso aos institutos despenalizadores da lei nº 9099/95, com fundamento no princípio da intervenção mínima, condizente com o modelo do direito penal mínimo, vigente no direito brasileiro.

Assertiva 'e": INCORRETA: Não há interesse de agir do Ministério Público em pugnar pelo cancelamento da nova filiação, uma vez que, de acordo com o parágrafo único do artigo 22 da Lei nº 9.096/95, caso o eleitor filiado a partido político se filie a um outro sem cancelar a sua filiação anterior em um prazo de 24 horas, ambas filiações serão consideradas nulas para todos os efeitos, automaticamente.

---

28. (MPE/PR – Promotor de Justiça-PR/ 2008) Analise as afirmativas abaixo e assinale a alternativa correta:

I. A lei que alterar o processo eleitoral entrará em vigor na data de sua publicação, não se aplicando à eleição que ocorra até 1 (um) ano da data de sua vigência.

II. O mandato eletivo poderá ser impugnado ante a Justiça Eleitoral no prazo de quinze dias contados da diplomação, instruída a ação com provas de abuso do poder econômico, corrupção ou fraude.

III. Zonas Eleitorais são unidades territoriais municipais, de natureza administrativa e jurisdicional, criadas para controle de alistamento/transferência eleitoral e recepção de registros de candidaturas, bem assim para definição de competência jurisdicional, cuja titularidade cabe ao Juiz de Direito na função de Juiz Eleitoral.

IV. A Constituição Federal, com a redação determinada pela Emenda Constitucional nº 45/2004, veda o exercício de atividade político partidária ao membro do Ministério Público.

V. O Procurador Regional Eleitoral, membro do Ministério Público Federal, exerce as funções nas causas de competência do Tribunal Regional Eleitoral, enquanto o Promotor Eleitoral, membro do Ministério Público local (estadual ou distrital), atua, pelo princípio da delegação, perante os Juízes e Juntas Eleitorais.

a) apenas as alternativas I, II e V estão corretas.

b) apenas as alternativas III, IV e V estão corretas.

c) as alternativas I e II estão incorretas.

d) todas as alternativas estão incorretas.

e) todas as alternativas estão corretas.

COMENTÁRIOS

✪ **Nota do autor:** a presente questão versa sobre variados temas, a exemplo do princípio da anualidade e da Ação de Impugnação de Mandato Eletivo. A temática do MP Eleitoral, no entanto, é dominante.

Alternativa correta: assertiva "e": todas as afirmativas estão corretas.

Afirmativa I: CORRETO. Trata-se do princípio da anualidade eleitoral, previsto no artigo 16 da Constituição Federal.

Afirmativa II: CORRETO. Trata-se da AIME, ação prevista na Constituição Federal, artigo 14, §§ 10 e 11.

Afirmativa III: CORRETO. A divisão geográfica da Justiça Eleitoral de primeira instância é estabelecida pela existência das zonas eleitorais.

Afirmativa IV: CORRETO. É ressalvado, contudo o direito dos membros do MP ingressantes na carreira antes da referida emenda, conforme entendimento do CNMP, por meio da sua resolução nº 05.

Afirmativa V: CORRETO. A função eleitoral cabe ao Ministério Público Federal, sendo, entretanto, delegada, na primeira instância, aos promotores de justiça estaduais.

29. (MPE-MS – Promotor de Justiça – MS/2011) Assinale a alternativa **correta.** Por força da Resolução nº 30/2008 do CNMP, O Promotor de Justiça Eleitoral será designado:

a) pelo Procurador-Geral de Justiça, no âmbito do Ministério Público Estadual, considerando ser o Chefe da Instituição;

b) pelo Procurador-Geral da República, devendo o ato ser publicado no Diário Oficial da União;

c) pelo Procurador Regional Eleitoral, com atribuição junto ao Tribunal Regional Eleitoral;

d) pelo Corregedor-Geral do Ministério Público, após indicação pelo Procurador-Geral de Justiça, mediante sistema de rodízio, no exercício da titularidade de função eleitoral, devendo ser observado a ordem decrescente de antiguidade no exercício da titularidade de função eleitoral;

e) sendo o Promotor de Justiça o único titular na Comarca, não há necessidade de designação, considerando ser ele o Promotor de Justiça com atribuições em todas as áreas de intervenção do Ministério Público.

COMENTÁRIOS

✪ **Nota do autor:** Com o intuito de melhor esclarecer e definir os parâmetros de escolha dos membros dos Ministérios Públicos estaduais que atuarão como promotores eleitorais junto aos juízes e juntas eleitorais, o Conselho Nacional do Ministério Público (CNMP) baixou a resolução nº 30, de 19 de maio de 2008, estabelecendo o seguinte procedimento:

Normas para a escolha dos promotores eleitorais de primeira instância

Resolução nº 30 do CNMP

I. a designação será feita por ato do Procurador Regional Eleitoral, com base em indicação do Chefe do Ministério Público local;

II. a indicação feita pelo Procurador-Geral de Justiça do Estado recairá sobre o membro lotado em localidade integrante de zona eleitoral que por último houver exercido a função eleitoral;

III. nas indicações e designações subseqüentes, obedecer-se-á, para efeito de titularidade ou substituição, à ordem decrescente de antiguidade na titularidade da função eleitoral, prevalecendo, em caso de empate, a antiguidade na zona eleitoral;

IV. a designação será feita pelo prazo ininterrupto de dois anos, nele incluídos os períodos de férias, licenças e afastamentos, admitindo-se a recondução apenas quando houver um membro na circunscrição da zona eleitoral;

Não poderá ser indicado para exercer a função eleitoral o membro do Ministério Público: **I** – lotado em localidade não abrangida pela zona eleitoral perante a qual este deverá oficiar, salvo em caso de ausência, impedimento ou recusa justificada, e quando ali não existir outro membro desimpedido; **II** – que se encontrar afastado do exercício do ofício do qual é titular, inclusive quando estiver exercendo cargo ou função de confiança na administração superior da Instituição; ou **III** – que estiver respondendo a processo administrativo disciplinar, ou tiver sido punido disciplinarmente, por atraso injustificado no serviço, observado o período de reabilitação de 2 (dois) anos, contados da data em que se der por cumprida a sanção aplicada (hipótese prevista a partir da publicação da Resolução nº. 131 do CNMP, de 22 de setembro de 2015). Em caso de ausência, impedimento ou recusa justificada, terá preferência, para efeito de indicação e designação, o membro do Ministério Público que, sucessivamente, exercer suas funções na sede da respectiva zona eleitoral; em município que integra a respectiva zona eleitoral; ou em comarca contígua à sede da zona eleitoral. As investiduras em função eleitoral não ocorrerão em prazo inferior a noventa dias da data do pleito eleitoral e não cessarão em prazo inferior a noventa dias após a eleição, devendo ser providenciadas pelo Procurador Regional Eleitoral as prorrogações eventualmente necessárias à observância deste preceito, ficando vedada a fruição de férias ou licença voluntária do promotor eleitoral no período de noventa dias que antecedem o pleito até quinze dias após a diplomação dos eleitos.

Alternativa correta: assertiva "c": a designação será feita por ato do Procurador Regional Eleitoral, com base em indicação do Chefe do Ministério Público local, mesmo em caso de recondução. Responde as demais alternativas.

---

30. (MPE-PB – Promotor de Justiça – PB/2011) Julgue as seguintes assertivas:

I. O Vice-Procurador-Geral Eleitoral será designado pelo Procurador-Geral Eleitoral e escolhido dentre os Procuradores Regionais Eleitorais.

II. O Procurador-Geral Eleitoral poderá designar membros do Ministério Público Federal para oficiarem, com sua aprovação, perante o Tribunal Superior Eleitoral.

III. A designação dos Promotores de Justiça, para exercerem as funções eleitorais, será feita por ato do Procurador Regional Eleitoral, com base em indicação do Procurador-Geral de Justiça.

a) I, II e III estão corretas.

b) Apenas III está correta.

c) Apenas II e III estão corretas.

d) Apenas II está errada.

e) *(Abstenção de resposta – Seção VIII, item 11, do Edital do Concurso).*

COMENTÁRIOS

Alternativa correta: assertiva "c": apenas II e III estão corretas.

Item I: ERRADO.: O Procurador-Geral Eleitoral designará, dentre os Subprocuradores-Gerais da República, o Vice-Procurador-Geral Eleitoral, que o substituirá em seus impedimentos e exercerá o cargo em caso de vacância, até o provimento definitivo

Item I: CORRETO: O Procurador-Geral Eleitoral designará, dentre os Subprocuradores-Gerais da República, o Vice-Procurador-Geral Eleitoral, que o substituirá em seus impedimentos e exercerá o cargo em caso de vacância, até o provimento definitivo. Além do Vice-Procurador-Geral Eleitoral, o Procurador-Geral poderá designar, por necessidade de serviço, membros do Ministério Público Federal para oficiarem, com sua aprovação, perante o Tribunal Superior Eleitoral.

Item III: CORRETO: regra incursa na Resolução nº 30 do CNMP.

---

31. (MPE-RJ – Promotor de Justiça – RJ/2011) No que tange à atuação do Ministério Público em matéria eleitoral, analise as seguintes afirmativas:

I. As funções ministeriais serão exercidas em primeiro grau por Procuradores da República, salvo perante as Zonas Eleitorais que não contem com sede do Ministério Público Federal, hipótese em que oficiará membro do Ministério Público Estadual.

II. O órgão do Ministério Público que não apresentar, no prazo legal, denúncia ou deixar de promover a execução de sentença condenatória, pratica em tese fato criminalmente típico.

III. Na condição de instituição permanente, essencial à função jurisdicional do Estado e incumbida da defesa da ordem jurídica, do regime democrático e dos interesses sociais e individuais indisponíveis, incumbe ao Ministério Público Eleitoral a propositura das ações e medidas judiciais previstas para assegurar o respeito ao ordenamento eleitoral, à exceção da impugnação aos pedidos de registro de candidatura, cuja legitimação recai apenas sobre os candidatos, partidos políticos e coligações.

IV. O Ministério Público detém legitimidade para requerer à Justiça Eleitoral a decretação da perda de cargo eletivo em decorrência de desfiliação partidária sem justa causa, quando o partido político interessado não formular o pedido dentro do prazo fixado no ordenamento vigente.

V. A inobservância da atuação prioritária do órgão do Ministério Público em feitos eleitorais dentro do período definido em lei, ressalvadas as exceções expressamente previstas, constitui crime de responsabilidade e será objeto de anotação funcional para efeito de promoção na carreira.

Estão corretas somente as afirmativas:

a) I, II e IV;

b) I, III e IV;

c) I, III e V;

d) II, III e V;

e) II, IV e V.

COMENTÁRIOS

Alternativa correta: assertiva "e": estão corretas as afirmativas II, IV e V.

Item I: ERRADO. De acordo com o princípio da delegação, junto às zonas eleitorais, exercerão as funções do MP Eleitoral os promotores de justiça estaduais.

Item II: CORRETO: pratica o crime previsto no art. 342 do Código Eleitoral

Item III: ERRADO. O MP também tem, como guardião do interesse público, legitimidade para a propositura da AIRC.

Item IV: CORRETO. Regra prevista na Resolução TSE nº 22.610/07.

Item V: CORRETO. A atuação em feitos eleitorais, em período eleitoral, prevalece, em regra, sobre quaisquer outra.

---

32. (MPE-RS – Promotor de Justiça – RS/2012) São atribuições do Promotor de Justiça Eleitoral, EXCETO

a) atuar como substituto processual nos feitos eleitorais.

b) atuar nas investigações eleitorais.

c) promover a competente ação penal em relação aos acusados que não tenham foro privilegiado por prerrogativa de função.

d) acompanhar os pedidos de alistamento de eleitores e de cancelamento de inscrição.

e) representar nos casos que envolvem propaganda eleitoral irregular.

COMENTÁRIOS

✪ **Nota do autor:** As principais atividades desempenhadas pelo Ministério Público Eleitoral são as seguintes:

Principais atividades desempenhadas pelo MP Eleitoral

a) Na fase preparatória do pleito: opinar em todos os processos de pedidos de registro de candidaturas, inclusive promovendo impugnações; fiscalizar o exercício da propaganda política, zelando pelo cumprimento da lei eleitoral; acompanhar o processo de nomeação de mesários e de membros das juntas eleitorais; ajuizar Ação de Investigação Judicial Eleitoral.

b) Na fase da eleição (dia do pleito): impugnar atuação de mesário, fiscal ou delegado de partido político; fiscalizar a entrega das urnas; opinar, oralmente ou por escrito, em todos os casos surgidos nesse dia, em sua esfera de atribuição.

c) Na fase de apuração: fiscalizar a instalação da junta eleitoral; acompanhar a apuração dos votos; zelar pela concessão do direito de ampla fiscalização do processo pelos partidos políticos; impugnar votos ou urnas; atuar como *custos legis*.

d) Na fase da diplomação: fiscalizar a expedição dos diplomas eleitorais; ajuizar Ação de Impugnação de Mandato Eletivo e Recurso Contra a Diplomação.

Alternativa correta: assertiva "a". ERRADO. Não há previsão de atuação do MP Eleitoral como substituto processual nos feitos eleitorais. Todas as demais alternativas estão corretas, conforme se afere da tabela acima.

33. (CESPE – Promotor de Justiça – TO/2012) À luz da legislação de regência, assinale a opção correta acerca do MP Eleitoral.

a) A não observância por membro do MP da prioridade dos feitos eleitorais no período compreendido entre o registro das candidaturas e cinco dias após a realização do segundo turno, ressalvados os processos de habeas corpus e mandado de segurança, e o não cumprimento de qualquer prazo fixado pela norma geral das eleições constituem crime de responsabilidade.

b) A não apresentação de denúncia no prazo legal ou a não promoção da execução de sentença condenatória pelo órgão do MP constituem crime, cuja prática é punida exclusivamente com multa.

c) O prazo concedido ao MP para impugnar registro de candidato é quatro vezes maior que o prazo concedido a partidos, coligações e candidatos, para a mesma finalidade.

d) No caso de as contas de candidato serem rejeitadas em decorrência de os gastos eleitorais terem sido pagos com recursos não provenientes de conta específica para tal fim, ou no caso de restar comprovado abuso de poder econômico, a justiça eleitoral remeterá cópia de todo o processo ao MP Eleitoral, para interposição de recurso contra a diplomação do candidato.

e) Vence no dia da eleição o prazo legal para que o MP ofereça representação contra a execução, em ano eleitoral, de programas sociais por entidade nominalmente vinculada a candidato ou por este mantida.

Alternativa correta: assertiva "a". Regra prevista no artigo 94, caput e § 2º, da lei nº 9.504/97.

Assertiva "b": INCORRETO. A pena prevista pela prática de tal crime, previsto no artigo 342 do Código Eleitoral, é de detenção até dois meses ou pagamento de 60 a 90 dias-multa.

Assertiva "c": INCORRETO. O prazo é o mesmo (cinco dias, a contar da publicação dos nomes dos pré-candidatos pela Justiça Eleitoral.

Assertiva "d": INCORRETO. Não cabe RCD neste caso, mas sim AIJE.

Assertiva "e": INCORRETO. Tal forma de abuso é combatida por AIJE, ação que pode ser proposta até a data da diplomação dos eleitos.

3. QUESTÕES DE CONCURSOS PARA O MINISTÉRIO PÚBLICO FEDERAL (PROCURADOR DA REPÚBLICA)

34. (MPF – Procurador da República/2013) Sobre o Ministério Público Eleitoral, com base na Lei Complementar nº 75, de 20 de maio de 1993, que dispõe sobre a organização, as atribuições e o estatuto do Ministério Público da União, é correto afirmar:

a) O Procurador-Geral Eleitoral é o Procurador-Geral da República, cabendo-lhe designar dentre quaisquer membros do Ministério Público Federal, o Vice-Procurador-Geral da República, que será automaticamente o Vice – Procurador-Geral Eleitoral, sendo vedadas outras designações para oficiarem perante o Tribunal Superior Eleitoral.

b) O Procurador-Geral Eleitoral é o Procurador-Geral da República, o qual designará, dentre os Subprocuradores-Gerais da República, o Vice-Procurador-Geral Eleitoral, que o substituirá em seus impedimentos e exercerá o cargo em caso de vacância, até o provimento definitivo.

c) O Procurador-Geral Eleitoral designará o Procurador Regional Eleitoral, dentre os Procuradores da República nos Estados ou no Distrito Federal, ou onde não houver, dentre os membros do Ministério Público local, para oficiar perante o Tribunal Regional Eleitoral para um mandato de dois anos.

d) Na inexistência de Promotor que oficie perante a Zona Eleitoral, ou havendo impedimento ou recusa justificada, o Corregedor-Geral de Justiça indicará o substituto e ao Procurador-Geral de Justiça caberá fazer a designação do substituto para um período de seis meses, pelo sistema de rodízio.

COMENTÁRIOS

Alternativa correta: assertiva "b". De acordo com o parágrafo único do art. 73 da LC 75/93, "O Procurador-Geral Eleitoral designará, dentre os Subprocuradores-Gerais da República, o Vice-Procurador-Geral Eleitoral, que o substituirá em seus impedimentos e exercerá o cargo em caso de vacância, até o provimento definitivo".

Assertiva "a" - Incorreta. O cargo de vice-procurador geral eleitoral é privativo dos subprocuradores-gerais da república.

Assertiva "c" - Incorreta. Os procuradores regionais eleitorais serão sempre procuradores do MPF.

Assertiva "d" - Incorreta. É o Procurado Regional Eleitoral que designa os membros do MPE, para um mandato de 02 anos, em regra.

---

35. (MPF - Procurador da República/2011) Sobre o ministério público eleitoral, é correto afirmar que:

I. a função de Promotor Eleitoral em primeiro grau perante os Juízes e Juntas Eleitorais será exercida por Promotor de Justiça, membro do Ministério Público Estadual ou do Ministério Público do Distrito Federal, exceto nas cidades onde tiver sede a Procuradoria da República, hipótese em que a referida função será exercida por Procurador da República, membro do Ministério Público Federal em primeiro grau;

II. a vaga de Juiz relativa ao quinto constitucional do Ministério Público no Tribunal Superior Eleitoral e nos Tribunais Regionais Eleitorais será ocupada por membro vitalício do Ministério Público Federal, indicado pelo Procurador-Geral Eleitoral e nomeado pelo Presidente da República, para um mandato de dois anos, admitida uma recondução;

III. a atuação do Ministério Público Eleitoral em primeiro grau, perante os Juízes e Juntas Eleitorais, em matéria não criminal, ocorre somente no período eleitoral, ou seja, no ano das eleições, do início do prazo para a realização das convenções partidárias de escolha dos candidatos até a diplomação dos eleitos.

Das proposições acima:

a) apenas a alternativa I está correta;

b) apenas a alternativa II está correta;

c) apenas a alternativa III está correta;

d) todas as alternativas estão erradas.

COMENTÁRIOS

✪ **Nota do autor:** no âmbito do direito eleitoral também atua o Ministério Público, em todas as fases e instâncias do processo eleitoral, com legitimação para "propor, perante o juízo competente, as ações para declarar ou decretar a nulidade de negócios jurídicos ou atos da administração pública, infringentes de vedações legais destinadas a proteger a normalidade e a legitimidade das eleições, contra a influência do poder econômico ou o abuso do poder político ou administrativo", conforme literal previsão do artigo 72 da lei complementar º. 75, de 20 de maio de 1993 (Lei Orgânica do Ministério Público da União). Curiosamente, entretanto, embora dotado de grande relevância para a garantia da normalidade do processo eleitoral, o Ministério Público Eleitoral não tem previsão expressa de existência na Constituição de 1988. Afinal, conforme disposto no artigo 128 da Carta Magna, o Ministério Público abrange o Ministério Público dos estados e o Ministério Público da União, que compreende, por sua vez, o Ministério Público Federal, o Ministério Público do Trabalho, o Ministério Público Militar e o Ministério Público do Distrito Federal e Territórios. Tal fato, entretanto, ao contrário do que possa inicialmente transparecer, não exclui a existência e a importância do Ministério Público Eleitoral, cuja previsão de funcionamento encontra-se, como já destacado, na Lei Complementar nº 75/93 e, residualmente, no próprio Código Eleitoral (artigos 18, 24 e 27).

Alternativa correta: assertiva "d" – todas as alternativas estão erradas.

– Afirmativa I – Errado. Em virtude do princípio da delegação, no primeiro grau de jurisdição eleitoral, junto aos juízes e juntas eleitorais, atuarão sempre membros do Ministério Público Estadual ou, no caso do Distrito Federal, membros do Ministério Público do Distrito Federal e Territórios. A atuação de membros dos Ministérios Públicos estaduais no Ministério Público Eleitoral se restringe ao ofício perante os juízes e juntas eleitorais de primeira instância. Em cada zona eleitoral deverá funcionar um membro do Ministério Público Eleitoral, que acumulará suas atribuições com aquelas inerentes ao cargo de origem, de Promotor de Justiça.

Afirmativa II – Errado. Não existe vaga de quinto constitucional destinada a membros do Ministério Público na Justiça Eleitoral, seja no TSE ou nos TREs.

Afirmativa III – Errado. O processo eleitoral, no qual atua o Ministério Público Eleitoral em todas as suas etapas, abrange fases anteriores ao período eleitoral no sentido estrito (das convenções partidárias para a escolha de candidatos à diplomação dos eleitos), a exemplo da fase do alistamento eleitoral ou mesmo do combate à propaganda eleitoral antecipada, cuja ocorrência é comum em anos não eleitorais.

4. QUESTÕES DE CONCURSOS PARA ANALISTA JUDICIÁRIO – ÁREA JUDICIÁRIA DOS TRIBUNAIS REGIONAIS ELEITORAIS

36. (Consulplan – Analista Judiciário – Área Administrativa – TRE – MG/2013) Sobre os órgãos da Justiça Eleitoral, assinale a alternativa correta.

a) O Tribunal Superior Eleitoral, composto por sete juízes, todos magistrados de carreira, tem sede em Brasília e jurisdição em todo o País.

b) Não podem fazer parte do Tribunal Superior Eleitoral cidadãos que tenham entre si parentesco, ainda que por afinidade, até o terceiro grau, excluindo-se neste caso o que tiver sido escolhido por último.

c) Dos sete juízes que compõem o Tribunal Superior Eleitoral, três são escolhidos entre os Ministros do Supremo Tribunal Federal, que serão necessariamente eleitos e nomeados Presidente, Vice-Presidente e Corregedor Eleitoral.

d) Os juízes do Tribunal Superior Eleitoral e dos Tribunais Regionais Eleitorais, salvo motivo justificado, servirão por dois anos, no mínimo, e nunca por mais de dois biênios consecutivos, sendo os substitutos escolhidos na mesma ocasião e pelo mesmo processo, em número igual para cada categoria.

e) Além do Tribunal Superior Eleitoral e dos Tribunais Regionais Eleitorais, também são órgãos da Justiça Eleitoral os Juízes Eleitorais, que devem ser juízes de direito, designados pelos Tribunais Regionais Eleitorais para exercer a jurisdição eleitoral em determinada zona eleitoral, as Juntas Eleitorais, da qual é presidente o Juiz Eleitoral, e o Ministério Público Eleitoral.

COMENTÁRIOS

Alternativa correta: assertiva "d" ➔Regra prevista no art. 121, § 2º da Constituição Federal que dispõe que "Os juízes dos tribunais eleitorais, salvo motivo justificado, servirão por dois anos, no mínimo, e nunca por mais de dois biênios consecutivos, sendo os substitutos escolhidos na mesma ocasião e pelo mesmo processo, em número igual para cada categoria".

Assertiva "a". ERRADA. Não há carreira de magistratura na Justiça Eleitoral, tendo em vista que os juízes dos tribunais eleitorais, salvo motivo justificado, servirão por dois anos, no mínimo, e nunca por mais de dois biênios consecutivos, sendo os substitutos escolhidos na mesma ocasião e pelo mesmo processo, em número igual para cada categoria.

Assertiva "b". ERRADA. De acordo com o art. 16, § 1º do Código Eleitoral, "não podem fazer parte do Tribunal Superior Eleitoral cidadãos que tenham entre si parentesco, ainda que por afinidade, até o quarto grau, seja o vínculo legítimo ou ilegítimo, excluindo-se neste caso o que tiver sido escolhido por último".

Assertiva "c". ERRADA. O corregedor=geral eleitoral será escolhido dentre os membros do TSE oriundos do STJ.

Assertiva "e". ERRADA. O Ministério Público Eleitoral não é órgão da Justiça Eleitoral.

---

37. (Consulplan – Analista Judiciário – Área Judiciária – TRE – MG/2013) O Ministério Público Eleitoral desempenha importantes atribuições na defesa do regime democrático. Atua de diversas formas, nas fases do processo eleitoral. Em relação às atribuições do Ministério Público (MP), assinale a alternativa correta, de acordo com a legislação vigente e a jurisprudência do Tribunal Superior Eleitoral.

a) Nos processos de registro de candidaturas, o MP deve necessariamente emitir parecer, mas não é legitimado a impugnar candidaturas.

b) O MP é legitimado, juntamente com candidatos, partidos e coligações, a ajuizar representação por propaganda eleitoral irregular.

c) A atuação do MP no processo penal eleitoral é supletiva, já que a legitimação para deflagrar ações penais eleitorais é, por primazia, dos próprios candidatos.

d) O MP deve ser previamente ouvido nos casos de abertura de investigação judicial eleitoral, cuja iniciativa é limitada a candidatos, afastada a legitimação ativa de partidos políticos.

e) Nos casos de desfiliação partidária sem justa causa (infidelidade partidária), a legitimação ativa é do MP e, apenas na sua inércia, surge a legitimação subsidiária dos partidos políticos para a perda do cargo eletivo.

COMENTÁRIOS

Alternativa correta: assertiva "b" ➔ De acordo com o art. 96-B, § 1º da Lei nº. 9.504/97, com redação determinada pela lei nº. 13.165/15, "O ajuizamento de ação eleitoral por candidato ou partido político não impede ação do Ministério Público no mesmo sentido".

Assertiva "a". ERRADA. O ajuizamento de ação eleitoral por candidato ou partido político não impede ação do Ministério Público no mesmo sentido.

Assertiva "c". ERRADA. O ajuizamento de ação eleitoral por candidato ou partido político não impede ação do Ministério Público no mesmo sentido.

Assertiva "d". ERRADA. O ajuizamento de ação eleitoral por candidato ou partido político não impede ação do Ministério Público no mesmo sentido. Partidos políticos e coligações também têm legitimidade para propor a AIJE.

Assertiva "e". ERRADA. É o contrário. A legitimação inicial é dos partidos políticos, tenho o MP legitimação subsidiária, conforme previsão da Resolução TSE nº. 22.610/07.

---

38. (Consulplan – Analista Judiciário – Área Judiciária – TRE – MG/2013) A Justiça Eleitoral brasileira completa 81 anos de existência em 2013. Suas competências, atribuições, estruturação e composição são peculiares. No que tange à composição e à organização de nossos Tribunais Eleitorais, assinale a alternativa correta.

a) A presidência dos Tribunais Regionais Eleitorais pode ser exercida por qualquer de seus membros, mediante eleição secreta.

b) Composto por sete Ministros, o Tribunal Superior Eleitoral é sempre presidido por um Ministro oriundo do Supremo Tribunal Federal.

c) Pelo menos dois dos Ministros do Tribunal Superior Eleitoral devem ser Juízes de carreira, um indicado pelo Supremo Tribunal Federal e outro pelo Superior Tribunal de Justiça.

d) Em observância ao chamado "quinto constitucional", integra o Tribunal Superior Eleitoral um Promotor de Justiça ou um Procurador da República indicado pelo Conselho Nacional do Ministério Público.

e) Nos Tribunais Regionais Eleitorais, há sempre sete membros, dos quais um advogado, nomeado pelo Governador do Estado, e um Promotor de Justiça, indicado pelo Procurador Regional Eleitoral ao Procurador-Geral de Justiça.

COMENTÁRIOS

a) ao Tribunal Superior Eleitoral (TSE).

b) ao Tribunal Regional Eleitoral (TRE).

c) ao Prefeito. **Alternativa correta:** assertiva "b" ➔ regra prevista no art. 119, parágrafo único da Constituição Federal, o qual dispõe que "O Tribunal Superior Eleitoral elegerá seu Presidente e o Vice-Presidente dentre os Ministros do Supremo Tribunal Federal, e o Corregedor Eleitoral dentre os Ministros do Superior Tribunal de Justiça".

Assertiva "a". ERRADA. A presidência dos TREs será sempre exercida por um dos membros desembargadores de Tribunal de Justiça, conforme o art. 120, § 2º da CF/1988.

Assertiva "c". ERRADA. Juízes de carreira não compõem o TSE, mas apenas os TREs.

Assertiva "d". ERRADA. Membros oriundos do Ministério Público não compõem os órgãos da Justiça Eleitoral.

Assertiva "e". ERRADA. Membros oriundos do Ministério Público não compõem os órgãos da Justiça Eleitoral. Além disso, os dois advogados que compõem os TREs são indicados pelo presidente da república, e não pelo governador do estado, a partir de listas tríplices elaboradas pelo TJ estadual.

---

39. (AOCP – Analista Judiciário – Área Judiciária – TRE – AC/2015) A expedição de diploma aos eleitos para cargos municipais compete

d) à Câmara de Vereadores.

e) às Juntas Eleitorais.

COMENTÁRIOS

Alternativa correta. Assertiva "e". Regra prevista expressamente no artigo 40, IV do Código Eleitoral (responde as demais).

---

40. (AOCP – Analista Judiciário – Área Judiciária – TRE – AC/2015) De acordo com a Lei 9.504/97, as reclamações referentes às eleições federais devem dirigir-se

a) aos Juízes Eleitorais.

b) aos Tribunais Regionais Eleitorais.

c) ao Tribunal Superior Eleitoral.

d) ao Ministério Público.

e) às Juntas Eleitorais.

COMENTÁRIOS

Alternativa correta. Assertiva "b". Regra prevista expressamente no artigo 96, II da Lei das Eleições. (responde as demais).

---

41. (Analista Judiciário – Área Judiciária TRE/CE 2012 – FCC) A nomeação dos membros das Juntas Eleitorais e a designação das respectivas sedes compete ao

a) Corregedor Regional Eleitoral e ao Juiz Eleitoral, respectivamente.

b) Juiz Eleitoral da Zona Eleitoral correspondente, após aprovação do Ministério Público.

c) Tribunal Regional Eleitoral e ao Juiz Eleitoral, respectivamente.

d) Superior Tribunal Eleitoral e ao Tribunal Regional Eleitoral, respectivamente.

e) Presidente do Tribunal Regional Eleitoral, após a aprovação desse órgão.

COMENTÁRIOS

✪ **Nota do autor:** Na primeira instância da Justiça Eleitoral também funcionarão, de acordo com o Código Eleitoral (arts. 36 a 41), as Juntas Eleitorais, compostas por um juiz de direito, que a presidirá, e de dois a quatro cidadãos de notória idoneidade. O juiz de direito que presidirá a junta eleitoral não necessariamente será o juiz eleitoral da zona eleitoral respectiva, embora haja preferência para este. Vale destacar que, em uma mesma zona eleitoral, poderá ser organizada mais de uma Junta Eleitoral, podendo ser organizadas tantas juntas quantas permitir o número de juízes de direito atuantes na área territorial correspondente à zona eleitoral.

Alternativa correta: **letra "e" (responde as demais alternativas).** De acordo com o artigo 36, § 1º do Código Eleitoral, os membros das Juntas Eleitorais serão nomeados 60 dias antes da eleição, pelo presidente do TRE, após aprovação deste Tribunal.

---

42. (CESPE – Analista Judiciário – Área Judiciária – TRE-RJ/2012) Os tribunais regionais eleitorais (TREs) são órgãos da justiça federal presentes nos estados e no Distrito Federal. Acerca da competência desses tribunais, julgue os itens subsequentes.

I. A competência do TRE para julgamento de recurso interposto contra decisão proferida por juiz eleitoral do respectivo estado em mandado de segurança restringe-se à hipótese de denegação da ordem.

II. Compete privativamente aos TREs a elaboração de seus próprios regimentos internos.

III. Compete ao TRE processar e julgar, originariamente, conflitos de jurisdição entre juízes eleitorais do respectivo estado.

COMENTÁRIOS

✪ **Nota do autor:** De acordo com o artigo 120 da Constituição Federal, haverá um Tribunal Regional Eleitoral na capital de cada estado e no Distrito Federal, composto, também por sete membros, eleitos pelo voto secreto (vale ressaltar que Lei Complementar poderá aumentar o número de membros dos TREs, conforme interpretação do artigo 121 da Constituição).

Respostas:

Item I. Errado. De acordo com o art. 29, II, "b" do Código Eleitoral, ao TRE compete julgar os recursos interpostos das decisões dos juízes eleitorais que concederem ou denegarem habeas corpus ou mandado de segurança.

Item II. Certo. Regra prevista no artigo 30, I do Código Eleitoral, o qual dispõe que compete ainda aos TREs elaborar o seu Regimento Interno.

Item III. Certo. Regra expressamente prevista no artigo 29, I, "b" do Código Eleitoral, o qual dispõe que compete aos tribunais regionais processar e julgar originariamente os conflitos de jurisdição entre juízes eleitorais do respectivo estado.

---

43. (FCC – Analista Judiciário / TRE-AC / 2010) A respeito da composição dos órgãos da Justiça Eleitoral, é correto afirmar que:

a) um terço dos cargos do Tribunal Superior Eleitoral será reservado para advogados e membros do Ministério Público Federal.

b) os Desembargadores dos Tribunais de Justiça dos Estados poderão integrar o Tribunal Superior Eleitoral no cargo de livre nomeação do Presidente da República.

c) integram o Tribunal Superior Eleitoral três juízes nomeados pelo Presidente da República dentre Ministros do Superior Tribunal de Justiça.

d) integram o Tribunal Superior Eleitoral três juízes dentre Ministros do Supremo Tribunal Federal, escolhidos mediante eleição e pelo voto secreto.

e) o Corregedor Eleitoral será nomeado pelo Presidente da República dentre os membros do Tribunal Superior Eleitoral.

COMENTÁRIOS

✪ **Nota do autor:** De acordo com previsão constitucional (artigo 118 da CF/88), são órgãos da Justiça Eleitoral o Tribunal Superior Eleitoral (TSE), os tribunais regionais eleitorais (TREs), os juízes eleitorais e as juntas eleitorais. A Justiça Eleitoral é dotada de muitas peculiaridades, quando comparada aos demais ramos do Poder Judiciário brasileiro. Talvez a maior destas peculiaridades esteja, justamente, na composição dos seus órgãos jurisdicionais, uma vez que, como será destacado, compõem tais órgãos magistrados oriundos do Supremo Tribunal Federal, do Superior Tribunal de Justiça, dos Tribunais Regionais Federais, dos Tribunais de Justiça dos estados, juízes federais de primeiro grau, juízes estaduais, advogados e, até mesmo, cidadãos comuns, sem formação jurídica (neste caso, compondo as juntas eleitorais). Os referidos magistrados eleitorais, por sua vez, por não integrarem uma carreira própria, como será observado, não gozam da garantia da vitaliciedade. As garantias, contudo, da irredutibilidade de subsídios e da inamovibilidade são preservadas. Os juízes dos tribunais eleitorais (inclusive os ministros do TSE), salvo motivo justificado, servirão por dois anos, no mínimo, e nunca por mais de dois biênios consecutivos (se não forem consecutivos, podem ser mais de dois), sendo os substitutos escolhidos na mesma ocasião e pelo mesmo processo, em número igual para cada categoria.

Alternativa correta: letra "d". Conforme art. 119 da Constituição, o TSE é integrado por 3 Ministros do STF, 2 Ministros do STJ e 2 advogados de notável saber jurídico e idoneidade moral, sendo que seu Presidente e Vice recairão dentre os Ministros do STF e o Corregedor será um dos Ministros do STJ. Já o TRE, pelo art. 120 da constituição, se compõe de 2 Desembargadores estaduais, 2 juízes estaduais, 1 juiz federal e 2 advogados de notável saber jurídico e idoneidade moral, recaindo a Presidência e a Vice dentre os Desembargadores estaduais.

Assertiva "a". Incorreto. Não há previsão de reserva de vagas para membros do Ministério Público no TSE. Os advogados, por sua vez, serão dois, dentre os sete ministros.

Assertiva "b". Incorreto. Não há cargo de livro nomeação do presidente da república para o TSE.

Assertiva "c". Incorreto. Serão dois os juízes do TSE escolhidos pelo STJ para compor aquela corte.

Assertiva "e". Incorreto. No TSE, o corregedor-geral eleitoral será um dos integrantes da corte oriundos do STJ, escolhido pelos membros do Tribunal.

---

44. (FCC – Analista Judiciário / TRE-RS / 2010) O juiz oriundo da classe dos advogados com notável saber jurídico e idoneidade moral integrante de Tribunal Regional Eleitoral

a) não poderá ser eleito para os cargos de Presidente ou Vice-Presidente desse Tribunal.

b) servirá, salvo motivo justificado, no mínimo por dois anos, não podendo ser reconduzido ao cargo no biênio seguinte.

c) não poderá ser eleito para o cargo de Presidente desse Tribunal, apenas para o de Vice-Presidente.

d) não gozará, no exercício de suas funções, de plenas garantias, nem será inamovível.

e) poderá ser eleito para o cargo de Vice-Presidente desse Tribunal, mas não para o cargo de Presidente.

COMENTÁRIOS

Alternativa correta: letra "a". Em conformidade com o art. 120, § 2º da Constituição, o Presidente e o Vice do TRE serão os desembargadores estaduais que integram a Corte. Vale acrescentar, considerando as outras proposições, que, na forma do art. 121, §§ 1º e 2º da Constituição, os juízes eleitorais gozam de plenas garantias, são inamovíveis e, salvo motivo justificado, servirão por dois anos, no mínimo, e nunca por mais de dois biênios consecutivos.

Assertiva "b". Incorreto. É possível a recondução dos membros do TSE para um segundo biênio, de forma consecutiva. O mesmo acontece em relação aos membros dos TREs.

Assertiva "c". Incorreto. Em conformidade com o art. 120, § 2º da Constituição, o Presidente e o Vice do TRE serão os desembargadores estaduais que integram a Corte.

Assertiva "d". Incorreto. Na forma do art. 121, §§ 1º e 2º da Constituição, os juízes eleitorais gozam de plenas garantias, são inamovíveis e, salvo motivo justificado, servirão por dois anos, no mínimo, e nunca por mais de dois biênios consecutivos.

Assertiva "e". Incorreto. Em conformidade com o art. 120, § 2º da Constituição, o Presidente e o Vice do TRE serão os desembargadores estaduais que integram a Corte.

---

45. (FCC – Analista Judiciário / TRE-TO / 2011) De acordo com a Constituição Federal, podem vir a integrar tanto o Tribunal Superior Eleitoral, como o Tribunal Regional Eleitoral do Estado de Tocantins,

a) Advogados de notável saber jurídico e idoneidade moral militantes no Estado de Tocantins.

b) Ministros do Supremo Tribunal Federal.

c) Ministros do Superior Tribunal de Justiça.

d) Desembargadores do Tribunal de Justiça do Estado de Tocantins.

e) Juízes de Direito da Justiça Estadual do Estado de Tocantins.

COMENTÁRIOS

✪ **Nota do autor:** Previsto como órgão de cúpula da Justiça Eleitoral pela Constituição Federal de 1988, o Tribunal Superior Eleitoral (TSE), sediado na capital federal, compor-se-á, no mínimo, por sete membros, de acordo com o caput do artigo 119 da Carta Magna. Lei complementar de iniciativa do TSE, contudo, poderá, aumentar o número de membros do TSE, conforme previsão do artigo 121 da Constituição (atualmente, o Código Eleitoral, recepcionado com status de Lei Complementar pela Constituição de 1988, dispõe sobre a organização e a competência do TSE e demais órgãos da Justiça Eleitoral, naquilo que é compatível com o texto constitucional). De acordo com o referido artigo 119 da CF/88, os sete membros do TSE serão escolhidos mediante eleição, pelo voto secreto: três deles dentre ministros do Supremo Tribunal Federal, dois dentre ministros do Superior Tribunal de Justiça, além de dois advogados de notável saber jurídico e idoneidade moral, indicados a partir de uma lista sêxtupla elaborada pelo STF e nomeados pelo presidente da república. Na prática, entretanto, são elaboradas pelo STF, para cada vaga de advogados, listas tríplices de causídicos, das quais é nomeado um advogado, pelo presidente da república. Os integrantes do TSE continuam a exercer suas atividades no STF, STJ e advocacia de forma concomitante ao exercício das suas funções naquela corte. Aos advogados impede-se, tão somente, o exercício da advocacia na Justiça Eleitoral, durante o período dos seus mandatos como magistrados eleitorais. Dispõe, ainda, a Constituição Federal, no parágrafo único do seu artigo 119, que o TSE elegerá seu presidente e seu vice-presidente dentre os ministros do STF, e o corregedor-geral eleitoral dentre os ministros do STJ.

De acordo, por sua vez, com o artigo 120 da Constituição Federal, haverá um Tribunal Regional Eleitoral na capital de cada estado e no Distrito Federal, composto, também por sete membros, eleitos pelo voto secreto (vale ressaltar, mais uma vez, que Lei Complementar poderá aumentar o número de membros dos TREs, conforme interpretação do artigo 121 da Constituição). As composições dos tribunais regionais eleitorais, entretanto, embora parecidas com a do TSE, têm as suas peculiaridades, previstas nos incisos I, II e III do § 1º do referido artigo 120 da CF/88. Assim, compõem os tribunais regionais eleitorais dois juízes dentre desembargadores do Tribunal de Justiça estadual; dois juízes de direito, também escolhidos pelo Tribunal de Justiça do estado; um juiz federal, escolhido pelo Tribunal Regional Federal respectivo (caso a capital sede do TRE seja também sede de TRF, ao invés de um juiz federal comporá o Tribunal Regional Eleitoral um desembargador federal oriundo do TRF respectivo); além de dois advogados, de notável saber jurídico e idoneidade moral, nomeados pelo presidente da república a partir de lista de seis nomes elaborada pelo Tribunal de Justiça estadual (neste caso, valem os mesmos comentários relativos aos advogados que compõem o TSE).

Alternativa correta: letra "a". Tanto no TSE quanto nos TREs há previsão constitucional da presença de dois advogados de notável saber jurídico e reputação ilibada como membros efetivos, servindo por um biênio, renovável uma vez, de forma consecutiva (arts. 119 e 120 da CF/1988).

Alternativa "b". Incorreto. Ministros do STF não podem integrar TREs, mas apenas o TSE (art. 120 da CF/1988)

Alternativa "c". Incorreto. Ministros do STJ não podem integrar TREs, mas apenas o TSE (art. 120 da CF/1988).

Alternativa "d". Incorreto. Desembargadores de tribunais de justiça não podem integrar o TSE (art. 119 da CF/1988)

Alternativa "e". Incorreto. Juízes estaduais não podem integrar o TSE, mas apenas os tribunais regionais eleitorais (art. 119 da CF/1988).

---

46. (CESPE – Analista Judiciário / TRE-ES / 2011) O número de juntas eleitorais que podem ser organizadas é igual ao número de juízes de direito que gozam das garantias constitucionais inerentes à magistratura, mesmo que estes não sejam juízes eleitorais.

COMENTÁRIOS

✪ **Nota do autor:** Na primeira instância da Justiça Eleitoral também funcionarão, de acordo com o Código Eleitoral (arts. 36 a 41), as Juntas Eleitorais, compostas por um juiz de direito, que a presidirá, e de dois a quatro cidadãos de notória idoneidade. O juiz de direito que presidirá a junta eleitoral não necessariamente será o juiz eleitoral da zona eleitoral respectiva, embora haja preferência para este. Vale destacar que, em uma mesma zona eleitoral, poderá ser organizada mais de uma Junta Eleitoral, podendo ser organizadas tantas juntas quantas permitir o número de juízes de direito atuantes na área territorial correspondente à zona eleitoral. Os membros das juntas eleitorais serão nomeados 60 (sessenta) dias antes da eleição, depois de aprovação do Tribunal Regional Eleitoral, pelo presidente deste. Cabe também ao presidente do TRE designar a sede da Junta Eleitoral. Até dez dias antes da nomeação, os nomes das pessoas indicadas para compor as juntas serão publicados no órgão oficial do estado, podendo qualquer partido, no prazo de três dias, em petição fundamentada, impugnar as indicações. Não podem ser nomeados membros das juntas eleitorais os candidatos e seus parentes, ainda que por afinidade, até o segundo grau, assim como o cônjuge; os membros de diretórios de partidos políticos, as autoridades e agentes policiais; funcionários no desempenho de cargos de confiança do Poder Executivo; além de servidores da Justiça Eleitoral. Os membros da junta, entrando em exercício, gozam da garantia da inamovibilidade e demais prerrogativas comuns aos magistrados, no que for aplicável. Às Juntas Eleitorais compete, de acordo com o artigo 40 do Código Eleitoral, apurar as eleições, resolver as impugnações e demais incidentes verificados durante os trabalhos de contagem e apuração, expedir os boletins de apuração, bem como os diplomas aos eleitos para cargos municipais (prefeito, vice-prefeito e vereadores). Nos municípios onde houver mais de uma junta eleitoral, a expedição dos diplomas do prefeito, vice-prefeito e vereadores eleitos será feita pela junta que for presidida pelo juiz eleitoral mais antigo.

Certo. De acordo com o caput do artigo 37 do Código Eleitoral, "poderão ser organizadas tantas juntas eleitorais quantas permitir o número de juízes de direito que gozem das garantias constitucionais inerentes à magistratura, mesmo que não sejam juízes eleitorais.

---

47. (FCC – Analista Judiciário / TRE-AC / 2010) Nos municípios em que houver mais de uma Junta Eleitoral, a expedição dos diplomas aos eleitos para os cargos municipais será feita

a) pelo Tribunal Regional Eleitoral.

b) pela Junta Eleitoral que for presidida pelo Juiz Eleitoral mais antigo.

c) pela Junta Eleitoral que tiver apurado maior número de votos.

d) pelo Tribunal Superior Eleitoral.

e) pelo Corregedor Regional Eleitoral.

COMENTÁRIOS

Alternativa correta: letra "b" (responde as demais alternativas). Regra prevista expressamente no parágrafo único do artigo 40 do Código Eleitoral, segundo o qual "nos municípios onde houver mais de uma junta eleitoral, a expedição dos diplomas será feita pela que for presidida pelo juiz eleitoral mais antigo, à qual as demais enviarão os documentos da eleição"

---

48. (CESPE – Analista Judiciário / TRE-ES / 2011) As juntas eleitorais, compostas de um juiz de direito, a quem compete presidi-la, e de dois ou quatro cidadãos de notória idoneidade, são nomeadas antes da eleição, depois de aprovação do tribunal regional, pelo presidente deste, a quem cumpre também designar-lhes a sede.

COMENTÁRIOS

Certo. Regra prevista expressamente no artigo 36, § 1º do Código Eleitoral. O juiz de direito que presidirá a junta eleitoral não necessariamente será o juiz eleitoral da zona eleitoral respectiva, embora haja preferência para este. Vale destacar que, em uma mesma zona eleitoral, poderá ser organizada mais de uma Junta Eleitoral, podendo ser organizadas tantas juntas quantas permitir o número de juízes de direito atuantes na área territorial correspondente à zona eleitoral.

---

49. (CESPE – Analista Judiciário / TRE-ES / 2011) Na ausência do chefe do cartório eleitoral, as atribuições da escrivania de zona eleitoral podem ser exercidas por outro servidor designado pelo chefe do cartório, desde que esse servidor não seja membro de diretório partidário, candidato a cargo eletivo, seu cônjuge ou parente consanguíneo ou afim até o segundo grau.

COMENTÁRIOS

Certo. De acordo com a Lei nº 10.842/2004, as atribuições da escrivania eleitoral passaram a ser exercidas pelo chefe de cartório eleitoral, o qual poderá ser substituído, na sua ausência, por outro servidor. Este servidor não poderá ser membro de diretório de partido político, candidato a cargo eletivo, bem como parente, consanguíneo ou afim, até o segundo grau, ou cônjuge de candidato a cargo eletivo, de acordo com previsão do artigo 33, § 1º do Código Eleitoral.

---

50. (FCC – Analista Judiciário / TRE-RN / 2011) Embora integrante do Poder Judiciário, a Justiça Eleitoral possui algumas peculiaridades quando comparada com os demais ramos do Judiciário. Em tal sentido, são peculiaridades da Justiça Eleitoral:

a) Existência de procedimentos específicos; quadro próprio e permanente de juízes; exercício de função consultiva.
b) Princípio da temporalidade em relação ao quadro de juízes; exercício de função essencialmente administrativa e eventualmente jurisdicional; exigência de contraditório.
c) Existência de procedimentos específicos; capacidade interpretativa mediante Resoluções; função jurisdicional.
d) Exercício de função consultiva; princípio da temporalidade em relação ao quadro de juízes; capacidade interpretativa mediante Resoluções.
e) Exercício de função essencialmente administrativa e eventualmente jurisdicional; exigência de contraditório; quadro próprio e permanente de juízes.

COMENTÁRIOS

✪ **Nota do autor:** Em regra, vige no exercício das atribuições dos órgãos constituintes do Poder Judiciário o princípio da inércia, segundo o qual tal poder só deve atuar quando provocado, exercendo, assim, a jurisdição. Assim, não cabe ao Poder Judiciário, de forma geral, responder a questões abstratas, dissociadas de uma lide, papel este a ser exercido pelos doutrinadores. No âmbito da Justiça Eleitoral, no entanto, é possível nos depararmos com mais uma peculiaridade, prevista no artigos 23, XII e 30, VIII do Código Eleitoral: a competência do Tribunal Superior Eleitoral e dos TREs para responder a consultas em tese formuladas por autoridades públicas ou partidos políticos (as consultas dirigidas ao TSE somente poderão ser feitas por autoridade pública federal e órgão nacional de partido político).

Alternativa correta: letra "d". A Justiça Eleitoral, ao contrário dos outros ramos do Poder Judiciário, podem responder a consultas em abstrato. Seus membros, por sua vez, servem por prazo determinado (em regra dois anos, prorrogáveis por igual período, no caso de membros do TSE e TREs, e de forma indeterminada, pelos juízes eleitorais). A Justiça Eleitoral ainda pode expedir resoluções, a fim de interpretar a legislação eleitoral.

Alternativa "a". Errado. A justiça eleitoral realmente possui procedimentos específicos e exerce função consultiva (O TSE possui competência para responder a Consultas formuladas em tese por autoridade federal ou órgão nacional de partido político, conforme art. 23, XII do código eleitoral), mas não possui quadro próprio e permanente de juízes.

Alternativa "b". Errado. O quadro de juízes da justiça eleitoral realmente é temporário, mas ele exerce essencialmente atividade jurisdicional e eventualmente administrativa. Demais, a exigência de contraditório não é peculiaridade da justiça eleitoral, incidindo em todos os âmbitos do Judiciário, por imperativo constitucional (art. 5º, LV/CF).

Alternativa "c". Errado. O único erro da proposição está em citar o exercício de função jurisdicional como uma peculiaridade da justiça eleitoral eis que, por evidente, se trata de função exercida por todos os órgãos do Poder Judiciário.

Alternativa "e". Errado. A atividade jurisdicional da Justiça Eleitoral não é eventual, mas sim permanente. Não há quadro próprio e permanente de juízes eleitorais.

---

51. (FGV – Analista Judiciário / TRE-PA / 2011) Quanto aos órgãos da Justiça Eleitoral, é correto afirmar que:

a) cabe a jurisdição de cada uma das Zonas Eleitorais a um Juiz de Direito em efetivo exercício e, na falta deste, ao seu substituto legal, que, igualmente, deve ter adquirido a vitaliciedade para exercer as funções de juiz eleitoral.
b) são irrecorríveis as decisões do TSE salvo as que declararem a invalidade de lei ou ato contrário à Constituição Federal e as denegatórias de *habeas corpus* ou mandado de segurança, das quais caberá recurso ordinário para o STF, interposto no prazo de 3 (três) dias.

c) candidato a cargo eletivo, seu cônjuge e parente consanguíneo até segundo grau ou afim até o terceiro grau não podem servir como Escrivão Eleitoral.

d) compete, privativamente, aos Tribunais Regionais Eleitorais, na falta de determinação legal ou constitucional, determinar a data das eleições a Governador e Vice-Governador, Deputados Federais e Estaduais, Prefeitos, Vice-Prefeitos e Vereadores.

e) no exercício de suas atribuições, o Corregedor Regional da Justiça Eleitoral somente se locomoverá para as Zonas Eleitorais por determinação do TSE ou do TRE, ou a pedido dos Juízes Eleitorais.

COMENTÁRIOS

Alternativa correta: letra "b". Texto expresso do art. 281 do código eleitoral, o qual dispõe que "são irrecorríveis as decisões do TSE salvo as que declararem a invalidade de lei ou ato contrário à Constituição Federal e as denegatórias de *habeas corpus* ou mandado de segurança, das quais caberá recurso ordinário para o STF, interposto no prazo de 3 (três) dias".

Assertiva "a". Errado. O erro está tão somente no fato de mencionar que o substituto legal deve ter adquirido vitaliciedade para exercer as funções de juiz eleitoral. O restante reproduz o art. 32 do código eleitoral.

Assertiva "c". Errado. O erro está tão somente no grau de parentesco mencionado na proposição, eis que a vedação, prevista no art. 33, § 1º do código eleitoral, abrange apenas parentes até o segundo grau.

Assertiva "d". Errado. A questão aborda o art. 30, IV do código eleitoral, sendo que seu único erro foi ter inserido as eleições para Deputado Federal. Quanto ao restante, a questão está correta. É de destacar, contudo, que, em regra, a Constituição impõe que as eleições sejam realizadas no primeiro domingo de outubro.

Assertiva "e". Errado. Conforme o art. 26, § 2º do código eleitoral, o Corregedor Regional da Justiça Eleitoral se locomoverá para as Zonas Eleitorais por determinação do Tribunal Superior Eleitoral ou do Tribunal Regional Eleitoral, a pedido dos juízes eleitorais, a requerimento de Partido, deferido pelo Tribunal Regional e, ainda, sempre que entender necessário, hipótese esta não contemplada no enunciado da questão.

---

52. (FCC – Analista Judiciário /TRE-PI / 2009) Numa eleição proporcional, o eleitor digitou corretamente o número da legenda, mas assinalou número de candidato inexistente. Nesse caso, o voto será

a) considerado nulo.

b) computado para a legenda.

c) considerado em branco.

d) computado para o candidato com numeração mais próxima.

e) computado para o candidato menos votado da legenda.

COMENTÁRIOS

✪ **Nota do autor:** O sistema eleitoral adotado nas eleições para deputados e vereadores no Brasil é o sistema eleitoral proporcional de lista aberta, cabendo, tão somente, aos eleitores a definição dos nomes dos candidatos que ocuparão as vagas conquistadas pelos partidos ou coligações partidárias. Se o sistema fosse de lista fechada, como vem sendo proposto em muitos projetos de lei integrantes da chamada "reforma política", os eleitores brasileiros votariam apenas nas legendas, ou seja, nos números dos partidos. Neste sistema, os partidos decidem previamente, antes das eleições, a ordem em que os candidatos aparecerão na lista. O eleitor vota somente na legenda, não podendo escolher o seu candidato de preferência, não tendo, assim, a oportunidade de definir livremente os nomes daqueles que ocuparão as cadeiras conquistadas pelo partido ou coligação.

Alternativa correta: letra "b" (responde as demais alternativas). Computado para a legenda. É a aplicação do princípio "in dubio pro voto", previsto no artigo 176 do Código Eleitoral.

---

53. (CESPE – Analista Judiciário – Área Judiciária – TRE-MS/2013) Assinale a opção correta acerca da organização e competência da justiça eleitoral.

a) Não podem ser nomeados membros das juntas eleitorais, escrutinadores ou auxiliares na mesma circunscrição eleitoral dois parentes em qualquer grau.

b) Nos municípios onde haja mais de uma junta eleitoral, a expedição dos diplomas aos eleitos para cargos municipais é feita pela junta presidida pelo juiz eleitoral mais antigo.

c) Compete ao Tribunal Superior Eleitoral (TSE) processar e julgar originariamente os crimes eleitorais e os comuns a eles conexos, cometidos pelos seus próprios ministros e pelos juízes dos tribunais regionais.

d) Nas eleições municipais, compete ao corregedor regional eleitoral apurar e punir as transgressões pertinentes à origem de valores pecuniários e abuso do poder econômico ou político, em detrimento da liberdade de voto.

e) A arguição de inelegibilidade de um candidato a prefeito é feita perante o tribunal regional eleitoral do respectivo estado da Federação.

COMENTÁRIOS

Alternativa correta: letra "b". Regra prevista no parágrafo único do artigo 40 do Código Eleitoral, que dispõe que "nos municípios onde houver mais de uma junta eleitoral, a expedição dos diplomas será feita pela que for presidida pelo juiz eleitoral mais antigo, à qual as demais enviarão os documentos da eleição.

Assertiva "a". Errado. De acordo com o artigo 36, § 3º, I do Código Eleitoral, a limitação ocorre até o parentesco de segundo grau.

Assertiva "c". Errado. A competência para tais julgamentos será do STF, de acordo com o artigo 102 da CF/1988 para os ministros do TSE. Já no caso dos membros dos TREs, a competência será do TRE respectivo.

Assertiva "d". Errado. A competência será do juiz eleitoral da zona respectiva.

Assertiva "e". Errado. Tal argüição será feita perante o juízo eleitoral de primeiro grau competente.

---

54. (FCC – Analista Judiciário – Área Judiciária – TRE-RO/2013) A respeito da composição e competência dos órgãos da Justiça Eleitoral, considere:

I. As Zonas Eleitorais são órgãos constituídos por ocasião de cada eleição, sendo seus integrantes indicados pelo Juiz Eleitoral e nomeados pelos Tribunais Regionais Eleitorais.

II. É vedada a participação de parentes em qualquer grau na mesma Junta Eleitoral.

III. Cabe à Junta Eleitoral a expedição de diploma aos eleitos para prefeito, vice-prefeito e vereador.

IV. Cabe a cada Tribunal Regional Eleitoral a expedição de diplomas nas eleições para Presidente da República, Vice-Presidente da República, Governador, Senador, Deputado Federal e Deputado Estadual.

Está correto o que consta APENAS em

a) II e III.

b) I e IV.

c) I, II e III.

d) I, III e IV.

e) III e IV.

COMENTÁRIOS

Alternativa correta: Não há resposta correta e a questão deveria ter sido anulada. Contudo, o gabarito oficial determinou como correta a alternativa "a".

Respostas:

Item I. Errado. Zonas eleitorais não são órgãos da Justiça Eleitoral, mas sim divisões territoriais onde se exerce a jurisdição eleitoral.

Item II. Errado. O limite de impedimento é o segundo grau de parentesco.

Item III. Correto. De acordo com regra prevista no artigo 40 do Código Eleitoral.

Item IV. Errado. Nas eleições para presidente da república, o órgão responsável pela expedição do diploma é o TSE.

5. QUESTÕES DE CONCURSOS PARA ANALISTA JUDICIÁRIO – ÁREA ADMINISTRATIVA DOS TRIBUNAIS REGIONAIS ELEITORAIS

55. (FGV – Analista Judiciário / Área Administrativa – TRE-PA / 2011) Quanto aos órgãos da Justiça Eleitoral, é correto afirmar que:

a) cabe a jurisdição de cada uma das Zonas Eleitorais a um Juiz de Direito em efetivo exercício e, na falta deste, ao seu substituto legal, que, igualmente, deve ter adquirido a vitaliciedade para exercer as funções de juiz eleitoral.

b) são irrecorríveis as decisões do TSE salvo as que declararem a invalidade de lei ou ato contrário à Constituição Federal e as denegatórias de *habeas corpus* ou mandado de segurança, das quais caberá recurso ordinário para o STF, interposto no prazo de 3 (três) dias.

c) candidato a cargo eletivo, seu cônjuge e parente consanguíneo até segundo grau ou afim até o terceiro grau não podem servir como Escrivão Eleitoral.

d) compete, privativamente, aos Tribunais Regionais Eleitorais, na falta de determinação legal ou constitucional, determinar a data das eleições a Governador e Vice-Governador, Deputados Federais e Estaduais, Prefeitos, Vice-Prefeitos e Vereadores.

e) no exercício de suas atribuições, o Corregedor Regional da Justiça Eleitoral somente se locomoverá para as Zonas Eleitorais por determinação do TSE ou do TRE, ou a pedido dos Juízes Eleitorais.

COMENTÁRIOS

Alternativa correta: **letra "b".** Texto expresso do art. 281 do código eleitoral, o qual dispõe que "são irrecorríveis as decisões do TSE salvo as que declararem a invalidade de lei ou ato contrário à Constituição Federal e as denegatórias de *habeas corpus* ou mandado de segurança, das quais caberá recurso ordinário para o STF, interposto no prazo de 3 (três) dias".

Assertiva "a". Errado. O erro está tão somente no fato de mencionar que o substituto legal deve ter adquirido vitaliciedade para exercer as funções de juiz eleitoral. O restante reproduz o art. 32 do código eleitoral.

Assertiva "c". Errado. O erro está tão somente no grau de parentesco mencionado na proposição, eis que a vedação, prevista no art. 33, § 1º do código eleitoral, abrange apenas parentes até o segundo grau.

Assertiva "d". Errado. A questão aborda o art. 30, IV do código eleitoral, sendo que seu único erro foi ter inserido as eleições para Deputado Federal. Quanto ao restante, a questão está correta. É de destacar, contudo, que, em regra, a Constituição impõe que as eleições sejam realizadas no primeiro domingo de outubro.

Assertiva "e". Errado. Conforme o art. 26, § 2º do código eleitoral, o Corregedor Regional da Justiça Eleitoral se locomoverá para as Zonas Eleitorais por determinação do Tribunal Superior Eleitoral ou do Tribunal Regional Eleitoral, a pedido dos juízes eleitorais, a requerimento de Partido, deferido pelo Tribunal Regional e, ainda, sempre que entender necessário, hipótese esta não contemplada no enunciado da questão.

6. QUESTÕES DE CONCURSOS PARA TÉCNICO JUDICIÁRIO DOS TRIBUNAIS REGIONAIS ELEITORAIS

56. (Consulplan – Técnico Judiciário – Área Administrativa – TRE – MG/2015) "Pedro pretende integrar o Tribunal Regional Eleitoral na categoria de jurista. Após contatar seus colegas advogados, verifica que existe a necessidade de integrar uma lista de acesso para sua nomeação. Nos termos do Código Eleitoral, caso tenha sucesso, o procedimento que redundará na sua nomeação, ocorrerá pelo ato de escolha do ______________________________ de dois dentre seis cidadãos de notável saber jurídico e idoneidade moral, indicados pelo Tribunal de Justiça."

Assinale a alternativa que completa corretamente a afirmativa anterior.

Parte superior do formulário

a) Governador do Estado

b) Presidente da República

c) Presidente do Tribunal Superior Eleitoral

d) Presidente do Supremo Tribunal Federal

COMENTÁRIOS

Alternativa correta: assertiva "b" ➔Regra prevista no artigo 119, II da Constituição Federal (responde as demais).

57. (Consulplan – Técnico Judiciário – Área Administrativa – TRE – MG/2015) Os Juízes Eleitorais tem inúmeras competências de acordo com o Código Eleitoral, dentre as quais a de dividir a zona em:

Parte superior do formulário

a) áreas eleitorais.

b) seções eleitorais.

c) setores eleitorais.

d) circunscrições eleitorais.

COMENTÁRIOS

✪ **Nota do autor:** Enquanto que a Justiça Comum Estadual é dividida em comarcas, a Justiça Eleitoral é dividida em zonas eleitorais, nem sempre coincidentes com o território de um município. Grandes municípios, a exemplo de Salvador, São Paulo ou Rio de Janeiro, são divididos em várias zonas eleitorais, enquanto que também é muito comum vários municípios pouco populosos serem englobados em uma única zona eleitoral. É a zona eleitoral o espaço territorial sob jurisdição do juiz eleitoral. Em cada zona eleitoral funcionará um juiz eleitoral que, como já observado, não integra uma carreira própria da magistratura eleitoral. Os juízes eleitorais, assim, serão juízes de direito estaduais em efetivo exercício, que acumularão às suas funções próprias as funções de juiz eleitoral. Vale destacar que na zona eleitoral onde houver mais de uma vara da justiça comum estadual, o Tribunal Regional Eleitoral designará aquela a que incumbe o serviço eleitoral. Quanto à competência dos juízes eleitorais, a mesma é prevista no artigo 35 do Código Eleitoral. Dentre as principais competências, podemos destacar o processamento e julgamento dos crimes eleitorais e dos comuns que lhe forem conexos, ressalvada a competência originária do TSE e dos tribunais regionais eleitorais; a decisão sobre habeas corpus e mandado de segurança, desde que tal competência não seja atribuída privativamente a instância superior; o alistamento e a expedição dos títulos eleitorais, bem como a concessão de transferências de eleitores; a divisão da zona eleitoral em seções eleitorais e a designação dos seus locais de instalação; a nomeação de mesários; o fornecimento de justificativas de ausência nas eleições, àqueles que não comparecerem à votação; e o exercício do poder de polícia previsto no artigo 41 da Lei nº. 9.504/97.

Alternativa correta: assertiva "b" ➔Regra prevista no artigo 35, X do Código Eleitoral (responde as demais).

---

58. (Consulplan – Técnico Judiciário – Área Administrativa – TRE – MG/2015) Os Tribunais Regionais Eleitorais possuem competência originária determinada pelo Código Eleitoral, dentre as quais encontram-se o registro e o cancelamento do registro das candidaturas a:

Parte superior do formulário

a) Prefeito.

b) Vereador.

c) Conselheiro.

d) Governador.

COMENTÁRIOS

✪ **Nota do autor:** As competências dos tribunais regionais eleitorais estão previstas nos artigos 29 e 30 do Código Eleitoral. Dentre as principais, podemos indicar o processamento e o julgamento originário dos pedidos de registro e cancelamento de registros dos diretórios estaduais e municipais de partidos políticos; os conflitos de jurisdição entre juízes eleitorais do respectivo estado; a suspeição ou impedimento dos seus membros, servidores, do procurador regional eleitoral, bem como dos juízes e escrivães eleitorais; os crimes eleitorais cometidos pelos juízes eleitorais; bem como habeas corpus e mandado de segurança, em matéria eleitoral, contra ato de autoridades que respondam perante os tribunais de justiça por crimes de responsabilidade. Em grau de recurso, os TREs ainda são competentes para processar e julgar habeas corpus ou mandado de segurança denegados ou concedidos por juízes eleitorais; bem como outros atos e decisões proferidas pelos juízes e juntas eleitorais. Cabe ainda aos tribunais regionais eleitorais elaborar seus regimentos internos, organizar suas secretarias e corregedorias regionais; constituir as juntas eleitorais, nos termos da lei, responder a consultas em tese, em matéria eleitoral, formuladas por autoridade pública ou partido político; dividir a respectiva circunscrição em zonas eleitorais, submetendo essa divisão, assim como a criação de novas zonas, à aprovação do TSE; e aplicar penas disciplinares de advertência e de suspensão de até trinta dias aos juízes eleitorais. Por fim, vale destacar que de acordo com o § 4º o artigo 121 da Constituição Federal, das decisões dos tribunais regionais eleitorais somente caberá recurso quando forem proferidas contra disposição expressa da Constituição ou de lei; ocorrer divergência na interpretação da lei entre dois ou mais TREs; versarem sobre inelegibilidade, expedição ou anulação de diplomas nas eleições para deputados federais, senadores, deputados estaduais, governadores e vice-governadores; decretarem perda de mandato de deputados federais, senadores, deputados estaduais, governadores e vice-governadores; ou denegarem habeas corpus, mandado de segurança, habeas data ou mandado de injunção. Como observado, decisões de TREs que denegarem habeas data ou mandado de injunção são recorríveis. O mesmo não ocorre que a denegação do habeas data ou mandado de injunção for promovida pelo TSE, uma vez que, de acordo com a Constituição Federal, somente são recorríveis as decisões do TSE que contrariarem a Constituição e as denegatórias de habeas corpus ou mandado de segurança.

Alternativa correta: assertiva "d" ➔Regra prevista no artigo 29, I, "a" do Código Eleitoral (responde as demais).

---

59. (Consulplan – Técnico Judiciário – Área Programação – TRE – MG/2015) A Justiça Eleitoral é composta por distintos órgãos, os quais possuem composição e atribuições específicas. As atribuições do Corregedor Geral da Justiça Eleitoral são fixadas pelo:

a) Tribunal Superior Eleitoral.
b) Supremo Tribunal Federal.
c) Superior Tribunal de Justiça.
d) Presidente do Tribunal Superior Eleitoral.

COMENTÁRIOS

Nota do autor: Dispõe a Constituição Federal, no parágrafo único do seu artigo 119, que o TSE elegerá seu presidente e seu vice-presidente dentre os ministros do STF, e o corregedor-geral eleitoral dentre os ministros do STJ.

Alternativa correta: assertiva "a" ➔Regra prevista no artigo 23, II do Código Eleitoral. (responde as demais).

---

60. (Consulplan – Técnico Judiciário – Área Administrativa – TRE – MG/2015) "De acordo com o Código Eleitoral, o Tribunal Superior Eleitoral é formado por magistrados que têm origem em diversos outros órgãos do Poder Judiciário, vez que nosso sistema não possui uma carreira própria para a magistratura eleitoral. Na composição do Tribunal Superior Eleitoral atuam ___ ministros dentre os do Supremo Tribunal Federal."

Assinale a alternativa que completa corretamente a afirmativa anterior.

a) dois
b) três
c) quatro
d) cinco

COMENTÁRIOS

Nota do autor: Previsto como órgão de cúpula da Justiça Eleitoral pela Constituição Federal de 1988, o Tribunal Superior Eleitoral (TSE), sediado na capital federal, compor-se-á, no mínimo, por sete membros, de acordo com o caput do artigo 119 da Carta Magna. Lei complementar de iniciativa do TSE, contudo, poderá, aumentar o número de membros do TSE, conforme previsão do artigo 121 da Constituição (atualmente, o Código Eleitoral, recepcionado com status de Lei Complementar pela Constituição de 1988, dispõe sobre a organização e a competência do TSE e demais órgãos da Justiça Eleitoral, naquilo que é compatível com o texto constitucional). De acordo com o referido artigo 119 da CF/88, os sete membros do TSE serão escolhidos mediante eleição, pelo voto secreto: três deles dentre ministros do Supremo Tribunal Federal, dois dentre ministros do Superior Tribunal de Justiça, além de dois advogados de notável saber jurídico e idoneidade moral, indicados a partir de uma lista sêxtupla elaborada pelo STF e nomeados pelo presidente da república. Na prática, entretanto, são elaboradas pelo STF, para cada vaga de advogados, listas tríplices de causídicos, das quais é nomeado um advogado, pelo presidente da república. É importante destacar que os integrantes do TSE continuam a exercer suas atividades no STF, STJ e advocacia de forma concomitante ao exercício das suas funções naquela corte. Aos advogados impede-se, tão somente, o exercício da advocacia na Justiça Eleitoral, durante o período dos seus mandatos como magistrados eleitorais. Vale destacar que de acordo com a com jurisprudência consolidada do TSE (Ac. 2.833, de 18.12.01, DJ de 01.03.02), os advogados que compõem os tribunais eleitorais deverão ter dez anos de efetiva atividade profissional. Além disso, de acordo com o § 2º do artigo 16 do Código Eleitoral, não poderão ser nomeados advogados que ocupem cargos públicos dos quais sejam demissíveis *ad nutum*, que sejam diretores, proprietários ou sócios de empresas beneficiadas com subvenções, privilégios, isenções ou favores em virtude de contrato com a administração pública, ou que exerçam mandato de caráter político, federal, estadual ou municipal.

Alternativa correta: assertiva "b" ➔ Regra prevista no artigo 119, I, "a" da Constituição Federal. (responde as demais).

61. (FCC – Técnico Judiciário – Área Administrativa – TRE/PR 2012) Processar e julgar originariamente o registro e a cassação de registro de candidato a senador, deputado federal e deputado estadual compete:

a) Aos tribunais regionais eleitorais.

b) Ao Tribunal Superior Eleitoral, ao Tribunal Superior Eleitoral e aos tribunais regionais eleitorais, respectivamente.

c) Ao Tribunal Superior Eleitoral, aos tribunais regionais eleitorais e ao Tribunal Superior Eleitoral, respectivamente.

d) Ao Tribunal Superior Eleitoral.

e) Aos tribunais regionais eleitorais, ao Tribunal Superior Eleitoral e aos tribunais regionais eleitorais, respectivamente.

COMENTÁRIOS

Resposta correta: letra "a". Regra prevista expressamente no artigo 29, I, "a" do Código Eleitoral. (responde as demais alternativas).

62. (FCC – Técnico Judiciário – Área Administrativa – TRE/PR 2012) A respeito dos órgãos da Justiça Eleitoral, é correto afirmar que:

a) O Supremo Tribunal Federal é um dos órgãos da Justiça Eleitoral.

b) Integram os tribunais regionais eleitorais dois advogados de notável saber jurídico e idoneidade moral escolhidos pelo presidente da Ordem dos Advogados do Brasil.

c) Os juízes dos tribunais eleitorais, salvo motivo justificado, servirão por dois anos, no mínimo.

d) Os ministros do Superior Tribunal de Justiça que integram o Tribunal Superior Eleitoral são escolhidos pelo Presidente da República.

e) O Corregedor-Geral Eleitoral será escolhido pelo Presidente da República dentre os membros do Ministério Público Federal.

COMENTÁRIOS

A resposta correta é letra "c". CORRETO. Os membros dos tribunais eleitorais deverão cumprir mandato de dois anos, podendo haver uma recondução por igual período.

Assertiva "a". ERRADO. São órgãos da Justiça Eleitoral o Tribunal Superior Eleitoral, os tribunais regionais eleitorais, os juízes eleitorais e as juntas eleitorais.

Assertiva "b". ERRADO. É o Presidente da República que escolhe tais membros dos TREs.

Assertiva "d". ERRADO. É o próprio STJ que faz tal escolha.

Assertiva "e". ERRADO. O Corregedor-Geral Eleitoral será escolhidos dentre os membros do TSE oriundos do STJ.

63. (CESPE – Técnico Judiciário – Área Administrativa – TRE/RJ 2012) Não pode haver mais de uma junta eleitoral por zona.

COMENTÁRIOS

Afirmativa ERRADA. Em uma mesma zona eleitoral, poderá ser organizada mais de uma Junta Eleitoral, podendo ser organizadas tantas juntas quantas permitir o número de juízes de direito atuantes na área territorial correspondente à zona eleitoral.

64. (CESPE – Técnico Judiciário – Área Administrativa – TRE/MS 2012) Com relação aos órgãos da justiça eleitoral e suas atribuições e competências, assinale a opção correta.

a) O Tribunal Superior Eleitoral, os tribunais regionais eleitorais e as zonas eleitorais são órgãos da justiça eleitoral.

b) Os dois cidadãos de notável saber jurídico e idoneidade moral que compõem os tribunais regionais eleitorais devem ser, necessariamente, advogados indicados pelo tribunal de justiça.

c) Compete prioritariamente ao Tribunal Superior Eleitoral (TSE) fixar as datas para as eleições de presidente e vice-presidente da República, senadores e deputados federais, no ano anterior ao término dos respectivos mandatos.

d) As atribuições do corregedor-geral eleitoral são fixadas por lei ordinária.

e) Os tribunais regionais eleitorais compõem-se de dois juízes de direito escolhidos pelo próprio tribunal.

COMENTÁRIOS

A resposta correta é letra "b". CORRETO. Na composição dos Tribunais regionais há presença de dois advogados de notório saber jurídico e idoneidade moral indicados pelo Tribunal de Justiça do Estado, conforme art. 120/CF.

Assertiva "a". ERRADO. Os órgãos da justiça eleitoral estão relacionados no art. 118/CF, que prevê apenas o Tribunal Superior Eleitoral, os Tribunais Regionais eleitorais, os juízes e as juntas eleitorais, não mencionando zonas eleitorais. Em verdade, zonas eleitorais são unidades de jurisdição eleitoral, são divisões administrativas da organização judiciária da justiça eleitoral.

Assertiva "c". ERRADO. O art. 23, VII do Código Eleitoral atribui ao TSE competência para fiar as datas para as eleições de Presidente e Vice-Presidente da República, bem como de Senadores e Deputados Federais, quando tais datas não tiverem sido fixadas por lei, não mencionando que devem ser no ano anterior ao término dos respectivos mandatos. Vale registrar que esse dispositivo atualmente deve ser interpretado à luz da Constituição Federal, que prevê, no art. 77, que a eleição presidencial deve ser realizada no primeiro domingo de outubro do ano anterior ao término do mandato.

Assertiva "d". ERRADO. Conforme art. 17, § 1º do Código eleitoral, as atribuições do corregedor-geral eleitoral são fixadas pelo TSE.

Assertiva "e". ERRADO. Os dois juízes de direito que integram os tribunais regionais eleitorais são escolhidos pelo tribunal de justiça do Estado, conforme art. 120/CF.

---

65. (CESPE – Técnico Judiciário / TRE-RJ / 2012) As juntas eleitorais devem ser compostas, necessariamente, por, pelo menos, um juiz eleitoral.

COMENTÁRIOS

Alternativa ERRADA. As juntas eleitorais deverão ser compostas de um juiz de direito, a quem compete presidi-la, e de dois ou quatro cidadãos de notória idoneidade. O juiz que compõe a junta não precisa ser, necessariamente, juiz eleitoral.

---

66. (CESPE – Técnico Judiciário / TRE-MS / 2012) A respeito de composição, competências e atribuições dos órgãos da justiça eleitoral, assinale a opção correta.

a) Dois funcionários de uma mesma empresa privada podem integrar uma mesma junta eleitoral.

b) Servidores do Poder Executivo são impedidos de compor junta eleitoral.

c) Compete aos juízes criminais processar e julgar os crimes eleitorais cometidos por quaisquer indivíduos que já alcançaram a maioridade.

d) Aos tribunais regionais eleitorais compete dividir as zonas eleitorais em seções eleitorais.

e) O presidente do tribunal regional eleitoral nomeia os membros das juntas eleitorais somente após a aprovação dos nomes pelo tribunal regional eleitoral.

COMENTÁRIOS

Alternativa correta: letra "e". CORRETO. Previsão do art. 36, § 1º do código eleitoral, cabendo lembrar ainda que essa nomeação deve ser feita 60 dias antes das eleições.

Alternativa "a". ERRADO. Existe vedação expressa no art. 64 da lei das eleições.

Alternativa "b". ERRADO. O impedimento recai apenas sobre servidores do Poder Executivo que desempenhem cargo de confiança, conforme art. 36, III do código eleitoral.

Alternativa "c". ERRADO. Os crimes eleitorais, como regra geral, são julgados pela justiça eleitoral e, não, pelo juízes da justiça comum.

Alternativa "d". ERRADO. A competência de dividir as zonas eleitorais em seções eleitorais é dos juízes eleitorais, conforme art. 35, X do código eleitoral.

✦ DICAS

- À Justiça Eleitoral compete, dentre outras atribuições, administrar todo o processo de organização das eleições e das consultas populares (plebiscitos e referendos), bem como exercer função jurisdicional no decorrer do mesmo processo, tecnicamente iniciado com o alistamento eleitoral e encerrado com a diplomação dos eleitos (embora também seja da competência da Justiça Eleitoral, como será estudado oportunamente, o julgamento de ações, a exemplo da Ação de Impugnação de Mandato Eletivo, que podem ser propostas após a diplomação).
- A substituição aos litigantes na resolução de conflitos é, como se sabe, a principal função exercida pelo Poder Judiciário. Como não poderia deixar de ser, é a função jurisdicional função típica da Justiça Eleitoral, ramo especializado do Poder Judiciário Federal brasileiro, verificada desde o momento do alistamento eleitoral até a diplomação dos eleitos, respectivamente a primeira e a última etapas do chamado "processo eleitoral". Neste sentido, válido é destacar o seguinte quadro esquemático relativo às etapas do processo eleitoral, diante das quais se verifica o exercício da função jurisdicional pela Justiça Eleitoral:

Fases do processo eleitoral
1. Alistamento eleitoral;
2. Convenções para a escolha de candidatos;
3. Registro de candidaturas;
4. Propaganda política;
5. Votação e apuração de votos;
6. Proclamação dos eleitos e diplomação dos eleitos.

- Ainda em relação ao exercício da função jurisdicional pela Justiça Eleitoral, vale destacar que é pacífico o entendimento acerca da competência da referida justiça especializada para a execução fiscal de multa eleitoral.
- Com o advento da Resolução TSE nº 22.610/07, que disciplinou o processo de perda de mandato por infidelidade partidária, determinou-se a competência da Justiça Eleitoral para o julgamento de tais questões, mesmo quando o ato de infidelidade vier a ser praticado após a diplomação.
- Desde o alistamento dos eleitores, passando pela organização dos locais de votação e pela nomeação de mesários e escrutinadores, cabe à Justiça Eleitoral preparar e administrar todo o chamado "processo eleitoral", desempenhando, assim, função executiva.

- No exercício do poder de polícia, o juiz deverá se restringir "às providências necessárias para inibir práticas ilegais", não tendo poder, portanto, para impor, imediatamente, multas aos infratores da lei, as quais só poderão ser aplicadas mediante a observância do devido processo legal, a partir de representação proposta por partido político, coligação ou candidato, na forma do artigo 96 da Lei nº 9.504/97.
- Conforme previsto no novo artigo 105 da Lei nº 9.504/97, com redação dada pela lei nº 12.034/09, as resoluções do TSE devem se restringir ao caráter regulamentar da lei, não podendo diminuir direitos ou estabelecer sanções distintas das previstas na legislação. Em 2021, foi publicada, sobre a mesma matéria, a Lei nº. 14.211, que revogou o artigo 105 da Lei nº. 9.504/97 e criou o art. 23-A do Código Eleitoral. Segundo o novo dispositivo legal, a competência normativa regulamentar prevista no parágrafo único do art. 1º e no inciso IX do caput do art. 23 deste Código restringe-se a matérias especificamente autorizadas em lei, sendo vedado ao Tribunal Superior Eleitoral tratar de matéria relativa à organização dos partidos políticos.
- De acordo com previsão constitucional (artigo 118 da CF/88), são órgãos da Justiça Eleitoral o Tribunal Superior Eleitoral (TSE), os tribunais regionais eleitorais (TREs), os juízes eleitorais e as juntas eleitorais.
- Os juízes dos tribunais eleitorais (inclusive os ministros do TSE), salvo motivo justificado, servirão por dois anos, no mínimo, e nunca por mais de dois biênios consecutivos (se não forem consecutivos, podem ser mais de dois), sendo os substitutos escolhidos na mesma ocasião e pelo mesmo processo, em número igual para cada categoria.
- Composição do Tribunal Superior Eleitoral:

Quadro sinótico – Composição do TSE (art. 119 da CF/88)		
Três ministros oriundos do Supremo Tribunal Federal;	Dois ministros oriundos do Superior Tribunal de Justiça;	Dois advogados, de notável saber jurídico e reputação ilibada, nomeados pelo presidente da república, a partir de lista de seis nomes elaborada pelo STF.

- De acordo com a súmula nº 72 do Supremo Tribunal Federal, no julgamento de questão constitucional, vinculada a decisão do Tribunal Superior Eleitoral, não estão impedidos os ministros do STF que ali tenham funcionado no mesmo processo ou no processo originário.
- Integrantes do TSE continuam a exercer suas atividades no STF, STJ e advocacia de forma concomitante ao exercício das suas funções naquela corte. Aos advogados impede-se, tão somente, o exercício da advocacia na Justiça Eleitoral, durante o período dos seus mandatos como magistrados eleitorais.
- Os advogados que compõem o TSE (e também os TREs), por sua vez, deverão ter, de acordo com jurisprudência consolidada do TSE (Ac. 2.833, de 18.12.01, DJ de 01.03.02), dez anos de efetiva atividade profissional. Além disso, de acordo com o § 2º do artigo 16 do Código Eleitoral, não poderão ser nomeados advogados que ocupem cargos públicos dos quais sejam demissíveis ad nutum, que sejam diretores, proprietários ou sócios de empresas beneficiadas com subvenções, privilégios, isenções ou favores em virtude de contrato com a administração pública, ou que exerçam mandato de caráter político, federal, estadual ou municipal.
- O TSE não tem competência penal originária, diferentemente dos TREs, que processam e julgam crimes eleitorais cometidos pelos juízes eleitorais. É pacífico o entendimento, a partir da interpretação dos artigos 102, I, "c" e 105, I, "a" da Constituição Federal de 1988, segundo o qual os ministros do TSE são julgados pelo STF, pela prática de crimes eleitorais, e os membros dos TREs e os governadores de estado, pela prática dos mesmos crimes, são julgados pelo STJ (neste sentido, cf. Ac. 15.584, de 09.05.00, do TSE, DJ de 30.06.00).

- De acordo com o artigo 120 da Constituição Federal, haverá um Tribunal Regional Eleitoral na capital de cada estado e no Distrito Federal, composto, também por sete membros, eleitos pelo voto secreto (vale ressaltar, mais uma vez, que Lei Complementar poderá aumentar o número de membros dos TREs, conforme interpretação do artigo 121 da Constituição).
- Composição dos TREs:

Quadro sinótico – Composição dos Tribunais Regionais Eleitorais (art. 120 da CF/88)
Dois juízes dentre desembargadores do Tribunal de Justiça;
Dois juízes dentre juízes de direito escolhidos pelo Tribunal de Justiça;
Um juiz do Tribunal Regional Federal com sede na capital do estado ou no Distrito Federal, ou, não havendo, de juiz federal, escolhido, em qualquer caso, pelo Tribunal Regional Federal respectivo;
Dois advogados, de notável saber jurídico e reputação ilibada, nomeados pelo presidente da república, a partir de lista de seis nomes elaborada pelo Tribunal de Justiça.

- Enquanto que no TSE o corregedor-geral eleitoral será, necessariamente, ministro oriundo do Superior Tribunal de Justiça (STJ), nos TREs o corregedor-regional eleitoral poderá ser qualquer um dos membros da corte.
- As competências dos tribunais regionais eleitorais, por sua vez, estão previstas nos artigos 29 e 30 do Código Eleitoral. Dentre as principais, podemos indicar o processamento e o julgamento originário dos pedidos de registro e cancelamento de registros dos diretórios estaduais e municipais de partidos políticos; os conflitos de jurisdição entre juízes eleitorais do respectivo estado; a suspeição ou impedimento dos seus membros, servidores, do procurador regional eleitoral, bem como dos juízes e escrivães eleitorais; os crimes eleitorais cometidos pelos juízes eleitorais; bem como habeas corpus e mandado de segurança, em matéria eleitoral, contra ato de autoridades que respondam perante os tribunais de justiça por crimes de responsabilidade. Em grau de recurso, os TREs ainda são competentes para processar e julgar habeas corpus ou mandado de segurança denegados ou concedidos por juízes eleitorais; bem como outros atos e decisões proferidas pelos juízes e juntas eleitorais.
- Em cada zona eleitoral funcionará um juiz eleitoral que, como já observado, não integra uma carreira própria da magistratura eleitoral. Os juízes eleitorais, assim, serão juízes de direito estaduais em efetivo exercício, que acumularão às suas funções próprias as funções de juiz eleitoral.
- Na primeira instância da Justiça Eleitoral também funcionarão, de acordo com o Código Eleitoral (arts. 36 a 41), as Juntas Eleitorais, compostas por um juiz de direito, que a presidirá, e de dois a quatro cidadãos de notória idoneidade. O juiz de direito que presidirá a junta eleitoral não necessariamente será o juiz eleitoral da zona eleitoral respectiva, embora haja preferência para este. Vale destacar que, em uma mesma zona eleitoral, poderá ser organizada mais de uma Junta Eleitoral, podendo ser organizadas tantas juntas quantas permitir o número de juízes de direito atuantes na área territorial correspondente à zona eleitoral.

– Em regra, vige no exercício das atribuições dos órgãos constituintes do Poder Judiciário o princípio da inércia, segundo o qual tal poder só deve atuar quando provocado, exercendo, assim, a jurisdição. Assim, não cabe ao Poder Judiciário, de forma geral, responder a questões abstratas, dissociadas de uma lide, papel este a ser exercido pelos doutrinadores. No âmbito da **Justiça Eleitoral**, no entanto, é possível nos depararmos com **mais uma peculiaridade**, prevista nos artigos 23, XII, e 30, VIII, do Código Eleitoral: a competência do Tribunal Superior Eleitoral e dos TREs para **responder a consultas em tese** formuladas por autoridades públicas ou partidos políticos (as consultas dirigidas ao TSE somente poderão ser feitas por autoridade pública federal e órgão nacional de partido político). Historicamente, as consultas respondidas pela Justiça Eleitoral não tinham efeito vinculante. As alterações legislativas promovidas pela Lei 13.655/2018 na Lei de Introdução às Normas do Direito Brasileiro, no entanto, modificaram este panorama. De acordo com o novo artigo 30 da referida lei, "As autoridades públicas devem atuar para aumentar a segurança jurídica na aplicação das normas, inclusive por meio de regulamentos, súmulas administrativas e respostas a consultas". O parágrafo único deste mesmo artigo, por sua vez, determina que "Os instrumentos previstos no **caput** deste artigo terão caráter vinculante em relação ao órgão ou entidade a que se destinam, até ulterior revisão". Assim, pode-se entender que as consultas ao TSE passaram a ter efeito vinculante. Neste sentido, o TSE decidiu pelo caráter vinculante das consultas em 29 de maio de 2018, ao responder a Consulta nº 060023494.

- De acordo com o princípio da federalização do Ministério Público Eleitoral, previsto no artigo 37, I c/c art. 72 da LC 75/93, compete ao Ministério Público Federal, a princípio, a atribuição de oficiar junto à Justiça Eleitoral, em todas as fases do processo.
- De acordo com o princípio da delegação, cuja base legal é o artigo 78 da LC 75/93, delega-se aos membros dos Ministérios Públicos dos estados (promotores de justiça) a atribuição de oficiar junto aos juízos eleitorais de primeira instância (juízes eleitorais e juntas eleitorais). É o princípio da delegação, assim, exceção ao princípio da federalização, marcante na organização do Ministério Público Eleitoral.
- Até 1993, a revogada lei nº 1.341/51, antiga Lei Orgânica do Ministério Público, previa, no seu artigo 78, parágrafo único, que membros dos Ministérios Públicos estaduais poderiam oficiar junto aos tribunais regionais eleitorais, auxiliando os Procuradores Regionais Eleitorais. A atuação, em virtude do princípio da federalização, era excepcional, daí a nomenclatura "princípio da excepcionalidade". A Lei Complementar nº 75/93, no seu artigo 77, parágrafo único, no entanto, revogou o princípio da excepcionalidade, impedindo que promotores dos Ministérios Públicos estaduais possam atuar junto à segunda instância da Justiça Eleitoral. Assim, como já destacado, atualmente, em virtude do princípio da delegação, membros dos MPs estaduais atuam, tão somente, na primeira instância da Justiça Eleitoral, oficiando junto aos juízes e juntas eleitorais.
- Com o intuito de melhor esclarecer e definir os parâmetros de escolha dos membros dos Ministérios Públicos estaduais que atuarão como promotores eleitorais junto aos juízes e juntas eleitorais, o Conselho Nacional do Ministério Público (CNMP) baixou a resolução nº 30, de 19 de maio de 2008, estabelecendo o seguinte procedimento:

Normas para a escolha dos promotores eleitorais de primeira instância Resolução nº 30 do CNMP
I – a designação será feita por ato do Procurador Regional Eleitoral, com base em indicação do Chefe do Ministério Público local;
II – a indicação feita pelo Procurador-Geral de Justiça do Estado recairá sobre o membro lotado em localidade integrante de zona eleitoral que por último houver exercido a função eleitoral;
III – nas indicações e designações subsequentes, obedecer-se-á, para efeito de titularidade ou substituição, à ordem decrescente de antiguidade na titularidade da função eleitoral, prevalecendo, em caso de empate, a antiguidade na zona eleitoral;
IV – a designação será feita pelo prazo ininterrupto de dois anos, nele incluídos os períodos de férias, licenças e afastamentos, admitindo-se a recondução apenas quando houver um membro na circunscrição da zona eleitoral;"

- Não poderá ser indicado para exercer a função eleitoral o membro do Ministério Público: **I** – lotado em localidade não abrangida pela zona eleitoral perante a qual este deverá oficiar, salvo em caso de ausência, impedimento ou recusa justificada, e quando ali não existir outro membro desimpedido; **II** – que se encontrar afastado do exercício do ofício do qual é titular, inclusive quando estiver exercendo cargo ou função de confiança na administração superior da Instituição; ou **III** – que estiver respondendo a processo administrativo disciplinar por atraso injustificado no serviço.
- Junto aos tribunais regionais eleitorais, por sua vez, oficiam os Procuradores Regionais Eleitorais (um para cada TRE), a quem incumbe exercer as funções do Ministério Público nas causas de competência do Tribunal Regional Eleitoral respectivo, além de dirigir, no estado, as atividades do setor. O Procurador Regional Eleitoral, juntamente com o seu substituto, será designado pelo Procurador-Geral Eleitoral, dentre os Procuradores Regionais da República no Estado e no Distrito

Federal, ou, onde não houver, dentre os Procuradores da República vitalícios, para um mandato de dois anos, podendo ser reconduzido uma vez e destituído, antes do término do mandato, por iniciativa do Procurador-Geral Eleitoral, anuindo a maioria absoluta do Conselho Superior do Ministério Público Federal.

- Junto ao Tribunal Superior Eleitoral, finalmente, atua o Procurador-Geral Eleitoral, que será o próprio Procurador-Geral da República (chefe do Ministério Público da União), a quem compete exercer as funções do Ministério Público nas causas de competência do Tribunal Superior Eleitoral.
- As principais atividades desempenhadas pelo Ministério Público Eleitoral são as seguintes:

Principais atividades desempenhadas pelo MP Eleitoral	
Na fase preparatória do pleito	opinar em todos os processos de pedidos de registro de candidaturas, inclusive promovendo impugnações; fiscalizar o exercício da propaganda política, zelando pelo cumprimento da lei eleitoral; acompanhar o processo de nomeação de mesários e de membros das juntas eleitorais; ajuizar Ação de Investigação Judicial Eleitoral.
Na fase da eleição (dia do pleito)	impugnar atuação de mesário, fiscal ou delegado de partido político; fiscalizar a entrega das urnas; opinar, oralmente ou por escrito, em todos os casos surgidos nesse dia, em sua esfera de atribuição.
Na fase de apuração	fiscalizar a instalação da junta eleitoral; acompanhar a apuração dos votos; zelar pela concessão do direito de ampla fiscalização do processo pelos partidos políticos; impugnar votos ou urnas; atuar como custos legis.
Na fase da diplomação	fiscalizar a expedição dos diplomas eleitorais; ajuizar Ação de Impugnação de Mandato Eletivo e Recurso Contra a Diplomação.

– As investiduras em função eleitoral não ocorrerão em prazo inferior a noventa dias da data do pleito eleitoral e não cessarão em prazo inferior a noventa dias após a eleição, devendo ser providenciadas pelo Procurador Regional Eleitoral as prorrogações eventualmente necessárias à observância deste preceito, ficando vedada a fruição de férias ou licença voluntária do promotor eleitoral no período de noventa dias que antecedem o pleito até quinze dias após a diplomação dos eleitos, salvo em situações excepcionais autorizadas pelo Chefe do Ministério Público respectivo, instruídos os pedidos, nessa ordem, com os seguintes requisitos: I – demonstração da necessidade e da ausência de prejuízo ao serviço eleitoral; II – indicação e ciência do Promotor substituto; III – anuência expressa do Procurador Regional Eleitoral.

- Podem exercer atividade político-partidária todos os membros do MP que ingressaram na carreira até a publicação da Emenda Constitucional nº 45/04, sendo que aqueles que ingressaram na carreira antes da promulgação da atual Constituição podem, inclusive, exercer cargo eletivo sem a necessidade de afastamento do Ministério Público. Encontra-se em tramitação no STF a ADI 5985, na qual a Associação Nacional dos Procuradores da República defende a possibilidade de exercício amplo dos direitos políticos por parte dos membros do MP, questionando a constitucionalidade do art. 128, § 5º, II, "e" da Constituição Federal. A matéria não havia sido julgada até o fechamento desta edição.

✦ CONHECENDO A JURISPRUDÊNCIA

1. SÚMULAS DO STF

▸ **Súmula nº 72**

No julgamento de questão constitucional, vinculada a decisão do Tribunal Superior Eleitoral, não estão impedidos os ministros do Supremo Tribunal Federal que ali tenham funcionado no mesmo processo, ou no processo originário.

2. SÚMULAS DO STJ

Súmula nº 192

Compete ao Juízo das Execuções Penais do Estado a execução das penas impostas a sentenciados pela Justiça Federal, Militar ou Eleitoral, quando recolhidos a estabelecimentos sujeitos à administração estadual.

Súmula nº 368

Compete à Justiça comum estadual processar e julgar os pedidos de retificação de dados cadastrais da Justiça Eleitoral.

Súmula nº 374

Compete à Justiça Eleitoral processar e julgar a ação para anular débito decorrente de multa eleitoral.

3. SÚMULAS DO TSE

Súmula-TSE nº 24

Não cabe recurso especial eleitoral para simples reexame do conjunto fático-probatório.

Súmula-TSE nº 25

É indispensável o esgotamento das instâncias ordinárias para a interposição de recurso especial eleitoral.

Súmula-TSE nº 28

A divergência jurisprudencial que fundamenta o recurso especial interposto com base na alínea b do inciso I do art. 276 do Código Eleitoral somente estará demonstrada mediante a realização de cotejo analítico e a existência de similitude fática entre os acórdãos paradigma e o aresto recorrido.

Súmula-TSE nº 29

A divergência entre julgados do mesmo Tribunal não se presta a configurar dissídio jurisprudencial apto a fundamentar recurso especial eleitoral.

Súmula-TSE nº 30

Não se conhece de recurso especial eleitoral por dissídio jurisprudencial, quando a decisão recorrida estiver em conformidade com a jurisprudência do Tribunal Superior Eleitoral.

Súmula-TSE nº 31

Não cabe recurso especial eleitoral contra acórdão que decide sobre pedido de medida liminar.

Súmula-TSE nº 32

É inadmissível recurso especial eleitoral por violação à legislação municipal ou estadual, ao Regimento Interno dos Tribunais Eleitorais ou às normas partidárias.

Súmula-TSE nº 33

Somente é cabível ação rescisória de decisões do Tribunal Superior Eleitoral que versem sobre a incidência de causa de inelegibilidade.

Súmula-TSE nº 34

Não compete ao Tribunal Superior Eleitoral processar e julgar mandado de segurança contra ato de membro de Tribunal Regional Eleitoral.

Súmula-TSE nº 35

Não é cabível reclamação para arguir o descumprimento de resposta a consulta ou de ato normativo do Tribunal Superior Eleitoral.

▸ Súmula-TSE nº 36

Cabe recurso ordinário de acórdão de Tribunal Regional Eleitoral que decida sobre inelegibilidade, expedição ou anulação de diploma ou perda de mandato eletivo nas eleições federais ou estaduais (art. 121, § 4º, incisos III e IV, da Constituição Federal).

▸ Súmula-TSE nº 37

Compete originariamente ao Tribunal Superior Eleitoral processar e julgar recurso contra expedição de diploma envolvendo eleições federais ou estaduais.

▸ Súmula-TSE nº 41

Não cabe à Justiça Eleitoral decidir sobre o acerto ou desacerto das decisões proferidas por outros Órgãos do Judiciário ou dos Tribunais de Contas que configurem causa de inelegibilidade.

▸ Súmula-TSE nº 56

A multa eleitoral constitui dívida ativa de natureza não tributária, submetendo-se ao prazo prescricional de 10 (dez) anos, nos moldes do art. 205 do Código Civil.

▸ Súmula-TSE nº 58

Não compete à Justiça Eleitoral, em processo de registro de candidatura, verificar a prescrição da pretensão punitiva ou executória do candidato e declarar a extinção da pena imposta pela Justiça Comum.

▸ Súmula-TSE nº 71

Na hipótese de negativa de seguimento ao recurso especial e da consequente interposição de agravo, a parte deverá apresentar contrarrazões tanto ao agravo quanto ao recurso especial, dentro do mesmo tríduo legal.

4. JULGADOS DO TSE

▸ Jurisprudência 01

Matéria eleitoral. Organização do Poder Judiciário. Preenchimento de vaga de juiz substituto da classe dos advogados. Regra geral. Art. 94, CF. Prazo de dez anos de exercício da atividade profissional. TRE. Art. 120, § 1º, III, CF. Encaminhamento de lista tríplice. A Constituição silenciou-se, tão somente, em relação aos advogados indicados para a Justiça eleitoral. Nada há, porém, no âmbito dessa justiça, que possa justificar disciplina diferente na espécie. Omissão constitucional que não se converte em "silêncio eloquente".[RMS 24.334, rel. min. **Gilmar Mendes**, j. 31-5-2005, 2ª T, *DJ* de 26-8-2005.] = RMS 24.232, rel. min. **Joaquim Barbosa**, j. 29-11-2005, 2ª T, *DJ* de 26-5-2006]

▸ Jurisprudência 02

Composição de Tribunal Regional. Lista tríplice que encaminha para vaga de advogado o nome de magistrado aposentado, inscrito na OAB. Exclusão do mesmo pelo TSE – art. 25, § 2º do Código Eleitoral. A Lei 7.191/1994 não revogou o § 2º do art. 25 do CE, com a redação dada pela Lei 4.961/1966. O dispositivo foi recepcionado pela CF. Impugnação procedente para manter a decisão do tribunal. A análise da instituição, Justiça eleitoral, parte de um determinado princípio e de um determinado espírito informador, para que se integre ao tribunal, aquele que se produziu na profissão, por longos anos, escolhido não pela corporação, mas pelos membros do tribunal, que conhecem quem está exercendo a profissão e realmente tem condição de trazer a perspectiva do advogado ao debate das questões eleitorais. [RMS 23.123, rel. min. **Nelson Jobim**, j. 15-12-1999, P, *DJ* de 12-3-2004.]

5. RESOLUÇÕES DO TSE APLICÁVEIS

▸ Resolução nº 20.958/2001

Res.-TSE nº 20.958/2001: dispõe sobre "Instruções que regulam a investidura e o exercício dos membros dos tribunais eleitorais e o término dos respectivos mandatos".

▸ Resolução nº 21.227/2002

Exercício da jurisdição eleitoral de primeiro grau. Designação de juízes de direito, sem função eleitoral, para exercício, em caráter auxiliar, excepcional e temporário, das funções de titular de zona eleitoral. Período eleitoral. Possibilidade. I – É possível o exercício, em caráter excepcional e temporário, das funções eleitorais por juiz de direito que goze das prerrogativas do art. 95 da Constituição Federal, como auxiliar do juiz eleitoral, em comarca diversa da que sedia a respectiva zona eleitoral, porém da qual faz parte. Circunstâncias especiais relacionadas ao número de municípios, grandes distâncias e precariedade das vias de acesso. II – A proximidade das eleições e a necessidade de conferir efetividade à atuação da Justiça Eleitoral na repressão de abusos cometidos nas campanhas eleitorais – especialmente na fiscalização da propaganda e no exercício do poder de polícia – e, ainda, de garantir a regularidade da realização do próximo pleito, autorizam a medida extraordinária, considerando, ainda, que a inexistência de regra legal específica não pode comprometer o cumprimento das funções da Justiça Eleitoral. (Res. 21.227, de 30.9.02, do TSE).

▸ Resolução nº 21.329/2002

Res.-TSE nº 21.329/2002: "Aprova a organização dos serviços da Corregedoria-Geral da Justiça Eleitoral, define a competência das unidades e as atribuições dos titulares de cargos e funções".

6. INFORMATIVO DO STF

▸ ADI e designação de promotor eleitoral

O Procurador-Geral da República detém a prerrogativa, ao lado daquela atribuída ao Chefe do Poder Executivo, de iniciar os projetos de lei que versem sobre a organização e as atribuições do Ministério Público Eleitoral. Assim, a designação, de membro do Ministério Público local como promotor eleitoral, por Procurador Regional Eleitoral, que é membro do Ministério Público Federal, não afronta a autonomia administrativa do Ministério Público do Estado. *ADI 3802/DF, Rel. Min. Dias Toffoli, 10.3.2016. Pleno. (Info 817)*

Capítulo VIII – Convenções Partidárias e Registro de Candidaturas

✦ QUESTÕES

1. QUESTÕES DE CONCURSOS PARA A MAGISTRATURA ESTADUAL

01. (FGV – Juiz de Direito – TJ – PR/2021) As mulheres hoje representam mais da metade do eleitorado brasileiro, mas ainda ocupam menos de 10% dos assentos nas casas legislativas.

Na busca da almejada igualdade de representação de gênero, a legislação eleitoral e a Justiça Eleitoral, através da edição de resoluções, instruções e portarias regulamentares e nas respostas às consultas que lhes são formuladas, vêm tentando fomentar a maior participação das mulheres no cenário político nacional. Diante do exposto, é correto afirmar que:

a) a Emenda Constitucional nº 97/2017 estabeleceu o fim das coligações partidárias nas eleições para cargos proporcionais a partir do pleito municipal de 2020. Assim, cada agremiação, no ato do pedido de registro de candidatura, além do Demonstrativo de Regularidade de Atos Partidários (DRAP), deverá apresentar sua lista de candidatos, observados os percentuais da cota de gênero;

b) a candidata, ao receber a verba oriunda da reserva de recursos do Fundo Especial de Financiamento de Campanha (FEFC) destinada ao custeio das candidaturas femininas, pode utilizá-la no interesse exclusivo de sua campanha, em outras campanhas femininas ou exclusivamente para financiar candidaturas masculinas;

c) a utilização de verba oriunda da reserva de recursos do Fundo Especial de Financiamento de Campanha (FEFC) destinada ao custeio das candidaturas femininas para o pagamento de despesas comuns com candidatos do gênero masculino, ou a transferência ao órgão partidário de verbas destinadas ao custeio da sua cota-parte em despesas coletivas, caracteriza emprego ilícito de recursos do FEFC pelo desvirtuamento da finalidade das cotas de gênero;

d) a previsão de reserva de vagas para candidaturas proporcionais aplica-se à composição das comissões executivas e diretórios nacionais, estaduais e municipais dos partidos políticos, de suas comissões provisórias e demais órgãos equivalentes, e sua inobservância acarreta o indeferimento dos pedidos de anotação dos órgãos de direção partidária formulados junto à Justiça Eleitoral;

e) a formalização de renúncia por candidata, após o transcurso do prazo para substituição das candidaturas, previsto no Art. 13, § 3º, da Lei nº 9.504/1997, acarreta penalização ao partido político por burlar a regra de observância aos percentuais de gênero.

COMENTÁRIOS

Alternativa "a". CERTO. O percentual mínimo de 30% de candidatos e candidatos, por gênero, deve ser observado para a validade do DRAP. Não é permitido, nas eleições proporcionais, que um partido lance menos de 30% de candidatas ou candidatos, de ambos os gêneros, em relação ao total de candidatos inscritos.

Alternativa "b". ERRADO. A verba destinada à candidata não pode ser destinada exclusivamente a candidaturas masculinas, como afirmado.

Alternativa "c". ERRADO. Neste caso, não há desvio de finalidade das verbas.

Alternativa "d". ERRADO. Não há esta obrigatoriedade quanto à composição das comissões executivas e diretórios nacionais, estaduais e municipais dos partidos políticos, de suas comissões provisórias e demais órgãos equivalentes

Alternativa "e". Só haverá penalização se ficar comprovada a intenção da burla à cota e se, obviamente, os percentuais não forem respeitados, após a renúncia da candidata.

(FCC – Juiz de Direito – TJ – MS/2020) À luz da jurisprudência do Tribunal Superior Eleitoral, no âmbito do processo de registro de candidatos para disputa de mandato eletivo,

a) o partido que não impugnou o pedido de registro de candidato não tem legitimidade para recorrer da sentença que o deferiu, salvo se se cuidar de matéria constitucional.

b) há formação de litisconsórcio passivo necessário entre o candidato e seu partido ou coligação, na ação de impugnação de registro de candidatura.

c) compete à Justiça Eleitoral verificar a prescrição da pretensão punitiva ou executória do candidato e declarar a extinção da pena imposta pela Justiça Comum.

d) o juiz eleitoral não pode conhecer de ofício da existência de causas de inelegibilidade ou da ausência de condição de elegibilidade, mesmo que resguardados o contraditório e a ampla defesa.

e) a Carteira Nacional de Habilitação não gera a presunção da escolaridade necessária ao deferimento do registro de candidatura.

COMENTÁRIOS:

Alternativa "a". Entendimento firmado pelo TSE na sua súmula nº. 11

Alternativa "b". Segundo a súmula 39 do TSE, "Não há formação de litisconsórcio necessário em processos de registro de candidatura".

Alternativa "c". De acordo com a súmula 58 do TSE, não compete à Justiça Eleitoral, em processo de registro de candidatura, verificar a prescrição da pretensão punitiva ou executória do candidato e declarar a extinção da pena imposta pela Justiça Comum.

Alternativa "d". É possível à Justiça Eleitoral indeferir de ofício pedido de registro de candidatura, reconhecendo inelegibilidade ou ausência de condição de elegibilidade.

Alternativa "e". De acordo com a súmula TSE nº. 55, a Carteira Nacional de Habilitação gera a presunção da escolaridade necessária ao deferimento do registro de candidatura.

Alternativa correta: letra A

---

02. (Vunesp – Juiz de Direito – TJ – SP/2018) É INCORRETO afirmar que, no caso de haver homonímia entre candidatos, cumprirá à Justiça Eleitoral

a) deferir o uso do nome ao candidato que, pela sua vida política, social ou profissional, seja identificado por um dado nome que tenha indicado.

b) ainda que não haja dúvida, exigir do candidato prova de que é conhecido por dada opção de nome, indicada no pedido de registro.

c) deferir o uso do nome ao candidato que, até o limite para o registro, esteja no exercício de mandato eletivo, que o tenha exercido nos últimos 4 (quatro) anos ou que, no mesmo prazo, tenha se candidatado com o nome em questão.

d) não sendo possível resolver a questão pelas soluções indicadas nas alternativas "b" e "c", notificar os candidatos para que cheguem a um acordo sobre os respectivos nomes a serem usados.

COMENTÁRIOS:

É incorreto afirmar que no caso de haver homonímia entre candidatos, cumprirá à Justiça Eleitoral, ainda que não haja dúvida, exigir do candidato prova de que é conhecido por dada opção de nome, indicada no pedido de registro. Somente havendo dúvida tal exigência deverá ser efetuada. A afirmativa "b" é a INCORRETA, enquanto que as demais estão em consonância com a lei. Responde as demais.

Alternativa incorreta: letra "b".

---

03. (Cespe – Juiz de Direito Substituto - AM/2016) Considerando que, em um estado da Federação com direito a eleger vinte deputados federais, um partido político regularmente inscrito participará das eleições sem estar coligado a nenhum outro, assinale a opção que apresenta uma quantidade correta de candidatos que poderão concorrer ao cargo de deputado(a) federal pelo referido partido.

a) vinte homens - vinte mulheres

b) nove homens - vinte e uma mulheres

c) vinte homens - duas mulheres

d) vinte e dois homens - oito mulheres

e) trinta homens - dez mulheres

COMENTÁRIOS

Alternativa correta. Assertiva "b". Neste caso, partidos e coligações poderão lançar candidatos até a quantidade de 150% das vagas em disputa. Como São 20 vagas, poderão ser lançados 30 candidatos, respeitada, então, a cota mínima de 30% de candidaturas por gênero. No caso nove candidatos, homens ou mulheres. (responde as demais)

---

04. (FCC – Juiz de Direito Substituto - SE/2015) Para fins de expedição da certidão de quitação eleitoral destinada a instruir o pedido de registro de candidaturas, analise:

I. Considerar-se-ão quites os candidatos que, condenados ao pagamento de multa, tenham, até a data de formalização do pedido de registro de sua candidatura, comprovado o pagamento ou o parcelamento da dívida regularmente cumprido.

II. A existência de responsabilidade solidária por parte de candidato impede a expedição da certidão de quitação eleitoral, se não houver pagamento até a data do pedido de registro da candidatura.

III. As multas eleitorais poderão ser parceladas até 48 meses, desde que não ultrapassarem o limite de 20% da renda do candidato.

Está correto o que se afirma APENAS em

a) I e III.

b) II e III.

c) I e II.

d) I.

e) II.

COMENTÁRIOS

Item I. CORRETO. Regra expressamente prevista no artigo 11, § 8º., I da Lei das Eleições (Lei 9.504/97)

Item II. ERRADO. Para fins de expedição da certidão eleitoral, considerar-se-ão quites aqueles que pagarem a multa que lhes couber individualmente, excluindo-se qualquer modalidade de responsabilidade solidária, mesmo quando imposta concomitantemente com outros candidatos e em razão do mesmo fato. Além disso, considerar-se-ão quites aqueles que condenados ao pagamento de multa, tenham, até a data da formalização do seu pedido de registro de candidatura, comprovado o pagamento ou o parcelamento da dívida regularmente cumprido.

Item III. ERRADO. O parcelamento das multas eleitorais é direito do cidadão, seja ele eleitor ou candidato, e dos partidos políticos, podendo ser parceladas em até 60 (sessenta) meses, desde que não ultrapasse o limite de 10% (dez por cento) de sua renda

Alternativa correta. Assertiva "d". Apenas o item I está correto.

---

05. (Cespe – Juiz de Direito Substituto - AM/2016) Assinale a opção correta acerca dos impedimentos eleitorais previstos na legislação vigente.

a) O pré-candidato que for sobrinho de governador de estado em exercício não poderá se candidatar a governador do mesmo estado no próximo pleito.

b) Não poderá se candidatar a governador pré-candidato condenado em primeira instância por crime contra o patrimônio público e que o recurso por ele interposto não tenha sido apreciado judicialmente até a data da convenção.

c) Pré-candidato a deputado federal filiado ao partido há apenas cinco meses antes da convenção não poderá se candidatar, ainda que tenha domicílio eleitoral no estado há mais de um ano.

d) Não poderá se candidatar a deputado federal pré-candidato que possuir domicílio eleitoral no estado há menos de um ano, ainda que seja filiado ao partido há mais de um ano.

e) Pré-candidato a deputado federal que não tiver completado vinte e um anos de idade até a data da convenção realizada pelo seu partido não poderá se candidatar: ele não atingiu a idade mínima exigida pela CF.

COMENTÁRIOS

Alternativa correta. Assertiva "d". É condição de elegibilidade, nos termos da lei, filiação eleitoral há, no mínimo, seis meses da data do pleito, e domicílio eleitoral na circunscrição um ano antes das eleições.

Alternativa "a". ERRADO. Sobrinho é parente de terceiro grau e a inelegibilidade reflexa só atinge parentes até o segundo grau.

Alternativa "b". ERRADO. Condenação criminal em decisão monocrática não é suficiente para atrair os efeitos da Lei da Ficha Limpa.

Alternativa "c". ERRADO. As convenções ocorrem entre julho e agosto do ano eleitoral. Cinco meses antes, portanto, é o período entre fevereiro e março. Tendo em vista que as eleições ocorrem em outubro, o prazo de filiação partidária só se encerra no início de abril.

Alternativa "e". ERRADO. A idade mínima de 21 anos para os candidatos a deputado federal deverá ser observada na data da posse.

---

06. (FCC – Juiz Substituto – MS/ 2010) Sobre o registro de candidatos, segundo o Código Eleitoral, assinale a afirmação INCORRETA.

a) Somente podem concorrer às eleições candidatos registrados por partidos.

b) Nenhum registro será admitido antes do período de cento e oitenta dias antes da eleição.

c) Não é permitido registro de candidato embora para cargos diferentes, por mais de uma circunscrição ou para mais de um cargo na mesma circunscrição.

d) Nas eleições realizadas pelo sistema proporcional o candidato deverá ser filiado ao partido, na circunscrição em que concorrer, pelo tempo que for fixado nos respectivos estatutos.

e) Somente poderão inscrever candidatos os partidos que possuam diretório devidamente registrado na circunscrição em que se realizar a eleição.

COMENTÁRIOS

✪ **Nota do autor**: a resposta correta aceita pela banca examinadora do a prevista na assertiva "B", uma vez que o artigo 87, parágrafo único do Código Eleitoral afirma que "nenhum registro será admitido fora do período de 06 (seis) meses antes da eleição. A presente questão, contudo, deveria ter sido anulada, uma vez que a matéria dos prazos de registro de candidaturas, desde a publicação da lei nº 9.504/97, não é mais disciplinada pelo Código Eleitoral, o qual foi tacitamente revogado, neste aspecto. Tal erro revela, infelizmente, uma realidade relativamente constante nos concursos que abordam o Direito Eleitoral: a cobrança de questões relativas ao Código Eleitoral que estão tacitamente revogadas, fato que demonstra o despreparo de muitas bancas examinadoras acerca da temática eleitoral.

Assertiva "A" CORRETA. De acordo com o artigo 14, § 3º, V da Constituição Federal, só podem ser candidatos a cargos eletivos pessoas filiadas a partidos políticos.

Assertiva "B" CORRETA. O registro de candidaturas, de acordo com o art. 11 da lei nº 9.504/97, alterado pela Lei 13.165/15, deverá ocorrer até as 19 horas do dia 15 de agosto do ano eleitoral. A escolhas dos referidos candidatos, por sua vez, a partir das eleições municipais de 2016, ocorrerá entre os dias 20 de julho e 05 de agosto, o que impede o registro de candidaturas antes do período de 180 dias anterior à eleição. A banca examinadora, contudo, de forma equivocada, baseando-se em regra revogado do Código Eleitoral, considerou incorreta esta afirmativa. Neste sentido, conferir nota do autor acima.

Assertiva "C" CORRETA. Regra prevista no artigo 88, caput, do Código Eleitoral, o qual dispõe que "não é permitido registro de candidato embora para cargos diferentes, por mais de uma circunscrição ou para mais de um cargo na mesma circunscrição".

Assertiva "D". INCORRETO. De acordo com o artigo 9º. Caput, da Lei nº 9.504/97, alterado pela Lei nº 13.165/15, "para concorrer às eleições, o candidato deverá possuir domicílio eleitoral na respectiva circunscrição pelo prazo de, pelo menos, um ano antes do pleito e estar com a filiação deferida pelo partido seis meses antes do pleito". Nada impede, contudo, que o partido político, em seus estatutos, estipule a necessidade de um prazo maior de filiação (art. 20 da lei nº 9.096/95). Não basta, contudo, como afirmado na questão, o obedecimento aos prazos fixados pelo partido. Mais uma vez, a banca se equivocou, ao considerar esta assertiva como correta.

Assertiva "E" CORRETA. Regra prevista no artigo 90 do Código Eleitoral, segundo o qual "somente poderão inscrever candidatos os partidos que possuam Diretório devidamente registrado na circunscrição em que se realizar a eleição".

---

07. (PUC/PR – Juiz Substituto – PR/ 2010) Sobre a impugnação de pedido de registro de candidatura, indique a única alternativa CORRETA:

a) A impugnação poderá ser feita somente por outro candidato ou por partido político e no prazo de 3 (três) dias, contados da publicação do pedido.

b) Encerrada a fase probatória, as partes e o Ministério Público deverão apresentar alegações finais no prazo comum de 5 (cinco) dias.

c) Terminado o prazo para impugnação, o candidato, o partido político ou a coligação terão o prazo de 7 (sete) dias, que passará a correr após devida notificação, para contestá-la, juntar documentos, indicar rol de testemunhas e requerer a produção de outras provas.

d) Uma vez apresentada a sentença em cartório pelo Juiz Eleitoral, passará a correr deste momento o prazo de 3 (três) dias para a interposição de recurso para o Tribunal Regional Eleitoral. Em não se tratando de matéria constitucional, qualquer candidato, qualquer partido político ou qualquer coligação poderá recorrer.

COMENTÁRIOS

✪ **Nota do autor**: A Ação de Impugnação de Registro de Candidaturas (AIRC) é instrumento hábil a impedir que candidato escolhido em convenção partidária seja registrado, em virtude do não atendimento de algum requisito legal ou constitucional, a exemplo da ausência de uma ou mais condições de elegibilidade, a presença de uma causa de inelegibilidade ou mesmo a não apresentação de algum documento indispensável ao pedido de registro de candidatura previsto no art. 11, § 1º da lei nº 9.504/97 (as chamadas "condições de procedibilidade do registro"). Encontra a AIRC previsão legal nos artigos 3º a 17 da LC 64/90. Por fim, é de destacar que o gabarito apresentado pela banca examinadora apontou a assertiva "C" como a resposta correta. No entanto, a assertiva "B" também está correta, como se observará a seguir.

Alternativa correta: **Assertiva "C" CORRETA**. Interposta a AIRC pelos legitimados ativos, os quais deverão especificar, desde logo, os meios de prova com que pretende demonstrar a veracidade do alegado, arrolando inclusive testemunhas, em número máximo de seis, inicia-se prazo de 07 dias para a contestação, da qual também deverão constar os documentos e provas da defesa.

Assertiva 'a" ERRADA. Poderá a autoridade judicial competente para o registro de candidatura indeferir o pedido de registro *ex officio*, em caso de ausência de uma condição de procedibilidade do registro. Não havendo tal espécie de indeferimento, qualquer candidato, partido político, coligação ou o Ministério Público Eleitoral terá legitimidade ativa para a propositura da AIRC. O prazo para a interposição da AIRC, decadencial e improrrogável, é de 05 dias, contados da publicação do registro do candidato. Vale destacar, neste sentido, que há preclusão da matéria não impugnada em tempo hábil, em sede de AIRC, salvo se cuidar de matéria constitucional, quando a inelegibilidade poderá ser argüida posteriormente, inclusive em sede de Recurso Contra a Diplomação (RCD).

Assertiva "B" CORRETA. De acordo com o artigo 6º da Lei Complementar 64/90, encerrado o prazo da dilação probatória, será aberto um novo prazo de cinco dias, comum a todas as partes, inclusive ao Ministério Público, para a apresentação das alegações finais. A banca examinadora, de forma equivocada, não considerou esta afirmativa como correta.

Assertiva "D" ERRADA. Qualquer outro candidato, partido ou coligação que não tenha figurado no polo ativo da AIRC só poderá recorrer em caso de violação a matéria constitucional.

---

08. (FCC – Juiz Substituto – AP/ 2009) A respeito da arguição de inelegibilidade e da impugnação de registro de candidatura, é correto afirmar:

a) A partir da data em que terminou o prazo para impugnação de registro de candidato, passa a correr, independentemente de qualquer notificação, o prazo de 10 dias para contestação.

b) A arguição de inelegibilidade será feita perante o Tribunal Superior Eleitoral, quando se tratar de candidato a Deputado Federal.

c) Caberá a qualquer candidato, partido político, coligação ou ao Ministério Público, no prazo de 10 dias, contando da publicação do pedido de registro de candidato, impugná-lo em petição fundamentada.

d) A impugnação de registro de candidatura por parte do candidato, partido político ou coligação, impede a ação do Ministério Público no mesmo sentido, posto que, nesse caso, atua como fiscal da lei.

e) Na impugnação de pedido de registro de candidato, o impugnante especificará, desde logo, os meios de prova com que pretende demonstrar a veracidade do alegado, arrolando testemunhas, se for o caso, no máximo de seis.

COMENTÁRIOS

Alternativa correta: Assertiva "E" CORRETA. Interposta a AIRC pelos legitimados ativos, os quais deverão especificar, desde logo, os meios de prova com que pretende demonstrar a veracidade do alegado, arrolando inclusive testemunhas, em número máximo de seis, inicia-se prazo de 07 dias para a contestação, da qual também deverão constar os documentos e provas da defesa. É o que prevê o artigo 3º, § 3º da LC 64/90.

Assertiva "A" ERRADA. O prazo para contestação será de 07 dias, após a devida notificação do impugnado, conforme previsto no artigo 4º da LC 64/90.

Assertiva "B" ERRADA. Nas eleições para deputados federais, cuja circunscrição eleitoral é o estado, a AIRC será interposta no TRE respectivo.

Assertiva "C" ERRADA. O prazo para a impugnação será de 05 (cinco) dias, conforme previsão do artigo 3º, caput, da LC 64/90.

Assertiva "D" ERRADA. O Ministério Público, na defesa da ordem pública, também é legitimado para propor a AIRC.

---

09. (CESPE – Juiz de Direito Substituto-CE/ 2012) Com relação ao registro de candidatura e sua impugnação, assinale a opção correta.

a) Qualquer cidadão no gozo de seus direitos políticos poderá impugnar registro de candidatura.

b) Em caso de oferecimento anterior de impugnação de registro de candidatura por parte de coligação partidária, cabe ao MP, se tiver interesse em também impugnar o registro, ingressar no feito como assistente.

c) Tratando-se de processo de impugnação de registro de candidatura, as alegações finais devem ser oferecidas primeiramente pelo impugnante e, na sequência, pelo impugnado.

d) O registro de candidatura de competência originária de tribunal regional eleitoral é julgado desde que observada a devida publicação em pauta.

e) A partir da data em que é protocolizada a petição de recurso relativo a decisão sobre pedido de registro de candidatura, passa a correr o prazo para apresentação de contrarrazões recursais, notificado o recorrido em cartório.

COMENTÁRIOS

Alternativa correta: Assertiva "E" CORRETA. Regra prevista nos artigos 8º, § 1º e 12, caput da LC 64/90. O prazo será de três dias, em ambos os casos.

Assertiva "A" ERRADA. Cidadão não tem legitimidade para tal fim, podendo, ao máximo noticiar a irregularidade à Justiça Eleitoral

Assertiva "B" ERRADA. Segundo o art. 3º, § 1º da LC 64/90, a impugnação, por parte do candidato, partido político ou coligação, não impede a ação do MP no mesmo sentido.

Assertiva "C" ERRADA. As alegações finais deverão ser oferecidas no mesmo prazo, de forma concomitante.

Assertiva "D" ERRADA. Segundo o art. 10, parágrafo único da LC 64/90, não há obrigação de tal publicação.

---

10. (Vunesp – Juiz de Direito Substituto-MG/ 2012) É correto afirmar que o candidato com pedido de registro *sub judice*

a) poderá prosseguir a campanha eleitoral.

b) poderá prosseguir a campanha eleitoral, exceto a participação na propaganda pelo rádio e TV (horário gratuito), conforme recente interpretação jurisprudencial do Tribunal Superior Eleitoral.

c) poderá prosseguir a campanha eleitoral, exceto a divulgação da propaganda pela internet, conforme recente interpretação jurisprudencial do Tribunal Superior Eleitoral.

d) não poderá prosseguir a campanha eleitoral.

COMENTÁRIOS.

Alternativa correta: Assertiva "A" CORRETA. Aplica-se, neste caso, a teoria da conta e risco. Abraçando antiga jurisprudência consolidada pelo Tribunal Superior Eleitoral, quanto à possibilidade de candidato impugnado concorrer nas eleições, tendo direito a praticar todos os atos de campanha, até o trânsito em julgado da decisão de impugnação do registro de candidatura, a lei nº 12.034/09 incluiu o novo artigo 16-A na Lei nº 9.504/97, que assim dispõe:

> **Art. 16-A.** *O candidato cujo registro esteja sub judice poderá efetuar todos os atos relativos à campanha eleitoral, inclusive utilizar o horário eleitoral gratuito no rádio e na televisão e ter seu nome mantido na urna eletrônica enquanto estiver sob essa condição, ficando a validade dos votos a ele atribuídos condicionada ao deferimento de seu registro por instância superior.*
>
> **Parágrafo único.** *O cômputo, para o respectivo partido ou coligação, dos votos atribuídos ao candidato cujo registro esteja sub judice no dia da eleição fica condicionado ao deferimento do registro do candidato.*

Como é possível observar-se, valorizou o legislador o princípio da presunção da inocência, bem como, coerentemente, evitou que o dano irreparável de impedimento a uma candidatura posteriormente declarada lícita pudesse ocorrer. Tal interpretação, como já ressaltado, coaduna-se com a jurisprudência consolidada pelo TSE desde a publicação da Resolução nº 21.051, de 26.03.2002, relatada pelo Ministro Fernando Neves.

Vale destacar, na análise do novo dispositivo legal, o seu parágrafo único que, como já ressaltado, determina que "O cômputo, para o respectivo partido ou coligação, dos votos atribuídos ao candidato cujo registro esteja *sub judice* no dia da eleição fica condicionado ao deferimento do registro do candidato". Revoga tacitamente, assim, tal disposição normativa, o artigo 175, § 4º, do Código Eleitoral, que, combinado com o § 3º do mesmo artigo, estabelece que os votos atribuídos ao candidato impugnado sejam contados para o partido pelo qual tenha sido feito o registro, desde que a decisão de inelegibilidade ou de cancelamento de registro seja proferida após a realização da eleição. De acordo com a nova lei, caso um candidato com registro *sub judice* na data da eleição seja definitivamente declarado inelegível, após a eleição, seus votos não serão mais considerados válidos, para efeito algum.

Situação diferente, no entanto, dar-se-á quando candidato a eleição proporcional que não esteja com o seu registro *sub judice* na data da eleição tenha, posteriormente à mesma, seu registro cassado, caso em que o voto deverá ser computado para a legenda, em obediência ao princípio *in dúbio pro voto*. Tal regra não deve ser considerada válida para as eleições majoritárias (presidente da república, governadores, prefeitos e senadores), para as quais vige o princípio da unicidade das chapas (neste sentido, vale conferir precedente do TSE proferido no Ac. 3.291, de 15. 9.09, do TSE).

A lei nº 12.891/13 incluiu um novo artigo à lei nº 9.504/97, o artigo 16-B, dirimindo uma importante dúvida relativa ao processo eleitoral. De acordo com o novo dispositivo legal, candidato que ainda não tenha tido seu pedido de registro de candidatura apreciado pela Justiça Eleitoral, desde que o mesmo tenha sido apresentado no prazo legal, terá, indiscutivelmente, direito de realizar campanha, evitando-se, assim, prejuízos a tais candidatos decorrentes de fato alheios às suas vontades.

2. QUESTÕES DE CONCURSOS PARA ANALISTA JUDICIÁRIO – ÁREA JUDICIÁRIA DOS TRIBUNAIS REGIONAIS ELEITORAIS

11. (Consulplan – Analista Judiciário – Área Judiciária – TRE – MG/2013) Em outubro de 2014, o eleitorado brasileiro voltará às urnas para escolher representantes, a saber: Presidente da República, Governadores, Senadores, Deputados Federais e Estaduais. Os futuros candidatos deverão registrar suas candidaturas oportunamente. Só assim, seus nomes serão submetidos à vontade popular. Os candidatos ao cargo de Deputado Federal devem formular o pedido de registro de candidatura junto ao(à)

a) Câmara dos Deputados.
b) Tribunal Regional Eleitoral.
c) Supremo Tribunal Federal.
d) Tribunal Superior Eleitoral.
e) Zona Eleitoral de seu domicílio.

COMENTÁRIOS

Alternativa correta: assertiva "b". A competência para o registro de candidaturas depende da circunscrição eleitoral na qual é disputada a eleição. No caso da eleição para deputado federal, a eleição é disputada na circunscrição estadual, sendo competente para o registro de candidaturas o TRE, portanto. (Responde as demais)

---

12. (Consulplan – Analista Judiciário – Área Judiciária – TSE/2012) No desenrolar do processo eleitoral para a Prefeitura de Arvoredo, o candidato a prefeito teve o registro indeferido, tendo sido deferido o registro do candidato a vice-prefeito. O partido Delta, do qual fazem parte, quer que o candidato a vice-prefeito assuma a candidatura para prefeito. Neste caso,

a) é possível que tal ocorra, desde que o candidato a vice prefeito renuncie expressamente à sua candidatura a vice.
b) é impossível admitir esta hipótese, visto que prefeito e vice compõem a mesma chapa.
c) é impossível que isto ocorra, uma vez que o registro para vice-prefeito já foi analisado pelo Tribunal Eleitoral.
d) é possível admitir esta substituição, desde que realizada outra convenção partidária.

COMENTÁRIOS

✪ **Nota do autor:** Segundo o artigo 13 da Lei das Eleições, é facultado ao partido ou coligação substituir candidato que for considerado inelegível, renunciar ou falecer após o termo final do prazo do registro ou, ainda, tiver seu registro indeferido ou cancelado. O registro da candidatura do substituto, a ser procedida na forma do estatuto do partido a que pertencer o substituído, deverá ser requerido até 10 (dez) dias contados do fato ou da notificação do partido da decisão judicial que deu origem à substituição. Nas eleições majoritárias, se o candidato for de coligação, a substituição deverá fazer-se por decisão da maioria absoluta dos órgãos executivos de direção dos partidos coligados, podendo o substituto ser filiado a qualquer partido dela integrante, desde que o partido ao qual pertencia o substituído renuncie ao direito de preferência. Nas eleições proporcionais, a substituição, segundo a redação original da Lei das Eleições, só se efetivará se o novo pedido for apresentado até sessenta dias antes do pleito. Já nas eleições majoritárias, a substituição do candidato poderá ocorrer até a véspera do pleito. Tais regras, geradoras de muitas polêmicas, foram, contudo, alteradas pela recente minirreforma eleitoral de dezembro de 2013, a qual não se aplicou às eleições de 2014. Como observado, até as eleições de 2012, partidos políticos e coligações podiam mudar seus candidatos nas eleições proporcionais até 60 dias antes do pleito, enquanto que, nas eleições majoritárias, não havia prazo estabelecido. Assim, eram comuns mudanças de candidatos a prefeito, por exemplo, na véspera da eleição, confundindo o eleitor e ocasionando, muitas vezes, fraudes, uma vez que o substituto concorria com a foto e o nome do substituído na urna eletrônica, sem que o eleitor tivesse a devida informação acerca da alteração da chapa concorrente. Com a nova redação do § 3º do artigo 13 da Lei das Eleições, "tanto nas eleições majoritárias como nas proporcionais, a substituição só se efetivará se o novo pedido for apresentado até 20 (vinte) dias antes do pleito, exceto em caso de falecimento de candidato, quando a substituição poderá ser efetivada após esse prazo".

Alternativa correta: assertiva "a". Ninguém pode ser candidato a dois cargos políticos ao mesmo tempo. Por isso o candidato a vice terá que renunciar à sua candidatura, para assumir a candidatura a titular do cargo de prefeito. Até 20 dias antes do pleito, a substituição poderá ocorrer. (Responde as demais).

13. (AOCP – Analista Judiciário – Área Judiciária – TRE – AC/2015) Em relação às regras específicas para o registro de candidatos, assinale a alternativa correta.

a) Os candidatos podem concorrer à eleição estando ligados a um partido ou de maneira independente.

b) É permitido o registro em mais de uma circunscrição, contanto que seja para cargos diferentes.

c) Após a realização do registro, o candidato não pode requerer o cancelamento de seu registro.

d) O registro só pode ser feito pessoalmente pelo candidato.

e) O registro dos candidatos a vereador, prefeito e vice-prefeito deve ser realizado nos Juízos Eleitorais.

COMENTÁRIOS

Alternativa correta: assertiva "e". A competência originária para processar e julgar os registros de candidaturas varia conforme a circunscrição do pleito. Assim, nas eleições municipais, a competência será dos juízos eleitorais.

Assertiva "a". ERRADO. Não há possibilidade, no Brasil, de candidatura avulsa. A filiação partidária é condição de elegibilidade (art. 14, § 3º da CF/1988)

Assertiva "b". ERRADO. Cada cidadão só pode, conforme a legislação em vigor, disputar um único cargo eletivo, em uma única circunscrição eleitoral, a cada pleito.

Assertiva "c". ERRADO. O candidato é livre para renunciar à sua candidatura a qualquer tempo.

Assertiva "d". ERRADO. Quem faz, em regra, o pedido de registro de candidatura é o partido político ou coligação, até às 19 horas do dia 05 de agosto do ano eleitoral.

14. (Cespe – Analista Judiciário – Área Judiciária – TRE – RS/2015) O percentual médio de mulheres que ocupam cargos legislativos (câmaras baixas e senados) no mundo é de 20,3%. Nas câmaras baixas, elas representam 20,7% dos legisladores e nos senados, 18,1%. No Brasil, embora 16% dos membros do Senado Federal sejam mulheres, na Câmara dos Deputados elas ocupam apenas 8,6% das vagas, o que coloca o país entre os dois países com índices mais baixos de representação política feminina nestas posições da América Latina. A situação nas assembleias legislativas estaduais e câmaras municipais não difere tanto desse quadro: atualmente, elas ocupam 12,8% e 12,5%, respectivamente, das posições destas casas.

Teresa Sacchet. Democracia pela metade: candidaturas e desempenho eleitoral das mulheres.

Tendo esse fragmento de texto como referência inicial, assinale a opção que apresenta os percentuais mínimo e máximo de reserva previstos para cada um dos sexos nas Leis n.º 9.504/1997 e n.º 13.165/2015.

a) 30% e 70% do número de vagas efetivamente preenchidas pelo partido ou pela coligação

b) 35% e 65% das cadeiras em disputa

c) 35% e 65% do número das vagas efetivamente preenchidas pelo partido ou pela coligação

d) 30% e 70% das cadeiras em disputa

e) 30% e 70% do número de candidaturas que o partido ou a coligação tem o direito de apresentar, independentemente do número de vagas efetivamente preenchidas

COMENTÁRIOS

Alternativa correta: assertiva "a". Dispunha o § 3º do artigo 10 da Lei 9504/97, em sua redação original, que, do número de candidatos possíveis de serem lançados em uma disputa eleitoral, nas eleições proporcionais (deputados e vereadores), cada partido ou coligação deveria "reservar o **mínimo de trinta por cento e o máximo de setenta por cento** para candidaturas de cada sexo".

Decorrente desta antiga redação do citado dispositivo legal, uma discussão, ao nosso ver, sem fundamento, foi por muito tempo travada, entre aqueles que entendiam, equivocadamente, que não havendo candidatos em número suficiente para garantir o mínimo de 30% de determinado sexo estaria o partido autorizado a preencher as vagas remanescentes com candidatos do sexo oposto, e aqueles que, no sentido contrário, entendiam que tal preenchimento não seria possível, ficando o partido ou coligação impedido de lançar candidatos de um mesmo sexo em número superior a 70% do total de candidatos possíveis de serem lançados pela coligação ou partidos. A **nova redação do § 3º do art. 10 da Lei das Eleições, estipulada a partir da publicação da Lei nº. 12.034/09** buscou encerrar tal polêmica, afirmando que "do número de vagas resultante das regras previstas neste artigo, cada partido ou coligação preencherá o mínimo de 30% (trinta por cento) e o máximo de 70% (setenta por cento) para candidaturas de cada sexo". Tem prevalecido no âmbito da Justiça Eleitoral, nas últimas eleições, o entendimento segundo o qual estes percentuais são obrigatórios, tendo como base de cálculo o número de candidatos efetivamente lançados por cada partido ou coligação, e não o número de candidatos potencialmente lançáveis. Assim, por exemplo, se um partido poderia lançar 50 candidatos mas lançou apenas 10, destes 10 no mínimo 03 deverão ser homens e 03 deverão ser mulheres, podendo as outras 04 candidaturas serem de homens ou mulheres, indistintamente. (Responde as demais)

---

15. (IESES – Analista Judiciário – Área Judiciária – TRE – MA/2015) Em relação as convenções para escolha de candidatos assinale a alternativa correta:

a) Para a realização das convenções de escolha de candidatos, os partidos políticos só poderão usar prédios públicos se for realizado o pagamento antecipado do valor correspondente a utilização do prédio.

b) As normas para a escolha e substituição dos candidatos e para a formação de coligações serão estabelecidas na lei eleitoral, sendo vedado ao estatuto dos partidos políticos tratar desse tema.

c) Se a convenção partidária de nível inferior se opuser, na deliberação sobre coligações, às diretrizes legitimamente estabelecidas pelo órgão de direção nacional, nos termos do respectivo estatuto, poderá esse órgão anular a deliberação e os atos dela decorrentes.

d) A escolha dos candidatos pelos partidos e a deliberação sobre coligações deverão ser feitas no período de 12 de Junho a 05 de julho do ano em que se realizarem as eleições, devendo ser lavrada ata com assinatura do presidente do partido e todos os candidatos escolhidos.

COMENTÁRIOS

Alternativa correta: assertiva "c". De acordo com o art. 7ª, §§ 2º e 3º da Lei 9.504/97, Se a convenção partidária de nível inferior se opuser, na deliberação sobre coligações, às diretrizes legitimamente estabelecidas pelo órgão de direção nacional, nos termos do respectivo estatuto, poderá esse órgão anular a deliberação e os atos dela decorrentes. As anulações de deliberações dos atos decorrentes de convenção partidária deverão ser comunicadas à Justiça Eleitoral no prazo de 30 (trinta) dias após a data limite para o registro de candidatos.

Assertiva "a". ERRADO. A utilização de prédios públicos para a realização de convenções para a escolha de candidatos é permitida, desde que de forma gratuita.

Assertiva "b". ERRADO. A lei estabelece os prazos, mas a forma de escolha e substituição de candidatos deverá obedecer ao estatuto de cada partido.

Assertiva "d". ERRADO. O prazo correto é de 20 de julho a 05 de agosto do ano eleitoral.

---

16. (Cespe – Analista Judiciário – Área Judiciária – TRE – PI/2016) À luz do disposto no CE, assinale a opção correta a respeito do registro de candidatos.

a) Qualquer candidato pode solicitar o cancelamento do registro de seu nome, bastando comunicar verbalmente sua decisão na junta eleitoral.

b) A escolha de candidatos deve ser concluída um ano antes das eleições e aprovada nas convenções partidárias a serem realizadas no mesmo período.

c) É permitido o registro de um mesmo candidato para mais de um cargo na mesma circunscrição.

d) O registro de candidatos a governador, vice-governador, prefeito, vice-prefeito, vereadores e juiz de paz é feito no tribunal regional eleitoral.

e) Para se candidatar a cargo eletivo, o militar que tiver menos de cinco anos de serviço deverá ser excluído do serviço ativo.

Comentários

Alternativa correta: assertiva "e". O militar que tiver menos de dez anos de serviço deverá ser excluído do serviço ativo, caso venha a disputar a eleição. Como o prazo de 10 anos engloba o período de 05 anos, a resposta está correta.

Assertiva "a". ERRADO. A comunicação deverá se dar por escrito.

Assertiva "b". ERRADO. A escolha dos candidatos e as convenções deverão ocorrer entre 20 de julho e 05 de agosto do ano eleitoral.

Assertiva "c". ERRADO. Cada candidato só pode registrar um único pedido de candidatura (para um único cargo, em uma única circunscrição) a cada pleito.

Assertiva "d". ERRADO. Deste rol, apenas o registro das candidaturas de governador e vice-governador (cargos de circunscrição estadual) serão realizados nos TREs.

---

17. (FCC – Analista Judiciário – Área Judiciária – TRE-RO/2013) O partido Gama requereu, na forma legal, o registro de seus candidatos a Deputado Estadual, dentre os quais Rita, Renoir e Ranulfo. Trinta dias antes do pleito, Rita veio a falecer, Renoir renunciou a sua candidatura e Ranulfo teve o registro de sua candidatura cancelado por decisão definitiva da Justiça Eleitoral em processo de impugnação de registro. Nesse caso, o partido Gama

a) não poderá substituir nenhum dos três candidatos, por faltar apenas trinta dias para o pleito eleitoral.

b) poderá substituir somente a candidata Rita.

c) poderá substituir os candidatos Rita e Renoir.

d) poderá substituir somente o candidato Ranulfo.

e) poderá substituir os três candidatos.

COMENTÁRIOS

✪ **Nota do autor:** Aquela que talvez seja a mais salutar mudança legislativa proporcionada pela Lei nº 12.891/13 diz respeito à alteração da redação do § 3º do artigo 13 da Lei nº 9.504/97, a qual altera os prazos para a substituição de candidatos durante o pleito. Até as eleições de 2012, partidos políticos e coligações podiam mudar seus candidatos nas eleições proporcionais até 60 dias antes do pleito, enquanto que, nas eleições majoritárias, não havia prazo estabelecido. Assim, eram comuns mudanças de candidatos a prefeito, por exemplo, na véspera da eleição, confundindo o eleitor e ocasionando, muitas vezes, fraudes, uma vez que o substituto concorria com a foto e o nome do substituído na urna eletrônica, sem que o eleitor tivesse a devida informação acerca da alteração da chapa concorrente.

Com a nova redação do § 3º do artigo 13 da Lei das Eleições, "tanto nas eleições majoritárias como nas proporcionais, a substituição só se efetivará se o novo pedido for apresentado até 20 (vinte) dias antes do pleito, exceto em caso de falecimento de candidato, quando a substituição poderá ser efetivada após esse prazo".

Alternativa correta. Letra "a". De acordo com a redação do artigo 13, § 3º da Lei nº 9.504/97 válida à época do concurso referido, não poderia haver a mudança dos candidatos, uma vez que tal hipótese não era possível nos 60 dias anteriores à eleição. Com a publicação da lei nº 12.891/13, tal mudança será possível até 20 dias antes do pleito.

✦ DICAS

- De acordo com a Lei nº 9.504/97, alterada pela Lei nº. 13.165/15, entre os dias 20 de julho e 05 de agosto do ano eleitoral, os partidos políticos deverão realizar suas convenções, a fim de firmar eventuais alianças e escolher seus candidatos, os quais, uma vez escolhidos, deverão solicitar o registro de suas candidaturas até o dia 15 de agosto, do mesmo ano.
- Para concorrer às eleições, o candidato, em regra, deverá possuir domicílio eleitoral na respectiva circunscrição e estar filiado a partido político há pelo menos um ano antes das eleições. Neste sentido, vale relembrar as situações especiais vivenciadas por militares, magistrados, membros do Ministério Público, membros dos tribunais de contas e servidores da Justiça Eleitoral.
- Dispõe o artigo 14, § 8º da Constituição Federal que o militar é elegível, atendidas as seguintes condições: I – se contar menos de dez anos de serviço, deverá afastar-se da atividade; II – se contar mais de dez anos de serviço, será agregado pela autoridade superior e, se eleito, passará automaticamente, no ato da diplomação, para a inatividade. A situação de militar agregado é aquela em que o militar da ativa deixa de ocupar a vaga na escala hierárquica do seu quadro, nela permanecendo sem número.
- Os magistrados e membros dos tribunais de contas, de acordo com a legislação em vigor, deverão se afastar definitivamente dos seus cargos nos prazos de desincompatibilização previstos na Lei Complementar nº 64/90, ou seja, seis meses antes do pleito (Res. TSE nº 20.539/99, 20.886/01, 20.993/02, 22.012/05 e 22.095/05). Uma vez promovida a desincompatibilização, magistrados em membros dos tribunais de contas deverão, imediatamente, filiar-se a partidos políticos, a fim de concorrerem a cargos eletivos.
- De acordo com o § 1º do artigo 8º da Lei nº 9.504/97, "aos detentores de mandato de deputado federal, estadual ou distrital, ou de vereador, e aos que tenham exercido esses cargos em qualquer período da legislatura que estiver em curso, é assegurado o registro de candidatura para o mesmo cargo pelo partido a que estejam filiados". É a chamada "candidatura nata". Analisando, entretanto, a ADI 2.530-9, o Supremo Tribunal Federal considerou o referido dispositivo legal inconstitucional, finalizando a questão. Assim, hoje não é mais possível a candidatura nata: todos os filiados de um partido, postulantes a candidaturas, deverão disputar as convenções partidárias, sem privilégios.
- Nas eleições para presidente da república, vice-presidente da república, governadores, vice-governadores, prefeitos e vice-prefeitos, cada partido político, ou coligação, só poderá lançar um candidato para cada cargo.
- Nas eleições para o Senado Federal, por sua vez, cada partido ou coligação poderá lançar um único candidato ou dois candidatos a depender da eleição. Explicando melhor, o mandato de um senador tem duração de 08 anos e cada unidade federativa (estado e Distrito Federal) tem direito a três senadores no Congresso Nacional. De quatro em quatro anos, então, renova-se um terço ou dois terços das cadeiras do Senado. Assim, na eleição em que duas cadeiras de senadores vierem a ser renovadas (por exemplo, nas eleições 2010), cada partido ou coligação poderá indicar até dois candidatos a senador, cada um deles acompanhado de dois candidatos a suplente, do mesmo partido ou coligação. O eleitor, neste caso, vota em dois candidatos a senador. Já na eleição em que apenas um terço das cadeiras do Senado Federal estiver sendo renovado (por exemplo, nas eleições 2006 e 2014), cada partido ou coligação poderá indicar apenas um candidato a senador, acompanhado de dois candidatos a suplente, do mesmo partido ou coligação. O eleitor, neste caso, vota em apenas um candidato a senador, nesta eleição.
- Os candidatos a vice-presidente da república, vice-governador, vice-prefeito e suplente de senador são eleitos em chapa uma e indivisível juntamente com seus companheiros de chapa, candidatos a titulares dos referidos cargos.

- De acordo com previsão normativa estabelecida pela Lei nº. 14.211, de 01 de outubro de 2021, cada partido poderá registrar candidatos para a Câmara dos Deputados, a Câmara Legislativa, as Assembleias Legislativas e as Câmaras Municipais no total de até 100% (cem por cento) do número de lugares a preencher mais 1 (um). Até as eleições de 2020 este percentual era de 150% do total de vagas em disputa.
- Do número de candidatos possíveis de serem lançados em uma disputa eleitoral, nas eleições proporcionais (deputados e vereadores), cada partido ou coligação deverá reservar o mínimo de trinta por cento e o máximo de setenta por cento para candidaturas de cada sexo. É de se ressaltar que, a partir das eleições 2018, por decisão do tribunal superior eleitoral proferida em março de 2018 (consulta nº. 060405458), A reserva de vagas nas eleições não leva mais em conta o sexo do indivíduo biologicamente determinado no seu nascimento, mas sim o gênero autodeclarado. Assim, pessoas transgênero poderão, caso assim desejem, alterar seus cadastros eleitorais indicando o novo gênero e passando a ser contabilizadas, para efeitos de cotas de registro de candidatos, de acordo com o gênero autodeclarado. (Ac.-Tse, de 1º.3.2018, Na cta nº 060405458: a expressão *"cada sexo"* refere-se ao gênero, e não ao sexo biológico. Ac.-Tse, de 1º.3.2018, Na cta nº 060405458: a autodeclaração de gênero deve ser manifestada no alistamento eleitoral ou na atualização dos dados do cadastro eleitoral, respeitado o prazo previsto nesse artigo). Esta decisão ocorreu após o julgamento, pelo STF, da adi 5617, também em março de 2018, a partir do qual foi definido que "o patamar legal mínimo de candidaturas femininas previsto neste dispositivo equipara-se ao mínimo de recursos do fundo partidário alocado a cada partido, para eleições majoritárias e proporcionais"
- Os partidos e coligações, de acordo com o artigo 11 da Lei nº 9.504/97, solicitação à Justiça Eleitoral o registro de seus candidatos até as 19 horas do dia 15 de agosto do ano eleitoral. Em se tratando de eleições municipais (prefeitos, vice-prefeitos e vereadores), o pedido deverá ser dirigido ao juiz eleitoral da zona eleitoral competente. Nas eleições para governador, vice-governador, deputados federais, deputados estaduais, deputados distritais e senadores, o pedido deverá ser formulado ao Tribunal Regional Eleitoral respectivo. Já nas eleições para presidente e vice-presidente da república, o pedido deverá ser formulado ao Tribunal Superior Eleitoral.
- A idade mínima constitucionalmente estabelecida como condição de elegibilidade é verificada tendo por referência a data da posse, conforme disposto no artigo 11, § 2º da Lei nº 9.504/97. A exceção, a partir da publicação da lei nº. 13.165/15, se dá com o cargo de vereador e a idade mínima de 18 anos, que deverá ser aferida quando do pedido de registro de candidatura.
- Até a publicação da Lei nº. 13.165, em 29 de setembro de 2015, o artigo 9º da Lei das Eleições previa que para concorrer às eleições, o candidato deveria possuir domicílio eleitoral na respectiva circunscrição e filiação partidária há pelo menos um ano, na data do pleito. Doravante, em regra já válida para as eleições municipais de 2016, o prazo para a filiação partidária dos pretensos candidatos será alargado, podendo ocorrer até seis meses antes do pleito. O prazo para a determinação do domicílio eleitoral, de um ano antes da eleição, contudo, foi preservado.
- O candidato cujo registro esteja sub judice poderá efetuar todos os atos relativos à campanha eleitoral, inclusive utilizar o horário eleitoral gratuito no rádio e na televisão e ter seu nome mantido na urna eletrônica enquanto estiver sob essa condição, ficando a validade dos votos a ele atribuídos condicionada ao deferimento de seu registro por instância superior.
- Candidatos que forem expulsos do partido político após o registro da candidatura e antes das eleições poderão ficar sujeitos ao cancelamento dos seus respectivos registros, em processo no qual deverá ser assegurada a ampla defesa e o contraditório e observadas as normas estatutárias da agremiação partidária.
- O candidato às eleições proporcionais indicará, no pedido de registro, além de seu nome completo, as variações nominais com que deseja ser registrado, até o máximo de três opções, que poderão ser o prenome, sobrenome, cognome, nome abreviado, apelido ou nome pelo qual é mais conhecido, desde que não se estabeleça dúvida quanto à sua identidade, não atente contra

o pudor e não seja ridículo ou irreverente, mencionando em que ordem de preferência deseja registrar-se.

- A lei nº 12.891/13 incluiu um novo artigo à lei nº 9.504/97, o 16-B, dirimindo uma importante dúvida relativa ao processo eleitoral. De acordo com o novo dispositivo legal, candidato que ainda não tenha tido seu pedido de registro de candidatura apreciado pela Justiça Eleitoral, desde que o mesmo tenha sido apresentado no prazo legal, terá, indiscutivelmente, direito de realizar campanha, evitando-se, assim, prejuízos a tais candidatos decorrentes de fato alheios às suas vontades.
- Segundo o artigo 13 da Lei das Eleições, é facultado ao partido ou coligação substituir candidato que for considerado inelegível, renunciar ou falecer após o termo final do prazo do registro ou, ainda, tiver seu registro indeferido ou cancelado. O registro da candidatura do substituto, a ser procedida na forma do estatuto do partido a que pertencer o substituído, deverá ser requerido até 10 (dez) dias contados do fato ou da notificação do partido da decisão judicial que deu origem à substituição. Nas eleições proporcionais, a substituição só se efetivará se o novo pedido for apresentado até sessenta dias antes do pleito. Já nas eleições majoritárias, a substituição do candidato poderá ocorrer até a véspera do pleito. Aquela que talvez seja a mais salutar mudança legislativa proporcionada pela Lei nº 12.891/13 diz respeito à alteração da redação do § 3º do artigo 13 da Lei nº 9.504/97, a qual altera os prazos para a substituição de candidatos durante o pleito. Até as eleições de 2012, partidos políticos e coligações podiam mudar seus candidatos nas eleições proporcionais até 60 dias antes do pleito, enquanto que, nas eleições majoritárias, não havia prazo estabelecido. Assim, eram comuns mudanças de candidatos a prefeito, por exemplo, na véspera da eleição, confundindo o eleitor e ocasionando, muitas vezes, fraudes, uma vez que o substituto concorria com a foto e o nome do substituído na urna eletrônica, sem que o eleitor tivesse a devida informação acerca da alteração da chapa concorrente.
- Com a nova redação do § 3º do artigo 13 da Lei das Eleições, "tanto nas eleições majoritárias como nas proporcionais, a substituição só se efetivará se o novo pedido for apresentado até 20 (vinte) dias antes do pleito, exceto em caso de falecimento de candidato, quando a substituição poderá ser efetivada após esse prazo". Tal alteração legislativa valerá a partir das eleições 2016, uma vez que a lei nº 12.891/13 foi publicada apenas em dezembro de 2013, a menos de um ano, portanto, do pleito de 2014.

- Como decorrência da publicação da Lei nº. 13.165/15, o novo artigo 16 da Lei das Eleições, em regra também reproduzida pelo novo artigo 93, § 1º do Código Eleitoral, estabelece que, doravante, os processos de pedido de registro de candidatura deverão estar julgados até vinte dias antes da data das eleições pelas instâncias ordinárias, e não mais em todas as instâncias, como anteriormente determinado (foram excluídas desta exigência as instâncias extraordinárias, que, no caso das eleições municipais, compreendem o TSE e o STF). Tais instâncias, portanto, terão cerca de vinte e cinco dias para proceder a tal julgamento, uma vez que o pedido de registro deverá ser formulado até o dia 15 de agosto, para o pleito que ocorrerá no primeiro domingo de outubro seguinte.

  De acordo com a Súmula nº. 20 do Tribunal Superior Eleitoral, "a falta do nome do filiado ao partido na lista por este encaminhada à Justiça Eleitoral, nos termos do art. 19 da Lei nº. 9.096, de 19.09.95, pode ser suprida por outros elementos de prova de oportuna filiação". O artigo supracitado teve sua redação alterada pela lei 13.877/19, que passou a dispor que "Deferido internamente o pedido de filiação, o partido político, por seus órgãos de direção municipais, regionais ou nacional, deverá inserir os dados do filiado no sistema eletrônico da Justiça Eleitoral, que automaticamente enviará aos juízes eleitorais, para arquivamento, publicação e cumprimento dos prazos de filiação partidária para efeito de candidatura a cargos eletivos, a relação dos nomes de todos os seus filiados, da qual constará a data de filiação, o número dos títulos eleitorais e das seções em que estão inscritos".

- Em 2020, o TSE decidiu que os partidos políticos, diante do quadro de pandemia, poderiam realizar convenções virtuais para a escolha dos candidatos que disputariam as eleições com plena autonomia para a utilização de ferramentas tecnológicas que considerassem mais adequadas para esse fim. O Plenário da Corte assentou a possibilidade de os partidos políticos realizarem convenções, em formato virtual, para a escolha dos candidatos que disputarão as eleições, as quais devem seguir as regras e os procedimentos previstos na Lei nº 9.504/1997 e na Res.-TSE nº 23.609/2019, além de respeitarem as normas partidárias e a democracia interna das legendas. (julgamento conjunto das consultas 0600413-57, 0600460-31 e 0600479-37. Relator Min. Luís Felipe Salomão, julgadas em 04 de junho de 2020)

- Segundo o TSE, o direito à privacidade de ex-candidato não eleito deve prevalecer após o encerramento do processo eleitoral com a consequente exclusão de informações de caráter pessoal e patrimonial (Processo Administrativo nº. 0600448-51. Brasília –DF, rel. Min. Og Fernandes, julgado em 16.6.2020).

✦ CONHECENDO A JURISPRUDÊNCIA

1. SÚMULAS DO TSE

▸ Súmula nº 04

Segundo a Súmula TSE nº 04/92, "Não havendo preferência entre candidatos que pretendam o registro da mesma variação nominal, defere-se o do que primeiro o tenha requerido". Nesse sentido, os Ac.-TSE nºs 265/98, 275/98 e 20.228/2002".

2. RESOLUÇÕES DO TSE APLICÁVEIS

▸ Resolução nº 21.920/2004

Dispõe o artigo 2º da Resolução TSE nº 21.920/04 que o juiz eleitoral, mediante requerimento de cidadão portador de necessidades especiais, de seu representante legal ou procurador devidamente constituído, acompanhado de documentação comprobatória da deficiência, poderá expedir, em favor do interessado, certidão de quitação eleitoral, com prazo de validade indeterminado.

▸ Resolução nº 21.667/2004

Res.-TSE n° 21.667/2004: "Dispõe sobre a utilização do serviço de emissão de certidão de quitação eleitoral por meio da Internet e dá outras providências".

▸ Resolução nº 22.557/2007

Consulta. Prefeito. Pretensão. Reeleição. Candidatura avulsa. Impossibilidade. Partido político. Indicação. Necessidade. Art. 87 do Código Eleitoral. Não existe, no sistema eleitoral brasileiro, a chamada candidatura avulsa, daí porque, somente os candidatos indicados por partidos ou coligações podem concorrer às eleições. Consulta a que se responde negativamente. (Res. 22.557, de 19.6.07, do TSE).

▸ Resolução nº 20.046/1997

Segundo a Resolução TSE nº 20.046/97, o acréscimo "de até mais cinquenta por cento" incide sobre a expressão "até o dobro das respectivas vagas". Assim, por exemplo, em um estado onde o número de deputados federais for equivalente a dez, cada partido, isoladamente, poderá registrar até 20 candidatos a deputado federal ou estadual, enquanto que cada coligação poderá registrar até 25 candidatos (mais 50% do dobro de vagas em disputa, ou seja, 50% de 10).

3. INFORMATIVOS DO TSE

▸ Fraude no registro de candidaturas femininas e possibilidade de ajuizamento de AIJE.

A ação de investigação judicial eleitoral é instrumento processual hábil para apurar fraude em candidaturas femininas lançadas por partido político tão somente para atender a regra prevista no art. 10, § 3º, da Lei das Eleições. *REspe 243-42, Rel. Min. Henrique Neves da Silva, j. 16.8.16. (Info 8)*

▸ Registro de candidatura e teste de alfabetização.

O teste de alfabetização previsto na legislação eleitoral somente deve ser aplicado quando o candidato não apresentar documento comprobatório de escolaridade com o requerimento de registro de candidatura. *REspe 8941, Red. p/ ac. Min. Herman Benjamin, j. 27.9.16. (Info 10)*

Capítulo IX – Arrecadação de Recursos e Prestação de Contas nas Campanhas Eleitorais

✦ QUESTÕES

1. QUESTÕES DE CONCURSOS PARA A MAGISTRATURA ESTADUAL

01. (FCC – Juiz de Direito – TJ – MS/2020) Ao disciplinar a arrecadação e a aplicação de recursos nas campanhas eleitorais, a Lei nº 9.504, de 30 de setembro de 1997, estabelece que

a) as despesas de natureza pessoal do candidato com combustível e manutenção de veículo automotor por ele usado na campanha são consideradas gastos eleitorais, sujeitando-se à prestação de contas.

b) as despesas relativas à realização de pesquisas ou testes pré-eleitorais não são consideradas gastos eleitorais, não se lhes aplicando o dever de registro, nem os limites fixados na lei.

c) o descumprimento dos limites de gastos fixados para cada campanha acarretará o pagamento de multa em valor equivalente a 100% (cem por cento) da quantia que ultrapassar o limite estabelecido, sem prejuízo da apuração da ocorrência de abuso do poder econômico.

d) é facultativo para o partido e para os candidatos abrir conta bancária específica para registrar o movimento financeiro da campanha.

e) é vedado ao candidato utilizar recursos próprios em sua campanha.

COMENTÁRIOS:

Alternativa "a". Não são considerados gastos eleitorais nem se sujeitam à prestação de contas as despesas pessoais do candidato com combustível e manutenção do seu veículo automotor usado na campanha, de acordo com a Lei 9.504/97.

Alternativa "b", De acordo com o artigo 26 da Lei 9.504/97, despesas com testes pré-eleitorais e pesquisas são considerados gastos eleitorais, sujeitos aos limites da lei.

Alternativa "c". Segundo o art. 18-B da Lei 9.504/97, o descumprimento dos limites de gastos fixados para cada campanha acarretará o pagamento de multa em valor equivalente a 100% (cem por cento) da quantia que ultrapassar o limite estabelecido, sem prejuízo da apuração da ocorrência de abuso do poder econômico.

Alternativa "d". A abertura da conta é, em regra, obrigatória, conforme a Lei das Eleições. É obrigatório para o partido e para os candidatos abrir conta bancária específica para registrar todo o movimento financeiro da campanha, de acordo com o art. 22 da Lei das Eleições.

Alternativa "e". O candidato poderá usar recursos próprios em sua campanha até o total de 10% (dez por cento) dos limites previstos para gastos de campanha no cargo em que concorrer

Alternativa correta: letra "c".

---

02. (Cespe – Juiz de Direito Substituto – MA/ 2013) Acerca do financiamento de campanhas eleitorais, assinale a opção correta com base no disposto na legislação eleitoral.

a) Eventual sobra de recursos de campanha eleitoral pode ser distribuída equitativamente entre todos os candidatos do partido.

b) Nas eleições realizadas em 2012, coube aos partidos políticos definir o limite de gastos de campanha para cada cargo em disputa.

c) Sindicato patronal ou de trabalhadores pode realizar contribuição às campanhas eleitorais, desde que tal despesa seja autorizada por assembleia geral convocada especificamente para deliberar sobre isso.

d) É vedado o financiamento de campanhas eleitorais por empresas do setor financeiro.

COMENTÁRIOS

Alternativa "a": Em conformidade com a redação original do artigo 31 da lei nº 9.504/97, caso, ao término da campanha, viessem a ocorrer sobras de recursos arrecadados, tais sobras deveriam ser declaradas na prestação final de contas e, após julgados todos os recursos, transferidas ao órgão do partido político na circunscrição do pleito ou à coligação, neste caso para divisão entre os partidos que a compõem. O artigo 31 da Lei nº 9.504/97, o qual dispõe sobre a sobra de campanhas, teve, contudo, sua redação totalmente modificada pela lei nº 12.891/13, publicada em dezembro de 2013. De acordo com a redação original, a sobra de recursos financeiros deveria ser declarada na prestação de contas e, após julgados todos os recursos, transferida ao órgão do partido na circunscrição do pleito ou à coligação, para divisão entre os partidos componentes. Dispunha ainda o parágrafo único do referido artigo que as sobras de recursos financeiros de campanha seriam utilizadas pelos partidos políticos, devendo tais valores ser declarados em suas prestações de contas perante a Justiça Eleitoral, com a identificação dos candidatos. Conforme a nova redação, na ocorrência de sobra de campanha, a mesma deverá ser declarada na prestação de contas e, após julgados todos os recursos, transferida ao partido (a norma não se refere mais à coligação), a partir dos seguintes critérios: I – no caso de candidato a Prefeito, Vice-Prefeito e Vereador, esses recursos deverão ser transferidos para o órgão diretivo municipal do partido na cidade onde ocorreu a eleição, o qual será responsável exclusivo pela identificação desses recursos, sua utilização, contabilização e respectiva prestação de contas perante o juízo eleitoral correspondente; II – no caso de candidato a Governador, Vice-Governador, Senador, Deputado Federal e Deputado Estadual ou Distrital, esses recursos deverão ser transferidos para o órgão diretivo regional do partido no Estado onde ocorreu a eleição ou no Distrito Federal, se for o caso, o qual será responsável exclusivo pela identificação desses recursos, sua utilização, contabilização e respectiva prestação de contas perante o Tribunal Regional Eleitoral correspondente; III – no caso de candidato a Presidente e Vice-Presidente da República, esses recursos deverão ser transferidos para o órgão diretivo nacional do partido, o qual será responsável exclusivo pela identificação desses recursos, sua utilização, contabilização e respectiva prestação de contas perante o Tribunal Superior Eleitoral. Por fim, estabelece o novo artigo 31, em seu inciso IV, que "o órgão diretivo nacional do partido não poderá ser responsabilizado nem penalizado pelo descumprimento do disposto neste artigo por parte dos órgãos diretivos municipais e regionais". Resta saber se as novas mudanças, em virtude do princípio da anualidade eleitoral, serão válidas para as eleições de 2014.

Alternativa "b": As despesas de campanha eleitoral serão realizadas, de acordo com o artigo 17 da Lei das Eleições, sob a responsabilidade dos partidos políticos e de seus candidatos. Prevê ainda a lei, no seu artigo 17-A, incluído pela lei nº 11.300/06, que lei específica, a cada eleição, deverá fixar, até o dia 10 de junho de cada ano eleitoral, os limites dos gastos de campanha para os cargos em disputa. Caso, entretanto, a referida lei não venha a ser publicada no prazo hábil, caberá a cada partido político fixar o limite de gastos, comunicando à Justiça Eleitoral, a quem caberá dar a tais informações ampla publicidade. Nas eleições de 2012, coube aos partidos políticos definir o limite dos seus gastos de campanha.

Alternativa "c": Sindicatos não podem fazer doações para campanhas eleitorais.

Alternativa "d": Segundo a lei 9.504/97, não há esta vedação. Contudo, o STF, julgando a ADI 4.650, em setembro de 2015, declarou a inconstitucionalidade do financiamento de campanhas eleitorais por pessoas jurídicas.

Alternativa correta: letra "b".

---

03. (Vunesp – Juiz de Direito Substituto-MG/ 2012) É correto afirmar que a prestação de contas de campanha integra o conceito de "quitação eleitoral", para fins de registro de candidatura, nas seguintes condições, à luz da mais recente jurisprudência do Tribunal Superior Eleitoral (p. ex., Agravo Regimental em Recurso Especial Eleitoral nº 339.082):

a) não basta que o candidato tenha apresentado a prestação de contas de campanha eleitoral anterior, sendo exigida a sua aprovação pela Justiça Eleitoral.

b) nem mesmo a aprovação das contas pela Justiça Eleitoral, com ressalvas, permite a obtenção do registro da candidatura.

c) basta que o candidato tenha apresentado a prestação de contas de campanha eleitoral anterior, independentemente de sua aprovação pela Justiça Eleitoral.

d) não basta que o candidato tenha apresentado a prestação de contas de campanha eleitoral anterior, sendo exigida a sua aprovação pela Justiça Eleitoral, mas o indeferimento fica condicionado à impugnação ao pedido do registro, a ser formulada por quem de direito.

COMENTÁRIOS

Alternativa correta: assertiva "c". Não se pode olvidar que a única razão de existência do direito eleitoral é garantir a efetivação material do regime político democrático, abraçado pelo legislador constituinte de 1988 como o eixo central da sociedade brasileira, conforme é possível aferir-se da leitura da carta magna a partir do seu primeiro artigo, que classifica a República Federativa do Brasil como sendo um "Estado democrático de Direito", que tem como fundamentos a soberania, a cidadania, a dignidade da pessoa humana, os valores sociais do trabalho e da livre iniciativa e o pluralismo político. Assim, não é por outra razão que muitos juristas, interpretando o referido art. 11, § 7º da Lei das Eleições, em agosto de 2010, durante o período da análise dos pedidos de registro de candidaturas, defenderam que, ao contrário do que conduz uma interpretação literal da lei, a quitação eleitoral pressupõe a apresentação de contas aprovadas, e não a mera apresentação independente de aprovação. O TSE, entretanto, após muitas idas e vindas, formatadas em concepções contraditórias a respeito da questão, firmou entendimento no sentido da interpretação literal do dispositivo citado, determinando, assim, que a mera apresentação das contas, independentemente de aprovação, já é fato suficiente para a emissão da certidão de quitação eleitoral prevista no artigo 11, § 1º, VI da Lei nº 9.504/97 (Ac. TSE, de 28.9.2010, no Respe nº 442.363: a apresentação das contas de campanha é suficiente para a obtenção de quitação eleitoral, sendo desnecessária sua aprovação. Em sentido contrário: Ac.-TSE, de 3.8.2010, no PA nº 59.459). Responde as demais alternativas.

---

04. (UFPR – Juiz de Direito Substituto-PR/ 2012) A prestação de contas perante a Justiça Eleitoral é devida:

a) apenas pela coligação partidária formada em qualquer pleito eleitoral para os cargos que demandam eleição proporcional.

b) apenas pelos candidatos que tiveram seus registros deferidos para o pleito eleitoral.

c) pelas coligações partidárias, pelos partidos políticos e pelos candidatos, ainda que estes últimos não tenham sido eleitos.

d) pelas coligações partidárias e pelos partidos políticos, quando ao menos um de seus candidatos tenha sido eleito.

COMENTÁRIOS

Alternativa correta: assertiva "c". Visando à preservação da lisura e da normalidade das eleições, partidos políticos, coligações e candidatos deverão realizar a prestação de contas referentes à campanha eleitoral, nos termos dos artigos 28 a 32 da Lei das Eleições. Segundo jurisprudência consolidada do TSE, candidato que renuncia, desiste ou, de qualquer forma, é impedido de prosseguir na sua campanha, deverá também prestar contas, no prazo de 30 dias após a realização da eleição, sob pena da não-obtenção da quitação eleitoral (Neste sentido, Ac. TSE nº 29.329, de 16.09.08). Responde as demais.

1.1. Questões de concursos para o Ministério Público Estadual (Promotor de Justiça)

05. (MPE – SC – Promotor de Justiça – MPE – SC/2016) Reza a Lei n. 9.504/97 (Lei das Eleições) que a regularidade das contas de campanha será verificada pela Justiça Eleitoral, que poderá decidir: pela aprovação, quando estiverem regulares; pela aprovação com ressalvas, no caso de falhas que não comprometam a sua regularidade; e, pela desaprovação, nas hipóteses de verificação de falhas graves ou de ausência de sua apresentação, quando precedida de notificação emitida pela Justiça Eleitoral contendo a obrigação expressa de prestar contas no prazo de setenta e duas horas.

Resposta: ERRADO. No caso de ausência de apresentação de contas, as contas serão consideradas não prestadas, com efeitos jurídicos diversos das contas reprovadas, uma vez que quem tem as contas reprovadas faz jus à certidão de quitação eleitoral, algo que não ocorre com quem tem as contas julgadas como não prestadas.

06. (MPE – SC – Promotor de Justiça – MPE – SC/2016) Para o exame acerca da regularidade das contas de campanha a Justiça Eleitoral poderá requisitar o auxílio de técnicos do Tribunal de Contas da União, dos Estados, do Distrito Federal ou dos Municípios. O Ministério Público Eleitoral, todavia, não está vinculado às conclusões dos referidos técnicos, possuindo amplo e irrestrito poder de se posicionar de maneira diversa.

Resposta CORRETO. Regra prevista no artigo 30, § 3º da Lei das Eleições (Lei nº. 9.504/97).

2. QUESTÕES DE CONCURSOS PARA O MINISTÉRIO PÚBLICO ESTADUAL (PROMOTOR DE JUSTIÇA)

07. (Cespe – Promotor de Justiça – MPE – AP/2021) A respeito da prestação de contas simplificada à justiça eleitoral, assinale a opção correta.

a) Esse tipo de prestação de contas poderá ser adotado nas eleições para prefeito e vereadores em municípios com até duzentos mil eleitores.

b) Os candidatos são dispensados de apresentar os comprovantes de recursos utilizados que tenham sido provenientes do fundo partidário.

c) Havendo irregularidades sanáveis detectadas pelo órgão técnico, o prestador de contas será intimado a se manifestar no prazo de trinta dias, sendo vedada a juntada de novos documentos.

d) As contas poderão ser julgadas regulares, sem a realização de diligências, independentemente de parecer favorável do Ministério Público Eleitoral (MPE).

e) Os candidatos não eleitos às prefeituras municipais com gastos de até vinte mil reais — valor que pode ser atualizado monetariamente a cada eleição — poderão submeter-se ao exame simplificado.

COMENTÁRIOS

Alternativa correta: assertiva "e". O sistema simplificado de prestação de contas se caracteriza pela análise informatizada e simplificada da prestação de contas, com o objetivo de detectar: recebimento direto ou indireto de fontes vedadas; recebimento de recursos de origem não identificada; extrapolação de limite de gastos; omissão de receitas e gastos eleitorais; não identificação de doadores originários, nas doações recebidas de outros prestadores de contas. A Justiça Eleitoral adotará sistema simplificado de prestação de contas para candidatos que apresentarem movimentação financeira de baixo valor. As contas dos candidatos não eleitos também poderão ser submetidas ao exame simplificado. Caso seja detectada qualquer irregularidade, o prestador de contas será intimado para se manifestar no prazo de três dias, podendo juntar documentos. De acordo com o artigo 62 da Resolução TSE nº. 23.607/19. "A Justiça Eleitoral adotará sistema simplificado de prestação de contas para candidatas ou candidatos que apresentarem movimentação financeira correspondente, no máximo, ao valor de R$20.000,00 (vinte mil reais), fixado pela Lei nº 13.165/2015, atualizado monetariamente, a cada eleição, pelo Índice Nacional de Preços ao Consumidor (INPC) da Fundação Instituto Brasileiro de Geografia e Estatística (IBGE) ou por índice que o substituir". Responde as demais.

---

08. (MPE – RO – Promotor de Justiça – MPE – RO/2017) Assinale a alternativa INCORRETA. A Justiça Eleitoral verificará a regularidade das contas de campanha, decidindo

a) pela aprovação, quando estiverem regulares.

b) pela aprovação com ressalvas, quando verificadas falhas que não lhes comprometam a regularidade.

c) pela desaprovação, quando verificadas falhas que lhes comprometam a regularidade, declarando a inelegibilidade do candidato.

d) pela não prestação, quando não apresentadas as contas após a notificação emitida pela Justiça Eleitoral, na qual constará a obrigação expressa de prestar as suas contas, no prazo de setenta e duas horas.

e) pela não rejeição das contas que, na sua prestação, apresentarem erros formais ou materiais irrelevantes que não comprometam o seu resultado.

COMENTÁRIOS

Não há declaração de inelegibilidade prevista na legislação pela simples desaprovação de contas de campanha. Responde as demais.

Alternativa incorreta: letra "c".

---

09. (MPE – SC – Promotor de Justiça – MPE – SC/2016) Reza a Lei n. 9.504/97 (Lei das Eleições) que a regularidade das contas de campanha será verificada pela Justiça Eleitoral, que poderá decidir: pela aprovação, quando estiverem regulares; pela aprovação com ressalvas, no caso de falhas que não comprometam a sua regularidade; e, pela desaprovação, nas hipóteses de verificação de falhas graves ou de ausência de sua apresentação, quando precedida de notificação emitida pela Justiça Eleitoral contendo a obrigação expressa de prestar contas no prazo de setenta e duas horas.

COMENTÁRIOS

No caso de ausência de apresentação de contas, as contas serão consideradas não prestadas, com efeitos jurídicos diversos das contas reprovadas, uma vez que quem tem as contas reprovadas faz jus à certidão de quitação eleitoral, algo que não ocorre com quem tem as contas julgadas como não prestadas.

Alternativa correta: "errado".

10. (MPE – SC – Promotor de Justiça – MPE – SC/2016) Para o exame acerca da regularidade das contas de campanha a Justiça Eleitoral poderá requisitar o auxílio de técnicos do Tribunal de Contas da União, dos Estados, do Distrito Federal ou dos Municípios. O Ministério Público Eleitoral, todavia, não está vinculado às conclusões dos referidos técnicos, possuindo amplo e irrestrito poder de se posicionar de maneira diversa.

COMENTÁRIOS

Regra prevista no artigo 30, § 3º da Lei das Eleições (Lei nº. 9.504/97).

Alternativa correta: "certo".

3. QUESTÕES DE CONCURSOS PARA O MINISTÉRIO PÚBLICO FEDERAL (PROCURADOR DA REPÚBLICA)

11. (MPF – Procurador da República/2015) REJEITADAS AS CONTAS DE CANDIDATO MAJORITÁRIO POR IRREGULARIDADES GRAVES,

a) ( ) ele não poderá ser diplomado;

b) ( ) a diplomação ficará suspensa até que as omissões na prestação de contas sejam supridas;

c) ( ) ser-lhe-á aplicada multa proporcional ao importe das irregularidades;

d) ( ) não haverá aplicação de qualquer medida ou sanção, exceto eventual proposição de representação do artigo 30-A da Lei 9.504/1997.

✪ **Nota do autor:** Um dos pontos nevrálgicos que envolvem uma eleição diz respeito ao processo de arrecadação de recursos financeiros e prestação de contas de partidos, coligações e candidatos. É sabido que o Direito Eleitoral existe para garantir a normalidade das eleições e a legitimidade do exercício do poder de sufrágio popular, devendo, para isso, buscar manter o equilíbrio da disputa, combatendo o abuso do poder político e econômico. O controle e fiscalização da arrecadação de recursos e a prestação de contas dos participantes do processo eleitoral, desta forma, reveste-se de uma grande importância, sendo fator determinante para a lisura das eleições.

É a lei nº. 9.504/97 (Lei das Eleições) que estabelece nos seus artigos 17 a 32 as normas gerais acerca da arrecadação e da aplicação de recursos nas campanhas eleitorais, bem como aquelas relativas à prestação de contas, temas sempre polêmicos.

Havendo indício de irregularidade na prestação de contas, a Justiça Eleitoral poderá requisitar diretamente do candidato ou do comitê financeiro as informações adicionais necessárias, bem como determinar diligências para a complementação dos dados ou o saneamento das falhas. A ocorrência de irregularidades na arrecadação e gastos de recursos de campanha poderá ser objeto da propositura da chamada Ação por Captação e Gastos Ilícitos de Recursos, prevista no artigo 30-A da Lei nº. 9.504/97 (artigo incluído pela Lei nº. 11.300/06), cujo procedimento a ser adotado será o mesmo previsto para a Ação de Investigação Judicial Eleitoral (AIJE) previsto no artigo 22 da LC 64/90.

COMENTÁRIOS

Alternativa correta: assertiva "d"(responde as demais): a única consequência prevista na legislação para a rejeição de contas por irregularidades gravas cometidas por candidato é a eventual proposição de representação do artigo 30-A da Lei nº. 9.504/97. Não há previsão legal de suspensão ou impedimento de diplomação ou atribuição imediata de multa ao infrator.

12. (MPF – Procurador da República/2015) A LEI ELEITORAL PERMITE DOAÇÃO ELEITORAL DE PESSOAS FÍSICAS E JURÍDICAS A CANDIDATOS

a) ( ) de acordo com valores máximos fixos, independentemente do cargo pretendido pelo donatário;

b) ( ) de acordo com limites percentuais baseados no faturamento bruto (pessoas jurídicas) ou nos rendimentos (pessoas físicas);

c) ( ) de acordo com limites máximos de gastos eleitorais fixados por lei complementar;

d) ( ) desde que tenha sido deferido, por decisão definitiva, o pedido de registro da candidatura.

COMENTÁRIOS

Até as eleições de 2014, a maior parte dos recursos arrecadados nas campanhas eleitorais tinham origem privada, a partir das doações realizadas pelas pessoas físicas e jurídicas. Tal realidade, na opinião de muitos analistas, é decisiva para o resultado das eleições, por favorecer, quase que de forma definitiva, os candidatos e partidos com maior potencial de arrecadação de recursos, reduzindo a importância do debate político em detrimento da influência do dinheiro nas campanhas eleitorais, oriundo principalmente das grandes empresas financiadoras.

Como proposta para alterar o atual panorama de financiamento de campanhas eleitorais, sempre é apontada a hipótese da adoção do sistema de financiamento público exclusivo de campanhas. Como principais argumentos favoráveis ao financiamento público de campanhas, doutrinadores e parlamentares afirmam o combate ao fisiologismo político e ao abuso do poder econômico. Neste sentido, é de se destacar a opinião de David Samuels[2], para quem o atual sistema "tende a perpetuar o status quo, por apertar ainda mais os laços entre as elites políticas conservadoras e os interesses empresariais, e limitar a capacidade de interesses novos terem voz nas instituições de representação no Brasil".

Como principais argumentos favoráveis à manutenção da possibilidade de financiamento privado, afirma-se que o financiamento público não seria capaz de eliminar a pressão do poder econômico, além de violar a liberdade política do cidadão e gerar elevação dos gastos públicos.

A manutenção de um sistema misto, com a anulação da influência das pessoas jurídicas no financiamento das campanhas eleitorais, também se apresenta como uma possibilidade sempre aventada pelos defensores de uma reforma política no Brasil.

Pauta constante, como destacado, no debate da reforma política, o tema da arrecadação de recursos, administração financeira das campanhas eleitorais e prestação de contas é, talvez, o que mais destaque ganhou na elaboração da Lei nº. 13.165/15, muito embora o resultado final desta construção legislativa não tenha agradado à maioria dos críticos.

De forma bastante polêmica, um dos pontos nevrálgicos da nova lei, a disciplina jurídica do financiamento empresarial de campanhas eleitorais, foi totalmente revogado pela presidente Dilma Rousseff, que seguiu entendimento consagrado pelo Supremo Tribunal Federal no julgamento da ADI nº. 4.650, ocorrido dias antes da promulgação da reforma eleitoral de setembro de 2015, na qual a nossa corte maior declarou a inconstitucionalidade desta forma de financiamento eleitoral.

A presente questão, assim, cujo gabarito oficial previa a assertiva "b", como correta, passou a não ter mais resposta certa.

✦ DICAS

- É a lei nº 9.504/97 (Lei das Eleições) que estabelece nos seus artigos 17 a 32 as normas gerais acerca da arrecadação e da aplicação de recursos nas campanhas eleitorais, bem como aquelas relativas à prestação de contas, temas sempre polêmicos.

– Pauta constante, como destacado, no debate da reforma política, o tema da arrecadação de recursos, administração financeira das campanhas eleitorais e prestação de contas é, talvez, o que mais

2 David Samuels, Financiamento de campanhas no Brasil e propostas de reforma. In: *Reforma Política*: lições da história recente. p. 152. Rio de Janeiro: FGV, 2006.

destaque ganhou na elaboração da Lei nº. 13.165/15, muito embora o resultado final desta construção legislativa não tenha agradado à maioria dos críticos. De forma bastante polêmica, um dos pontos nevrálgicos da nova lei, a disciplina jurídica do financiamento empresarial de campanhas eleitorais, foi totalmente revogado pela presidente Dilma Rousseff, que seguiu entendimento consagrado pelo Supremo Tribunal Federal no julgamento da ADI nº. 4.650, ocorrido dias antes da promulgação da reforma eleitoral de setembro de 2015, na qual a nossa corte maior declarou a inconstitucionalidade desta forma de financiamento eleitoral.

- A manutenção de um sistema misto, com a anulação da influência das pessoas jurídicas no financiamento das campanhas eleitorais, é a regra vigente atualmente no Brasil, a partir de decisão do Supremo Tribunal Federal no julgamento da ADI 4.650, em 2015. Como consequência da decisão, o tema da arrecadação de recursos, administração financeira das campanhas eleitorais e prestação de contas foi, o que mais destaque ganhou na elaboração das últimas reformas eleitorais, em 2015, 2017 e 2019, especialmente no que se refere ao estabelecimento de novas regras de financiamento e ao estabelecimento de tetos de gastos.
- A arrecadação de recursos para campanha eleitoral de qualquer natureza deverá observar os seguintes pré-requisitos: I – para candidatos: a) requerimento do registro de candidatura; b) inscrição no Cadastro Nacional da Pessoa Jurídica (CNPJ); c) abertura de conta bancária específica destinada a registrar a movimentação financeira de campanha; e d) emissão de recibos eleitorais. II – para partidos: a) o registro ou a anotação conforme o caso, no respectivo órgão da Justiça Eleitoral; b) inscrição no Cadastro Nacional da Pessoa Jurídica (CNPJ); c) abertura de conta bancária específica destinada a registrar a movimentação financeira de campanha; e d) emissão de recibos de doação na forma regulamentada pelo Tribunal Superior Eleitoral nas prestações de contas anuais.
- Os recursos destinados às campanhas eleitorais, respeitados os limites previstos, somente são admitidos quando provenientes de: I – recursos próprios dos candidatos; II – doações financeiras ou estimáveis em dinheiro de pessoas físicas; III – doações de outros partidos políticos e de outros candidatos; IV – comercialização de bens e/ou serviços ou promoção de eventos de arrecadação realizados diretamente pelo candidato ou pelo partido político; V – recursos próprios dos partidos políticos, desde que identificada a sua origem e que sejam provenientes: a) do Fundo Partidário, de que trata o art. 38 da Lei nº 9.096/1995; b) do Fundo Especial de Financiamento de Campanha (FEFC); c) de doações de pessoas físicas efetuadas aos partidos políticos; d) de contribuição dos seus filiados; e) da comercialização de bens, serviços ou promoção de eventos de arrecadação; f) de rendimentos decorrentes da locação de bens próprios dos partidos políticos; VI – rendimentos gerados pela aplicação de suas disponibilidade.
- Os rendimentos financeiros e os recursos obtidos com a alienação de bens têm a mesma natureza dos recursos investidos ou utilizados para sua aquisição e devem ser creditados na conta bancária na qual os recursos financeiros foram aplicados ou utilizados para aquisição do bem.
- O partido político não poderá transferir para o candidato ou utilizar, direta ou indiretamente, nas campanhas eleitorais, recursos que tenham sido doados por pessoas jurídicas, ainda que em exercícios anteriores (STF, ADI nº 4.650).
- É **obrigatória** para os partidos e os candidatos a **abertura de conta bancária específica** para registrar todo o movimento financeiro da campanha, **salvo nos casos** de candidaturas a prefeito em municípios onde não haja agência bancária. Até as eleições de 2014, não era obrigatória a abertura dessa conta bancária específica para candidatos a vereador em municípios com menos de vinte mil eleitores, regra alterada pela Lei nº. 13.165/15. A partir das eleições municipais de 2016, o novo § 2º do artigo 22 da Lei das Eleições, com redação determinada pela Lei nº. 13.165/15, restringe a ausência de obrigação de abertura de conta bancária para movimentação dos recursos de campanha apenas para as situações em que, comprovadamente, não houver agência bancária ou posto de atendimento bancário no município. Desta forma, praticamente em todo o país os candidatos a cargos eletivos, nas eleições municipais, administrarão seus recursos de campanha em conta específica, dissociada das suas contas particulares, uma importante regra estabelecida pela

reforma eleitoral de setembro de 2015 com o objetivo de fortalecer os meios de controle da Justiça Eleitoral sobre a movimentação de recursos em campanhas eleitorais. Os **bancos são obrigados a acatar**, em até três dias, o pedido de abertura de conta de qualquer comitê financeiro ou candidato escolhido em convenção partidária, **sendo-lhes vedado** condicioná-la a depósito mínimo e à cobrança de taxas ou outras despesas de manutenção.

- Com a reforma eleitoral de 2017, o referido artigo 22-A passou a contar com um novo parágrafo, o § 3º, o qual dispõe que "Desde o dia 15 de maio do ano eleitoral, é facultada aos pré-candidatos a arrecadação prévia de recursos na modalidade prevista no inciso IV do § 4º do art. 23 desta Lei, mas a liberação de recursos por parte das entidades arrecadadoras fica condicionada ao registro da candidatura, e a realização de despesas de campanha deverá observar o calendário eleitoral". É o chamado "crowdfunding" (páginas de financiamento coletivo na internet, também conhecidas como "vaquinhas eletrônicas"), muito popular em países como os Estados Unidos e a Espanha.
- Uma forte crítica ao *crowdfunding* nas campanhas eleitorais diz respeito ao risco de sua utilização como fonte de arrecadação de recursos paralelos aos oficialmente declarados, fomentando-se, assim, o caixa dois, ou mesmo como instrumento para a realização de doações ocultas, sem identificação dos doadores, prática também vedada. Por estes motivos, o TSE havia proibido tal prática nas eleições de 2014 e 2016.
- Defensores da prática entendem que o novo sistema de arrecadação poderá estabelecer uma nova forma de mobilização cívica fomentadora de criação de laços comunitários e de sentimentos de cidadania, contribuindo, assim, para a prática democrática.
- De acordo com as regras estabelecidas pela Lei nº 13.488/2017. A arrecadação de recursos através do *crowdfunding* poderão ser iniciadas ainda no mês de maio do ano eleitoral, antes, portanto, das convenções partidárias e do registro das candidaturas. Se não for efetivado, contudo, o registro da candidatura, as entidades arrecadadoras deverão devolver os valores arrecadados aos doadores.
- Ainda de acordo com as regras estabelecidas pela reforma eleitoral de 2017, instituições que promovam técnicas e serviços de financiamento coletivo por meio de sítios na internet, aplicativos eletrônicos e outros recursos similares, que deverão atender aos seguintes requisitos: a) cadastro prévio na Justiça Eleitoral, que estabelecerá regulamentação para prestação de contas, fiscalização instantânea das doações, contas intermediárias, se houver, e repasses aos candidatos; b) identificação obrigatória, com o nome completo e o número de inscrição no Cadastro de Pessoas Físicas (CPF) de cada um dos doadores e das quantias doadas; c) disponibilização em sítio eletrônico de lista com identificação dos doadores e das respectivas quantias doadas, a ser atualizada instantaneamente a cada nova doação; d) emissão obrigatória de recibo para o doador, relativo a cada doação realizada, sob a responsabilidade da entidade arrecadadora, com envio imediato para a Justiça Eleitoral e para o candidato de todas as informações relativas à doação; e) ampla ciência a candidatos e eleitores acerca das taxas administrativas a serem cobradas pela realização do serviço; f) não incidência em quaisquer das hipóteses listadas no art. 24 da Lei das Eleições (que estabelece fontes vedadas de financiamento de campanhas); g) observância do calendário eleitoral, especialmente no que diz respeito ao início do período de arrecadação financeira (observadas as peculiaridades do período para realização de *crowdfunding*, já apontadas; h) observância dos dispositivos desta Lei relacionados à propaganda na internet;
- Na prestação de contas de recursos eleitorais arrecadados mediante prática de *crowdfunding*, é dispensada a apresentação de recibo eleitoral, e sua comprovação deverá ser realizada por meio de documento bancário que identifique o CPF dos doadores. Todos os recursos arrecadados mediante esta nova prática deverão ser comunicados à Justiça Eleitoral no prazo de 72 horas.
- Na hipótese de doações realizadas por meio dessa nova modalidade, fraudes ou erros cometidos pelo doador sem conhecimento dos candidatos, partidos ou coligações não ensejarão a responsabilidade destes nem a rejeição de suas contas eleitorais.
- De acordo com a Resolução TSE 23.609/19, o financiamento coletivo, se adotado, deverá atender aos seguintes requisitos:

REQUISITOS PARA O FINANCIAMENTO COLETIVO (ART. 22 DA RESOLUÇÃO 23.607/19)
I – cadastro prévio na Justiça Eleitoral pela instituição arrecadadora, observado o atendimento, nos termos da lei e da regulamentação expedida pelo Banco Central do Brasil, dos critérios para operar arranjos de pagamento;
II – identificação obrigatória, com o nome completo e o número de inscrição no cadastro de pessoas físicas (CPF) de cada um dos doadores, o valor das quantias doadas individualmente, a forma de pagamento e as datas das respectivas doações;
III disponibilização, em sítio eletrônico, de lista com identificação dos doadores e das respectivas quantias doadas, a ser atualizada instantaneamente a cada nova doação, cujo endereço eletrônico, bem como a identificação da instituição arrecadadora, devem ser informados à Justiça Eleitoral, na forma por ela fixada;
IV – emissão obrigatória de recibo de comprovação para cada doação realizada, sob a responsabilidade da entidade arrecadadora;
V – envio imediato para a Justiça Eleitoral, na forma por ela estabelecida, e para o candidato de todas as informações relativas à doação;
VI – ampla ciência a candidatos e eleitores acerca das taxas administrativas a serem cobradas pela realização do serviço;
VII – não incidência em quaisquer das hipóteses de vedação de fontes;
VIII – observância do Calendário Eleitoral para arrecadação de recursos;
IX – movimentação dos recursos captados na conta bancária destinada ao recebimento de doações para campanha;
X – observância dos dispositivos da legislação eleitoral relacionados à propaganda na internet.

- Desde a reforma eleitoral de 2017, passou a ser permitida a comercialização de bens e serviços por candidatos, com finalidade de arrecadação de recursos para campanhas eleitorais. Para a comercialização de bens e/ou serviços e/ou a promoção de eventos que se destinem a arrecadar recursos para campanha eleitoral, o partido político ou o candidato deve: I – comunicar sua realização, formalmente e com antecedência mínima de 5 (cinco) dias úteis, à Justiça Eleitoral, que poderá determinar sua fiscalização; II – manter à disposição da Justiça Eleitoral a documentação necessária à comprovação de sua realização e de seus custos, despesas e receita obtida. Os valores arrecadados constituem doação e devem observar todas as regras para o recebimento de doação. Para a fiscalização de eventos, a Justiça Eleitoral poderá nomear, entre seus servidores, fiscais ad hoc, devidamente credenciados. As despesas e as receitas relativas à realização do evento devem ser comprovadas por documentação idônea. Os comprovantes relacionados ao recebimento de recursos deverão conter referência que o valor recebido caracteriza doação eleitoral, com menção ao limite legal de doação, advertência de que a doação acima de tal limite poderá gerar a aplicação de multa de até 100% (cem por cento) do valor do excesso e de que devem ser observadas as vedações da lei eleitoral.
- De acordo com o art. 16 da Resolução TSE 23.607/2019, a utilização de recursos próprios que tenham sido obtidos mediante empréstimo somente é admitida quando a contratação ocorrer em instituições financeiras ou equiparadas autorizadas a funcionar pelo Banco Central do Brasil e, no caso de candidatos, quando cumpridos os seguintes requisitos cumulativos: I – devem estar caucionados por bem integrante do seu patrimônio no momento do registro de candidatura; II não devem ultrapassar a capacidade de pagamento decorrente dos rendimentos de sua atividade econômica.
- O candidato e o partido político devem comprovar à Justiça Eleitoral até a entrega da prestação de contas final: I – a realização do empréstimo por meio de documentação legal e idônea; e II – na hipótese de candidato, a sua integral quitação em relação aos recursos aplicados em campanha. A autoridade judicial pode determinar que o candidato ou o partido político identifique a origem dos recursos utilizados para a quitação, sob pena de serem os recursos considerados de origem não identificada.

- Deverá ser emitido recibo eleitoral de toda e qualquer arrecadação de recursos estimáveis em dinheiro para a campanha eleitoral, inclusive próprios; e por meio da internet (Lei nº 9.504/1997, art. 23, § 4º, III, "b").
- As doações financeiras devem ser comprovadas, obrigatoriamente, por meio de documento bancário que identifique o CPF/CNPJ dos doadores, sob pena de configurar o recebimento de recursos de origem não identificada.
- Os candidatos deverão imprimir recibos eleitorais diretamente do Sistema de Prestação de Contas Eleitorais (SPCE). § 3º Os partidos políticos deverão utilizar os recibos emitidos pelo Sistema de Prestação de Contas Anual (SPCA), ainda que as doações sejam recebidas durante o período eleitoral.
- Os recibos eleitorais deverão ser emitidos em ordem cronológica concomitantemente ao recebimento da doação.
- No caso das doações com cartão de crédito, o recibo eleitoral deverá ser emitido no ato da doação, devendo ser cancelado na hipótese de estorno, desistência ou não confirmação da despesa do cartão (Lei nº 9.504/1997, art. 23, § 4º, III, "b").
- É facultativa a emissão do recibo eleitoral previsto no caput nas seguintes hipóteses: I – cessão de bens móveis, limitada ao valor de R$ 4.000,00 (quatro mil reais) por cedente; II – doações estimáveis em dinheiro entre candidatos e partidos políticos decorrentes do uso comum tanto de sedes quanto de materiais de propaganda eleitoral, cujo gasto deverá ser registrado na prestação de contas do responsável pelo pagamento da despesa; e III – cessão de automóvel de propriedade do candidato, do cônjuge e de seus parentes até o terceiro grau para seu uso pessoal durante a campanha.
- As doações de pessoas físicas e de recursos próprios somente poderão ser realizadas, inclusive pela internet, por meio de: I – transação bancária na qual o CPF do doador seja obrigatoriamente identificado; II – doação ou cessão temporária de bens e/ou serviços estimáveis em dinheiro, com a demonstração de que o doador é proprietário do bem ou é o responsável direto pela prestação de serviços; III – instituições que promovam técnicas e serviços de financiamento coletivo por meio de sítios da internet, aplicativos eletrônicos e outros recursos similares.
- Vale destacar que a lei 13.878/19 incluiu o novo § 2º ao artigo 23 da Lei das Eleições, prevendo que o candidato poderá usar recursos próprios em sua campanha até o total de 10% (dez por cento) dos limites previstos para gastos de campanha no cargo em que concorrer.
- As doações financeiras de valor igual ou superior a R$ 1.064,10 (mil e sessenta e quatro reais e dez centavos) só poderão ser realizadas mediante transferência eletrônica entre as contas bancárias do doador e do beneficiário da doação ou cheque cruzado e nominal (art. 21 da Resolução 23.607/19).
- Outro ponto inovador e polêmico suscitado pela Lei nº. 13.165/15 é o estabelecimento de um teto de gastos nas campanhas eleitorais, velha reivindicação daqueles que defendem uma diminuição dos custos destas campanhas, como forma de uma maior garantia de equilíbrio entre candidatos e partidos nas eleições.
- De acordo com a Resolução 23.607/19, o limite de gastos nas campanhas dos candidatos às eleições para prefeito e vereador, na respectiva circunscrição, será equivalente ao limite para os respectivos cargos nas eleições de 2016, atualizado pelo Índice Nacional de Preços ao Consumidor Amplo (IPCA), aferido pela Fundação Instituto Brasileiro de Geografia e Estatística (IBGE), ou por índice que o substituir (Lei nº 9.504/1997, art. 18-C). Nas eleições 2020, a atualização dos valores terá como termo inicial o mês de julho de 2016 e como termo final o mês de junho de 2020.
- O limite de gastos para os municípios criados após a eleição de 2016 será calculado conforme o limite de gastos previsto para o município-mãe, procedendo-se ao rateio de tal valor entre o município-mãe e o novo município de acordo com o número de eleitores transferidos, observando, quando for o caso, o menor valor previsto para o município no Estado.

- Como importante novidade, estabelecida pela reforma eleitoral de 2019, os gastos advocatícios e de contabilidade referentes a consultoria, assessoria e honorários, relacionados à prestação de serviços em campanhas eleitorais e em favor destas, bem como em processo judicial decorrente de defesa de interesses de candidato ou partido político, não estão sujeitos a limites de gastos ou a limites que possam impor dificuldade ao exercício da ampla defesa (Lei nº 9.504/1997, art. 18-A, parágrafo único).
- Os limites de gastos para cada eleição compreendem os gastos realizados pelo candidato e os efetuados por partido político que possam ser individualizados, e incluirão: I – o total dos gastos de campanha contratados pelos candidatos; II – as transferências financeiras efetuadas para outros partidos políticos ou outros candidatos; e III – as doações estimáveis em dinheiro recebidas.
- Os valores transferidos pelo candidato para a conta bancária do seu partido político serão considerados, para a aferição do limite de gastos, no que excederem as despesas realizadas pelo partido político em prol de sua candidatura, excetuada a transferência das sobras de campanhas.
- Gastar recursos além dos limites estabelecidos sujeita os responsáveis ao pagamento de multa no valor equivalente a 100% (cem por cento) da quantia que exceder o limite estabelecido, a qual deverá ser recolhida no prazo de cinco dias úteis contados da intimação da decisão judicial, podendo os responsáveis responderem, ainda, por abuso do poder econômico, na forma do art. 22 da Lei Complementar nº 64/1990, sem prejuízo de outras sanções cabíveis (Lei nº 9.504/1997, art. 18-B).
- A reforma eleitoral de 2017 criou o FEFC (Fundo Especial de Financiamento de Campanhas).
- De acordo com o art. 16-C da Lei das Eleições, instituído pela Lei 13.487/2017, o Fundo Especial de Financiamento de Campanha (FEFC) é constituído por dotações orçamentárias da União em ano eleitoral, em valor ao menos equivalente: I – ao definido pelo Tribunal Superior Eleitoral, a cada eleição, com base nos parâmetros definidos em lei; II ao percentual do montante total dos recursos da reserva específica a programações decorrentes de emendas de bancada estadual impositiva, que será encaminhado no projeto de lei orçamentária anual
- Os recursos provenientes do Fundo Especial de Financiamento de Campanha que não forem utilizados nas campanhas eleitorais deverão ser devolvidos ao Tesouro Nacional, integralmente, no momento da apresentação da respectiva prestação de contas.
- Os partidos podem comunicar ao Tribunal Superior Eleitoral até o 1º (primeiro) dia útil do mês de junho a renúncia ao FEFC, vedada a redistribuição desses recursos aos demais partidos (regra estabelecida pela Lei 13.877/2019).
- No que se refere ao inciso III do art. 16-D (que prevê que 48% (quarenta e oito por cento) do FEFC será dividido entre os partidos, na proporção do número de representantes na Câmara dos Deputados, consideradas as legendas dos titulares), a reforma eleitoral de 2019 ainda estabeleceu que a distribuição dos recursos entre os partidos terá por base o número de representantes eleitos para a Câmara dos Deputados na última eleição geral, ressalvados os casos dos detentores de mandato que migraram em razão de o partido pelo qual foram eleitos não ter cumprido os requisitos previstos no § 3º do art. 17 da Constituição Federal (cláusula de desempenho).
- Os recursos do Fundo Especial de Financiamento de Campanha (FEFC), para o primeiro turno das eleições, serão distribuídos entre os partidos políticos, obedecidos os seguintes critérios: **I** – 2% (dois por cento), divididos igualitariamente entre todos os partidos com estatutos registrados no Tribunal Superior Eleitoral; **II** – 35% (trinta e cinco por cento), divididos entre os partidos que tenham pelo menos um representante na Câmara dos Deputados, na proporção do percentual de votos por eles obtidos na última eleição geral para a Câmara dos Deputados; **III** – 48% (quarenta e oito por cento), divididos entre os partidos, na proporção do número de representantes na Câmara dos Deputados, consideradas as legendas dos titulares; **IV** – 15% (quinze por cento), divididos entre os partidos, na proporção do número de representantes no Senado Federal, consideradas as legendas dos titulares.

- A reforma eleitoral de 2019 determinou que os 15% (quinze por cento do FEFC, a ser dividido entre os partidos, na proporção do número de representantes no Senado Federal, terá por base o número de representantes eleitos para o Senado Federal na última eleição geral, bem como os Senadores filiados ao partido que, na data da última eleição geral, encontravam-se nº 1º (primeiro) quadriênio de seus mandatos.
- O limite de gastos nas campanhas dos candidatos às eleições para prefeito e vereador, na respectiva circunscrição, será equivalente ao limite para os respectivos cargos nas eleições de 2016, atualizado pelo Índice Nacional de Preços ao Consumidor Amplo (IPCA), aferido pela Fundação Instituto Brasileiro de Geografia e Estatística (IBGE), ou por índice que o substituir. Nas campanhas para segundo turno das eleições para prefeito, onde houver, o limite de gastos de cada candidato será de 40% (quarenta por cento) desse limite (regra estabelecida pela Lei 13.878/2019).
- Os recursos do FEFC ficarão à disposição do partido político somente após a definição dos critérios para a sua distribuição, os quais devem ser aprovados pela maioria absoluta dos membros do órgão de direção executiva nacional do partido (Lei nº 9.504/1997, art. 16-C, § 7º).
- Os critérios a serem fixados pela direção executiva nacional do partido devem prever a obrigação de aplicação do total recebido do FEFC de modo proporcional ao número de candidatas do partido ou da coligação, observado, em todo caso, o mínimo de 30% (trinta por cento) (STF: ADI nº 5.617/DF, j. em 15.03.2018, e TSE: Consulta nº 0600252-18, j. em 22.05.2018).
- De acordo com o art. 17, §§ 1º, 2º e §3º da Resolução 23.607/19, inexistindo candidatura própria ou em coligação na circunscrição, é vedado o repasse dos recursos do Fundo Especial de Financiamento de Campanha (FEFC) para outros partidos políticos ou candidaturas desses mesmos partidos. É vedado o repasse de recursos do FEFC, dentro ou fora da circunscrição, por partidos políticos ou candidatos não pertencentes à mesma coligação; e/ou não coligados. Os recursos provenientes do Fundo Especial de Financiamento de Campanha (FEFC) que não forem utilizados nas campanhas eleitorais deverão ser devolvidos ao Tesouro Nacional, integralmente, por meio de Guia de Recolhimento da União (GRU), no momento da apresentação da respectiva prestação de contas.
- Os partidos políticos podem aplicar nas campanhas eleitorais os recursos do Fundo Partidário, inclusive aqueles recebidos em exercícios anteriores.
- A Resolução 23.607/19, estabeleceu diretrizes gerais para a gestão e distribuição dos recursos do Fundo Especial de Financiamento de Campanha (FEFC), em conformidade com a lei das eleições
- De acordo com o art. 62 da Resolução TSE 23.607/19, a Justiça Eleitoral adotará sistema simplificado de prestação de contas para candidatos que apresentarem movimentação financeira correspondente, no máximo, ao valor de R$ 20.000,00 (vinte mil reais), fixado pela Lei nº 13.165/2015, atualizado monetariamente, a cada eleição, pelo Índice Nacional de Preços ao Consumidor (INPC) da Fundação Instituto Brasileiro de Geografia e Estatística (IBGE) ou por índice que o substituir. Nas eleições para prefeito e vereador em municípios com menos de 50 mil eleitores, a prestação de contas será feita pelo sistema simplificado (Lei 9.504/1997, art. 28, § 11). Considera-se movimentação financeira o total das despesas contratadas e registradas na prestação de contas. O sistema simplificado de prestação de contas se caracteriza pela análise informatizada e simplificada da prestação de contas. Poderão ser submetidas ao exame simplificado também as contas dos candidatos não eleitos.

• O partido que descumprir as normas referentes à arrecadação e aplicação de recursos fixada na Lei das Eleições perderá o direito ao recebimento das quotas do Fundo Partidário do ano seguinte. Além disso, os candidatos beneficiados poderão responder por abuso de poder econômico.

• De acordo com o art. 30 da Lei nº 9.504/97, a Justiça Eleitoral verificará a regularidade das contas de campanha, decidindo:

Pela aprovação das contas	Quando as contas estiverem regulares
Pela aprovação das contas com ressalvas	Quando verificadas falhas que não comprometam a regularidade
Pela desaprovação das contas	Quando verificadas falhas que lhes comprometam a regularidade
Pela não aprovação das contas	Quando não apresentadas as contas após notificação emitida pela Justiça Eleitoral, na qual constará a obrigação expressa de prestar as contas no prazo de 72 horas.

- Erros formais e materiais corrigidos ou irrelevantes no conjunto da prestação de contas não comprometem o seu resultado, não autorizando, dessa forma, a rejeição das contas, tampouco a cominação de sanções a candidatos ou partidos políticos.
- A ocorrência de irregularidades na arrecadação e gastos de recursos de campanha poderá ser objeto da propositura da chamada Ação por Captação e Gastos Ilícitos de Recursos, prevista no artigo 30-A da Lei nº 9.504/97 (artigo incluído pela Lei nº 11.300/06), cujo procedimento a ser adotado será o mesmo previsto para a Ação de Investigação Judicial Eleitoral (AIJE) previsto no artigo 22 da LC 64/90.
- Em conformidade com o artigo 31 da lei nº 9.504/97, caso, ao término da campanha, venham a ocorrer sobras de recursos arrecadados, tais sobras deverão ser declaradas na prestação final de contas e, após julgados todos os recursos, transferidas ao órgão do partido político na circunscrição do pleito ou à coligação, neste caso para divisão entre os partidos que a compõem.

– A decisão que julgar as contas dos candidatos eleitos será publicada em sessão até 03 (três) dias antes da diplomação, regra válida a partir das eleições municipais de 2016, em virtude de alteração legislativa promovida pela Lei nº. 13.165/15. Até as eleições de 2014, este prazo era de até 08 dias antes da diplomação.

- Até 180 (cento e oitenta) dias após a diplomação, candidatos e partidos deverão conservar a documentação atinente às suas contas. Caso, no entanto, ainda estejam tais contas pendentes de julgamento, após este prazo, a documentação pertinente deverá ser conservada até a decisão final.

– Ficam dispensadas de comprovação na prestação de contas a cessão de automóvel de propriedade do candidato, do cônjuge e de seus parentes até o terceiro grau para seu uso pessoal durante a campanha (regra estabelecida pela reforma eleitoral de 2017, Lei 13.488/17). Também são dispensadas da prestação de contas a cessão de bens móveis, limitada ao valor de R$ 4.000,00 (quatro mil reais) por pessoa cedente e doações estimáveis em dinheiro entre candidatos ou partidos, decorrentes do uso comum tanto de sedes quanto de materiais de propaganda eleitoral, cujo gasto deverá ser registrado na prestação de contas do responsável pelo pagamento da despesa.

– Em março de 2018, julgando a ADI 5617, o STF determinou que o patamar legal mínimo de candidaturas femininas previsto neste dispositivo equipara-se ao mínimo de recursos do Fundo Partidário alocado a cada partido, para eleições majoritárias e proporcionais. Dessa forma, o TSE, ao publicar a Resolução nº. 23568/2018, estabeleceu que na distribuição dos recursos do FEFC devem-se observar os percentuais mínimos de candidatura por gênero, na linha da orientação do STF na ADI nº 5.617 (Consulta nº. 060025218).

– O § 12 do art. 28 da Lei das Eleições, com redação da lei 13.877/2019, por sua vez, estabeleceu que "os valores transferidos pelos partidos políticos oriundos de doações serão registrados na prestação de contas dos candidatos como transferência dos partidos e, na prestação de contas anual dos partidos, como transferência aos candidatos", em redação que corroborava para o aumento da ocorrência de doações ocultas de campanha, contrariando a transparência necessária ao processo eleitoral. Tendo em vista este retrocesso legislativo, O STF, na ADI 5394, por maioria e nos termos do voto do Relator, julgou procedente o pedido, para declarar a inconstitucionalidade da expressão "sem individualização dos doadores", constante da parte final do § 12 do art. 28 da Lei

9.504/97, acrescentada pela Lei 13.165/2015, que impediria a identificação, nas prestações de contas, do vínculo entre doadores e candidatos. No seu voto condutor, o relator, Min. Teori Zavascki afirmou que a doação oculta viola a transparência do processo eleitoral, no que foi seguido pelo Min. Dias Toffoli, que citou precedente do TSE nas eleições 2014, cristalizado na Resolução nº. 23.406, que determinou a identificação do doador originário nas prestações de contas, bem como destacou a Lei de Acesso à Informação como um dos fundamentos para a necessária transparência das doações eleitorais. Em 22.3.2018, o STF confirmou o entendimento, julgando o mérito da ADI e decidindo pela declaração da inconstitucionalidade da expressão *sem individualização dos doadores*. A partir desta decisão do STF, a Lei 13.877/19 alterou, então, a redação do referido dispositivo legal, a qual passou a ser a seguinte: "Os valores transferidos pelos partidos políticos oriundos de doações serão registrados na prestação de contas dos candidatos como transferência dos partidos e, na prestação de contas anual dos partidos, como transferência aos candidatos".

- O limite de gastos nas campanhas dos candidatos às eleições para prefeito e vereador, na respectiva circunscrição, será equivalente ao limite para os respectivos cargos nas eleições de 2016, atualizado pelo Índice Nacional de Preços ao Consumidor Amplo (IPCA), aferido pela Fundação Instituto Brasileiro de Geografia e Estatística (IBGE), ou por índice que o substituir. Nas campanhas para segundo turno das eleições para prefeito, onde houver, o limite de gastos de cada candidato será de 40% (quarenta por cento) desse limite (regra estabelecida pela Lei 13.878/2019).

- Os gastos advocatícios e de contabilidade referentes a consultoria, assessoria e honorários, relacionados à prestação de serviços em campanhas eleitorais e em favor destas, bem como em processo judicial decorrente de defesa de interesses de candidato ou partido político, não estão sujeitos a limites de gastos ou a limites que possam impor dificuldade ao exercício da ampla defesa, conforme previsão do artigo 18-A da Lei 9.504/97, com redação determinada pela Lei 13.877/2019.

- Além disso, o pagamento efetuado por pessoas físicas, candidatos ou partidos em decorrência de honorários de serviços advocatícios e de contabilidade, relacionados à prestação de serviços em campanhas eleitorais e em favor destas, bem como em processo judicial decorrente de defesa de interesses de candidato ou partido político, não será considerado para a aferição do limite previsto no art. 23 § 1º da Lei 9.504/97 (que estabelece o limite de doações de campanha, por parte de pessoas físicas em 10% dos rendimentos brutos auferidos pelo doador no ano anterior à eleição) não constitui doação de bens e serviços estimáveis em dinheiro.

- Ainda no que se refere aos gastos de campanha, previstos no artigo 26 da Lei 9.504/97, a reforma eleitoral de 2019 estabeleceu que as despesas com consultoria, assessoria e pagamento de honorários realizadas em decorrência da prestação de serviços advocatícios e de contabilidade no curso das campanhas eleitorais serão consideradas gastos eleitorais, mas serão excluídas do limite de gastos de campanha (previsão do artigo 26, § 4º).

- Para fins de custeio das despesas de campanha, inclusive as do artigo 26 § 4º da Lei 9.504/97, poderão ser utilizados recursos da campanha, do candidato, do fundo partidário ou do FEFC.

- Os valores transferidos pelos partidos políticos oriundos de doações serão registrados na prestação de contas dos candidatos como transferência dos partidos e, na prestação de contas anual dos partidos, como transferência aos candidatos.

- O candidato poderá usar recursos próprios em sua campanha até o total de 10% (dez por cento) dos limites previstos para gastos de campanha no cargo em que concorrer (regra estabelecida pela lei 13.878/2019).

- A decisão que julgar as contas eleitorais como não prestadas acarreta: I – ao candidato, o impedimento de obter a certidão de quitação eleitoral até o fim da legislatura, persistindo os efeitos da restrição após esse período até a efetiva apresentação das contas; II – ao partido político: a) a perda do direito ao recebimento da quota do Fundo Partidário, do Fundo Especial de Financiamento de Campanha, e b) a suspensão do registro ou anotação do órgão partidário, após decisão, com trânsito em julgado, precedida de processo regular que assegure ampla defesa (STF ADI nº 6032, j. em 05.12.2019).

- O aporte de recursos próprios na campanha eleitoral deve observar a regra de que as doações financeiras de valor igual ou superior a R$1.064,10 (um mil e sessenta e quatro reais e dez centavos) só poderão ser realizadas mediante transferência eletrônica entre as contas bancárias do doador e do beneficiário da doação, submetendo-se aos mesmos requisitos formais das doações realizadas por terceiros. (Agr. Reg. no RE 310-48, Seberi/RS, julgado em 18.6.2020. Rel. Min. Jorge Mussi, redator para o acórdão Min. Luís Roberto Barroso)
- Em resposta à consulta nº. 0600306-47.2019.6.00.0000, formulada pela deputada federal Benedita Souza da Silva, o TSE decidiu, em 2020, que os recursos públicos do Fundo Partidário, do Fundo Especial de Financiamento de Campanha (FEFC) e o tempo de rádio e TV, destinados às candidaturas de mulheres, em razão das cotas de gênero, devem ser repartidos entre mulheres negras e brancas, na exata proporção das candidaturas. No mesmo julgamento, também se fixou que os recursos públicos do Fundo Partidário, do FEFC e o tempo de rádio e TV devem ser destinados às candidaturas de pessoas autodeclaradas negras, na exata proporção das candidaturas apresentadas pelas agremiações. Tais premissas, firmadas na consulta, seriam aplicadas somente no pleito de 2022, após edição de resolução pelo TSE, com a fixação de critérios objetivos. O STF contudo, ao analisar a Arguição de Descumprimento de Preceito Fundamental nº 7384, ajuizada pelo Partido Socialismo e Liberdade (PSOL) após o julgamento desse processo, concedeu medida cautelar para determinar a aplicação, nas eleições de 2020, dos incentivos às candidaturas de pessoas negras no formato definido pelo TSE
- O disposto no art. 26, § 3º, da Lei das Eleições, incluído pela Lei nº 13.488/2017 e que discrimina despesas específicas de natureza pessoal do candidato e estabelece que não serão elas qualificadas como gasto eleitoral nem se sujeitam à prestação de contas, incide somente nos casos que envolvam utilização de recursos privados. Despesas de natureza pessoal do candidato pagas com recursos de origem pública se sujeitam à fiscalização da Justiça Eleitoral.
- A legislação eleitoral incumbe aos partidos políticos, às coligações e aos candidatos o dever de apresentar relatórios parciais referentes à arrecadação e aos gastos de recursos na campanha. Em julgado relativo às Eleições 2018, o Tribunal Superior Eleitoral entendeu que o atraso no envio das prestações de contas parciais não enseja desaprovação automática das contas de campanha, cabendo à Justiça Eleitoral analisar as justificativas e as consequências dessa irregularidade. (Agravo Regimental no agravo de instrumento nº. 0600055-29 – Florianópolis-SC. Rel. Min, Tarcísio Vieira de Carvalho Neto, julgado em 12.12.2019).
- Em 2021, com a publicação da Emenda Constitucional nº 111, foi determinado, pelo artigo 2º da Emenda, que para fins de distribuição entre os partidos políticos dos recursos do fundo partidário e do Fundo Especial de Financiamento de Campanha (FEFC), os votos dados a candidatas mulheres ou a candidatos negros para a Câmara dos Deputados nas eleições realizadas de 2022 a 2030 serão contados em dobro. A contagem em dobro de votos a que se refere o **caput** somente se aplica uma única vez.
- Em 09 de dezembro de 2021 foi publicada a Resolução TSe nº. 23.664, alterando, em alguns pontos, a Resolução 23.605/2019, especialmente para dispor sobre a observância das cotas de gênero e raciais na distribuição dos recursos do FEFC, bem como sobre a aplicação de tais recursos às federações partidárias. Desta forma, na hipótese de federação, os recursos do FEFC devem ser distribuídos aos diretórios nacionais na proporção do direito de cada um dos partidos que integram a federação. Para fins de distribuição entre os partidos políticos dos recursos do Fundo Partidário e do FEFC, os votos dados a candidatas ou a candidatos negros para a Câmara dos Deputados nas eleições realizadas de 2022 a 2030 serão contados em dobro. Esta contagem em dobro de votos somente se aplica uma única vez, devendo a Secretaria de Modernização, Gestão Estratégica e Socioambiental do TSE realizar o cálculo para identificar o valor individual do Fundo Especial de Financiamento de Campanha a ser destinado aos partidos políticos. Os percentuais de candidaturas femininas e de pessoas negras será obtido pela razão dessas candidaturas em relação ao total de candidaturas do partido em âmbito nacional.

✦ CONHECENDO A JURISPRUDÊNCIA

1. SÚMULAS DO TSE

▸ Súmula nº 01

Proposta a ação para desconstituir a decisão que rejeitou as contas, anteriormente à impugnação, fica suspensa a inelegibilidade (Lei Complementar nº 64/90, art. 1º, I, *g*).

Nota: embora não tenha sido cancelada pelo TSE, a presente súmula se tornou incompatível com a nova redação da referida alínea "g" do inciso I do art. 1º da LC 64/90, estabelecida pela LC nº 135/10, a qual estabeleceu que estarão inelegíveis, para qualquer cargo, "os que tiverem suas contas relativas ao exercício de cargos ou funções públicas rejeitadas por irregularidade insanável que configure ato doloso de improbidade administrativa, e por decisão irrecorrível do órgão competente, salvo se esta houver sido suspensa ou anulada pelo Poder Judiciário, para as eleições que se realizarem nos 8 (oito) anos seguintes, contados a partir da data da decisão (...)". Com a nova redação citada, a decisão da rejeição de contas por irregularidade insanável que configure ato doloso de improbidade administrativa deverá ser suspensa ou anulada pelo Poder Judiciário para que seja evitada a sanção de inelegibilidade, não bastando, portanto, a mera submissão das contas à apreciação do Poder Judiciário, independentemente de manifestação deste, como prevê a Súmula nº 01 do TSE.

▸ Súmula nº 16 (revogada)

A falta de abertura de conta bancária específica não é fundamento suficiente para a rejeição de contas de campanha eleitoral, desde que, por outros meios, se possa demonstrar sua regularidade (art. 34 da Lei 9.096, de 19.9.95).

2. RESOLUÇÕES DO TSE APLICÁVEIS

▸ Resolução nº 22.494/2006

Nas doações de dinheiro para campanhas eleitorais, feitas por meio eletrônico, via rede bancária, é dispensada a assinatura do doador desde que possa ser ele identificado no próprio documento bancário.

3. INFORMATIVOS DO TSE

▸ Informativo 01 – Promoção de evento festivo às vésperas das eleições

Promoção de evento festivo às vésperas das eleições, cabimento de prova por gravação ambiental e abuso de poder econômico. O Plenário do Tribunal Superior Eleitoral, por unanimidade, reiterou entendimento de considerar lícita gravação ambiental produzida em local aberto ao público, sem controle de acesso. (Recurso Especial Eleitoral nº 85-47, Jerumenha/PI, rel. Min. Herman Benjamin, em 8.11.2016)). Informativo TSE – Ano XVIII – nº 13

▸ Informativo 02

Doações eleitorais e serviços de financiamento coletivo (crowdfunding). O Plenário do Tribunal Superior Eleitoral (TSE), por unanimidade, entendeu que as doações eleitorais pela Internet somente podem ser realizadas por meio de mecanismo disponível em sítio do candidato, do partido ou da coligação. Consulta nº 274-96, Brasília/DF, rel. Min. Maria Thereza de Assis Moura, em 1º.7.2016. Informativo TSE – Ano XVIII – nº 7

▸ Informativo 03

O Plenário do Tribunal Superior Eleitoral, por unanimidade, assentou que a penalidade a ser cominada em razão da desaprovação de contas é a prevista na legislação vigente à época da prestação de contas, em atenção ao princípio do tempus regit actum. (Prestação de Contas nº 901-76, Brasília/DF, rel. Min. Luciana Lóssio, em 26.4.2016). Informativo TSE – Ano XVIII – nº 4

▸ Informativo 04

Doação acima do limite legal e retificação de declaração de rendimentos.

O ato de retificação da declaração de rendimentos após a notificação de representação por doação acima do limite legal não pode ser presumido como má-fé para o fim da incidência da sanção prevista no art. 23, § 3º, da Lei das Eleições. *REspe 475-69, Rel. Min. Luiz Fux, j. 8.3.16. (Info 2)*

▸ Informativo 05

Honorários advocatícios e gastos eleitorais

Os honorários relativos aos serviços advocatícios e de contabilidade referentes a processo jurisdicional contencioso não são considerados gastos eleitorais de campanha. *AgRg no REspe 773-55, Rel. Min. Henrique Neves, j. 1º.3.16. (Info 2)*

▸ Informativo 06

Prestação de contas e preclusão para apresentação de documentos

A inação do partido político ou candidato intimado para sanar irregularidades em processo de prestação de contas resulta na perda do direito de apresentar novos documentos relativos aos fatos questionados. *Prestação de Contas 714-68, Rel. Min. Luciana Lóssio em 14.4.16. (Info 3)*

▸ Informativo 07

Valores de origem não identificada verificados em prestação de contas e recolhimento aos cofres públicos.

Recursos de natureza não identificada, verificados nas prestações de contas de campanha das eleições de 2014, devem ser recolhidos ao Tesouro Nacional, nos termos do art. 29 da Resolução-TSE 23.406/14. *REspe 2134-54, Rel. Min. Maria Thereza de Assis Moura, 25.2.16. (Info 1)*

Capítulo X – Organização das Eleições, Garantias Eleitorais e Diplomação dos Eleitos

✦ QUESTÕES

1. QUESTÕES DE CONCURSOS PARA A MAGISTRATURA ESTADUAL

01. (FGV – Juiz de Direito Substituto-PA/ 2009) Os mesários serão nomeados de preferência:

a) entre os eleitores da Zona Eleitoral a qual pertença a seção e, dentre estes, os funcionários públicos federais, estaduais ou municipais.

b) entre os eleitores que tenham transferido seu domicílio eleitoral antes da eleição e, dentre eles, os que contem com mais de 25 anos.

c) entre os eleitores com mais de 25 anos e, dentre estes, os que cursam ensino superior.

d) entre os eleitores que tenham sido indicados pelos partidos políticos e, dentre eles, os que tenham o segundo grau completo.

e) entre os eleitores da própria seção e, dentre estes, os diplomados em escola superior, os professores e os serventuários da Justiça.

COMENTÁRIOS

Alternativa correta: assertiva "E". Regra prevista no artigo 120, § 2º do Código Eleitoral, o qual dispõe que "os Mesários serão nomeados, de preferência entre os eleitores da própria Seção, e, dentre estes, *os diplomados em escola superior, os professores e os serventuários da Justiça*".

02. (FGV – Juiz de Direito Substituto-PA/ 2009) À medida em que os votos forem sendo apurados, impugnações poderão ser apresentadas:

a) pelos eleitores da Zona Eleitoral.

b) apenas pelos fiscais e pelos membros da Junta Eleitoral.

c) pelos fiscais, delegados dos partidos e candidatos.

d) pelos membros dos diretórios dos partidos e representantes do Ministério Público.

e) pelos membros da mesa receptora e representantes do Ministério Público.

COMENTÁRIOS

Alternativa correta: assertiva "C". Regra prevista no artigo 169, caput, do Código Eleitoral, o qual dispõe que "à medida que os votos forem sendo apurados, poderão os Fiscais e Delegados de partido, assim como os candidatos, apresentar impugnações que serão decididas de plano pela Junta".

---

03. (PUC/PR – Juiz Substituto – PR/ 2010) Avalie se as frases a seguir são falsas (F) ou verdadeiras (V) e assinale a opção CORRETA:

( ) Até 45 (quarenta e cinco) dias antes da data das eleições, todos os pedidos de registro de candidatos, inclusive os impugnados, e os respectivos recursos devem estar julgados em todas as instâncias, e publicadas as decisões a eles relativas.

( ) Qualquer partido pode reclamar ao Juiz Eleitoral, no prazo de 5 (cinco) dias, da nomeação da Mesa Receptora, devendo a decisão ser proferida em 72 (setenta e duas) horas e desta caberá recurso para o Tribunal Regional, interposto dentro de 3 (três) dias, devendo ser resolvido em igual prazo.

( ) Incorre em crime eleitoral e à pena de pagamento de 90 (noventa) a 120 (cento e vinte) dias-multa o Juiz e os membros da Junta que deixarem de expedir o boletim de apuração imediatamente após a apuração de cada urna e antes de passar à subsequente, sob qualquer pretexto, e ainda que dispensada a expedição pelos Fiscais, Delegados ou candidatos presentes.

( ) Qualquer cidadão que tomar conhecimento de infração penal assim tipificada na Lei Federal n. 4.737/1965 (Código Eleitoral) deverá comunicá-la ao Juiz Eleitoral da Zona onde a mesma se verificou, e a autoridade judicial mandará reduzi-la a termo, caso a comunicação seja verbal, assinado pelo apresentante e por duas testemunhas, com posterior encaminhamento ao órgão do Ministério Público. Não sendo necessários outros esclarecimentos, documentos ou elementos de convicção e verificada a infração penal, o Ministério Público oferecerá denúncia dentro do prazo de 10 (dez) dias, ficando sujeito à representação por parte da autoridade judiciária, caso não a ofereça, sem prejuízo da apuração da responsabilidade penal.

a) V, F, V, V

b) F, V, V, V

c) V, V, F, V

d) F, F, V, F

COMENTÁRIOS

Alternativa correta: assertiva "A". São verdadeiras as afirmativas I, III e IV.

- 1ª afirmativa VERDADEIRO. Regra prevista no artigo 16, caput, da Lei das Eleições, o qual dispõe que "até quarenta e cinco dias antes da data das eleições, os Tribunais Regionais Eleitorais enviarão ao Tribunal Superior Eleitoral, para fins de centralização e divulgação de dados, a relação dos candidatos às eleições majoritárias e proporcionais, da qual constará obrigatoriamente a referência ao sexo e ao cargo a que concorrem".
- 2ª afirmativa FALSO. Qualquer partido pode reclamar ao juiz eleitoral, no prazo de cinco dias, da nomeação da mesa receptora, devendo a decisão ser proferida em 48 horas. Da decisão caberá recurso ao TRE no prazo de 03 dias (art. 63 da Lei nº 9.504/97).
- 3ª afirmativa. VERDADEIRO. Regra prevista no artigo 313 do Código Eleitoral, que assim dispõe:

> **Art. 313.** *Deixar o Juiz e os membros da Junta de expedir o boletim de apuração imediatamente após a apuração de cada urna e antes de passar à subseqüente, sob qualquer pretexto e ainda que dispensada a expedição pelos Fiscais, Delegados ou candidatos presentes:*
>
> **Pena** – *pagamento de 90 a 120 dias-multa.*
>
> **Parágrafo único.** *Nas Seções Eleitorais em que a contagem for procedida pela Mesa Receptora incorrerão na mesma pena o Presidente e os Mesários que não expedirem imediatamente o respectivo boletim.*

- 4ª afirmativa. VERDADEIRO. Disposição de acordo com o previsto no artigo 356 do Código Eleitoral, o qual dispõe que:

  Art. 356. *Todo cidadão que tiver conhecimento de infração penal deste Código deverá comunicá-la ao Juiz Eleitoral da Zona onde a mesma se verificou.*

  § 1º *Quando a comunicação for verbal, mandará a autoridade judicial reduzi-la a termo, assinado pelo apresentante e por duas testemunhas, e a remeterá ao órgão do Ministério Público local, que procederá na forma deste Código.*

  § 2º *Se o Ministério Público julgar necessários maiores esclarecimentos e documentos complementares ou outros elementos de convicção, deverá requisitá-los diretamente de quaisquer autoridades ou funcionários que possam fornecê-los.*

---

04. (IESES – Juiz Substituto – MA/ 2008) Assinale a alternativa INCORRETA:

a) Na mesma mesa receptora de votos, é vedada a participação de parentes em qualquer grau ou de servidores da mesma repartição pública ou empresa privada, salvo se de dependências diversas do mesmo ministério, secretaria de estado, secretaria de município, autarquia ou fundação pública de qualquer ente federativo.

b) Não poderão ser nomeados para compor as mesas receptoras de votos os eleitores menores de dezoito anos.

c) Os componentes das mesas receptoras de votos serão nomeados, exclusivamente, entre os eleitores da própria seção eleitoral e terão preferência, entre estes, os diplomados em escola superior, os professores e os serventuários da Justiça.

d) A cada seção eleitoral corresponde uma mesa receptora de votos, salvo na hipótese de agregação.

COMENTÁRIOS

Alternativa correta: Assertiva "C" ERRADA. Dispõe o artigo 120, § 2º do Código Eleitoral que "os Mesários serão nomeados, de preferência entre os eleitores da própria Seção, e, dentre estes, *os diplomados em escola superior, os professores e os serventuários da Justiça".*

Assertiva "A" CORRETA. *Regra prevista no artigo 64 da Lei das Eleições, segundo o qual* "é vedada a participação de parentes em qualquer grau ou de servidores da mesma repartição pública ou empresa privada na mesma Mesa, Turma ou Junta Eleitoral".

Assertiva "B" CORRETA. Regra expressamente prevista no artigo 63, § 2º da Lei nº 9.504/97 (Lei das Eleições).

Assertiva "D" CORRETA. Disposição de acordo com previsão do artigo 119 do Código Eleitoral. Havendo agregação, será instalada uma única mesa receptora e uma única urna eletrônica para duas seções eleitorais, as quais funcionarão no mesmo espaço, como se fossem uma seção só.

---

05. (CESPE – Juiz Substituto – AL/ 2008) Nas eleições municipais de 2008, se o eleitor domiciliado em um município não tiver comparecido para votar, nem justificado a ausência ou pago a multa respectiva no prazo legal, estará sujeito à restrição do direito de

a) ausentar-se da cidade sem autorização do juiz eleitoral.

b) obter passaporte ou carteira de identidade.

c) contrair casamento civil.

d) obter empréstimos de qualquer instituição financeira.

e) filiar-se a partido político ou a associação sindical.

COMENTÁRIOS

Alternativa correta: assertiva "B". Regra prevista no artigo 7º, V do Código Eleitoral.

Assertiva "A" ERRADA. A liberdade de locomoção é direito constitucional fundamental, que não pode ser restringido em virtude do não cumprimento do dever eleitoral.

Assertiva "C" ERRADA. O artigo 7º do Código Eleitoral dispõe sobre as consequências que podem advir ao eleitor pelo não comparecimento ao pleito, não incluindo, neste rol, a proibição de contrair casamento civil.

Assertiva "D" ERRADA. De acordo com o artigo 7º, IV do Código Eleitoral, o eleitor inadimplente com suas obrigações eleitorais não poderá "obter empréstimos nas autarquias, sociedades de economia mista, caixas econômicas federais ou estaduais, nos institutos e caixas de previdência social, bem como em qualquer estabelecimento de crédito mantido pelo governo, ou de cuja administração este participe, e com essas entidades celebrar contratos".

Assertiva "E" ERRADA. Os partidos políticos e as associações sindicais são instituições privadas, que não exigem, como requisito legal, o cumprimento das obrigações eleitorais para fins de filiação.

---

06. (FCC – Juiz Substituto – RR/ 2008) A respeito do sistema eletrônico de votação e totalização dos votos é INCORRETO afirmar:

a) Na votação para as eleições proporcionais, serão computados para a legenda partidária os votos em que não seja possível a identificação do candidato, desde que o número identificador do partido tenha sido digitado corretamente.

b) A urna eletrônica disporá de recursos que, mediante assinatura digital, permitam o registro digital de cada voto e a identificação da urna em que foi registrado, bem como do eleitor que o registrou.

c) A urna eletrônica exibirá para o eleitor, primeiramente, os painéis referentes às eleições proporcionais e, em seguida, os referentes às eleições majoritárias.

d) A urna eletrônica, ao final da eleição, procederá à assinatura digital do arquivo de votos, com aplicação do registro de horário e do arquivo do boletim de urna, de maneira a impedir a substituição de votos e a alteração dos registros dos termos de início e término da votação.

e) A votação eletrônica será feita no número do candidato ou da legenda partidária, devendo o nome e a fotografia do candidato e o nome do partido ou legenda partidária aparecer no painel da urna eletrônica, com expressão designadora do cargo disputado no masculino ou feminino, conforme o caso.

COMENTÁRIOS

✪ **Nota do autor**: Com a adoção da urna eletrônica, o antigo sistema de votação por cédulas, previsto no Código Eleitoral, foi substituído pelo sistema eletrônico de votação e totalização dos votos, previsto no artigo 59 e seguintes da lei nº 9.504/97. Assim, somente em caráter excepcional poderá a Justiça Eleitoral autorizar o sistema de votação convencional.

Alternativa correta: **Assertiva "B" ERRADA.** Ao final da eleição, a urna eletrônica procederá a assinatura digital do arquivo de votos, com aplicação do registro de horário e do arquivo do boletim de urna, de maneira a impedir a substituição de votos e a alteração dos registros dos termos de início e término da votação. O sigilo do voto, no entanto, será preservado.

Assertiva "A" CORRETA. É a aplicação do princípio do aproveitamento do voto, previsto no artigo 60 da lei nº 9.504/97.

Assertiva "C" CORRETA. Regra prevista no artigo 59, § 3º da Lei nº 9.504/97, o qual dispõe que "a urna eletrônica exibirá para o eleitor, primeiramente, os painéis referentes às eleições proporcionais e, em seguida, os referentes às eleições majoritárias".

Assertiva "D" CORRETA. Regra prevista no § 6º do artigo 59 da Lei das Eleições.

Assertiva "E" CORRETA. Regra prevista no § 1º do art. 59 da Lei das Eleições, que assim dispõe: "a votação eletrônica será feita no número do candidato ou da legenda partidária, devendo o nome e fotografia do candidato e o nome do partido ou a legenda partidária aparecer no painel da urna eletrônica, com a expressão designadora do cargo disputado no masculino ou feminino, conforme o caso".

07. (UFPR – Juiz de Direito Substituto-PR/ 2012) O poder geral de polícia em período eleitoral é exercido:

a) pelos juízes eleitorais de primeiro grau e pelos juízes designados pela Presidência dos três mediante portaria.

b) pelos membros do Ministério Público eleitoral e pela Polícia Federal nos locais em que houver.

c) pelos partidos políticos e pelos candidatos já com registros deferidos pelos três.

d) pelos funcionários eleitorais responsáveis pela fiscalização da propaganda eleitoral e do abuso do poder econômico.

COMENTÁRIOS

Alternativa correta: assertiva "A". Dentre as atividades de natureza administrativa exercidas pela Justiça Eleitoral, destaque há de ser dado ao chamado "poder de polícia", deferido pela Lei nº 9.504/97, no seu artigo 41, aos juízes eleitorais, ou outros juízes de direito designados pelos tribunais regionais eleitorais, para o combate à propaganda irregular, restrito "às providências necessárias para inibir práticas ilegais, vedada a censura prévia sobre o teor dos programas a serem exibidos na televisão, no rádio ou na internet" (art. 41, § 2º da Lei nº 9.504/97). Como bem afirma Rafael Pordeus Bezzera Furtado, em importante artigo publicado sobre o tema na Revista Suffragium, editada pelo TRE-CE (2009, p. 65), o poder de polícia previsto no artigo 41 da lei das Eleições dirige-se "à delimitação da liberdade assegurada aos partidos políticos, coligações e candidatos, em realizar a divulgação de suas campanhas eletivas, visando à captação legítima do sufrágio do eleitor". Visa-se, assim, não só a manutenção da ordem pública, mas a própria preservação da democracia, consubstanciada no livre exercício do poder de sufrágio e na garantia da normalidade e da legitimidade das eleições. Por isso mesmo, o poder de polícia a ser exercido no âmbito da Justiça Eleitoral deve ser sempre proporcional e residual, aplicado de forma excepcional e interpretado restritivamente, sob pena de ameaça à liberdade de expressão. Neste sentido, vale destacar que dispunha o caput do artigo 41 da Lei nº 9.504/97, antes da recente reforma eleitoral promovida pela lei nº 12.034/09, que "a propaganda exercida nos termos da legislação eleitoral não poderá ser objeto de multa nem cerceada sob alegação do poder de polícia". Evidentemente, o objetivo da referida norma era evitar a censura prévia, coadunando-se com o direito fundamental à liberdade de manifestação e de pensamento, consagrada na Constituição Federal. O novo caput do artigo 41, com redação promovida pela recente reforma, intensificou a restrição ao policiamento sobre a liberdade de manifestação e pensamento na propaganda eleitoral ao dispor que "a propaganda exercida nos termos da legislação eleitoral não poderá ser objeto de multa nem cerceada sob alegação do exercício do poder de polícia ou de violação de postura municipal, casos em que se deve proceder na forma prevista no art. 40". Assim, incluiu-se a expressão "ou de violação de postura municipal", bem como foi estabelecida a criminalização de ato cerceador do referido direito exercido nos termos da lei. No exercício do poder de polícia, o juiz deverá se restringir "às providências necessárias para inibir práticas ilegais", não tendo poder, portanto, para impor, imediatamente, multas aos infratores da lei, as quais só poderão ser aplicadas mediante a observância do devido processo legal, a partir de representação proposta por partido político, coligação ou candidato, na forma do artigo 96 da Lei nº 9.504/97. Responde as demais.

08. (FCC – Juiz de Direito Substituto-GO/ 2012) No sistema eletrônico de votação, adotado pela legislação eleitoral brasileira,

a) a votação eletrônica será feita sempre no número do candidato, devendo o nome e fotografia do candidato aparecer no painel da urna eletrônica, com a expressão designadora do cargo disputado no masculino ou feminino, conforme o caso.

b) a urna eletrônica exibirá para o eleitor, primeiramente, os painéis referentes às eleições majoritárias e, em seguida, os referentes às eleições proporcionais.

c) caberá ao Supremo Tribunal Federal definir a chave de segurança e a identificação da urna eletrônica.

d) a urna eletrônica contabilizará cada voto, assegurando – lhe o sigilo e inviolabilidade, garantida aos partidos políticos, coligações e candidatos ampla fiscalização.

e) os Tribunais Regionais Eleitorais disciplinarão a hipótese de falha na urna eletrônica que prejudique o regular processo de votação.

COMENTÁRIOS

✪ **Nota do autor:** Com a adoção da urna eletrônica, o antigo sistema de votação por cédulas, previsto no Código Eleitoral, foi substituído pelo sistema eletrônico de votação e totalização dos votos, previsto no artigo 59 e seguintes da lei nº 9.504/97. Assim, somente em caráter excepcional poderá a Justiça Eleitoral autorizar o sistema de votação convencional. Na votação eletrônica, deverá o eleitor digitar o número do seu candidato ou legenda partidária (no caso das eleições proporcionais). A urna eletrônica, primeiramente, exibirá para o eleitor os painéis de votação referentes às eleições proporcionais para, posteriormente, exibir os relativos às eleições majoritárias. Na votação para as eleições proporcionais, serão computados para a legenda partidária os votos em que não seja possível a identificação do candidato, desde que o número identificador do partido seja digitado de forma correta. A urna eletrônica contabilizará cada voto, assegurando-lhe o sigilo e inviolabilidade, garantida a ampla fiscalização do processo aos candidatos, partidos políticos e coligações. Mediante assinatura digital, a urna eletrônica disporá de recursos aptos ao registro digital de cada voto e a identificação da urna em que foi registrado, resguardado o anonimato do eleitor. Ao final da eleição, a urna eletrônica procederá a assinatura digital do arquivo de votos, com aplicação do registro de horário e do arquivo do boletim de urna, de maneira a impedir a substituição de votos e a alteração dos registros dos termos de início e término da votação.

Alternativa correta: assertiva "d". A urna eletrônica contabilizará cada voto, assegurando-lhe o sigilo e inviolabilidade, garantida a ampla fiscalização do processo aos candidatos, partidos políticos e coligações. Mediante assinatura digital, a urna eletrônica disporá de recursos aptos ao registro digital de cada voto e a identificação da urna em que foi registrado, resguardado o anonimato do eleitor.

Alternativa "a". ERRADO. Existe a possibilidade do voto de legenda nas eleições proporcionais.

Alternativa "b". ERRADO. A urna eletrônica, primeiramente, exibirá para o eleitor os painéis de votação referentes às eleições proporcionais para, posteriormente, exibir os relativos às eleições majoritárias.

Alternativa "c". ERRADO. Caberá à Justiça Eleitoral definir a chave de segurança e a identificação da urna eletrônica (art. 59, § 5º da Lei das Eleições).

Alternativa "e". ERRADO. O Tribunal Superior Eleitoral disciplinará a hipótese de falha na urna eletrônica que prejudique o regular processo de votação (art. 62, parágrafo único da Lei das Eleições).

---

09. (FCC – Juiz Substituto – PE/ 2011) NÃO é nula a votação quando

a) a maioria dos eleitores opta pelo voto nulo.

b) efetuada em folhas de votação falsas.

c) realizada em dia, hora, ou local diferentes do designado ou encerrada antes das 17 horas.

d) preterida formalidade essencial do sigilo dos sufrágios.

e) feita perante mesa não nomeada pelo juiz eleitoral, ou constituída com ofensa à letra da lei.

COMENTÁRIOS

✪ **Nota do autor:** Tema de grande relevância no estudo das eleições refere-se à possibilidade de nulidades na votação, previstas no Código Eleitoral nos seus artigos 219 a 224. De acordo com o princípio *in dubio pro voto*, "na aplicação da lei eleitoral, o juiz atenderá sempre aos fins e resultados a que ela se dirige, abstendo-se de pronunciar nulidades sem demonstração de prejuízo" (art. 219 do Código Eleitoral). Dispõe o artigo 220 do Código Eleitoral que é nula a votação: I – quando feita perante mesa não nomeada pelo juiz eleitoral, ou constituída com ofensa à letra da lei; II – quando efetuada em folhas de votação falsas; III – quando realizada em dia, hora, ou local diferentes do designado ou encerrada antes das 17 horas; IV – quando preterida formalidade essencial do sigilo dos sufrágios; V – quando a seção eleitoral tiver sido localizada em local proibido pela legislação (neste sentido, conferir item 2.1 deste capítulo). Já o art. 221 estabelece que é anulável a eleição: I – quando houver extravio de documento reputado essencial; II – quando for negado ou sofrer restrição o direito de fiscalizar, e o fato constar da ata ou de protesto interposto, por escrito, no momento; III – quando votar eleitor excluído por sentença não cumprida por ocasião da remessa das folhas individuais de votação à mesa, desde que haja oportuna reclamação de partido; IV – quando votar eleitor de outra seção ou alguém com falsa identidade em lugar do eleitor chamado. Conforme previsão do art. 223 do Código, a nulidade do ato deverá ser argüida imediatamente, sob pena de preclusão, sempre que possível, salvo quando se tratar de motivo de ordem constitucional. Ainda no que se refere à questão das nulidades eleitorais, vale destacar a questão da possibilidade (ou impossibilidade) de nulidade da votação em virtude da ocorrência de maioria absoluta de votos nulos. Neste sentido, vale destacar que o TSE, abstendo-se de pronunciar nulidades sem prejuízo, de forma a valorizar a legitimidade da soberania popular, decidiu que o artigo 224 do Código Eleitoral não se aplica quando, voluntariamente, mais da metade dos eleitores decidirem anular o voto ou votar em branco, preservando, assim, a validade da eleição. A única forma prevista, assim, para a declaração de nulidade de uma eleição, a partir da aplicação do artigo 224 citado, de acordo com o TSE, ocorre quando a nulidade dos votos do candidato mais votado, com maioria absoluta dos votos, ocorrer após o pleito. Empossar o segundo colocado, nesta hipótese, seria privilegiar a vontade da minoria, em detrimento da maioria. A CF/88 estabeleceu que os votos nulos e em branco não serão computados para o cálculo da maioria nas eleições de Presidente da República e vice-Presidente da República, governador e vice-governador, e prefeito e vice-prefeito de municípios com mais de duzentos mil eleitores. A jurisprudência do TSE, por sua vez, tem se firmado no sentido de que os votos nulos ou brancos exarados de forma espontânea pelos eleitores não têm o poder de provocar a nulidade do pleito, mesmo que somem a maioria absoluta dos votos. Com a publicação da Lei nº. 13.165/15, os novos §§ 3º e 4º do art. 224 do Código Eleitoral assim passaram a dispor:

> **Art. 224.** *(...)*
>
> *§ 3º A decisão da Justiça Eleitoral que importe o indeferimento do registro, a cassação do diploma ou a perda do mandato de candidato eleito em pleito majoritário acarreta, após o trânsito em julgado, a realização de novas eleições, independentemente do número de votos anulados.*
>
> *§ 4º A eleição a que se refere o § 3o correrá a expensas da Justiça Eleitoral e será:*
>
> *I - indireta, se a vacância do cargo ocorrer a menos de seis meses do final do mandato;*
>
> *II - direta, nos demais casos.*

Doravante, conforme se afere da leitura do dispositivo citado, independentemente do número de votos anulados, caso o vencedor do pleito tenha sua vitória anulada pela Justiça, nova eleição deverá ser realizada.

Alternativa correta: assertiva "A". Como destacado na nota do autor, o TSE, abstendo-se de pronunciar nulidades sem prejuízo, de forma a valorizar a legitimidade da soberania popular, decidiu que o artigo 224 do Código Eleitoral não se aplica quando, voluntariamente, mais da metade dos eleitores decidirem anular o voto ou votar em branco, preservando, assim, a validade da eleição. A única forma prevista, assim, para a declaração de nulidade de uma eleição, a partir da aplicação do artigo 224 citado, de acordo com o TSE, ocorre quando a nulidade dos votos do candidato mais votado, com maioria absoluta dos votos, ocorrer após o pleito. Empossar o segundo colocado, nesta hipótese, seria privilegiar a vontade da minoria, em detrimento da maioria. A CF/88 estabeleceu que os votos nulos e em branco não serão computados para o cálculo da maioria nas eleições de Presidente da República e vice-Presidente da República, governador e vice-governador, e prefeito e vice-prefeito de municípios com mais de duzentos mil eleitores. A jurisprudência do TSE, por sua vez, tem se firmado no sentido de que os votos nulos ou brancos exarados de forma espontânea pelos eleitores não têm o poder de provocar a nulidade do pleito, mesmo que somem a maioria absoluta dos votos.

Assertiva "B" ERRADA. A eleição será nula, conforme regra do artigo 220, II do Código Eleitoral. Há de se destacar, contudo, que as tais folhas de votação não existem mais desde 1982.

Assertiva "C" ERRADA. Eleição será nula, conforme regra do artigo 220, III do Código Eleitoral. Conferir nota do autor a esta questão.

Assertiva "D" ERRADA. Eleição será nula, conforme regra do artigo 220, IV do Código Eleitoral. Conferir nota do autor a esta questão.

Assertiva "E" ERRADA. Eleição será nula, conforme regra do artigo 220, I do Código Eleitoral. Conferir nota do autor a esta questão.

---

10. (Vunesp – Juiz Substituto – MT 2009) É nula a votação

a) se houver extravio de documento reputado essencial.

b) quando votar alguém com falsa identidade em lugar do eleitor chamado.

c) feita perante mesa não nomeada pelo juiz eleitoral, ou constituída com ofensa à letra da lei.

d) quando for negado ou sofrer restrição o direito de fiscalizar, e o fato constar da ata ou de protesto interposto, por escrito, no momento.

e) se for constatado o emprego de processo de propaganda ou captação de sufrágios vedado por lei.

COMENTÁRIOS

Alternativa correta: **Assertiva "C" CORRETA**. Eleição será nula, conforme regra do artigo 220, I do Código Eleitoral. Conferir nota do autor à questão anterior.

Assertiva "A" ERRADA. Neste caso a eleição será anulável, conforme previsão do artigo 221, I do Código Eleitoral. Conferir nota do autor à questão anterior.

Assertiva "B" ERRADA. Neste caso a eleição será anulável, conforme previsão do artigo 221, IV do Código Eleitoral. Conferir nota do autor à questão anterior.

Assertiva "D" ERRADA. Neste caso a eleição será anulável, conforme previsão do artigo 221, II do Código Eleitoral. Conferir nota do autor à questão anterior.

Assertiva "E" ERRADA. Neste caso a eleição será anulável, conforme previsão do artigo 222 do Código Eleitoral, o qual dispõe que: "é também anulável a votação, quando viciada de falsidade, fraude, coação, uso de meios de que trata o art. 237, ou emprego de processo de propaganda ou captação de sufrágios vedado por lei".

---

11. (CESPE – Juiz de Direito Substituto – MA/ 2013) Com relação aos tipos de voto e seus efeitos, assinale a opção correta.

a) É nula a eleição para prefeito em que a votação obtida pelos candidatos cujos votos foram anulados pela justiça eleitoral seja igual a mais da metade dos votos do município.

b) Os votos nulos assinalados pelos eleitores podem acarretar a nulidade de uma eleição.

c) Tratando-se de eleições proporcionais, o voto em branco é computado como válido para o cálculo do quociente eleitoral.

d) O candidato cujo registro tenha sido impugnado em razão de compra de votos poderá requerer a anulação do pleito a que concorria.

COMENTÁRIOS

Alternativa correta: **Assertiva "A" CORRETA**. No que se refere à questão das nulidades eleitorais, vale destacar a questão da possibilidade (ou impossibilidade) de nulidade da votação em virtude da ocorrência de maioria absoluta de votos nulos. Neste sentido, vale que o TSE, abstendo-se de pronunciar nulidades sem prejuízo, de forma a valorizar a legitimidade da soberania popular, decidiu que o artigo 224 do Código Eleitoral não se aplica quando, voluntariamente, mais da metade dos eleitores decidirem anular o voto ou votar em branco, preservando, assim, a validade da eleição. A única forma prevista, assim, para a declaração de nulidade de uma eleição, a partir da aplicação do artigo 224 citado, de acordo com o TSE, ocorre quando a nulidade dos votos do candidato mais votado, com maioria absoluta dos votos, ocorrer após o pleito. Empossar o segundo colocado, nesta hipótese, seria privilegiar a vontade da minoria, em detrimento da maioria. A CF/88 estabeleceu que os votos nulos e em branco não serão computados para o cálculo da maioria nas eleições de Presidente da República e vice-Presidente da República, governador e vice-governador, e prefeito e vice-prefeito de municípios com mais de duzentos mil eleitores. A jurisprudência do TSE, por sua vez, tem se firmado no sentido de que os votos nulos ou brancos exarados de forma espontânea pelos eleitores não têm o poder de provocar a nulidade do pleito, mesmo que somem a maioria absoluta dos votos.

Assertiva "B" ERRADA. Conferir comentário anterior.

Assertiva "C" ERRADA. Desde 1997, com a publicação da lei nº 9.504/97, o voto branco é considerado inválido para todos os fins.

Assertiva "D" ERRADA. Não há condição de ação para este pleito., por falta de interesse de agir.

---

12. (CESPE – Juiz de Direito Substituto-BA/ 2012) Com relação ao que dispõe o Código Eleitoral acerca das possibilidades de anulação do pleito eleitoral e de convocação de novas eleições, assinale a opção correta.

a) Apenas os eleitores podem anular um processo eleitoral, mediante o voto em branco ou nulo, quando estes votos, somados, alcançarem mais da metade do número de eleitores que compareceram ao pleito.

b) Para uma eleição ser anulada, de modo a ensejar novo pleito, exige-se a anulação, pela justiça eleitoral, de mais da metade dos votos.

c) A convocação de nova eleição pela justiça eleitoral restringe-se ao caso de ser impossível definir um vencedor para o pleito.

d) Não é permitida a anulação de eleição municipal na qual tenha comparecido mais da metade dos eleitores da circunscrição.

e) Deve ser anulada a eleição em que os votos invalidados por fraude ou compra de votos, somados aos votos nulos dos eleitores, superar a metade do número de votantes.

COMENTÁRIOS

Alternativa correta: **Assertiva "B" CORRETA**. No que se refere à questão das nulidades eleitorais, vale destacar a questão da possibilidade (ou impossibilidade) de nulidade da votação em virtude da ocorrência de maioria absoluta de votos nulos. Neste sentido, vale que o TSE, abstendo-se de pronunciar nulidades sem prejuízo, de forma a valorizar a legitimidade da soberania popular, decidiu que o artigo 224 do Código Eleitoral não se aplica quando, voluntariamente, mais da metade dos eleitores decidirem anular o voto ou votar em branco, preservando, assim, a validade da eleição. A única forma prevista, assim, para a declaração de nulidade de uma eleição, a partir da aplicação do artigo 224 citado, de acordo com o TSE, ocorre quando a nulidade dos votos do candidato mais votado, com maioria absoluta dos votos, ocorrer após o pleito. Empossar o segundo colocado, nesta hipótese, seria privilegiar a vontade da minoria, em detrimento da maioria. A CF/88 estabeleceu que os votos nulos e em branco não serão computados para o cálculo da maioria nas eleições de Presidente da República e vice-Presidente da República, governador e vice-governador, e prefeito e vice-prefeito de municípios com mais de duzentos mil eleitores. A jurisprudência do TSE, por sua vez, tem se firmado no sentido de que os votos nulos ou brancos exarados de forma espontânea pelos eleitores não têm o poder de provocar a nulidade do pleito, mesmo que somem a maioria absoluta dos votos.

Alternativa "a". ERRADO. Conferir comentário anterior.

Alternativa "c". ERRADO. Nova eleição pode ser convocada caso a maioria absoluta dos votos validos venham a ser invalidados pela justiça após o pleito.

Alternativa "d". ERRADO. Nova eleição pode ser convocada caso a maioria absoluta dos votos validos venham a ser invalidados pela justiça após o pleito, independentemente da quantidade de eleitores que tiverem comparecido ao pleito.

Alternativa "e". ERRADO. Os votos nulos dados voluntariamente pelos eleitores não devem ser levados em conta para este fim.

---

13. (PUC – PR – Juiz de Direito Substituto – PR/ 2012) Considere as assertivas a seguir que dizem respeito às garantias eleitorais.

I. Um eleitor com sentença condenatória por crime inafiançável pode ser preso ou detido, desde 5 (cinco) dias antes e até 48 (quarenta e oito) horas depois do encerramento da eleição, apenas se decisão tiver o trânsito em julgado.

II. A prisão pelo crime de "boca de urna" tem sido relaxada e considerada ilícita pela jurisprudência do Tribunal Regional Eleitoral do Mato Grosso do Sul, uma vez que nenhuma autoridade poderá, desde 5 (cinco) dias antes e até 48 (quarenta e oito) horas depois do encerramento da eleição, prender ou deter qualquer eleitor.

III. Os candidatos não poderão ser detidos ou presos, salvo no caso de flagrante delito, desde 15 (quinze) dias antes da eleição.

IV. O presidente da mesa receptora, assim como o juiz eleitoral, pode expedir salvo-conduto com a cominação de prisão por desobediência até 5 (cinco) dias, em favor do eleitor que sofrer violência, moral ou física, na sua liberdade de votar, ou pelo fato de haver votado.

Está(ão) CORRETA(S):

a) Apenas as assertivas I, III e IV.

b) Apenas a assertiva III.

c) Apenas a assertiva IV.

d) Apenas as assertivas III e IV.

e) Todas as assertivas.

COMENTÁRIOS

✪ **Nota do autor**: Visando à preservação da liberdade do voto, impedindo que atos arbitrários sejam praticados com o intuito de dificultar o livre exercício do poder de sufrágio, de forma a ameaçar a estabilidade do Estado Democrático de Direito, o Código Eleitoral estabeleceu capítulo sobre as garantias eleitorais. Assim, no artigo 235 do CE, está previsto que "o Juiz Eleitoral, ou o Presidente da Mesa Receptora, pode expedir salvo-conduto com a cominação de prisão por desobediência até 5 (cinco) dias, em favor do eleitor que sofrer violência, moral ou física, na sua liberdade de votar, ou pelo fato de haver votado". Tal medida será válida para o período compreendido entre 72 (setenta e duas) horas antes até 48 (quarenta e oito) horas depois do pleito. O artigo 236, por sua vez, estabelece um conjunto polêmico de normas, ao restringir a possibilidade de prisão de eleitores no período próximo à votação. Assim, dispõe o caput do citado dispositivo legal que "nenhuma autoridade poderá, desde 5 (cinco) dias antes e até 48 (quarenta e oito) horas depois do encerramento da eleição, prender ou deter qualquer eleitor, salvo em flagrante delito ou em virtude de sentença criminal condenatória por crime inafiançável, ou, ainda, por desrespeito a salvo-conduto". Ainda segundo o citado artigo, membros das Mesas Receptoras e os Fiscais de partido, durante o exercício de suas funções, não poderão ser, detidos ou presos, salvo o caso de flagrante delito; da mesma garantia gozarão os candidatos desde 15 (quinze) dias antes da eleição. Ocorrendo, contudo, qualquer prisão, o preso será imediatamente conduzido à presença do Juiz competente que, se verificar a ilegalidade da detenção, a relaxará e promoverá a responsabilidade do coator. Por fim, estabelece o Código Eleitoral, em seus artigos 141 e 238, que a força armada conservar-se-á a cem metros da Seção Eleitoral e não poderá aproximar-se do lugar da votação, ou nele penetrar, sem ordem do Presidente da Mesa.

Alternativa correta. Assertiva "d". Apenas as assertivas III e IV estão corretas.

Item I. ERRADO. O artigo 236 do Código Eleitoral estabelece um conjunto polêmico de normas, ao restringir a possibilidade de prisão de eleitores no período próximo à votação. Assim, dispõe o caput do citado dispositivo legal que "nenhuma autoridade poderá, desde 5 (cinco) dias antes e até 48 (quarenta e oito) horas depois do encerramento da eleição, prender ou deter qualquer eleitor, salvo em flagrante delito ou em virtude de sentença criminal condenatória por crime inafiançável, ou, ainda, por desrespeito a salvo-conduto".

Item II. ERRADO. Havendo flagrante delito, autoriza-se a prisão.

Item III. CORRETO. Segundo o artigo 236 do Código Eleitoral, membros das Mesas Receptoras e os Fiscais de partido, durante o exercício de suas funções, não poderão ser, detidos ou presos, salvo o caso de flagrante delito; da mesma garantia gozarão os candidatos desde 15 (quinze) dias antes da eleição. Ocorrendo, contudo, qualquer prisão, o preso será imediatamente conduzido à presença do Juiz competente que, se verificar a ilegalidade da detenção, a relaxará e promoverá a responsabilidade do coator.

Item IV. CORRETO. No artigo 235 do CE, está previsto que "o Juiz Eleitoral, ou o Presidente da Mesa Receptora, pode expedir salvo-conduto com a cominação de prisão por desobediência até 5 (cinco) dias, em favor do eleitor que sofrer violência, moral ou física, na sua liberdade de votar, ou pelo fato de haver votado". Tal medida será válida para o período compreendido entre 72 (setenta e duas) horas antes até 48 (quarenta e oito) horas depois do pleito.

2. QUESTÕES DE CONCURSOS PARA O MINISTÉRIO PÚBLICO ESTADUAL (PROMOTOR DE JUSTIÇA)

14. (MPE/PR – Promotor de Justiça-PR/ 2008) Assinale a alternativa INCORRETA:

a) é assegurada aos partidos políticos autonomia para definir sua estrutura interna, organização e funcionamento e para adotar os critérios de escolha e o regime de suas coligações eleitorais, observada obrigatoriamente a vinculação entre as candidaturas em âmbito nacional, estadual, distrital ou municipal, devendo seus estatutos estabelecer normas de disciplina e fidelidade partidária.

b) o alistamento se faz mediante a qualificação e inscrição do eleitor. Para o efeito da inscrição, é domicílio eleitoral o lugar de residência ou moradia do requerente, e, verificado ter o alistando mais de uma, considerar-se-á domicílio qualquer delas.

c) nenhuma autoridade poderá, desde 5 (cinco) dias antes e até 48 (quarenta e oito) horas depois do encerramento da eleição, prender ou deter qualquer eleitor, salvo em flagrante delito ou em virtude de sentença criminal condenatória por crime inafiançável, ou, ainda, por desrespeito a salvo-conduto.

d) os feitos eleitorais, no período entre o registro das candidaturas até cinco dias após a realização do segundo turno das eleições, terão prioridade para a participação do Ministério Público e dos Juízes de todas as Justiças e instâncias, ressalvados os processos de habeas corpus e mandado de segurança, sendo defeso às autoridades mencionadas deixar de cumprir qualquer prazo desta Lei, em razão do exercício das funções regulares. O descumprimento de tal disposição constitui crime de responsabilidade e será objeto de anotação funcional para efeito de promoção na carreira.

e) a realização de qualquer ato de propaganda partidária ou eleitoral, em recinto aberto ou fechado, não depende de licença de polícia.

COMENTÁRIOS

✪ **Nota do autor:** a presente questão versa sobre distintas temáticas, sendo a organização das eleições a temática principal.

Alternativa correta: assertiva "a": INCORRETA. Não há obrigatoriedade de vinculação entre as candidaturas em âmbito nacional, estadual, distrital ou municipal. É o que dispõe o artigo 17, § 1º da Constituição Federal, com redação dada pela Emenda Constitucional nº 52/06.

Assertiva "b": CORRETA. É importante frisar que o TSE tem admitido como domicílio eleitoral locais onde o eleitor não tem residência, mantendo, contudo, vínculo afetivo, a exemplo de família ou negócios.

Assertiva "c": CORRETA. Regra prevista no artigo 236, caput, do Código Eleitoral, o qual dispõe que "Nenhuma autoridade poderá, desde 5 (cinco) dias antes e até 48 (quarenta e oito) horas depois do encerramento da eleição, prender ou deter qualquer eleitor, salvo em flagrante delito ou em virtude de sentença criminal condenatória por crime inafiançável, ou, ainda, por desrespeito a salvo-conduto".

Assertiva "d": CORRETA. O serviço eleitoral prefere, em regra, a qualquer outro.

Assertiva "e": CORRETA. Regra prevista no artigo 39, caput da lei nº 9.504/97.

---

15. (CESPE – Promotor de Justiça-RO/ 2008) No que concerne à disciplina do processo eleitoral, nos termos definidos no Código Eleitoral, assinale a opção correta.

a) Eleitor domiciliado no exterior poderá votar nas eleições municipais, desde que cadastrado tempestivamente na respectiva embaixada.

b) As mesas eleitorais do exterior serão organizadas pela seção consular do TSE.

c) Se, em determinada eleição, os eleitores anularem 25% dos votos e os votos anulados por fraude somarem 25% mais um, a justiça eleitoral deve anular a eleição e convocar outra.

d) Quando houver recurso contra a diplomação de um candidato eleito, o seu mandato será suspenso, por se encontrar sub judice.

e) Nulidade do processo eleitoral não pode ser alegada por quem lhe deu causa ou por quem dela se aproveitou.

COMENTÁRIOS

✪ **Nota do autor:** Tema de grande relevância no estudo das eleições refere-se à possibilidade de nulidades na votação, previstas no Código Eleitoral nos seus artigos 219 a 224. De acordo com o princípio *in dubio pro voto*, "na aplicação da lei eleitoral, o juiz atenderá sempre aos fins e resultados a que ela se dirige, abstendo-se de pronunciar nulidades sem demonstração de prejuízo" (art. 219 do Código Eleitoral). Dispõe o artigo 220 do Código Eleitoral que é nula a votação: I – quando feita perante mesa não nomeada pelo juiz eleitoral, ou constituída com ofensa à letra da lei; II – quando efetuada em folhas de votação falsas; III – quando realizada em dia, hora, ou local diferentes do designado ou encerrada antes das 17 horas; IV – quando preterida formalidade essencial do sigilo dos sufrágios; V – quando a seção eleitoral tiver sido localizada em local proibido pela legislação (neste sentido, conferir item 2.1 deste capítulo). Já o art. 221 estabelece que é anulável a eleição: I – quando houver extravio de documento reputado essencial; II – quando for negado ou sofrer restrição o direito de fiscalizar, e o fato constar da ata ou de protesto interposto, por escrito, no momento; III – quando votar eleitor excluído por sentença não cumprida por ocasião da remessa das folhas individuais de votação à mesa, desde que haja oportuna reclamação de partido; IV – eleitor de outra seção ou alguém com falsa identidade em lugar do eleitor chamado. Conforme previsão do art. 223 do Código, a nulidade do ato deverá ser argüida imediatamente, sob pena de preclusão, sempre que possível, salvo quando se tratar de motivo de ordem constitucional. Ainda no que se refere à questão das nulidades eleitorais, vale destacar a questão da possibilidade (ou impossibilidade) de nulidade da votação em virtude da ocorrência de maioria absoluta de votos nulos. Neste sentido, vale que o TSE, abstendo-se de pronunciar nulidades sem prejuízo, de forma a valorizar a legitimidade da soberania popular, decidiu que o artigo 224 do Código Eleitoral não se aplica quando, voluntariamente, mais da metade dos eleitores decidirem anular o voto ou votar em branco, preservando, assim, a validade da eleição. A única forma prevista, assim, para a declaração de nulidade de uma eleição, a partir da aplicação do artigo 224 citado, de acordo com o TSE, ocorre quando a nulidade dos votos do candidato mais votado, com maioria absoluta dos votos, ocorrer após o pleito. Empossar o segundo colocado, nesta hipótese, seria privilegiar a vontade da minoria, em detrimento da maioria. A CF/88 estabeleceu que os votos nulos e em branco não serão computados para o cálculo da maioria nas eleições de presidente da República e vice-presidente da República, governador e vice-governador, e prefeito e vice-prefeito de municípios com mais de duzentos mil eleitores. A jurisprudência do TSE, por sua vez, tem se firmado no sentido de que os votos nulos ou brancos exarados de forma espontânea pelos eleitores não têm o poder de provocar a nulidade do pleito, mesmo que somem a maioria absoluta dos votos.

Alternativa correta: Assertiva "e": CORRETA. Regra prevista no parágrafo único do artigo 219, caput, do Código Eleitoral, o qual dispõe que "na aplicação da lei eleitoral o Juiz atenderá sempre aos fins e resultados a que ela se dirige, abstendo-se de pronunciar nulidades sem demonstração de prejuízo".

Assertiva "a": ERRADA. Eleitor alistado para votar no exterior só poderá votar nas eleições presidenciais.

Assertiva "b": ERRADA. As referidas mesas receptoras serão organizadas pelo TRE-DF, segundo previsão do artigo 227 do Código Eleitoral.

Assertiva "c": ERRADO. Só haverá nova eleição, segundo interpretação pacífica do TSE acerca do artigo 224 do Código Eleitoral, caso os votos anulados por fraude somarem 50% mais um.

Assertiva "d": ERRADO. O RCD só produz efeitos após o trânsito em julgado da decisão.

---

16. (CESPE – Promotor de Justiça-RO/ 2010) Acerca das mesas receptoras de votos, assinale a opção correta.

a) Qualquer partido político pode reclamar da nomeação da mesa receptora de votos ou de justificativas ao juiz eleitoral, no prazo de dois dias a contar da audiência, devendo a decisão do juiz ser proferida em até cinco dias.

b) O partido político que não reclamar contra a composição da mesa receptora de votos não poderá arguir, sob nenhum fundamento, a nulidade da seção respectiva.

c) Membro de mesa receptora de votos ou de justificativas que não comparecer ao local em dia e hora determinados para a realização das eleições terá quinze dias, contados a partir da data da eleição, para apresentar justa causa ao juiz eleitoral acerca de sua ausência, para efeito de afastamento de multa.

d) Se o mesário faltoso for servidor público ou autárquico, a pena decorrente da falta será de suspensão de até dez dias.

e) Cabe recurso de decisão de juiz eleitoral sobre reclamação de nomeação de mesa receptora para o TRE, sendo o prazo para sua interposição de três dias, igual ao prazo para sua resolução.

COMENTÁRIOS

Alternativa correta: assertiva "e": CORRETO. Regra prevista no artigo 121, § 1º do Código Eleitoral.

Assertiva "a": ERRADO. A decisão do juiz também deverá ser proferida em 02 dias (artigo 121 do CE).

Assertiva "b": ERRADO. Pode sim, de acordo com o previsto no artigo 121 do Código Eleitoral.

Assertiva "c": ERRADO. O prazo é de 30 dias, conforme previsto no artigo 124 do CE.

Assertiva "d": ERRADO. A suspensão será de até 15 dias, segundo o artigo 124, § 2º do CE.

17. (CESPE – Promotor de Justiça – TO/2012) Assinale a opção correta a respeito de fiscalização das eleições, material e lugares destinados à eleição, início da votação e apuração nas juntas eleitorais, nos tribunais regionais eleitorais e no Tribunal Superior Eleitoral.

a) A propriedade particular será obrigatória e gratuitamente cedida para o fim de funcionamento das mesas receptoras, sendo expressamente vedado o uso, para esse fim, de propriedade pertencente a autoridade policial.

b) Às sete horas do dia da eleição, supridas as possíveis deficiências, deve o presidente declarar iniciados os trabalhos, procedendo-se em seguida à votação, começando-se pelos candidatos e eleitores presentes.

c) Compete às juntas eleitorais dos locais de votação apurar os votos relativos aos candidatos a deputado estadual.

d) Um fiscal não pode ser nomeado para fiscalizar mais de uma seção eleitoral no mesmo local de votação.

e) Tratando-se de seções de zonas eleitorais em que o alistamento se fizer pelo processamento eletrônico de dados, os juízes eleitorais devem enviar ao presidente de cada mesa receptora, pelo menos setenta e duas horas antes da eleição, as folhas individuais de votação dos eleitores da seção, devidamente acondicionadas.

COMENTÁRIOS

Alternativa correta. Assertiva "a". As seções eleitorais funcionarão preferencialmente em edifícios públicos, podendo, entretanto, ser utilizados, em caso de necessidade, edifícios particulares. Os locais de funcionamento das seções eleitorais são conhecidos como "locais de votação". Até 60 dias antes da eleição, o juiz eleitoral designará os locais de votação onde irão funcionar as mesas receptoras, sendo vedada a escolha de locais pertencentes a candidatos, membros de diretórios ou delegados de partidos políticos ou de coligação, autoridade judicial ou cônjuges e parentes, consangüíneos, por adoção ou afins, até o 2º grau, de candidato. A localização de seções eleitorais em propriedades rurais privadas também é proibida. Uma vez divulgados os locais de votação, inicia-se prazo de 03 dias para impugnação, contados da publicação, sendo legitimados, para este fim, os partidos políticos, de acordo com o art. 137, § 7º do Código Eleitoral. Vale destacar, no entanto, que, como já ressaltado anteriormente, o § 1º do art. 6º da Lei das Eleições (lei nº 9.504/97) defere às coligações todas as prerrogativas e obrigações de partido político, durante o processo eleitoral. Da mesma forma o art. 72 da LC 75/93 defere ao Ministério Público Eleitoral a prerrogativa de atuar em todas as fases do processo eleitoral, na defesa da normalidade e da legitimidade das eleições e, por conseguinte, do próprio interesse público. Assim, embora o Código Eleitoral destaque apenas os partidos políticos como legitimados para impugnar os locais de votação, podemos também afirmar que as coligações e o Ministério Público Eleitoral também gozam da mesma prerrogativa.

Assertiva "b". ERRADO. A votação deverá ser iniciada às 08 da manhã, encerrando-se às 17 horas.

Assertiva "c". ERRADO. A apuração será realizada pelo TRE.

Assertiva "d". ERRADO. Não há tal limitação. Em todo o processo eleitoral, desde o alistamento dos eleitores até a diplomação, é assegurado o direito de fiscalização aos partidos políticos, coligações, candidatos, membros do Ministério Público e da própria Justiça Eleitoral. Assim, cabe aos diversos órgãos da Justiça Eleitoral a fiscalização dos pleitos de suas respectivas competências. Além disso, como já estudado, os juízes eleitorais detém o poder de polícia no combate à propaganda ilícita. Os partidos políticos, por sua vez, exercem a fiscalização das eleições, em todas as suas fases, por meio de fiscais e delegados credenciados junto à Justiça Eleitoral. Enquanto o fiscal eleitoral, designado por partidos ou coligações, atua junto às mesas receptoras de votos, no dia da eleição, fiscalizando a votação e mesmo a apuração, apresentando, inclusive, impugnações; os delegados de partido, com atuação mais ampla, representam a agremiação partidária junto à Justiça Eleitoral na defesa dos mais diversos interesses, durante todo o pleito, podendo também atuar no dia da eleição, inclusive apresentando impugnações perante as juntas eleitorais, durante o processo de apuração. De acordo com o art. 11 da Lei nº 9.096/95 (Lei Geral dos Partidos Políticos), o partido com registro no TSE pode credenciar delegados para atuar junto à Justiça Eleitoral. Os delegados credenciados pelo órgão de direção nacional representam o partido perante quaisquer tribunais ou juízes eleitorais; os credenciados pelos órgãos estaduais somente perante o Tribunal Regional Eleitoral e os juízes eleitoras do respectivo estado, do DF ou território federal; e os credenciados pelo órgão municipal, perante o juiz eleitoral da respectiva jurisdição. Por fim, vale destacar que o artigo 65 da Lei das Eleições passou a contar com um novo parágrafo, o § 4º, a partir da minirreforma eleitoral de dezembro de 2013. De acordo com o novo dispositivo legal, cada partido ou coligação poderá credenciar no máximo dois fiscais por seção eleitoral, a fim de realizar o acompanhamento da votação.

Assertiva "e". ERRADO. Com o processamento de dados eleitorais e a criação do Sistema ELO, as folhas individuais de votação foram extintas.

---

18. (UFMT – Promotor de Justiça – MT/2012) Nos termos do código eleitoral, a votação será NULA quando

a) houver extravio de documento considerado essencial.

b) viciada de fraude.

c) viciada de coação.

d) encerrada antes das 17 horas.

e) for negado ou sofrer restrição o ato de fiscalização.

COMENTÁRIOS

Alternativa correta: assertiva "d": Segundo o art. 220 do Código Eleitoral, é nula a eleição quando realizada em dia, hora, ou local diferentes do designado ou encerrada antes das 17 horas (responde as demais).

---

19. (MPE – SC – Promotor de Justiça – MPE – SC/2016) Segundo o Código Eleitoral, nenhuma autoridade policial poderá, desde 5 (cinco) dias antes e até 48 (quarenta e oito) horas depois do encerramento da eleição, prender ou deter qualquer eleitor, salvo por determinação judicial, após a necessária manifestação do Ministério Público Eleitoral.

Resposta ERRADO. Visando à preservação da liberdade do voto, impedindo que atos arbitrários sejam praticados com o intuito de dificultar o livre exercício do poder de sufrágio, de forma a ameaçar a estabilidade do Estado Democrático de Direito, o Código Eleitoral estabeleceu capítulo sobre as garantias eleitorais.

Assim, no artigo 235 do CE, está previsto que "o Juiz Eleitoral, ou o Presidente da Mesa Receptora, pode expedir salvo-conduto com a cominação de prisão por desobediência até 5 (cinco) dias, em favor do eleitor que sofrer violência, moral ou física, na sua liberdade de votar, ou pelo fato de haver votado". Tal medida será válida para o período compreendido entre 72 (setenta e duas) horas antes até 48 (quarenta e oito) horas depois do pleito.

O artigo 236, por sua vez, estabelece um conjunto polêmico de normas, ao restringir a possibilidade de prisão de eleitores no período próximo à votação. Assim, dispõe o caput do citado dispositivo legal que "nenhuma autoridade poderá, desde 5 (cinco) dias antes e até 48 (quarenta e oito) horas depois do encerramento da eleição, prender ou deter qualquer eleitor, salvo em flagrante delito ou em virtude de sentença criminal condenatória por crime inafiançável, ou, ainda, por desrespeito a salvo-conduto". Ainda segundo o citado artigo, membros das Mesas Receptoras e os Fiscais de partido, durante o exercício de suas funções, não poderão ser, detidos ou presos, salvo o caso de flagrante delito; da mesma garantia gozarão os candidatos desde 15 (quinze) dias antes da eleição. Ocorrendo, contudo, qualquer prisão, o preso será imediatamente conduzido à presença do Juiz competente que, se verificar a ilegalidade da detenção, a relaxará e promoverá a responsabilidade do coator.

20. (MPE-SP – Promotor de Justiça – SP/2011) Constituem garantias eleitorais:

I. a prioridade postal aos partidos políticos nos 60 (sessenta) dias anteriores à realização das eleições;

II. o exercício do sufrágio;

III. o salvo-conduto em favor do eleitor;

IV. a presença de força pública no edifício em que funcionar mesa receptora;

V. a proibição da prisão em flagrante de candidatos nos 15 (quinze) dias que antecedem a eleição.

Está correto apenas o que se afirma em

a) I, II e III.

b) I, IV e V.

c) II, III e IV.

d) II, IV e V.

e) III, IV e V.

COMENTÁRIOS

Alternativa correta: assertiva "a". Estão corretas as afirmativas I, II e III.

Item I: CORRETO. Segundo o art. 239 do Código Eleitoral, "aos partidos políticos é assegurada a prioridade postal durante os 60 (sessenta) dias anteriores à realização das eleições, para remessa de material de propaganda de seus candidatos registrados".

Item II. CORRETO. Regra prevista no art. 234 do Código Eleitoral, segundo o qual "ninguém poderá impedir ou embaraçar o exercício do sufrágio".

Item III. CORRETO. Segundo o art. 235 do Código Eleitoral, "O Juiz Eleitoral, ou o Presidente da Mesa Receptora, pode expedir salvo-conduto com a cominação de prisão por desobediência até 5 (cinco) dias, em favor do eleitor que sofrer violência, moral ou física, na sua liberdade de votar, ou pelo fato de haver votado".

Item IV. ERRADO. A força pública deverá manter distância de, no mínimo, 100 metros do local de votação.

Item V. ERRADO. Segundo o art. 236, § 1º do Código Eleitora, "Os membros das Mesas Receptoras e os Fiscais de partido, durante o exercício de suas funções, não poderão ser, detidos ou presos, salvo o caso de flagrante delito; da mesma garantia gozarão os candidatos desde 15 (quinze) dias antes da eleição".

3. QUESTÕES DE CONCURSOS PARA O MINISTÉRIO PÚBLICO FEDERAL (PROCURADOR DA REPÚBLICA)

21. (MPF – Procurador da República/2013) É correto afirmar que a circunscrição eleitoral será:

a) nas eleições presidenciais, o País; nas eleições federais e estaduais, o Estado; e, nas municipais, o respectivo Município.

b) organizada à medida em que forem sendo deferidos os pedidos de inscrição e não terão mais de 400 eleitores nas capitais e de 300 nas demais localidades.

c) o âmbito da competência territorial dos Juízes Eleitoral de primeira instância.

d) o local da residência ou moradia do eleitor.

COMENTÁRIOS

✪ **Nota do autor: a circunscrição eleitoral corresponde** à área geográfica onde a eleição é disputada, na qual os candidatos disputam voto. Assim, nas eleições municipais (prefeitos e vereadores) a circunscrição será todo o município. Nas eleições estaduais (governadores, senadores, deputados estaduais e deputados federais) a circunscrição será o estado. Por fim, nas eleições presidenciais a circunscrição será todo o território nacional, uma vez que os candidatos disputam votos em todo o país.

Alternativa correta: assertiva "a". Neste sentido, conferir nota do autor acima.

Assertiva "b". ERRADO. O enunciado diz respeito às seções eleitorais, e não às circunscrições.

Assertiva "c". ERRADO. A circunscrição dependerá do cargo disputado, conforme observado na nota do autor.

Assertiva "d". ERRADO. A residência ou moradia do autor será relevante para a determinação do domicílio eleitoral e não da circunscrição eleitoral.

4. QUESTÕES DE CONCURSOS PARA ANALISTA JUDICIÁRIO – ÁREA JUDICIÁRIA DOS TRIBUNAIS REGIONAIS ELEITORAIS

22. (FCC – Analista Judiciário – Área Judiciária – TRE-PR/2012) Maria é advogada. Ana é professora. Luiz é investigador de polícia. Pedro pertence ao serviço eleitoral. No que concerne às Mesas Receptoras, somente poderão ser nomeados mesários

a) Maria e Ana.

b) Luiz e Pedro.

c) Maria e Pedro.

d) Ana e Pedro.

e) Maria e Luiz.

COMENTÁRIOS

✪ **Nota do autor:** Segundo o artigo 120 do Código Eleitoral, cada mesa receptora de votos deverá ser constituída por seis membros: um presidente, um primeiro e um segundo mesário, dois secretários e um suplente, nomeados pelo juiz eleitoral sessenta dias antes da eleição. Nas eleições 2010, no entanto, o TSE, por meio da Resolução nº 23.218, de 02.03.2010, facultou aos TREs a dispensa do segundo secretário e do suplente.

Não podem ser nomeados para compor mesas receptoras, de acordo com o art. 120 do Código Eleitoral c/c art. 63, § 2º da Lei nº 9.504/97
▸ Candidatos, seus cônjuges e parentes, ainda que por afinidade, até o 2º grau
▸ Membros de diretórios de partidos políticos que exerçam função executiva
▸ Autoridades e agentes policiais, bem como funcionários no desempenho de cargos de confiança do poder executivo
▸ Servidores da Justiça
▸ Eleitores menores de 18 anos de idade quando se tratar de órgão da imprensa escrita.

Alternativa correta: assertiva "a" ➔ Policiais e servidores da Justiça Eleitoral não podem atuar como mesários nas eleições, de acordo com o previsto no art. 120 do Código Eleitoral c/c art. 63, § 2º da Lei das Eleições (Lei nº 9.504/97). Desta forma, no presente caso concreto, somente Maria e Ana poderão ser nomeados mesários.

23. (FCC – Analista Judiciário /TRE-RS / 2010) A respeito do Sistema Eletrônico e da Totalização dos Votos, considere:

I. A urna eletrônica exibirá para o eleitor, primeiramente, os painéis referentes às eleições proporcionais e, em seguida, os referentes às eleições majoritárias.

II. A urna eletrônica disporá de recursos que, mediante assinatura digital, permitam o registro digital de cada voto, bem como a identificação do eleitor da urna em que foi registrado.

III. A urna eletrônica, ao final da eleição, procederá à assinatura digital do arquivo de votos, com aplicação do registro de horário e do arquivo do boletim de urna, de maneira a impedir a substituição de votos e a alteração dos registros dos termos de início e término da votação.

Está correto o que se afirma SOMENTE em

a) I e III.

b) I e II.

c) II e III.

d) II.

e) III.

COMENTÁRIOS

✪ **Nota do autor:** Com a adoção do sistema eletrônico de votação, tornou-se vedada a possibilidade de voto em trânsito, prevista no Código Eleitoral. Dessa forma, o eleitor passou a ser obrigado a votar, apenas, na seção eleitoral em que esteja alistado (art. 62 da Lei das Eleições).

Alternativa correta: letra "a". Somente I e III estão corretos.

Item I. Certo. Regra expressa no § 3º do art. 59 da Lei das Eleições, o qual estabelece que "a urna eletrônica exibirá para o eleitor, primeiramente, os painéis referentes às eleições proporcionais e, em seguida, os referentes às eleições majoritárias.

Item II. Errado. A assinatura digital identifica a urna em que o voto foi registrado, mas não o eleitor, cujo anonimato é resguardado.

Item III. Certo. Regra expressa no § 6º do art. 59 da Lei das Eleições, o qual dispõe que "a urna eletrônica, ao final da eleição, procederá à assinatura digital do arquivo de votos, com aplicação do registro de horário e do arquivo do boletim de urna, de maneira a impedir a substituição de votos e a alteração dos registros dos termos de início e término da votação".

24. (FCC – Analista Judiciário /TRE-AC / 2010) Nos municípios em que houver mais de uma Junta Eleitoral, a expedição dos diplomas aos eleitos para os cargos municipais será feita:

a) pelo Tribunal Regional Eleitoral.

b) pela Junta Eleitoral que for presidida pelo Juiz Eleitoral mais antigo.

c) pela Junta Eleitoral que tiver apurado maior número de votos.

d) pelo Tribunal Superior Eleitoral.

e) pelo Corregedor Regional Eleitoral.

COMENTÁRIOS

Alternativa correta: letra "b" (responde as demais alternativas). Regra expressa no art. 40, parágrafo único, do Código Eleitoral, o qual estabelece a regra segundo a qual a diplomação do prefeito e dos vereadores eleitos será feita pela Junta Eleitoral presidida pelo juiz eleitoral mais antigo, caso haja mais de uma Junta Eleitoral na mesma Zona Eleitoral.

25. (AOCP - Analista Judiciário - Área Judiciária - TRE - AC/2015) Os partidos e coligações têm o direito de fiscalizar todas as fases do processo de votação, apuração e processamento eletrônico da totalização dos resultados. Referente ao assunto, é correto afirmar que

a) no dia da eleição será realizada, por amostragem, auditoria de verificação do funcionamento das urnas eletrônicas, através de votação paralela, na presença dos fiscais dos partidos e coligações

b) cada partido ou coligação tem direito a indicar ao credenciamento para a Justiça Eleitoral, no máximo, cinco fiscais por seção eleitoral.

c) não é permitido que um fiscal seja nomeado para mais de uma Seção Eleitoral.

d) os partidos e coligações têm direito a acompanhar determinadas etapas da eleição, mas estão impedidos de contratar empresas externas de auditoria de sistemas.

e) os boletins de urna serão entregues aos partidos e coligações pela Justiça Eleitoral, ficando proibido o contato entre os fiscais e delegados de partido e o Presidente da Mesa Receptora.

✪ **Nota do autor:**

A urna eletrônica, instituída nos anos 1990, representou um grande avanço na busca da garantia da normalidade das eleições brasileiras, reduzindo, substancialmente, as possibilidades de fraudes nas eleições, muito comuns na época da urna de lona e das cédulas de papel.

Apesar do sucesso desta nova forma de votação, que permitiu, dentre outros avanços, uma grande celeridade no processo de apuração dos resultados, muitos são aqueles que desconfiam da urna, acreditando que a mesma pode ser violada por hackers ou manipulada para desviar os votos de um candidato para outro, alterando os resultados dos pleitos.

Contra estas dúvidas, a Justiça Eleitoral, desde a implementação do sistema eletrônico de votação, tem disponibilizado diversos meios de aferição da segurança das urnas, acessíveis ao Ministério Público, partidos políticos, candidatos e sociedade civil. Dentre estes instrumentos, podemos destacar a votação paralela, forma de auditoria realizada no dia das eleições que almeja comprovar a impossibilidade de manipulação das urnas com o objetivo de desviar votos de um candidato para outro.

De acordo com as regras da votação paralela, na véspera da eleição, urnas já preparadas e lacradas, direcionadas às seções eleitorais, são aleatoriamente sorteadas e levadas para as sedes dos tribunais regionais eleitorais, onde são auditadas no dia do pleito.

Esta auditoria consiste em uma votação simulada realizada das 08 da manhã às 17 horas do domingo da eleição, em que votos são digitados nas urnas sorteadas como se fosse uma eleição de verdade, perante testemunhas e documentação por filmagem. Encerrada a votação, apuram-se as urnas, a fim de que seja comparado o resultado apurado com aquele cantado no momento da votação simulada. Em todos os anos em que tal procedimento foi realizado, em nenhuma oportunidade, em qualquer TRE do país, houve divergência entre o resultado apurado e os votos sufragados na votação simulada, fato que comprova, estatisticamente, a confiabilidade da urna.

Uma outra suspeita sempre levantada diz respeito à possibilidade de invasão da urna eletrônica por hackers. Afinal, como muito se diz, se até os computadores do FBI, nos Estados Unidos, já foram invadidos por hackers, por que não a urna eletrônica?

Quem levanta esta suspeita, contudo, não conhece, efetivamente, o funcionamento de uma votação e de uma apuração de resultados em uma eleição brasileira, com o uso do sistema eletrônico. É impossível a invasão da urna por hackers, ameaçando a lisura dos resultados apurados, por um simples motivo: a urna eletrônica, durante todo o processo de votação, até a expedição do Boletim de Urna, não fica conectada em rede, inviabilizando, portanto, qualquer possibilidade de invasão.

Antes mesmo de ser iniciada a votação, os mesários, em cada sessão eleitoral, têm a obrigação de emitir um documento chamado de Zerésima, através do qual se demonstra que nenhum voto foi depositado, até aquele momento, na urna. Com a impressão da Zerésima, a urna fica pronta para receber os votos dos eleitores, o que começa a ocorrer às oito da manhã do dia da votação, em processo que se encerra às dezessete horas, ou até que todos os eleitores que se encontrem na fila de votação, neste horário, votem.

Encerrada a votação, os mesários emitem, através da urna, um novo documento, chamado Boletim de Urna, a partir do qual o resultado daquela urna é apurado. Cópias desse boletim são, então, distribuídas aos fiscais de partido, além de publicadas no local de votação e na sede da Justiça Eleitoral. Todo este procedimento é realizado sem que a urna esteja em rede, impossibilitando, portanto, a ação de hackers.

Somente após a emissão dos boletins de urna (BUs) é que os resultados são transmitidos, por rede, para fins de totalização junto aos TREs e TSE. Teoricamente, neste momento poderia haver invasão de hackers, mas, por outro lado, a totalização revela apenas a soma dos votos de cada urna eletrônica, já apurados através da emissão dos BUs. Qualquer mudança, portanto, seria facilmente contestada com a apresentação de cópias desses documentos, os quais, como já afirmado, são distribuídos para todos os partidos e Ministério Público, além de publicados no local de votação e na sede do órgão da Justiça Eleitoral.

Como se observa, os principais argumentos suscitados para levantar suspeitas sobre a confiabilidade das urnas eletrônicas são facilmente refutáveis.

COMENTÁRIOS

Alternativa correta: assertiva "a". Como já destacado, de acordo com as regras da votação paralela, na véspera da eleição, urnas já preparadas e lacradas, direcionadas às seções eleitorais, são aleatoriamente sorteadas e levadas para as sedes dos tribunais regionais eleitorais, onde são auditadas no dia do pleito. Esta auditoria consiste em uma votação simulada realizada das 08 da manhã às 17 horas do domingo da eleição, em que votos são digitados nas urnas sorteadas como se fosse uma eleição de verdade, perante testemunhas e documentação por filmagem. Encerrada a votação, apuram-se as urnas, a fim de que seja comparado o resultado apurado com aquele cantado no momento da votação simulada. Fiscais de partidos e coligações podem acompanhar o procedimento, que é público.

Assertiva "b". ERRADO. Cada partido político ou coligação poderá nomear 2 delegados para cada município e 2 fiscais para cada mesa receptora, atuando um de cada vez, mantendo-se a ordem no local de votação. O fiscal poderá acompanhar mais de uma seção eleitoral, no mesmo local de votação. Quando o município abranger mais de uma zona eleitoral, cada partido político ou coligação poderá nomear 2 delegados para cada uma delas. Cada partido político ou coligação poderá credenciar, perante as Juntas Eleitorais, até três fiscais, que se revezarão na fiscalização dos trabalhos de apuração.

Assertiva "c". ERRADO. O fiscal poderá acompanhar mais de uma seção eleitoral, no mesmo local de votação.

Assertiva "d". ERRADO. Não existe este impedimento, embora, na prática, tal possibilidade não esteja regulamentada.

Assertiva "e". ERRADO. Não há nenhum impedimento ao contato entre delegados, fiscais e mesários nas eleições.

5. QUESTÕES DE CONCURSOS PARA TÉCNICO JUDICIÁRIO DOS TRIBUNAIS REGIONAIS ELEITORAIS

26. (Consulplan – Técnico Judiciário – Área Administrativa – TRE – MG/2015) "A votação e a totalização dos votos serão feitas por sistema eletrônico. Na votação para as eleições proporcionais, os votos em que não seja possível a identificação do candidato, de acordo com a Lei Federal nº 9.504/1997, serão computados para o partido ____________________, desde que o número identificador do partido seja digitado deforma correta." Assinale a alternativa que completa corretamente a afirmativa anterior.

a) coligado

b) majoritário

c) minoritário

d) do candidato

COMENTÁRIOS

Alternativa correta: assertiva "d". (Responde as demais). De acordo com o art. 5º da Lei nº. 9.504/97, o qual dispõe que "Nas eleições proporcionais, contam-se como válidos apenas os votos dados a candidatos regular e às legendas partidárias. Já de acordo com o artigo 59, § 2º , da mesma lei, "na votação para as eleições proporcionais, serão computados para a legenda partidária os votos em que não seja possível a identificação do candidato, desde que o número identificador do partido seja digitado de forma correta".

---

27. (CESPE – Técnico Judiciário – Área Administrativa – TRE-MS/2012) Assinale a opção correta com referência ao sistema eletrônico de votação.

a) O juiz eleitoral pode votar em qualquer urna eletrônica da seção da zona eleitoral sob sua jurisdição, mesmo sem ter seu nome incluído na listagem de eleitores da seção.

b) Após a implementação do voto por meio de urnas eletrônicas, proibiu-se o uso de cédulas de papel no processo eleitoral.

c) Na votação para as eleições majoritárias, os votos em que seja impossível a identificação do candidato são computados para a legenda partidária, desde que o número identificador do partido seja digitado de forma correta.

d) A urna eletrônica exibe para o eleitor, primeiramente, os painéis referentes às eleições majoritárias e, em seguida, os referentes às eleições proporcionais.

e) A urna eletrônica mostra, em seu painel, a expressão designadora do cargo disputado no masculino ou feminino, conforme o caso.

COMENTÁRIOS

Alternativa correta: letra "e". CORRETO. Previsão do art. 59, § 1º da lei das eleições.

Alternativa "a". ERRADO. Conforme art. 62 da lei das eleições, nas Seções em que for adotada a urna eletrônica, somente poderão votar eleitores cujos nomes estiverem nas respectivas folhas de votação e isso vale também para os juízes eleitorais.

Alternativa "b". ERRADO. Está mantida a possibilidade de votação por cédulas para a hipótese de não ser usado o sistema eletrônicos de votação e totalização de votos, conforme art. 82 da lei das eleições.

Alternativa "c". ERRADO. Existe essa previsão na votação para as eleições proporcionais, conforme art. 59, § 2º da lei das eleições. Nas eleições majoritárias, como os candidatos concorrem co mo número do próprio partido, a identificação do número do partido já identifica o candidato.

Alternativa "d". ERRADO. Ocorre justamente o inverso, conforme art. 59, § 3º da lei das eleições.

✦ DICAS

- AÇÃO DIRETA DE INCONSTITUCIONALIDADE 4.467. O Tribunal, por unanimidade, confirmou a medida cautelar e julgou procedente a ação para conferir interpretação conforme à Constituição aos arts. 91-A da Lei 9.504/1997 e 47, § 1º, da Res.-TSE 23.218/2010, assentando que a ausência do título de eleitor no momento da votação não constitui, por si só, óbice ao exercício do sufrágio, nos termos do voto da Relatora.
- A divisão geográfica da Justiça Eleitoral de primeira instância se dá através da constituição das zonas eleitorais, correspondentes ao espaço territorial sob a jurisdição de um juiz eleitoral, podendo abranger mais de um município ou, em certas ocasiões, área inferior a de um território municipal. Grandes municípios, geralmente, comportam várias zonas eleitorais, enquanto que pequenos municípios costumam ser agrupados sob a égide de uma mesma zona eleitoral.

- As zonas eleitorais, por sua vez, deverão ser divididas em seções eleitorais, correspondentes ao local onde os eleitores comparecem para votar. Em cada seção eleitoral é instalada uma urna, na eleição ou consulta popular. Em cada seção eleitoral, na data do pleito, funcionará uma mesa receptora de votos, composta por uma equipe de mesários nomeada pelo juiz eleitoral da zona eleitoral da qual a seção fizer parte.
- As seções eleitorais funcionarão preferencialmente em edifícios públicos, podendo, entretanto, ser utilizados, em caso de necessidade, edifícios particulares. Os locais de funcionamento das seções eleitorais são conhecidos como "locais de votação".
- Segundo o artigo 120 do Código Eleitoral, cada mesa receptora de votos deverá ser constituída por seis membros: um presidente, um primeiro e um segundo mesário, dois secretários e um suplente, nomeados pelo juiz eleitoral sessenta dias antes da eleição. Nas eleições 2010, no entanto, o TSE, por meio da Resolução nº 23.218, de 02.03.2010, facultou aos TREs a dispensa do segundo secretário e do suplente.

Não podem ser nomeados para compor mesas receptoras, de acordo com o art. 120 do Código Eleitoral c/c art. 63, § 2º da Lei nº 9.504/97
Candidatos, seus cônjuges e parentes, ainda que por afinidade, até o 2º grau
Membros de diretórios de partidos políticos que exerçam função executiva
Autoridades e agentes policiais, bem como funcionários no desempenho de cargos de confiança do poder executivo
Servidores da Justiça
Eleitores menores de 18 anos de idade quando se tratar de órgão da imprensa escrita.

- O presidente da mesa exercerá, durante o período de votação, o poder de polícia na sua respectiva seção, podendo, para isso requisitar a presença de força policial, se necessário. É o presidente da mesa, assim, durante os trabalhos, a autoridade superior, devendo zelar pela ordem do pleito, com poderes, inclusive para retirar do recinto quem não guardar a devida compostura ou estiver praticando ato atentatório à liberdade eleitoral.
- Nenhuma autoridade estranha à mesa poderá intervir na mesma, sob pretexto algum, salvo o juiz eleitoral. A força Armanda conservar-se-á a cem metros da seção eleitoral e não poderá aproximar-se do local de votação, ou nela penetrar, sem ordem do presidente da mesa.
- Antes do início da votação, deverá ser emitida a zerésima, documento que comprova a ausência de votos depositados previamente na urna eletrônica. Já ao final da mesma, deverá ser preenchida a ata e emitidos os boletins de urna e de justificativas. Dos boletins de urna (BUs) deverão constar as seguintes informações:

Dados constantes dos boletins de urna
a) Data da eleição;
b) identificação da zona eleitoral, município e seção eleitoral;
c) data e horário de encerramento da votação;
d) código de identificação da urna;
e) número de eleitores habilitados a votar;
f) número de eleitores votantes no pleito;
g) votação conferida para cada candidato e cada legenda;
h) quantidade de votos nulos e de votos brancos;
i) soma geral dos votos computados.

- É vedado ao eleitor, no momento da votação, portar aparelho de telefonia celular, máquinas fotográficas e filmadoras, dentro da cabina de votação, a fim de preservar o sigilo do voto, conforme regra estampada no parágrafo único do novo art. 91-A da Lei das Eleições, incluído pela recente reforma eleitoral.

- Com a adoção do sistema eletrônico de votação, tornou-se vedada a possibilidade de voto em trânsito, prevista no Código Eleitoral. Dessa forma, o eleitor passou a ser obrigado a votar, apenas, na seção eleitoral em que esteja alistado (art. 62 da Lei das Eleições).
- Com a recente reforma eleitoral promovida pela Lei nº 12.034/09, entretanto, foi incluído no Código Eleitoral o art. 233-A, dispondo que "aos eleitores em trânsito no território nacional é igualmente assegurado o direito de voto nas eleições para presidente e vice-presidente da república, em urnas especialmente instaladas nas capitais dos estados e na forma regulamentada pelo TSE". Dessa forma, criou-se o instituto do "voto em trânsito nas eleições presidenciais", disciplinado, nas eleições 2010, pela Resolução TSE nº 23.215, de 02 de março de 2010. Previu a citada resolução, no seu artigo 2º, que para votar em trânsito nas eleições presidenciais o eleitor deveria se habilitar em qualquer cartório eleitoral do país, entre 15 de julho e 15 de agosto de 2010, informando a capital de estado brasileiro em que estaria presente no dia da eleição, não sendo admitida a habilitação por procurador. Dessa forma, o eleitor faria uma "transferência provisória" do seu título para as citadas seções especiais, mantendo, no entanto, o domicílio eleitoral.

– Com a publicação da Lei nº. 13.165/15, em 29 de setembro de 2015, a regra do artigo 233-A do Código Eleitoral, criada pela Lei nº. 12.034/09, foi ampliada, permitindo, doravante, o voto em trânsito de eleitores não apenas para as eleições presidenciais, mas também nos pleitos de circunscrição estadual e/ou distrital (governadores, deputados e senadores). Além disso, o eleitor poderá, com as novas regras, a partir de 2018, votar em trânsito se estiver em qualquer município do estado (no caso das eleições com circunscrição estadual) ou do país (no caso das eleições presidenciais) que tenham mais de cem mil eleitores, fato que amplia a possibilidade de utilização do instituto.

– Os membros das Forças Armadas, os integrantes dos órgãos de segurança pública a que se refere o art. 144 da Constituição Federal, bem como os integrantes das guardas municipais mencionados no § 8o do mesmo art. 144, poderão votar em trânsito se estiverem em serviço por ocasião das eleições.

- Estando o eleitor no Brasil, o mesmo poderá justificar sua ausência ao pleito no dia da realização do mesmo ou, se preferir, até 60 dias após, em cartório eleitoral. Para o eleitor que, na data do pleito, se encontrar ausente do país, por sua vez, o prazo para apresentação de justificativa de ausência será de 30 dias, contados do seu retorno ao país. O pedido de justificação será sempre dirigido ao juiz eleitoral da zona da inscrição do eleitor, podendo ser formulado em qualquer zona eleitoral, a qual providenciará sua remessa ao juízo competente.
- Os partidos políticos exercem a fiscalização das eleições, em todas as suas fases, por meio de fiscais e delegados credenciados junto à Justiça Eleitoral. Enquanto o fiscal eleitoral, designado por partidos ou coligações, atua junto às mesas receptoras de votos, no dia da eleição, fiscalizando a votação e mesmo a apuração, apresentando, inclusive, impugnações, os delegados de partido, com atuação mais ampla, representam a agremiação partidária junto à Justiça Eleitoral na defesa dos mais diversos interesses, durante todo o pleito, podendo também atuar no dia da eleição, inclusive apresentando impugnações perante as juntas eleitorais, durante o processo de apuração.
- A diplomação, última fase do processo eleitoral, pode ser entendida, como o ato pelo qual a Justiça Eleitoral, por intermédio de seus órgãos, em solenidade própria, concede aos candidatos eleitos o diploma e o direito de assumirem e exercerem o respectivo mandato eletivo para o qual foram eleitos.
- Os diplomas do presidente e vice-presidente da república eleitos serão expedidos pelo TSE. Já os diplomas dos deputados federais, estaduais, distritais, senadores, respectivos suplentes, governadores de estado e vice-governadores eleitos serão expedidos pelos tribunais regionais eleitorais respectivos. Por fim, os diplomas do prefeito, vice-prefeito e vereadores eleitos, bem como dos

suplentes desses, serão expedidos pela Junta Eleitoral competente. O presidente de cada um desses órgãos realizará a diplomação, na esfera da sua respectiva circunscrição eleitoral.

- De acordo com a Constituição Federal de 1988, desde a diplomação, deputados e senadores passam a gozar de prerrogativa de foro, não podendo também ser presos, salvo em flagrante de crime inafiançável. Também desde a diplomação, deputados e senadores não poderão firmar ou manter contrato com pessoa jurídica de direito público, autarquia, empresa pública, sociedade de economia mista ou empresa concessionária de serviço público, salvo quando o contrato obedecer a cláusulas uniformes, bem como aceitar ou exercer cargo, função ou emprego remunerado, inclusive os demissíveis ad nutum, nas entidades citadas. Vale ainda destacar que parlamentar eleito e diplomado para outro cargo poderá continuar a exercer o mandato em curso até a posse novo cargo.
- A nova redação do artigo 8º da lei das eleições, determinada pela lei nº 12.891/13, estabeleceu que as convenções para a escolha de candidatos terão início no dia 12/06 do ano eleitoral, e não mais no dia 10 do mesmo mês, mantida a data de 30/06 como termo final.
- Foi acrescentado, pela lei 12.891/13, o inciso III ao § 8º do artigo 11 da lei nº 9.504/97, estabelecendo que "o parcelamento das multas eleitorais é direito do cidadão, seja ele eleitor ou candidato, e dos partidos políticos, podendo ser parceladas em até 60 (sessenta) meses, desde que não ultrapasse o limite de 10% (dez por cento) de sua renda", norma que, sob um ponto de vista crítico, facilita a prática de atos ilícitos no processo eleitoral, uma vez que ameniza o impacto das penalidades estabelecidas em lei.
- Ao mesmo artigo também foi acrescentado pela minirreforma eleitoral ditada pela lei 12.891/13 o § 13, determinando que a dispensa da apresentação, por parte de candidatos, partidos e coligações, de documentos produzidos a partir de informações detidas pela Justiça Eleitoral, quando da formulação de pedido de registro de candidatura, mudança esta que, certamente, tornará ainda mais ardoroso o trabalho dos servidores dessa justiça especializada durante o processo de análise de tais pedidos de registro.
- Até a publicação da lei nº 12.891/13, o referido § 2º exigia a apresentação de recibo para a comprovação da doação, sem, contudo, a exigência de assinatura do doador.
- O § 4º do art. 28 da Lei nº 9.504/97 sofreu uma pequena alteração na sua redação, decorrente da publicação da lei nº 12.891/13. Anteriormente, as datas de publicação das informações exigíveis no referido dispositivo normativo eram, respectivamente, 06 de agosto e 06 de setembro do ano eleitoral. Agora, tais datas previstas são 08 de agosto e 08 de setembro. Além disso, foi incluído o § 6º ao mesmo artigo, dispondo que ficam dispensadas de comprovação na prestação de contas a cessão de bens móveis, limitada ao valor de R$ 4.000,00 (quatro mil reais) por pessoa cedente; bem como doações estimáveis em dinheiro entre candidatos, partidos ou comitês financeiros, decorrentes do uso comum tanto de sedes quanto de materiais de propaganda eleitoral, cujo gasto deverá ser registrado na prestação de contas do responsável pelo pagamento da despesa.
- O artigo 31 da Lei nº 9.504/97, o qual dispõe sobre a sobra de campanhas, teve sua redação totalmente modificada pela lei nº 12.891/13. De acordo com a redação original, a sobra de recursos financeiros deveria ser declarada na prestação de contas e, após julgados todos os recursos, transferida ao órgão do partido na circunscrição do pleito ou à coligação, para divisão entre os partidos componentes. Dispunha ainda o parágrafo único do referido artigo que as sobras de recursos financeiros de campanha seriam utilizadas pelos partidos políticos, devendo tais valores ser declarados em suas prestações de contas perante a Justiça Eleitoral, com a identificação dos candidatos. Conforme a nova redação, na ocorrência de sobra de campanha, a mesma deverá ser declarada na prestação de contas e, após julgados todos os recursos, transferida ao partido (a norma não se refere mais à coligação), a partir dos seguintes critérios: I – no caso de candidato a Prefeito, Vice-Prefeito e Vereador, esses recursos deverão ser transferidos para o órgão diretivo municipal do partido na cidade onde ocorreu a eleição, o qual será responsável exclusivo pela identificação desses recursos, sua utilização, contabilização e respectiva prestação de contas perante o juízo eleitoral correspondente; II – no caso de candidato a Governador, Vice-Governador, Senador,

Deputado Federal e Deputado Estadual ou Distrital, esses recursos deverão ser transferidos para o órgão diretivo regional do partido no Estado onde ocorreu a eleição ou no Distrito Federal, se for o caso, o qual será responsável exclusivo pela identificação desses recursos, sua utilização, contabilização e respectiva prestação de contas perante o Tribunal Regional Eleitoral correspondente; III – no caso de candidato a Presidente e Vice-Presidente da República, esses recursos deverão ser transferidos para o órgão diretivo nacional do partido, o qual será responsável exclusivo pela identificação desses recursos, sua utilização, contabilização e respectiva prestação de contas perante o Tribunal Superior Eleitoral. Por fim, estabelece o novo artigo 31, em seu inciso IV, que "o órgão diretivo nacional do partido não poderá ser responsabilizado nem penalizado pelo descumprimento do disposto neste artigo por parte dos órgãos diretivos municipais e regionais".

- O novo inciso VII do art. 33, com redação dada pela Lei nº 12.891/13, passou a exigir a apresentação de nota fiscal pelo serviço de pesquisa prestado. Além disso, o § 5º, incluído pela nova lei, passou a proibir a realização de enquetes (sem obediência aos ditames legais relativos às pesquisas) relacionadas ao processo eleitoral durante o período de campanha.
- O artigo 65 da Lei das Eleições passou a contar com um novo parágrafo, o § 4º, a partir da minirreforma eleitoral de dezembro de 2013. De acordo com o novo dispositivo legal, cada partido ou coligação poderá credenciar no máximo dois fiscais por seção eleitoral, a fim de realizar o acompanhamento da votação.
- A minirreforma eleitoral de dezembro de 2013 buscou incentivar uma maior participação feminina na política, ao criar o artigo 93-A da Lei nº 9.504/97. De acordo com o novo dispositivo, "o Tribunal Superior Eleitoral (TSE), no período compreendido entre 1º de março e 30 de junho dos anos eleitorais, em tempo igual ao disposto no art. 93 desta Lei, poderá promover propaganda institucional, em rádio e televisão, destinada a incentivar a igualdade de gênero e a participação feminina na política".
- O artigo 100-A da Lei das Eleições foi criado pela minirreforma eleitoral de dezembro de 2013, através da lei nº 12.891/13, a fim de regulamentar uma prática muito comum e até então ignorada pela legislação eleitoral: a contratação dos chamados "cabos eleitorais", pessoas que trabalham, de forma gratuita ou onerosa, em campanhas eleitorais de candidatos, coligações ou partidos. As novas normas determinam, primeiramente, limites ao número de cabos eleitorais em campanhas: para candidatos a prefeito, um por cento do eleitorado por candidato em municípios com até trinta mil eleitorais e 0,1%, também por candidato, em municípios com maior número de eleitores, bem como no Distrito Federal. Além disso, o novo artigo de lei estabelece limites ao número de contratados nas eleições para presidente da república e senadores (em cada estado, o número estabelecido para o município com o maior número de eleitores); governador de estado ou do DF (dobro do limite estabelecido para o Município com o maior número de eleitores, e, no Distrito Federal, até 0,2% do eleitorado); deputado federal (na circunscrição, 70% do limite estabelecido para o Município com o maior número de eleitores, e, no Distrito Federal, esse mesmo percentual aplicado sobre o limite calculado sob a base de 0,1% do eleitorado, considerado o eleitorado da maior região administrativa); deputado estadual ou distrital (na circunscrição, 50% do limite estabelecido para Deputados Federais); e vereadores (50% do número de contratados pelos candidatos a prefeito, observado o limite de 80% do número máximo permitido para contratação de cabos eleitorais de candidatos e deputado estadual). Os candidatos aos cargos de vice ou suplente seguem os limites dos titulares, tendo em vista a unicidade das candidaturas. Na prestação de contas, os candidatos passaram a ser obrigados a discriminar nominalmente as pessoas contratadas, com indicação de seus respectivos números de inscrição no Cadastro de Pessoas Físicas (CPF). São excluídos dos limites fixados pela lei a militância não remunerada, pessoal contratado para apoio administrativo e operacional, fiscais e delegados credenciados para trabalhar nas eleições e os advogados dos candidatos ou dos partidos e coligações. O descumprimento das normas do artigo 100-A configura crime sujeito às penas previstas no artigo 299 do Código Eleitoral (corrupção eleitoral).

- A partir das eleições de 2018, seria instituída a impressão do voto. No processo de votação eletrônica, a urna imprimiria o registro de cada voto, que será depositado, de forma automática e sem contato manual do eleitor, em local previamente lacrado. O STF, em 06 de junho de 2018, deferiu medida cautelar, com efeitos *ex tunc*, para suspender a eficácia do art. 59-A da Lei 9.504/1997, incluído pelo art. 2º da Lei 13.165/2015, nos autos da ADI 5889, proposta pela Procuradoria Geral da República. Assim, foi suspensa, em todo o país, a obrigatoriedade da impressão de votos nas eleições gerais de 2018. O STF julgou procedente o mérito da ADI 5889 confirmando a medida cautelar.
- Sobre a questão das nulidades, em 2020 o TSE decidiu que a cassação de mandato ou diploma de candidato eleito pelo sistema proporcional em ação autônoma pela prática dos ilícitos eleitorais enseja a anulação dos votos recebidos e, consequentemente, o recálculo dos quocientes eleitoral e partidário. Assim, será afastada a incidência do § 4º do art. 175 do Código Eleitoral (CE), e os votos recebidos pelo candidato cassado não serão aproveitados pelo partido pelo qual foi eleito. (RO nº. 0603900-65, Salvador/BA. Rel. Min. Sérgio Banhos, julgado em 13.10.2020)

✦ CONHECENDO A JURISPRUDÊNCIA

1. RESOLUÇÕES DO TSE APLICÁVEIS

▸ Resolução nº 22.411/2006

Escolas particulares de comunidade religiosa podem ser designadas como locais de votação.

▸ Resolução nº 20.639/2000

O TSE, por meio da Resolução nº; 20.639/2000 estabeleceu que, em caso de dúvida quanto à identidade do eleitor, o mesmo será impedido de votar na urna eletrônica, até a decisão do juiz eleitoral.

▸ Resolução nº 22.424/2006

Os integrantes de mesas receptoras, de juntas eleitorais e os auxiliares dos trabalhos eleitorais têm direito ao gozo em dobro pelos dias trabalhados, nos termos do art. 98 da Lei nº 9.504/97, o mesmo se aplicando aos que tenham atendido a convocações desta Justiça especializada para a realização dos atos preparatórios do processo eleitoral, como nas hipóteses de treinamentos e de preparação ou montagem de locais de votação. Orientação a ser observada por quaisquer instituições públicas ou privadas. (Res. 22.424, de 26.9.06, do TSE).

▸ Resolução nº 19.766/1996

Res.-TSE nº 19.766/1996: possibilidade de recebimento do diploma por procurador; excepcionalmente, o juiz pode mudar o dia marcado para a diplomação, observadas a conveniência e oportunidade.

▸ Resolução nº 23.097/2009

Processo administrativo. Diplomação. Suplentes. Critério. Diplomação até terceiro suplente. Remanescentes. Nomeação. Faculdade. 1 – A diplomação de suplentes deve ocorrer até a terceira colocação, facultando-se aos demais suplentes o direito de solicitarem, a qualquer tempo, os respectivos diplomas. 2 – Mantém-se o entendimento de que, nas hipóteses de infidelidade partidária, somente o 1º suplente do partido detém interesse jurídico, uma vez que poderá assumir o mandato do parlamentar eventualmente condenado (CTA 1.482/DF, Rel. Min. Caputo Bastos). Precedentes. (Res. 23.097, de 6.8.09, do TSE).

Capítulo XI – Pesquisas Eleitorais e Propaganda Política

✦ QUESTÕES

1. QUESTÕES DE CONCURSOS PARA A MAGISTRATURA ESTADUAL

01. (FMP – Juiz de Direito – MT/2014) Em matéria de propaganda política, havendo previsão de regras de estrita observância no Código Eleitoral, na Lei Eleitoral (n° 9.504/97) e Lei dos Partidos Políticos (n° 9.096/95), nas Resoluções do TSE, bem como na regra geral constitucional de liberdade de manifestação do pensamento, informação e comunicação, é correto dizer que:

a) ofensa às regras que impõem condutas ordenadas de propaganda política sempre constitui crime eleitoral.

b) a propaganda eleitoral é permitida após a escolha dos candidatos em convenção partidária, conforme previsto no art. 240 do Código Eleitoral.

c) a prática de propaganda eleitoral antecipada acarreta a sanção de multa e pode levar ao reconhecimento da conduta ilícita de abuso de poder, dependendo das circunstâncias e gravidade do caso concreto.

d) a divulgação de nome e do trabalho e ações desenvolvidos pelo candidato constitui propaganda ilícita.

e) no ano eleitoral, nos três meses que antecedem o dia do pleito, serão excepcional e cumulativamente realizadas as propagandas eleitorais e partidárias.

COMENTÁRIOS

Alternativa correta: assertiva "c". A violação às regras de propaganda política (eleitoral, partidária ou intrapartidária) sujeita o responsável pela divulgação da propaganda e, quando comprovado o seu prévio conhecimento, o beneficiário da mesma, à multa no valor de R$ 5.000,00 (cinco mil reais) a R$ 25.000,00 (vinte e cinco mil reais), ou ao equivalente ao custo da propaganda, se este for maior. Recentemente, com a publicação da Lei nº. 12.891/13, foi determinado que "a responsabilidade pelo pagamento de multas decorrentes de propaganda eleitoral é solidária entre os candidatos e os respectivos partidos, não alcançando outros partidos mesmo quando integrantes de uma mesma coligação". Caso configurado o abuso do poder econômico ou político no uso da propaganda eleitoral antecipada irregular, poderá ainda ser proposta Ação de Investigação Judicial Eleitoral, a qual poderá levar ao reconhecimento da conduta ilícita de abuso de poder.

Assertiva "a". ERRADO. Nem todas as condutas ilícitas no plano eleitoral, inclusive no que se refere à propaganda política, estão tipificadas como crimes.

Assertiva "b". ERRADO. O artigo 240 do Código Eleitoral foi revogado tacitamente pela Lei nº. 9.504/97,. Ocorre que,, com a publicação da Lei nº. 13.165/15, o novo artigo 240 do Código Eleitoral passou a ser válido, prevendo que a propaganda eleitoral é permitida após do dia 15 de agosto do ano eleitoral.

Assertiva "d'. ERRADO. O candidato pode livremente manifestar-se sobre os eu currículo, durante a campanha eleitoral.

Assertiva 'e". ERRADO. As propagandas partidárias são suspensas durante o semestre eleitoral.

---

02. (Vunesp – Juiz de Direito – SP/2014) Sobre o material utilizado pelos candidatos na propaganda eleitoral, é correto afirmar:

a) A utilização de "outdoors" é permitida nas campanhas eleitorais.

b) É permitida na campanha eleitoral a distribuição de material gráfico do candidato ao eleitor, desde que não proporcione a este qualquer vantagem.

c) É permitida na campanha eleitoral a distribuição de chaveiros, bonés e camisetas ao eleitor como forma de propaganda eleitoral.

d) É vedada, mesmo em dias antes do dia das eleições, a utilização, na campanha eleitoral, de carro de som que transite pela cidade divulgando "jingles" ou mensagens dos candidatos.

COMENTÁRIOS

Alternativa correta: assertiva "b". Segundo o artigo 38 da Lei nº. 9.504/97, " Independe da obtenção de licença municipal e de autorização da Justiça Eleitoral a veiculação de propaganda eleitoral pela distribuição de folhetos, volantes e outros impressos, os quais devem ser editados sob a responsabilidade do partido, coligação ou candidato",

Assertiva "a". ERRADO. Desde 2006, com a publicação da lei nº. 11.300/06, os outdoors estão proibidos nas campanhas eleitorais.

Assertiva "c". ERRADO. Prática vedada pelo art. 39, § 6º da Lei das Eleições.

Assertiva "d". ERRADO. O carro de som é permitido nas campanhas eleitorais, exceto no dia da eleição, desde que em carreatas, passeatas ou assemelhados.

---

03. (FGV – Juiz de Direito Substituto-PA/ 2009) A propaganda de candidatos a cargos eletivos é permitida:

a) até 24 horas antes e logo após o encerramento da votação.

b) até 48 horas antes e logo após a proclamação do resultado da eleição.

c) até 48 horas antes e 24 horas após a eleição.

d) até 24 horas antes e 24 horas após a eleição.

e) até 48 horas antes e logo após o encerramento da votação.

COMENTÁRIOS

✪ **Nota do autor**: a presente questão foi elaborada antes da publicação da lei nº 12.034/09, a qual alterou a disciplina jurídica da propaganda eleitoral, modificando artigos da Lei das Eleições. A alternativa que houvera sido considerada correta pela banca foi a da assertiva "C". Contudo, atualmente, a propaganda eleitoral é permitida, por meio da internet, até o dia da eleição, o que invalida qualquer uma das opções acima como correta.

---

04. (FCC – Juiz Substituto – AP/ 2009) A partir da escolha de candidatos em convenção, é assegurado o direito de resposta a candidato, partido político ou coligação, atingidos, ainda que de forma indireta, por conceito, imagem ou afirmação caluniosa, difamatória, injuriosa ou sabidamente inverídica, difundidos por qualquer veículo de comunicação social. O prazo para o ofendido, ou seu representante legal, pedir o exercício do direito de resposta à Justiça Eleitoral será de 72 horas, contado a partir da divulgação da ofensa, quando se tratar

a) do horário eleitoral gratuito na televisão.

b) do horário eleitoral gratuito no rádio.

c) de órgão da imprensa escrita.

d) da programação normal das emissoras de rádio.

e) da programação normal das emissoras de televisão.

COMENTÁRIOS

✪ **Nota do autor:** Prevê o artigo 58 da lei nº 9.504/97 que "a partir da escolha de candidatos em convenção, é assegurado o direito de resposta a candidato, partido ou coligação atingidos, ainda que de forma indireta, por conceito, imagem ou afirmação caluniosa, difamatória, injuriosa ou sabidamente inverídica, difundidos por qualquer veículo de comunicação social", nos seguintes prazos, contados a partir da veiculação da ofensa (art. 58, § 1º):

Prazos para requerimento do direito de resposta à Justiça Eleitoral (contados a partir da veiculação da ofensa)

Alternativa correta: assertiva "C". Regra prevista no art. 58, § 1º, III da lei das Eleições.

Assertiva "A" ERRADA. Neste caso, o prazo será de 24 horas.

Assertiva "B" ERRADA. Neste caso, o prazo será de 24 horas.

Assertiva "C" ERRADA. Neste caso, o prazo será de 48 horas.

Assertiva "D" ERRADA. Neste caso, o prazo será de 48 horas.

---

05. (IESES – Juiz Substituto – MA/ 2008) Acerca do processamento dos pedidos de direito de resposta é correto afirmar:

a) Os pedidos de resposta formulados por terceiro, em relação ao que foi manifestado no horário eleitoral gratuito, serão examinados pela Justiça Comum.

b) Quando a ofensa for veiculada em órgão da imprensa escrita, o pedido deverá ser feito no prazo de três dias, a contar da data constante da edição do periódico.

c) Quando a ofensa for proferida em programação normal das emissoras de rádio e de televisão, o pedido, com a transcrição do trecho considerado ofensivo ou inverídico, deverá ser feito no prazo de setenta e duas horas, contado a partir da veiculação do ataque.

d) Quando a ofensa ocorrer no horário eleitoral gratuito, o pedido deverá ser feito no prazo de 24 horas, contado a partir da veiculação.

COMENTÁRIOS

Alternativa correta: **Assertiva "D" CORRETA**. Regra prevista no artigo 58, § 1º, I da Lei das Eleições.

Assertiva "A" ERRADA. Pedidos de direito de resposta nas eleições serão sempre da competência da Justiça Eleitoral.

Assertiva "B" ERRADA. O prazo será de 72 horas, conforme previsão expressa do artigo 58, § 1º, III da Lei das Eleições.

Assertiva "C" ERRADA. O prazo será de 48 horas, conforme previsão expressa do artigo 58, § 1º, II da Lei das Eleições.

2. QUESTÕES DE CONCURSOS PARA O MINISTÉRIO PÚBLICO ESTADUAL (PROMOTOR DE JUSTIÇA)

06. (Cespe – Promotor de Justiça – MPE – CE/2020) De acordo com a Lei n.° 9.504/1997, a partir da escolha de candidato em convenção partidária, o pedido do exercício do direito de resposta à justiça eleitoral em caso de ofensa pode ser realizado apenas por

a) candidatos.

b) partidos políticos.

c) coligações partidárias.

d) candidatos e partidos políticos.

e) candidatos, partidos políticos e coligações partidárias ou seus representantes legais.

Alternativa correta: assertiva "e". O direito de resposta tem uma amplitude que engloba tanto candidatos, como partidos, coligações e seus respectivos representantes, conforme a Lei das Eleições

07. (MPE – GO – Promotor de Justiça – MPE – GO/2019) Segundo a Lei n. 9.504/97, assinale a resposta incorreta:

a) É vedada a veiculação de propaganda de qualquer natureza, inclusive pichação, inscrição à tinta e exposição de placas, estandartes, faixas, cavaletes, bonecos e assemelhados nos bens de uso comum, inclusive poste de iluminação pública, sinalização de tráfego, viadutos, passarelas, pontes, paradas de ônibus e outros.

b) A realização de qualquer ato de propaganda partidária eleitoral em recinto aberto depende de licença policial.

c) É permitida a veiculação de bandeiras ao longo de vias públicas, desde que móveis e que não dificultem o bom andamento do trânsito de pessoas e veículos.

d) Bens de uso comum, para fins eleitorais, são os assim definidos no Código Civil e também aqueles a que a população em geral tem acesso, tais como cinemas, clubes, lojas, centros comerciais, templos, ginásios, estádios, ainda que de propriedade privada.

COMENTÁRIOS

Afirmativa "a": Busca-se, na questão, a afirmativa incorreta. O enunciado é correto. Tal regra está no caput do art. 37 da Lei 9.504/97.

Alternativa "b": Busca-se, na questão, a afirmativa incorreta. O enunciado é incorreto. Não há necessidade de prévia licença policial para a prática de atos de propaganda política, sendo, no máximo, a depender da forma de propaganda (uma passeata, por exemplo), a comunicação prévia, mas sem pedido de licença.

Afirmativa "c": Busca-se, na questão, a afirmativa incorreta. O enunciado é correto. A Lei das eleições permite a veiculação de bandeiras ao longo de vias públicas, desde que móveis e que não dificultem o bom andamento do trânsito de pessoas e veículos.

Afirmativa "d": Busca-se, na questão, a afirmativa incorreta. O enunciado é correto. Os bens de uso comum, para fins de propaganda eleitoral, podem incluir bens privados, de uso ordinário pelo povo, como cinemas ou estádios de futebol, por exemplo.

Alternativa correta: letra "b".

08. (FCC – Promotor de Justiça – MPE – PB/2018) O direito de resposta por afirmação difamatória na propaganda eleitoral veiculada

a) pela internet será apreciada pelo Juiz Eleitoral em decisão irrecorrível.

b) por qualquer meio de comunicação é assegurado aos candidatos, mas vedado aos partidos políticos e coligações.

c) pela imprensa escrita deve ser pleiteada na Justiça Comum e não na Justiça Eleitoral.

d) na programação normal das emissoras de rádio e televisão, quando deferido, será exercido em tempo igual ao da ofensa, porém nunca inferior a um minuto.

e) no horário eleitoral gratuito deverá ser pedido no prazo de 72 horas contado da divulgação da ofensa.

COMENTÁRIOS

Alternativa "a": Caberá recurso, no prazo de 24 horas (art. 58, § 5º da Lei 9.504/97)

Alternativa "b": Partidos e coligações são legitimados para propor direito de resposta, conforme o caput do art. 58 da Lei 9.504/97.

Alternativa "c": A competência será sempre da Justiça Eleitoral, por se tratar de fato relacionado ao pleito.

Alternativa "d": regra expressamente prevista no artigo 58, III, c da Lei 9504/97.

Alternativa "e": O prazo será de 24 horas, conforme previsão do art. 58, § 1º, I da Lei 9.504/97.

Alternativa correta: letra "d".

---

09. (MPE – MS – Promotor de Justiça – MPE – MS/2018 – ADAPTADA) É permitida a propaganda política paga no rádio e na televisão desde que custeada pelo fundo partidário.

COMENTÁRIOS

Não é permitida propaganda política paga no rádio e na TV.

Alternativa correta: "errado".

---

10. (MPE-SP – Promotor de Justiça – SP/2011) Analise as seguintes assertivas com relação ao direito de resposta assegurado pela legislação eleitoral a candidato, partido ou coligação atingidos, ainda que de forma indireta, por conceito, imagem ou afirmação caluniosa, difamatória, injuriosa ou sabidamente inverídica, difundidos por qualquer veículo de comunicação social:

I. o direito de resposta é assegurado a partir do dia 5 de julho do ano eleitoral;

II. quando se tratar da programação normal das emissoras de rádio e televisão, o prazo para pedir o exercício do direito de resposta à Justiça Eleitoral é de 24 horas;

III. o candidato ofendido que usar o tempo concedido sem responder aos fatos veiculados na ofensa terá subtraído tempo idêntico do seu programa eleitoral;

IV. no caso de ofensa veiculada em órgão da imprensa escrita, a resposta deverá ser divulgada no mesmo dia da semana em que ocorreu a ofensa;

V. no horário eleitoral gratuito, o ofendido usará, para a resposta, tempo nunca inferior a um minuto.

Está correto apenas o que se afirma em

a) I e II.

b) I e IV.

c) II e V.

d) III e IV.

e) III e V.

COMENTÁRIOS

Alternativa correta: assertiva "e". III e V estão corretas.

Item I: INCORRETO. Prevê o artigo 58 da lei nº 9.504/97 que "a partir da escolha de candidatos em convenção, é assegurado o direito de resposta a candidato, partido ou coligação atingidos, ainda que de forma indireta, por conceito, imagem ou afirmação caluniosa, difamatória, injuriosa ou sabidamente inverídica, difundidos por qualquer veículo de comunicação social"

Item II. INCORRETO. Neste caso, o prazo será de 48 horas.

Item III. CORRETO. Se o ofendido for candidato, partido ou coligação que tenha usado o tempo concedido sem responder aos fatos veiculados na ofensa, terá subtraído tempo idêntico do respectivo programa eleitoral; tratando-se de terceiros, ficarão sujeitos à suspensão de igual tempo em eventuais novos pedidos de resposta e à multa no valor de duas mil a cinco mil UFIR.

Item IV. INCORRETO. Deferido o pedido, a divulgação da resposta dar-se-á no mesmo veículo, espaço, local, página, tamanho, caracteres e outros elementos de realce usados na ofensa, em até quarenta e oito horas após a decisão ou, tratando-se de veículo com periodicidade de circulação maior que quarenta e oito horas, na primeira vez em que circular.

Item V. CORRETO. O ofendido usará, para a resposta, tempo igual ao da ofensa, nunca inferior, porém, a um minuto.

---

11. (MPE-SC – Promotor de Justiça – SC/2013) De acordo com a Lei 9.504/1997, a propaganda eleitoral somente é permitida após o dia 5 de agosto do ano da eleição.

COMENTÁRIOS

Alternativa falsa. O termo inicial da propaganda é o dia 16 de agosto do ano eleitoral, conforme regra estabelecida pela lei nº. 13.165/15.

---

12. (MPE-RJ – Promotor de Justiça – RJ/2011) Em eleições para o cargo eletivo de Prefeito Municipal, o candidato de oposição, durante a propaganda eleitoral gratuita na televisão, faz críticas veementes à administração do Prefeito atual, afirmando que este priorizou a urbanização da cidade e a construção de praças, em vez de aplicar a verba na melhoria dos serviços de saúde e educação. O Prefeito, também candidato ao cargo eletivo, ingressa em juízo com pedido de reconhecimento de direito de resposta. O Promotor Eleitoral deve:

a) opinar pela concessão do direito de resposta através dos mesmos meios utilizados para a propaganda, uma vez que houve ofensa à honra do atual Prefeito;

b) opinar pela não concessão do direito de resposta, mas oferecer denúncia pela prática de crime eleitoral pelo candidato que perpetrou as ofensas;

c) devolver os autos sem manifestação, diante da ausência de atribuição para o feito, por tratar-se de contenda pessoal entre os candidatos, a ser dirimida no juízo cível;

d) opinar pela concessão do direito de resposta e pela aplicação da exceção da verdade, ajuizando ação de investigação judicial eleitoral em face do Prefeito caso se comprove que este desviou as verbas destinadas à saúde e à educação;

e) opinar pela não concessão do direito de resposta, eis que a mera crítica ao desempenho do administrador por seus equívocos não caracteriza ofensa à honra, mas atitude aceitável dos opositores políticos num regime democrático.

COMENTÁRIOS

Alternativa correta. Assertiva "e". A crítica respeitosa faz parte do debate democrático, não podendo ser apenada com direito de resposta (responde as demais).

13. (FCC – Promotor de Justiça – AP/2012) No que concerne ao direito de resposta em razão de imagem ou afirmação caluniosa, difamatória, injuriosa ou sabidamente inverídica, difundidos em qualquer veículo de comunicação social, é correto afirmar:

a) Em programa eleitoral na internet, a resposta ficará disponível para acesso pelos usuários por tempo não superior ao tempo em que esteve disponível a mensagem considerada ofensiva.

b) No horário eleitoral gratuito, a resposta será veiculada imediatamente após o tempo destinado ao candidato atingido, com duração de até o dobro do tempo utilizado pelo responsável pela ofensa.

c) Quando se tratar da programação normal das emissoras de rádio e televisão, o direito de resposta poderá ser requerido à Justiça Eleitoral, pelo ofendido ou seu representante legal, no prazo de quarenta e oito horas, contado a partir da veiculação da ofensa.

d) A resposta não poderá ser veiculada, em nenhuma hipótese, nas quarenta e oito horas que antecedem o pleito, situação em que a pessoa atingida deve procurar a reparação na Justiça Comum.

e) O direito de resposta é privativo de candidato ou outra pessoa física atingida, não podendo ser exercido por partido político, por ser pessoa jurídica, nem por coligação de partidos.

COMENTÁRIOS

✪ **Nota do autor:** O procedimento a ser adotado no direito de resposta varia de acordo com o meio de comunicação por meio do qual a ofensa foi praticada, conforme tabela a seguir:

Regras a serem observadas no caso de pedido de resposta (art. 58, § 3º da Lei das Eleições)

I. *Ofensa veiculada em órgão da imprensa escrita:*

a) o pedido deverá ser instruído com um exemplar da publicação e o texto para resposta;

b) deferido o pedido, a divulgação da resposta dar-se-á no mesmo veículo, espaço, local, página, tamanho, caracteres e outros elementos de realce usados na ofensa, em até quarenta e oito horas após a decisão ou, tratando-se de veículo com periodicidade de circulação maior que quarenta e oito horas, na primeira vez em que circular;

c) por solicitação do ofendido, a divulgação da resposta será feita no mesmo dia da semana em que a ofensa foi divulgada, ainda que fora do prazo de quarenta e oito horas;

d) se a ofensa for produzida em dia e hora que inviabilizem sua reparação dentro dos prazos estabelecidos nas alíneas anteriores, a Justiça Eleitoral determinará a imediata divulgação da resposta;

e) o ofensor deverá comprovar nos autos o cumprimento da decisão, mediante dados sobre a regular distribuição dos exemplares, a quantidade impressa e o raio de abrangência na distribuição;

II. *Ofensa veiculada em programação normal das emissoras de rádio e de televisão:*

a) a Justiça Eleitoral, à vista do pedido, deverá notificar imediatamente o responsável pela emissora que realizou o programa para que entregue em vinte e quatro horas;

b) o responsável pela emissora, ao ser notificado pela Justiça Eleitoral ou informado pelo reclamante ou representante, por cópia protocolada do pedido de resposta, preservará a gravação até a decisão final do processo

c) deferido o pedido, a resposta será dada em até quarenta e oito horas após a decisão, em tempo igual ao da ofensa, porém nunca inferior a um minuto;

III. *Ofensa veiculada no horário eleitoral gratuito:*

a) o ofendido usará, para a resposta, tempo igual ao da ofensa, nunca inferior, porém, a um minuto;

b) a resposta será veiculada no horário destinado ao partido ou coligação responsável pela ofensa, devendo necessariamente dirigir-se aos fatos nela veiculados;

c) se o tempo reservado ao partido ou coligação responsável pela ofensa for inferior a um minuto, a resposta será levada ao ar tantas vezes quantas sejam necessárias para a sua complementação;

d) deferido o pedido para resposta, a emissora geradora e o partido ou coligação atingidos deverão ser notificados imediatamente da decisão, na qual deverão estar indicados quais os períodos, diurno ou noturno, para a veiculação da resposta, que deverá ter lugar no início do programa do partido ou coligação;

e) o meio magnético com a resposta deverá ser entregue à emissora geradora, até trinta e seis horas após a ciência da decisão, para veiculação no programa subseqüente do partido ou coligação em cujo horário se praticou a ofensa;

f) se o ofendido for candidato, partido ou coligação que tenha usado o tempo concedido sem responder aos fatos veiculados na ofensa, terá subtraído tempo idêntico do respectivo programa eleitoral; tratando-se de terceiros, ficarão sujeitos à suspensão de igual tempo em eventuais novos pedidos de resposta e à multa no valor de duas mil a cinco mil UFIR.

IV. Ofensa proferida na internet:

a) a qualquer tempo, quando se tratar de conteúdo que esteja sendo divulgado na internet ou em 72 (setenta e duas) horas, após a sua retirada.

Alternativa correta. Assertiva "c". CERTO. De acordo com previsão do artigo 58, § 1º da Lei das Eleições.

Assertiva "a". ERRADO. Neste caso, o ofendido usará, para a resposta, tempo igual ao da ofensa, nunca inferior, porém, a um minuto.

Assertiva "b". ERRADO. O ofendido usará, para a resposta, tempo igual ao da ofensa, nunca inferior, porém, a um minuto. A resposta será veiculada no horário destinado ao partido ou coligação responsável pela ofensa, devendo necessariamente dirigir-se aos fatos nela veiculados. Se o tempo reservado ao partido ou coligação responsável pela ofensa for inferior a um minuto, a resposta será levada ao ar tantas vezes quantas sejam necessárias para a sua complementação.

Assertiva "d". ERRADO. Dispõe o § 4º do artigo 58 da Lei das Eleições que caso a ofensa venha a ocorrer em momento que inviabilize sua reparação nos prazos previstos em lei, a resposta será divulgada em horários a serem determinados pela Justiça Eleitoral, ainda que nas 48 horas anteriores ao pleito.

---

14. (MPE-SC – Promotor de Justiça – SC/2013) A realização de prévias partidárias e sua divulgação pelos instrumentos de comunicação intrapartidária é considerada propaganda eleitoral antecipada pela Lei 9.504/1997.

COMENTÁRIOS

Alternativa FALSA. O inciso II do art. 36-A da Lei das Eleições, com redação da lei nº 12.891/13, ressalta que a realização de encontros, seminários ou congressos, em ambiente fechado e às expensas dos partidos políticos, para tratar da organização dos processos eleitorais, discussão de políticas públicas, planos de governo ou alianças partidárias visando às eleições, poderão ser divulgadas pelos instrumentos de comunicação intrapartidária, assim como a realização de prévias partidárias.

---

15. (MPE/MG – Promotor de Justiça-MG/ 2009- ADAPTADA) Concebe-se por propaganda eleitoral um conjunto de técnicas de divulgação de ideias e informações, cujo objetivo é influenciar pessoas a tomar decisões em disputa eleitoral, devendo ser respeitado, sempre e, precipuamente, o princípio da igualdade dos candidatos.

Nesses termos, é INCORRETO

a) A propaganda eleitoral somente é permitida após o dia 15 de agosto do ano da eleição, sendo certo que no segundo semestre do ano da eleição, não será veiculada propaganda partidária gratuita prevista em lei nem permitido qualquer tipo de propaganda política paga no rádio e na televisão.

b) Nos bens cujo uso dependa de cessão ou permissão do Poder Público, ou que a ele pertençam, e nos de uso comum, inclusive postes de iluminação pública e sinalização de tráfego, viadutos, passarelas, pontes, paradas de ônibus e outros equipamentos urbanos, é permitida a veiculação de propaganda, apenas a fixação de placas, estandartes, faixas e assemelhados.

c) Independe da obtenção de licença municipal e de autorização da Justiça Eleitoral a veiculação de propaganda eleitoral pela distribuição de folhetos, volantes e outros impressos, os quais devem ser editados sob a responsabilidade do partido, coligação ou candidato.

d) A realização de qualquer ato de propaganda partidária ou eleitoral, em recinto aberto ou fechado, não depende de licença da polícia, porém deverá comunicar à autoridade policial em, no mínimo, 24 horas de antecedência à realização do evento, a fim de que seja garantida a realização do ato e ao funcionamento do tráfego e dos serviços públicos que o evento possa afetar.

e) A realização de comícios e a utilização de aparelhagem de sonorização fixa são permitidas no horário compreendido entre as 8 (oito) e as 24 (vinte e quatro) horas.

COMENTÁRIOS

Alternativa correta: assertiva "b": a resposta estaria correta se a redação do enunciado afirmasse que "NÃO é permitida a veiculação de propaganda, apenas a fixação de placas, estandartes, faixas e assemelhados". Neste sentido, conferir artigo 37 da Lei das Eleições.

Assertiva "a": CORRETO. A propaganda eleitoral se inicia após o dia 15 de agosto do ano eleitoral, conforme previsão estabelecida pela Lei nº. 13.165/15. Em semestre eleitoral não há a propaganda partidária prevista na Lei nº 9.096/95. Propaganda política no rádio e TV será sempre gratuita.

Assertiva "c": CORRETO. Neste sentido, conferir o artigo 38 da Lei nº 9.504/97. Do material impresso de campanha deverá constar a identificação do responsável pela confecção e pela contratação, bem como a tiragem. No caso de material impresso que venha a veicular propaganda conjunta de candidatos, os gastos relativos a cada um deles deverão constar na respectiva prestação de contas, ou apenas naquela relativa ao que houver arcado com os custos. O grande objetivo da norma, assim, é dar uma maior transparência ao processo de contratação de tais materiais de campanha, possibilitando, ao eleitor, uma maior percepção acerca dos investimentos realizados pelos candidatos em campanha e, à Justiça Eleitoral, maiores subsídios para a fiscalização das prestações de contas dos candidatos.

Assertiva "d": CORRETO. Neste sentido, conferir artigo 39, caput da Lei nº 9.504/97, o qual dispõe que "a realização de qualquer ato de propaganda partidária ou eleitoral, em recinto aberto ou fechado, não depende de licença da polícia".

Assertiva "e": CORRETO. O § 3º do art. 39 da Lei das Eleições dispõe que é permitido, entre as 08 e as 22 horas, o uso de alto-falantes e amplificadores de som móveis nas campanhas eleitorais, desde que em distância mínima de 200 metros das sedes dos poderes públicos municipal, estadual, do DF e dos municípios (poderes executivo, legislativo e judiciário), dos estabelecimentos militares, dos hospitais e casas de saúde, das escolas, bibliotecas públicas, igrejas e teatros, quando em funcionamento.

---

16. (CEFET – Promotor de Justiça – BA/2015) Dez dias antes da data das eleições municipais, um candidato a prefeito pediu a um amigo comerciante que afixasse uma placa com propaganda eleitoral no interior do centro comercial deste último, o mais frequentado pelos eleitores da comuna. Considerando essa situação-problema e a legislação em vigor, assinale a alternativa CORRETA:

a) A propaganda eleitoral será lícita, desde que as dimensões da placa não ultrapassem 4 (quatro) metros quadrados.

b) O comerciante poderá cobrar uma remuneração do candidato pela propaganda eleitoral no centro comercial.

c) Não haverá ilegalidade na propaganda se ela for objeto de um contrato escrito firmado entre o candidato e o comerciante.

d) A propaganda será lícita, desde que realizada mediante prévia autorização da Justiça Eleitoral.

e) A propaganda eleitoral nos moldes solicitados pelo candidato é vedada pela legislação.

COMENTÁRIOS

Alternativa correta: assertiva "e"(responde as demais): a propaganda eleitoral nos moldes solicitados pelo candidato é vedada pois, trata-se, o centro comercial, de bem de uso comum, para fins eleitorais, conforme previsão do § 4º do art. 37 da Lei das Eleições, o qual dispõe que os bens de uso comum para fins eleitorais englobam, além daqueles previstos como bens de uso comum do povo pelo Código Civil, os que a população em geral tem acesso, tais como cinemas, clubes, lojas, centros comerciais, templos, ginásios e estádios, ainda que de propriedade privada.

3. QUESTÕES DE CONCURSOS PARA O MINISTÉRIO PÚBLICO FEDERAL (PROCURADOR DA REPÚBLICA)

17. (MPF – Procurador da República/2013 – adaptada) Em relação à propaganda eleitoral, é correto afirmar:

a) Somente é permitida após o dia 15 de agosto do ano da eleição; entretanto, ao postulante a candidatura a cargo eletivo é permitida a realização, na quinzena anterior à escolha pelo partido, de propaganda intrapartidária com vista à indicação de seu nome, vedado o uso de rádio, televisão e outdoor.

b) Somente é permitida após o registro dos candidatos, escolhidos pelos partidos; no caso, de a convenção não escolher o filiado, postulante à candidatura, este poderá fazer o registro diretamente perante a Justiça Eleitoral nas quarenta e oito horas seguintes ao encerramento do período para as convenções partidárias, a partir daí será lícita a propaganda eleitoral.

c) Somente é permitida após a escolha dos candidatos pelos partidos e a deliberação sobre coligações no período de 20 de julho a 05 de agosto do ano da eleição.

d) No primeiro semestre e no segundo semestre do ano da eleição, é permitida a veiculação de propaganda partidária gratuita prevista na Lei nº 9.096/95 (Lei dos Partidos Políticos) para a divulgação de propaganda de candidatos a cargos eletivos e a defesa de interesses pessoais e de ouros partidos.

COMENTÁRIOS

✪ **Nota do autor:** A propaganda eleitoral é a espécie mais importante de propaganda política, dirigida à conquista do voto do eleitor, sendo permitida somente após o dia 15 de agosto do ano da eleição, conforme regra estipulada pela lei nº. 13.165/15, vigente a partir das eleições de 2016. A propaganda intrapartidária, por sua vez, é aquela prevista no § 1º do artigo 36 da Lei das Eleições (Lei nº 9.504/97), segundo o qual "ao postulante a candidatura a cargo eletivo é permitida a realização, na quinzena anterior à escolha pelo partido, de propaganda intrapartidária com vista à indicação de seu nome, vedado o uso de rádio, televisão e outdoor".

Alternativa correta: assertiva "a" – Conferir, neste sentido, comentário anterior.

Assertiva "b" – Incorreta. Como afirmado, a propaganda eleitoral só é permitida a partir do dia 16 de agosto (após o dia 15/08), independentemente do momento de escolha do candidato.

Assertiva "c" – Incorreto. Como afirmado, a propaganda eleitoral só é permitida a partir do dia 16 de agosto (após o dia 15/08), independentemente do momento de escolha do candidato. Vale destacar que o período para a realização das convenções partidária, a partir das eleições de 2016, será de 20 de julho a 05 de agosto do ano eleitoral.

Assertiva "d" – Incorreto. A propaganda partidária, disciplinada pela lei nº 9.096/95, não pode ser utilizada para a divulgação de propagandas de candidatos.

3.1. Questões de concursos para Analista Judiciário – Área Judiciária dos tribunais regionais eleitorais

18. (IBFC – Analista Judiciário – Área Judiciária – TRE – PA/2020) Com relação à propaganda eleitoral, tal qual disciplinada na Lei n° 9.504/1997, analise as afirmativas abaixo:

I. A propaganda eleitoral somente é permitida após o dia 15 de agosto do ano da eleição. Configuram propaganda eleitoral antecipada a menção à pretensa candidatura, a exaltação das qualidades pessoais dos pré-candidatos, ainda que não envolvam pedido explícito de voto.

II. É vedada a veiculação de qualquer tipo de propaganda eleitoral paga na internet, inclusive impulsionamento de conteúdos, ainda que identificado de forma inequívoca como tal e contratado exclusivamente por partidos, coligações e candidatos e seus representantes.

III. A propaganda será feita na eleição para Presidente da República, às terças e quintas-feiras e aos sábados, das treze horas às treze horas e doze minutos e trinta segundos e das vinte horas e trinta minutos às vinte horas e quarenta e dois minutos e trinta segundos, na televisão.

IV. O ofendido, ou seu representante legal, poderá pedir o exercício do direito de resposta à Justiça Eleitoral a qualquer tempo, quando se tratar de conteúdo que esteja sendo divulgado na internet, ou em até quarenta e oito horas, após a sua retirada.

Assinale a alternativa correta.

a) Apenas as afirmativas I, III e IV estão corretas

b) Apenas as afirmativas II e IV estão corretas

c) Apenas a afirmativa III está correta

d) Apenas a afirmativa IV está correta

COMENTÁRIOS

Afirmativa I. FALSA. De acordo com o artigo 36-A da Lei 9504/97, é permitido ao pré-candidato, antes do período oficial de propaganda eleitoral, mencionar pretensa candidatura e exaltar qualidades pessoais de pré-candidatos, desde que não haja pedido expresso de voto.

Afirmativa II. FALSA. É possível, no período de propaganda eleitoral, o impulsionamento pago de anúncios na internet.

Afirmativa III. CORRETA. Regra expressa na Lei 9.504/97

Afirmativa IV. FALSA. O ofendido, ou seu representante legal, poderá pedir o exercício do direito de resposta à Justiça Eleitoral a qualquer tempo, quando se tratar de conteúdo que esteja sendo divulgado na Internet, ou em 72 (setenta e duas) horas, após a sua retirada.

Assertiva correta: alternativa "c".

---

19. (Consulplan – Analista Judiciário – Área Judiciária – TSE/2012) Ernesto Matias, cantor de música sertaneja, é candidato ao cargo de vereador no pleito municipal. Entretanto, em função do art. 39, § 7º da Lei nº 9.504/97, que veda especificamente a realização de showmício de candidatos com a finalidade de animar comício e reunião eleitoral, o candidato poderá continuar se apresentando

a) desde que de forma gratuita.

b) sem efetuar menção à candidatura ou eleição.

c) apenas em eventos de caráter privado.

d) apenas em shows fechados.

COMENTÁRIOS

Alternativa correta: assertiva "b". O candidato poderá continuar a exercer normalmente sua profissão, mas não poderá, em evento de campanha, realizar shows (responde as demais).

---

20. (Consulplan – Analista Judiciário – Área Administrativa – TRE – MG/2013) A partir da escolha de candidatos em convenção, é assegurado o direito de resposta a candidato, partido ou coligação atingidos, ainda que de forma indireta, por conceito, imagem ou afirmação caluniosa, difamatória, injuriosa ou sabidamente inverídica, difundidos por qualquer veículo de comunicação social. O ofendido, ou seu representante legal, poderá pedir o exercício do direito de resposta à Justiça Eleitoral nos seguintes prazos, contados a partir da veiculação da ofensa, a saber:

a) Vinte e quatro horas, quando se tratar do horário eleitoral gratuito ou da programação normal das emissoras de rádio e televisão, e setenta e duas horas, quando se tratar de órgão da imprensa escrita.

b) Vinte e quatro horas, quando se tratar do horário eleitoral gratuito e da programação normal das emissoras de rádio e televisão, e quarenta e oito horas, quando se tratar de órgão da imprensa escrita.

c) Quarenta e oito horas, quando se tratar do horário eleitoral gratuito e da programação normal das emissoras de rádio e televisão, e setenta e duas horas, quando se tratar de órgão da imprensa escrita.

d) Vinte e quatro horas, quando se tratar do horário eleitoral gratuito, quarenta e oito horas, quando se tratar da programação normal das emissoras de rádio e televisão, e setenta e duas horas, quando se tratar de órgão da imprensa escrita.

e) Vinte e quatro horas, quando se tratar da programação normal das emissoras de rádio e televisão, quarenta e oito horas, quando se tratar do horário eleitoral gratuito, e setenta e duas horas, quando se tratar de órgão da imprensa escrita.

COMENTÁRIOS

Alternativa correta: assertiva "d". (Responde as demais) Prevê o artigo 58 da lei nº. 9.504/97 que "a partir da escolha de candidatos em convenção, é assegurado o direito de resposta a candidato, partido ou coligação atingidos, ainda que de forma indireta, por conceito, imagem ou afirmação caluniosa, difamatória, injuriosa ou sabidamente inverídica, difundidos por qualquer veículo de comunicação social", nos seguintes prazos, contados a partir da veiculação da ofensa (art. 58, § 1º):

Prazos para requerimento do direito de resposta à Justiça Eleitoral (contados a partir da veiculação da ofensa)		
24 horas	**48 horas**	**72 horas**
Quando se tratar de horário eleitoral gratuito.	Quando se tratar de programação normal das emissoras de rádio e TV.	Quando se tratar de órgão da imprensa escrita.

21. (CESPE – Analista Judiciário – Área Judiciária – TRE-RJ/2012) É vedado à entidade de classe ou sindical ceder seu cadastro de endereços eletrônicos a candidatos, partidos ou coligações.

COMENTÁRIOS

Certo. Regra prevista no artigo 57-E da Lei das Eleições, o qual também proíbe a venda de cadastro de endereços eletrônicos.

22. (CESPE – Analista Judiciário – Área Judiciária – TRE-RJ/2012) Será suspenso, indefinidamente, o acesso ao conteúdo informativo do sítio eletrônico que veicular propaganda eleitoral em ofensa às regras definidas pela legislação eleitoral, independentemente de requerimento ou da observância de qualquer rito específico.

COMENTÁRIOS

✪ **Nota do autor:** dispõe o artigo 57-I que, a requerimento de candidato, partido político ou coligação, a Justiça Eleitoral poderá determinar, observado o rito do artigo 96 da lei das Eleições (o qual será estudado oportunamente), a suspensão, por 24 horas, do acesso a todo o conteúdo informativo dos sites da internet que deixarem de cumprir as normas relativas à propaganda eleitoral na internet.

Ainda segundo o referido artigo (§ 1º), a cada reiteração de conduta será duplicado o período da suspensão, durante o qual a empresa punida deverá informar a todos os usuários que se encontra temporariamente inoperante em virtude de descumprimento da legislação eleitoral em vigor.

Errado. De acordo com o caput do art. 57-I da Lei das Eleições, tal suspensão poderá ser imposta por um prazo de 24 horas.

---

23. (CESPE – Analista Judiciário – Área Judiciária – TRE-RJ/2012) Observadas as disposições da lei, é lícita a propaganda eleitoral veiculada pela Internet nas quarenta e oito horas que antecederem as eleições.

COMENTÁRIOS

Certo. A propaganda eleitoral na internet poderá ocorrer até o dia das eleições, sendo a única, inclusive, possível no dia do pleito.

4. QUESTÕES DE CONCURSOS PARA ANALISTA JUDICIÁRIO – ÁREA ADMINISTRATIVA DOS TRIBUNAIS REGIONAIS ELEITORAIS

---

24. (FCC – Analista Judiciário – Área Administrativa – TRE-CE/2012) A respeito do acesso gratuito ao rádio e à televisão, é INCORRETO afirmar que a propaganda político-partidária não

a) sofrerá nenhuma interrupção no ano da eleição.

b) contará com a participação de pessoa filiada a partido que não seja o responsável pelo programa.

c) defenderá interesses pessoais.

d) divulgará propaganda de candidatos a cargos eletivos.

e) defenderá interesses de outros partidos.

COMENTÁRIOS

Nota do autor: De acordo com o disposto no artigo 17 da Constituição Federal de 1988, os partidos políticos têm direito a acesso gratuito ao rádio e a TV. A Lei 9.096/95, desta forma, em seu artigo 45, estabelece que o partido com registro no TSE poderá, gratuitamente, entre as 19 horas e 30 minutos e as 22 horas, utilizar espaço no rádio e na TV para difundir os programas partidários, transmitir mensagens aos filiados sobre a execução do programa partidário, dos eventos com este relacionados e das atividades congressuais do partido; bem como divulgar a posição do partido em relação a temas político-comunitários.

Alternativa correta: assertiva "a". RESPOSTA INCORRETA. No ano eleitoral, a propaganda partidária, disciplinada pela lei nº 9.096/95, ocorrerá apenas no primeiro semestre.

Alternativa "b". CERTO. Apenas pessoas filiadas ao partido responsável pelo programa poderão participar do mesmo.

Alternativa "c". CERTO. A propaganda partidária não pode ser utilizada para fins pessoais de qualquer filiado do partido.

Alternativa "d". CERTO. A propaganda partidária gratuita no rádio e TV não pode ser utilizada para fins eleitorais.

Alternativa "e". CERTO. A propaganda partidária tem por finalidade defender os pontos de vista e interesses de um determinado partido, e não dos demais.

✦ DICAS

Informações obrigatórias no ato do registro da pesquisa de opinião pública na Justiça Eleitoral (art. 33 da Lei nº 9.504/97):
I – identificação de quem contratou a pesquisa;
II – valor e origem dos recursos despendidos no trabalho;
III – metodologia e período de realização da pesquisa;
IV – plano amostral e ponderação quanto a sexo, idade, grau de instrução, nível econômico e área física de realização do trabalho, intervalo de confiança e margem de erro;
V – sistema interno de controle e verificação, conferência e fiscalização da coleta de dados e do trabalho em campo;
VI – questionário completo aplicado ou a ser aplicado;
VII – identificação de quem pagou pela realização do trabalho.

- A divulgação de pesquisa sem prévio registro das informações obrigatórias na Justiça Eleitoral sujeita o responsável a multa, em valor definido em resolução específica do TSE, para cada eleição (o § 3º do artigo 33 da lei das Eleições fala em multa de cinquenta mil a cem mil UFIR, unidade fiscal extinta pela lei nº 10.522/02). A divulgação de pesquisa fraudulenta, por sua vez, constitui crime, gerando, para o responsável, além de pagamento de multa, pena de detenção de seis meses a um ano (podem ser incriminados de acordo com o tipo penal supracitado os representantes legais da empresa ou entidade de pesquisa, bem como do órgão veiculador).
- Ac.-TSE, de 6.3.2018, no REspe nº 41492: nas pesquisas de opinião, em ferramentas como o WhatsApp e assemelhadas (Telegram, Viber, Hangouts, Skype, Chaton, Line, Wechat, Groupme), o julgador deve aferir se houve legítimo direito de expressão e comunicação ou se houve aptidão para levar ao "conhecimento público" o resultado da pesquisa eleitoral que interfira ou desvirtue a legitimidade e o equilíbrio do pleito.
- Ac.-TSE, de 8.2.2018, no AgR-AI nº 81736: divulgação de pesquisa eleitoral na rede social Facebook sem prévio registro insere-se na vedação prevista neste dispositivo; Ac.-TSE, de 30.5.2017, no AgR-REspe nº 10880: divulgação de pesquisa eleitoral em grupo da rede social WhatsApp sem prévio registro configura o ilícito tratado neste parágrafo.

– A partir de 1º de janeiro do ano da eleição, as entidades e as empresas que realizarem pesquisas de opinião pública relativas às eleições ou aos candidatos, para conhecimento público, são obrigadas, para cada pesquisa, a registrar, no Sistema de Registro de Pesquisas Eleitorais (PesqEle), até 5 (cinco) dias antes da divulgação, as seguintes informações (Lei n° 9.504/1997, art. 33, caput, I a VII e § 1º):

INFORMAÇÕES A SEREM REGISTRADAS NO SISTEMA PESQELE
I – contratante da pesquisa e seu número de inscrição no Cadastro de Pessoas Físicas (CPF) ou no Cadastro Nacional de Pessoas Jurídicas (CNPJ);
II – valor e origem dos recursos despendidos na pesquisa, ainda que realizada com recursos próprios;
III – metodologia e período de realização da pesquisa;
IV – plano amostral e ponderação quanto a gênero, idade, grau de instrução, nível econômico do entrevistado e área física de realização do trabalho a ser executado, bem como nível de confiança e margem de erro, com a indicação da fonte pública dos dados utilizados;
V – sistema interno de controle e verificação, conferência e fiscalização da coleta de dados e do trabalho de campo;
VI – questionário completo aplicado ou a ser aplicado;
VII – quem pagou pela realização do trabalho com o respectivo número de inscrição no CPF ou no CNPJ;

VIII – cópia da respectiva nota fiscal;
IX – nome do estatístico responsável pela pesquisa, acompanhado de sua assinatura com certificação digital e o número de seu registro no Conselho Regional de Estatística competente;
X – indicação do estado ou Unidade da Federação, bem como dos cargos aos quais se refere a pesquisa.

- O registro de pesquisa será obrigatoriamente realizado via internet, por meio do PesqEle, disponível nos sítios eletrônicos dos tribunais eleitorais. Para a utilização do PesqEle, as entidades e as empresas deverão, obrigatoriamente, cadastrar-se pelo próprio sistema, mediante o fornecimento das seguintes informações e documento eletrônico (Art. 5º da Resolução TSE 23.600/19): I nome de pelo menos um (e no máximo três) dos responsáveis legais; II razão social ou denominação; III número de inscrição no CNPJ; IV número do registro da empresa responsável pela pesquisa no Conselho Regional de Estatística, caso o tenha; V telefone móvel que disponha de aplicativo de mensagens instantâneas para recebimento de notificações ou quaisquer outras comunicações da Justiça Eleitoral; VI endereço eletrônico para recebimento de notificações ou quaisquer outras comunicações da Justiça Eleitoral, VII endereço completo para recebimento de notificações ou quaisquer outras comunicações da Justiça Eleitoral; VIII telefone fixo; IX arquivo, no formato PDF, com a íntegra do contrato social, estatuto social ou inscrição como empresário, que comprove o regular registro.
- Na divulgação dos resultados de pesquisas, atuais ou não, serão obrigatoriamente informados: I – o período de realização da coleta de dados; II – a margem de erro; III – o nível de confiança; IV – o número de entrevistas; V – o nome da entidade ou da empresa que a realizou e, se for o caso, de quem a contratou; VI – o número de registro da pesquisa (art. 10 da Resolução TSE 23.600/19). A Justiça Eleitoral não realiza qualquer controle prévio sobre o resultado das pesquisas, tampouco gerencia ou cuida de sua divulgação. O registro de pesquisas eleitorais não implica obrigatoriedade de divulgação de seus resultados (art. 10, § 2º da Resolução TSE 23.600/19, com redação estabelecida pela Resolução TSE 23.676/21).
- Mediante requerimento à Justiça Eleitoral, o Ministério Público, as candidatas e os candidatos, os partidos políticos, as coligações e as federações de partidos poderão ter acesso ao sistema interno de controle, verificação e fiscalização da coleta de dados das entidades e das empresas que divulgarem pesquisas de opinião relativas às candidatas, aos candidatos e às eleições, incluídos os referentes à identificação de entrevistadoras e entrevistadores e, por meio de escolha livre e aleatória de planilhas individuais, mapas ou equivalentes, confrontar e conferir os dados publicados, preservada a identidade das pessoas entrevistadas. Não possuem legitimidade para realizar, isoladamente, este requerimento o partido político, quando integrante de federação de partidos participantes das eleições ou quando a pesquisa se refira a cargo majoritário para o qual esteja concorrendo de modo coligado e a federação de partidos, quando a pesquisa se refira a cargo majoritário para o qual esteja concorrendo de modo coligado (art. 13, § 1º, I e II da Res. TSE 23.600/19, com redação promovida pela Res. TSE 23.676/21)

- A propaganda partidária estava disciplinada na Lei nº 9.096/95 (Lei Geral dos Partidos Políticos) e tinha como objetivo promover a difusão dos programas partidários; a transmissão de mensagens, por parte das agremiações partidárias, dirigidas aos filiados, bem como a divulgação da posição dos partidos em relação a temas político-comunitários. Era a propaganda partidária sempre realizada, de forma gratuita, no rádio e na TV, nos semestres não eleitorais. A partir de 2018, a propaganda partidária no rádio e na TV foi extinta, conforme a reforma eleitoral de 2017.
- A propaganda intrapartidária, por sua vez, é aquela prevista no § 1º do artigo 36 da Lei das Eleições (Lei nº 9.504/97), segundo o qual "ao postulante a candidatura a cargo eletivo é permitida a realização, na quinzena anterior à escolha pelo partido, de propaganda intrapartidária com vista à indicação de seu nome, vedado o uso de rádio, televisão e outdoor".
- A propaganda eleitoral, por sua vez, é a espécie mais importante de propaganda política, dirigida à conquista do voto do eleitor, sendo permitida somente após o dia 15 de agosto do ano eleitoral

(ou seja, a partir do dia 16), conforme regra estabelecida pela Lei nº. 13.165/15, que alterou o calendário eleitoral. Até as eleições de 2014, a propaganda eleitoral era autorizada a partir do dia 06 de julho do ano eleitoral. Estão previstas as normas referentes à propaganda eleitoral nos artigos 36 a 59-A da Lei das Eleições, os quais, inicialmente, tratam da "propaganda eleitoral em geral".

- A reforma eleitoral de 2015 trouxe, no seu bojo, importantes novidades relativas à propaganda eleitoral, completando uma nova disciplina relativa ao tema iniciada pela publicação da Lei nº. 12.891/13, a qual também será aplicada de forma inédita nas eleições municipais de 2016. A primeira grande novidade trazida pela Lei nº. 13.165/15 diz respeito à alteração do período de realização da propaganda eleitoral, prevista para iniciar-se, a partir de 2016, apenas depois do dia 15 de agosto do ano eleitoral, mais de quarenta dias após o prazo anteriormente estabelecido, portanto (até as eleições de 2014, a propaganda eleitoral se iniciava após o dia 05 de julho) Esta nova disciplina legal da propaganda eleitoral, relativa ao seu termo inicial, está expressamente prevista no art. 240 do Código Eleitoral, bem como no art. 36 da Lei das Eleições.

• A violação às regras de propaganda política (eleitoral, partidária ou intrapartidária) sujeita o responsável pela divulgação da propaganda e, quando comprovado o seu prévio conhecimento, o beneficiário da mesma, à multa no valor de R$ 5.000,00 (cinco mil reais) a R$ 25.000,00 (vinte e cinco mil reais), ou ao equivalente ao custo da propaganda, se este for maior.

- Para facilitar o estudo, apresentamos o seguinte quadro-resumo relativo às principais condutas permitidas e vedadas na propaganda eleitoral.

- Não é permitida a veiculação de material de propaganda eleitoral em bens públicos ou particulares, exceto de bandeiras ao longo de vias públicas, desde que móveis e que não dificultem o bom andamento do trânsito de pessoas e veículos. II – adesivo plástico em automóveis, caminhões, bicicletas, motocicletas e janelas residenciais, desde que não exceda a 0,5 m^2 (meio metro quadrado) ➔ regra estabelecida pela reforma eleitoral de 2017.

• Prevê o artigo 58 da lei nº 9.504/97 que "a partir da escolha de candidatos em convenção, é assegurado o direito de resposta a candidato, partido ou coligação atingidos, ainda que de forma indireta, por conceito, imagem ou afirmação caluniosa, difamatória, injuriosa ou sabidamente inverídica, difundidos por qualquer veículo de comunicação social", nos seguintes prazos, contados a partir da veiculação da ofensa (art. 58, § 1º):

Prazos para requerimento do direito de resposta à Justiça Eleitoral (contados a partir da veiculação da ofensa)		
24 horas	**48 horas**	**72 horas**
quando se tratar de horário eleitoral gratuito.	quando se tratar da programação normal das emissoras de rádio e TV.	quando se tratar de orgão da imprensa escrita.

• Reclamações ou representações decorrentes do descumprimento das normas referentes à propaganda eleitoral deverão ser firmadas em conformidade com o disposto no artigo 96 da Lei das Eleições.

- Segundo a Resolução TSE 23.610/19, em seu artigo 9º, "A utilização, na propaganda eleitoral, de qualquer modalidade de conteúdo, inclusive veiculado por terceiras(os), pressupõe que a candidata, o candidato, o partido, a federação ou a coligação tenha verificado a presença de elementos que permitam concluir, com razoável segurança, pela fidedignidade da informação, sujeitando-se as pessoas responsáveis ao disposto no art. 58 da Lei nº 9.504/1997 , sem prejuízo de eventual responsabilidade penal".

• O artigo 241 do Código Eleitoral determina o princípio da solidariedade entre partidos, candidatos e adeptos pelos excessos eventualmente praticados durante a propaganda eleitoral. A grande novidade trazida pela Lei nº 12.891/13 diz respeito ao acréscimo do parágrafo único ao referido artigo, estabelecendo que a referida solidariedade será restrita aos candidatos e aos respectivos partidos, não alcançando outros partidos, mesmo quando integrantes de uma mesma coligação.

- É fato que, ao longo dos tempos, muitas vezes pré-candidatos, mesmo antes de terem seus nomes confirmados em convenções partidárias, empenham-se na caça aos votos muito antes do mês de julho do ano eleitoral, gerando, muitas vezes, desequilíbrio na disputa. É a chamada "propaganda antecipada", e, portanto, irregular, promotora de muita polêmica, na história recente da democracia brasileira, envolvendo a sua configuração: afinal de contas, o que caracterizaria a propaganda antecipada irregular? Visando a estabelecer parâmetros mais objetivos para o Poder Judiciário no momento de classificar determinados atos como propaganda antecipada ilícita ou não, assim dispôs o legislador, por meio de dispositivo legal (art. 36-A) incluído na Lei das Eleições pela reforma eleitoral de 2009 (Lei nº. 12.034/09). Tal artigo, contudo, foi totalmente alterado pela reforma eleitoral de setembro de 2015.

- O novo artigo 36-A, com redação da Lei nº. 13.165/15 torna ainda mais liberais os atos preparatórios às campanhas eleitorais, praticamente vinculando a caracterização da propaganda eleitoral extemporânea ao pedido explícito de voto. Curiosamente, as novas regras não deverão se aplicar totalmente aos profissionais de comunicação social no exercício da profissão, como forma de combate ao abuso de poder através do uso dos meios de comunicação. Pessoas, contudo, que se utilizem dos meios de comunicação social de forma não profissional não estão abrangidas por tais restrições.

- Segundo o artigo 36-A, com redação definida pela Lei 13.165/15, alterada pela lei 13.488/2017, não configuram propaganda eleitoral antecipada, desde que não envolvam pedido explícito de voto, a menção à pretensa candidatura, a exaltação das qualidades pessoais dos pré-candidatos e os seguintes atos, que poderão ter cobertura dos meios de comunicação social, inclusive via internet: I – a participação de filiados a partidos políticos ou de pré-candidatos em entrevistas, programas, encontros ou debates no rádio, na televisão e na internet, inclusive com a exposição de plataformas e projetos políticos, observado pelas emissoras de rádio e de televisão o dever de conferir tratamento isonômico; II – a realização de encontros, seminários ou congressos, em ambiente fechado e a expensas dos partidos políticos, para tratar da organização dos processos eleitorais, discussão de políticas públicas, planos de governo ou alianças partidárias visando às eleições, podendo tais atividades ser divulgadas pelos instrumentos de comunicação intrapartidária; III – a realização de prévias partidárias e a respectiva distribuição de material informativo, a divulgação dos nomes dos filiados que participarão da disputa e a realização de debates entre os pré-candidatos; IV – a divulgação de atos de parlamentares e debates legislativos, desde que não se faça pedido de votos; V – a divulgação de posicionamento pessoal sobre questões políticas, inclusive nas redes sociais; VI – a realização, a expensas de partido político, de reuniões de iniciativa da sociedade civil, de veículo ou meio de comunicação ou do próprio partido, em qualquer localidade, para divulgar ideias, objetivos e propostas partidárias; VII – campanha de arrecadação prévia de recursos na modalidade prevista no inciso IV do § 4º do art. 23 desta Lei (vaquinha eletrônica na internet, em regra estabelecida pela reforma eleitoral de 2017).

- Ainda dispondo sobre a coibição à chamada "propaganda eleitoral antecipada", a minirreforma eleitoral de dezembro de 2013 criou o artigo 36-B da Lei nº 9.504/97, dispondo, no seu caput, que "será considerada propaganda eleitoral antecipada a convocação, por parte do Presidente da República, dos Presidentes da Câmara dos Deputados, do Senado Federal e do Supremo Tribunal Federal, de redes de radiodifusão para divulgação de atos que denotem propaganda política ou ataques a partidos políticos e seus filiados ou instituições". Ainda de acordo com o novo artigo, em seu parágrafo único, nos casos permitidos de convocação das redes de radiodifusão, fica vedada a utilização de símbolos ou imagens, salvo aquelas previstas no artigo 13, § 1º da Constituição Federal (bandeira, hino, armas e selo nacionais).

- Independentemente da veiculação de propaganda eleitoral gratuita no horário definido nesta Lei, é facultada a transmissão por emissora de rádio ou televisão de debates sobre as eleições majoritária ou proporcional, assegurada a participação de candidatos dos partidos com representação no Congresso Nacional, de, no mínimo, cinco parlamentares, e facultada a dos demais (regra estabelecida pela reforma eleitoral de 2017).

- É vedada a veiculação de qualquer tipo de propaganda eleitoral paga na internet, excetuado o impulsionamento de conteúdos, desde que identificado de forma inequívoca como tal e contratado exclusivamente por partidos, coligações e candidatos e seus representantes (reforma eleitoral de 2017).
- Em julgamento ocorrido em 2021, o TSE reafirmou entendimento segundo o qual se aplicam aos atos de pré-campanha as proibições impostas durante o período eleitoral. Logo, configura propaganda extemporânea, ainda que não haja pedido de votos, a distribuição de brindes por pré-candidato. Esse foi o entendimento deste Tribunal ao manter a condenação do recorrente em representação eleitoral por propaganda extemporânea, em razão da distribuição de kits com álcool em gel e equipamentos de proteção individual a munícipes no ano eleitoral. O relator, Ministro Mauro Campbell Marques, afirmou que, no julgamento do REsp nº 0600227-31/PE1, em 9 de abril de 2019, a jurisprudência desta Corte se firmou no sentido de que "a regra permissiva do art. 36-A da Lei das Eleições não legitima, no período de pré-campanha, a veiculação de propaganda por meios que são proscritos durante o período eleitoral" (Agravo Regimental no Agravo em Recurso Especial Eleitoral nº 0600046-63, Ibimirim/PE, rel. Min. Mauro Campbell Marques, julgado na sessão virtual de 5 a 11.2.2021)
- No mesmo sentido, também em julgamento de 2021, o TSE decidiu que "Se impulsionamento eletrônico contratado por pessoa natural em período de campanha eleitoral é meio vedado, de igual forma é vedada sua contratação por pretensos candidatos no período de pré-campanha". (Agravo Regimental no Recurso Especial Eleitoral nº 0600097-91, Niterói/RJ, rel. Min. Tarcisio Vieira de Carvalho Neto, julgado em 6.5.2021).
- Outra decisão importante do TSE ocorrida em 2021, relativa ao período da chamada "pré-campanha", foi no sentido de que discurso de ódio a pré-candidatos em publicação realizada por cidadão comum em perfil privado nas redes sociais durante período pré-eleitoral pode configurar propaganda eleitoral antecipada negativa.
- O TSE, em 22 de maio de 2018, respondendo à Consulta nº. 060025218, decidiu que na distribuição do tempo de propaganda eleitoral gratuita no rádio e na televisão devem-se observar os percentuais mínimos de candidatura por gênero, na linha da orientação do STF definida na ADI 5617.
- O **procedimento** a ser adotado no direito de resposta **varia de acordo com o meio de comunicação** por meio do qual a ofensa foi praticada, conforme tabela a seguir:

Regras a serem observadas no caso de pedido de resposta (art. 58, § 3º da Lei das Eleições)
I – Ofensa veiculada em órgão da imprensa escrita:
a) o pedido deverá ser instruído com um exemplar da publicação e o texto para resposta;
b) deferido o pedido, a divulgação da resposta dar-se-á no mesmo veículo, espaço, local, página, tamanho, caracteres e outros elementos de realce usados na ofensa, em até quarenta e oito horas após a decisão ou, tratando-se de veículo com periodicidade de circulação maior que quarenta e oito horas, na primeira vez em que circular;
c) por solicitação do ofendido, a divulgação da resposta será feita no mesmo dia da semana em que a ofensa foi divulgada, ainda que fora do prazo de quarenta e oito horas;
d) se a ofensa for produzida em dia e hora que inviabilizem sua reparação dentro dos prazos estabelecidos nas alíneas anteriores, a Justiça Eleitoral determinará a imediata divulgação da resposta;
e) o ofensor deverá comprovar nos autos o cumprimento da decisão, mediante dados sobre a regular distribuição dos exemplares, a quantidade impressa e o raio de abrangência na distribuição;

Regras a serem observadas no caso de pedido de resposta (art. 58, § 3º da Lei das Eleições)
II – Ofensa veiculada em programação normal das emissoras de rádio e de televisão:
a) a Justiça Eleitoral, à vista do pedido, deverá notificar imediatamente o responsável pela emissora que realizou o programa para que entregue em vinte e quatro horas;
b) o responsável pela emissora, ao ser notificado pela Justiça Eleitoral ou informado pelo reclamante ou representante, por cópia protocolada do pedido de resposta, preservará a gravação até a decisão final do processo
c) deferido o pedido, a resposta será dada em até quarenta e oito horas após a decisão, em tempo igual ao da ofensa, porém nunca inferior a um minuto;
III – Ofensa veiculada no horário eleitoral gratuito:
a) o ofendido usará, para a resposta, tempo igual ao da ofensa, nunca inferior, porém, a um minuto;
b) a resposta será veiculada no horário destinado ao partido ou coligação responsável pela ofensa, devendo necessariamente dirigir-se aos fatos nela veiculados;
c) se o tempo reservado ao partido ou coligação responsável pela ofensa for inferior a um minuto, a resposta será levada ao ar tantas vezes quantas sejam necessárias para a sua complementação;
d) deferido o pedido para resposta, a emissora geradora e o partido ou coligação atingidos deverão ser notificados imediatamente da decisão, na qual deverão estar indicados quais os períodos, diurno ou noturno, para a veiculação da resposta, que deverá ter lugar no início do programa do partido ou coligação;
e) o meio magnético com a resposta deverá ser entregue à emissora geradora, até trinta e seis horas após a ciência da decisão, para veiculação no programa subsequente do partido ou coligação em cujo horário se praticou a ofensa;
f) se o ofendido for candidato, partido ou coligação que tenha usado o tempo concedido sem responder aos fatos veiculados na ofensa, terá subtraído tempo idêntico do respectivo programa eleitoral; tratando-se de terceiros, ficarão sujeitos à suspensão de igual tempo em eventuais novos pedidos de resposta e à multa no valor de duas mil a cinco mil UFIR.

- Para facilitar o estudo, apresentamos o seguinte quadro-resumo relativo às principais condutas permitidas e vedadas na propaganda eleitoral:

Conduta	Previsão legal
Propaganda eleitoral nos bens cujo uso dependa de cessão ou permissão do poder público, ou que a ele pertençam, e nos de uso comum, inclusive postes de iluminação pública e sinalização de tráfego, viadutos, passarelas, pontes, paradas de ônibus e outros equipamentos urbanos.	é vedada a veiculação de propaganda de qualquer natureza, inclusive pichação, inscrição a tinta e exposição de placas, estandartes, faixas, cavaletes, bonecos e assemelhados (art. 37, caput, da Lei das Eleições).
Propaganda em cinemas, clubes, lojas, centros comerciais, templos, igrejas, estádios, ainda que de propriedade privada.	Aplica-se a vedação do art. 37, caput, da Lei das Eleições, tendo em vista que os referidos bens são considerados de uso comum, para fins eleitorais.
Propaganda eleitoral em bens públicos e particulares.	Não é permitida a veiculação de material de propaganda eleitoral em bens públicos ou particulares, exceto de: I – bandeiras ao longo de vias públicas, desde que móveis e que não dificultem o bom andamento do trânsito de pessoas e veículos; II – adesivo plástico em automóveis, caminhões, bicicletas, motocicletas e janelas residenciais, desde que não exceda a 0,5 m^2 (meio metro quadrado).
Propaganda eleitoral nas dependências do Poder Legislativo.	Permitida, a critério da Mesa Diretora da Casa (art. 37, § 3º da Lei nº. 9.504/97).

Conduta	Previsão legal
Propaganda eleitoral em árvores e jardins localizados em áreas públicas.	Proibida, de acordo com o § 5º do art. 37 da Lei das Eleições.
Propaganda eleitoral em árvores e jardins localizados em áreas privadas.	Proibida, a partir da nova redação do § 2º do artigo 37 da Lei das Eleições, estabelecida pela reforma eleitoral de 2017.
Propaganda eleitoral em muros, cercas e tapumes divisórios.	Não é permitida a colocação de propaganda de qualquer natureza (art. 37, § 5º da Lei das Eleições). A Justiça Eleitoral, contudo, interpretando o referido dispositivo, tem admitido, de forma geral, a propaganda eleitoral em muros, cercas e tapumes divisórios privados.
Utilização de outdoors	É vedada a propaganda eleitoral mediante **outdoors**, inclusive eletrônicos, sujeitando-se a empresa responsável, os partidos, as coligações e os candidatos à imediata retirada da propaganda irregular e ao pagamento de multa no valor de R$ 5.000,00 (cinco mil reais) a R$ 15.000,00 (quinze mil reais).
Colocação de mesas para a distribuição de material de campanha e bandeiras ao longo das vias públicas.	Permitida, desde que móveis e que não dificultem o bom andamento do trânsito de veículos e pessoas. A mobilidade estará caracterizada com a retirada dos meios de propaganda após as 22 horas até as 06 horas da manhã (art. 37, §§ 6º e 7º da Lei das Eleições).
Distribuição de folhetos, volantes e outros impressos editados sob a responsabilidade do partido, coligação ou candidato.	Independe de obtenção de licença municipal e de autorização da Justiça Eleitoral. Todo o material impresso de campanha eleitoral deverá conter o número do CNPJ ou CPF do responsável pela confecção, bem como de quem a contratou, e respectiva tiragem. Adesivos distribuídos poderão ter a dimensão máxima de 50 (cinquenta) centímetros por 40 (quarenta) centímetros.
Plotagem de veículos	Prática vedada, a partir das eleições de 2016. É proibido colar propaganda eleitoral em veículos, exceto adesivos microperfurados até a extensão total do para-brisa traseiro e, em outras posições, adesivos até a dimensão máxima de 50 (cinquenta) centímetros por 40 (quarenta) centímetros, segundo prevê o § 4º do artigo 38 da Lei das Eleições. De forma contraditória, a reforma eleitoral de 2017 criou uma antinomia lógica, ao prever, no novo § 2º do artigo 37, que "Não é permitida a veiculação de material de propaganda eleitoral em bens públicos ou particulares, exceto de adesivo plástico em automóveis, caminhões, bicicletas, motocicletas e janelas residenciais, desde que não exceda
	a 0,5 m^2 (meio metro quadrado)". Pelos critérios clássicos de hermenêutica jurídica, havendo conflito aparente de normas de mesma hierarquia, prevalece a mais recente. Assim, entendemos que, doravante, a regra válida é a que estabelece propagandas em bens particulares de no máximo 0,5 metro quadrado.
Realização de ato de propaganda em recinto aberto ou fechado.	Não depende de licença da polícia. Deverá ser feita, entretanto, comunicação à autoridade policial com, no mínimo, 24 horas de antecedência (art. 39 da lei das Eleições).

Conduta	Previsão legal
Utilização de carros de som	Permitida até às 22 horas do dia que antecede às eleições. Considera-se carro de som o veículo automotor que usa equipamento de som com potência nominal de amplificação de, no máximo, 10.000 (dez mil) watts. É o carro de som qualquer veículo, motorizado ou não, ou ainda tracionado por animais, que transite divulgando **jingles** ou mensagens de candidatos. Com a reforma eleitoral de 2017, passou a ser permitida a circulação de carros de som e minitrios como meio de propaganda eleitoral, desde que observado o limite de oitenta decibéis de nível de pressão sonora, medido a sete metros de distância do veículo, apenas em carreatas, caminhadas e passeatas ou durante reuniões e comícios.
Funcionamento de alto-falantes ou amplificadores de som.	Permitido entre as 08 e as 22 horas, vedada a instalação a menos de 200 metros das sedes dos poderes executivo e legislativo da união, estados, DF e municípios; tribunais judiciais; quartéis e outros estabelecimentos militares; hospitais e casas de saúde; escolas; bibliotecas públicas; igrejas; teatros em funcionamento.
Utilização de aparelhagem de sonorização fixa em comícios.	Permitida no horário compreendido entre as 08 e as 24 horas.
Uso de alto-falantes, amplificadores de som, ou promoção de comícios ou carreatas no dia da eleição.	Vedada, constituindo crime punível com detenção de 06 meses a um ano, com alternativa de prestação de serviços à comunidade, e multa (art. 39, § 5º da Lei das Eleições).
Prática de boca-de-urna no dia da eleição.	Vedada, constituindo crime punível com detenção de 06 meses a um ano, com alternativa de prestação de serviços à comunidade, e multa (art. 39, § 5º da Lei das Eleições).
Realização de showmício ou evento assemelhado para promoção de candidatos, mesmo que o artista não venha a ser remunerado.	Prática vedada pelo § 7º do art. 39 da Lei das Eleições.
Utilização de trios elétricos em campanhas eleitorais.	Vedada, exceto para a sonorização dos comícios (art. 39, § 10 da Lei das Eleições).
Confecção, utilização, distribuição por comitê, candidato, ou com a sua autorização, de camisetas, chaveiros, bonés, canetas, brindes, cestas básicas ou quaisquer outros bens ou materiais que possam proporcionar vantagem ao eleitor.	Prática vedada pelo § 6º do art. 39 da Lei das Eleições.
Manifestação de preferência do eleitor por partido político, coligação ou candidato no dia da eleição.	Permitida, desde que revelada exclusivamente pelo uso de bandeiras, broches, dísticos e adesivos, de forma individual e silenciosa.
Uso de vestuário ou objeto que contenha propaganda de partido político, coligação ou de candidato, no recinto das seções eleitorais e juntas apuradoras.	Permitido, salvo para servidores da Justiça Eleitoral, mesários e escrutinadores. Aos fiscais partidários, nos trabalhos de votação, só é permitido que, em seus crachás, constem o nome e a sigla do partido político ou coligação a que sirvam, vedada a padronização do vestuário.

Conduta	Previsão legal
Uso de símbolos, frases ou imagens, associadas ou semelhantes às empregadas por órgão de governo, empresa pública ou sociedade de economia mista.	Prática vedada, constituindo crime, punível com detenção de 06 meses a 01 ano, com a alternativa de prestação de serviços à comunidade pelo mesmo período, e multa (art. 40 da Lei das Eleições).
Propaganda eleitoral na imprensa escrita.	São permitidas, até a antevéspera das eleições, a divulgação, na imprensa escrita, e a reprodução na internet do jornal impresso, de até 10 anúncios de propaganda eleitoral, por veículo, em datas diversas, para cada candidato, no espaço máximo, por edição, de 1/8 de página de jornal padrão e ¼ de página de revista ou tabloide.
Propaganda eleitoral no rádio e na TV	Restrita ao horário eleitoral gratuito e aos debates eleitorais, vedada a propaganda paga.
Propaganda eleitoral na internet.	Permitida após o dia 15 de agosto do ano da eleição, sempre de forma gratuita, em sítio de candidato, partido ou coligação, com endereço eletrônico comunicado à Justiça Eleitoral, em provedor de serviço de internet estabelecido no Brasil. Também é permitida a propaganda eleitoral por meio de blogs, redes sociais, sitos de mensagens instantâneas e assemelhados, bem como propaganda eleitoral através de e-mail. Veda-se, na propaganda eleitoral na internet, o anonimato e a veiculação de propaganda em sítios de pessoas jurídicas, com ou sem fins lucrativos, ou sítios oficiais ou hospedados por órgãos ou entidades da administração pública direta ou indireta da União, estados, DF e municípios. A partir da reforma eleitoral de 2017, passou a ser permitido o impulsionamento pago de propaganda eleitoral na internet, exceto no dia da eleição, desde que financiado por partido, coligação ou candidato.

- De acordo com o art. 82 da Resolução TSE 23.610/19, "É permitida, no dia das eleições, a manifestação individual e silenciosa da preferência da eleitora ou do eleitor por partido político, coligação, federação, candidata ou candidato, revelada exclusivamente pelo uso de bandeiras, broches, dísticos, adesivos e camisetas".
- De acordo com o artigo 8º da Resolução TSE nº. 23.610/19, "para assegurar a unidade e a isonomia no exercício do poder de polícia na internet, este deverá ser exercido: I nas eleições gerais, por um ou mais juízes designado(s) pelo tribunal eleitoral competente para o exame do registro do candidato alcançado pela propaganda; II nas eleições municipais, pelo juiz que exerce a jurisdição eleitoral no município e, naqueles com mais de uma zona eleitoral, pelos juízes eleitorais designados pelos respectivos tribunais regionais eleitorais".
- Para fins de obrigatoriedade de convite a candidatos para participação em debates eleitorais, considera-se a representação de cada partido político no Congresso Nacional a resultante da última eleição geral, com eventuais alterações decorrentes de novas totalizações operadas até o dia 20 de julho do ano da eleição, conforme tabela a ser publicada pelo Tribunal Superior Eleitoral até 02 (dois) dias antes do início do prazo para a convocação da reunião do plano de mídia de que trata o art. 52 da Lei nº 9.504/1997.
- Os órgãos da Justiça Eleitoral distribuirão os horários reservados à propaganda de cada eleição entre os partidos políticos e as coligações que tenham candidato e que atendam ao disposto na Emenda Constitucional nº 97/2017, observados os seguintes critérios, tanto para distribuição em

rede quanto para inserções (Lei nº 9.504/1997, art. 47, § 2º, e art. 51; e Emenda Constitucional nº 97/2017): I – 90% (noventa por cento) distribuídos proporcionalmente ao número de representantes na Câmara dos Deputados, considerando, no caso de coligações para as eleições majoritárias, o resultado da soma do número de representantes dos seis maiores partidos políticos que a integrem; II – 10% (dez por cento) distribuídos igualitariamente. Para tal fim, serão consideradas as eventuais novas totalizações do resultado das últimas eleições para a Câmara dos Deputados que ocorrerem até o dia 20 de julho do ano da eleição (Lei nº 9.504/1997, art. 47, § 3º).

- O número de representantes de partido político que tenha resultado de fusão ou a que se tenha incorporado outro corresponde à soma das vagas obtidas pelo partido político de origem na eleição. Serão desconsideradas as mudanças de filiação partidária, ressalvada a hipótese de criação de nova legenda, quando prevalecerá a representatividade política conferida aos parlamentares que migraram diretamente dos partidos políticos pelos quais foram eleitos para o novo partido político, no momento de sua criação (Lei nº 9.504/1997, art. 47, §§ 3º e 7º; Constituição Federal, art. 17, § 5º, incluído pela Emenda Constitucional nº 97/2017; STF: ADI nº 4430/DF, DJE de 19.09.2013; ADI nº 5105/DF, DJE de 16.03.2016; e ADI nº 5398/DF MC-Ref, DJE de 20.11.2018). Esta ressalva não se aplica no caso de o parlamentar que migrou para formação do novo partido político não estar a ele filiado no momento da convenção para escolha dos candidatos, hipótese na qual a representatividade política será computada para o partido político pelo qual o parlamentar foi originariamente eleito.

- Durante as eleições 2020, em virtude da pandemia e da popularização das lives na internet, questionou-se a possibilidade de realização das chamadas "Livesmício", ou seja, de shows artísticos em eventos de campanha realizados pela internet. Em resposta à consulta nº. 0601243-23, relatada pelo Min. Luís Felipe Salomão e julgada em 28.8.2020, o TSE decidiu que lives sem shows musicais se equipurariam aos clássicos comícios, sendo portanto permitidas. Já as lives gratuitas e abertas ao público, contemplando eventos artísticos e de campanha, foram proibidas, uma vez que equiparadas aos showmícios. Por outro lado, depois de muita polêmica o Tribunal Superior Eleitoral permitiu que o cantor Caetano Veloso fizesse uma live de arrecadação de recursos para as campanhas dos candidatos a prefeito de Porto Alegre e São Paulo, Manuela D'Ávila e Guilherme Boulos, entendendo que não seria equiparada a um showmício mas sim a um evento de arrecadação de recursos, uma vez que seria cobrado ingresso e não haveria, explicitamente, "palanque político" para os candidatos apoiados.

- A ocorrência da maior pandemia vivenciada pela humanidade nos últimos cem anos impôs, de forma inédita no atual período constitucional vigente, o adiamento das eleições, como medida necessária à preservação da saúde pública, tendo sido aprovada pelo Congresso Nacional a Emenda Constitucional 107, que passou a integrar, portanto, com supremacia sobre a legislação ordinária vigente, o ordenamento jurídico brasileiro, não apenas alterando o calendário eleitoral de 2020, como também estabelecendo regra excepcional, prevista no seu artigo 1º, §º, VI, segundo a qual "os atos de propaganda eleitoral não poderão ser limitados pela legislação municipal ou pela Justiça Eleitoral, salvo se a decisão estiver fundamentada em prévio parecer técnico emitido por autoridade sanitária estadual ou nacional". O ordenamento jurídico pátrio, portanto, passou a admitir a possibilidade excepcional de restrição a meios de propaganda eleitoral previstos em lei por parte da Justiça Eleitoral, desde que obedecido o requisito formal de observância de parecer técnico emitido pela autoridade sanitária estadual ou nacional, como legítimo instrumento de ponderação de interesses entre a liberdade de expressão, o exercício dos direitos políticos e o direito à realização de propaganda política e a contrapartida da necessidade de preservação da saúde pública, da higiene e da contenção da pandemia mortal.

- Segundo o **§ 3º do art. 39** da Lei das Eleições, é **permitido**, entre as **08 e as 22 horas**, o uso de **alto-falantes e amplificadores de som móveis** nas campanhas eleitorais, desde que em distância mínima de 200 metros das sedes dos poderes públicos municipal, estadual, do DF e dos municípios (poderes executivo, legislativo e judiciário), dos estabelecimentos militares, dos hospitais e casas de saúde, das escolas, bibliotecas públicas, igrejas e teatros, quando em funcionamento. A **realização de comícios** e a utilização de **aparelhagem de sonorização fixa**, por sua vez, são

permitidas das 08 às 24 horas, sendo **vedada**, de acordo com o § 7º do artigo 39, a **realização dos chamados showmícios**, ou seja, a utilização de shows artísticos, **mesmo que de forma gratuita**, em eventos de campanha eleitoral. Durante as eleições 2020, em virtude da pandemia e da popularização das lives na internet, questionou-se a possibilidade de realização das chamadas "Livesmício", ou seja, de shows artísticos em eventos de campanha realizados pela internet. Em resposta à consulta nº. 0601243-23, relatada pelo Min. Luís Felipe Salomão e julgada em 28.8.2020, o TSE decidiu que lives sem shows musicais se equiparariam aos clássicos comícios, sendo, portanto permitidas. Já as lives gratuitas e abertas ao público, contemplando eventos artísticos e de campanha, foram proibidas, uma vez que equiparadas aos showmícios. Por outro lado, depois de muita polêmica o Tribunal Superior Eleitoral permitiu que o cantor **Caetano Veloso** fizesse uma live de arrecadação de recursos para as campanhas dos candidatos a prefeito de Porto Alegre e São Paulo, Manuela D'Ávila e Guilherme Boulos, entendendo que não seria equiparada a um showmício mas sim a um evento de arrecadação de recursos, uma vez que seria cobrado ingresso e não haveria, explicitamente, "palanque político" para os candidatos apoiados. O entendimento do TSE terminou por ser ratificado pelo STF no bojo do julgamento da ADI 5970/DF, ocorrido em 07 de outubro de 2021. Segundo a suprema corte, ao contrário dos "**showmícios**", disponibilizados ao público em geral, os eventos de arrecadação são frequentados por pessoas que já guardam simpatia pela campanha que pretendem financiar, não se caracterizando, dessa forma, qualquer interferência à livre consciência do eleitor. Os eventos de arrecadação materializam o exercício do direito de contribuir com o projeto político desejado pelo eleitor.

– Nas eleições proporcionais, os debates deverão ser organizados de modo que assegurem a presença de número equivalente de candidatos de todos os partidos a um mesmo cargo eletivo e poderão desdobrar-se em mais de um dia, respeitada a proporção de homens e mulheres estabelecida no § 3º do art. 10 da Lei nº. 9.504/97 (regra estabelecida pela Lei 14.211/21).

✦ CONHECENDO A JURISPRUDÊNCIA

1. SÚMULAS DO TSE

▸ Súmula nº 17 (cancelada em 16/04/2002 por decisão em Questão de Ordem formulada no julgamento do REspe nº 19.600-CE)

Não é admissível a presunção de que o candidato, por ser beneficiário de propaganda eleitoral irregular, tenha prévio conhecimento de sua veiculação (arts. 36 e 37 da Lei 9.504, de 30/9/97).

▸ Súmula nº 18

Conquanto investido de poder de polícia, não tem legitimidade o juiz eleitoral para, de ofício, instaurar procedimento com a finalidade de impor multa pela veiculação de propaganda eleitoral em desacordo com a Lei nº 9.504/97.

▸ Súmula-TSE nº 48

A retirada da propaganda irregular, quando realizada em bem particular, não é capaz de elidir a multa prevista no art. 37, § 1º, da Lei nº 9.504/97.

2. JULGADOS DO TSE

▸ Jurisprudência 01

Consulta nº 106-94/DF Relator: Ministro Henrique Neves da Silva CONSULTA. DEBATE ELEITORAL. ART. 46 DA LEI Nº 9.504/97. REPRESENTAÇÃO PARLAMENTAR. AFERIÇÃO. MOMENTO. Questão: Nos termos do art. 46 da Lei 9.504/97, o momento de aferição da representatividade (do número superior a nove deputados) do partido ou da coligação, para que o candidato tenha assegurada a sua participação nos debates realizados no rádio e na TV, será a data de início da legislatura ou a data da convenção alusiva à escolha do candidato ou a data do pedido de registro de candidatura ou a data de realização do debate? Resposta: Para aferição da obrigatoriedade de ser convidado o candidato de partido político ou de coligação que possuam mais de nove representantes na Câmara dos Deputados (Lei nº 9.504/97, art. 46), somente devem ser consideradas as mudanças de filiação realizadas com justa causa até a data da convenção de escolha do candidato, não computadas as transferências realizadas com fundamento na EC nº 91/2016.

3. RESOLUÇÕES DO TSE APLICÁVEIS

▸ Resolução nº 22.303/2006

Baseado neste artigo, o TSE decidiu, através da Resolução nº 22.303/2006, que é proibida a propaganda eleitoral de qualquer natureza em veículos automotores prestadores de serviços públicos, tais como os ônibus de transporte coletivo urbano. No mesmo sentido, no julgamento do REspe nº 25.682, em 14.08.2007, o TSE decidiu que é proibida a distribuição de panfletos com propaganda eleitoral em escola pública.

▸ Resolução nº 22.270/2006

O TSE, por meio da Resolução nº 22.270/2006, proibiu o uso de painéis eletrônicos na propaganda eleitoral.

▸ Resolução nº 23.086/2009

O TSE, por meio da Resolução nº 23.086/2009, definiu pela impossibilidade de veiculação de propaganda intrapartidária paga nos meios de comunicação.

▸ Resolução nº 22.290/2006

Não é admitida a transmissão ao vivo da propaganda eleitoral gratuita em bloco (Resolução TSE nº 22.290/2006).

▸ Resolução 23.496/2016

Em 25 de agosto de 2016, o STF julgou a ADI 5487, na qual partidos políticos atacavam as regras que restringiriam a participação das agremiações com menos de 10 parlamentares nos debates eleitorais, para conferir interpretação conforme a Constituição ao parágrafo 5º, artigo 46, da Lei 9.504/1997. Os ministros, por maioria, decidiram que as emissoras podem convidar candidatos de partidos de representatividade mínima no Congresso, sem que os candidatos aptos possam vetar essa participação. A partir do referido julgamento, o TSE publicou a Resolução 23.496/16, dispondo que emissora de rádio ou de televisão poderá convidar candidato cuja participação seja facultativa, sendo vedada sua exclusão pela deliberação da maioria dos candidatos aptos.

4. INFORMATIVOS DO TSE

▸ Informativo 01

Divulgação de mensagens em rede social na Internet e inexistência de propaganda eleitoral extemporânea.

Não configura propaganda eleitoral antecipada a divulgação gratuita de mensagens em rede social com menção a possível candidatura e enaltecimento de opção política antes do período previsto no art. 36 da Lei 9.504/97, alterado pela Lei 13.165/15, o qual dispõe: " propaganda eleitoral somente é permitida após o dia 15 de agosto do ano da eleição". *REspe 51-24, Rel. Min. Luiz Fux, j. 18.10.16. (Info 12)*

▸ Informativo 02

Propaganda partidária e configuração de propaganda antecipada.

Não constitui propaganda eleitoral antecipada a conduta de elogiar determinado membro do partido, pré-candidato a cargo eletivo, em propaganda partidária. *REspe 330994, Red. p/ ac. Min. Henrique Neves, j. 31.5.16. (Info 5)*

▸ Informativo 03

Responsabilização de agente público e veiculação de propaganda institucional no período vedado.

O chefe do Executivo é responsável pela publicidade divulgada em sítio eletrônico oficial do governo, ainda que dela não tenha conhecimento, razão pela qual se sujeita às penalidades previstas na legislação. *REspe 1194-73, Rel. Min. Maria Thereza de Assis Moura, j. 1º.8.16. (Info 8)*

▸ Informativo 04

Autorização de veiculação de inserções partidárias aos domingos do mês de junho.

O TSE autorizou, excepcionalmente, durante o mês de junho de 2016, a veiculação de propaganda partidária aos domingos, no horário compreendido entre 18 e 24 horas. *Pet 205-64, Rel. Min. Henrique Neves da Silva, j. 9.6.16. (Info 6)*

Capítulo XII – Abuso de Poder nas Eleições e Condutas Vedadas aos Agentes Públicos em Campanhas Eleitorais

✦ QUESTÕES

1. QUESTÕES DE CONCURSOS PARA A MAGISTRATURA ESTADUAL

01. (FCC – Juiz de Direito – SC/2017) No ano em que se realizar eleição, fica proibida a distribuição gratuita de bens, valores ou benefícios por parte da Administração pública, EXCETO em casos de

a) estado de emergência, de intervenção federal ou de programas sociais autorizados em lei e já em execução orçamentária desde o primeiro semestre do ano eleitoral, mesmo que executados por entidade nominalmente vinculada a candidato ou por esse mantida.

b) calamidade pública, de intervenção federal ou de programas sociais autorizados em lei e já em execução orçamentária desde o primeiro mês do ano eleitoral, vedada, no entanto, a execução de tais programas por entidade nominalmente vinculada a candidato ou por esse mantida.

c) calamidade pública, de estado de emergência ou de programas sociais autorizados em lei e já em execução orçamentária no exercício anterior, vedada, no entanto, a execução de tais programas por entidade nominalmente vinculada a candidato ou por esse mantida.

d) estado de emergência, de calamidade pública ou de programas sociais autorizados em lei e já em execução orçamentária desde o primeiro semestre do ano eleitoral, vedada, no entanto, a execução de tais programas por entidade nominalmente vinculada a candidato ou por esse mantida.

e) calamidade pública, de intervenção federal ou de programas sociais autorizados em lei e já em execução orçamentária no exercício anterior, mesmo que executados por entidade nominalmente vinculada a candidato ou por esse mantida.

COMENTÁRIOS

De acordo com o art. 73, § 10 da Lei das Eleições (Lei 9.504/97), "o ano em que se realizar eleição, fica proibida a distribuição gratuita de bens, valores ou benefícios por parte da Administração Pública, exceto nos casos de calamidade pública, de estado de emergência ou de programas sociais autorizados em lei e já em execução orçamentária no exercício anterior, casos em que o Ministério

Público poderá promover o acompanhamento de sua execução financeira e administrativa". Já de acordo com o § 11 do mesmo artigo 73, "Nos anos eleitorais, os programas sociais de que trata o § 10 não poderão ser executados por entidade nominalmente vinculada a candidato ou por esse mantida". Responde as demais.

Alternativa correta: letra "c".

---

02. (Faurgs – Juiz de Direito Substituto - RS/2016) Tendo em vista as condutas vedadas do artigo 73 da Lei nº 9.504/1997, assinale a alternativa correta.

a) No ano em que se realizar eleição, é proibido aos agentes públicos das esferas administrativas cujos cargos estejam em disputa na eleição fazer pronunciamento em cadeia de rádio e televisão, fora do horário eleitoral gratuito.

b) No primeiro semestre do ano de eleição, é proibido remover, transferir ou exonerar servidor público, na circunscrição do pleito.

c) No ano em que se realizar eleição, é proibida toda e qualquer distribuição gratuita de bens, valores ou benefícios por parte da Administração Pública.

d) No primeiro semestre do ano de eleição, é proibido realizar transferência voluntária de recursos da União aos Estados e Municípios, e dos Estados aos Municípios.

e) No primeiro semestre do ano de eleição, é proibido realizar despesas com publicidade dos órgãos públicos que excedam a média dos gastos do primeiro semestre dos três últimos anos que antecedem o pleito.

✪ Nota do autor:

O Art. 73, em especial, e os seguintes da Lei das Eleições elencam uma série de condutas vedadas aos agentes públicos em campanhas eleitorais, visando a preservar a normalidade e a legitimidade dos processos eleitorais. Reputa-se agente público, para os fins dos referidos artigos, "quem exerce, ainda que transitoriamente ou sem remuneração, por eleição, nomeação, designação, contratação ou qualquer outra forma de investidura ou vínculo, mandato, cargo, emprego ou função nos órgãos ou entidades da administração pública direta, indireta, ou fundacional" (Art. 73, § 1º da Lei nº 9.504/97).

Assim, de acordo com o inciso I do referido Art. 73, é conduta vedada em campanhas eleitorais a cessão ou o uso em benefício de candidato, partido político ou coligação, de bens móveis ou imóveis pertencentes à administração direta ou indireta da União, dos estados, do Distrito Federal, dos territórios e dos municípios, ressalvada a realização de convenção partidária.

Vale destacar que não se enquadra na vedação do citado inciso I o uso, em campanha, de transporte oficial pelo presidente da república; nem o uso de residências oficiais, pelos candidatos à reeleição para os cargos de presidente e vice-presidente da república, governador e vice-governador dos estados e DF ou prefeito e vice-prefeito, para a realização de reuniões ou contatos pertinentes à campanha, desde que não tenham caráter de ato público.

O inciso II do mesmo artigo, por sua vez, veda o uso de materiais ou serviços, custeados pelos governos ou casas legislativas, que excedam as prerrogativas consignadas nos regimentos e normas dos órgãos que integram. Vale destacar que, de acordo com a JURISPRUDÊNCIA do TSE, é possível o fornecimento por deputados, em ano eleitoral, de trabalhos gráficos desde que relativos à atividade parlamentar e com obediência às normas estabelecidas em ato da mesa, vedada sempre qualquer mensagem que tenha conotação de propaganda eleitoral. (Res. 20.217, 2.6.98, do TSE, DJ de 26.6.98). No mesmo sentido, já declarou o TSE que "configura abuso de autoridade a utilização, por parlamentar, para fins de campanha eleitoral, de correspondência postada, ainda que nos limites da cota autorizada por ato de Assembleia Legislativa, mas cujo conteúdo extrapola o exercício das prerrogativas parlamentares" (Ac. TSE nº 16.067, de 25.04.2000, DJ de 14.08.2000).

Já o polêmico inciso III do citado artigo estabelece que é vedado a agente público em campanha eleitoral "ceder servidor público ou empregado da administração direta ou indireta federal, estadual ou municipal do Poder Executivo, ou usar de seus serviços, para comitês de campanha eleitoral de candidato, partido político ou coligação, durante o horário de expediente normal, salvo se o servidor ou empregado estiver licenciado". O maior ponto de discussão doutrinária em torno deste dispositivo normativo reside na expressão "do Poder Executivo", o que, a princípio, exclui servidores de outros poderes da citada vedação, embora um número considerável de doutrinadores defenda entendimento contrário (neste sentido, Lauro Barretto, 2006, p. 68). É se ressaltar ainda, em relação ao citado dispositivo legal, que o mesmo não veda que servidor público, mesmo do Poder Executivo, trabalhe para candidato fora do horário do seu expediente.

Ainda no que se refere às condutas vedadas aos agentes públicos em campanha eleitoral, o inciso IV do artigo 73 veda o "uso promocional em favor de candidato, partido político ou coligação, de distribuição gratuita de bens e serviços de caráter social custeados ou subvencionados pelo poder público". Vale destacar, neste sentido, que o TSE tem firmado JURISPRUDÊNCIA no sentido de que a legislação eleitoral não proíbe a prestação de serviço social custeado ou subvencionado pelo poder público durante o período eleitoral (três meses que antecedem a eleição), mas sim o seu uso para fins promocionais de candidato, partido ou coligação (Ac. 5.283, de 9.11.04, do TSE, DJ de 17.12.04).

Em consonância do o citado inciso IV do artigo 73, é válido destacar o disposto nos §§ 10 e 11 do mesmo artigo, os quais, respectivamente, estabelecem que "no ano em que se realizar eleição, fica proibida a distribuição gratuita de bens, valores ou benefícios por parte da Administração Pública, exceto nos casos de calamidade pública, de estado de emergência ou de programas sociais autorizados em lei e já em execução orçamentária no exercício anterior, casos em que o Ministério Público poderá promover o acompanhamento de sua execução financeira e administrativa" e que "nos anos eleitorais, os programas sociais de que trata o § 10 não poderão ser executados por entidade nominalmente vinculada a candidato ou por esse mantida". A restrição, portanto, ao uso promocional de distribuição gratuita de bens e serviços de caráter social por candidato, partido ou coligação, previsto no inciso IV, dessa forma, se elastece, no ano eleitoral, para impedir qualquer forma de distribuição gratuita de bens, valores ou benefícios por parte da administração pública, exceto nos casos de calamidade pública, estado de emergência ou continuidade de programas sociais autorizados por lei e em execução, evitando-se, assim, o uso da máquina administrativa nas campanhas eleitorais.

Um dos mais importantes dispositivos legais utilizados no combate ao abuso de poder político nas eleições é aquele previsto no inciso V, e respectivas alíneas, do Art. 73 da Lei das Eleições. Como de observa, não existem óbices à nomeação de pessoas para cargos do Poder Judiciário, do Ministério Público, dos tribunais ou conselhos de contas e dos órgãos da Presidência da República durante o período eleitoral. O mesmo não ocorre, contudo, com a nomeação de pessoas para cargos do Poder Legislativo ou mesmo do Poder Executivo (salvo no caso de órgãos da Presidência da República).

É válido ainda destacar, no que se refere ao citado inciso V, que é válida a nomeação de servidores públicos aprovados em concursos que tenham sido homologados até três meses antes das eleições, em qualquer esfera do Poder. Da mesma forma, é lícita a nomeação ou exoneração de cargos em comissão e designação ou dispensa de funções de confiança, mesmo no âmbito dos poderes Executivo e Legislativo.

Por fim, admite a lei a nomeação ou contratação necessária à instalação ou ao funcionamento inadiável de serviços públicos essenciais, desde que com a prévia e expressa autorização do chefe do Poder Executivo. Neste sentido, já entendeu o TSE que a autorização referida deve ser específica para a contratação pretendida e devidamente justificada, sendo sempre necessária a anuência do chefe do Executivo.

O inciso VI do artigo 73 da Lei nº 9.504/97, por sua vez, estabelece um rol vedações de condutas aos agentes públicos nos três meses anteriores ao pleito, sendo a primeira dessas a proibição de repasse de recursos da União aos estados e municípios, e dos estados aos municípios, sob pena de nulidade de pleno direito. Vale destacar, neste sentido, que tal vedação não se aplica ao repasse de recursos destinados a cumprir obrigação formal preexistente para execução de obra ou serviço em andamento e com cronograma prefixado; bem como àqueles destinados a atender situações de emergência e de calamidade pública.

No julgamento do Ac. 266, de 9.12.04, DJ de 4.3.05, o TSE, em decisão polêmica, decidiu que transferência de recursos do governo estadual a comunidades carentes de diversos municípios não caracteriza violação ao Art. 73, VI, a, da Lei 9.504/97, quando os destinatários forem associações, pessoas jurídicas de direito privado, uma vez que, segundo o colendo Tribunal, "a regra restritiva do Art. 73, VI, a, da Lei nº 9.504/97 não pode sofrer alargamento por meio de interpretação extensiva de seu texto".

A segunda conduta vedada aos agentes públicos nos três meses anteriores ao pleito, por sua vez, de acordo com a alínea "b" do inciso VI do artigo 73 da Lei das Eleições, diz respeito à proibição de veiculação de propaganda institucional por parte de órgãos públicos ligados à administração direta ou indireta dos diversos entes federativos. Assim, dispõe o citado dispositivo normativo que é vedado aos agentes públicos, nos três meses anteriores ao pleito, "com exceção da propaganda de produtos e serviços que tenham concorrência no mercado, autorizar publicidade institucional dos atos, programas, obras, serviços e campanhas dos órgãos públicos federais, estaduais ou municipais, ou das respectivas entidades da administração indireta, salvo em caso de grave e urgente necessidade pública, assim reconhecida pela Justiça Eleitoral".

Sobre o tema, é válido destacar entendimento do TSE segundo o qual no trimestre anterior ao pleito, é vedada, em obras públicas, a manutenção de placas que possuam expressões ou símbolos identificadores da administração de candidato a cargo eletivo, independentemente do momento do início da veiculação ou da autorização para a mesma. O que importa, para a caracterização da conduta vedada, é a veiculação da publicidade há menos de três meses do pleito (Ac. TSE nº 9.877, de 01.12.2009).

Por fim, prevê a alínea "c" do inciso VI que é proibido ao agente público "fazer pronunciamento em cadeia de rádio e televisão, fora do horário eleitoral gratuito, salvo quando, a critério da Justiça Eleitoral, tratar-se de matéria urgente, relevante e característica das funções de governo".

De acordo com o § 3º do Art. 73 da Lei nº 9.504/97, as vedações do inciso VI do *caput*, alíneas b e c, aplicam-se apenas aos agentes públicos das esferas administrativas cujos cargos estejam em disputa na eleição.

Ainda no que se refere ao artigo 73, estabelecia o inciso VII a vedação à realização, em ano de eleição, no período compreendido entre 1º de janeiro e três meses antes do pleito, de despesas com publicidade dos órgãos públicos federais, estaduais ou municipais, ou das respectivas entidades da administração indireta, que excedam a média dos gastos nos três últimos anos que antecedem o pleito ou do último ano imediatamente anterior à eleição (como visto, no período compreendido entre três meses antes do pleito e a data da eleição é vedada a autorização de propaganda institucional dos atos, programas, obras, serviços e campanhas dos órgãos públicos federais, estaduais ou municipais, ou das respectivas entidades da administração indireta, salvo em caso de grave e urgente necessidade pública, assim reconhecida pela Justiça Eleitoral, excepcionada, ainda, a possibilidade de propaganda de produtos e serviços que tenham concorrência no mercado). Com a publicação da Lei nº 13.165, em 29 de setembro de 2015, a redação do inciso VII do Art. 73 foi alterada, modificando-se a regra de limitação de despesas com publicidade no ano eleitoral, a qual, passou a ser aplicada no primeiro semestre do ano eleitoral. Em 2022, nova mudança legislativa do art. 73, VII (Lei 14.356/2022) ocorreu, passando o referido dispositivo a estabelecer como conduta vedada "empenhar, no primeiro semestre do ano de eleição, despesas com publicidade dos órgãos públicos federais, estaduais ou municipais, ou das respectivas entidades da administração indireta, que excedam a 6 (seis) vezes a média mensal dos valores empenhados e não cancelados nos 3 (três) últimos anos que antecedem o pleito" . Julgando as ADIs nº. 7178 e 7182, o STF decidiu que a nova regra não seria aplicável às eleições 2022, em virtude do princípio da anterioridade eleitoral (art. 16 da CF/1988).

Já de acordo com o inciso VIII do Art. 73 da Lei das Eleições, é vedada a realização, na circunscrição do pleito, de revisão geral da remuneração dos servidores públicos que exceda a recomposição da perda de seu poder aquisitivo ao longo do ano da eleição, a partir do início do período de convenções partidárias (10 de junho do ano eleitoral) até a posse dos eleitos.

Considera-se revisão geral da remuneração dos servidores o aumento concedido em razão do poder aquisitivo da moeda e que não tem por objetivo corrigir situações de injustiça ou de necessidade de revalorização profissional de carreiras específica (Res. 21.296, de 12.11.02, do TSE, RJTSE v. 14, t. 1).

O Tribunal Superior Eleitoral, através da Resolução nº 21.054/02, entendeu que a aprovação, pela via legislativa, de proposta de reestruturação de carreira de servidores não se confunde com revisão geral de remuneração e, portanto, não encontra obstáculo na proibição contida no Art. 73, inciso VIII, da Lei nº 9.504, de 1997. (Res. 21.054, de 2.4.02, do TSE, RJTSE v.13, t. 3).

O descumprimento do disposto no Art. 73, *caput* e seus respectivos incisos da Lei nº 9504/97 sempre acarretou a suspensão imediata da conduta vedada, além da sujeição dos responsáveis a multa, no valor de cinco a cem mil UFIR, de acordo com o § 4º do referido artigo legal. Recentemente, no entanto, a reforma eleitoral (Lei nº 12.034/09) ampliou o rol de sanções à prática das condutas vedadas analisadas, indicando que, sem prejuízo da aplicação da suspensão imediata da conduta e da multa cabíveis, o responsável pela conduta indevida ficará sujeito à cassação do registro ou do diploma.

Alargou, assim, o legislador de 2009, as hipóteses ensejadoras de cassação de registro ou diploma de candidato praticante de condutas vedadas, abarcando novos situações outrora não geradoras de tal conseqüência. Até a publicação da Lei nº 12.034/09, o § 5º do artigo 73 limitava as hipóteses de cassação do registro ou diploma aos praticantes das condutas previstas nos incisos I, II, III, IV e VI do *caput* do artigo 73, excluindo da incidência de tal conseqüência a prática de condutas previstas nos demais incisos do *caput* e no § 10 do referido artigo de lei, este também recém incluído pela recente reforma eleitoral e já estudado nesta obra.

Conforme disposição do Art. 78 da Lei das Eleições, a aplicação das sanções cominadas no Art. 73, §§ 4º e 5º dar-se-á sem prejuízo de outras de caráter constitucional, administrativo ou disciplinar fixadas pelas demais leis vigentes.

COMENTÁRIOS

Alternativa correta: assertiva "e". Regra expressamente prevista no artigo 73, VIII da Lei das Eleições, o qual dispõe que é vedado "realizar, no primeiro semestre do ano de eleição, despesas com publicidade dos órgãos públicos federais, estaduais ou municipais, ou das respectivas entidades da administração indireta, que excedam a média dos gastos no primeiro semestre dos três últimos anos que antecedem o pleito".

Assertiva "a". ERRADO. Tal proibição, como regra, somente deverá ocorrer nos três meses que antecedem ao pleito.

Assertiva "b". ERRADO. Tal vedação é imposta nos três meses anteriores ao pleito.

Assertiva "c". ERRADO. Existem exceções. No ano em que se realizar eleição, fica proibida a distribuição gratuita de bens, valores ou benefícios por parte da administração pública, exceto nos casos de calamidade pública, de estado de emergência ou de programas sociais autorizados em lei e já em execução orçamentária no exercício anterior, casos em que o Ministério Público poderá promover o acompanhamento de sua execução financeira e administrativa.

Assertiva "d". ERRADA. É proibido nos três meses que antecedem ao pleito realizar transferência voluntária de recursos da União aos Estados e Municípios, e dos Estados aos Municípios, sob pena de nulidade de pleno direito, ressalvados os recursos destinados a cumprir obrigação formal preexistente para execução de obra ou serviço em andamento e com cronograma prefixado, e os destinados a atender situações de emergência e de calamidade pública;

---

03. (FCC – Juiz Substituto – RR/ 2008) É vedado aos agentes públicos em campanhas eleitorais para cargos do Poder Executivo, nos três meses que antecedem o pleito,

a) autorizar a contratação de shows artísticos com recursos públicos na realização de inaugurações.

b) efetuar nomeações para cargos em comissão e designação ou dispensa de funções de confiança.

c) efetuar nomeações para cargos dos Tribunais de Contas e dos órgãos da Presidência da República.

d) efetuar nomeações dos aprovados em concursos públicos homologados antes de três meses da posse dos eleitos.

e) transferir ou remover ex officio militares, policiais civis e agentes penitenciários.

COMENTÁRIOS

✪ **Nota do autor**: O art. 73, em especial, e os seguintes da Lei das Eleições elencam uma série de condutas vedadas aos agentes públicos em campanhas eleitorais, visando a preservar a normalidade e a legitimidade dos processos eleitorais. Reputa-se agente público, para os fins dos referidos artigos, "quem exerce, ainda que transitoriamente ou sem remuneração, por eleição, nomeação, designação, contratação ou qualquer outra forma de investidura ou vínculo, mandato, cargo, emprego ou função nos órgãos ou entidades da administração pública direta, indireta, ou fundacional" (art. 73, § 1º da Lei nº 9.504/97).

Alternativa correta: **Assertiva "A" CORRETA**. De acordo com o art. 75 da Lei das Eleições (caput e parágrafo único), é vedada, nos três meses que antecederem as eleições, a contratação de shows artísticos, pagos com recursos públicos, para animar inaugurações realizadas nos três meses anteriores à eleição. O descumprimento desta norma acarreta a suspensão imediata da conduta, além da cassação do registro ou diploma do candidato beneficiado.

Assertiva "B" ERRADA. É válida a nomeação de servidores públicos aprovados em concursos que tenham sido homologados até três meses antes das eleições, em qualquer esfera do Poder. Da mesma forma, é lícita a nomeação ou exoneração de cargos em comissão e designação ou dispensa de funções de confiança, mesmo no âmbito dos poderes Executivo e Legislativo.

Assertiva "C" ERRADA. Não existem óbices à nomeação de pessoas para cargos do Poder Judiciário, do Ministério Público, dos tribunais ou conselhos de contas e dos órgãos da Presidência da República durante o período eleitoral.

Assertiva "D" ERRADA. De acordo com o inciso V do artigo 73 da lei das Eleições, é válida a nomeação de servidores públicos aprovados em concursos que tenham sido homologados até três meses antes das eleições, em qualquer esfera do Poder.

---

04. (CESPE – Juiz de Direito Substituto-CE/ 2012) A respeito do fornecimento gratuito de transporte e refeições, em dias de eleição, a eleitores residentes nas zonas rurais, assinale a opção correta.

a) A indisponibilidade, em dia de eleição, do transporte de eleitores, a cargo da justiça eleitoral, exime o eleitor de zona rural do dever de votar.

b) A justiça eleitoral pode, em alguns casos, fornecer refeições a eleitores de zonas rurais, correndo as despesas, nessa hipótese, por conta do fundo partidário.

c) Os veículos e embarcações de uso militar ficam à disposição da justiça eleitoral, em dias de eleição, para o transporte gratuito de eleitores das zonas rurais.

d) Se a utilização de veículos pertencentes à União, estados e municípios não for suficiente, cabe à justiça eleitoral custear, com seus próprios recursos, os serviços requisitados de particulares.

e) O transporte de eleitores em dia de eleição, a cargo da justiça eleitoral, pode ser feito entre municípios vizinhos de uma mesma unidade da Federação.

COMENTÁRIOS

✪ **Nota do autor**: O oferecimento indevido de transportes no dia da eleição configura abuso de poder econômico. É a lei nº 6.091, de 15 de agosto de 1974, que regulamenta esta questão. Assim, de acordo com o art. 5º da referida lei, nenhum veículo ou embarcação poderá fazer transporte de eleitores desde o dia anterior até o posterior à eleição, salvo aqueles a serviço da Justiça Eleitoral, os veículos coletivos de linhas regulares e não fretados, os de uso individual do proprietário, para o exercício do próprio voto e dos membros de sua família, bem como os veículos de aluguel de serviço normal, sem finalidade eleitoral (carro alugado por eleitor para o seu próprio transporte e de seus familiares, serviços de táxi, mototáxi etc.). Apenas a Justiça Eleitoral poderá fornecer transporte gratuito a eleitores, mesmo assim apenas àqueles residentes nas zonas rurais. O transporte de eleitores somente será feito dentro dos limites territoriais do respectivo município e quando das zonas rurais para as mesas receptoras distar pelo menos dois quilômetros. Quinze dias antes do pleito, a Justiça Eleitoral divulgará, pelo órgão competente, o quadro geral de percursos e horários programados para o transporte de eleitores, dele fornecendo cópias aos partidos políticos. Os partidos políticos, candidatos ou eleitores, em número de vinte, poderão oferecer reclamações em três dias contados da divulgação do quadro, as quais serão apreciadas nos três dias subseqüentes, delas cabendo recurso sem efeito suspensivo. Decididas as reclamações, a Justiça Eleitoral divulgará, pelos meios disponíveis, o quadro definitivo.

Alternativa correta: Assertiva "B" CORRETA. De acordo com o art. 8º da lei nº 6.091/74, "somente a Justiça Eleitoral poderá, quando imprescindível, em face da absoluta carência de recursos de eleitores da zona rural, fornecer-lhes refeições, correndo, nesta hipótese, as despesas por conta do Fundo Partidário". É de se destacar, ainda quanto a este tema, que a Justiça Eleitoral poderá oferecer vales-refeições ou mesmo ajuda em dinheiro para a alimentação dos cidadãos que forem convocados para trabalhar nas eleições, sem que tal atitude configure qualquer irregularidade.

Assertiva "A" ERRADA. O eleitor continua obrigado a votar, mesmo que não haja transporte.

Assertiva "C" ERRADA. Não existe tal previsão legal. Os veículos e embarcações, devidamente abastecidos e tripulados, pertencentes à União, estados, territórios e municípios e suas respectivas autarquias e sociedades de economia mista, excluídos os de uso militar, contudo, ficarão à disposição da Justiça Eleitoral para o transporte gratuito de eleitores em zonas rurais, em dias de eleição"

Assertiva "D" ERRADA. Não existe tal previsão legal.

Assertiva "E". ERRADA. Apenas a Justiça Eleitoral poderá fornecer transporte gratuito a eleitores, mesmo assim apenas àqueles residentes nas zonas rurais. O transporte de eleitores somente será feito dentro dos limites territoriais do respectivo município e quando das zonas rurais para as mesas receptoras distar pelo menos dois quilômetros.

---

05. (FCC – Juiz de Direito Substituto – PE/2013) É proibido aos agentes públicos, servidores ou não, nomear, contratar ou de qualquer forma admitir, demitir sem justa causa, suprimir ou readaptar vantagens ou por outros meios dificultar ou impedir o exercício funcional e, ainda, ex officio, remover, transferir ou exonerar servidor público, na circunscrição do pleito, nos três meses que o antecedem e até a posse dos eleitos, sob pena de nulidade de pleno direito, com ressalvas legais que NÃO incluem a

a) nomeação ou exoneração de cargos em comissão e designação ou dispensa de funções de confiança.

b) nomeação para cargos do Poder Judiciário, do Ministério Público, dos Tribunais ou Conselhos de Contas e dos órgãos da Presidência da República.

c) nomeação dos aprovados em concursos públicos concluídos, ainda que não homologados, até o início daquele prazo.

d) nomeação ou contratação necessária à instalação ou ao funcionamento inadiável de serviços públicos essenciais, com prévia e expressa autorização do Chefe do Poder Executivo.

e) transferência ou remoção ex officio de militares, policiais civis e de agentes penitenciários.

COMENTÁRIOS

✪ **Nota do autor**: Um dos mais importantes dispositivos legais utilizados no combate ao abuso de poder político nas eleições é aquele previsto no inciso V, e respectivas alíneas, do art. 73 da Lei das Eleições, que assim dispõe:

> **Art. 73.** *São proibidas aos agentes públicos, servidores ou não, as seguintes condutas tendentes a afetar a igualdade de oportunidades entre candidatos nos pleitos eleitorais:*
>
> *(...)*
>
> *V. nomear, contratar ou de qualquer forma admitir, demitir sem justa causa, suprimir ou readaptar vantagens ou por outros meios dificultar ou impedir o exercício funcional e, ainda, ex officio, remover, transferir ou exonerar servidor público, na circunscrição do pleito, nos três meses que o antecedem e até a posse dos eleitos, sob pena de nulidade de pleno direito, ressalvados:*

a) a nomeação ou exoneração de cargos em comissão e designação ou dispensa de funções de confiança;

b) a nomeação para cargos do Poder Judiciário, do Ministério Público, dos tribunais ou conselhos de contas e dos órgãos da Presidência da República;

c) a nomeação dos aprovados em concursos públicos homologados até o início daquele prazo;

d) a nomeação ou contratação necessária à instalação ou ao funcionamento inadiável de serviços públicos essenciais, com prévia e expressa autorização do chefe do Poder Executivo;

e) a transferência ou remoção ex officio de militares, policiais civis e de agentes penitenciários;

Como se observa, não existem óbices à nomeação de pessoas para cargos do Poder Judiciário, do Ministério Público, dos tribunais ou conselhos de contas e dos órgãos da Presidência da República durante o período eleitoral. O mesmo não ocorre, contudo, com a nomeação de pessoas para cargos do Poder Legislativo ou mesmo do Poder Executivo (salvo no caso de órgãos da Presidência da República). É válido ainda destacar, no que se refere ao citado inciso V, que é válida a nomeação de servidores públicos aprovados em concursos que tenham sido homologados até três meses antes das eleições, em qualquer esfera do Poder. Da mesma forma, é lícita a nomeação ou exoneração de cargos em comissão e designação ou dispensa de funções de confiança, mesmo no âmbito dos poderes Executivo e Legislativo. Por fim, admite a lei a nomeação ou contratação necessária à instalação ou ao funcionamento inadiável de serviços públicos essenciais, desde que com a prévia e expressa autorização do chefe do Poder Executivo. Neste sentido, já entendeu o TSE que a autorização referida deve ser específica para a contratação pretendida e devidamente justificada, sendo sempre necessária a anuência do chefe do Executivo.

Alternativa correta: **Assertiva "c"** É válida a nomeação de servidores públicos aprovados em concursos que tenham sido homologados até três meses antes das eleições, em qualquer esfera do Poder. Os que não foram homologados não se enquadram, em regra, nesta ressalva legal.

Assertiva "A" ERRADA. É lícita a nomeação ou exoneração de cargos em comissão e designação ou dispensa de funções de confiança, mesmo no âmbito dos poderes Executivo e Legislativo.

Assertiva "B" ERRADA., Não existem óbices à nomeação de pessoas para cargos do Poder Judiciário, do Ministério Público, dos tribunais ou conselhos de contas e dos órgãos da Presidência da República durante o período eleitoral"

Assertiva "D" ERRADA. Admite a lei a nomeação ou contratação necessária à instalação ou ao funcionamento inadiável de serviços públicos essenciais, desde que com a prévia e expressa autorização do chefe do Poder Executivo. Neste sentido, já entendeu o TSE que a autorização referida deve ser específica para a contratação pretendida e devidamente justificada, sendo sempre necessária a anuência do chefe do Executivo.

Assertiva "E". ERRADA. Ressalva prevista no art. 73, V, "e" da Lei das Eleições.

2. QUESTÕES DE CONCURSOS PARA O MINISTÉRIO PÚBLICO ESTADUAL (PROMOTOR DE JUSTIÇA)

06. (Cespe – Promotor de Justiça – MPE – CE/2020) O objetivo da ação de investigação judicial eleitoral é

a) investigar antecedentes criminais de candidatos.

b) declarar a nulidade de pleito eleitoral por erro de direito.

c) apurar denúncias de atos que configurem abuso de poder econômico e(ou) político durante campanha eleitoral.

d) cassar mandato irregular após a diplomação.

e) contestar atos administrativos praticados pela justiça eleitoral.

COMENTÁRIOS

Resposta: A Ação de Investigação Judicial Eleitoral tem previsão no art. 22 da LC 64/90, com objeto vinculado à apuração de denúncias de atos que configurem abuso de poder econômico ou político que interfira na legitimidade do pleito. Resposta correta letra "c" (responde às demais)

Alternativa correta: letra "c".

---

07. (MPE – GO – Promotor de Justiça – MPE – GO/2019) Assinale a alternativa incorreta:

a) A decisão da Justiça Eleitoral que importe indeferimento do registro, cassação do diploma ou perda do mandato de Presidente e Vice-Presidente da República, bem como de Senador, acarreta a realização de eleições indiretas, se a vacância ocorrer a menos de seis meses do final do mandato.

b) O eleitor não possui legitimação ativa para a propositura de Ação de Impugnação de Registro de Candidatura – AIRC.

c) Nos processos de registro de candidatura, o juiz eleitoral pode conhecer de ofício da existência de causas de inelegibilidade ou da ausência de condição de elegibilidade, desde que resguardado o contraditório e a ampla defesa.

d) A condenação por ato doloso de improbidade administrativa, que cause dano ao erário, nos termos do 10 da Lei 8.429/92, confirmada pelo Tribunal de Justiça, entre o registro de candidatura e as eleições, não constitui causa de inelegibilidade apta a ser aduzida em recurso contra a expedição do diploma.

COMENTÁRIOS

Alternativa "a". A afirmação está errada, sendo esta a resposta, portanto, já que se deseja apontar a afirmação incorreta. Vacância simultânea dos cargos de Presidente da República e Vice-Presidente, por previsão constitucional, acarretam eleição indireta já a partir dos dois últimos anos de mandato.

Alternativa "b". O Enunciado da questão pede a afirmativa incorreta. Esta afirmativa está correta, somente quem tem legitimidade para propor a AIRC é candidato, partido político, coligação e Ministério Público.

Alternativa "c". Mais uma afirmativa correta. O juiz pode agir de ofício, indeferindo registro de candidatura.

Alternativa "d". A afirmação é correta, pois esse tipo de inelegibilidade exige também o enriquecimento ilícito do agente público, não bastando o prejuízo ao Erário.

Alternativa correta: letra "a".

---

08. (FCC – Promotor de Justiça – MPE – PB/2018) A respeito da representação eleitoral prevista no art. 96 da Lei das Eleições (Lei nº 9.504/1997), considere:

I. O Ministério Público não tem legitimidade para propor representação por excesso de doação.

II. As representações por propaganda eleitoral irregular de candidato a Deputado Federal devem ser dirigidas ao Superior Tribunal Eleitoral.

III. As decisões proferidas pelos juízes auxiliares podem ser atacadas pelo recurso inominado, no prazo de 24 horas.

Está correto o que se afirma APENAS em

a) I e II.

b) III.

c) I e III.

d) II e III.

e) I.

COMENTÁRIOS

Afirmativa I: por sua vez, está incorreta, uma vez que o Ministério Público tem legitimidade para propor qualquer tipo de representação eleitoral, em vista do caráter público dos interesses relativos ao processo eleitoral.

Afirmativa II: também está errada, uma vez que não existe Superior Tribunal Eleitoral, mas sim Tribunal Superior Eleitoral, devendo as representações por propaganda eleitoral irregular de candidato a Deputado Federal ser dirigidas ao Tribunal Regional Eleitoral do estado do candidato. (responde as demais).

Afirmativa III: De acordo com o artigo 96 da Lei das Eleições, aplicável ao processamento de representações por propaganda eleitoral irregular, decisões proferidas pelos juízes auxiliares podem ser atacadas pelo recurso inominado, no prazo de 24 horas.

Alternativa correta: letra "b".

---

09. (MPE – SP – Promotor de Justiça – MPE – SP/2017) O mandato eletivo pode ser impugnado perante a Justiça Eleitoral:

a) no prazo de trinta dias da eleição, verificada a ocorrência de abuso político ou econômico.

b) a qualquer tempo, em razão da condenação transitada em julgado por crime hediondo ou equiparado.

c) até a data da diplomação, sempre que ocorrer crime, abuso do poder econômico ou fraude.

d) no prazo de quinze dias da diplomação, por abuso do poder econômico, corrupção ou fraude.

e) no prazo de quinze dias da eleição, quando da ocorrência de fraude ou violação de urna.

COMENTÁRIOS

Alternativa "d". Regra expressamente prevista na Constituição Federal, art. 14 §§ 10. Responde as demais.

Alternativa correta: letra "d".

---

10. (MPE – SC – Promotor de Justiça – MPE – SC/2016) Segundo a Lei n. 9.504/97 (Lei das Eleições), no ano em que se realizar eleição fica proibida a distribuição gratuita de bens, valores ou benefícios por parte da Administração Pública, exceto nos casos de calamidade pública, de estado de emergência ou de programas sociais autorizados em lei e já em execução orçamentária no exercício anterior, casos em que o Ministério Público poderá promover o acompanhamento de sua execução financeira e administrativa.

Resposta correta. o inciso IV do artigo 73 veda o "uso promocional em favor de candidato, partido político ou coligação, de distribuição gratuita de bens e serviços de caráter social custeados ou subvencionados pelo poder público". Vale destacar, neste sentido, que o **TSE tem firmado jurisprudência** no sentido de que a legislação eleitoral não proíbe a prestação de serviço social custeado ou subvencionado pelo poder público durante o período eleitoral (três meses que antecedem a eleição), mas sim o seu uso para fins promocionais de candidato, partido ou coligação (Ac. 5.283, de 9.11.04, do TSE, DJ de 17.12.04).

Em consonância do o citado inciso IV do artigo 73, é válido destacar o disposto nos **§§ 10 e 11 do mesmo artigo**, os quais, **respectivamente, estabelecem** que "no ano em que se realizar eleição, fica proibida a distribuição gratuita de bens, valores ou benefícios por parte da Administração Pública, exceto nos casos de calamidade pública, de estado de emergência ou de programas sociais autorizados em lei e já em execução orçamentária no exercício anterior, casos em que o Ministério Público poderá promover o acompanhamento de sua execução financeira e administrativa" e que "nos anos eleitorais, os programas sociais de que trata o § 10 não poderão ser executados por entidade nominalmente vinculada a candidato ou por esse mantida". A **restrição**, portanto, ao **uso promocional de**

distribuição gratuita de bens e serviços de caráter social por candidato, partido ou coligação, previsto no inciso IV, dessa forma, **se elastece, no ano eleitoral**, para impedir **qualquer forma** de distribuição gratuita de bens, valores ou benefícios por parte da administração pública, **exceto nos casos** de calamidade pública, estado de emergência ou continuidade de programas sociais autorizados por lei e em execução, evitando-se, assim, o uso da máquina administrativa nas campanhas eleitorais.

---

11. (MPE – RS – Promotor de Justiça – MPE – RS/2016) Assinale com V (verdadeiro) ou com F (falso) as seguintes afirmações, relativas à representação do art. 41-A da Lei nº 9.504/97 (captação de sufrágio).

( ) A representação do art. 41-A da Lei nº 9.504/97 somente abrange atos praticados no período entre o registro da candidatura e o dia da eleição.

( ) Para a caracterização da conduta ilícita de captação de sufrágio, é necessário o pedido explícito de votos.

( ) O recurso contra decisões proferidas com base no art. 41-A da Lei nº 9.504/97 deverá ser apresentado no prazo de vinte e quatro horas da publicação da decisão em cartório ou sessão, assegurado ao recorrido o oferecimento de contrarrazões, em igual prazo, a contar da sua notificação.

( ) A representação do art. 41-A da Lei nº 9.504/97 só pode ser ajuizada até a data da diplomação.

A sequência correta de preenchimento dos parênteses, de cima para baixo, é

a) V - F - F - V.

b) V - V - F - F.

c) F - F - V - V.

d) F - V - F - V.

e) V - F - V - F.

COMENTÁRIOS

Alternativa correta: assertiva "a" – V-F-F-V

1ª afirmativa ➔ Verdadeira. De acordo com o caput do art. 41-A da Lei das Eleições, Ressalvado o disposto no art. 26 e seus incisos, constitui captação de sufrágio, vedada por esta Lei, o candidato doar, oferecer, prometer, ou entregar, ao eleitor, com o fim de obter-lhe o voto, bem ou vantagem pessoal de qualquer natureza, inclusive emprego ou função pública, desde o registro da candidatura até o dia da eleição, inclusive, sob pena de multa de mil a cinquenta mil UFIR, e cassação do registro ou do diploma, observado o procedimento previsto no art. 22 da Lei Complementar nº 64, de 18 de maio de 1990.

2ª afirmativa ➔ Falso. Não há tal necessidade, bastando a promessa de vantagem pessoal de qualquer natureza, ou mesmo a ameaça que leve à perda da autonomia do eleitor.

3º afirmativa ➔ Falso. Segue-se o rito do artigo 22-A da LC 64/90, e não o do art. 96 da Lei das Eleições.

4ª afirmativa ➔ Verdadeiro. Regra prevista em conformidade com o art. 22-A da LC 64/90.

---

12. (FEPESE – Promotor de Justiça – SC/2014) Analise o enunciado da questão abaixo e assinale se ele é falso ou verdadeiro:

( ) Nos três meses que antecederem as eleições, na realização de inaugurações de obras públicas é vedada a contratação de shows artísticos pagos com recursos públicos, sendo, entretanto, permitido ao candidato comparecer a solenidade, participando da mesma sem restrições.

COMENTÁRIOS

Alternativa FALSA. Nenhum candidato poderá comparecer a inaugurações nos três meses anteriores à data da eleição, conforme previsão da Lei nº. 9.504/97.

13. (MPE/BA – Promotor de Justiça-BA/ 2010) No dia da eleição poderá fazer transporte de eleitores o veículo, ou embarcação:

I. Coletivos fretados para este fim pelos partidos políticos.

II. Pertencentes à União, Estados, Municípios e suas autarquias e sociedades de economia mista, mesmo sem credenciamento da Justiça Eleitoral, já que são públicos.

III. De uso individual do proprietário, para o exercício do próprio voto e dos membros de sua família, desde que devidamente credenciado pela Justiça Eleitoral.

Assinale a(s) frase(s) correta(s):

a) I.

b) II.

c) III.

d) I e II.

e) Nenhuma delas.

COMENTÁRIOS

Alternativa correta: alternativa "e": De acordo com o art. 5º da Lei nº 6.091/74, nenhum veículo ou embarcação poderá fazer transporte de eleitores desde o dia anterior até o posterior à eleição, salvo aqueles a serviço da Justiça Eleitoral, os veículos coletivos de linhas regulares e não fretados, os de uso individual do proprietário, para o exercício do próprio voto e dos membros de sua família, bem como os veículos de aluguel de serviço normal, sem finalidade eleitoral (carro alugado por eleitor para o seu próprio transporte e de seus familiares, serviços de táxi, mototáxi etc.). Apenas a Justiça Eleitoral poderá fornecer transporte gratuito a eleitores, mesmo assim apenas àqueles residentes nas zonas rurais. O transporte de eleitores somente será feito dentro dos limites territoriais do respectivo município e quando das zonas rurais para as mesas receptoras distar pelo menos dois quilômetros.

---

14. (MPE/PB – Promotor de Justiça-PB/ 2010) São incorretas as seguintes asserções, exceto:

a) A demonstração da potencialidade lesiva é necessária tanto para a prova do abuso do poder econômico, como para a comprovação da captação ilícita de sufrágio.

b) É assente no Supremo Tribunal Federal o entendimento de que as sanções de cassação do registro ou do diploma previstas na Lei Federal n° 9.504/97 constituem novas hipóteses de inelegibilidade.

c) A prova pré-constituída é exigida, tanto para a propositura da Ação de Impugnação de Mandato Eletivo, quanto para o Recurso contra a Diplomação.

d) Declarada a nulidade de mais da metade dos votos válidos no pleito majoritário, a realização de novas eleições municipais, nos últimos dois anos do quadriênio mandatício, deve ocorrer na forma indireta, esclarecendo-se que, para a caracterização de tal percentual, dever-se-ão somar aos votos nulificados por terem sido atribuídos a candidatos inelegíveis os votos nulos decorrentes de expressa vontade do eleitor.

e) Durante o período eleitoral, é permitido aos agentes públicos usar serviços custeados pelos Governos e Casas Legislativas, desde que não excedam as prerrogativas consignadas nos regimentos e normas dos órgãos que integram.

COMENTÁRIOS

Alternativa correta: assertiva "e": Resposta de acordo com o artigo 73, II da Lei nº 9.504/97.

Assertiva "a": INCORRETO. A demonstração da potencialidade lesiva não é necessária para a comprovação da captação ilícita de sufrágio, bastando a compra de um único voto para caracterizar a infração.

Assertiva 'b": INCORRETO. Segundo entendimento do STF, as citadas sanções não constituem novas hipóteses de inelegibilidade. Caso este fosse o entendimento, tais sanções seriam inconstitucionais, tendo em vista que novas hipóteses de inelegibilidade só podem ser criadas por lei complementar.

Assertiva "c": INCORRETO. A prova pré-constituída só é necessária na propositura do RCD, não sendo necessária na AIME.

Assertiva "d": INCORRETO. Segundo entendimento pacífico do TSE, os votos nulos decorrentes de expressa vontade do eleitor não são contabilizados para fins de nulidade das eleições.

---

15. (MPE/PR - Promotor de Justiça-PR/ 2011) A Lei 9.504/97 estabelece normas para as eleições. Sobre o tema, assinale a alternativa incorreta:

a) a doação de valores em dinheiro para candidatos e partidos políticos em campanhas eleitorais é vedada a entidades de utilidade pública e a organizações não governamentais que recebam recursos públicos, mas é permitida a entidades esportivas e religiosas;

b) é vedada a veiculação de propaganda de qualquer natureza, inclusive pichação, inscrição a tinta, fixação de placas, estandartes, faixas e assemelhados, em ginásios e estádios, por exemplo, ainda que sejam de propriedade privada;

c) até as vinte e duas horas do dia que antecede a eleição, serão permitidos distribuição de material gráfico, caminhada, carreata, passeata ou carro de som que transite pela cidade divulgando jingles ou mensagens de candidatos;

d) é proibido a qualquer candidato comparecer, nos 3 (três) meses que precedem o pleito, a inaugurações de obras públicas;

e) a nomeação para cargos de membros do Poder Judiciário e do Ministério Público não sofre restrições em quaisquer períodos do processo eleitoral.

COMENTÁRIOS

✪ **Nota do autor:** a presente questão aborda temas referentes a condutas vedadas nas eleições e à propaganda eleitoral.

Alternativa correta: assertiva "a": INCORRETA. Entidades religiosas e esportivas não podem fazer doações para campanhas eleitorais, de acordo com o artigo 24 da Lei das Eleições.

Assertiva "b": CORRETO. Não é permitida a propaganda eleitoral em bens de uso comum, a exemplo de estádios e ginásios esportivos.

Assertiva "c": CORRETO. Regra prevista no artigo 39, § 9º da Lei nº 9.504/97.

Assertiva "d": CORRETO. Regra prevista no artigo 77 da Lei das Eleições.

Assertiva "e": CORRETO. Neste sentido, conferir artigo 73, V da Lei das Eleições (Lei nº 9.504/97), o qual dispõe que:

> **Art. 73.** *São proibidas aos agentes públicos, servidores ou não, as seguintes condutas tendentes a afetar a igualdade de oportunidades entre candidatos nos pleitos eleitorais:*
>
> *(...)*
>
> *V – nomear, contratar ou de qualquer forma admitir, demitir sem justa causa, suprimir ou readaptar vantagens ou por outros meios dificultar ou impedir o exercício funcional e, ainda, ex officio, remover, transferir ou exonerar servidor público, na circunscrição do pleito, nos três meses que o antecedem e até a posse dos eleitos, sob pena de nulidade de pleno direito, ressalvados:*
>
> *a) a nomeação ou exoneração de cargos em comissão e designação ou dispensa de funções de confiança;*
>
> *b) a nomeação para cargos do Poder Judiciário, do Ministério Público, dos Tribunais ou Conselhos de Contas e dos órgãos da Presidência da República;*
>
> *c) a nomeação dos aprovados em concursos públicos homologados até o início daquele prazo;*

d) a nomeação ou contratação necessária à instalação ou ao funcionamento inadiável de serviços públicos essenciais, com prévia e expressa autorização do Chefe do Poder Executivo;

e) a transferência ou remoção ex officio de militares, policiais civis e de agentes penitenciários;

---

16. (CESPE – Promotor de Justiça-SE/ 2010) Para conter o uso da máquina pública nas eleições, a legislação eleitoral institui as chamadas condutas vedadas aos agentes públicos, servidores ou não. Condutas vedadas são aquelas que tendem a afetar a igualdade de oportunidades entre os candidatos nos pleitos eleitorais. Conforme a Lei n° 9.504/1997, constitui conduta vedada

a) o parlamentar divulgar o mandato usando recursos da Casa Legislativa, seguindo a disciplina do respectivo regimento interno.

b) o governador ceder servidor público licenciado para trabalhar em comitê eleitoral de candidato ou partido.

c) o ministro determinar a exoneração de servidor ocupante de função comissionada.

d) o prefeito fazer pronunciamento, nos três meses anteriores à eleição, em cadeia de rádio e televisão para esclarecimento dos eleitores quanto ao pleito.

e) o servidor ceder imóvel público para a realização de convenção partidária destinada a escolher os candidatos e a coligação.

COMENTÁRIOS

Alternativa correta: assertiva "d": CORRETO. Nos três meses anteriores ao pleito municipal, prefeito não pode fazer uso do rádio e da TV para pronunciamento fora do horário eleitoral, salvo quando se tratar de matéria urgente e relevante, característica das funções de governo, mediante autorização da Justiça Eleitoral.

Assertiva "a": ERRADO. Conferir artigo 73, II da Lei nº 9.504/97.

Assertiva "b": ERRADO. Servidor público licenciado pode participar de campanha eleitoral, trabalhando para candidato. O mesmo ocorre com o servidor não licenciado, fora do seu horário de serviço.

Assertiva 'c": ERRADO. Conferir artigo 73, V, "a" da lei nº 9.504/97.

Assertiva "e": ERRADO. Para a realização das convenções partidárias os partidos poderão utilizar, gratuitamente, imóveis públicos.

---

17. (CESPE – Promotor de Justiça-SE/ 2010) A legislação eleitoral brasileira regula o transporte e a alimentação dos eleitores residentes na áreas rurais, visando coibir o abuso do poder econômico ou administrativo no dia da eleição. A esse respeito, assinale a opção correta quanto à disciplina legal da matéria.

a) Veículos e embarcações militares devem ser usados com prioridade no transporte gratuito dos eleitores das áreas rurais.

b) A cessão de veículo de particulares à justiça eleitoral é relevante serviço público, sem necessidade de ressarcimento.

c) Os partidos políticos devem fornecer refeições aos eleitores, como entes privados em colaboração com a justiça eleitoral.

d) As deficiências do transporte coletivo constituem justificativa bastante para o não comparecimento do eleitor à seção eleitoral.

e) O transporte dos eleitores deve ser feito no âmbito do território do município.

COMENTÁRIOS

✪ **Nota do autor:** O oferecimento indevido de transportes no dia da eleição configura abuso de poder econômico. É a lei nº 6.091, de 15 de agosto de 1974, que regulamenta esta questão. Assim, de acordo com o art. 5º da referida lei, nenhum veículo ou embarcação poderá fazer transporte de eleitores desde o dia anterior até o posterior à eleição, salvo aqueles a serviço da Justiça Eleitoral, os veículos coletivos de linhas regulares e não fretados, os de uso individual do proprietário, para o exercício do próprio voto e dos membros de sua família, bem como os veículos de aluguel de serviço normal, sem finalidade eleitoral (carro alugado por eleitor para o seu próprio transporte e de seus familiares, serviços de táxi, mototáxi etc.). Apenas a Justiça Eleitoral poderá fornecer transporte gratuito a eleitores, mesmo assim apenas àqueles residentes nas zonas rurais. O transporte de eleitores somente será feito dentro dos limites territoriais do respectivo município e quando das zonas rurais para as mesas receptoras distar pelo menos dois quilômetros. Quinze dias antes do pleito, a Justiça Eleitoral divulgará, pelo órgão competente, o quadro geral de percursos e horários programados para o transporte de eleitores, dele fornecendo cópias aos partidos políticos. Os partidos políticos, candidatos ou eleitores, em número de vinte, poderão oferecer reclamações em três dias contados da divulgação do quadro, as quais serão apreciadas nos três dias subsequentes, delas cabendo recurso sem efeito suspensivo. Decididas as reclamações, a Justiça Eleitoral divulgará, pelos meios disponíveis, o quadro definitivo.

Alternativa correta: assertiva "e": CORRETO. O transporte de eleitores somente será feito dentro dos limites territoriais do respectivo município e quando das zonas rurais para as mesas receptoras distar pelo menos dois quilômetros

Assertiva "a": ERRADO. Veículos de uso militar não deverão ser utilizados pela Justiça Eleitoral, conforme previsto no caput do artigo 1º da Lei nº 6.091/74.

Assertiva "b": ERRADO. A Justiça Eleitoral deverá ressarcir os proprietários nesta eventual hipótese. Neste sentido, conferir artigo 2º, parágrafo único da lei nº 6.091/74.

Assertiva "c": ERRADO. Somente a Justiça Eleitoral poderá, de forma excepcional, fornecer alimentação a eleitores, de acordo com previsão da lei nº 6.091/74.

Assertiva "d": ERRADO. O eleitor deverá votar, independentemente das deficiências de transporte (art. 6º da Lei nº 6.091/74).

---

18. **(CESPE – Promotor de Justiça – RR/2012)** Constitui conduta vedada aos agentes públicos durante campanhas eleitorais

a) ceder imóvel público para a realização de convenção partidária.

b) ceder servidor público para comitê de campanha eleitoral.

c) exonerar ocupante de cargo de livre provimento.

d) nomear assessor de órgãos da Presidência da República.

e) fazer pronunciamento em cadeia de rádio e televisão, ainda que em caso de necessidade pública.

COMENTÁRIOS

✪ **Nota do autor:** O art. 73, em especial, e os seguintes da Lei das Eleições elencam uma série de condutas vedadas aos agentes públicos em campanhas eleitorais, visando a preservar a normalidade e a legitimidade dos processos eleitorais. Reputa-se agente público, para os fins dos referidos artigos, "quem exerce, ainda que transitoriamente ou sem remuneração, por eleição, nomeação, designação, contratação ou qualquer outra forma de investidura ou vínculo, mandato, cargo, emprego ou função nos órgãos ou entidades da administração pública direta, indireta, ou fundacional" (art. 73, § 1º da Lei nº 9.504/97). Assim, de acordo com o inciso I do referido art. 73, é conduta vedada em campanhas eleitorais a cessão ou o uso em benefício de candidato, partido político ou coligação, de bens móveis ou imóveis pertencentes à administração direta ou indireta da União, dos estados, do Distrito Federal, dos territórios e dos municípios, ressalvada a realização de convenção partidária. Vale destacar que não se enquadra na vedação do citado inciso I o uso, em campanha, de transporte oficial pelo presidente da república; nem o uso de residências oficiais, pelos candidatos à reeleição para os cargos de presidente e vice-presidente da república, governador e vice-governador dos estados e DF ou prefeito e vice-prefeito, para a realização de reuniões ou contatos pertinentes à campanha, desde que não tenham caráter de ato público. O inciso II do mesmo artigo, por sua vez, veda o uso de materiais ou serviços, custeados pelos governos ou casas legislativas, que excedam as prerrogativas consignadas nos regimentos e normas dos órgãos que integram. Vale destacar que, de acordo com a jurisprudência do TSE, é possível o fornecimento por deputados, em ano eleitoral, de trabalhos gráficos desde que relativos à atividade parlamentar e com obediência às normas estabelecidas em ato da mesa, vedada sempre qualquer mensagem que tenha conotação de propaganda eleitoral. (Res. 20.217, 2.6.98, do TSE, DJ de 26.6.98). No mesmo sentido, já declarou o TSE que "configura abuso de autoridade a utilização, por parlamentar, para fins de campanha eleitoral, de correspondência postada, ainda que nos limites da cota autorizada por ato de Assembleia Legislativa, mas cujo conteúdo extrapola o exercício das prerrogativas parlamentares" (Ac. TSE nº 16.067, de 25.04.2000, DJ de 14.08.2000). Já o polêmico inciso III do citado artigo estabelece que é vedado a agente público em campanha eleitoral "ceder servidor público ou empregado da administração direta ou indireta federal, estadual ou municipal do Poder Executivo, ou usar de seus serviços, para comitês de campanha eleitoral de candidato, partido político ou coligação, durante o horário de expediente normal, salvo se o servidor ou empregado estiver licenciado". O maior ponto de discussão doutrinária em torno deste dispositivo normativo reside na expressão "do Poder Executivo", o que, a princípio, exclui servidores de outros poderes da citada vedação, embora um número considerável de doutrinadores defenda entendimento contrário (neste sentido, Lauro Barretto, 2006, p. 68). É se ressaltar ainda, em relação ao citado dispositivo legal, que o mesmo não veda que servidor público, mesmo do Poder Executivo, trabalhe para candidato fora do horário do seu expediente. Ainda no que se refere às condutas vedadas aos agentes públicos em campanha eleitoral, o inciso IV do artigo 73 veda o "uso promocional em favor de candidato, partido político ou coligação, de distribuição gratuita de bens e serviços de caráter social custeados ou subvencionados pelo poder público". Vale destacar, neste sentido, que o TSE tem firmado jurisprudência no sentido de que a legislação eleitoral não proíbe a prestação de serviço social custeado ou subvencionado pelo poder público durante o período eleitoral (três meses que antecedem a eleição), mas sim o seu uso para fins promocionais de candidato, partido ou coligação (Ac. 5.283, de 9.11.04, do TSE, DJ de 17.12.04). Em consonância do o citado inciso IV do artigo 73, é válido destacar o disposto nos §§ 10 e 11 do mesmo artigo, os quais, respectivamente, estabelecem que "no ano em que se realizar eleição, fica proibida a distribuição gratuita de bens, valores ou benefícios por parte da Administração Pública, exceto nos casos de calamidade pública, de estado de emergência ou de programas sociais autorizados em lei e já em execução orçamentária no exercício anterior, casos em que o Ministério Público poderá promover o acompanhamento de sua execução financeira e administrativa" e que "nos anos eleitorais, os programas sociais de que trata o § 10 não poderão ser executados por entidade nominalmente vinculada a candidato ou por esse mantida". A restrição, portanto, ao uso promocional de distribuição gratuita de bens e serviços de caráter social por candidato, partido ou coligação, previsto no inciso IV, dessa forma, se elastece, no ano eleitoral, para impedir qualquer forma de distribuição gratuita de bens, valores ou benefícios por parte da administração pública, exceto nos casos de calamidade pública, estado de emergência ou continuidade de programas sociais autorizados por lei e em execução, evitando-se, assim, o uso da máquina administrativa nas campanhas eleitorais. Um dos mais importantes dispositivos legais utilizados no combate ao abuso de poder político nas eleições é aquele previsto no inciso V, e respectivas alíneas, do art. 73 da Lei das Eleições. Como de observa, não existem óbices à nomeação de pessoas para cargos do Poder Judiciário, do Ministério Público, dos tribunais ou conselhos de contas e dos órgãos da Presidência da República durante o período eleitoral. O mesmo não ocorre, contudo, com a nomeação de pessoas para cargos do Poder Legislativo ou mesmo do Poder Executivo (salvo no caso de órgãos da Presidência da República). É válido ainda destacar, no que se refere ao citado inciso V, que é válida a nomeação de servidores públicos aprovados em concursos que tenham sido homologados até três meses antes das eleições, em qualquer esfera do Poder. Da mesma forma, é lícita a nomeação ou exoneração de cargos em comissão e designação ou dispensa de funções de confiança, mesmo no âmbito dos poderes Executivo e Legislativo. Por fim, admite a lei a nomeação ou contratação necessária à instalação ou ao funcionamento inadiável de serviços públicos essenciais, desde que com a prévia e expressa autorização do chefe do Poder Executivo. Neste sentido, já entendeu o TSE que a autorização referida deve ser específica para a contratação pretendida e devidamente justificada, sendo sempre necessária a anuência do chefe do Executivo. O inciso VI do artigo 73 da lei nº 9.504/97, por sua vez, estabelece um rol vedações de condutas aos agentes públicos nos três meses anteriores ao pleito, sendo a primeira dessas a proibição de repasse de recursos da União aos estados e municípios, e dos estados aos municípios, sob pena de nulidade de pleno direito. Vale destacar, neste sentido, que tal vedação não se aplica ao repasse de recursos destinados a cumprir obrigação formal preexistente para execução de obra ou serviço em andamento e com cronograma prefixado; bem como àqueles destinados a atender situações de emergência e de calamidade pública. No julgamento do Ac. 266, de 9.12.04, DJ de 4.3.05, o TSE, em decisão polêmica, decidiu que transferência de recursos do governo estadual a comunidades carentes de diversos municípios não caracteriza violação ao art. 73, VI, a, da Lei 9.504/97, quando os destinatários forem associações, pessoas jurídicas de direito privado, uma vez que, segundo o colendo Tribunal, "a regra restritiva do art. 73, VI, a, da Lei nº 9.504/97 não pode sofrer alargamento por meio de interpretação extensiva de seu texto". A segunda conduta vedada aos agentes públicos nos três meses anteriores ao pleito, por sua vez, de acordo com a alínea "b" do inciso VI do artigo 73 da Lei das Eleições, diz respeito à proibição de veiculação de propaganda institucional por parte de órgãos públicos ligados à administração direta ou indireta dos diversos entes federativos. Assim, dispõe o citado dispositivo normativo que é vedado aos agentes públicos, nos três meses anteriores ao pleito, "com exceção da propaganda de produtos e serviços que tenham concorrência no mercado, autorizar publicidade institucional dos atos, programas, obras, serviços e campanhas dos órgãos públicos federais, estaduais ou municipais, ou das respectivas entidades da administração indireta, salvo em caso de grave e urgente necessidade pública, assim reconhecida pela Justiça Eleitoral". Sobre o tema, é válido destacar entendimento do TSE segundo o qual no trimestre anterior ao pleito, é vedada, em obras públicas, a manutenção de placas que possuam expressões ou símbolos identificadores da administração de candidato a cargo eletivo, independentemente do momento do início da veiculação ou da autorização para a mesma. O que importa, para a caracterização da conduta vedada, é a veiculação da publicidade há menos de três meses do pleito (Ac. TSE nº 9.877, de 01.12.2009). Por fim, prevê a alínea "c" do inciso VI que é proibido ao agente público "fazer pronunciamento em cadeia de rádio e televisão, fora do horário eleitoral gratuito, salvo quando, a critério da Justiça Eleitoral, tratar-se de matéria urgente, relevante e característica das funções de governo". De acordo com o § 3º do art. 73 da lei nº 9.504/97, as vedações do inciso VI do caput, alíneas b e c, aplicam-se apenas aos agentes públicos das esferas administrativas cujos cargos estejam em disputa na eleição. Ainda no que se refere ao artigo 73, estabelece o inciso VII a vedação à realização, em ano de eleição, no período compreendido entre 1º de janeiro e três meses antes do pleito, de despesas com publicidade dos órgãos públicos federais, estaduais ou municipais, ou das respectivas entidades da administração indireta, que excedam a média dos gastos nos três últimos anos que antecedem o pleito ou do último ano imediatamente anterior à eleição (como visto, no período compreendido entre três meses antes do pleito e a data da eleição é vedada a autorização de propaganda institucional dos atos, programas, obras, serviços e campanhas dos órgãos públicos federais, estaduais ou municipais, ou das respectivas entidades da administração indireta, salvo em caso de grave e urgente necessidade pública, assim reconhecida pela Justiça Eleitoral, excepcionada, ainda, a possibilidade de propaganda de produtos e serviços que tenham concorrência no mercado). Já de acordo com o inciso VIII do art. 73 da Lei das Eleições, é vedada a realização, na circunscrição do pleito, de revisão geral da remuneração dos servidores públicos que exceda a recomposição da perda de seu poder aquisitivo ao longo do ano da eleição, a partir do início do período de convenções partidárias (10 de junho do ano eleitoral) até a posse dos eleitos. Considera-se revisão geral da remuneração dos servidores o aumento concedido em razão do poder aquisitivo da moeda e que não tem por objetivo corrigir situações de injustiça ou de necessidade de revalorização profissional de carreiras específica (Res. 21.296, de 12.11.02, do TSE, RJTSE v. 14, t. 1). O Tribunal Superior Eleitoral, através da Resolução nº 21.054/02, entendeu que a aprovação, pela via legislativa, de proposta de reestruturação de carreira de servidores não se confunde com revisão geral de remuneração e, portanto, não encontra obstáculo na proibição contida no art. 73, inciso VIII, da Lei nº 9.504, de 1997. (Res. 21.054, de 2.4.02, do TSE, RJTSE v.13, t. 3). O descumprimento do disposto no art. 73, caput e seus respectivos incisos da lei nº 9504/97 sempre acarretou a suspensão imediata da conduta vedada, além da sujeição dos responsáveis a multa, no valor de cinco a cem mil UFIR, de acordo com o § 4º do referido artigo legal. Recentemente, no entanto, a reforma eleitoral (lei nº 12.034/09) ampliou o rol de sanções à prática das condutas vedadas analisadas, indicando que, sem prejuízo da aplicação da suspensão imediata da conduta e da multa cabíveis, o responsável pela conduta indevida ficará sujeito à cassação do registro ou do diploma. Alargou, assim, o legislador de 2009, as hipóteses ensejadoras de cassação de registro ou diploma de candidato praticante de condutas vedadas, abarcando novos situações outrora não geradoras de tal conseqüência. Até a publicação da lei nº 12.034/09, o § 5º do artigo 73 limitava as hipóteses de cassação do registro ou diploma aos praticantes das condutas previstas nos incisos I, II, III, IV e VI do caput do artigo 73, excluindo da incidência de tal conseqüência a prática de condutas previstas nos demais incisos do caput e no § 10 do referido artigo de lei, este também recém incluído pela recente reforma eleitoral e já estudado nesta obra. Conforme disposição do art. 78 da Lei das Eleições, a aplicação das sanções cominadas no art. 73, §§ 4º e 5º dar-se-á sem prejuízo de outras de caráter constitucional, administrativo ou disciplinar fixadas pelas demais leis vigentes.

Alternativa correta: assertiva "b": CORRETO. É vedado a agente público em campanha eleitoral "ceder servidor público ou empregado da administração direta ou indireta federal, estadual ou municipal do Poder Executivo, ou usar de seus serviços, para comitês de campanha eleitoral de candidato, partido político ou coligação, durante o horário de expediente normal, salvo se o servidor ou empregado estiver licenciado". O maior ponto de discussão doutrinária em torno deste dispositivo normativo reside na expressão "do Poder Executivo", o que, a princípio, exclui servidores de outros poderes da citada vedação, embora um número considerável de doutrinadores defenda entendimento contrário (neste sentido, Lauro Barretto, 2006, p. 68). É se ressaltar ainda, em relação ao citado dispositivo legal, que o mesmo não veda que servidor público, mesmo do Poder Executivo, trabalhe para candidato fora do horário do seu expediente.

Assertiva "a": ERRADO. De acordo com o inciso I do referido art. 73, é conduta vedada em campanhas eleitorais a cessão ou o uso em benefício de candidato, partido político ou coligação, de bens móveis ou imóveis pertencentes à administração direta ou indireta da União, dos estados, do Distrito Federal, dos territórios e dos municípios, ressalvada a realização de convenção partidária.

Assertiva "c": ERRADO. É lícita a nomeação ou exoneração de cargos em comissão e designação ou dispensa de funções de confiança, mesmo no âmbito dos poderes Executivo e Legislativo.

Assertiva "d": ERRADO. É lícita a nomeação ou exoneração de cargos em comissão e designação ou dispensa de funções de confiança, mesmo no âmbito dos poderes Executivo e Legislativo.

Assertiva "e": ERRADO. Em caso de necessidade pública, é possível a realização do pronunciamento. É vedado aos agentes públicos, nos três meses anteriores ao pleito, "com exceção da propaganda de produtos e serviços que tenham concorrência no mercado, autorizar publicidade institucional dos atos, programas, obras, serviços e campanhas dos órgãos públicos federais, estaduais ou municipais, ou das respectivas entidades da administração indireta, salvo em caso de grave e urgente necessidade pública, assim reconhecida pela Justiça Eleitoral".

2.1. Questões de concursos para o Ministério Público Federal (Procurador da República)

19. (MPF – Procurador da República/2011) A representação por captação de sufrágio, com base no ilícito previsto no artigo 41-A da Lei das Eleições (Lei nº 9.504/97), que objetive cassar nas eleições gerais o registro ou o diploma de candidato à reeleição ao Governo do Estado, deve ser ajuizada perante:

a) o Juiz Eleitoral do município onde ocorreram os fatos, haja vista que nesse caso não há prerrogativa de foro;

b) o Tribunal Regional Eleitoral;

c) o Tribunal Superior Eleitoral;

d) o Superior Tribunal de Justiça, haja vista a prerrogativa de foro dos Governadores prevista na Constituição.

COMENTÁRIOS

✪ **Nota do autor:** A captação ilícita de sufrágio é prevista no art. 41-A da Lei das Eleições, ensejando multa e cassação do registro ou diploma, sendo observado, no seu processamento, o rito previsto no art. 22 da LC 64/90. O objetivo da norma é combater práticas tendentes a violar a liberdade do voto, a compra de voto, tendo sido o referido artigo incluído no ordenamento jurídico a partir de forte manifestação popular, consubstanciada em apresentação de projeto de iniciativa popular de lei, viabilizado através do Movimento de Combate à Corrupção Eleitoral. A representação por captação ilícita de sufrágio prescreve, como conduta objetiva, as ações de dar, oferecer, prometer ou entregar qualquer bem ou vantagem de cunho pessoal, inclusive emprego ou função pública, a eleitor. Também a ameaça ao eleitor, com o intuito da conquista do seu voto, caracteriza a captação ilícita de sufrágio, conforme alteração legislativa patrocinada pela Lei nº 12.034/09. Promessas genéricas de campanha, por sua vez, não caracterizam a promessa de vantagem de cunho pessoal ensejadora da aplicação do art. 41-A (neste sentido Ac. TSE nº 5.498, Rel. Min. Gilmar Mendes).

Alternativa correta: assertiva "b" – O procedimento adotado na tramitação da representação por captação ilícita de sufrágio é o previsto no art. 22 da LC 64/90, previsto para a AIJE. A competência para o processamento e julgamento da referida representação, por sua vez, será dos juízes eleitorais, nas eleições municipais (candidatos a prefeitos, inclusive os que tentam a reeleição, e vereadores); dos tribunais regionais eleitorais, nas eleições para governador e vice-governador de estado ou do DF, deputados e senadores; e do TSE, nas eleições presidenciais. A captação ilícita de sufrágio é ilícito eleitoral, que não se confunde com o crime de corrupção eleitoral previsto no art. 299 do Código Eleitoral, uma vez que o dispositivo da Lei das Eleições tem conseqüências eleitorais, enquanto que o tipo previsto no Código Eleitoral tem implicações criminais. Pelo crime de corrupção eleitoral, o referido candidato, por ser o atual governador do estado e por gozar, portanto, de fora privilegiado, deverá responder junto ao STJ.

---

20. (MPF – Procurador da República/2006) Para caracterização da captação ilícita de sufrágio descrita no artigo 41-A da Lei das Eleições é necessário:

a) aferir a potencialidade da conduta e a participação do candidato;

b) aferir a potencialidade da conduta e se o fato ocorreu entre o pedido de registro e o dia das eleições;

c) aferir se fato ocorreu entre o pedido de registro e o dia das eleições e a participação do candidato;

d) aferir a participação do candidato, a potencialidade da conduta e se o fato ocorreu entre o pedido de registro e o dia das eleições.

COMENTÁRIOS

✪ **Nota do autor:** A ação por captação ilícita de sufrágio se fundamenta no artigo 41-A da Lei 9.504/97, surgido a partir de um movimento popular liderado pelo Movimento de Combate à Corrupção Eleitoral que originou a lei federal º. 9840, de 28 de setembro de 1999. A partir de pesquisa encomendada pela Comissão Brasileira de Justiça e Paz (CBJP), após a Campanha da Fraternidade da Conferência Nacional dos Bispos do Brasil, de 1996, que teve como tema "fraternidade e política", foi constatado que um dos elementos que mais contribuem para a distorção da democracia brasileira é a compra de votos. Assim, com base nesta constatação, nasceu um movimento popular a partir do qual foi encaminhado, inicialmente, projeto de iniciativa popular de lei, posteriormente convertido em projeto de lei comum, subscrito por deputados de todos os partidos com representação na Câmara dos Deputados, propondo alterações na Lei das Eleições, de forma a combater mais efetivamente a referida prática danosa. Em 28.09.1999, foi então sancionada a Lei nº 9.840, que fez incluir na Lei das Eleições o art. 41-A. A partir deste novo dispositivo legal, buscou-se combater a compra de voto e, por conseguinte, o abuso do poder político e econômico nas eleições, preservando-se a liberdade do voto. Ao contrário do que se verifica na Ação de Investigação Judicial Eleitoral, ou mesmo na Ação de Impugnação de Mandato Eletivo, para a propositura da ação por captação ilícita de sufrágio não é necessária a chamada "potencialidade lesiva", capaz de alterar, significativamente, o resultado das eleições. Basta a comprovação da compra de um único voto para que a captação ilícita de sufrágio esteja caracterizada, sendo pacífico o entendimento do TSE neste sentido (Ac. 26.118, de 1º.3.07, do TSE, DJ de 28.3.07).

Alternativa correta: assertiva "c" – Segundo o artigo 41-A da Lei das Eleições, constitui captação de sufrágio o candidato doar, oferecer, prometer, ou entregar, ao eleitor, com o fim de obter-lhe o voto, bem ou vantagem pessoal de qualquer natureza, inclusive emprego ou função pública, desde o registro da candidatura até o dia da eleição. Da mesma forma, constitui tal ilícito eleitoral a prática de atos de violência ou grave ameaça a pessoa, com o fim de obter-lhe o voto.

Assertiva "a" – Incorreto. Ao contrário do que se verifica na Ação de Investigação Judicial Eleitoral, ou mesmo na Ação de Impugnação de Mandato Eletivo, para a propositura da ação por captação ilícita de sufrágio não é necessária a chamada "potencialidade lesiva", capaz de alterar, significativamente, o resultado das eleições. Basta a comprovação da compra de um único voto para que a captação ilícita de sufrágio esteja caracterizada, sendo pacífico o entendimento do TSE neste sentido (Ac. 26.118, de 1º.3.07, do TSE, DJ de 28.3.07).

Assertiva "b" – Incorreto. Conferir comentário anterior.

Assertiva "d" – Incorreto. Conferir comentário à assertiva "a", quanto à potencialidade lesiva do fato.

---

21. (MPF – Procurador da República/2008) A captação ilícita de sufrágio (art. 41º Lei 9.504/97):

a) É a corrupção do eleitor mediante a doação ou promessa de bens para obtenção do voto e leva a aplicação de multa e a cassação do registro ou diploma, caso haja potencialidade para alterar o resultado das eleições.

b) É examinada por ação com procedimento da investigação judicial eleitoral, atingindo o candidato, mesmo não sendo ele o responsável pelo ato de corrupção, bastando a mera anuência, e leva à perda do diploma, sem necessidade de aferição de potencialidade.

c) Sanciona o candidato (corrupção ativa) e o eleitor (corrupção passiva), havendo litisconsórcio necessário.

d) É a corrupção do eleitor mediante a doação ou promessa de bens para obtenção do voto e leva a aplicação de multa e a cassação do registro ou diploma, além da inelegibilidade.

COMENTÁRIOS

Alternativa correta: assertiva "b" – Correto. O procedimento adotado na tramitação da representação por captação ilícita de sufrágio é o previsto no art. 22 da LC 64/90, previsto para a AIJE. A competência para o processamento e julgamento da referida representação, por sua vez, será dos juízes eleitorais, nas eleições municipais (candidatos a prefeitos, inclusive os que tentam a reeleição, e vereadores); dos tribunais regionais eleitorais, nas eleições para governador e vice-governador de estado ou do DF, deputados e senadores; e do TSE, nas eleições presidenciais. É de se ressaltar que de acordo com o art. 20 da Resolução nº 23.193/2010, "as representações que visarem à apuração das hipóteses previstas nos arts. 30-A, 41-A, 73 e 81 da Lei nº 9.504/97 observarão o rito estabelecido no art. 22 da Lei Complementar nº 64/90, sem prejuízo da competência regular do Corregedor Eleitoral". Para a caracterização da captação ilícita de sufrágio ensejadora da representação prevista no art. 41-A da Lei das Eleições, não é necessária a potencialidade lesiva. A violação da liberdade de voto de um único eleitor já caracteriza o ilícito, não sendo necessária, portanto, potencialidade capaz de gerar desequilíbrio nas eleições.

Assertiva "a" – Incorreto. Para a caracterização da captação ilícita de sufrágio ensejadora da representação prevista no art. 41-A da Lei das Eleições, não é necessária a potencialidade lesiva. A violação da liberdade de voto de um único eleitor já caracteriza o ilícito, não sendo necessária, portanto, potencialidade capaz de gerar desequilíbrio nas eleições.

Assertiva "c" – Incorreto. O sancionado, neste caso, será apenas o candidato, uma vez que a representação por captação ilícita de sufrágio prescreve, como conduta objetiva, as ações de dar, oferecer, prometer ou entregar qualquer bem ou vantagem de cunho pessoal, inclusive emprego ou função pública, a eleitor.

Assertiva "d" – Incorreto. A presente afirmativa encontrava-se incorreta até a publicação da Lei da Ficha Limpa, em 2010, uma vez que o artigo 41-A não prevê a sanção de inelegibilidade para o autor da conduta de captação ilícita de sufrágio. A Lei da Ficha Limpa, no entanto, passou a estabelecer, como novidade, a inelegibilidade por 08 anos do candidato condenado pela prática de captação ilícita de sufrágio.

---

22. (MPF – Procurador da República/2008) Com o advento da reeleição, o ordenamento jurídico brasileiro passou a tipificar algumas condutas e estabelecer sua proibição. São as chamadas condutas vedadas aos agentes públicos em campanha. No seu regime jurídico:

a) O candidato pode usar bens imóveis pertencentes à administração direta desde que haja ressarcimento aos cofres públicos e seja autorizada pelo Poder Legislativo.

b) Servidor Público não pode participar de campanha eleitoral, mesmo estando de licença ou férias.

c) Durante os três meses que antecedem o pleito não pode haver inauguração de obras públicas e publicidade institucional de órgãos públicos, salvo quando autorizadas pela Justiça Eleitoral.

d) A pratica das condutas ilícita acarreta multa e/ou cassação do registro ou diploma.

COMENTÁRIOS

✪ **Nota do autor:** O art. 73, em especial, e os seguintes da Lei das Eleições elencam uma série de condutas vedadas aos agentes públicos em campanhas eleitorais, visando a preservar a normalidade e a legitimidade dos processos eleitorais. Reputa-se agente público, para os fins dos referidos artigos, "quem exerce, ainda que transitoriamente ou sem remuneração, por eleição, nomeação, designação, contratação ou qualquer outra forma de investidura ou vínculo, mandato, cargo, emprego ou função nos órgãos ou entidades da administração pública direta, indireta, ou fundacional" (art. 73, § 1º da Lei nº 9.504/97). O TSE é pacífico no entendimento segundo o qual a ocorrência de conduta vedada só se materializa quando é caracterizado benefício a determinado ou determinados candidatos, provocando desequilíbrio na disputa. Se uma determinada conduta vedada é praticada, na mesma intensidade, por todos os candidatos, deixa a mesma conduta de ser considerada capaz de afetar a igualdade de oportunidades, fato que afasta a incidência dos artigos 73 a 78 da Lei das Eleições (Neste sentido, Ac. TSE nº 16.122, de 04.11.1999, DJ de 11.02.2000).

Alternativa correta: assertiva "d" – O descumprimento do disposto no art. 73, caput e seus respectivos incisos da Lei nº 9504/97 sempre acarretou a suspensão imediata da conduta vedada, além da sujeição dos responsáveis a multa, no valor de cinco a cem mil UFIR, de acordo com o § 4º do referido artigo legal. Recentemente, no entanto, a reforma eleitoral (Lei nº 12.034/09) ampliou o rol de sanções à prática das condutas vedadas analisadas, indicando que, sem prejuízo da aplicação da suspensão imediata da conduta e da multa cabíveis, o responsável pela conduta indevida ficará sujeito à cassação do registro ou do diploma.

Assertiva "a" – Incorreto. De acordo com o inciso I do art. 73 da Lei nº 9.504/97, é conduta vedada em campanhas eleitorais a cessão ou o uso em benefício de candidato, partido político ou coligação, de bens móveis ou imóveis pertencentes à administração direta ou indireta da União, dos estados, do Distrito Federal, dos territórios e dos municípios, ressalvada a realização de convenção partidária. Vale destacar que não se enquadra na vedação do citado inciso I o uso, em campanha, de transporte oficial pelo presidente da república; nem o uso de residências oficiais, pelos candidatos à reeleição para os cargos de presidente e vice-presidente da república, governador e vice-governador dos estados e DF ou prefeito e vice-prefeito, para a realização de reuniões ou contatos pertinentes à campanha, desde que não tenham caráter de ato público.

Assertiva "b" – Incorreto. O inciso III do artigo 73 da Lei das Eleições estabelece que é vedado a agente público em campanha eleitoral "ceder servidor público ou empregado da administração direta ou indireta federal, estadual ou municipal do Poder Executivo, ou usar de seus serviços, para comitês de campanha eleitoral de candidato, partido político ou coligação, durante o horário de expediente normal, salvo se o servidor ou empregado estiver licenciado". É se ressaltar ainda, em relação ao citado dispositivo legal, que o mesmo não veda que servidor público, mesmo do Poder Executivo, trabalhe para candidato fora do horário do seu expediente.

– Assertiva "c" – Incorreto. É vedado aos agentes públicos, nos três meses anteriores ao pleito, "com exceção da propaganda de produtos e serviços que tenham concorrência no mercado, autorizar publicidade institucional dos atos, programas, obras, serviços e campanhas dos órgãos públicos federais, estaduais ou municipais, ou das respectivas entidades da administração indireta, salvo em caso de grave e urgente necessidade pública, assim reconhecida pela Justiça Eleitoral". Não há, entretanto, no mesmo período, vedação à realização de inaugurações públicas, sob pena de paralisação dos serviços públicos, com graves consequências para a sociedade. O que se veda, neste período, é a presença de candidatos em tais inaugurações. Até a publicação da Lei nº 12.034/09, candidatos a cargos do Poder Executivo estavam proibidos de participar de inaugurações de obras públicas nos três meses anteriores à eleição, como forma de evitar-se o abuso do poder político, sob pena de cassação do registro da candidatura, punição, até certo ponto, ineficaz, tendo em vista que a demora no julgamento do processo tornava, muitas vezes, inócua a decisão, que não alcançava, equivocadamente, a possibilidade de perda do diploma pela candidato eleito. Agora é diferente: o parágrafo único do novo artigo 77 prevê a possibilidade de cassação do diploma de candidato eleito que tenha participado de inauguração de obra pública no período eleitoral (nos três meses que antecedem o pleito). Além disso, destaca o novo caput do citado artigo que qualquer candidato, agora, está proibido de participar de inaugurações de obras públicas no período referido, seja ele candidato a cargo executivo ou legislativo. Assim, combate-se o abuso do poder político, passível de desequilibrar a disputa eleitoral, praticado não apenas por candidatos a prefeito, vice-prefeito, governador, vice-governador, presidente e vice-presidente da república, mas também por candidatos a vereador e deputado federal, estadual ou distrital. Assim dispõe o reformado dispositivo legal.

3. QUESTÕES DE CONCURSOS PARA ANALISTA JUDICIÁRIO DOS TRIBUNAIS REGIONAIS ELEITORAIS

23. (Consulplan – Analista Judiciário – Área Administrativa – TRE – MG/2013) Determinadas condutas especificadas na legislação eleitoral são proibidas aos agentes públicos, servidores ou não, porque tendem a afetar a igualdade de oportunidades entre candidatos nos pleitos eleitorais. A esse respeito, é correto afirmar que

a) é proibido fazer, na circunscrição do pleito, revisão geral da remuneração dos servidores públicos, ainda que apenas para a recomposição da perda de seu poder aquisitivo ao longo do ano da eleição.

b) é proibido ceder ou usar, em benefício de candidato, partido político ou coligação, bens móveis ou imóveis pertencentes à Administração Direta ou Indireta da União, dos Estados, do Distrito Federal, dos Territórios e dos Municípios, mesmo para a realização de convenção partidária.

c) é proibido ceder servidor público ou empregado da Administração Direta ou Indireta Federal, Estadual ou Municipal do Poder Executivo, ou usar de seus serviços, para comitês de campanha eleitoral de candidato, partido político ou coligação, durante o horário de expediente normal, ainda que o servidor ou empregado esteja licenciado.

d) é proibida, na circunscrição do pleito, nos três meses que o antecedem e até a posse dos eleitos, sob pena de nulidade de pleno direito, a nomeação ou exoneração de cargos em comissão e designação ou dispensa de funções de confiança e a nomeação para cargos do Poder Judiciário, do Ministério Público, dos Tribunais ou Conselhos de Contas e dos órgãos da Presidência da República.

e) é proibido realizar, nos três meses que antecedem o pleito, a transferência voluntária de recursos da União aos Estados e Municípios, e dos Estados aos Municípios, sob pena de nulidade de pleno direito, ressalvados os recursos destinados a cumprir obrigação formal pré-existente para execução de obra ou serviço em andamento e com cronograma pré-fixado, e os destinados a atender situações de emergência e de calamidade pública.

COMENTÁRIOS

✪ **Nota do autor:** O art. 73, em especial, e os seguintes da Lei das Eleições elencam uma série de condutas vedadas aos agentes públicos em campanhas eleitorais, visando a preservar a normalidade e a legitimidade dos processos eleitorais. Reputa-se agente público, para os fins dos referidos artigos, "quem exerce, ainda que transitoriamente ou sem remuneração, por eleição, nomeação, designação, contratação ou qualquer outra forma de investidura ou vínculo, mandato, cargo, emprego ou função nos órgãos ou entidades da administração pública direta, indireta, ou fundacional" (art. 73, § 1º da Lei nº. 9.504/97).

Alternativa correta: assertiva "e". Regra prevista no art. 73, VI, "a" da Lei nº. 9.504/97.

Assertiva "a". ERRADA. De acordo com o inciso VIII do art. 73 da Lei das Eleições, é vedada a realização, na circunscrição do pleito, de revisão geral da remuneração dos servidores públicos que exceda a recomposição da perda de seu poder aquisitivo ao longo do ano da eleição, a partir do início do período de convenções partidárias (20 de julho do ano eleitoral) até a posse dos eleitos.

Assertiva "b". ERRADA. De acordo com o inciso I do referido art. 73, é conduta vedada em campanhas eleitorais a cessão ou o uso em benefício de candidato, partido político ou coligação, de bens móveis ou imóveis pertencentes à administração direta ou indireta da União, dos estados, do Distrito Federal, dos territórios e dos municípios, ressalvada a realização de convenção partidária. Vale destacar que não se enquadra na vedação do citado inciso I o uso, em campanha, de transporte oficial pelo presidente da república; nem o uso de residências oficiais, pelos candidatos à reeleição para os cargos de presidente e vice-presidente da república, governador e vice-governador dos estados e DF ou prefeito e vice-prefeito, para a realização de reuniões ou contatos pertinentes à campanha, desde que não tenham caráter de ato público.

Assertiva "c". ERRADA. O inciso III do artigo 73 da Lei das Eleições estabelece que é vedado a agente público em campanha eleitoral "ceder servidor público ou empregado da administração direta ou indireta federal, estadual ou municipal do Poder Executivo, ou usar de seus serviços, para comitês de campanha eleitoral de candidato, partido político ou coligação, durante o horário de expediente normal, salvo se o servidor ou empregado estiver licenciado".

Assertiva "d". ERRADA. De acordo com o art. 73, V da Lei nº. 9.504/97, não existem óbices à nomeação de pessoas para cargos do Poder Judiciário, do Ministério Público, dos tribunais ou conselhos de contas e dos órgãos da Presidência da República durante o período eleitoral. O mesmo não ocorre, contudo, com a nomeação de pessoas para cargos do Poder Legislativo ou mesmo do Poder Executivo (salvo no caso de órgãos da Presidência da República)

---

24. (AOCP - Analista Judiciário - Área Judiciária - TRE - AC/2015) Referente ao transporte gratuito de eleitores, assinale a alternativa correta.

a) É sempre proibido.

b) É permitido apenas na véspera das eleições.

c) É realizado pela Justiça Eleitoral em zonas rurais com veículos e embarcações pertencentes à União, Estados, Territórios e Municípios ou particulares, quando for o caso.

d) No dia das eleições, todos os transportes regulares que ligam as áreas rurais às zonas eleitorais serão gratuitos.

e) É permitido em zonas rurais e em comunidades de difícil acesso, quando realizado por partidos políticos, com dinheiro próprio e declarado nos gastos do partido.

COMENTÁRIOS

Alternativa correta. Assertiva "c". Apenas a justiça eleitoral poderá oferecer transporte gratuito a eleitores no dia da eleição, tão somente na zona rural, conforme previsão da lei 6.091/74 (responde s demais).

---

25. (FCC - Analista Judiciário - Área Judiciária - TRE-PR/2012) João é esportista e candidatou-se por seu partido ao cargo de Deputado Estadual. Dois meses antes das eleições, foi convidado para a inauguração de obra pública relevante para a sua atividade profissional. Consultou o advogado de seu partido que lhe respondeu que o comparecimento à inauguração de obras públicas nos três meses que antecedem as eleições é vedado

a) somente a candidatos a eleições municipais.
b) apenas a candidatos a cargos do Poder Executivo.
c) somente a candidatos a cargos do Poder Legislativo.
d) apenas a agentes públicos em campanha eleitoral para qualquer cargo eletivo.
e) a qualquer candidato.

COMENTÁRIOS

Alternativa correta: **letra "e" (responde as demais alternativas).** De acordo com o caput do artigo 77 da Lei nº 9.504/97, "é proibido a qualquer candidato comparecer, nos três meses que precedem o pleito, a inaugurações de obras públicas".

---

26. (FCC – Analista Judiciário /TRE-TO / 2011) De acordo com a Lei no 6.091/74, utilizar em campanha eleitoral, no decurso dos noventa dias que antecedem o pleito, veículos e embarcações pertencentes à União, Estados, Municípios e respectivas autarquias e sociedades de economia mista, acarreta

a) o cancelamento do registro do candidato ou de seu diploma, se já houver sido proclamado eleito.
b) a imposição de multa de 100 a 150 dias-multa.
c) a aplicação de pena de detenção de 3 a 6 meses, somente.
d) a aplicação de pena de detenção de 15 dias a 6 meses e de 200 a 300 dias-multa.
e) a aplicação de advertência verbal e pública pelo Presidente do Tribunal Regional Eleitoral

COMENTÁRIOS

✪ **Nota do autor:** apenas a Justiça Eleitoral poderá fornecer transporte gratuito a eleitores, mesmo assim apenas àqueles residentes nas zonas rurais. O transporte de eleitores somente será feito dentro dos limites territoriais do respectivo município e quando das zonas rurais para as mesas receptoras distar pelo menos dois quilômetros.

Alternativa correta: letra "a". Regra expressa no art. 11, V da Lei nº 6.091/74, o qual estabelece como crime eleitoral tal conduta, punível com a pena de cancelamento do registro ou diploma do candidato (caso já tenha sido eleito e diplomado).

---

27. (FCC – Analista Judiciário /TRE-RN / 2011) A utilização da máquina pública em campanhas eleitorais pode ser fator de desequilíbrio do pleito, ofendendo o princípio da igualdade de oportunidades. No intuito de coibir tais condutas, a legislação eleitoral estipula algumas vedações ao agente público que participe do pleito, dentre as quais, destaca-se a:

a) utilização de transporte oficial pelo Presidente da República, durante a campanha.
b) nomeação de aprovados em concursos públicos, homologados nos três meses que antecedem o pleito até a posse dos eleitos.
c) utilização da residência oficial, pelos candidatos à reeleição de Governador e de Vice-Governador de Estado e Distrito Federal, para a realização de contato, encontros e reuniões pertinentes à própria campanha, desde que não tenham caráter público.
d) nomeação ou exoneração, nos três meses que antecedem a eleição até a posse dos eleitos, de cargos em comissão e designação ou dispensa de funções de confiança, na circunscrição do pleito.
e) nomeação, nos três meses anteriores ao pleito, para cargos afetos ao Poder Judiciário.

COMENTÁRIOS

Alternativa correta: **letra "b".** Conforme o inciso V, "c" do art. 73 da lei das eleições, é possível a nomeação dos aprovados em concursos públicos que tenham sido homologados nos três meses que antecedem o pleito. O erro da questão está em ter mencionado que seria possível a aprovação de aprovados em concursos homologados durante os três meses anteriores ao pleito, quando, como visto, os concursos devem ter sido homologados antes desse período.

Alternativa "a". Errado. Conforme o § 2º do art. 73 da lei das eleições, o uso, em campanha, de transporte oficial pelo Presidente da República, não configura conduta vedada.

Alternativa "c". Errado. Conforme o § 2º do art. 73 da lei das eleições essa conduta é permitida.

Alternativa "d". Errado. O inciso V, "a" do art. 73 da lei das eleições permite essa conduta.

Alternativa "e". Errado. O inciso V, "b" do art. 73 da lei das eleições permite essa conduta.

---

28. (FCC – Analista Judiciário /TRE-RS / 2010) Inclui-se dentre as condutas proibidas aos agentes públicos

a) efetuar, nos três meses que antecedem o pleito e até a posse dos eleitos, nomeação para cargos do Poder Judiciário e do Ministério Público.

b) usar os serviços de servidor público para comitês de campanha eleitoral de candidato, mesmo se o servidor estiver licenciado.

c) usar materiais ou serviços, custeados pelos Governos ou Casas Legislativas, que excedam as prerrogativas consignadas nos regimentos e normas dos órgãos que integram.

d) efetuar, nos três meses que antecedem o pleito e até a posse dos eleitos, a nomeação dos aprovados em concursos públicos homologados até o início daquele prazo.

e) ceder bens imóveis pertencentes à administração direta do Município para a realização de convenção partidária.

COMENTÁRIOS

✪ **Nota do autor:** O art. 73, em especial, e os seguintes da Lei das Eleições elencam uma série de condutas vedadas aos agentes públicos em campanhas eleitorais, visando a preservar a normalidade e a legitimidade dos processos eleitorais. Reputa-se agente público, para os fins dos referidos artigos, "quem exerce, ainda que transitoriamente ou sem remuneração, por eleição, nomeação, designação, contratação ou qualquer outra forma de investidura ou vínculo, mandato, cargo, emprego ou função nos órgãos ou entidades da administração pública direta, indireta, ou fundacional" (art. 73, § 1º da Lei nº 9.504/97).

Alternativa correta: **letra "c".** Essa conduta é proibida pelo inciso II do art. 73 da lei das eleições.

Alternativa "a". Errado. O inciso V, "b" do art. 73 da lei das eleições permite essa conduta. não existem óbices à nomeação de pessoas para cargos do Poder Judiciário, do Ministério Público, dos tribunais ou conselhos de contas e dos órgãos da Presidência da República durante o período eleitoral. O mesmo não ocorre, contudo, com a nomeação de pessoas para cargos do Poder Legislativo ou mesmo do Poder Executivo (salvo no caso de órgãos da Presidência da República).

Alternativa "b". Errado. Se o servidor estiver licenciado, e apenas nesse caso, a conduta será permitida, conforme o inciso III do art. 73 da lei das eleições.

Alternativa "d". Errado. O inciso V, "c" do art. 73 da lei das eleições permite essa conduta. É válida a nomeação de servidores públicos aprovados em concursos que tenham sido homologados até três meses antes das eleições, em qualquer esfera do Poder. Da mesma forma, é lícita a nomeação ou exoneração de cargos em comissão e designação ou dispensa de funções de confiança, mesmo no âmbito dos poderes Executivo e Legislativo.

Alternativa "e". Errado. O inciso I do art. 73 da lei das eleições permite essa conduta.

✦ DICAS

- O abuso de poder nas eleições (que inicia-se, muitas vezes, antes do período destinado à propaganda eleitoral) verifica-se com a ocorrência de práticas que venham a desestabilizar a normalidade e a legitimidade do processo democrático, de modo a favorecer interesses de determinados candidatos em desfavor de outros, comprometendo a suprema expressão da vontade popular.
- O abuso do poder político é observado quando o detentor do poder, na órbita do Poder Executivo, principalmente, mas também no âmbito do Legislativo, valendo-se de sua condição, age com abuso de autoridade, prejudicando a liberdade do voto. Configura abuso de poder político, por exemplo, a prática de atos de improbidade administrativa com potencial para afetar a normalidade de um pleito e o uso indevido de propaganda institucional durante o período eleitoral de forma a violar o princípio da impessoalidade dos atos da administração pública.
- O abuso do poder econômico, por sua vez, verifica-se quando candidato utiliza-se de recursos financeiros vedados, ou acima dos limites permitidos pela legislação, de forma a provocar desequilíbrio no pleito.

– O projeto do Novo Código Eleitoral, aprovado na Câmara dos Deputados e ainda pendente de discussão no Senado Federal, quando do fechamento desta edição, prevê um capítulo específico para tratar do abuso de poder nas eleições. Neste sentido, o artigo 615 do Projeto do Novo Código prevê que constitui abuso de poder econômico a utilização desmedida de aporte patrimonial que acarrete vantagem eleitoral indevida, punível com multa de R$ 10.000,00 (dez mil reais) a R$ 200.000,00 (duzentos mil reais). Ainda de acordo com a proposta, o reconhecimento judicial da gravidade da prática de abuso de poder econômico acarretará a cassação do registro, diploma ou mandato do candidato beneficiado e a inelegibilidade do respectivo responsável. O artigo 616 do Projeto, por sua vez, prevê que "constitui abuso de poder político a exploração eleitoreira da estrutura do Estado, bem como o uso desvirtuado das competências e prerrogativas inerentes à condição de agente público que acarrete vantagem eleitoral indevida, punível com multa de R$ 10.000,00 (dez mil reais) a R$ 200.000,00 (duzentos mil reais)". Observe-se que o projeto adota uma perspectiva mais restritiva do conceito de abuso de poder político do que a que propomos nesta obra, como objeto da interpretação da atual legislação em vigor. O artigo 617 do Projeto, por fim, aborda, de forma específica, o abuso de poder religioso, propondo que "Não configura abuso de poder a emissão, por autoridade religiosa, de sua preferência eleitoral, nem a sua participação em atos regulares de campanha, observadas as restrições previstas nesta Lei".

- O art. 73, em especial, e os seguintes da Lei das Eleições elencam uma série de condutas vedadas aos agentes públicos em campanhas eleitorais, visando a preservar a normalidade e a legitimidade dos processos eleitorais. Reputa-se agente público, para os fins dos referidos artigos, "quem exerce, ainda que transitoriamente ou sem remuneração, por eleição, nomeação, designação, contratação ou qualquer outra forma de investidura ou vínculo, mandato, cargo, emprego ou função nos órgãos ou entidades da administração pública direta, indireta ou fundacional" (art. 73, § 1º da Lei nº 9.504/97).
- De acordo com o disposto no art. 76 da Lei das Eleições, o ressarcimento das despesas com o uso de transporte oficial pelo presidente da república e sua comitiva em campanha eleitoral será de responsabilidade do partido político ou coligação a que o mesmo esteja vinculado, tendo como base o tipo de transporte usado e a respectiva tarifa de mercado cobrada no trecho correspondente, ressalvado o uso do avião presidencial, cujo ressarcimento corresponderá ao aluguel de uma aeronave de propulsão a jato do tipo táxi aéreo.
- Não existem óbices à nomeação de pessoas para cargos do Poder Judiciário, do Ministério Público, dos tribunais ou conselhos de contas e dos órgãos da Presidência da República durante o período eleitoral.
- É válida a nomeação de servidores públicos aprovados em concursos que tenham sido homologados até três meses antes das eleições, em qualquer esfera do Poder. Da mesma forma, é lícita a

nomeação ou exoneração de cargos em comissão e designação ou dispensa de funções de confiança, mesmo no âmbito dos poderes Executivo e Legislativo.

- É vedado aos agentes públicos, nos três meses anteriores ao pleito, com exceção da propaganda de produtos e serviços que tenham concorrência no mercado, autorizar publicidade institucional dos atos, programas, obras, serviços e campanhas dos órgãos públicos federais, estaduais ou municipais, ou das respectivas entidades da administração indireta, salvo em caso de grave e urgente necessidade pública, assim reconhecida pela Justiça Eleitoral.
- Estabelece **o inciso VII do art. 73 da Lei das Eleições, com redação estipulada pela Lei nº. 13.165/15,** vedação à realização, no primeiro semestre do ano de eleição, de **despesas com publicidade dos órgãos públicos** federais, estaduais ou municipais, ou das respectivas entidades da administração indireta, **que excedam a média dos gastos no primeiro semestre dos três últimos anos que antecedem o pleito.** O novo inciso VII do art. 73 modifica a regra de limitação de despesas com publicidade no ano eleitoral, a qual, doravante, só será aplicada no primeiro semestre do ano eleitoral, ao contrário do que ocorria até as eleições de 2014, quando tal vedação atingia todo o ano da eleição.
- De acordo com o inciso VIII do art. 73 da Lei das Eleições, é vedada a realização, na circunscrição do pleito, de revisão geral da remuneração dos servidores públicos que exceda a recomposição da perda de seu poder aquisitivo ao longo do ano da eleição, a partir do início do período de convenções partidárias (10 de junho do ano eleitoral) até a posse dos eleitos. Considera-se revisão geral da remuneração dos servidores o aumento concedido em razão do poder aquisitivo da moeda e que não tem por objetivo corrigir situações de injustiça ou de necessidade de revalorização profissional de carreiras específica (Res. 21.296, de 12.11.02, do TSE, RJTSE v. 14, t. 1).
- De acordo com o art. 75 da Lei das Eleições (caput e parágrafo único), é vedada, nos três meses que antecederem as eleições, a contratação de shows artísticos, pagos com recursos públicos, para animar inaugurações realizadas nos três meses anteriores à eleição. O descumprimento desta norma acarreta a suspensão imediata da conduta, além da cassação do registro ou diploma do candidato beneficiado.
- É proibido a qualquer candidato comparecer, nos 3 (três) meses que precedem o pleito, a inaugurações de obras públicas.
- Constitui captação de sufrágio o candidato doar, oferecer, prometer, ou entregar, ao eleitor, com o fim de obter-lhe o voto, bem ou vantagem pessoal de qualquer natureza, inclusive emprego ou função pública, desde o registro da candidatura até o dia da eleição, inclusive, sob pena de multa de mil a cinquenta mil UFIR, e cassação do registro ou do diploma. A lei eleitoral pune aquele candidato que busca aliciar o eleitor, desde o registro da candidatura até o dia da eleição, oferecendo-lhe vantagem indevida em troca do voto. Neste sentido, a mera insinuação do eleitor, sem a complacência do candidato, de busca de vantagem indevida não caracteriza a captação ilícita de sufrágio. É necessário que o candidato sucumba à insinuação do eleitor ou tome, por si só, a iniciativa de aliciá-lo.
- Nenhum veículo ou embarcação poderá fazer transporte de eleitores desde o dia anterior até o posterior à eleição, salvo aqueles a serviço da Justiça Eleitoral, os veículos coletivos de linhas regulares e não fretados, os de uso individual do proprietário, para o exercício do próprio voto e dos membros de sua família, bem como os veículos de aluguel de serviço normal, sem finalidade eleitoral (carro alugado por eleitor para o seu próprio transporte e de seus familiares, serviços de táxi, mototáxi etc.).
- Somente a Justiça Eleitoral poderá, quando imprescindível, em face da absoluta carência de recursos de eleitores da zona rural, fornecer-lhes refeições, correndo, nesta hipótese, as despesas por conta do Fundo Partidário.
- Ac.-TSE, de 5.4.2017, no RO nº 265041: abuso do poder político qualifica-se quando a estrutura da administração pública é utilizada em benefício de determinada candidatura, para prejudicar a

campanha de eventuais adversários ou para coagir servidores a aderirem a esta ou àquela candidatura.

Ac.-TSE, de 21.8.2018, no RO nº 537003: enquadra-se como abuso de autoridade a extrapolação da ascendência e o poder de influência e de persuasão de líderes religiosos (pastores, padres, diáconos, sacerdotes) sobre os fiéis de comunidades religiosas.

- Ac.-TSE, de 7.3.2017, no RO nº 265308: possibilidade de caracterização como abuso de poder da prática de atos de propaganda por entidade religiosa; caracterização como uso indevido, previsto no *caput* deste artigo, da utilização dos meios de comunicação social para a difusão dos atos de promoção de candidaturas.

– Em 04 de agosto de 2021 foi promulgada a Lei 14.192, estabelecendo normas para prevenir, reprimir e combater a violência política contra a mulher. Segundo a Lei referida, considera-se violência política contra a mulher toda ação, conduta ou omissão com a finalidade de impedir, obstaculizar ou restringir os direitos políticos da mulher. Constituem igualmente atos de violência política contra a mulher qualquer distinção, exclusão ou restrição no reconhecimento, gozo ou exercício de seus direitos e de suas liberdades políticas fundamentais, em virtude do sexo.

– Serão garantidos os direitos de participação política da mulher, vedadas a discriminação e a desigualdade de tratamento em virtude de sexo ou de raça no acesso às instâncias de representação política e no exercício de funções públicas. As autoridades competentes priorizarão o imediato exercício do direito violado, conferindo especial importância às declarações da vítima e aos elementos indiciários.

– A lei 14.192/21 criou um novo tipo penal, previsto no art. 326-B do Código Eleitoral, estabelecendo que é crime, com pena de reclusão de 01 a 04 anos e multa, assediar, constranger, humilhar, perseguir ou ameaçar, por qualquer meio, candidata a cargo eletivo ou detentora de mandato eletivo, utilizando-se de menosprezo ou discriminação à condição de mulher ou à sua cor, raça ou etnia, com a finalidade de impedir ou de dificultar a sua campanha eleitoral ou o desempenho de seu mandato eletivo. Aumenta-se a pena em 1/3 (um terço), se o crime é cometido contra mulher: I – gestante; II – maior de 60 (sessenta) anos; III – com deficiência. A pena também é aumentada de 1/3 se o crime é cometido com menosprezo ou discriminação à condição de mulher ou à sua cor, raça ou etnia; ou por meio da internet ou de rede social ou com transmissão em tempo real. A nova lei ainda prevê, criando o inciso X no artigo 243 do Código Eleitoral, que não será tolerada propaganda que deprecie a condição de mulher ou estimule sua discriminação em razão do sexo feminino, ou em relação à sua cor, raça ou etnia.

✦ CONHECENDO A JURISPRUDÊNCIA

1. RESOLUÇÕES DO TSE APLICÁVEIS

▸ Resolução nº 21.806/2004

Segundo o TSE (Res. nº 21.806/2004), não está proibida, neste período, a realização de concurso público.

▸ Resolução nº 21.584/2004

O TSE, por meio da Res. nº 21.584/2004, também ressalvou que o servidor público no gozo de férias remuneradas pode fazer campanha eleitoral no horário normal de expediente.

▸ Resolução nº 21.054/2004

O Tribunal Superior Eleitoral, através da Resolução nº 21.054/02, entendeu que a aprovação, pela via legislativa, de proposta de reestruturação de carreira de servidores não se confunde com revisão geral de remuneração e, portanto, não encontra obstáculo na proibição contida no art. 73, inciso VIII, da Lei nº 9.504, de 1997. (Res. 21.054, de 2.4.02, do TSE, RJTSE v.13, t. 3).

2. INFORMATIVOS DO TSE

▸ Informativo 01

Conduta ilícita e configuração de abuso de poder.

Para configuração do abuso de poder, é necessária a comprovação da gravidade do ato ilícito, a evidenciar o comprometimento da lisura da disputa eleitoral. *REspe 570-35, Rel. Min. Luiz Fux, j. 13.9.16. (Info 9)*

▸ Informativo 02

Promoção de evento festivo às vésperas das eleições, cabimento de prova por gravação ambiental e abuso de poder econômico.

É lícita gravação ambiental produzida em local aberto ao público, sem controle de acesso. Para a caracterização do abuso de poder econômico, é preciso estar configurada a ilicitude da conduta, bem como sua gravidade. A conduta de custear evento festivo a menos de três dias do pleito, com entrada franca e distribuição gratuita de bebida, além da considerável presença de munícipes, configura abuso de poder econômico. *REspe 85-47, Rel. Min. Herman Benjamin, j. 8.11.16. (Info 13)*

Capítulo XIII – Ações e Recursos Eleitorais

✦ QUESTÕES

1. QUESTÕES DE CONCURSOS PARA A MAGISTRATURA ESTADUAL

01. (FGV – Juiz de Direito – TJ – PR/2021) As ações eleitorais têm por objetivo assegurar que o mandato eletivo seja exercido por quem efetivamente esteja legitimado e, por isso, cada fase do processo eletivo conta com mecanismos de atuação judicial.

Sobre o tema, é correto afirmar que:

a) a captação ilícita de sufrágio se caracteriza pelo pedido explícito de voto feito pelo candidato ao doar, oferecer ou prometer a entrega de bem ou vantagem ao eleitor, e sujeita o infrator ao pagamento de multa e cassação do registro ou do diploma;

b) a Ação de Investigação Judicial Eleitoral tem por objetivo apurar uso, desvio ou abuso do poder econômico ou do poder de autoridade ou utilização indevida de veículos ou meios de comunicação social, em benefício de candidato ou partido político, praticados a partir do registro de candidatura;

c) a Ação de Impugnação de Mandato Eletivo pode ser proposta até a diplomação do candidato, tem por fundamentos abuso de poder econômico, corrupção e fraude, e objetiva impedir que o mandato eletivo seja exercido por quem alcançou a representação política com emprego de práticas ilícitas;

d) a Ação de Impugnação de Registro de Candidatura objetiva impedir que o registro seja deferido por ausência de condição de elegibilidade, por incidência de uma ou mais causa de inelegibilidade ou por falta de cumprimento de formalidade legal. A inelegibilidade superveniente ao registro da candidatura pode ser apreciada através de Recurso contra a Expedição de Diploma;

e) a representação com fundamento no Art. 96, § 8°, da Lei n° 9.504/1997, pode ser proposta para questionar o preenchimento dos percentuais de gênero.

COMENTÁRIOS

Alternativa "a". ERRADA. Não há necessidade de pedido explícito de voto para a caracterização da captação ilícita de sufrágio, desde que seja implícita a troca do voto pela vantagem ou em virtude da ameaça ao eleitor.

Alternativa "b". ERRADA. O fato a ser apurado pode ter ocorrido no período pré-eleitoral.

Alternativa "c". ERRADA. A AIME pode ser proposta apenas nos 15 dias após a diplomação.

Alternativa "d". CERTA. Regra prevista nos arts. 3º a 17 da LC 64/90 e artigo 262 do Código Eleitoral, referente ao Recurso Contra a Expedição do Diploma.

Alternativa "e". ERRADA. O objetivo do artigo 96 da Lei 9.504/97 é, fundamentalmente, o combate ao exercício irregular da propaganda eleitoral.

---

02. (FCC – Juiz de Direito – TJ – GO/2021) A ação de impugnação de mandato eletivo (AIME)

a) pode ser promovida por candidato, desde que tenha disputado o mesmo cargo para o qual o impugnado foi efeito.

b) acarreta, se julgada procedente, a desconstituição do mandato, com afastamento do impugnado do cargo.

c) pode ter como causa de pedir a ausência de condição de elegibilidade ou a presença de causa de inelegibilidade.

d) tem por objetivos a cassação do registro ou diploma de candidato e a imposição de inelegibilidade.

e) deve ser proposta no prazo decadencial de trinta dias contados da data da diplomação.

COMENTÁRIOS

Alternativa "a". ERRADO. Não é necessário que o candidato tenha disputado o mesmo cargo para ser legitimado ativo. A legislação não faz esta ressalva.

Alternativa "b". CERTO. Estas são as consequências principais da procedência da AIME

Alternativa "c". ERRADO. A causa de pedir da AIME está prevista no art. 14, §§ 10 da CF/1988 (abuso do poder econômico, corrupção ou fraude)

Alternativa "d". ERRADO. A banca considerou falsa a resposta, tendo em vista que a AIME ataca o diploma, sendo passível de ser proposta apenas após o pleito, quando já não há mais candidatura ativa.

Alternativa "e". ERRADO. O prazo é de 15 dias após a diplomação dos eleitos.

---

03. (Vunesp – Juiz de Direito – TJ – RJ/2019) No que se refere à Ação de Impugnação de mandato eletivo, prevista na Constituição Federal, é correto afirmar que o mandato eletivo poderá ser impugnado ante à

a) Justiça Eleitoral, no prazo de 15 (quinze) dias contados da diplomação, instruída a ação com provas de abuso do poder econômico, corrupção ou fraude.

b) Justiça Eleitoral, no prazo de 5 (cinco) dias contados da posse, instruída a ação com provas de abuso do poder econômico, corrupção ou fraude.

c) Justiça Eleitoral, no prazo de 10 (dez) dias contados da posse, instruída a ação com provas de irregularidade insanável na prestação de contas.

d) Justiça Eleitoral, no prazo de 10 (dez) dias contados da diplomação, instruída a ação com provas de irregularidade insanável na prestação de contas.

e) Justiça Comum, no prazo de 180 (cento e oitenta) dias contados da posse, instruída a ação com provas de fato superveniente de inelegibilidade constitucional.

COMENTÁRIOS

Alternativa "a". CORRETA. O prazo para o oferecimento da AIME (Ação de Impugnação de Mandato Eletivo) será de 15 dias, a contar da data de diplomação do eleito, instruída com provas de abuso de poder econômico, corrupção ou fraude. Responde as demais.

---

04. (FGV – Juiz de Direito – TJ – AP/2022) Campanha eleitoral designa o conjunto de atos e procedimentos adotados pelos candidatos e agremiações políticas para conquistar o voto do eleitor a fim de vencer a disputa eleitoral. A captação dos votos, objetivo principal das campanhas eleitorais, deve obedecer a diretrizes ético-jurídicas para que o processo eleitoral se desenvolva num clima de tolerância democrática. Entretanto, no Brasil, é recorrente a captação ilícita de sufrágio, especialmente nas camadas mais carentes da população. Sobre o tema, é correto afirmar que:

a) o oferecimento de bem ou vantagem pessoal ou de qualquer natureza, inclusive emprego ou função pública, pelo candidato, com o fim de obter o voto, constitui captação ilícita de sufrágio;

b) para caracterização de captação ilícita de sufrágio não se admite presunção, por isso, o pedido de voto deve ser explícito e formulado pelo próprio candidato;

c) embora genericamente chamadas de Ações de Investigação Judicial Eleitoral (AIJE), a ação de investigação judicial eleitoral por abuso de poder, a ação de captação ilícita de sufrágio e a ação de conduta vedada seguem ritos distintos;

d) a distribuição de sopas e remédios em centros assistenciais ou comitês de campanha, por seu caráter humanitário, descaracteriza a captação ilícita de sufrágio;

e) o eleitor que solicita ao candidato bem ou vantagem em troca de seu voto pode responder por captação ilícita de sufrágio.

COMENTÁRIOS

Afirmativa A. CORRETA. Conforme previsão expressa no art. 41-A da lei 9.504/97.

Afirmativa B. FALSA. O pedido de voto pode ser implícito nesse caso, e não precisa ser formulado pelo candidato, podendo ser por preposto.

Afirmativa C . FALSA. Todas as referidas ações seguem o rito do art. 22 da LC 64/90.

Afirmativa D. FALSA. Tais condutas também caracterizam a captação ilícita de sufrágio.

Afirmativa E. FALSA. O eleitor não responde pelo artigo 41-A da Lei 9504/97, mas pode ser processado por pratica de crime de corrupção eleitoral (art. 299 do Código Eleitoral).

---

05. (Cespe – Juiz de Direito Substituto - DF/2016) A respeito do direito processual eleitoral, das ações eleitorais e dos respectivos recursos, assinale a opção correta.

a) O ajuizamento de ação eleitoral para punir a doação acima do limite legal deve ocorrer até cento e vinte dias a partir da eleição, sob pena de prescrição.

b) A LC que regulamenta a perda de cargo para os casos de troca de partido sem justa causa não se aplica às eleições majoritárias e a defesa de mérito pode apontar motivos diversos daqueles exemplificativamente estabelecidos na legislação de regência.

c) Dentre as hipóteses de cabimento do recurso inominado, previstas no Código Eleitoral, tendo por destinatário o TRE, não se inserem os atos e as resoluções emanadas dos juízes e das juntas eleitorais em primeiro grau de jurisdição.

d) É cabível recurso extraordinário de decisão do TRE proferida contra disposição expressa da CF.

e) O tribunal formará sua convicção pela livre apreciação dos fatos públicos e notórios, dos indícios e presunções e da prova produzida, atentando para circunstâncias ou fatos, ainda que não indicados ou alegados pelas partes, mas que preservem o interesse público de lisura eleitoral.

COMENTÁRIOS

Alternativa correta. Assertiva "e". Trata-se do princípio da lisura das eleições. Segundo **o artigo 23** da Lei Complementar nº. 64/90, "o tribunal formará sua **convicção pela livre apreciação dos fatos públicos e notórios**, dos indícios e presunções e provas produzidas, atentando para as circunstâncias dos fatos, ainda que não indicados ou alegados pelas partes, mas que preservem o interesse público da lisura eleitoral". Assim, o princípio da lisura das eleições respalda-se na busca da verdade real, possibilitando até mesmo que o juiz produza provas de ofício, no processo eleitoral, a fim de formar o seu convencimento.

Assertiva "a". ERRADO. O prazo referido será de 15 dias após a diplomação dos eleitos.

Assertiva "b". ERRADO. Não existe lei complementar disciplinando a fidelidade partidária, disciplinada na resolução TSE nº. 22.610 e na lei 9.096/95, art. 22-A.

Assertiva "c". ERRADA. Prevê o artigo 265 do Código Eleitoral que "dos atos, resoluções ou despachos dos Juízes ou Juntas Eleitorais caberá recurso para o Tribunal Regional". É o conhecido "recurso inominado".

Assertiva "d". ERRADO. Somente será cabível recurso extraordinário de decisões do TSE.

---

06. (FCC – Juiz de Direito Substituto - SE/2015) A impugnação de pedido de registro de candidatura NÃO pode ser feita

a) por qualquer eleitor.

b) por partido político.

c) por coligação.

d) pelo Ministério Público.

e) por candidato.

COMENTÁRIOS

Alternativa correta. Assertiva "a". Eleitores não tem legitimidade para impugnar registro de candidatura, mas apenas para informar à Justiça Eleitoral ou ao Ministério Público a ocorrência de alguma irregularidade que possa vir a acarretar o indeferimento do registro. A legitimidade será de candidato, partido político, coligação e Ministério Público. (Responde as demais).

---

07. (Cespe – Juiz de Direito Substituto - DF/2015) Assinale a opção correta acerca da captação ilícita de sufrágio.

a) Para que determinada conduta seja caracterizada como captação ilícita de sufrágio, é indispensável a demonstração de potencialidade lesiva ao resultado das eleições.

b) Para a caracterização da captação ilícita de sufrágio, exige-se a identificação dos eleitores que receberam dádivas em troca de seus votos.

c) A promessa de dádiva para o eleitor que se comprometer a não votar em candidato adversário caracteriza captação ilícita de sufrágio.

d) O dolo específico para a caracterização de captação ilícita de sufrágio exige pedido expresso de voto.

e) Haverá captação ilícita de sufrágio se o candidato, embora sem conhecimento, for beneficiado por oferta de dádivas realizada por terceiros em seu nome a eleitores.

COMENTÁRIOS

Alternativa correta. Assertiva "c". A promessa de vantagem individual já é suficiente para a configuração da captação ilícita de sufrágio.

Assertiva "a". ERRADA. Não há necessidade de potencialidade lesiva ao resultado das eleições. Um único voto captado ilicitamente já é suficiente.

Assertiva "b". ERRADA. Não é necessária a identificação da vítima, mas apenas a prova da promessa ou entrega da vantagem.

Assertiva "d", ERRADA. Não há necessidade do pedido expresso de voto, bastando que fique configurara a intenção da captação ilícita de sufrágio.

Assertiva "e", ERRADA. É necessário que se comprove a culpabilidade do candidato.

08. (FMP – Juiz de Direito – MT/2014) Tendo-se em conta que a Ação de Investigação Judicial Eleitoral - AIJE - é, a teor do disposto no art. 22 da Lei Complementar nº 64/90, a medida judicial apta a apurar as condutas abusivas eleitorais causadoras de desequilíbrio no curso do período eleitoral, informe qual o termo final para o seu ajuizamento bem como o Juízo competente para tal, levando-se em conta tratar de questão de apuração de ilícito praticado por candidatado a Prefeito Municipal.

a) dia da eleição e Justiça Eleitoral de 1° grau.

b) dia da eleição e Tribunal Regional Eleitoral.

c) dia da diplomação e Justiça Eleitoral de 1° grau.

d) dia da diplomação e Tribunal Regional Eleitoral.

e) 15 dias após a diplomação e Justiça Eleitoral de 1° grau.

COMENTÁRIOS

✪ **Nota do autor:** a AIJE tem por finalidade a apuração de abuso de poder político ou econômico cuja gravidade influa na normalidade e legitimidade do exercício do poder de sufrágio popular, bem como para a apuração de condutas em desacordo com as normas da lei nº. 9.504/97 relativas à arrecadação e gastos de recursos (art. 30-A) e a doações de pessoas físicas ou jurídicas acima dos limites legais (art. 81). Vale destacar, quanto ao objeto da AIJE, que até meados de 2010, quando foi promulgada a LC 135/10 (Lei do Ficha Limpa), a qual alterou, em diversos pontos, a Lei das Inelegibilidades, era prevalente o entendimento segundo o qual o ato praticado caracterizador de abuso de poder econômico ou político, objeto da investigação eleitoral, teria que ter potencialidade para alterar o resultado da eleição. Com a promulgação da LC 135/10, foi acrescido ao art. 22 da LC 64/90 o inciso XVI, dispondo que "para a configuração do ato abusivo, não será considerada a potencialidade de o fato alterar o resultado da eleição, mas apenas a gravidade das circunstâncias que o caracterizam".

Alternativa correta: O Tribunal Superior Eleitoral tem firmado entendimento no sentido de que é possível o ajuizamento de AIJE mesmo antes de iniciado o período eleitoral (Ac.-TSE, de 17.4.2008, no RO nº 1.530). Quanto ao termo final para a propositura da AIJE, o TSE, por sua vez, tem entendido reiteradamente que o mesmo se dá com o ato de diplomação dos eleitos, operando a decadência, após este prazo (TSE, REsp's nos 15.263 e 12.531 e Ac. nº. 15.099). Independentemente, no entanto, da divergência doutrinária existente quanto aos termos inicial e final para a propositura da AIJE, é pacífico, tanto na doutrina como na jurisprudência, que a referida ação pode ter como objeto fatos ocorridos antes do início do período eleitoral que, por sua gravidade, caracterizem abuso de poder político ou econômico capaz de influir negativamente na legitimidade das eleições. Como se afere a partir da leitura do caput do artigo 22 da LC 64/90, o oferecimento da AIJE deverá ser feito junto ao Corregedor-Geral Eleitoral, quando se tratar de eleição para presidente e vice-presidente da república; e junto ao Corregedor-Regional Eleitoral, quando se tratar de eleição para governador e vice-governador dos estados ou DF; senadores e suplentes; deputados federais, estaduais e distritais. Nas eleições municipais, de acordo com previsão expressa no art. 24 da LC 64/90, o juiz eleitoral será competente para processar e julgar a AIJE, cabendo ao mesmo as funções atribuídas aos corregedores geral e regional previstas nos incisos I a XV do art. 22.

09. (FGV – Juiz de Direito Substituto-PA/ 2009) O pedido de abertura de investigação judicial para apurar o uso indevido, desvio ou abuso de poder econômico, através de representação à Justiça Eleitoral, poderá ser feito apenas:

a) pelo Ministério Público Eleitoral, após recebimento de denúncia de candidatos.

b) por qualquer partido político, coligação, candidato ou pelo Ministério Público Eleitoral.

c) por membro do diretório regional de partido político, candidatos, partidos políticos ou coligação.

d) pelo Corregedor-Geral ou Regional da Justiça Eleitoral ou pelo Ministério Público Eleitoral.

e) por candidato, membro do diretório regional de partido político ou partido político.

COMENTÁRIOS

Alternativa correta: assertiva "B". De acordo com o artigo 22 da Lei Complementar nº 64/90, "qualquer partido político, coligação, candidato ou Ministério Público Eleitoral poderá representar à Justiça Eleitoral, diretamente ao Corregedor-Geral ou Regional, relatando fatos e indicando provas, indícios e circunstâncias e pedir abertura de investigação judicial para apurar uso indevido, desvio ou abuso do poder econômico ou do poder de autoridade, ou utilização indevida de veículos ou meios de comunicação social, em benefício de candidato ou de partido político".

---

10. (Vunesp – Juiz de Direito Substituto – RJ/2011) No que se refere à captação ilícita de sufrágio, assinale a alternativa correta.

a) De acordo com a Lei Eleitoral e a atual redação da Lei das Inelegibilidades, as cominações podem compreender a imposição de multa, a cassação do registro ou do diploma e a inelegibilidade octonal.

b) Para sua configuração, é necessária a aferição da potencialidade de o evento provocar desequilíbrio na disputa eleitoral.

c) O termo final para o ajuizamento da ação é o dia da eleição, inclusive.

d) Para sua configuração, é necessária a demonstração de que o ato tenha sido praticado pelo candidato beneficiário da conduta ilícita.

COMENTÁRIOS

✪ **Nota do autor:** A ação por captação ilícita de sufrágio se fundamenta no artigo 41-A da Lei 9.504/97, surgido a partir de um movimento popular liderado pelo Movimento de Combate à Corrupção Eleitoral que originou a lei federal nº 9840, de 28 de setembro de 1999. A partir de pesquisa encomendada pela Comissão Brasileira de Justiça e Paz (CBJP), após a Campanha da Fraternidade da Conferência Nacional dos Bispos do Brasil, de 1996, que teve como tema "fraternidade e política", foi constatado que um dos elementos que mais contribuem para a distorção da democracia brasileira é a compra de votos. Assim, com base nesta constatação, nasceu um movimento popular a partir do qual foi encaminhado, inicialmente, projeto de iniciativa popular de lei, posteriormente convertido em projeto de lei comum, subscrito por deputados de todos os partidos com representação na Câmara dos Deputados, propondo alterações na Lei das Eleições, de forma a combater mais efetivamente a referida prática danosa. Em 28.09.1999, foi então sancionada a lei nº 9.840, que fez incluir na Lei das Eleições o art. 41-A. A partir deste novo dispositivo legal, buscou-se combater a compra de voto e, por conseguinte, o abuso do poder político e econômico nas eleições, preservando-se a liberdade do voto. A lei eleitoral pune aquele candidato que busca aliciar o eleitor, desde o registro da candidatura até o dia da eleição, oferecendo-lhe vantagem indevida em troca do voto. Neste sentido, a mera insinuação do eleitor, sem a complacência do candidato, de busca de vantagem indevida não caracteriza a captação ilícita de sufrágio. É necessário que o candidato sucumba à insinuação do eleitor ou tome, por si só, a iniciativa de aliciá-lo. Vale ressaltar, ainda, no que se refere à caracterização da captação ilícita de sufrágio, que a vantagem pode ser de qualquer tipo, não apenas, portanto, financeira. O oferecimento de um emprego, ou mesmo prestígio político, já pode ser suficiente para a caracterização do ilícito. Por outro lado, a vantagem oferecida deve ser pessoal. Promessas genéricas, sem destinatário objetivamente conhecido não caracterizam a prática de captação ilícita de sufrágio. Como novidades relacionadas ao combate à captação ilícita de sufrágio, definidas pela recente reforma eleitoral, podemos destacar a inclusão dos §§ 1º, 2º, 3º e 4º do artigo 41-A, supracitados, a partir dos quais o legislador acolheu, em parte, a jurisprudência que já vinha sendo praticada nos tribunais. O § 1º, por exemplo, destaca que "para a caracterização da conduta ilícita, é desnecessário o pedido explícito de votos, bastando a evidência do dolo, consistente no especial fim de agir". Neste mesmo sentido, já vinha entendendo a Justiça Eleitoral (Ac. 2.373, de 8.10.09, do TSE). O § 3º, que estabelece que "A representação contra as condutas vedadas no *caput* poderá ser ajuizada até a data da diplomação", da mesma forma, reflete jurisprudência consolidada pela Justiça Eleitoral (Ac. 25.269, de 31.10.06, do TSE, DJ de 20.11.06). O § 2º, por sua vez, expõe uma importante alteração na disciplina da captação ilícita de sufrágio, incluindo como prática concretizadora do ilícito o ato de grave ameaça à pessoa do eleitor, bem como a prática de atos de violência contra o mesmo. Por fim, o § 4º encerra uma antiga polêmica acerca do prazo recursal contra decisões proferidas com base no artigo 41-A. Até a recente reforma eleitoral, havia uma forte tendência na Justiça Eleitoral de entender que tal prazo seria de apenas 24 horas, aplicando-se a regra do artigo 96 da Lei das Eleições. De acordo com a nova regulamentação, extirpa-se qualquer dúvida, tendo em vista que o citado § 4º estabelece que "o prazo de recurso contra decisões proferidas com base neste artigo será de 3 (três) dias, a contar da data da publicação do julgamento no Diário Oficial". Ainda de acordo com a jurisprudência dominante do TSE, a prática de captação ilícita de sufrágio pode ser verificada quando realizada por interposta pessoa, a serviço do candidato beneficiário (Ac. 21.792, de 15.9.05, do TSE, DJ de 21.10.05).

Alternativa correta: assertiva "A". A partir da publicação da Lei da Ficha Limpa, em 2010, a captação ilícita de sufrágio passou a gerar inelegibilidade.

Alternativa "b". ERRADO. Ao contrário do que se verifica na Ação de Investigação Judicial Eleitoral, ou mesmo na Ação de Impugnação de Mandato Eletivo, para a propositura da ação por captação ilícita de sufrágio não é necessária a chamada "potencialidade lesiva", capaz de alterar, significativamente, o resultado das eleições. Basta a comprovação da compra de um único voto para que a captação ilícita de sufrágio esteja caracterizada, sendo pacífico o entendimento do TSE neste sentido (Ac. 26.118, de 1º.3.07, do TSE, DJ de 28.3.07).

Alternativa "c". ERRADO. É a data da diplomação dos eleitos.

Alternativa "d". ERRADO. No que se refere à caracterização da captação ilícita de sufrágio, que a vantagem pode ser de qualquer tipo, não apenas, portanto, financeira. O oferecimento de um emprego, ou mesmo prestígio político, já pode ser suficiente para a caracterização do ilícito. Por outro lado, a vantagem oferecida deve ser pessoal. Promessas genéricas, sem destinatário objetivamente conhecido não caracterizam a prática de captação ilícita de sufrágio. Ainda de acordo com a jurisprudência dominante do TSE, a prática de captação ilícita de sufrágio pode ser verificada quando realizada por interposta pessoa, a serviço do candidato beneficiário (Ac. 21.792, de 15.9.05, do TSE, DJ de 21.10.05).

---

11. (FCC – Juiz de Direito Substituto – PE/2013) É correto afirmar que

a) caberá a qualquer candidato, a partido político, coligação ou ao Ministério Público, no prazo de dez dias, contados da publicação do pedido de registro do candidato, impugná-lo em petição fundamentada.

b) a impugnação, por parte do candidato, partido político ou coligação, impede a ação do Ministério Público no mesmo sentido.

c) não poderá impugnar o registro de candidato o representante do Ministério Público que, nos quatro anos anteriores, tenha disputado cargo eletivo, integrado diretório de partido ou exercido atividade político-partidária.

d) o impugnante especificará, desde logo, os meios de prova com que pretende demonstrar a veracidade do alegado, arrolando testemunhas, se for o caso, no máximo de sete.

e) a partir da data em que terminar o prazo para impugnação, passará a correr, após devida notificação, o prazo de dez dias para que o candidato, partido político ou coligação possa contestá-la, juntar documentos, indicar rol de testemunhas e requerer a produção de outras provas, inclusive documentais, que se encontrarem em poder de terceiros, de repartições públicas ou em procedimentos judiciais, ou administrativos, salvo os processos em tramitação em segredo de justiça.

COMENTÁRIOS

Alternativa correta. Assertiva "c". CORRETO. De acordo com o § 2º do art. 3º da LC 64/90, "não poderá impugnar o registro de candidato o representante do Ministério Público que, nos quatro anos anteriores, tenha disputado cargo eletivo, integrado diretório de partido ou exercido atividade político-partidária". Ocorre que o artigo 80 da LC 75/93, posterior, portanto, dispõe que "a filiação a partido político impede o exercício de funções eleitorais por membro do Ministério Público até dois anos do seu cancelamento", gerando uma visível contradição à norma prevista na LC 64/90. Diante de tal polêmica, o TSE, através da Resolução nº 23.221/2010, decidiu que "não poderá impugnar o registro de candidato o representante do MP que, nos 02 anos anteriores, tenha disputado cargo eletivo, integrado diretório de partido político ou exercido atividade político-partidária".

Alternativa "a". ERRADO. O prazo para a interposição da AIRC, decadencial e improrrogável, é de 05 dias, contados da publicação do registro do candidato. Vale destacar, neste sentido, que há preclusão da matéria não impugnada em tempo hábil, em sede de AIRC, salvo se cuidar de matéria constitucional, quando a inelegibilidade poderá ser argüida posteriormente, inclusive em sede de Recurso Contra a Diplomação (RCD).

Alternativa "b". ERRADO. O MP tem legitimidade ativa para a propositura da AIRC independentemente dos partidos, coligações e candidatos.

Alternativa "d". ERRADO. Interposta a AIRC pelos legitimados ativos, os quais deverão especificar, desde logo, os meios de prova com que pretende demonstrar a veracidade do alegado, arrolando inclusive testemunhas, em número máximo de seis.

Alternativa "e". ERRADO. Interposta a AIRC pelos legitimados ativos, os quais deverão especificar, desde logo, os meios de prova com que pretende demonstrar a veracidade do alegado, arrolando inclusive testemunhas, em número máximo de seis, inicia-se prazo de 07 dias para a contestação, da qual também deverão constar os documentos e provas da defesa.

---

12. (Vunesp – Juiz Substituto – SP/ 2011) Leia atentamente as assertivas a seguir.

I. O mandato eletivo poderá ser impugnado ante a Justiça Eleitoral no prazo de 15 dias contados da proclamação dos resultados eleitorais.

II. A ação de impugnação de mandato é exercível por qualquer cidadão e se submete ao princípio da mais completa publicidade.

III. É vedada a cassação de direitos políticos, enquanto que a perda ou suspensão de direitos políticos decorrem de várias causas.

IV. Os casos de inelegibilidade previstos na Carta Republicana constituem numerus clausus.

V. A vida pregressa do candidato pode ser considerada para fins de inelegibilidade.

VI. A impugnação do mandato eletivo não prescinde de provas de abuso do poder econômico, corrupção ou fraude.

São corretas apenas as assertivas

a) I, II e III.

b) II, III e IV.

c) III, V e VI.

d) I, IV e V.

e) III, IV e VI.

COMENTÁRIOS

Alternativa correta: assertiva "C" Somente III, V e VI estão corretas.

Afirmativa "I" INCORRETA. O termo inicial para a propositura da AIME é a diplomação dos eleitos e não a proclamação dos resultados.

Afirmativa "II" INCORRETA. Têm legitimidade ativa para a propositura de AIME o Ministério Público Eleitoral, partido político, coligação e candidato. Eleitor isoladamente não tem legitimidade para a propositura da AIME, segundo entendimento do TSE (Neste sentido, Ac. TSE nº 11.835, Rel. Min.

Torquato Jardim, DJ 26.05.1995). Ainda de acordo com o TSE (Acs. nº 19.759 e nº 20.977), o partido político que disputou coligado a eleição isoladamente poderá propor a AIME, uma vez que a coligação se desfaz com a ocorrência do pleito e o termo inicial para a propositura da AIME é justamente o fim do pleito. A AIME tramitará em segredo de justiça, mas o seu julgamento deverá ser público (Ac. TSE nº 4.318).

Afirmativa "III" CORRETA. A cassação de direitos políticos é vedada no Brasil, uma vez que caracterizada como arbitrária e antidemocrática. De acordo com o artigo 15 da Constituição Federal de 1988, "é vedada a cassação de direitos políticos, cuja perda ou suspensão só se dará nos casos de: I – cancelamento da naturalização por sentença transitada em julgado; II – incapacidade civil absoluta; III – condenação criminal transitada em julgado, enquanto durarem seus efeitos; IV – recusa de cumprir obrigação a todos imposta ou prestação alternativa, nos termos do art. 5º, VIII; V – improbidade administrativa, nos termos do art. 37, § 4º". Podemos afirmar que a perda dos direitos políticos é definitiva, enquanto que a suspensão é temporária. Diante desta diferenciação, é possível concluir que a única hipótese de perda de direitos políticos prevista no ordenamento jurídico brasileiro ocorre quando o indivíduo perde a sua nacionalidade, seja em ação de cancelamento de naturalização, ou seja, voluntariamente. Deixando de ser brasileiro, o indivíduo fica, evidentemente, impedido de exercer direitos políticos no Brasil, de forma definitiva. À margem da hipótese de perda da nacionalidade brasileira, não restam outras possibilidades de perda de direitos políticos no Brasil. Afinal, a Constituição Federal é muito clara ao vedar a cassação de direitos políticos. Assim, todas as demais hipóteses de impedimento pleno ao exercício de direitos políticos se vinculam a situações de suspensão de direitos políticos, de caráter temporário.

Afirmativa "IV" INCORRETA. Outras hipóteses de inelegibilidade, além daquelas previstas no texto constitucional, podem ser estabelecidas mediante Lei Complementar (atualmente a LC 64/90, com as alterações promovidas pela LC 135/10).

Afirmativa "V" CORRETA. É o que prevê o artigo 14, § 9º da Constituição Federal, o qual possibilitou o surgimento, em 2010, da Lei da Ficha Limpa (LC 135/10), disciplinando a questão.

Afirmativa "VI" CORRETA. Tem-se entendido, de forma majoritária, que não há necessidade de prova pré-constituída para a propositura da AIME, devendo o autor da ação, contudo, demonstrar minimamente, na inicial, a existência do *fumus boni juris*, preferencialmente com a juntada de provas documentais.

---

13. (FCC – Juiz Substituto – MS/ 2010) É correto afirmar sobre recursos eleitorais:

a) sempre têm efeito suspensivo.

b) deverão ser interpostos em cinco dias da publicação do ato, resolução ou despacho sempre que a lei não fixar prazo especial.

c) possuem prazos preclusivos para interposição, inclusive quando neles se discute matéria constitucional.

d) a distribuição do primeiro recurso que chegar ao Tribunal Regional ou Tribunal Superior previne a competência do relator para todos os demais casos do mesmo município ou Estado.

e) para os Tribunais Regionais e para o Tribunal Superior cabe, dentro de cinco dias, recurso dos atos, resoluções ou despachos dos respectivos presidentes.

COMENTÁRIOS

Alternativa correta: **Assertiva "D" CORRETA**. Regra prevista no artigo 260 do Código Eleitoral, segundo o qual "a distribuição do primeiro recurso que chegar ao Tribunal Regional ou Tribunal Superior prevenirá a competência do Relator para todos os demais casos do mesmo Município ou Estado". Ocorre que, de acordo com jurisprudência consolidada do TSE, o presente dispositivo é aplicável, tão somente, aos chamados recursos parciais, oponíveis às juntas eleitorais quando as mesmas decidirem sobre impugnações a urnas, cédulas e votos (neste sentido, Acs. TSE nos 7.571/83, 13.854/93 e 21.380/2004).

Assertiva "A" ERRADA. Os recursos, em regra, não têm efeito suspensivo, conforme regra prevista no artigo 257 do CE. Regra não abrange o RCD (que tem natureza jurídica de ação, como visto) conforme previsão do art. 216 do CE. Também a decretação de inelegibilidade, conforme previsão do art. 15 da LC 64/90, só produz efeitos após o trânsito em julgado de sentença, o que, dessa forma, determina o efeito suspensivo dos recursos interpostos contra decisões que acarretem tal sanção (vale ressaltar, neste sentido, que ações outras que não visam à decretação da inelegibilidade, mas, tão somente, a cassação do registro ou diploma do candidato, a exemplo da Ação por Captação Ilícita de Sufrágio, não admitem efeito suspensivo das decisões proferidas, em sede recursal). Vale destacar que o artigo 257 do Código Eleitoral, relativo aos recursos eleitorais e seus efeitos, também sofreu importante alteração, decorrente da Lei nº. 13.165/15. O novo §2º do referido artigo de lei, incluído pela reforma de setembro de 2015, inverteu a regra dos efeitos recursais no âmbito eleitoral, em matéria relativa a cassação de registro de candidatura, afastamento de titular de mandato ou perda do mandato eletivo. Doravante, o recurso ordinário interposto contra decisão proferida por juiz eleitoral ou por Tribunal Regional Eleitoral que resulte em cassação de registro, afastamento do titular ou perda de mandato eletivo será recebido pelo Tribunal competente com efeito suspensivo, e não apenas o efeito devolutivo, como ocorria até então. Desta forma, buscar-se-á evitar uma realidade muito observada na prática eleitoral, o troca-troca intenso de exercício da titularidade de mandatos, especialmente os executivos, no curso de processos eleitorais que tenham o condão de afastar o mandatário do seu posto, realidade, muitas vezes, prejudicial ao interesse público, por gerar descontinuidades administrativas.

Assertiva "B" ERRADA. Os prazos para a interposição de recursos eleitorais, em regra, são de três dias, contados da data da publicação do acórdão, sentença, ato, resolução ou despacho, salvo disposição em contrário. Vale destacar, neste sentido, que de acordo com o TSE, em se tratando de representação fundada no art. 96 da lei nº 9.504/97, os prazos processuais serão contínuos e ininterruptos, desde 15 de agosto do ano eleitoral até a data da diplomação dos eleitos, incluindo-se fins de semana e feriados na contabilidade dos dias úteis. (Ac. TSE nº 4.856, de 24.11.2005, Rel. Min. Humberto Gomes de Bastos). Nas decisões finais em processo de apuração de crime eleitoral de que resulte condenação ou absolvição (art. 362 do CE), o prazo recursal será de 10 dias.

Assertiva "C" ERRADA. Os prazos para interposição de recursos são preclusivos, salvo quando nestes se discuta matéria constitucional. O recurso em que se discutir matéria constitucional não poderá ser interposto fora do prazo. Perdido o prazo na fase própria, só em outra poderá ser interposto (Código Eleitoral, art. 259, caput e parágrafo único).

Assertiva "E" ERRADA. Caberá, nestes casos, recurso imediato, interposto verbalmente ou por escrito, que deverá ser fundamentado no prazo de 48 horas para que tenha seguimento, conforme previsão do artigo 265 c/c artigo 169 do Código Eleitoral.

---

14. (FCC – Juiz Substituto – MS/ 2010) Na literalidade da Constituição brasileira de 1988, das decisões dos Tribunais Regionais Eleitorais caberá recurso quando

a) forem proferidas contra disposição expressa da Constituição, mas não de lei.

b) ocorrer divergência na interpretação de lei entre dois ou mais tribunais eleitorais.

c) versarem sobre inelegibilidade ou expedição de diplomas nas eleições estaduais ou municipais, mas não federais.

d) anularem diplomas ou decretarem a perda de mandatos eletivos estaduais ou municipais, mas não federais.

e) concederem ou denegarem habeas corpus, mandado de segurança, mas não mandado de injunção.

COMENTÁRIOS

✪ **Nota do autor:** De acordo com o artigo 120, § 4º:

> *Art. 120. (...)*
>
> *§ 4º - Das decisões dos Tribunais Regionais Eleitorais somente caberá recurso quando:*
>
> *I. forem proferidas contra disposição expressa desta Constituição ou de lei;*
>
> *II. ocorrer divergência na interpretação de lei entre dois ou mais tribunais eleitorais;*
>
> *III. versarem sobre inelegibilidade ou expedição de diplomas nas eleições federais ou estaduais;*
>
> *IV. anularem diplomas ou decretarem a perda de mandatos eletivos federais ou estaduais;*
>
> *V. denegarem "habeas-corpus", mandado de segurança, "habeas-data" ou mandado de injunção.*

Alternativa correta: assertiva "B". Resposta de acordo com o previsto no inciso II do artigo 120, § 4º da Constituição Federal, supracitado.

Assertiva "A" ERRADA. O recurso é cabível tanto das decisões proferidas contra disposição constitucional, como também das decisões contrárias à lei.

Assertiva "C" ERRADA. De acordo com inciso III do artigo 120, § 4º da Constituição Federal, supracitado, caberá recurso das decisões dos TREs que versarem sobre inelegibilidade ou expedição de diplomas nas eleições federais ou estaduais.

Assertiva "D" ERRADA. Conferir comentário anterior.

Assertiva "E" ERRADA. É cabível recurso também das decisões denegatórias de mandado de injunção.

---

15. (TJ/RS - Juiz de Direito Substituto - RS/2012) Considere as assertivas abaixo sobre recursos no âmbito do Direito Eleitoral.

I. Cabe ao juiz eleitoral, ao receber o recurso, fixar os efeitos em que o recebe.

II. Dos atos, resoluções e despachos dos juízes eleitorais cabe agravo de instrumento.

III. Sempre que a lei não fixar prazo especial, o recurso deverá ser interposto no prazo de 3 (três) dias contados da publicação do ato, resolução ou despacho.

Quais são corretas?

a) Apenas I

b) Apenas II

c) Apenas III

d) Apenas II e III

e) I, II e III

COMENTÁRIOS

✪ **Nota do autor**: É o recurso medida de que se vale o interessado depois de praticado um ato ou tomada uma decisão, a qual pode ser apresentada, no processo eleitoral, por escrito ou oralmente, sendo que, nesta hipótese, deverá o mesmo ser posteriormente confirmado, através de petição escrita fundamentada. O recurso diferencia-se da impugnação, ato de oposição, de contradição, de refutação comum no âmbito do Direito Eleitoral e nas mais diversas fases do processo eleitoral. De forma geral a impugnação, que poderá ser verbal ou escrita, serve como pressuposto para evitar-se a preclusão. A impugnação serve, muitas vezes, como ato preparatório para um recurso (exemplo, impugnação de identidade do eleitor que ainda vai votar, no ato da votação). Recurso contra apuração, neste diapasão, só é admitido se tiver ocorrido prévia impugnação perante a junta apuradora. Do julgamento da impugnação cabe recurso quanto ao seu resultado. Algumas generalidades acerca dos recursos eleitorais merecem ser destacadas, conforme tabela abaixo:

Questões gerais de relevância quanto aos recursos eleitorais

a) Os recursos, em regra, não têm efeito suspensivo, conforme regra prevista no artigo 257 do CE. Regra não abrange o RCD (que tem natureza jurídica de ação, como visto) conforme previsão do art. 216 do CE. Também a decretação de inelegibilidade, conforme previsão do art. 15 da LC 64/90, só produz efeitos após o trânsito em julgado de sentença, o que, dessa forma, determina o efeito suspensivo dos recursos interpostos contra decisões que acarretem tal sanção (vale ressaltar, neste sentido, que ações outras que não visam à decretação da inelegibilidade, mas, tão somente, a cassação do registro ou diploma do candidato, a exemplo da Ação por Captação Ilícita de Sufrágio, não admitem efeito suspensivo das decisões proferidas, em sede recursal). Vale destacar que o artigo 257 do Código Eleitoral, relativo aos recursos eleitorais e seus efeitos, sofreu importante alteração, decorrente da publicação da Lei nº. 13.165/15. O novo §2º do referido artigo de lei, incluído pela reforma de setembro de 2015, inverteu a regra dos efeitos recursais no âmbito eleitoral, em matéria relativa a cassação de registro de candidatura, afastamento de titular de mandato ou perda do mandato eletivo. Doravante, o recurso ordinário interposto contra decisão proferida por juiz eleitoral ou por Tribunal Regional Eleitoral que resulte em cassação de registro, afastamento do titular ou perda de mandato eletivo será recebido pelo Tribunal competente com efeito suspensivo, e não apenas o efeito devolutivo, como ocorria até então. Desta forma, buscar-se-á evitar uma realidade muito observada na prática eleitoral, o troca-troca intenso de exercício da titularidade de mandatos, especialmente os executivos, no curso de processos eleitorais que tenham o condão de afastar o mandatário do seu posto, realidade, muitas vezes, prejudicial ao interesse público, por gerar descontinuidades administrativas.

b) Os prazos para a interposição de recursos eleitorais, em regra, são de três dias, contados da data da publicação do acórdão, sentença, ato, resolução ou despacho, salvo disposição em contrário. Vale destacar, neste sentido, que de acordo com o TSE, em se tratando de representação fundada no art. 96 da lei nº 9.504/97, os prazos processuais serão contínuos e ininterruptos, desde 15 de agosto do ano eleitoral até a data da diplomação dos eleitos, incluindo-se fins de semana e feriados na contabilidade dos dias úteis. (Ac. TSE nº 4.856, de 24.11.2005, Rel. Min. Humberto Gomes de Bastos).

c) Nas decisões finais em processo de apuração de crime eleitoral de que resulte condenação ou absolvição (art. 362 do CE), o prazo recursal será de 10 dias (conferir, neste sentido, art. XIV desta obra).

d) Prevalece a irrecorribilidade das decisões que emanam do TSE, ressalvadas as que contrariarem a CF, denegatórias de HC ou MS, das quais caberá recurso ordinário para o STF, interposto em três dias (art. 281 do CE).

e) Os prazos para interposição de recursos são preclusivos, salvo quando nestes se discuta matéria constitucional. O recurso em que se discutir matéria constitucional não poderá ser interposto fora do prazo. Perdido o prazo na fase própria, só em outra poderá ser interposto (CE, art. 259 e parag. Único).

f) As partes deverão ser sempre representadas por advogados, sob pena de defeito de representação (Res. TSE 16.724). É possível a sustentação oral nos Tribunais.

g) De forma geral, são irrecorríveis em separado as decisões interlocutórias, as quais deverão ser atacadas quando do recurso contra a decisão final. Exceções, entretanto, existem, a exemplo da prevista no art. 279 do Código Eleitoral, o qual prevê a interposição de agravo de instrumento quando não conhecido o recurso especial pelo TRE.

h) Os recursos eleitorais são gratuitos, não existindo preparo (neste sentido, Ac. TSE nº 2.721, de 08.05.2001, relatado pelo Ministro Walter Costa Porto).

COMENTÁRIOS

Alternativa correta: assertiva "C". Apenas III está correta.

Item I. ERRADO. É a lei que estabelece o efeito do recurso, em regra apenas devolutivo.

Item II. ERRADO. Das decisões das juntas eleitorais cabe o chamado recurso parcial, interposto diante do julgamento de eventuais impugnações às urnas, cédulas e votos durante o processo de apuração das eleições. Tais impugnações, apresentadas por fiscais e delegados de partidos, além de candidatos, deverão ser decididas de plano pela Junta, de acordo com o disposto no artigo 169 do Código Eleitoral. É das decisões referentes a essas impugnações que caberá o recurso parcial de forma imediata, interposto de forma escrita ou verbal, o qual deverá ser fundamentado no prazo de 48 horas, para que seja dado seguimento. Além do recurso parcial, prevê o artigo 265 do Código Eleitoral que "dos atos, resoluções ou despachos dos Juízes ou Juntas Eleitorais caberá recurso para o Tribunal Regional". É o conhecido "recurso inominado", processado da mesma forma que o recurso parcial.

Item III CERTO. Os prazos para a interposição de recursos eleitorais, em regra, são de três dias, contados da data da publicação do acórdão, sentença, ato, resolução ou despacho, salvo disposição em contrário.

---

16. (TJ - MG - Juiz de Direito - MG/2014) Analise as afirmativas seguintes.

I. São fontes formais que moldam o perfil da ação de impugnação de mandato eletivo: a Constituição da República, no Artigo 14, §§ 10 e 11; as leis específicas, as Resoluções do TSE e a jurisprudência.

II. Uma das hipóteses de cabimento da ação de impugnação de mandato eletivo é a de abuso de poder econômico.

III. No caso da ação de impugnação de mandato eletivo, em razão da matéria tratada na demanda, a competência é da justiça comum.

IV. O procedimento adotado para a ação de impugnação de mandado eletivo é o previsto na Lei Complementar 64/90, em seus Arts. 3° e seguintes.

A partir da análise, conclui-se que estão CORRETAS.

a) I e III apenas.

b) II e III apenas.

c) I, II e IV apenas.

e) III e IV apenas.

COMENTÁRIOS

✪ **Nota do autor:** A garantia da normalidade e da legitimidade do exercício do poder sufrágio popular é o grande objetivo da Ação de Impugnação de Mandato Eletivo (AIME) No que se refere à possibilidade de abuso de poder econômico ensejador da propositura de AIME, entende o TSE que tal conceito não engloba o abuso de poder político ou de autoridade, a não ser que tais práticas tenham conexão com o abuso do poder econômico (neste sentido, conferir o Ac. TSE nº. 28.581, Rel. Min. Felix Fischer, j. 21.08.2008, DJ 23.09.2009, p.15). A corrupção que afete a lisura do pleito ensejadora de AIME, por sua vez, relaciona-se às práticas de "dar, oferecer, prometer, solicitar ou receber, para si ou para outrem, dinheiro, dádiva, ou qualquer outra vantagem, para obter ou dar voto e para conseguir ou prometer abstenção, ainda que a oferta não seja aceita", conduta tipificada como crime eleitoral de acordo com o art. 299 do CE. A AIME tem previsão constitucional (art. 14, §§ 10 e 11 da CF/88), e sua propositura deverá ocorrer até 15 dias após a diplomação. Antes da diplomação não pode ser proposta a AIME. Embora considerado decadencial o prazo para a propositura da AIME, já entendeu o TSE que o mesmo pode ser prorrogado caso o termo final se verifique em data sem expediente forense (Ac. 15.248, Rel. Min. Eduardo Alckmin, j. em 01.12.1998, Ementário TSE, Decisões de 1998, p. 22).

Alternativa correta: assertiva "c" è apenas I, II e IV estão corretas.

Item I. CORRETO. A AIME tem previsão constitucional (art. 14, §§ 10 e 11 da CF/88), sendo seu conteúdo densificado, no plano infraconstitucional, por leis específicas e resoluções do TSE, além da jurisprudência.

Item II. CORRETO. Regra estabelecida na CF/1988. No que se refere à possibilidade de abuso de poder econômico ensejador da propositura de AIME, entende o TSE que tal conceito não engloba o abuso de poder político ou de autoridade, a não ser que tais práticas tenham conexão com o abuso do poder econômico (neste sentido, conferir o Ac. TSE nº. 28.581, Rel. Min. Felix Fischer, j. 21.08.2008, DJ 23.09.2009, p.15).

Item III. ERRADO. A competência é da Justiça Eleitoral.

Item IV. CORRETO. O procedimento a ser adotado no processamento e julgamento da AIME, durante muito tempo, foi objeto de grandes divergências doutrinárias e jurisprudenciais entre aqueles que defendiam a aplicação do rito comum ordinário, previsto no Código de Processo Civil, e aqueles que pugnavam pela utilização do rito mais célere preconizado pela LC 64/90.

Em 2004, o TSE finalmente pôs fim à polêmica, determinando, através da Resolução nº. 21.634, que o rito aplicável à AIME é o previsto na LC 64/90, referente à AIRC (arts. 3º a 17 da LC 64/90).

---

17. (Vunesp – Juiz de Direito – MS/2015) Nos pedidos de registro de candidatos a eleições municipais, o Juiz Eleitoral apresentará a sentença em cartório

a) (7) sete dias após a conclusão dos autos, passando a correr da publicação no Diário Oficial da União o prazo de (2) dois dias para interposição de recurso para o Tribunal Superior Eleitoral.

b) (3) três dias após a conclusão dos autos, passando a correr deste momento o prazo de (7) sete dias para interposição de recurso para o Tribunal Regional Eleitoral.

c) (7) sete dias após a conclusão dos autos, passando a correr da publicação no Diário Oficial da União o prazo de (24) vinte e quatro horas para interposição de recurso para o Tribunal Regional Eleitoral.

d) (7) sete dias após a conclusão dos autos, passando a correr da publicação no Diário Oficial da União o prazo de (7) sete dias para interposição de recurso para o Tribunal Superior Eleitoral.

e) (3) três dias após a conclusão dos autos, passando a correr deste momento o prazo de (3) três dias para interposição de recurso para o Tribunal Regional Eleitoral.

COMENTÁRIOS

Alternativa correta: assertiva "e" (responde as demais): regra expressamente prevista no artigo 8º da Lei Complementar nº. 64/1990.

---

18. (Vunesp – Juiz de Direito – MS/2015) Compete ao Tribunal Superior Eleitoral processar e julgar originariamente a ação rescisória

a) nos casos de inelegibilidade e fraude eleitoral, desde que intentada dentro de cento e oitenta dias de decisão irrecorrível, possibilitando-se o exercício do mandato até o seu trânsito em julgado.

b) nos casos de captação ilícita de sufrágio, desde que intentada dentro de cento e vinte dias da diplomação, possibilitando-se o exercício do mandato até o seu trânsito em julgado.

c) nos casos de inelegibilidade, desde que intentada dentro de cento e vinte dias de decisão irrecorrível, possibilitando-se o exercício do mandato até o seu trânsito em julgado.

d) nos casos de abuso do poder econômico, corrupção ou fraude eleitoral, desde que intentada dentro de quinze dias contados da data da diplomação, possibilitando-se o exercício do mandato até o seu trânsito em julgado.

e) nos casos de inelegibilidade e abuso do poder político e econômico, desde que intentada dentro de cento e oitenta dias de decisão irrecorrível, possibilitando-se o exercício do mandato até o julgamento.

COMENTÁRIOS

Alternativa correta: assertiva "c" (responde as demais): a Ação Rescisória Eleitoral foi instituída através da LC 86/96, que acrescentou a alínea "j" ao art. 22, I, do Código Eleitoral. Assim, de acordo com o citado dispositivo normativo, compete ao TSE processar e julgar originariamente ação rescisória "nos casos de inelegibilidade, desde que intentada dentro do prazo de cento e vinte dias de decisão irrecorrível, possibilitando-se o exercício do mandato eletivo até o seu trânsito em julgado".

2. QUESTÕES DE CONCURSOS PARA O MINISTÉRIO PÚBLICO ESTADUAL (PROMOTOR DE JUSTIÇA)

19. (MPE – SC – Promotor de Justiça – MPE – SC/2016) Primando pelo respeito à cidadania, enquanto valor que a principiou, a Lei de Inelegibilidade conferiu a qualquer cidadão o poder de representar à Justiça Eleitoral, diretamente ao Corregedor-Geral ou Regional, relatando fatos e indicando provas, indícios e circunstâncias e pedir abertura de investigação judicial para apurar uso indevido, desvio ou abuso do poder econômico ou do poder de autoridade, ou utilização indevida de veículos ou meios de comunicação social, em benefício de candidato ou de partido político.

Resposta: ERRADO. O cidadão comum não pode propor a abertura de AIJE, conforme previsão do artigo 22 da LC 64/90. Assim é falso que "a Lei de Inelegibilidade conferiu a qualquer cidadão o poder de representar à Justiça Eleitoral, diretamente ao Corregedor-Geral ou Regional, relatando fatos e indicando provas, indícios e circunstâncias e pedir abertura de investigação judicial para apurar uso indevido, desvio ou abuso do poder econômico ou do poder de autoridade, ou utilização indevida de veículos ou meios de comunicação social, em benefício de candidato ou de partido político".

20. (MPE – SC – Promotor de Justiça – MPE – SC/2016) Está sumulado pelo Tribunal Superior Eleitoral que é de cento e oitenta dias o prazo para o ajuizamento da representação contra doação de campanha acima do limite legal, contados a partir da diplomação.

Resposta. De acordo com a súmula nº. 21 do TSE, o prazo para ajuizamento da representação contra doação de campanha acima do limite legal é de 180 dias, contados da data da diplomação. Esta súmula, contudo, foi cancelada, em 2016. A resposta oficial da banca foi CERTA, mas a afirmativa agora está ERRADA.

21. (MPE-SC – Promotor de Justiça – SC/2013) De acordo com a Lei Complementar 64/1990, caberá a qualquer candidato, a partido político, coligação ou ao Ministério Público, no prazo de 10 (dez) dias, contados da publicação do pedido de registro de candidato, impugná-lo em petição fundamentada.

COMENTÁRIOS

Alternativa FALSA. Segundo o art. 3º da LC 64/90, "caberá a qualquer candidato, a partido político, coligação ou ao Ministério Público, no prazo de 5 (cinco) dias, contados da publicação do pedido de registro de candidato, impugná-lo em petição fundamentada".

22. (FCC – Promotor de Justiça – AP/2012) No processo de impugnação de registro de candidaturas, é de sete dias o prazo para

a) interposição de recurso para o Tribunal Superior Eleitoral.

b) interposição de recurso para o Tribunal Regional Eleitoral nas eleições municipais.

c) as partes, inclusive o Ministério Público, encerrado o prazo para dilação probatória, apresentarem alegações.

d) o candidato, partido político ou coligação contestarem a impugnação.

e) impugnação de registro de candidato em petição fundamentada.

COMENTÁRIOS

Alternativa correta: assertiva "d". Segundo o art. 4º da LC 64/90, "a partir da data em que terminar o prazo para impugnação, passará a correr, após devida notificação, o prazo de 7 (sete) dias para que o candidato, partido político ou coligação possa contestá-la, juntar documentos, indicar rol de testemunhas e requerer a produção de outras provas, inclusive documentais, que se encontrarem em poder de terceiros, de repartições públicas ou em procedimentos judiciais, ou administrativos, salvo os processos em tramitação em segredo de Justiça".

Assertiva "a". INCORRETA. O prazo é de 03 dias, de acordo com o art. 11, § 2º da LC 64/90.

Assertiva "b". INCORRETA. Segundo o art. 8º da LC 64/90, "Nos pedidos de registro de candidatos a eleições municipais, o Juiz Eleitoral apresentará a sentença em Cartório 3 (três) dias após a conclusão dos autos, passando a correr deste momento o prazo de 3 (três) dias para a interposição de recurso para o Tribunal Regional Eleitoral".

Assertiva "c". INCORRETA. Tal prazo é de 05 dias, conforme disposto no art. 6º da LC 64/90.

Assertiva "e". INCORRETA. O prazo é de 05 dias, contados da publicação do pedido de registro de candidato, impugná-lo em petição fundamentada.

3. QUESTÕES DE CONCURSOS PARA O MINISTÉRIO PÚBLICO FEDERAL (PROCURADOR DA REPÚBLICA)

---

23. (MPF – Procurador da República/2018) A Ação de Impugnação de Mandato Eletivo é cabível na hipótese de abuso de poder econômico, corrupção ou fraude, sendo que, neste último caso, admite-se, na mais recente jurisprudência do TSE, inclusive a fraude à lei, independentemente de ter ocorrido no processo de votação.

Alternativa correta: a fraude não necessariamente será decorrente do processo de votação, mas sim de qualquer ardil apto a macular a legitimidade das eleições, como, por exemplo, a fraude às cotas de gênero.

---

24. (MPF – Procurador da República/2018) JOSÉ DE SOUZA, SEM FILIAÇÃO PARTIDÁRIA, CONTRATADO PARA ATUAR COMO CABO ELEITORAL DE MÁRIO DE TAL – CANDIDATO A PREFEITO NO MUNICÍPIO DE TRISTEZA -, PAGOU CEM REAIS A ANTÔNIO DA SILVA, ELEITOR DO MUNICÍPIO, COM O FIM DE OBTER-LHE O VOTO EM FAVOR DO CANDIDATO. NESSE CASO, SEGUNDO A JURISPRUDÊNCIA PREDOMINANTE DO TSE:

a) ( ) José de Souza pode ser processado por captação ilícita de sufrágio, desde que o fato tenha ocorrido entre o registro da candidatura e as eleições, e ainda pelo crime de corrupção eleitoral.

b) ( ) José de Souza responde, em concurso de agentes com o candidato a prefeito, por corrupção eleitoral e captação ilícita de sufrágio.

c) ( ) Independentemente da data em que o ilícito ocorreu, José de Souza, por não ser candidato, não responde pela prática de captação ilícita de sufrágio.

d) ( ) José de Souza pode ser condenado por captação ilícita de sufrágio e, nesse caso, ficará inelegível por oito anos.

COMENTÁRIOS

✪ **Nota do autor:** De acordo com o artigo 41-A da Lei 9.504/97, constitui captação de sufrágio o candidato doar, oferecer, prometer, ou entregar, ao eleitor, com o fim de obter-lhe o voto, bem ou vantagem pessoal de qualquer natureza, inclusive emprego ou função pública, desde o registro da candidatura até o dia da eleição, bem como praticar atos de violência ou grave ameaça a pessoa, com o fim de obter-lhe o voto.

Assertiva 'a". Incorreto. José não pode ser processado por captação ilícita de sufrágio porque não é o candidato

Assertiva "b". Incorreto. Conferir comentário anterior

Assertiva "d" . Incorreto. Conferir comentário anterior

Assertiva "c". Correto. Somente o candidato, conforme regra escrita no artigo 41-A, comete captação ilícita de sufrágio.

25. (MPF – Procurador da República/2011) Relativamente à ação de impugnação de registro de candidatura, assinale a alternativa errada:

a) uma de suas hipóteses de cabimento é atacar a incidência de causa de inelegibilidade de candidato;

b) a competência para processar e julgar impugnação contra registro de candidatura ao Senado Federal pertence ao Tribunal Regional Eleitoral onde foi requerida o referido registro;

c) a impugnação, por parte do candidato, partido político ou coligação, não impede a ação do Ministério Público Eleitoral no mesmo sentido;

d) pode ser ajuizada desde a publicação do registro da candidatura do candidato até o dia da eleição.

COMENTÁRIOS

✪ **Nota do autor:** A Ação de Impugnação de Registro de Candidaturas (AIRC) é instrumento hábil a impedir que candidato escolhido em convenção partidária seja registrado, em virtude do não atendimento de algum requisito legal ou constitucional, a exemplo da ausência de uma ou mais condições de elegibilidade, a presença de uma causa de inelegibilidade ou mesmo a não apresentação de algum documento indispensável ao pedido de registro de candidatura previsto no art. 11, § 1º da Lei nº 9.504/97 (as chamadas "condições de procedibilidade do registro"). Encontra a AIRC previsão legal nos artigos 3º a 17 da LC 64/90. Poderá a autoridade judicial competente para o registro de candidatura indeferir o pedido de registro *ex officio*, em caso de ausência de uma condição de procedibilidade do registro. Não havendo tal espécie de indeferimento, qualquer candidato, partido político, coligação ou o Ministério Público Eleitoral terá legitimidade ativa para a propositura da AIRC. Os legitimados passivos para a AIRC são pré-candidatos que tenham incorrido em uma das causas de inelegibilidade ou que não tenham cumprido as condições de elegibilidade e as condições de procedibilidade do registro. O prazo para a interposição da AIRC, decadencial e improrrogável, é de 05 dias, contados da publicação do registro do candidato. Vale destacar, neste sentido, que há preclusão da matéria não impugnada em tempo hábil, em sede de AIRC, salvo se cuidar de matéria constitucional, quando a inelegibilidade poderá ser argüida posteriormente, inclusive em sede de Recurso Contra a Diplomação (RCD). De acordo com previsão expressa no artigo 16 da LC 64/90, os prazos da AIRC são peremptórios e contínuos, correndo em cartório ou secretaria, não se suspendendo aos sábados, domingos e feriados, a partir da data do encerramento do prazo legal para pedido de registro de candidatos dia 15 de agosto do ano eleitoral, conforme regra estabelecida pela lei nº. 13.165/15, vigente a partir das eleições municipais de 2016).

Alternativa correta: assertiva "d" Errado. O prazo para a interposição da AIRC, decadencial e improrrogável, é de 05 dias, contados da publicação do registro do candidato.

Assertiva "a" – Certo. A incidência de inelegibilidade de candidato, evidentemente, será o objeto da AIRC.

Assertiva "b" – Certo. A competência para o processamento e julgamento da AIRC é determinada pelo cargo pleiteado pelo pré-candidato com pedido de registro de candidatura impugnado, nos seguintes termos:

Órgãos da Justiça Eleitoral competentes originariamente para o processamento e julgamento da AIRC		
Juízes eleitorais	**Tribunais regionais eleitorais**	**Tribunal Superior Eleitoral**
Impugnação do pedido de registro de candidatos a prefeito, vice-prefeito e vereador	Impugnação do pedido de registro de candidatos a governador, vice-governador de estados e do DF, deputados federais, estaduais e distritais, senadores e suplentes de senadores (não existe candidato a suplente de deputado, como já observado no capítulo II dessa obra), referente)aos sistemas eleitorais.	Impugnação de pedido de candidatos a presidente e vice-presidente da república.

Assertiva "c" – Certo. O Ministério Público Eleitoral, como legitimado ativo para a propositura da AIRC, poderá propor a referida ação independentemente dos demais legitimados, não havendo qualquer tipo de litispendência entre ações propostas pelo parquet e outras propostas por partidos políticos, candidatos ou coligações, versando sobre o mesmo tema.

26. (MPF – Procurador da República/2008) A ação de investigação judicial eleitoral:

a) Tem o mesmo procedimento da ação de impugnação ao pedido de registro de candidatura e pode ser proposta pelo Ministério Público eleitoral, por candidato ou por partido político.

b) O abuso de poder político leva à inelegibilidade por três anos e à remessa de peças ao Ministério Público Eleitoral para propositura da ação de impugnação de mandato eletivo ou recurso contra a diplomação. Já o abuso de poder econômico, leva à cassação imediata do registro ou do diploma, além da inelegibilidade.

c) Visa assegurar a legitimidade e normalidade das eleições, impedindo os efeitos nocivos do abuso de poder. Para aplicação da sanção de inelegibilidade há necessidade de potencialidade do ato ilícito para distorcer a vontade do eleitor e alterar o resultado do pleito.

d) Tem o escopo de assegurar a igualdade de oportunidades no pleito eleitoral, sendo utilizada pelo Ministério Público como valioso instrumento de atuação e gera a inelegibilidade do responsável pelo ato ilícito e do candidato beneficiado, por três anos, a contar do trânsito em julgado do processo.

COMENTÁRIOS

Nota do autor: A AIJE tem por finalidade a apuração de abuso de poder político ou econômico cuja gravidade influa na normalidade e legitimidade do exercício do poder de sufrágio popular, bem como para a apuração de condutas em desacordo com as normas da Lei nº 9.504/97 relativas à arrecadação e gastos de recursos (art. 30-A) e a doações de pessoas físicas ou jurídicas acima dos limites legais (art. 81).

Alternativa correta: assertiva "c" – A presente afirmativa, na época do referido concurso, encontrava-se correta, fato que hoje seria contestado, diante da publicação da Lei da Ficha Limpa, em 2010. até meados de 2010, quando foi promulgada a LC 135/10 (Lei do Ficha Limpa), a qual alterou, em diversos pontos, a Lei das Inelegibilidades, era prevalente o entendimento segundo o qual o ato praticado caracterizador de abuso de poder econômico ou político, objeto da investigação eleitoral, teria que ter potencialidade para alterar o resultado da eleição. Com a promulgação da LC 135/10, foi acrescido ao art. 22 da LC 64/90 o inciso XVI, dispondo que "para a configuração do ato abusivo, não será considerada a potencialidade de o fato alterar o resultado da eleição, mas apenas a gravidade das circunstâncias que o caracterizam".

Assertiva "a" – Incorreto. O procedimento da AIJE está previsto nos incisos I a XIII do art. 22 da LC 64/90, enquanto que o procedimento da AIRC é previsto nos artigo 3º a 17 da mesma lei.

Assertiva "b" – Incorreto. Com a publicação da Lei da Ficha Limpa, em 2010, uma grande inovação foi estabelecida pela nova redação do inciso XIV do art. 22, citada: a possibilidade de cassação do diploma de candidato eleito em sede de AIJE. Até a publicação da LC 135/10, prevalecia o entendimento, derivado da antiga redação do referido dispositivo legal, segundo o qual não seria possível a perda do diploma de candidato condenado por AIJE após a diplomação, o que tornava a referida ação ineficaz, quanto a esta questão. Para a cassação do diploma, era necessária a utilização de outra via processual, a exemplo da Ação de Impugnação de Mandato Eletivo ou mesmo o Recurso Contra a Diplomação. Agora, a própria AIJE já serve a esta finalidade. Tanto o abuso do poder político como o abuso do poder econômico, portanto, podem levar à inelegibilidade e à cassação imediata do registro ou diploma. Além disso, até a publicação da Lei do Ficha Limpa, a sanção de inelegibilidade perdurava pelo prazo de 03 anos, e não de 08 anos. O TSE então, através da súmula nº 19, firmou entendimento no sentido de que "O prazo de inelegibilidade decorrente da condenação por abuso do poder econômico ou político tem início no dia da eleição em que este se verificou e finda no dia de igual número no oitavo ano seguinte (art. 22, XIV, da LC nº 64/90).

Assertiva "d" – Incorreto. Até a publicação da Lei da Ficha Limpa, em 2010, a AIJE não tinha o condão de gerar a inelegibilidade do condenado. Hoje, esta possibilidade existe, sendo, entretanto, a sanção aplicável, nestes casos, de oito anos, e não mais de três anos, como estabelecido no passado.

---

27. (MPF – Procurador da República/2012) Sobre as assertivas abaixo:

I. é cabível ação de investigação judicial eleitoral por abuso de poder econômico por fato ocorrido antes do registro do candidato;

II. atos em tese caracterizadores de abuso de poder econômico, mas ainda não reconhecidos judicialmente em ação de investigação judicial eleitoral, podem ser apurados e reconhecidos diretamente em ação de impugnação ao registro de candidatura;

III. partido coligado para pleito majoritário não possui legitimidade para isoladamente propor ação de investigação judicial eleitoral por abuso de poder econômico contra candidato à respectiva eleição majoritária.

Pode-se afirmar que:

a) apenas as assertivas I e II estão corretas;

b) apenas as assertivas I e III estão corretas;

c) apenas as assertivas II e III estão corretas;

d) todas as assertivas estão corretas.

COMENTÁRIOS

Alternativa correta: a presente questão foi anulada pela banca examinadora. A mesma banca, contudo, deveria ter considerado como correta a alternativa "b", como será demonstrado a seguir.

Afirmativa I – Correto. É pacífico, tanto na doutrina como na jurisprudência, que a referida ação pode ter como objeto fatos ocorridos antes do início do período eleitoral que, por sua gravidade, caracterizem abuso de poder político ou econômico capaz de influir negativamente na legitimidade das eleições.

Afirmativa II – Incorreto. A Ação de Impugnação de Registro de Candidaturas (AIRC) é instrumento hábil a impedir que candidato escolhido em convenção partidária seja registrado, em virtude do não atendimento de algum requisito legal ou constitucional, a exemplo da ausência de uma ou mais condições de elegibilidade, a presença de uma causa de inelegibilidade ou mesmo a não apresentação de algum documento indispensável ao pedido de registro de candidatura previsto no art. 11, § 1º da Lei nº 9.504/97 (as chamadas "condições de procedibilidade do registro"). Não é objeto da AIRC, portanto, o combate ao abuso do poder econômico nas eleições.

Afirmativa III – Correto. Partido político coligado não tem interesse de agir para a propositura de ações eleitorais enquanto perdurar a coligação, salvo quando estiver contestando a própria validade da mesma (Ac.-TSE nº 25.015/2005 e 24.982/2005).

---

28. (MPF – Procurador da República/2006) O rito da ação de impugnação de mandato eletivo (Constituição, art. 14, § 10º) é o previsto no:

a) Código de Processo Civil (Lei 5.869, de 1973)

b) Lei de Inelegibilidade (Lei Complementar 64. de 1990)

c) Lei das Eleições (Lei 9.504. de 1997)

d) Lei da Improbidade Administrativa (Lei 8.492, de 1992)

COMENTÁRIOS

Alternativa correta: questão anulada pela banca examinadora. O procedimento a ser adotado no processamento e julgamento da AIME, durante muito tempo, foi objeto de grandes divergências doutrinárias e jurisprudenciais entre aqueles que defendiam a aplicação do rito comum ordinário, previsto no Código de Processo Civil, e aqueles que pugnavam pela utilização do rito mais célere preconizado pela LC 64/90. Em 2004, o TSE finalmente pôs fim à polêmica, determinando, através da Resolução nº 21.634, que o rito aplicável à AIME é o previsto na LC 64/90, referente à AIRC, ou seja, aquele determinado pelos artigos 3º a 17 da Lei das Inelegibilidades (LC 64/90).

---

29. (MPF – Procurador da República/2012) Assinale a ação eleitoral que pode ser ajuizada após a data da diplomação dos eleitos:

a) ação de investigação judicial eleitoral por uso indevido dos meios de comunicação;

b) ação por captação ou gasto ilícito de recurso para fins eleitorais;

c) ação por captação ilícita de sufrágio;

d) ação por conduta vedada a agentes públicos.

COMENTÁRIOS

✪ **Nota do autor:** Dispõe o art. 30-A da Lei nº 9.504/97 que "qualquer partido político ou coligação poderá representar à Justiça Eleitoral, no prazo de 15 (quinze) dias da diplomação, relatando fatos e indicando provas, e pedir a abertura de investigação judicial para apurar condutas em desacordo com as normas desta Lei, relativas à arrecadação e gastos de recursos". Como se observa, a lei exclui o Ministério Público e os candidatos do rol de legitimados ativos para a propositura da referida representação. O TSE, no entanto, tem entendido que o MP tem sim legitimidade ativa para tal mister (Ac. TSE, de 12.2.2009, no RO nº 1.596). Aos candidatos, entretanto, o TSE não tem deferido a mesma prerrogativa (Ac.-TSE, de 19.3.2009, no RO nº 1.498). O procedimento a ser aplicado na presente representação, conforme previsão do § 1º do art. 30-A da Lei nº 9.504/97, é o previsto no art. 22 da LC 64/90, sendo que no entendimento do TSE (Ac.-TSE, de 19.3.2009, no REspe º 28.357) haverá competência dos juízes auxiliares para processamento e julgamento das ações propostas com base neste dispositivo, durante o período eleitoral. Comprovados captação ou gastos ilícitos de recursos, para fins eleitorais, será negado diploma ao candidato, ou cassado, se já houver sido outorgado. Não é necessária a análise da potencialidade lesiva da conduta, bastando a prova da relevância jurídica do ilícito praticado para a incidência destas sanções (Neste sentido, Ac. TSE nº 1.504, de 28.04.2009). O prazo de recurso contra decisões proferidas em representações propostas com base no art. 30-A da Lei das Eleições será de 03 dias, a contar da data da publicação do julgamento no *Diário Oficial*. O recurso será recebido apenas com efeito devolutivo, sendo imediata a execução da decisão (Ac.-TSE, de 4.12.2007, no MS 3.567). É de se destacar que o STF, julgou improcedente a ADI nº. 4532, declarando a constitucionalidade da expressão "no prazo de 15 dias da diplomação".

Alternativa correta: assertiva "b" – Como visto, o art. 30-A da Lei nº 9.504/97 estabelece que "qualquer partido político ou coligação poderá representar à Justiça Eleitoral, no prazo de 15 (quinze) dias da diplomação, relatando fatos e indicando provas, e pedir a abertura de investigação judicial para apurar condutas em desacordo com as normas desta Lei, relativas à arrecadação e gastos de recursos".

Assertiva "a" – Incorreto. O Tribunal Superior Eleitoral tem firmado entendimento no sentido de que é possível o ajuizamento de AIJE mesmo antes de iniciado o período eleitoral (Ac.-TSE, de 17.4.2008, no RO nº 1.530). Quanto ao termo final para a propositura da AIJE, o TSE, por sua vez, tem entendido reiteradamente que o mesmo se dá com o ato de diplomação dos eleitos, operando a decadência, após este prazo (TSE, REsp's nos 15.263 e 12.531 e Ac. nº 15.099).

Assertiva "c" – Incorreto. O procedimento adotado na tramitação da representação ora estudada, como já destacado, é o previsto no art. 22 da LC 64/90, previsto para a AIJE. A competência para o processamento e julgamento da referida representação, por sua vez, será dos juízes eleitorais, nas eleições municipais (candidatos a prefeitos, inclusive os que tentam a reeleição, e vereadores); dos tribunais regionais eleitorais, nas eleições para governador e vice-governador de estado ou do DF, deputados e senadores; e do TSE, nas eleições presidenciais. É de se ressaltar que de acordo com o art. 20 da Resolução nº 23.193/2010, "as representações que visarem à apuração das hipóteses previstas nos arts. 30-A, 41-A, 73 e 81 da Lei nº 9.504/97 observarão o rito estabelecido no art. 22 da Lei Complementar nº 64/90, sem prejuízo da competência regular do Corregedor Eleitoral". Assim, o termo final para a propositura da Representação por Captação Ilícita de Sufrágio será a data da diplomação dos eleitos.

Assertiva "d" - Incorreto. Até o advento da reforma eleitoral de 2009, prevalecia na doutrina o entendimento segundo o qual a representação do art. 96 da Lei das Eleições era o instrumento cabível para o combate às condutas vedadas do art. 73 a 78 da Lei das Eleições, quando as mesmas não tivessem potencial lesivo capaz de desequilibrar o pleito. A lei 12.034/09, entretanto, estabeleceu, a partir da inclusão do § 12 ao art. 73 da Lei das Eleições, que o rito aplicável para qualquer representação formulada com base em prática de condutas vedadas a agentes públicos nas eleições é o previsto no art. 22 da LC 64/90. Assim, o termo final para a propositura da ação por conduta vedada a agentes públicos será a data da diplomação dos eleitos.

4. QUESTÕES DE CONCURSOS PARA A DEFENSORIA PÚBLICA DA UNIÃO

30. (CESPE - Defensor Público - DPU/ 2007) O prazo de interposição de recurso extraordinário que ataque decisão do Tribunal Superior Eleitoral será de 15 dias para a Defensoria Pública.

COMENTÁRIOS

Resposta: ERRADO. O prazo para a interposição do recurso extraordinário de decisão do TSE será sempre de 03 dias, não havendo qualquer prazo especial para defensores públicos ou membros do Ministério Público Eleitoral.

31. (CESPE - Defensor Público - DPU/ 2007) Compete aos defensores públicos da União, e não aos defensores estaduais, prestar assistência jurídica perante as juntas eleitorais.

COMENTÁRIOS

Resposta: CORRETO. A Justiça Eleitoral integra o Poder Judiciário Federal, sendo uma espécie de justiça federal especializada, da mesma forma que a Justiça do Trabalho. Assim, compete aos defensores públicos da União, e não aos defensores estaduais, prestar assistência jurídica perante as juntas eleitorais.

4.1. Questões para concursos de Analista Judiciário - Área Judiciária dos tribunais regionais eleitorais

32. (Analista Judiciário - Área Judiciária TRE/CE 2012 - FCC) A ação de impugnação de mandato eletivo:

a) pode ser ajuizada contra candidato eleito, até a diplomação.

b) contra deputados federais deve ser ajuizada perante o Tribunal Superior Eleitoral.

c) só pode ser ajuizada por partido político ou coligação.

d) deve tramitar em segredo de justiça.

e) comporta recurso somente quando for julgada improcedente.

COMENTÁRIOS

✪ **Nota do autor:** A Ação de Impugnação de Mandato Eletivo (AIME), com previsão no artigo 14, §§ 10 e 11 da Constituição, tem por objeto o combate ao abuso de poder econômico, da corrupção e da fraude eleitoral. No que se refere à possibilidade de abuso de poder econômico ensejador da propositura de AIME, entende o TSE que tal conceito não engloba o abuso de poder político ou de autoridade, a não ser que tais práticas tenham conexão com o abuso do poder econômico (neste sentido, conferir o Ac. TSE nº 28.581, Rel. Min. Felix Fischer, j. 21.08.2008, DJ 23.09.2009, p.15). A corrupção que afete a lisura do pleito ensejadora de AIME, por sua vez, relaciona-se às práticas de "dar, oferecer, prometer, solicitar ou receber, para si ou para outrem, dinheiro, dádiva, ou qualquer outra vantagem, para obter ou dar voto e para conseguir ou prometer abstenção, ainda que a oferta não seja aceita", conduta tipificada como crime eleitoral de acordo com o art. 299 do CE. A fraude, por sua vez relaciona-se na AIME à votação, com comprometimento da lisura e da legitimidade do pleito, a exemplo de situações como a do eleitor votar mais de uma vez ou alterar dados da urna eletrônica. A AIME tramitará em segredo de justiça, mas o seu julgamento deverá ser público (Ac. TSE nº 4.318). Prevalecerá, para a AIME, a gratuidade, salvo comprovada litigância de má-fé. O Tribunal Superior Eleitoral já firmou entendimento de que não existe litispendência entre AIJE, AIME e Recurso Contra a Diplomação, umas vez que os objetivos seriam distintos para cada um dos referidos institutos (Neste sentido, Acs. TSE nos 4.203, 21.218 e 35.923).

Alternativa correta: **letra "d".** A Constituição Federal de 1988 estabelece, em seu artigo 14, § 11, que a AIME tramitará em segredo de justiça. De acordo com jurisprudência consolidada do TSE (Ac. TSE nº 4.318), A AIME tramitará em segredo de justiça, mas seu julgamento será público.

Alternativa "a". Errado. O termo final para a propositura da AIME é de 15 dias após a diplomação dos eleitos.

Alternativa "b". Errado. A AIME contra deputados federais deverá ser ajuizada junto aos tribunais regionais eleitorais, tendo em vista que a circunscrição da eleição para tal cargo é o estado.

Alternativa "c". Errado. Pode ser ajuizada também por candidato ou pelo Ministério Público.

Alternativa "e". Errado. Também caberá recurso da procedência da ação.

---

33. (FCC – Analista Judiciário /TRE-AL / 2010) A respeito da investigação judicial para apurar uso indevido, desvio ou abuso do poder econômico ou do poder de autoridade, ou utilização indevida de veículos ou meios de comunicação social, em benefício de candidato ou de partido político é INCORRETO afirmar:

a) Qualquer partido político, coligação, candidato ou Ministério Público Eleitoral poderá representar à Justiça Eleitoral diretamente ao Corregedor-Geral ou Regional.

b) O Corregedor-Geral ou Regional, que terá as mesmas atribuições do Relator em processos judiciais, indeferirá desde logo a inicial, quando não for o caso de representação ou lhe faltar algum requisito legal.

c) No caso do Corregedor-Geral ou Regional indeferir a representação, ou retardar-lhe a solução, poderá o interessado renová-la perante o Tribunal competente, que resolverá dentro de vinte e quatro horas.

d) Findo o prazo para defesa, serão ouvidas as testemunhas arroladas pelo representante e pelo representado até o máximo de seis para cada um, as quais comparecerão independentemente de intimação.

e) Terminado o prazo para as alegações finais, os autos serão conclusos ao Corregedor, que julgará a representação, declarando, no caso de procedência, a inelegibilidade do representado e quantos hajam contribuído para a prática do ato, cominando-lhes as sanções previstas em lei.

COMENTÁRIOS

✪ **Nota do autor:** a AIJE tem por finalidade a apuração de abuso de poder político ou econômico cuja gravidade influa na normalidade e legitimidade do exercício do poder de sufrágio popular, bem como para a apuração de condutas em desacordo com as normas da lei nº 9.504/97 relativas à arrecadação e gastos de recursos (art. 30-A) e a doações de pessoas físicas ou jurídicas acima dos limites legais (art. 81). Vale destacar, quanto ao objeto da AIJE, que até meados de 2010, quando foi promulgada a LC 135/10 (Lei do Ficha Limpa), a qual alterou, em diversos pontos, a Lei das Inelegibilidades, era prevalente o entendimento segundo o qual o ato praticado caracterizador de abuso de poder econômico ou político, objeto da investigação eleitoral, teria que ter potencialidade para alterar o resultado da eleição. Com a promulgação da LC 135/10, foi acrescido ao art. 22 da LC 64/90 o inciso XVI, dispondo que "para a configuração do ato abusivo, não será considerada a potencialidade de o fato alterar o resultado da eleição, mas apenas a gravidade das circunstâncias que o caracterizam". O procedimento da AIJE está previsto nos incisos I a XIII do art. 22 da LC 64/90, conforme quadro a seguir:

Procedimento adotado na AIJE (Art. 22 da LC 64/90)

Art. 22. *Qualquer partido político, coligação, candidato ou Ministério Público Eleitoral poderá representar à Justiça Eleitoral, diretamente ao Corregedor-Geral ou Regional, relatando fatos e indicando provas, indícios e circunstâncias e pedir abertura de investigação judicial para apurar uso indevido, desvio ou abuso do poder econômico ou do poder de autoridade, ou utilização indevida de veículos ou meios de comunicação social, em benefício de candidato ou de partido político, obedecido o seguinte rito:*

I – *o Corregedor, que terá as mesmas atribuições do Relator em processos judiciais, ao despachar a inicial, adotará as seguintes providências:*

a) ordenará que se notifique o representado do conteúdo da petição, entregando-se-lhe a segunda via apresentada pelo representante com as cópias dos documentos, a fim de que, no prazo de 5 (cinco) dias, ofereça ampla defesa, juntada de documentos e rol de testemunhas, se cabível;

b) determinará que se suspenda o ato que deu motivo à representação, quando for relevante o fundamento e do ato impugnado puder resultar a ineficiência da medida, caso seja julgada procedente;

c) indeferirá desde logo a inicial, quando não for caso de representação ou lhe faltar algum requisito desta Lei Complementar;

II – *no caso do Corregedor indeferir a reclamação ou representação, ou retardar-lhe a solução, poderá o interessado renová-la perante o Tribunal, que resolverá dentro de 24 (vinte e quatro) horas;*

IV – *feita a notificação, a Secretaria do Tribunal juntará aos autos cópia autêntica do ofício endereçado ao representado, bem como a prova da entrega ou da sua recusa em aceitá-la ou dar recibo;*

V – *findo o prazo da notificação, com ou sem defesa, abrir-se-á prazo de 5 (cinco) dias para inquirição, em uma só assentada, de testemunhas arroladas pelo representante e pelo representado, até o máximo de 6 (seis) para cada um, as quais comparecerão independentemente de intimação;*

VI – *nos 3 (três) dias subsequentes, o Corregedor procederá a todas as diligências que determinar, ex officio ou a requerimento das partes;*

VII – *no prazo da alínea anterior, o Corregedor poderá ouvir terceiros, referidos pelas partes, ou testemunhas, como conhecedores dos fatos e circunstâncias que possam influir na decisão do feito;*

VIII – *quando qualquer documento necessário à formação da prova se achar em poder de terceiro, inclusive estabelecimento de crédito, oficial ou privado, o Corregedor poderá, ainda, no mesmo prazo, ordenar o respectivo depósito ou requisitar cópias;*

IX – *se o terceiro, sem justa causa, não exibir o documento, ou não comparecer a Juízo, o Juiz poderá expedir contra ele mandado de prisão e instaurar processo por crime de desobediência;*

X – *encerrado o prazo da dilação probatória, as partes, inclusive o Ministério Público, poderão apresentar alegações no prazo comum de 2 (dois) dias;*

XI – *terminado o prazo para alegações, os autos serão conclusos ao Corregedor, no dia imediato, para apresentação de relatório conclusivo sobre o que houver sido apurado;*

XII – *o relatório do Corregedor, que será assentado em 3 (três) dias, e os autos da representação serão encaminhados ao Tribunal competente, no dia imediato, com pedido de inclusão incontinenti do feito em pauta, para julgamento na primeira sessão subseqüente;*

XIII – *no Tribunal, o Procurador-Geral ou Regional Eleitoral terá vista dos autos por 48 (quarenta e oito) horas, para se pronunciar sobre as imputações e conclusões do relatório.*

Alternativa correta: letra "e". Errado. A ação não é julgada pelo Corregedor. Este é o responsável por instruir o processo, mas o feito é julgado pelo próprio Tribunal, pelo Colegiado, como se extrai dos incisos XI a XIV do art. 22 da LC 64/90. De acordo com o art. 22, incisos XI e XXI, da LC 64/90, terminado o prazo para alegações, os autos serão conclusos ao Corregedor, no dia imediato, para apresentação de relatório conclusivo sobre o que houver sido apurado, o qual será assentado em 3 (três) dias, devendo os autos da representação serem então encaminhados ao Tribunal competente, no dia imediato, com pedido de inclusão incontinenti do feito em pauta, para julgamento na primeira sessão subsequente.

Alternativa "a". Certo. Norma prevista no art. 22, caput, da LC 64/90, o qual determina os legitimados para a propositura da AIJE.

Alternativa "b". Certo. Norma prevista no art. 22, I, "c" da LC 64/90, o qual determina que o corregedor eleitoral exercerá papel semelhante ao do relator em processos judiciais, podendo, inclusive, indeferir a inicial, quando lhe faltar requisito previsto legal.

Alternativa "c". Certo. Norma prevista no art. 22, II da LC 64/90, que reproduz literalmente as palavras descritas no enunciado da afirmativa "c" da presente questão.

Alternativa "d". Certo. Norma prevista no art. 22, V da LC 64/90. A inquirição das testemunhas será realizada em uma só assentada, no prazo de cinco dias a contar da finalização do prazo de defesa.

---

34. (Analista Judiciário – Área Judiciária TRE/CE 2012 – FCC) Das decisões que versarem sobre a expedição de diplomas nas eleições federais ou estaduais e das decisões que denegarem habeas corpus ou mandado de segurança,

a) cabe recurso especial e ordinário, respectivamente.

b) cabe somente recurso especial.

c) cabe recurso ordinário e especial, respectivamente.

d) cabe recurso ordinário.

e) não cabe recurso.

COMENTÁRIOS

Alternativa correta: letra "d" (responde as demais alternativas). De acordo com o art. 276, II do Código Eleitoral, das decisões dos tribunais regionais eleitorais que versarem sobre anulação de diploma ou decretação de perda de mandatos eletivos federais ou estaduais, bem como das decisões que denegarem habeas corpus ou mandado de segurança, caberá recurso ordinário para o TSE.

---

35. (FCC – Analista Judiciário / TRE-RN / 2011) O instrumento processual que tem como objetivo impedir que o cidadão possa disputar o pleito eleitoral, obstando sua passagem da condição de pré-candidato à de candidato, é:

a) Ação de impugnação de registro de candidato.

b) Ação de impugnação ao mandato eletivo.

c) Recurso contra a expedição de diploma.

d) Ação de investigação judicial eleitoral.

e) Ação de prestação de contas.

COMENTÁRIOS

Alternativa correta: letra "a" (responde as demais alternativas). É a Ação de Impugnação de Registro de Candidatura (AIRC), prevista nos arts. 3º a 17 da LC 64/90. A Ação de Impugnação de Registro de Candidaturas (AIRC) é instrumento hábil a impedir que candidato escolhido em convenção partidária seja registrado, em virtude do não atendimento de algum requisito legal ou constitucional, a exemplo da ausência de uma ou mais condições de elegibilidade, a presença de uma causa de inelegibilidade ou mesmo a não apresentação de algum documento indispensável ao pedido de registro de candidatura previsto no art. 11, § 1º da lei nº 9.504/97 (as chamadas "condições de procedibilidade do registro"). Encontra a AIRC previsão legal nos artigos 3º a 17 da LC 64/90.

36. (FCC – Analista Judiciário /TRE-AP / 2011) Salvo disposições específicas em contrário da Lei no 9.504/97, as representações relativas ao descumprimento das suas normas podem ser feitas por qualquer partido político, coligação e candidato.

COMENTÁRIOS

Certo. Estabelece o artigo 96 da Lei das Eleições o rito processual das reclamações relativas ao descumprimento da referida lei, em especial no que tange ao desrespeito às normas previstas para a propaganda eleitoral. De acordo com o caput do artigo 96 referido, salvo disposições específicas em contrário, as reclamações ou representações relativas ao descumprimento da Lei das Eleições podem ser feitas por qualquer partido político, coligação ou candidato.

37. (FCC – Analista Judiciário /TRE-TO / 2011) Das decisões do Tribunal Superior Eleitoral que declararem a invalidade de ato contrário à Constituição Federal e que denegarem *habeas corpus*, caberá recurso

a) ordinário e recurso extraordinário, respectivamente.

b) extraordinário e recurso ordinário, respectivamente.

c) ordinário.

d) extraordinário.

e) especial.

COMENTÁRIOS

✪ **Nota do autor:** De acordo com previsão expressa no art. 281 do Código Eleitoral, "são irrecorríveis as decisões do Tribunal Superior, salvo as que declararem a invalidade de lei ou ato contrário à Constituição Federal e as denegatórias de habeas corpus ou mandado de segurança, das quais caberá recurso ordinário para o Supremo Tribunal Federal, interposto no prazo de 3 (três) dias". Além disso, em conformidade com o disposto no artigo 121, § 3º da Constituição Federal de 1988, caberá recurso extraordinário de decisão do TSE que contrariar a Constituição. Em ambos os casos, juntada a petição nas 48 horas seguintes à decisão, os autos serão conclusos ao Presidente do Tribunal, que, no mesmo prazo, proferirá despacho fundamentado, admitindo ou não o recurso. Admitido o recurso, será aberta vista dos autos ao recorrido para que, dentro de 3 (três) dias, apresente as suas razões. Caso, no entanto, o recurso venha a ser denegado, caberá agravo de instrumento, também no prazo de três dias, nos moldes aplicáveis a este recurso em face de decisão de tribunal regional eleitoral (conferir item anterior, desta obra). Findo os prazos referidos, os autos serão remetidos ao Supremo Tribunal Federal se for o caso. Por fim, vale destacar que são cabíveis das decisões proferidas no âmbito do TSE, agravo regimental das decisões tomadas pelo seu presidente, na forma do regimento interno (art. 264 do CE), a ser julgado pelo plenário da corte; e embargos de declaração, conforme procedimento já estudado, previsto no artigo 275 do CE.

Alternativa correta: **letra "b" (responde as demais alternativas).** Da decisão que declarar a invalidade de ato contrário à Constituição Federal, caberá recurso extraordinário ao TSE, no prazo de 03 dias, de acordo com o previsto no art. 121, § 3º da CF/1988. Já da decisão denegatória de habeas corpus caberá, também no prazo de três dias, recurso ordinário, conforme previsto no art. 281 do Código Eleitoral.

38. (FCC – Analista Judiciário – Área Judiciária – TRE-RO/2013) O partido político a que Paulino é filiado requereu o registro de sua candidatura para o cargo de Vereador. Houve impugnação e, afinal, o registro foi indeferido pelo Juiz Eleitoral, por falta do requisito referente à idade mínima constitucionalmente exigida. Paulino recorreu para o Tribunal Regional Eleitoral, que confirmou a decisão recorrida, divergindo da interpretação dada ao texto constitucional por outro Tribunal Regional Eleitoral. Nesse caso, caberá recurso

a) ordinário para o Tribunal Superior Eleitoral.

b) especial para o Supremo Tribunal Federal.

c) especial para o Tribunal Superior Eleitoral.

d) ordinário para o Supremo Tribunal Federal.

e) extraordinário para o Supremo Tribunal Federal.

COMENTÁRIOS

Alternativa correta. Letra "c" (responde as demais): Caberá recurso especial. O recurso especial de decisões de TREs tem previsão no inciso I do artigo 276, e poderá ser interposto diante de decisões proferidas contra expressa disposição legal ou quando ocorrer divergência na interpretação de lei entre dois ou mais Tribunais Eleitorais. O prazo para a sua interposição também será de 03 dias, a contar da publicação da decisão, salvo quando se tratar de recurso especial contra decisão do juiz auxiliar em pedido de direito de resposta, quando o prazo será então de 24 horas (Ac. TSE nº 27.839, de 06.03.2007).

5. QUESTÕES DE CONCURSOS PARA ANALISTA JUDICIÁRIO – ÁREA ADMINISTRATIVA DOS TRIBUNAIS REGIONAIS ELEITORAIS

39. (FCC – Analista Judiciário – Área Administrativa – TRE-CE/2012) A representação por captação de sufrágio

a) só poderá ser feita pelo Ministério Público Eleitoral.

b) poderá ser ajuizada até a data da diplomação.

c) exige que tenha havido pedido explícito de votos.

d) poderá fundar-se em fato ocorrido antes do registro da candidatura.

e) não poderá ter por objeto vantagem pessoal destinada à obtenção de voto consistente em promessa de emprego público.

COMENTÁRIOS

✪ **Nota do autor:** Constitui captação de sufrágio o candidato doar, oferecer, prometer, ou entregar, ao eleitor, com o fim de obter-lhe o voto, bem ou vantagem pessoal de qualquer natureza, inclusive emprego ou função pública, desde o registro da candidatura até o dia da eleição, inclusive, sob pena de multa de mil a cinquenta mil UFIR, e cassação do registro ou do diploma. A lei eleitoral pune aquele candidato que busca aliciar o eleitor, desde o registro da candidatura até o dia da eleição, oferecendo-lhe vantagem indevida em troca do voto. Neste sentido, a mera insinuação do eleitor, sem a complacência do candidato, de busca de vantagem indevida não caracteriza a captação ilícita de sufrágio. É necessário que o candidato sucumba à insinuação do eleitor ou tome, por si só, a iniciativa de aliciá-lo.

Alternativa correta: letra "b". A representação por captação ilícita de sufrágio abrange fatos ocorridos durante o período eleitoral, do registro de candidatura até a data da eleição. Seu ajuizamento, dessa forma, é permitido até a data da diplomação, a fim de viabilizar a punição daqueles que praticam atos de aliciamento abusivo de eleitores na data do pleito (responde as demais).

6. QUESTÕES DE CONCURSOS PARA TÉCNICO JUDICIÁRIO – ÁREA ADMINISTRATIVA DOS TRIBUNAIS REGIONAIS ELEITORAIS

40. Consulplan – Técnico Judiciário – Área Administrativa – TRE – MG/2015) "Fábio tem ciência de irregularidades na eleição proporcional ocorrida no estado Y e deseja obter informações sobre os requisitos para a impugnação de mandato eletivo. Assim, consulta a advogada Deise, especializada na área, que lhe responde que, nos termos da Constituição Federal, o mandato eletivo poderá ser impugnado ante a Justiça___________no prazo de 15 dias contados da diplomação, instruída a ação com provas de abuso de poder econômico, corrupção ou fraude."

Assinale a alternativa que completa corretamente a afirmativa anterior.

a) Especial

b) Federal

c) Estadual

d) Eleitoral

COMENTÁRIOS

Alternativa correta: assertiva "d". De acordo com o artigo 14, § 10 da Constituição Federal, "O mandato eletivo poderá ser impugnado ante a Justiça Eleitoral no prazo de quinze dias contados da diplomação, instruída a ação com provas de abuso do poder econômico, corrupção ou fraude". (responde as demais)

✦ DICAS

- A Ação de Impugnação de Registro de Candidaturas (AIRC) é instrumento hábil a impedir que candidato escolhido em convenção partidária seja registrado, em virtude do não atendimento de algum requisito legal ou constitucional, a exemplo da ausência de uma ou mais condições de elegibilidade, a presença de uma causa de inelegibilidade ou mesmo a não apresentação de algum documento indispensável ao pedido de registro de candidatura previsto no art. 11, § 1º da lei nº 9.504/97 (as chamadas "condições de procedibilidade do registro"). Encontra a AIRC previsão legal nos artigos 3º a 17 da LC 64/90.
- Poderá a autoridade judicial competente para o registro de candidatura indeferir o pedido de registro *ex officio*, em caso de ausência de uma condição de procedibilidade do registro. Não havendo tal espécie de indeferimento, qualquer candidato, partido político, coligação ou o Ministério Público Eleitoral terá legitimidade ativa para a propositura da AIRC. Segundo o TSE, coligações que lançam candidatos a cargos majoritários possuem legitimidade e interesse processual para impugnar candidaturas de eleições proporcionais (Recurso Especial nº 060028611, Mata de São João/BA, rel. Min. Mauro Campbell Marques, sessão de 18.5.2021).
- Os legitimados passivos para a AIRC são pré-candidatos que tenham incorrido em uma das causas de inelegibilidade ou que não tenham cumprido as condições de elegibilidade e as condições de procedibilidade do registro.
- O prazo para a interposição da AIRC, decadencial e improrrogável, é de 05 dias, contados da publicação do registro do candidato. Vale destacar, neste sentido, que há preclusão da matéria não impugnada em tempo hábil, em sede de AIRC, salvo se cuidar de matéria constitucional, quando a inelegibilidade poderá ser arguida posteriormente, inclusive em sede de Recurso Contra a Diplomação (RCD).
- A competência para o processamento e julgamento da AIRC é determinada pelo cargo pleiteado pelo pré-candidato com pedido de registro de candidatura impugnado, nos seguintes termos:

Órgãos da Justiça Eleitoral competentes originariamente para o processamento e julgamento da AIRC	
Juizes eleitorais	Impugnação de pedido de registro de candidatos a prefeito, vice-prefeito e vereador.
Tribunais regionais eleitorais	Impugnação de pedido de registro de candidatos a governador e vice-governador de estados e do DF, deputados federais, estaduais e distritais, senadores e suplentes de senadores (não existe candidato a suplente de deputado, como já observado no capítulo II desta obra, referente aos sistemas eleitorais).
Tribunal Superior Eleitoral	Impugnação de pedido de registro de candidatos a presidente e vice-presidente da república.

- O procedimento aplicável à AIRC está previstos nos artigos 3º a 17 da Lei Complementar nº 64/90.
- De acordo com previsão expressa no artigo 16 da LC 64/90, os prazos da AIRC são peremptórios e contínuos, correndo em cartório ou secretaria, não se suspendendo aos sábados, domingos e feriados, a partir da data do encerramento do prazo legal para pedido de registro de candidatos (dia 15 de agosto do ano eleitoral).

– É de se destacar, quanto ao tema, que, nas eleições de 2018, o Tribunal Superior Eleitoral, em decisão polêmica que representou uma alteração do seu entendimento tradicional, proibiu o Ex-Presidente da República, Luís Inácio Lula da Silva, indicado como candidato a presidência pelo Partido dos Trabalhadores (PT), de realizar qualquer ato de campanha, ao indeferir seu pedido de registro de candidatura, mesmo restando a possibilidade constitucional de recurso extraordinário ao Supremo Tribunal Federal.

– É fato público e notório que Lula, condenado criminalmente em decisão colegiada do Tribunal Regional Federal da 4ª Região, tornou-se inelegível, conforme a Lei da Ficha Limpa. De acordo com a Teoria da Conta e Risco, no entanto, ele poderia, uma vez escolhido candidato a Presidente da República pelo seu partido, agir como candidato, praticando todos os atos de campanha, especialmente os relativos à propaganda eleitoral, até a decisão judicial final pelo indeferimento da sua candidatura. O TSE, no entanto, entendeu diferente, proibindo Lula de realizar atos de campanha após a sua decisão de indeferimento de registro, entendendo que, ordinariamente, seria o Tribunal Superior Eleitoral, não obstante a possibilidade jurídica do recurso extraordinário, a última instância da Justiça Eleitoral.

– Por fim, polêmica interessante diz respeito à possibilidade de nulidade da eleição em caso de indeferimento do registro da candidatura do candidato mais votado, em face da teoria da conta e risco.

– Em entendimento consolidado pela jurisprudência do TSE, fundado no artigo 224, § 3º do Código Eleitoral, decisão da Justiça Eleitoral que importe o indeferimento do registro, a cassação do diploma ou a perda do mandato de candidato eleito em pleito majoritário acarreta nova eleição, independentemente do número de votos anulados.

  Dessa forma, segundo o TSE, e também conforme decisão proferida pelo STF, em 08 de março de 2018, no julgamento da ADI 5525, sempre que o candidato mais votado nas eleições tiver seu registro indeferido ou seu diploma cassado, independentemente de ter concorrido, no dia do pleito, com o registro deferido ou indeferido pela Justiça Eleitoral, nova eleição deverá ser imediatamente realizada, sem necessidade, inclusive, de transito em julgado da decisão do indeferimento.

– Ainda segundo o STF, no julgamento da ADI 5525, a regra da realização de eleições diretas caso a vacância ocorra até seis meses antes do término do mandato, prevista no § 4º do art. 224, não se aplica às eleições de Presidente e Vice-Presidente da República, bem como de senadores.

– Dispõe o art. 224, § 3º do Código Eleitoral que "A decisão da Justiça Eleitoral que importe o indeferimento do registro, a cassação do diploma ou a perda do mandato de candidato eleito em pleito majoritário acarreta, *após o trânsito em julgado*, a realização de novas eleições, independentemente do número de votos anulados". Decisão de julgamento do STF, de 8.3.2018, na ADI nº 5525 (acórdão pendente de publicação): declara a inconstitucionalidade da expressão "após o trânsito em julgado"; Ac.-TSE, de 28.11.2016, nos ED-REspe nº 13925: declara incidentalmente a inconstitucionalidade da expressão "após o trânsito em julgado" e fixa tese sobre cumprimento de decisão judicial e convocação de novas eleições.

- Qualquer partido político, coligação, candidato ou Ministério Público Eleitoral poderá representar à Justiça Eleitoral, diretamente ao Corregedor-Geral ou Regional, relatando fatos e indicando provas, indícios e circunstâncias e pedir abertura de investigação judicial para apurar uso indevido, desvio ou abuso do poder econômico ou do poder de autoridade, ou utilização indevida de veículos ou meios de comunicação social, em benefício de candidato ou de partido político.

- a AIJE tem por finalidade a apuração de abuso de poder político ou econômico cuja gravidade influa na normalidade e legitimidade do exercício do poder de sufrágio popular, bem como para a apuração de condutas em desacordo com as normas da lei nº 9.504/97 relativas à arrecadação e gastos de recursos (art. 30-A) e a doações de pessoas físicas ou jurídicas acima dos limites legais (art. 81).
- Vale destacar, quanto ao objeto da AIJE, que até meados de 2010, quando foi promulgada a LC 135/10 (Lei do Ficha Limpa), a qual alterou, em diversos pontos, a Lei das Inelegibilidades, era prevalente o entendimento segundo o qual o ato praticado caracterizador de abuso de poder econômico ou político, objeto da investigação eleitoral, teria que ter potencialidade para alterar o resultado da eleição. Com a promulgação da LC 135/10, foi acrescido ao art. 22 da LC 64/90 o inciso XVI, dispondo que "para a configuração do ato abusivo, não será considerada a potencialidade de o fato alterar o resultado da eleição, mas apenas a gravidade das circunstâncias que o caracterizam".
- Os mesmos legitimados ativos para a AIRC têm legitimidade para a propositura da AIJE. Vale lembrar mais uma vez, neste sentido, que partido político coligado não tem interesse de agir para a propositura de ações eleitorais enquanto perdurar a coligação, salvo quando estiver contestando a própria validade da mesma (Ac.-TSE nos 25.015/2005 e 24.982/2005).
- O Tribunal Superior Eleitoral tem firmado entendimento no sentido de que é possível o ajuizamento de AIJE mesmo antes de iniciado o período eleitoral (Ac.-TSE, de 17.4.2008, no RO nº 1.530). Quanto ao termo final para a propositura da AIJE, o TSE, por sua vez, tem entendido reiteradamente que o mesmo se dá com o ato de diplomação dos eleitos, operando a decadência, após este prazo (TSE, REsp's nos 15.263 e 12.531 e Ac. nº 15.099).
- Como se afere a partir da leitura do caput do artigo 22 da LC 64/90, o oferecimento da AIJE deverá ser feito junto ao Corregedor-Geral Eleitoral, quando se tratar de eleição para presidente e vice-presidente da república; e junto ao Corregedor-Regional Eleitoral, quando se tratar de eleição para governador e vice-governador dos estados ou DF; senadores e suplentes; deputados federais, estaduais e distritais. Nas eleições municipais, de acordo com previsão expressa no art. 24 da LC 64/90, o juiz eleitoral será competente para processar e julgar a AIJE, cabendo ao mesmo as funções atribuídas aos corregedores geral e regional previstas nos incisos I a XV do art. 22.
- **O procedimento da AIJE está previsto nos incisos I a XIII do art. 22 da LC 64/90, conforme quadro a seguir:**

Procedimento adotado na AIJE (Art. 22 da LC 64/90)
Art. 22. Qualquer partido político, coligação, candidato ou Ministério Público Eleitoral poderá representar à Justiça Eleitoral, diretamente ao Corregedor-Geral ou Regional, relatando fatos e indicando provas, indícios e circunstâncias e pedir abertura de investigação judicial para apurar uso indevido, desvio ou abuso do poder econômico ou do poder de autoridade, ou utilização indevida de veículos ou meios de comunicação social, em benefício de candidato ou de partido político, obedecido o seguinte rito:
I – o Corregedor, que terá as mesmas atribuições do Relator em processos judiciais, ao despachar a inicial, adotará as seguintes providências:
a) ordenará que se notifique o representado do conteúdo da petição, entregando-se-lhe a segunda via apresentada pelo representante com as cópias dos documentos, a fim de que, no prazo de 5 (cinco) dias, ofereça ampla defesa, juntada de documentos e rol de testemunhas, se cabível;
b) determinará que se suspenda o ato que deu motivo à representação, quando for relevante o fundamento e do ato impugnado puder resultar a ineficiência da medida, caso seja julgada procedente;
c) indeferirá desde logo a inicial, quando não for caso de representação ou lhe faltar algum requisito desta Lei Complementar;
II – no caso do Corregedor indeferir a reclamação ou representação, ou retardar-lhe a solução, poderá o interessado renová-la perante o Tribunal, que resolverá dentro de 24 (vinte e quatro) horas;

Procedimento adotado na AIJE (Art. 22 da LC 64/90)
IV – feita a notificação, a Secretaria do Tribunal juntará aos autos cópia autêntica do ofício endereçado ao representado, bem como a prova da entrega ou da sua recusa em aceitá-la ou dar recibo;
V – findo o prazo da notificação, com ou sem defesa, abrir-se-á prazo de 5 (cinco) dias para inquirição, em uma só assentada, de testemunhas arroladas pelo representante e pelo representado, até o máximo de 6 (seis) para cada um, as quais comparecerão independentemente de intimação;
VI – nos 3 (três) dias subsequentes, o Corregedor procederá a todas as diligências que determinar, ex officio ou a requerimento das partes;
VII – no prazo da alínea anterior, o Corregedor poderá ouvir terceiros, referidos pelas partes, ou testemunhas, como conhecedores dos fatos e circunstâncias que possam influir na decisão do feito;
VIII – quando qualquer documento necessário à formação da prova se achar em poder de terceiro, inclusive estabelecimento de crédito, oficial ou privado, o Corregedor poderá, ainda, no mesmo prazo, ordenar o respectivo depósito ou requisitar cópias;
IX – se o terceiro, sem justa causa, não exibir o documento, ou não comparecer a Juízo, o Juiz poderá expedir contra ele mandado de prisão e instaurar processo por crime de desobediência;
X – encerrado o prazo da dilação probatória, as partes, inclusive o Ministério Público, poderão apresentar alegações no prazo comum de 2 (dois) dias;
XI – terminado o prazo para alegações, os autos serão conclusos ao Corregedor, no dia imediato, para apresentação de relatório conclusivo sobre o que houver sido apurado;
XII – o relatório do Corregedor, que será assentado em 3 (três) dias, e os autos da representação serão encaminhados ao Tribunal competente, no dia imediato, com pedido de inclusão incontinenti do feito em pauta, para julgamento na primeira sessão subsequente;
XIII – no Tribunal, o Procurador-Geral ou Regional Eleitoral terá vista dos autos por 48 (quarenta e oito) horas, para se pronunciar sobre as imputações e conclusões do relatório.

- Até a publicação da Lei do Ficha Limpa, a sanção de inelegibilidade perdurava pelo prazo de 03 anos, e não de 08 anos. O TSE então, através da súmula nº 19, firmou entendimento no sentido de que "o prazo de inelegibilidade de três anos, por abuso de poder econômico ou político, é contado a partir da data da eleição em que se verificou". Por analogia, podemos entender que a súmula nº 19 citada continua válida, apenas sendo alterado o prazo de inelegibilidade de três para oito anos, conforme nova previsão normativa.
- Uma grande inovação foi estabelecida pela nova redação do inciso XIV do art. 22, citada: a possibilidade de cassação do diploma de candidato eleito em sede de AIJE. Até a publicação da LC 135/10, prevalecia o entendimento, derivado da antiga redação do referido dispositivo legal, segundo o qual não seria possível a perda do diploma de candidato condenado por AIJE após a diplomação, o que tornava a referida ação ineficaz, quanto a esta questão. Para a cassação do diploma, era necessária a utilização de outra via processual, a exemplo da Ação de Impugnação de Mandato Eletivo ou mesmo o Recurso Contra a Diplomação. Agora, a própria AIJE já serve a esta finalidade.
- A Ação de Impugnação de Mandato Eletivo (AIME), com previsão no artigo 14, § § 10 e 11 da Constituição, tem por objeto o combate ao abuso de poder econômico, da corrupção e da fraude eleitoral.
- A competência para o processamento e julgamento da AIME é aquela fixada de acordo com a regra do artigo 2º da LC 64/90. Assim, nas eleições municipais, será competente para processar e julgar a AIME os juízes eleitorais. Nas eleições para governador e vice-governador do DF, deputados das mais diversas esferas e senadores, será competente para processar e julgar a AIME os tribunais regionais eleitorais. Já nas eleições presidenciais, a referida competência será do TSE.
- A AIME tramitará em segredo de justiça, mas o seu julgamento deverá ser público (Ac. TSE nº 4.318). Prevalecerá, para a AIME, a gratuidade, salvo comprovada litigância de má-fé.

- O procedimento a ser adotado no processamento e julgamento da AIME, durante muito tempo, foi objeto de grandes divergências doutrinárias e jurisprudenciais entre aqueles que defendiam a aplicação do rito comum ordinário, previsto no Código de Processo Civil, e aqueles que pugnavam pela utilização do rito mais célere preconizado pela LC 64/90. Em 2004, o TSE finalmente pôs fim à polêmica, determinando, através da Resolução nº 21.634, que o rito aplicável à AIME é o previsto na LC 64/90, referente à AIRC.
- O Tribunal Superior Eleitoral já firmou entendimento de que não existe litispendência entre AIJE, AIME e Recurso Contra a Diplomação, umas vez que os objetivos seriam distintos para cada um dos referidos institutos (Neste sentido, Acs. TSE nos 4.203, 21.218 e 35.923).
- Estabelece o artigo 96 da Lei das Eleições o rito processual das reclamações relativas ao descumprimento da referida lei, em especial no que tange ao desrespeito às normas previstas para a propaganda eleitoral.
- De acordo com o caput do artigo 96 referido, salvo disposições específicas em contrário, as reclamações ou representações relativas ao descumprimento da Lei das Eleições podem ser feitas por qualquer partido político, coligação ou candidato.
- Para a caracterização da captação ilícita de sufrágio ensejadora da representação prevista no art. 41-A da Lei das Eleições, não é necessária a potencialidade lesiva. A violação da liberdade de voto de um único eleitor já caracteriza o ilícito, não sendo necessária, portanto, potencialidade capaz de gerar desequilíbrio nas eleições.
- Dispõe o art. 30-A da lei nº 9.504/97 que "qualquer partido político ou coligação poderá representar à Justiça Eleitoral, no prazo de 15 (quinze) dias da diplomação, relatando fatos e indicando provas, e pedir a abertura de investigação judicial para apurar condutas em desacordo com as normas desta Lei, relativas à arrecadação e gastos de recursos".
- O Recurso Contra a Diplomação é um meio jurídico previsto no art. 262 do Código Eleitoral que tem como objetivo a decretação da inelegibilidade ou incompatibilidade de candidato diplomado quando, depois do deferimento do registro e antes da diplomação aparecer uma inelegibilidade superveniente; ou quando, também depois do registro e antes da diplomação, for percebida a existência de uma inelegibilidade prevista na Constituição Federal e não arguida em sede de AIRC. Não há, nestes casos, preclusão, uma vez que, no primeiro caso, o fato é superveniente ao registro do candidato e, no segundo, mesmo o fato sendo anterior ao registro, a matéria é de ordem constitucional, podendo ser arguida após o fim do prazo estipulado para a propositura da AIRC.

Hipóteses de cabimento do RCD:	Decretação da inelegibilidade ou incompatibilidade de candidato diplomado (causa superveniente ao registro ou inelegibilidade constitucional não arguida anteriormente).

- São legitimados ativamente para a propositura do Recurso Contra a Diplomação os partidos políticos o os candidatos que tenham concorrido ao pleito. Vale destacar, neste sentido, que o TSE tem defendido que somente candidato que possa ser diretamente beneficiado pelo provimento do RCD tem legitimidade para a propositura do mesmo (Ac. TSE nº. 592/1999).

  No que se refere às coligações partidárias, persiste também uma discussão doutrinária acerca da legitimidade ativa das mesmas para a propositura do RCD, uma vez que o prazo para a sua interposição, como será destacado, começa a contar da diplomação, última fase do processo eleitoral, após a qual a coligação perde a sua existência jurídica. O TSE, entretanto, tem entendido que "a coligação partidária tem legitimidade concorrente com os partidos políticos e candidatos para a interposição de recurso contra expedição de diploma" (Neste sentido, Acs. TSE nºs 643/2004, 647/2004 e 652/2004).

  Além disso, o Ministério Público Eleitoral, indiscutivelmente, tem legitimidade ativa para a propositura do RCD, segundo entendimento consolidado do TSE.

Os legitimados para figurar no polo passivo do RCD, por sua vez, são os candidatos eleitos e seus suplentes, desde que diplomados.

- No que se refere às coligações partidárias, persiste também uma discussão doutrinária acerca da legitimidade ativa das mesmas para a propositura do RCD, uma vez que o prazo para a sua interposição, como será destacado, começa a contar da diplomação, última fase do processo eleitoral, após a qual a coligação perde a sua existência jurídica. O TSE, entretanto, tem entendido que "a coligação partidária tem legitimidade concorrente com os partidos políticos e candidatos para a interposição de recurso contra expedição de diploma" (Neste sentido, Acs. TSE nºs 643/2004, 647/2004 e 652/2004).
- O artigo 262 do Código Eleitoral, o qual disciplina juridicamente o Recurso Contra a Diplomação, foi totalmente modificado pela Lei nº 12.891/13, passando a contar com nova redação do seu caput, bem como com a revogação dos seus quatro incisos. Com a nova redação, o referido artigo passou a dispor que o RCD é, doravante, cabível somente nos casos de inelegibilidade superveniente ou de natureza constitucional e de falta de condição de elegibilidade, não sendo mais apropriado, portanto, para a correção de erro de direito ou de fato na apuração final, errônea interpretação da lei quanto à aplicação do sistema proporcional ou mesmo concessão ou denegação de diploma em manifesta contradição com a prova nos autos, nas hipóteses do art. 222 do Código Eleitoral e do artigo 41-A da Lei das Eleições. A nova redação também abraçou uma tendência jurisprudencial do TSE quanto à possibilidade jurídica de utilização do RCD na análise das condições de elegibilidade, e não apenas nas causas de inelegibilidade, como ocorria tradicionalmente.

- A Lei nº. 13.165/15 criou, na Lei das Eleições, o art. 96-B, que, no seu § 3º, impede o conhecimento de ação nova que verse sobre o mesmo fato apreciado em outra ação, transitada em julgado, mesmo que a ação seja de natureza diversa, tendo em vista a ausência de qualquer exceção desta espécie, no novo texto normativo, fato que pode gerar grandes polêmicas.
- Até há pouco tempo, prevalecia o entendimento do não cabimento do RCD nas eleições presidenciais, tampouco juízo de retratação do órgão da Justiça Eleitoral que o conheceu. Em 07 de março de 2018, contudo, o Supremo Tribunal Federal, julgando a **ADPF nº 167**, decidiu que "O Tribunal Superior Eleitoral é o órgão competente para julgar os recursos contra expedição de diploma nas eleições presidenciais e gerais (federais e estaduais)"
- Novidades sobre o RCD (Lei 13.877/2019: O art. 262 da Lei nº 4.737, de 15 de julho de 1965 (Código Eleitoral), passa a vigorar acrescido dos seguintes §§ 1º, 2º e 3º:

> *'Art. 262. ....*
>
> *§ 1º A inelegibilidade superveniente que atrai restrição à candidatura, se formulada no âmbito do processo de registro, não poderá ser deduzida no recurso contra expedição de diploma.*
>
> *§ 2º A inelegibilidade superveniente apta a viabilizar o recurso contra a expedição de diploma, decorrente de alterações fáticas ou jurídicas, deverá ocorrer até a data fixada para que os partidos políticos e as coligações apresentem os seus requerimentos de registros de candidatos.*
>
> *§ 3º O recurso de que trata este artigo deverá ser interposto no prazo de 3 (três) dias após o último dia limite fixado para a diplomação e será suspenso no período compreendido entre os dias 20 de dezembro e 20 de janeiro, a partir do qual retomará seu cômputo*

- O recurso diferencia-se da impugnação, ato de oposição, de contradição, de refutação comum no âmbito do Direito Eleitoral e nas mais diversas fases do processo eleitoral. De forma geral a impugnação, que poderá ser verbal ou escrita, serve como pressuposto para evitar-se a preclusão. A impugnação serve, muitas vezes, como ato preparatório para um recurso (exemplo, impugnação de identidade do eleitor que ainda vai votar, no ato da votação). Recurso contra apuração, neste diapasão, só é admitido se tiver ocorrido prévia impugnação perante a junta apuradora. Do julgamento da impugnação cabe recurso quanto ao seu resultado.
- Algumas generalidades acerca dos recursos eleitorais merecem ser destacadas, conforme tabela abaixo:

Questões gerais de relevância quanto aos recursos eleitorais
a) **Os recursos, em regra, não têm efeito suspensivo**, conforme regra prevista no artigo 257 do CE. Regra não abrange o RCD (que tem natureza jurídica de ação, como visto) conforme previsão do art. 216 do CE. Também a decretação de inelegibilidade, conforme previsão do art. 15 da LC 64/90, só produz efeitos após o trânsito em julgado de sentença, o que, dessa forma, determina o efeito suspensivo dos recursos interpostos contra decisões que acarretem tal sanção (vale ressaltar, neste sentido, que ações outras que não visam à decretação da inelegibilidade, mas, tão somente, a cassação do registro ou diploma do candidato, a exemplo da Ação por Captação Ilícita de Sufrágio, não admitem efeito suspensivo das decisões proferidas, em sede recursal). Vale destacar que o artigo 257 do Código Eleitoral, relativo aos recursos eleitorais e seus efeitos, também sofreu importante alteração. O novo §2º do referido artigo de lei, incluído pela reforma de setembro de 2015, inverteu a regra dos efeitos recursais no âmbito eleitoral, em matéria relativa à cassação de registro de candidatura, afastamento de titular de mandato ou perda do mandato eletivo. Doravante, o recurso ordinário interposto contra decisão proferida por juiz eleitoral ou por Tribunal Regional Eleitoral que resulte em cassação de registro, afastamento do titular ou perda de mandato eletivo será recebido pelo Tribunal competente com efeito suspensivo, e não apenas o efeito devolutivo, como ocorria até então. Desta forma, buscar-se-á evitar uma realidade muito observada na prática eleitoral, o troca-troca intenso de exercício da titularidade de mandatos, especialmente os executivos, no curso de processos eleitorais que tenham o condão de afastar o mandatário do seu posto, realidade, muitas vezes, prejudicial ao interesse público, por gerar descontinuidades administrativas.
b) Os prazos para a interposição de recursos eleitorais, em regra, são de três dias, contados da data da publicação do acórdão, sentença, ato, resolução ou despacho, salvo disposição em contrário. Vale destacar, neste sentido, que de acordo com o TSE, em se tratando de representação fundada no art. 96 da lei nº. 9.504/97, os prazos processuais serão contínuos e ininterruptos, desde o fim do prazo de solicitação de registro de candidaturas (15 de agosto do ano eleitoral, conforme disposto pela Lei nº. 13.165/15) até a data da diplomação dos eleitos, incluindo-se fins de semana e feriados na contabilidade dos dias úteis. (Ac. TSE nº. 4.856, de 24.11.2005, Rel. Min. Humberto Gomes de Bastos). Ainda sobre os prazos no processo eleitoral, é de se ressaltar que a nova regra geral de contagem dos prazos, estabelecida pelo CPC/2015 estabelece que a tal contagem deverá ocorrer nos dias úteis, como regra geral.
c) Nas decisões finais em processo de apuração de crime eleitoral de que resulte condenação ou absolvição (art. 362 do CE), o prazo recursal será de 10 dias (conferir, neste sentido, art. XIV desta obra).
d) Prevalece a irrecorribilidade das decisões que emanam do TSE, ressalvadas as que contrariarem a CF, denegatórias de HC ou MS, das quais caberá recurso ordinário para o STF, interposto em três dias (art. 281 do CE).
e) Os prazos para interposição de recursos são preclusivos, salvo quando nestes se discuta matéria constitucional. O recurso em que se discutir matéria constitucional não poderá ser interposto fora do prazo. Perdido o prazo na fase própria, só em outra poderá ser interposto (CE, art. 259 e parag. Único).
f) As partes deverão ser sempre representadas por advogados, sob pena de defeito de representação (Res. TSE 16.724). É possível a sustentação oral nos Tribunais.
g) De forma geral, são irrecorríveis em separado as decisões interlocutórias, as quais deverão ser atacadas quando do recurso contra a decisão final. Exceções, entretanto, existem, a exemplo da prevista no art. 279 do Código Eleitoral, o qual prevê a interposição de agravo de instrumento quando não conhecido o recurso especial pelo TRE.
h) Os recursos eleitorais são gratuitos, não existindo preparo (neste sentido, Ac. TSE nº. 2.721, de 08.05.2001, relatado pelo Ministro Walter Costa Porto).

- Das decisões das juntas eleitorais cabe o chamado recurso parcial, interposto diante do julgamento de eventuais impugnações às urnas, cédulas e votos durante o processo de apuração das eleições. Tais impugnações, apresentadas por fiscais e delegados de partidos, além de candidatos, deverão ser decididas de plano pela Junta, de acordo com o disposto no artigo 169 do Código Eleitoral.
- Além do recurso parcial, prevê o artigo 265 do Código Eleitoral que "dos atos, resoluções ou despachos dos Juízes ou Juntas Eleitorais caberá recurso para o Tribunal Regional". É o conhecido "recurso inominado", processado da mesma forma que o recurso parcial.

- De decisão de juiz eleitoral caberá também recurso inominado, contra sentença proferida em todas em ações processuais de primeira instância, nos termos previstos nos artigos 266 e 267 do Código Eleitoral, através de petição fundamentada.
- São admissíveis embargos de declaração nas hipóteses previstas no Código de Processo Civil (art. 275 do Código Eleitoral, com redação dada pelo novo CPC) Os embargos de declaração serão opostos no prazo de 3 (três) dias, contado da data de publicação da decisão embargada, em petição dirigida ao juiz ou relator, com a indicação do ponto que lhes deu causa. Os embargos de declaração não estão sujeitos a preparo. O juiz julgará os embargos em 5 (cinco) dias. Nos tribunais, o relator apresentará os embargos em mesa na sessão subsequente, proferindo voto; não havendo julgamento na sessão referida no inciso I, será o recurso incluído em pauta; vencido o relator, outro será designado para lavrar o acórdão. Os embargos de declaração interrompem o prazo para a interposição de recurso. Quando manifestamente protelatórios os embargos de declaração, o juiz ou o tribunal, em decisão fundamentada, condenará o embargante a pagar ao embargado multa não excedente a 2 (dois) salários-mínimos. Na reiteração de embargos de declaração manifestamente protelatórios, a multa será elevada a até 10 (dez) salários-mínimos.
- Ainda no que se refere aos recursos interpostos de decisões de juízes eleitorais, prevê o artigo 362 do Código Eleitoral a doutrinariamente chamada "apelação criminal", em sede de crimes eleitorais, cujo prazo de ajuizamento e oferecimento de razões é de 10 dias a contar da publicação da decisão. Esse recurso possui efeito suspensivo.
- São seis as espécies de recursos cabíveis contra decisões proferidas pelos tribunais regionais eleitorais: o recurso parcial; embargos de declaração; recurso ordinário; recurso especial eleitoral; agravo de instrumento eleitoral; e agravo regimental.
- O prazo para a interposição do recurso ordinário das decisões dos tribunais regionais eleitorais será de 03 dias, a contar da publicação da decisão denegatória de habeas corpus, habeas data, mandado de injunção ou mandado de segurança, ou declaratória de perda mandato eletivo; ou da seção de diplomação, quando a matéria versar sobre expedição de diplomas nas eleições estaduais ou federais.
- O recurso especial de decisões de TREs, por outro lado, tem previsão no inciso I do artigo 276, e poderá ser interposto diante de decisões proferidas contra expressa disposição legal ou quando ocorrer divergência na interpretação de lei entre dois ou mais Tribunais Eleitorais. O prazo para a sua interposição também será de 03 dias, a contar da publicação da decisão, salvo quando se tratar de recurso especial contra decisão do juiz auxiliar em pedido de direito de resposta, quando o prazo será então de 24 horas (Ac. TSE nº 27.839, de 06.03.2007).
- Caberá agravo de instrumento eleitoral, dirigido ao TSE no prazo de três dias, quando não for recebido o recurso especial, objetivando a sua subida. Do recurso deverá constar a exposição dos fatos e do direito; as razões do pedido de reforma da decisão, bem como a indicação das peças a serem trasladadas, sendo peças obrigatórias para o traslado a decisão recorrida e a certidão da sua intimação. O recorrido, por sua vez, deverá ser intimado a, também no prazo de três dias, apresentar suas contrarrazões e indicar peças a serem trasladadas para a formação do instrumento. Decorrido tal prazo, o instrumento deverá ser encaminhado ao TSE. O presidente do TRE não poderá negar seguimento ao agravo, ainda que interposto fora do prazo legal (art. 279, § 5º do Código Eleitoral).
- Caberá agravo regimental, na forma do art. 264 do Código Eleitoral, no prazo de três dias, de atos, resoluções ou despachos proferidos por presidente de TRE para o pleno do tribunal.
- De acordo com previsão expressa no art. 281 do Código Eleitoral, "são irrecorríveis as decisões do Tribunal Superior, salvo as que declararem a invalidade de lei ou ato contrário à Constituição Federal e as denegatórias de habeas corpus ou mandado de segurança, das quais caberá recurso ordinário para o Supremo Tribunal Federal, interposto no prazo de 3 (três) dias". Além disso, em conformidade com o disposto no artigo 121, § 3º da Constituição Federal de 1988, caberá recurso extraordinário de decisão do TSE que contrariar a Constituição.

- Vale destacar que são cabíveis das decisões proferidas no âmbito do TSE, agravo regimental das decisões tomadas pelo seu presidente, na forma do regimento interno (art. 264 do CE), a ser julgado pelo plenário da corte; e embargos de declaração, conforme procedimento já estudado, previsto no artigo 275 do CE.

- Dispõe o artigo 263 do Código Eleitoral que "no julgamento de um mesmo pleito eleitoral, as decisões anteriores sobre questões de direito constituem prejulgados para os demais casos, salvo se contra a tese votarem dois terços dos membros do Tribunal", criando uma espécie de "súmula vinculante" aplicável às cortes eleitorais. Ocorre que o TSE, em Acórdão de 1992 (Ac. 12.501/92) afirmou a inconstitucionalidade do referido dispositivo legal, referindo-se, inclusive, ao fato de tal inconstitucionalidade subsistir desde a Constituição Federal de 1946, antes mesmo da publicação do Código Eleitoral. Com o advento do CPC/2015, esta matéria terá que ser rediscutida, uma vez que os artigos 926, 927 e 928 do novo código preveem a consagração de um sistema de precedentes no Brasil, aplicável também ao processo eleitoral.

- Os novos §§ 4º e 5º do art. 28 do Código Eleitoral, incluídos pela reforma de setembro de 2015, por outro lado, estabeleceram que, doravante, decisões de TREs que importem cassação de registro de candidatos, anulação geral das eleições ou perda de diplomas somente poderão ser tomadas com a presença dos sete membros da corte. Quando isso não for possível, no caso, por exemplo, de impedimento de algum juiz, o suplente deverá ser convocado. Tal regra, que, certamente, criará dificuldades a alguns tribunais, principalmente porque se tornou comum, nos TREs, julgamentos sem a presença de todos os membros das cortes, já era prevista, no parágrafo único do art. 19 do Código, para o Tribunal Superior Eleitoral.

- Em termos de matéria processual eleitoral, a reforma de 2015 incluiu no Código Eleitoral o artigo 368-A, segundo o qual "a prova testemunhal singular, quando exclusiva, não será aceita nos processos que possam levar à perda do mandato". Este novo dispositivo tem como objetivo evitar a aplicação de sanções de perdas de mandato pautadas em provas frágeis, que possam vir a atingir a normalidade e a legitimidade da vontade popular. Assim, não será mais possível a condenação do réu acusado em processo que possa levar à perda de mandato quando a prova se resumir a uma única testemunha. Observe-se que a lei fala em "testemunha singular exclusiva", fato que, portanto, não afasta o uso da prova testemunhal acompanhada de outra prova, mesmo que esta outra prova seja outra prova testemunhal.

- Em conformidade com o disposto no artigo 121, § 3º da Constituição Federal de 1988, caberá recurso extraordinário de decisão do TSE que contrariar a Constituição. O prazo será de 03 dias.

- O TSE, através da Resolução nº. 23.478, de 15 de junho de 2016, regulamentou a aplicação do novo CPC ao processo eleitoral.

- Em razão da especialidade da matéria, as ações, os procedimentos e os recursos eleitorais permanecem regidos pelas normas específicas previstas na legislação eleitoral e nas instruções do Tribunal Superior Eleitoral. A aplicação das regras do Novo Código de Processo Civil tem caráter supletivo e subsidiário em relação aos feitos que tramitam na Justiça Eleitoral, desde que haja compatibilidade sistêmica.

- Aplicam-se aos processos eleitorais o contido nos arts. 9º e 10 do Novo Código de Processo Civil (Lei nº 13.105/2015).

- Os feitos eleitorais são gratuitos, não incidindo custas, preparo ou honorários (Lei nº 9.265/96, art. 1º).

- Não se aplica aos feitos eleitorais o instituto do *Amicus Curiae* de que trata o art. 138 da Lei nº 13.105, de 2015.

- Não se aplicam aos feitos eleitorais as regras relativas à conciliação ou mediação previstas nos arts. 165 e seguintes do Novo Código de Processo Civil.

- O disposto no art. 219 do Novo Código de Processo Civil (contagem de prazos em dias úteis) não se aplica aos feitos eleitorais.

- A suspensão dos prazos processuais entre os dias 20 de dezembro e 20 de janeiro de que trata o art. 220 do Novo Código de Processo Civil aplica-se no âmbito dos cartórios eleitorais e dos tribunais regionais eleitorais.
- Na Justiça Eleitoral não é admitida a autocomposição, não sendo aplicáveis as regras dos arts. 190 e 191 do Novo Código de Processo Civil.
- A regra do art. 205, § 3º, do Novo Código de Processo Civil não se aplica aos processos que tramitem durante o período previsto no calendário eleitoral para os quais seja admitida a publicação em cartório, sessão ou a utilização de edital eletrônico (LC nº 64/90, arts. 8º, 9º e 11, § 2º; Lei nº 9.504/97, art. 94, § 5º).
- Durante o período definido no calendário eleitoral, a carga dos autos para obtenção de cópias no curso de prazo comum às partes, prevista no art. 107, § 3º, do Novo Código de Processo Civil, será automaticamente permitida pela serventia pelo prazo de 2 (duas) horas, cabendo à autoridade judiciária decidir sobre eventual pedido de extensão até o limite de 6 (seis) horas.
- Nos Tribunais Eleitorais, o prazo para sustentação oral dos advogados das partes e do representante do Ministério Público será de: I 15 (quinze) minutos nos feitos originários (art. 937 do Novo Código de Processo Civil); II 10 (dez) minutos, nos recursos eleitorais (art. 272 do Código Eleitoral); III 20 (vinte) minutos no recurso contra expedição de diploma, (art. 272, parágrafo único, do Código Eleitoral).
- Os julgamentos das ações originárias e dos recursos nos Tribunais Eleitorais, inclusive os agravos e embargos de declaração na hipótese do art. 1.024, § 1º, do Novo Código de Processo Civil, somente poderão ser realizados 24 horas após a publicação da pauta. Tal regra não se aplica: I ao julgamento de habeas corpus; recurso em habeas corpus; tutela provisória; liminar em mandado de segurança; e, arguição de impedimento ou suspeição; II durante o período eleitoral, aos processos atinentes ao respectivo pleito; III às questões de ordem; IV à continuidade de julgamento de processos decorrentes da devolução tempestiva de pedido de vista; V aos feitos não apreciados cujo julgamento tiver sido expressamente adiado para a primeira sessão seguinte; VI aos embargos de declaração, quando julgados na sessão subsequente à respectiva oposição ou, se for o caso, à apresentação da manifestação do embargado; VII aos feitos administrativos, com exceção do pedido de registro de partido político; VIII às outras hipóteses previstas em lei ou nas resoluções do Tribunal Superior Eleitoral.
- As decisões interlocutórias ou sem caráter definitivo proferidas nos feitos eleitorais são irrecorríveis de imediato por não estarem sujeitas à preclusão, ficando os eventuais inconformismos para posterior manifestação em recurso contra a decisão definitiva de mérito. O Juiz ou Tribunal conhecerá da matéria versada na decisão interlocutória como preliminar à decisão de mérito se as partes assim requererem em suas manifestações. O agravo contra decisão que inadmitir o recurso especial interposto contra decisão interlocutória será processado em autos suplementares, prosseguindo o curso da demanda nos autos principais.
- A sistemática dos recursos repetitivos prevista nos arts. 1.036 a 1.042 do Novo Código de Processo Civil não se aplica aos feitos que versem ou possam ter reflexo sobre inelegibilidade, registro de candidatura, diplomação e resultado ou anulação de eleições.
- Em 2018, o TSE, julgando o AgR-AI nº 64093, decidiu pela aplicabilidade da regra que prevê que a distribuição do primeiro recurso que chegar ao Tribunal Regional ou Tribunal Superior prevenirá a competência do relator para todos os demais casos do mesmo município ou estado, aos feitos que têm o condão de alterar o resultado das eleições.

✦ CONHECENDO A JURISPRUDÊNCIA

1. SÚMULAS DO STF

▸ Súmula nº 72

No julgamento de questão constitucional, vinculada a decisão do Tribunal Superior Eleitoral, não estão impedidos os ministros do Supremo Tribunal Federal que ali tenham funcionado no mesmo processo, ou no processo originário.

▸ Súmula nº 728

É de três dias o prazo para a interposição de recurso extraordinário contra decisão do Tribunal Superior Eleitoral, contado, quando for o caso, a partir da publicação do acórdão, na própria sessão de julgamento, nos termos do art. 12 da Lei 6.055/74, que não foi revogado pela Lei 8.950/94.

3.2. Súmulas do STJ.

▸ Súmula nº 192

Compete ao Juízo das Execuções Penais do Estado a execução das penas impostas a sentenciados pela Justiça Federal, Militar ou Eleitoral, quando recolhidos a estabelecimentos sujeitos à administração estadual.

▸ Súmula nº 368

Compete à Justiça comum estadual processar e julgar os pedidos de retificação de dados cadastrais da Justiça Eleitoral.

▸ Súmula nº 374

Compete à Justiça Eleitoral processar e julgar a ação para anular débito decorrente de multa eleitoral.

2. SÚMULAS DO TSE

▸ Súmula nº 03

No processo de registro de candidatos, não tendo o juiz aberto prazo para o suprimento de defeito da instrução do pedido, pode o documento, cuja falta houver motivado o indeferimento, ser juntado com o recurso ordinário.

▸ Súmula nº 10

No processo de registro de candidatos, quando a sentença for entregue em Cartório antes de três dias contados da conclusão ao Juiz, o prazo para o recurso ordinário, salvo intimação pessoal anterior, só se conta do termo final daquele tríduo.

▸ Súmula nº 11

No processo de registro de candidatos, o partido que não o impugnou não tem legitimidade para recorrer da sentença que o deferiu, salvo se se cuidar de matéria constitucional.

▸ Súmula nº 18

Conquanto investido de poder de polícia, não tem legitimidade o juiz eleitoral para, de ofício, instaurar procedimento com a finalidade de impor multa pela veiculação de propaganda eleitoral em desacordo com a Lei nº 9.504/97.

3. RESOLUÇÕES DO TSE APLICÁVEIS

▸ Resolução nº 20.595/2000

Resolução-TSE nº 20.595/2000: possibilidade de o relator negar seguimento a pedido ou recurso intempestivo, manifestamente inadmissível, improcedente, prejudicado ou em confronto com súmula ou com jurisprudência dominante do TSE, do STF ou de Tribunal Superior; possibilidade, também, de prover, desde logo, o recurso se a decisão recorrida estiver na situação descrita por último. Em qualquer hipótese, da decisão cabe agravo regimental, conforme previsto no § 8º do mesmo artigo.

4. INFORMATIVOS DO TSE

▸ Informativo 01

Aplicação do art. 260 do CE aos processos de registro de candidatura.

O TSE alterou sua jurisprudência e decidiu aplicar o art. 260 do CE aos processos de registro de candidatura julgados após o pleito eleitoral. *REspe 136-46, Rel. Min. Henrique Neves da Silva, j. 6.10.16. (Info 11)*

▸ Informativo 02

Contagem de prazos processuais do novo CPC e inaplicabilidade às ações eleitorais.

A sistemática de contagem de prazo prevista no art. 219 do novo CPC não é aplicável aos processos eleitorais. Há incompatibilidade entre os princípios informadores do direito processual eleitoral, como a celeridade, consectária da garantia constitucional da razoável duração do processo, e a metodologia adotada pelo diploma processual civil em vigor. A alteração promovida pela Lei 12.034/09 na Lei das Eleições passou a prever no art. 97-A, taxativamente, o prazo de um ano como razoável para tramitação dos processos no âmbito da Justiça Eleitoral. Por fim, sublinhou que a solução das causas eleitorais reclama a adoção de sistemáticas céleres, em razão de tratar de questões políticas e de direção estatal. *REspe 533-80, Rel. Min. Maria Thereza de Assis Moura, j. 2.6.16. (Info 5)*

▸ Informativo 03

Formação de litisconsórcio passivo necessário no âmbito da AIJE.

O TSE, alterando sua jurisprudência, entendeu pela possibilidade de formação de litisconsórcio passivo necessário, em ação de investigação judicial eleitoral por abuso do poder político, entre o agente público autor da conduta e o candidato beneficiado. *REspe 843-56, Rel. Min. João Otávio de Noronha, j. 21.6.16. (Info 7)*

Capítulo XIV – Crimes Eleitorais e Processo Penal Eleitoral

✦ QUESTÕES

1. QUESTÕES DE CONCURSOS PARA A MAGISTRATURA ESTADUAL

01. (Consulplan – Juiz de Direito – TJ – MG/2018) Avalie as seguintes asserções e a relação proposta entre elas.

I. "Para efeitos penais do Código Eleitoral, não são membros nem funcionários da Justiça Eleitoral aqueles por esta requisitados."

PORQUE

II. "O julgamento dos crimes eleitorais e dos comuns que lhe foram conexos, assim como nos recursos e na execução que lhes digam respeito, aplicar-se-á, como lei supletiva ou subsidiária, o Código de Processo Penal."

A respeito dessas asserções, assinale a alternativa correta.

a) A segunda afirmativa é falsa e a primeira verdadeira.

b) A primeira afirmativa é falsa e a segunda é verdadeira.

c) As duas afirmativas são verdadeiras e a segunda justifica a primeira.

d) As duas afirmativas são verdadeiras, mas a segunda não justifica a primeira.

COMENTÁRIOS

De acordo com o Código Eleitoral, todos aqueles que atuam no processo eleitoral, incluindo colaboradores eventuais, como os mesários, são equiparados a servidores públicos, para fins penais. A afirmativa I, assim, está errada. Já a afirmativa II está correta, tendo o CPP aplicação supletiva ou subsidiária ao processo penal eleitoral.

Alternativa correta: letra "b".

02. (Consulplan – Juiz de Direito – TJ – MG/2018) Avalie as seguintes asserções e a relação proposta entre elas.

I. "Em caso de desistência da parte, o Ministério Público deve dar prosseguimento à ação, sempre que estiver diante de fatos que possam comprometer a lisura do pleito."

PORQUE

II. "Em matéria de Direito Eleitoral, não é possível a utilização do termo de ajustamento de conduta, previsto na Lei nº 7.347/85, eis que a Justiça Eleitoral não possui competência para processar e julgar o TAC."

A respeito dessas asserções, assinale a alternativa correta.

a) A segunda afirmativa é falsa e a primeira verdadeira.

b) A primeira afirmativa é falsa e a segunda é verdadeira.

c) As duas afirmativas são verdadeiras e a segunda justifica a primeira.

d) As duas afirmativas são verdadeiras, mas a segunda não justifica a primeira.

COMENTÁRIOS

O interesse público inerente ao processo eleitoral, voltado à preservação da lisura e da legitimidade democrática, justificam que o Ministério Público dê prosseguimento à ação, sempre que estiver diante de fatos que possam comprometer a lisura do pleito, mesmo ante a desistência da parte, o que torna a afirmativa I correta. Em relação à afirmativa II, não há, de fato, previsão de TAC no processo eleitoral, sendo que, em 2015, ao disciplinar a aplicação do novo CPC ao processo eleitoral, o TSE deliberou pela impossibilidade de TAC no processo eleitoral, em preservação ao princípio da celeridade". Não há relação entre as duas afirmações.

Alternativa correta: letra "d".

---

03. (FGV – Juiz de Direito Substituto-PA/ 2009) Quando a lei determina a agravação ou atenuação da pena de crime eleitoral, sem mencionar o quantum, deve o juiz, guardados os limites da pena cominada ao crime:

a) fixá-lo entre 1/2 e 1/4.

b) fixá-lo em 1/4.

c) fixá-lo em 1/2.

d) fixá-lo entre 1/5 e 1/3.

e) fixá-lo entre 1/5 e 1/10.

COMENTÁRIOS

Alternativa correta: assertiva "D". Estabelece o art. 285 do Código Eleitoral que quando a lei determinar a agravação ou atenuação da pena sem mencionar o "quantum", deverá o juiz fixá-lo entre um quinto e um terço, guardados os limites da pena cominada ao crime.

---

04. (CESPE – Juiz de Direito Substituto-PB/ 2011) A respeito dos crimes previstos na Lei nº 9.504/1997, que dispõe sobre as eleições, assinale a opção correta.

a) Inexiste, na norma geral das eleições, previsão de responsabilização penal de representantes legais de empresas ou entidades de pesquisa e de órgão veiculador de pesquisa fraudulenta.

b) O uso, na propaganda eleitoral, de símbolos, frases ou imagens associadas ou semelhantes às empregadas por órgão de governo, empresa pública ou sociedade de economia mista constitui crime apenado com detenção e multa, vedada a alternativa de prestação de serviços à comunidade.

c) Qualquer ato que vise retardar, impedir ou dificultar a ação fiscalizadora dos partidos no tocante às pesquisas eleitorais constitui crime punível com detenção, com a alternativa de prestação de serviços à comunidade.

d) Respondem por crime eleitoral os integrantes de mesa receptora que deixarem de entregar, por omissão, cópia de boletim aos partidos e coligações concorrentes ao pleito caso seus representantes a requeiram até uma hora após a expedição.

e) A divulgação de pesquisa fraudulenta constitui crime punível com reclusão e multa.

COMENTÁRIOS

Alternativa correta: Assertiva "C" CORRETA. Regra prevista no artigo 34, § 2º da Lei das Eleições (Lei nº 9.504/97), o qual dispõe que a prática de "qualquer ato que vise a retardar, impedir ou dificultar a ação fiscalizadora dos partidos constitui crime, punível com detenção, de seis meses a um ano, com a alternativa de prestação de serviços à comunidade pelo mesmo prazo, e multa no valor de dez mil a vinte mil UFIR".

Assertiva "A" ERRADA. As pesquisas eleitorais se constituem, muitas vezes, em fator decisivo para os rumos de uma eleição, sendo necessária, por isso, a existência de normas eficazes para a sua disciplina. Neste contexto, o § 4º do art. 33 da Lei das Eleições prevê o tipo penal relativo à divulgação de pesquisa fraudulenta, que se consuma no momento em que é dado o conhecimento do seu conteúdo a terceiros.

Assertiva "B" ERRADA. De acordo com o artigo 40 da Lei das Eleições, "O uso, na propaganda eleitoral, de símbolos, frases ou imagens, associadas ou semelhantes às empregadas por órgão de governo, empresa pública ou sociedade de economia mista constitui crime, punível com detenção, de seis meses a um ano, com a alternativa de prestação de serviços à comunidade pelo mesmo período, e multa no valor de dez mil a vinte mil *UFIR"*.

Assertiva "D" ERRADA. De acordo com o art. 68 da Lei das Eleições, constitui crime punível com detenção de 01 a 03 meses, com a alternativa de prestação de serviço à comunidade pelo mesmo período, e multa no valor de mil a cinco mil UFIR, a omissão de entrega de cópia do boletim de urna aos partidos e coligações concorrentes ao pleito cujos representantes o requeiram até uma hora após a expedição do mesmo. O sujeito ativo deste crime, conforme previsto no § 1º do referido artigo, será o presidente da mesa receptora de votos. É de se destacar que assim que é encerrada a votação, caberá ao presidente da mesa receptora efetuar comando na urna eletrônica a fim de que seja expedido o boletim de urna com o resultado apurado na respectiva seção eleitoral.

Assertiva "E" ERRADA. DE acordo com o artigo 33, § 4º da Lei das Eleições, "a divulgação de pesquisa fraudulenta constitui crime, punível com detenção de seis meses a um ano e multa no valor de cinqüenta mil a cem mil *UFIR"* (grifos nossos). Não há pena de reclusão, portanto, mas sim de detenção.

---

05. (FCC – Juiz Substituto – MS/ 2010) Considere as afirmações abaixo.

I. Votar ou tentar votar mais de uma vez, ou em lugar de outrem.

II. Violar ou tentar violar o sigilo do voto.

III. Deixar o juiz de representar contra o órgão do Ministério Público que não oferecer a denúncia no prazo legal, sem prejuízo da apuração da responsabilidade penal.

IV. Violar a proibição de utilizar o serviço de qualquer repartição, federal, estadual, municipal, autarquia, fundação do Estado, sociedade de economia mista, entidade mantida ou subvencionada pelo poder público, ou que realiza contrato com este, inclusive o respectivo prédio e suas dependências, para beneficiar partido ou organização de caráter político.

São crimes eleitorais aqueles constantes das afirmações

a) I e II, apenas.

b) I e III, apenas.

c) II e III, apenas.

d) II e IV, apenas.

e) I, II, III e IV.

COMENTÁRIOS

Alternativa correta: assertiva "E". Todas as afirmativas estão corretas.

Afirmativa "I" Crime previsto no artigo 309 do Código Eleitoral, com previsão de pena de reclusão por até 03 anos.

Afirmativa "II" Crime previsto no artigo 312 do Código Eleitoral, com previsão de pena de detenção por até 02 anos.

Afirmativa "III" Crime previsto no artigo 343 do Código Eleitoral, com previsão de pena de detenção por até 02 meses ou pagamento de 60 a 90 dias-multa.

Afirmativa "IV" Crime previsto no artigo 346 do Código Eleitoral, com previsão de pena de detenção por até 06 meses e pagamento de 30 a 60 dias-multa.

---

06. (FCC – Juiz Substituto – PE/ 2011) É crime eleitoral apenado com reclusão

a) induzir alguém a se inscrever eleitor com infração de qualquer dispositivo do Código Eleitoral.

b) reter título eleitoral contra a vontade do eleitor.

c) promover desordem que prejudique os trabalhos eleitorais.

d) impedir ou embaraçar o exercício do sufrágio.

e) valer-se o servidor público da sua autoridade para coagir alguém a votar ou não votar em determinado candidato ou partido.

COMENTÁRIOS

Alternativa correta: assertiva "A". Crime previsto no artigo 290 do Código Eleitoral, apenado com reclusão de até 05 anos e pagamento de 05 a 15 dias-multa.

Assertiva "B" ERRADA. Crime previsto no artigo 295 do Código Eleitoral, com pena de detenção até 02 meses ou pagamento de 30 a 60 dias-multa.

Assertiva "C" ERRADA. Crime previsto no artigo 296 do Código Eleitoral, com pena de detenção até 02 meses ou pagamento de 60 a 90 dias-multa.

Assertiva "D" ERRADA. Crime previsto no artigo 297 do Código Eleitoral, com pena de detenção até 06 meses e pagamento de 60 a 100 dias-multa.

Assertiva "E" ERRADA. Crime previsto no artigo 300 do Código Eleitoral, com pena de detenção até 06 meses e pagamento de 60 a 100 dias-multa. Se o agente é membro ou funcionário da Justiça Eleitoral e comete o crime prevalecendo-se do cargo a pena é agravada.

---

07. (CESPE – Juiz de Direito Substituto – AC/ 2012) Assinale a opção correta acerca dos crimes eleitorais previstos no Código Eleitoral, na Lei Complementar n.º 64/1990, na Lei n.º 9.504/1997 e na Lei n.º 12.034/2009.

a) Causar, propositadamente, dano físico ao equipamento utilizado na votação ou na totalização de votos ou a suas partes constitui crime punível com detenção.

b) Constitui crime eleitoral punível com reclusão a arguição de inelegibilidade de candidato feita por interferência do poder econômico, deduzida de forma temerária ou de manifesta má-fé.

c) A não observância da ordem em que os eleitores devem ser chamados a votar configura crime eleitoral punível com multa.

d) A não expedição, imediatamente após o encerramento da votação, do boletim de urna pelo juiz de junta eleitoral configura crime, salvo se constatado defeito da urna ou se dispensada a expedição pelos fiscais, delegados e candidatos presentes.

e) De acordo com a Lei n.º 12.034/2009, constitui crime a divulgação, no dia da eleição, de qualquer espécie de propaganda de candidato, bem como a manifestação individual e silenciosa do eleitor, mediante o uso de bandeiras, broches ou adesivos, a favor de candidato ou partido político.

COMENTÁRIOS

Alternativa correta: assertiva "C". Crime previsto no artigo 306 do Código Eleitoral, com pena de pagamento de 15 a 30 dias-multa

Assertiva "A" ERRADA. Crime previsto no artigo 72 da Lei nº 9.504/97, punível com reclusão de 05 a 10 anos.

Assertiva "B" ERRADA. Crime previsto no artigo 25 da LC 64/90, punível com detenção de 6 (seis) meses a 2 (dois) anos e multa de 20 (vinte) a 50 (cinqüenta) vezes o valor do Bônus do Tesouro Nacional (BTN) e, no caso de sua extinção, de título público que o substitua.

Assertiva "D" ERRADA. De acordo com o art. 68, constitui crime punível com detenção de 01 a 03 meses, com a alternativa de prestação de serviço à comunidade pelo mesmo período, e multa no valor de mil a cinco mil UFIR, a omissão de entrega de cópia do boletim de urna aos partidos e coligações concorrentes ao pleito cujos representantes o requeiram até uma hora após a expedição do mesmo. O sujeito ativo deste crime, conforme previsto no § 1º do referido artigo, será o presidente da mesa receptora de votos.

Assertiva "E" ERRADA. A manifestação individual e silenciosa do eleitor no dia da eleição não configura o crime de "boca-de-urna".

---

08. (FCC – Juiz de Direito Substituto – PE/2013) É crime eleitoral apenado com detenção:

a) inscrever-se fraudulentamente o eleitor.

b) efetuar o juiz, fraudulentamente, a inscrição do alistando.

c) negar ou retardar a autoridade judiciária, sem fundamento legal, a inscrição requerida.

d) promover, no dia da eleição, com o fim de impedir, embaraçar ou fraudar o exercício do voto a concentração de eleitores, sob qualquer forma, inclusive o fornecimento gratuito de alimento e transporte coletivo.

e) intervir autoridade estranha à mesa receptora, salvo o juiz eleitoral, no seu funcionamento sob qualquer pretexto.

COMENTÁRIOS

Alternativa correta: assertiva "e". Crime previsto no artigo 306 do Código Eleitoral, com pena de detenção até 06 meses e pagamento de 60 a 90 dias-multa

Assertiva "A" ERRADA. Crime previsto no art. 289 do CE, punível com reclusão até 05 anos.

Assertiva "B" ERRADA. Crime previsto no art. 291 do CE, punível com reclusão até 05 anos

Assertiva "c". ERRADO. Crime previsto no artigo 292 do CE, punível com pena de pagamento de 30 a 60 dias-multa.

Assertiva "D" ERRADA. Crime previsto no artigo 302 do CE, punível com reclusão de 04 a 06 anos e pagamento de 200 a 300 dias-multa.

---

09. (FCC – Juiz de Direito Substituto - SE/2015) A respeito do rito processual penal eleitoral, é correto afirmar que o prazo para

a) oferecimento da denúncia pelo Ministério Público é de 10 dias.

b) o réu ou seu defensor oferecer alegações escritas e arrolar testemunhas é de 15 dias.

c) apresentação de alegações finais pela acusação e pela defesa é de 10 dias.

d) o juiz proferir a sentença é de 15 dias.

e) interposição de recurso para o Tribunal Regional Eleitoral é de 5 dias.

COMENTÁRIOS

Alternativa correta. Assertiva "a". Verificada a infração penal, o Ministério Público oferecerá a denúncia dentro do prazo de dez dias, ou requererá o arquivamento da comunicação. Se o órgão do Ministério Público requerer o arquivamento da comunicação, o juiz, no caso de considerar improcedentes as razões invocadas, fará remessa da comunicação ao procurador regional, e este oferecerá a denúncia, designará outro promotor para oferecê-la, ou insistirá no pedido de arquivamento, ao qual só então estará o juiz obrigado a atender. A denúncia conterá a exposição do fato criminoso com todas as suas circunstâncias, a qualificação do acusado ou esclarecimentos pelos quais se possa identificá-lo, a classificação do crime e, quando necessário, o rol das testemunhas. Se o órgão do Ministério Público não oferecer a denúncia no prazo legal, representará contra ele a autoridade judiciária, sem prejuízo da apuração da responsabilidade penal. Além disso, deverá o juiz solicitar ao procurador regional a designação de outro promotor, que, no mesmo prazo, oferecerá a denúncia.

Assertiva "b". ERRADO. O réu ou seu defensor terá o prazo de dez dias para oferecer alegações escritas e arrolar testemunhas.

Assertiva "c". ERRADA. Ouvidas as testemunhas da acusação e da defesa e praticadas as diligências requeridas pelo Ministério Público e deferidas ou ordenadas pelo juiz, abrir-se-á o prazo de cinco dias a cada uma das partes – acusação e defesa – para alegações finais. Decorrido esse prazo, e conclusos os autos ao juiz dentro de quarenta e oito horas, terá os mesmos dez dias para proferir a sentença.

Assertiva "d". ERRADA. Ouvidas as testemunhas da acusação e da defesa e praticadas as diligências requeridas pelo Ministério Público e deferidas ou ordenadas pelo juiz, abrir-se-á o prazo de cinco dias a cada uma das partes – acusação e defesa – para alegações finais. Decorrido esse prazo, e conclusos os autos ao juiz dentro de quarenta e oito horas, terá o mesmo dez dias para proferir a sentença.

---

10. (CESPE – Juiz de Direito Substituto-PB/ 2011) À luz das resoluções aplicáveis do TSE, assinale a opção correta acerca do processo penal eleitoral, na seara das apurações criminais e da polícia criminal em matéria eleitoral.

a) Se o inquérito for arquivado por falta de embasamento para o oferecimento de denúncia, a autoridade policial poderá proceder a nova investigação se de outras provas tiver notícia, independentemente de nova requisição.

b) A Polícia Federal exerce, com prioridade sobre suas atribuições regulares, a função de polícia judiciária em matéria eleitoral e, se, no local da infração, não existirem órgãos a ela pertencentes, a referida função deverá ser assumida pela polícia estadual.

c) Autoridade policial que tomar conhecimento de prática da infração penal eleitoral deverá informá-la imediatamente ao membro do MP competente.

d) As autoridades policiais e seus agentes devem comunicar ao juiz eleitoral competente, em até vinte e quatro horas do fato, a prisão de indivíduos encontrados em flagrante delito pela prática de infração eleitoral.

e) O inquérito policial eleitoral é instaurado somente mediante requisição do MP, salvo em hipótese de prisão em flagrante, quando a instauração ocorre independentemente de requisição.

COMENTÁRIOS

✪ **Nota do autor:** Os crimes eleitorais, de acordo com o art. 355 do Código Eleitoral, são de ação pública. Qualquer cidadão que tiver conhecimento de infração penal deste Código deverá comunicá-la ao juiz eleitoral da zona onde a mesma se verificou, por escrito ou verbalmente. Em 17 de novembro de 2011, o TSE, valendo-se do seu poder regulamentar, expediu a Resolução nº 23.363/11, disciplinando a apuração dos crimes eleitorais e a instauração do inquérito policial eleitoral. Assim, segundo o capítulo I da referida Resolução, a Polícia Federal exercerá, com prioridade sobre as suas atribuições regulares, a função de polícia judiciária em matéria eleitoral, limitada às instruções e requisições do TSE, TREs, Juízes Eleitorais e Ministério Público Eleitoral. Quando no local da infração não existirem órgãos da Polícia Federal, a Polícia Civil do respectivo estado terá atuação supletiva (neste sentido, já tinha se manifestado o TSE, por meio da Res. nº 11.494, de 08.10.1982 e do Habeas Corpus nº 439, de maio de 2003). No seu capítulo II, a nova Resolução nº 23.363/11 dispõe sobre a notícia-crime eleitoral, destacando, no artigo 3º, que qualquer pessoa que tiver conhecimento da existência de infração penal eleitoral deverá, verbalmente ou por escrito, comunicá-la ao Juiz Eleitoral. Recebida a notícia--crime eleitoral, então, o Juiz Eleitoral a encaminhará ao Ministério Público Eleitoral ou, quando necessário, à polícia, com requisição para a instauração do inquérito policial eleitoral. Verificada a sua incompetência, o Juízo Eleitoral determinará a remessa dos autos ao Juízo competente. A autoridade policial, quando tiver conhecimento de prática de infração penal eleitoral, deverá informar imediatamente o Juiz Eleitoral. Se necessário, poderá também a autoridade policial adotar as medidas acautelatórias previstas no artigo 6º do Código de Processo Penal (segundo este artigo, logo que tiver conhecimento da prática da infração penal, a autoridade policial deverá: I – dirigir-se ao local, providenciando para que não se alterem o estado e conservação das coisas, até a chegada dos peritos criminais; II – apreender os objetos que tiverem relação com o fato, após liberados pelos peritos criminais; III – colher todas as provas que servirem para o esclarecimento do fato e suas circunstâncias; IV – ouvir o ofendido; V – ouvir o indiciado, devendo o respectivo termo ser assinado por duas testemunhas que lhe tenham ouvido a leitura; VI – proceder a reconhecimento de pessoas e coisas e a acareações; VII – determinar, se for caso, que se proceda a exame de corpo de delito e a quaisquer outras perícias; VIII – ordenar a identificação do indiciado pelo processo datiloscópico, se possível, e fazer juntar aos autos sua folha de antecedentes; IX – averiguar a vida pregressa do indiciado, sob o ponto de vista individual, familiar e social, sua condição econômica, sua atitude e estado de ânimo antes e depois do crime e durante ele, e quaisquer outros elementos que contribuírem para a apreciação do seu temperamento e caráter). As autoridades policiais deverão prender quem for encontrado em flagrante delito pela prática de infração eleitoral, comunicando imediatamente o fato ao Juiz Eleitoral, ao Ministério Público Eleitoral e à família do preso ou a pessoa por ele indicada (Código de Processo Penal, art. 306). Em até 24 horas após a realização da prisão, será encaminhado ao Juiz Eleitoral o auto de prisão em flagrante e, caso o autuado não informe o nome de seu advogado, cópia integral para a Defensoria Pública (Código de Processo Penal, art. 306, § 1º). No mesmo prazo de até 24 horas após a realização da prisão, será entregue ao preso, mediante recibo, a nota de culpa, assinada pela autoridade policial, com o motivo da prisão, o nome do condutor e os das testemunhas (Código de Processo Penal, art. 306, § 2º). A apresentação do preso ao Juiz Eleitoral, bem como os atos subsequentes, observarão o disposto no art. 304 do Código de Processo Penal, o qual estabelece que "apresentado o preso à autoridade competente, ouvirá esta o condutor e colherá, desde logo, sua assinatura, entregando a este cópia do termo e recibo de entrega do preso. Em seguida, procederá à oitiva das testemunhas que o acompanharem e ao interrogatório do acusado sobre a imputação que lhe é feita, colhendo, após cada oitiva suas respectivas assinaturas, lavrando, a autoridade, afinal, o auto". Ao receber o auto de prisão em flagrante, o Juiz Eleitoral deverá fundamentadamente: I – relaxar a prisão ilegal; ou II – converter a prisão em flagrante em preventiva, quando presentes os requisitos constantes do art. 312 do Código de Processo Penal, e se revelarem inadequadas ou insuficientes as medidas cautelares diversas da prisão; ou III – conceder liberdade provisória, com ou sem fiança (Código de Processo Penal, art. 310). Se o juiz verificar, pelo auto de prisão em flagrante, que o agente praticou o fato em estado de necessidade, legítima defesa, em estrito cumprimento de dever legal ou no exercício regular de direito poderá, fundamentadamente, conceder ao acusado liberdade provisória, mediante termo de comparecimento a todos os atos processuais, sob pena de revogação (Código de Processo Penal, art. 310, parágrafo único). Ausentes os requisitos que autorizam a decretação da prisão preventiva, o Juiz Eleitoral deverá conceder liberdade provisória, impondo, se for o caso, as medidas cautelares previstas na legislação processual penal em vigor. Quando a infração for de menor potencial ofensivo, a autoridade policial elaborará termo circunstanciado de ocorrência e providenciará o encaminhamento ao Juiz Eleitoral. Por fim, no seu capítulo III, a Resolução nº 23.363/11 dispõe sobre o inquérito policial eleitoral, o qual somente poderá ser instaurado mediante requisição do Ministério Público Eleitoral ou determinação da Justiça Eleitoral, salvo a hipótese de prisão em flagrante. Segundo o artigo 9º da referida Resolução, se o indiciado tiver sido preso em flagrante ou preventivamente, o inquérito policial eleitoral será concluído em até 10 dias, contado o prazo a partir do dia em que se executar a ordem de prisão Se o indiciado estiver solto, o inquérito policial eleitoral será concluído em até 30 dias, mediante fiança ou sem ela. A autoridade policial fará minucioso relatório do que tiver sido apurado e enviará os autos ao Juiz Eleitoral. No relatório, poderá a autoridade policial indicar testemunhas que não tiverem sido inquiridas, mencionando o lugar onde possam ser encontradas (Código de Processo Penal, art. 10, § 2º). Quando o fato for de difícil elucidação e o indiciado estiver solto, a autoridade policial poderá requerer ao Juiz Eleitoral a devolução dos autos, para ulteriores diligências, que serão realizadas no prazo marcado pelo Juiz Eleitoral. O Ministério Público Eleitoral poderá requerer novas diligências, desde que necessárias à elucidação dos fatos, valendo destacar que o MPE, caso considere necessários maiores esclarecimentos e documentos complementares ou outros elementos de convicção, deverá requisitá-los diretamente de quaisquer autoridades ou funcionários que possam fornecê-los. Quando o inquérito for arquivado por falta de base para o oferecimento da denúncia, a autoridade policial poderá proceder a nova investigação se de outras provas tiver notícia, desde que haja nova requisição. Verificada a infração penal, o Ministério Público oferecerá a denúncia dentro do prazo de dez dias, ou requererá o arquivamento da comunicação. Se o órgão do Ministério Público requerer o arquivamento da comunicação, o juiz, no caso de considerar improcedentes as razões invocadas, fará remessa da comunicação ao procurador regional, e este oferecerá a denúncia, designará outro promotor para oferecê-la, ou insistirá no pedido de arquivamento, ao qual só então estará o juiz obrigado a atender. A denúncia conterá a exposição do fato criminoso com todas as suas circunstâncias, a qualificação do acusado ou esclarecimentos pelos quais se possa identificá-lo, a classificação do crime e, quando necessário, o rol das testemunhas. Se o órgão do Ministério Público não oferecer a denúncia no prazo legal, representará contra ele a autoridade judiciária, sem prejuízo da apuração da responsabilidade penal. Além disso, deverá o juiz solicitar ao procurador regional a designação de outro promotor, que, no mesmo prazo, oferecerá a denúncia. Recebida a denúncia, o juiz designará dia e hora para o depoimento pessoal do acusado, ordenando a citação deste e a notificação do Ministério Público. O réu ou seu defensor terá o prazo de dez dias para oferecer alegações escritas e arrolar testemunhas. Ouvidas as testemunhas da acusação e da defesa e praticadas as diligências requeridas pelo Ministério Público e deferidas ou ordenadas pelo juiz, abrir-se-á o prazo de cinco dias a cada uma das partes – acusação e defesa – para alegações finais. Decorrido esse prazo, e conclusos os autos ao juiz dentro de quarenta e oito horas, terá o mesmo dez dias para proferir a sentença. Das decisões finais de condenação ou absolvição cabe recurso para o Tribunal Regional, a ser interposto no prazo de dez dias. Se a decisão do Tribunal Regional for condenatória, baixarão imediatamente os autos à instância inferior para a execução da sentença, que será feita no prazo de cinco dias, contados da data da vista ao Ministério Público. Se o órgão do Ministério Público deixar de promover a execução da sentença, também caberá representação contra o mesmo, por parte da autoridade judiciária, devendo o juiz solicitar ao procurador regional a designação de outro promotor, a quem incumbirá, então, a referida obrigação. Existem situações em que a denúncia formulada pelo Ministério Público poderá ser rejeitada. Tal fato ocorrerá quando o fato narrado evidentemente não constituir crime; já estiver extinta a punibilidade, pela prescrição ou outra causa; for manifesta a ilegitimidade da parte; ou faltar condição exigida pela lei para o exercício da ação penal. Nestas duas últimas hipóteses, a rejeição da denúncia não obstará ao exercício da ação penal, desde que promovida por parte legítima ou satisfeita a condição.

Alternativa correta: assertiva "D". As autoridades policiais deverão prender quem for encontrado em flagrante delito pela prática de infração eleitoral, comunicando imediatamente o fato ao Juiz Eleitoral, ao Ministério Público Eleitoral e à família do preso ou a pessoa por ele indicada (Código de Processo Penal, art. 306). Em até 24 horas após a realização da prisão, será encaminhado ao Juiz Eleitoral o auto de prisão em flagrante e, caso o autuado não informe o nome de seu advogado, cópia integral para a Defensoria Pública (Código de Processo Penal, art. 306, § 1º). No mesmo prazo de até 24 horas após a realização da prisão, será entregue ao preso, mediante recibo, a nota de culpa, assinada pela autoridade policial, com o motivo da prisão, o nome do condutor e os das testemunhas (Código de Processo Penal, art. 306, § 2º).

Assertiva "A" ERRADA. Quando o inquérito for arquivado por falta de base para o oferecimento da denúncia, a autoridade policial poderá proceder a nova investigação se de outras provas tiver notícia, desde que haja nova requisição.

Assertiva "B" ERRADA. Em 17 de novembro de 2011, o TSE, valendo-se do seu poder regulamentar, expediu a Resolução nº 23.363/11, disciplinando a apuração dos crimes eleitorais e a instauração do inquérito policial eleitoral. Assim, segundo o capítulo I da referida Resolução, a Polícia Federal exercerá, com prioridade sobre as suas atribuições regulares, a função de polícia judiciária em matéria eleitoral, limitada às instruções e requisições do TSE, TREs, Juízes Eleitorais e Ministério Público Eleitoral. Quando no local da infração não existirem órgãos da Polícia Federal, a Polícia Civil do respectivo estado terá atuação supletiva (neste sentido, já tinha se manifestado o TSE, por meio da Res. nº 11.494, de 08.10.1982 e do Habeas Corpus nº 439, de maio de 2003).

Assertiva "C" ERRADA. A autoridade policial, quando tiver conhecimento de prática de infração penal eleitoral, deverá informar imediatamente o Juiz Eleitoral, e não ao Ministério Público.

Assertiva "E" ERRADA. No seu capítulo III, a Resolução nº 23.363/11 dispõe sobre o inquérito policial eleitoral, o qual somente poderá ser instaurado mediante requisição do Ministério Público Eleitoral ou determinação da Justiça Eleitoral, salvo a hipótese de prisão em flagrante.

---

11. (FCC – Juiz de Direito Substituto – PE/2013) Em matéria de Processo Penal Eleitoral

a) todo cidadão que tiver conhecimento de infração penal do Código Eleitoral deverá comunicá-la a qualquer juiz eleitoral, inclusive de zona diferente àquela em que a mesma se verificou.

b) verificada a infração penal, o Ministério Público oferecerá a denúncia dentro do prazo de quinze dias.

c) qualquer eleitor poderá provocar a representação contra o órgão do Ministério Público se o juiz, no prazo de cinco dias, não agir de ofício.

d) o réu ou seu defensor terá o prazo de quinze dias para oferecer alegações escritas e arrolar testemunhas.

e) se a decisão do Tribunal Regional for condenatória, baixarão imediatamente os autos à instância inferior para a execução da sentença, que será feita no prazo de cinco dias, contados da data da vista ao Ministério Público.

COMENTÁRIOS

Alternativa correta: assertiva "E". De acordo com o Código Eleitoral, Das decisões finais de condenação ou absolvição cabe recurso para o Tribunal Regional, a ser interposto no prazo de dez dias. Se a decisão do Tribunal Regional for condenatória, baixarão imediatamente os autos à instância inferior para a execução da sentença, que será feita no prazo de cinco dias, contados da data da vista ao Ministério Público. Se o órgão do Ministério Público deixar de promover a execução da sentença, também caberá representação contra o mesmo, por parte da autoridade judiciária, devendo o juiz solicitar ao procurador regional a designação de outro promotor, a quem incumbirá, então, a referida obrigação.

Alternativa "a". A banca examinadora equivocou-se nesta afirmativa, ao considerá-la errada, quando deveria ter considerado como certa. A Resolução nº 23.396/13 dispõe sobre a notícia-crime eleitoral, destacando, no artigo 3º, que qualquer pessoa que tiver conhecimento da existência de infração penal eleitoral deverá, verbalmente ou por escrito, comunicá-la ao Juiz Eleitoral. Recebida a notícia-crime eleitoral, então, o Juiz Eleitoral a encaminhará ao Ministério Público Eleitoral ou, quando necessário, à polícia, com requisição para a instauração do inquérito policial eleitoral. Verificada a sua incompetência, o Juízo Eleitoral determinará a remessa dos autos ao Juízo competente.

Alternativa "b". ERRADA. Verificada a infração penal, o Ministério Público oferecerá a denúncia dentro do prazo de dez dias, ou requererá o arquivamento da comunicação. Se o órgão do Ministério Público requerer o arquivamento da comunicação, o juiz, no caso de considerar improcedentes as razões invocadas, fará remessa da comunicação ao procurador regional, e este oferecerá a denúncia, designará outro promotor para oferecê-la, ou insistirá no pedido de arquivamento, ao qual só então estará o juiz obrigado a atender.

Alternativa "c". ERRADA. Se o órgão do Ministério Público não oferecer a denúncia no prazo legal de dez dias, representará contra ele a autoridade judiciária, sem prejuízo da apuração da responsabilidade penal. Além disso, deverá o juiz solicitar ao procurador regional a designação de outro promotor, que, no mesmo prazo, oferecerá a denúncia.

Alternativa "d". ERRADA. Recebida a denúncia, o juiz designará dia e hora para o depoimento pessoal do acusado, ordenando a citação deste e a notificação do Ministério Público. O réu ou seu defensor terá o prazo de dez dias para oferecer alegações escritas e arrolar testemunhas.

1.2. Questões de concursos para o Ministério Público Estadual (Promotor de Justiça)

12. (MPE – BA – Promotor de Justiça – MPE – BA/2018) O crime de corrupção eleitoral, tipificado no art. 299 do Código Eleitoral (diferente dos crimes de corrupção previstos nos arts. 317 e 333 do Código Penal),

a) somente contempla a chamada corrupção ativa, por parte de quem deseja alcançar a vantagem eleitoral.

b) abrange, a um só tempo, mas com pena diferenciada entre uma e outra, tanto a corrupção ativa quanto a corrupção passiva.

c) exige sempre sujeito ativo especial, seja a corrupção ativa ou passiva.

d) contém pena idêntica, na estrutura única do tipo, para as formas ativa e passiva de corrupção eleitoral.

e) é tipo penal que exige apenas o dolo genérico, pois a execução da conduta não se vincula a um fim especial de agir.

COMENTÁRIOS

Alternativa "a": O tipo penal abrange as condutas de "dar, oferecer, prometer, solicitar ou receber", englobando, portanto, as formas ativa e passiva de corrupção.

Alternativa "b": O tipo penal abrange as condutas de "dar, oferecer, prometer, solicitar ou receber", englobando, portanto, as formas ativa e passiva de corrupção, com pena idêntica (reclusão até quatro anos e pagamento de 5 a 15 dias-multa).

Alternativa "c": Qualquer pessoa pode ser sujeito ativo deste crime.

Alternativa "d": O tipo penal abrange as condutas de "dar, oferecer, prometer, solicitar ou receber", englobando, portanto, as formas ativa e passiva de corrupção, com pena idêntica (reclusão até quatro anos e pagamento de 5 a 15 dias-multa).

Alternativa "e": Existe o fim especial de "obter ou dar voto", ou "conseguir ou prometer abstenção".

Alternativa correta: letra "d".

13. (MPE/GO – Promotor de Justiça-GO/ 2009) Não constitui crime eleitoral:

a) Fazer propaganda, qualquer que seja a sua forma, em língua estrangeira.

b) Não apresentar o órgão do Ministério Público, no prazo legal, denúncia ou deixar de promover a execução de sentença condenatória.

c) Colher assinatura do eleitor em mais de uma ficha de registro de partido.

d) Colocar cartazes, para fins de propaganda eleitoral, em muros, fachadas ou qualquer logradouro público.

COMENTÁRIOS

Alternativa correta: assertiva "d": Não constitui crime a referida conduta, disciplinada no artigo 37 da Lei das Eleições (Lei nº 9.504/97).

Assertiva "a": ERRADO. Crime previsto no artigo 335 do Código Eleitoral.

Assertiva "b": ERRADO. Crime previsto no artigo 342 do Código Eleitoral.

Assertiva "c": ERRADO. Crime previsto no artigo 321 do Código Eleitoral.

---

14. (MPE/PR – Promotor de Justiça-PR/ 2011) Sobre crimes eleitorais, assinale a alternativa incorreta:

a) os crimes previstos na Lei 4.737/65 (Código Eleitoral) e na Lei 9.504/97 (Lei das Eleições) são todos de ação penal pública incondicionada;

b) a transação penal e a suspensão condicional do processo, como institutos despenalizadores previstos na Lei 9.099/95, possuem restrições para sua aplicação relativamente aos crimes eleitorais;

c) a Lei 4.737/65 (Código Eleitoral) prevê figura típica criminal que pode ser praticada exclusivamente por membros do Ministério Público;

d) as penas privativas de liberdade cominadas aos crimes previstos na Lei 4.737/65 (Código Eleitoral) e na Lei 9.504/97 (Lei das Eleições), aparecem, em cada um dos diplomas legais, sob as formas de detenção e reclusão;

e) a divulgação de pesquisa pré-eleitoral sem o prévio registro perante a Justiça Eleitoral constitui infração eleitoral punível com multa, e a divulgação de pesquisa pré-eleitoral fraudulenta constitui crime punível com pena privativa de liberdade e multa.

COMENTÁRIOS

Alternativa correta: assertiva "b": INCORRETO. Não há qualquer restrição à aplicação dos institutos despenalizadores previstos na lei nº 9.099/95 aos crimes eleitorais.

Assertiva "a": CORRETO. Regra prevista no art. 281 do Código Eleitoral.

Assertiva "c": CORRETO. Exemplo disso é o artigo 342 do Código Eleitoral, o qual dispõe que:

> *Art. 324. Caluniar alguém, na propaganda eleitoral, ou visando fins de propaganda, imputando-lhe falsamente fato definido como crime:*
>
> *Pena – detenção de seis meses a dois anos e pagamento de 10 a 40 dias-multa.*
>
> *§ 1º Nas mesmas penas incorre quem, sabendo falsa a imputação, a propala ou divulga.*
>
> *§ 2º A prova da verdade do fato imputado exclui o crime, mas não é admitida:*
>
> *I. se, constituindo o fato imputado crime de ação privada, o ofendido, não foi condenado por sentença irrecorrível;*
>
> *II. se o fato é imputado ao Presidente da República ou chefe de governo estrangeiro;*
>
> *III. se do crime imputado, embora de ação pública, o ofendido foi absolvido por sentença irrecorrível.*

Assertiva "d": CORRETO. Existe previsão de penas de reclusão e de detenção para os diversos crimes eleitorais.

Assertiva "e": CORRETO. As pesquisas eleitorais se constituem, muitas vezes, em fator decisivo para os rumos de uma eleição, sendo necessária, por isso, a existência de normas eficazes para a sua disciplina. Neste contexto, o § 4º do art. 33 da Lei das Eleições prevê o tipo penal relativo à divulgação de pesquisa fraudulenta, que se consuma no momento em que é dado o conhecimento do seu conteúdo a terceiros. A divulgação de pesquisa sem prévio registro das informações obrigatórias na Justiça Eleitoral sujeita o responsável a multa, em valor definido em resolução específica do TSE, para cada eleição (o § 3º do artigo 33 da lei das Eleições fala em multa de cinqüenta mil a cem mil UFIR, unidade fiscal extinta pela lei nº 10.522/02).

15. (MPE-SC – Promotor de Justiça – SC/2013) De acordo com a Lei 6.091/1974, constitui crime eleitoral, sujeito à pena de reclusão de 2 (dois) a 4 (quatro) anos, o fornecimento, pelos candidatos, pelos órgãos partidários ou por qualquer pessoa, de transporte ou refeições aos eleitores da zona urbana.

COMENTÁRIOS

Alternativa FALSA. De acordo com o inciso III do artigo 11 da referida lei, a pena pela prática do citado crime é, abstratamente, de reclusão de 04 a 06 anos e pagamento de 200 a 300 dias-multa.

16. (MPE-SC – Promotor de Justiça – SC/2013) Sempre que o Código Eleitoral não indicar o grau mínimo, entende-se que será ele de quinze dias para a pena de detenção e de um ano para a de reclusão.

COMENTÁRIOS

Alternativa VERDADEIRA. Em muitos casos, não prevê o Código Eleitoral pena mínima para os crimes tipificados. Quando isto ocorre, deve ser considerada a pena mínima de 15 dias para a detenção e 01 ano para a reclusão, de acordo com o artigo 284 do referido estatuto.

17. (FCC – Promotor de Justiça – AP/2012) A respeito dos crimes eleitorais, considere as afirmações abaixo.

I. Constitui crime eleitoral oferecer dinheiro a eleitor para abster-se de votar, mesmo que a oferta não seja aceita.

II. O crime de injúria na propaganda eleitoral admite a exceção da verdade se o ofendido é funcionário público e a ofensa é relativa ao exercício de suas funções.

III. Constitui crime eleitoral fazer propaganda pela imprensa escrita em língua estrangeira.

IV. Constitui crime eleitoral, deixar o órgão do Ministério Público de promover a execução de sentença condenatória.

Está correto o que se afirma APENAS em

a) II.

b) I e II.

c) III e IV.

d) I, II e III.

e) I, III e IV.

COMENTÁRIOS

Alternativa correta. Assertiva "e". I, III e IV estão corretas.

Item I. CORRETO. Configuração do crime de corrupção eleitoral, previsto no artigo 299 do Código Eleitoral.

Item II. ERRADO. Não existe tal previsão no artigo 326 do Código Eleitoral, o qual dispõe sobre o crime de injúria na propaganda eleitoral.

Item III. CORRETO. Crime previsto no art. 335 do Código Eleitoral, apenado com detenção de 03 a 06 meses e pagamento de 30 a 60 dias-multa.

Item IV. CORRETO. Crime previsto no art. 342 do Código Eleitoral, apenado com detenção até dois meses ou pagamento de 60 a 90 dias-multa.

18. (Consulplan – Promotor de Justiça – MG/2012) Analise as seguintes assertivas em relação aos crimes eleitorais, previstos no Código Eleitoral, e assinale a alternativa CORRETA:

a) Os crimes eleitorais são de ação penal pública condicionada à representação do ofendido.

b) Os crimes eleitorais praticados por Governadores de Estado e do Distrito Federal são de competência do Tribunal Superior Eleitoral.

c) Os crimes eleitorais praticados por prefeitos municipais são processados e julgados pelo Tribunal Regional Federal.

d) Os crimes eleitorais praticados por juízes eleitorais são processados e julgados pelo Tribunal Regional Eleitoral.

COMENTÁRIOS

Alternativa correta. Assertiva "d". Nos TREs são processados e julgados originariamente os crimes eleitorais praticados por todas as pessoas com privilégio de foro nos tribunais de justiça estaduais, dentre os quais os juízes.

Assertiva "a". ERRADO. Os crimes eleitorais, de acordo com o art. 355 do Código Eleitoral, são de ação pública incondicionada. Qualquer cidadão que tiver conhecimento de infração penal deste Código deverá comunicá-la ao juiz eleitoral da zona onde a mesma se verificou, por escrito ou verbalmente.

Assertiva "b". ERRADO. A competência será do STJ. No Superior Tribunal de Justiça, por sua vez, são processadas e julgadas originariamente pela prática de crimes eleitorais as seguintes pessoas, elencadas no artigo 105, I, "a" da Constituição de 1988:

Pessoas julgadas originariamente pelo STJ pela prática de crimes eleitorais

(art. 105, I, "a" da CF/1988)

I. Governadores e vice-governadores de estados e do DF.

II. Membros dos tribunais de contas dos estados e do DF.

III. Membros dos tribunais regionais federais, tribunais regionais eleitorais e tribunais regionais do trabalho.

IV. Membros dos tribunais de contas dos municípios

V. Membros do Ministério Público da União que oficiem perante tribunais.

VI. Desembargadores dos tribunais de justiça estaduais.

Assertiva "c". ERRADO. Tais crimes serão julgados pelo Tribunal Regional Eleitoral. Nos TREs são processados e julgados originariamente os crimes eleitorais praticados por todas as pessoas com privilégio de foro nos tribunais de justiça estaduais, dentre os quais os prefeitos.

---

19. (MPE-MS – Promotor de Justiça – MS/2011) Analise as assertivas abaixo.

I. É cabível a ação penal privada subsidiária no âmbito da Justiça Eleitoral, por tratar-se de garantia constitucional, prevista na CF/88, art. 5°, LIX.

II. A denúncia nos crimes eleitorais deve ser oferecida no prazo de quinze dias, aplicando-se na hipótese o disposto no art. 46 do CPP.

III. Não apresentar o órgão do Ministério Público, no prazo legal, denúncia ou deixar de promover a execução de sentença condenatória, será punido com detenção até 02 meses ou pagamento de 60 a 90 dias – multa.

IV. No processo-crime eleitoral, o juiz, ao receber a denúncia, designará dia e hora para o depoimento pessoal do acusado, ordenando a citação deste a notificação do Ministério Público.

V. Discordando o juiz eleitoral do pedido de arquivamento formulado pelo Ministério Público Eleitoral, o inquérito deverá ser remetido ao Procurador-Geral de Justiça, que designará outro Promotor para oferecer denúncia, ou insistirá no arquivamento, ao qual só então estará o magistrado obrigado a atender (art. 357, § 1°, CE).

a) todos os itens estão corretos;

b) somente os itens I, III e IV estão incorretos;

c) somente os itens II, IV e V estão incorretos;

d) somente os itens I, III e IV estão corretos;

e) todos os itens estão incorretos.

COMENTÁRIOS

Alternativa correta. Assertiva "d". Somente os itens I, III e IV estão corretos.

Item I: CORRETO. Os crimes eleitorais são de ação penal pública incondicionada, fato que não afasta a possibilidade da ação penal privada subsidiária, conforme previsão constitucional.

Item II. ERRADO. Verificada a infração penal, o Ministério Público oferecerá a denúncia dentro do prazo de dez dias, ou requererá o arquivamento da comunicação. Se o órgão do Ministério Público requerer o arquivamento da comunicação, o juiz, no caso de considerar improcedentes as razões invocadas, fará remessa da comunicação ao procurador regional, e este oferecerá a denúncia, designará outro promotor para oferecê-la, ou insistirá no pedido de arquivamento, ao qual só então estará o juiz obrigado a atender. A denúncia conterá a exposição do fato criminoso com todas as suas circunstâncias, a qualificação do acusado ou esclarecimentos pelos quais se possa identificá-lo, a classificação do crime e, quando necessário, o rol das testemunhas. Se o órgão do Ministério Público não oferecer a denúncia no prazo legal, representará contra ele a autoridade judiciária, sem prejuízo da apuração da responsabilidade penal. Além disso, deverá o juiz solicitar ao procurador regional a designação de outro promotor, que, no mesmo prazo, oferecerá a denúncia.

Item III. CORRETO. Crime previsto no artigo 342 do Código Eleitoral.

Item IV. CORRETO. Recebida a denúncia, o juiz designará dia e hora para o depoimento pessoal do acusado, ordenando a citação deste e a notificação do Ministério Público. O réu ou seu defensor terá o prazo de dez dias para oferecer alegações escritas e arrolar testemunhas. Ouvidas as testemunhas da acusação e da defesa e praticadas as diligências requeridas pelo Ministério Público e deferidas ou ordenadas pelo juiz, abrir-se-á o prazo de cinco dias a cada uma das partes – acusação e defesa – para alegações finais. Decorrido esse prazo, e conclusos os autos ao juiz dentro de quarenta e oito horas, terá o mesmo dez dias para proferir a sentença.

Item V. ERRADO. Se o órgão do Ministério Público não oferecer a denúncia no prazo legal, representará contra ele a autoridade judiciária, sem prejuízo da apuração da responsabilidade penal. Além disso, deverá o juiz solicitar ao procurador regional a designação de outro promotor, que, no mesmo prazo, oferecerá a denúncia.

---

20. (MPE-GO – Promotor de Justiça – GO/2012) Acerca dos crimes eleitorais e do processo penal eleitoral, assinale as assertivas abaixo:

I. Aquele que recebe, para si, dinheiro, para dar voto, pratica o crime de corrupção eleitoral, ainda que seja pessoa inapta a votar.

II – Promessas genéricas de 'palanque' não configuram o crime de corrupção eleitoral, por falta de dolo específico; para a tipificação da conduta, as promessas/ofertas devem ser diretas, concretas, objetivas, individualizadas e determinadas, com a intenção da troca do voto.

III – Tem-se como salvo conduto eleitoral a vedação estabelecida pelo Código Eleitoral de, desde 05 (cinco) dias antes e até 48 (quarenta e oito) horas depois do encerramento da eleição, de se prender ou deter qualquer eleitor, salvo em flagrante delito ou em virtude de sentença criminal condenatória por crime inafiançável, ou, ainda, por desrespeito a salvo – conduto.

IV – Os crimes eleitorais se processam mediante ação penal pública incondicionada, mesmo tratando de crimes contra a honra.

a) Apenas as alternativas III e IV estão corretas.

b) Todas as alternativas estão corretas.

c) As alternativas I e II estão incorretas.

d) Apenas a alternativa I está incorreta.

COMENTÁRIOS

Alternativa correta. Assertiva "d". Apenas a afirmativa I está incorreta

Item I: INCORRETO. Há crime impossível, neste caso, uma vez que a consumação da venda do voto é inviável.

Item II. CORRETO. Esta regra está expressa na tipificação da captação ilícita de sufrágio, prevista no art. 41-A da Lei das Eleições, a qual não configura como compra de voto a divulgação de promessas genéricas.

Item III. CORRETO. Regra expressamente prevista como garantia eleitoral no artigo 236 do Código Eleitoral, o qual estabelece que "Nenhuma autoridade poderá, desde 5 (cinco) dias antes e até 48 (quarenta e oito) horas depois do encerramento da eleição, prender ou deter qualquer eleitor, salvo em flagrante delito ou em virtude de sentença criminal condenatória por crime inafiançável, ou, ainda, por desrespeito a salvo-conduto".

Item IV. CORRETO. Os crimes eleitorais, de acordo com o art. 355 do Código Eleitoral, são de ação pública. Qualquer cidadão que tiver conhecimento de infração penal deste Código deverá comunicá-la ao juiz eleitoral da zona onde a mesma se verificou, por escrito ou verbalmente.

2. QUESTÕES DE CONCURSOS PARA O MINISTÉRIO PÚBLICO FEDERAL (PROCURADOR DA REPÚBLICA)

21. (MPF – Procurador da República/2011) Assinale a alternativa correta:

a) verificada a conexão entre crime comum e crime eleitoral, a competência para processar e julgar ambos os delitos é da Justiça Comum;

b) os crimes previstos no Código Eleitoral admitem, em regra, tanto a forma dolosa quanto a culposa;

c) como a legislação eleitoral não prevê delitos específicos contra a honra, os crimes de calúnia, difamação, e injúria praticados na propaganda eleitoral devem ser denunciados com base nos tipos e penas respectivamente previstos no Código Penal para aquelas condutas (artigos 138, 139 e 140 do Código Penal), agindo nesse caso o Ministério Público mediante representação do ofendido e sendo competente a Justiça Comum;

d) os crimes eleitorais são de ação penal pública incondicionada.

COMENTÁRIOS

Alternativa correta: assertiva "d" – Os crimes eleitorais, de acordo com o art. 355 do Código Eleitoral, são de ação pública. Qualquer cidadão que tiver conhecimento de infração penal deste Código deverá comunicá-la ao juiz eleitoral da zona onde a mesma se verificou, por escrito ou verbalmente.

Assertiva "a" – Incorreto. A regra fundamental relativa à competência para o processamento de crimes conexos ou em continência com crimes eleitorais é a da "competência eleitoral prevalente", segundo a qual a Justiça Eleitoral atrai para a sua competência o crime eleitoral e o não eleitoral.

Assertiva "b" – Incorreto. O Código Eleitoral brasileiro não prevê sanções penais a título de culpa, resumindo-se a estabelecer tipos penais puníveis na modalidade dolosa.

Assertiva "c" – Incorreto. Os crimes de calúnia, difamação e injúria, no âmbito eleitoral estão previstos no Código Eleitoral brasileiro nos artigos 324, 325 e 326, respectivamente.

22. (MPF – Procurador da República/2013) Em relação aos crimes eleitorais, jurisdição, competência e ação penal eleitoral:

I. Tendo em vista que os tipos penais dos crimes eleitorais, previstos no Código Eleitoral, não estabelecem o grau mínimo, cabe ao Juiz Eleitoral fixar, de forma livre, a pena mínima, respeitado o grau máximo, de acordo com os critérios previstos no Código Penal; por exemplo, "Art. 289. Inscrever-se fraudulentamente eleitor: Pena – reclusão até 5 (cinco) anos e pagamento de 5 (cinco) a 15 (quinze) dias-multa".

II – Compete ao STF processar e julgar originariamente o crime eleitoral praticado por Deputado Federal; compete ao TRE processar e julgar originariamente o crime eleitoral praticado por Procurador da República.

III – Por se tratar de exercício de direitos políticos, todo o cidadão que tiver conhecimento de crime eleitoral tem legitimidade concorrente com o Ministério Público Eleitoral e deverá oferecer denúncia, para dar início à ação penal eleitoral, ao Juiz Eleitoral da Zona Eleitoral onde o mesmo se verificou, dentro do prazo de 10 dias, sendo que a denúncia conterá a exposição do fato criminoso com todas as suas circunstâncias, a qualificação do acusado ou esclarecimentos pelos quais se possa identificá-los, a classificação do crime e, quando, necessário, o rol de testemunhas; recebida a denúncia, oferecida pelo cidadão, o juiz designará dia e hora para o depoimento pessoal do acusado, ordenando a citação deste e a notificação do Ministério Público Eleitoral para acompanhar a ação penal na condição de fiscal da lei.

IV – Das decisões finais de condenação ou absolvição, proferidas pelo Juiz Eleitoral, cabe recurso para o Tribunal Regional Eleitoral, a ser interposto no prazo de 10 dias.

Estão corretas as assertivas:

a) I, II e III.

b) II e IV.

c) II, III e IV.

d) I e IV.

COMENTÁRIOS

Alternativa correta: assertiva "b" – apenas II e IV estão corretas.

Alternativa I: ERRADO. De acordo com o art. 284 do Código Eleitoral, quando não houver previsão da pena mínima para um crime tipificado, deve ser considerada a pena mínima de 15 dias de detenção e 01 ano de reclusão.

Alternativa II. CERTO. Membros do Congresso Nacional deverão ser julgados pelo STF, quando praticarem crimes eleitorais, conforme previsão do art. 102 da CF. Pessoas com privilégio de foro nos TRFs deverão, por sua vez, ser julgadas pelos TREs, quando praticarem crimes eleitorais.

Alternativa III. ERRADO. Apenas o MPE pode oferecer denúncia por crime eleitoral.

Alternativa IV. CERTO. Das decisões finais de absolvição ou condenação por crime eleitoral, caberá recurso ao TRE, a ser interposto no prazo de 10 dias.

23. (MPF – Procurador da República/2015) Professor que concorreu a Vereador no ano de 2012, no mês de maio da eleição, realiza reunião com seus alunos do último ano do ensino médio e lhes promete financiar a formatura, desde que lhe dêem o voto. A conduta do professor caracteriza:

a) ( ) Crime de corrupção eleitoral e captação ilícita de sufrágio;

b) ( ) Captação ilícita de sufrágio, sem prejuízo de configurar abuso de poder econômico;

c) ( ) Crime de corrupção eleitoral;

d) ( ) Captação ilícita de sufrágio.

COMENTÁRIOS

Alternativa correta: assertiva "c"(responde as demais): esta questão é uma verdadeira "pegadinha" de concurso, uma vez que a conduta referida caracteriza, a princípio, tanto a captação ilícita de sufrágio, consistente na tentativa de compra de voto, como também o crime de corrupção eleitoral, previsto no art. 299 do Código Eleitoral. Ocorre que a captação ilícita de sufrágio, prevista no art. 41-A da Lei nº. 9.504/97, somente ocorre, conforme a lei, após a formulação do pedido de registro de candidatura, que ocorre em agosto, conforme previsão da Lei nº. 13.165/15. Assim, não há de se falar em captação ilícita de sufrágio se o fato ocorreu no mês de maio, anterior, portanto, ao período eleitoral.

3. QUESTÕES DE CONCURSOS PARA A DEFENSORIA PÚBLICA DA UNIÃO

24. (Cespe – Defensor Público - DPU/ 2015)

Considere a seguinte situação hipotética:

24.1. Nas vésperas de certa eleição, foram divulgadas informações pela imprensa, pelo rádio e pela televisão, na propaganda eleitoral, acerca de fatos inverídicos, porém de natureza favorável ao candidato Marivaldo, capazes de exercerem influência positiva na avaliação dele perante o eleitorado, mas que não ofenderam, denegriram ou distorceram a imagem de adversários políticos de Marivaldo.

Nessa situação hipotética, o fato foi penalmente atípico, ainda que enganosa a propaganda, pois esta não ofendeu, denegriu ou distorceu a imagem de adversários políticos de Marivaldo; além disso, para a caracterização de delito, seria obrigatória a demonstração concreta de danos causados pela referida divulgação de informações.

COMENTÁRIOS

Resposta: ERRADO. A conduta está tipificada no artigo 323 do Código Eleitoral, "divulgar, na propaganda, fatos que sabe inverídicos, em relação a partidos ou candidatos e capazes de exercerem influência perante o eleitorado". A pena, para o autor deste crime, é de detenção de dois meses a um ano ou pagamento de 120 a 150 dias-multa.

25. (Cespe – Defensor Público - DPU/ 2015) Julgue os itens subsequentes, acerca do processo penal eleitoral.

25.1. O interrogatório do réu, ainda que não contemplado de forma expressa no rito estabelecido no processo penal eleitoral, deve ser realizado ao final da instrução, consoante orientação firmada pelo STF.

COMENTÁRIOS

Resposta: CERTO. No processo penal eleitoral, aplica-se, de forma supletiva o Código de Processo Penal, o qual estabelece, no seu artigo 400, que o interrogatório do réu deve ser o último ato praticado na instrução processual.

25.2. Admite-se a absolvição sumária no processo penal eleitoral, ainda que esta não se encontre prevista de forma expressa no aludido procedimento, conforme inteligência do STF.

COMENTÁRIOS

Resposta: CERTO. No processo penal eleitoral, aplica-se, de forma supletiva o Código de Processo Penal, o qual estabelece, no seu artigo 415, a possibilidade de absolvição sumária do réu, quando provada a inexistência do fato; provado não ser ele autor ou partícipe do fato; o fato não constituir infração penal; (Redação dada pela Lei nº 11.689, de 2008); ou demonstrada causa de isenção de pena ou de exclusão do crime.

26. (Cespe – Defensor Público - DPU/ 2015) Julgue os seguintes itens, relativos à competência em matéria criminal eleitoral.

26.1. A competência da justiça eleitoral em matéria criminal segue a simetria constitucional para os agentes que possuam foro por prerrogativa da função, não alcançando os crimes políticos.

COMENTÁRIOS

Resposta: CERTO. A prerrogativa de função também é observada no processo penal eleitoral. Os crimes políticos, assim definidos por lei federal, contudo, são da competência da Justiça Federal, conforme previsão constitucional.

26.2. Se houver a prática de crimes comuns conexos com delitos de natureza eleitoral, terá de haver necessária separação de processos, de acordo com preceito expresso do Código Eleitoral, não se aplicando a regra geral do CPP, por se tratar de norma subsidiária ou supletiva.

COMENTÁRIOS

Resposta. ERRADO. Aplica-se a regra do CPP, neste caso, atraindo a competência da Justiça Eleitoral, salvo quando se tratar de réu com prerrogativa de foro no STJ ou STF, hipótese em que a competência será atraída para o foro privilegiado.

27. (CESPE – Defensor Público – DPU/ 2007) A corrupção eleitoral é considerada um dos males dos processos eleitorais. O Código Eleitoral tipifica, no art. 299, esse delito. O Tribunal Superior Eleitoral e o STF têm consolidada jurisprudência a esse respeito. Quanto ao crime de corrupção eleitoral, julgue o item abaixo.

1) Trata-se de crime formal que independe de consumação.

COMENTÁRIOS

Resposta: CORRETO. O artigo 299 do Código Eleitoral caracteriza o crime de corrupção eleitoral, nas suas modalidades ativa e passiva. Segundo o referido dispositivo legal, é crime "dar, oferecer, prometer, solicitar ou receber, para si ou para outrem, dinheiro, dádiva ou qualquer vantagem, para obter ou dar voto e para conseguir ou prometer abstenção, ainda que a oferta não seja aceita". Basta, portanto, que seja praticado ato de dar, oferecer, prometer, solicitar ou receber a vantagem para que o crime seja consumado, tratando-se, portanto, de crime formal.

28. (CESPE – Defensor Público – DPU/ 2007) Aplica-se aos crimes eleitorais a disciplina da Lei n.° 9.099/1995, quando cabível.

COMENTÁRIOS

Resposta: CORRETO. A lei 9.099/95 trata do processo penal aplicável aos crimes de menor potencial ofensivo, sendo aplicado também aos crimes eleitorais que assim se caracterizarem.

29. (CESPE – Defensor Público – DPU/ 2010) No que se refere aos crimes eleitorais e ao processo penal eleitoral, julgue os itens que se seguem.

29.1. Aquele que desenvolve ou introduz comando, instrução ou programa de computador capaz de provocar qualquer resultado diverso do esperado em sistema de tratamento automático de dados usados pelo serviço eleitoral e aquele que venha a causar, propositadamente, dano físico a equipamento usado na votação ou na totalização de votos ou a suas partes estão sujeitos à mesma pena, isto é, à reclusão de 5 a 10 anos.

COMENTÁRIOS

Resposta: CORRETO. As referidas condutas são tipificadas como crimes pelo artigo 72 da Lei das Eleições (Lei nº 9.504/97), que assim dispõe: "constituem crimes, puníveis com reclusão, de cinco a dez anos: I – obter acesso a sistema de tratamento automático de dados usado pelo serviço eleitoral, a fim de alterar a apuração ou a contagem de votos; II – desenvolver ou introduzir comando, instrução, ou programa de computador capaz de destruir, apagar, eliminar, alterar, gravar ou transmitir dado, instrução ou programa ou provocar qualquer outro resultado diverso do esperado em sistema de tratamento automático de dados usados pelo serviço eleitoral; III – causar, propositadamente, dano físico ao equipamento usado na votação ou na totalização de votos ou a suas partes".

29.2. No caso de crime eleitoral, havendo competência para julgamento do delito por parte da Justiça Eleitoral, haverá também competência desta para executar a decisão condenatória, ainda que o condenado seja recolhido a estabelecimento sujeito à administração estadual.

COMENTÁRIOS

Resposta: ERRADO. A competência da Justiça Eleitoral no âmbito do processo penal restringe-se ao processamento e julgamento dos crimes eleitorais, não abrangendo a execução da pena.

4. QUESTÕES DE CONCURSOS PARA ANALISTA JUDICIÁRIO – ÁREA JUDICIÁRIA DOS TRIBUNAIS REGIONAIS ELEITORAIS

30. (Consulplan – Analista Judiciário – Área Judiciária – TSE/2012) Na Convenção do partido político "X", o Deputado Justo Veríssimo, infeliz por seu assessor parlamentar não ter sido escolhido como principal candidato a vereador para as próximas eleições, imbuído com o dolo de causar desordem aos trabalhos eleitorais que estavam sendo realizados, começa a gritar e tumultuar a votação partidária, causando efetivo transtorno ao desenvolvimento das atividades ali realizadas. Nessa hipótese, é correto afirmar que o Deputado Justo Veríssimo

a) cometeu o crime de impedir ou embaraçar o exercício do sufrágio, previsto no artigo 297 do Código Eleitoral.

b) cometeu o delito previsto no artigo 296 do Código Eleitoral, que prevê a conduta de promoção de desordem nos trabalhos eleitorais.

c) cometeu o crime descrito no artigo 301 do Código Eleitoral, pois usou de violência ou grave ameaça para coagir alguém a votar, ou não votar, em determinado candidato ou partido, ainda que os fins visados não sejam conseguidos.

d) não cometeu crime eleitoral.

COMENTÁRIOS

✪ **Nota do autor:** Os crimes eleitorais estão previstos no Código Eleitoral (arts. 289 a 354), na LC 64/90 (art. 25), bem como na Lei nº. 6.091/74 (art. 11) e na Lei nº. 9.504/97 (Lei das Eleições), podendo ser divididos, segundo lição de Suzana de Camargo Gomes (Crimes Eleitorais, 3. ed., 2008) em oito grandes grupos, a saber: os crimes eleitorais concernentes à formação do corpo eleitoral; os crimes relativos à formação e funcionamento dos partidos políticos; os crimes em matéria de inelegibilidade; os crimes eleitorais concernentes à propaganda eleitoral; os crimes relativos à votação; os crimes eleitorais pertinentes à garantia do resultado legítimo das eleições; os crimes concernentes à organização e funcionamento dos serviços eleitorais e os crimes contra a fé pública eleitoral.

É o Código Eleitoral, nos seus artigos 283 a 288, no entanto, que estabelece as disposições preliminares aplicáveis de forma geral aos crimes eleitorais. Assim, prevê o artigo 283 do CE, para efeitos penais, são considerados membros e funcionários da Justiça Eleitoral os magistrados a serviço da Justiça Eleitoral; cidadãos que integrem temporariamente órgãos da Justiça Eleitoral (a exemplo dos membros das juntas eleitorais) ou que tenham sido nomeados para atuar em mesas receptoras ou apuradoras de votos; e os funcionários públicos requisitados pela Justiça Eleitoral, além, evidentemente, dos servidores do quadro efetivo, juízes e membros dos tribunais eleitorais. Vale destacar ainda, quanto a esta questão, disposição geral do Código Penal, refletida nos §§ 1º e 2º do art. 283 do Código Eleitoral, segundo a qual se equipara a servidores públicos, para efeitos penais, quem, embora transitoriamente ou sem remuneração, exerce cargo, emprego ou função pública, além de quem exerce cargo, emprego ou função em entidade paraestatal ou em sociedade de economia mista.

Atenção!!!

O Código Eleitoral brasileiro não prevê sanções penais a título de culpa, resumindo-se a estabelecer tipos penais puníveis na modalidade dolosa.

Em muitos casos, não prevê o Código Eleitoral pena mínima para os crimes tipificados.

Quando isto ocorre, deve ser considerada a pena mínima de 15 dias para a detenção e 01 ano para a reclusão, de acordo com o artigo 284 do referido estatuto.

Ainda em relação às disposições penais preliminares elencadas no Código Eleitoral, estabelece o art. 285 que quando a lei determinar a agravação ou atenuação da pena sem mencionar o "quantum", deverá o juiz fixá-lo entre um quinto e um terço, guardados os limites da pena cominada ao crime.

O artigo 286, por sua vez, dispõe que as penas de multa em dinheiro deverão ter como base, na sua aplicação, o conceito de dia-multa. O montante de dias-multa imputáveis ao réu (no mínimo de um e no máximo de trezentos) deverá ser fixado segundo o prudente arbítrio do juiz, devendo este ter em conta as condições pessoais e econômicas do condenado, não podendo ser inferior ao salário-mínimo diário da região, nem superior ao valor de um salário-mínimo mensal. O § 2º do citado artigo 286, entretanto, estabelece que a multa poderá ser aumentada até o triplo, considerada, pelo juiz, a situação econômica do condenado e a necessidade de combate à ineficácia da pena.

Alternativa correta: assertiva "d". Os crimes eleitorais relacionados à votação são aqueles que ocorrem durante as eleições. No caso concreto destacado, não estavam ocorrendo eleições, mas sim uma convenção partidária. (Responde as demais)

---

31. (IBFC – Analista Judiciário – Área Judiciária – TRE – PA/2020) A Lei nº 13.834/2019 introduziu no Código Eleitoral nova modalidade de crime, previsto no artigo 326-A. Leia abaixo o inteiro teor do referido dispositivo legal:

"Art. 326-A. Dar causa à instauração de investigação policial, de processo judicial, de investigação administrativa, de _____, atribuindo a alguém a prática de _____ de que o sabe inocente, com finalidade eleitoral:

Pena - _____, de _____, e multa.

§1° A pena é _____, se o agente se serve do anonimato ou de nome suposto.

§2° A pena é _____, se a imputação é _____.

§3° Incorrerá nas mesmas penas deste artigo quem, comprovadamente ciente da inocência do denunciado e com finalidade eleitoral, divulga ou propala, por qualquer meio ou forma, o ato ou fato que lhe foi falsamente atribuído."

Assinale a alternativa que preencha correta e respectivamente as lacunas.

a) inquérito civil ou ação de improbidade administrativa / crime ou ato infracional / detenção / 06 (seis) meses a um ano / aumentada de um sexto a dois terços / diminuída de um sexto / culposa

b) inquérito policial ou civil / crime / detenção / 06 (seis) meses a um ano / aumentada de um sexto a dois terços / atenuada / culposa

c) inquérito policial ou civil / crime / reclusão / 2 (dois) a 4 (quatro) anos / aumentada de dois terços / atenuada / de prática de contravenção

d) inquérito civil ou ação de improbidade administrativa / crime ou ato infracional / reclusão / 2 (dois) a 8 (oito) anos / aumentada de sexta parte / diminuída de metade / de prática de contravenção

COMENTÁRIOS

✪ **Nota do autor**: Eis a redação do artigo 326-A do Código Eleitoral:

> **Art. 326-A.** *Dar causa à instauração de investigação policial, de processo judicial, de investigação administrativa, de inquérito civil ou ação de improbidade administrativa, atribuindo a alguém a prática de crime ou ato infracional de que o sabe inocente, com finalidade eleitoral:*
>
> **Pena** – *reclusão, de 2 (dois) a 8 (oito) anos, e multa.*
>
> **§ 1º** *A pena é aumentada de sexta parte, se o agente se serve do anonimato ou de nome suposto.*
>
> **§ 2º** *A pena é diminuída de metade, se a imputação é de prática de contravenção.*
>
> **§ 3º** *Incorrerá nas mesmas penas deste artigo quem, comprovadamente ciente da inocência do denunciado e com finalidade eleitoral, divulga ou propala, por qualquer meio ou forma, o ato ou o fato que lhe foi falsamente atribuído.*

Alternativa correta: alternativa "d". Responde às demais.

---

32. (FCC – Analista Judiciário – Área Judiciária – TRE-PR/2012) A respeito dos crimes eleitorais, considere:

I. Abandonar o serviço eleitoral, mesmo por justa causa.

II. Oferecer dinheiro para conseguir abstenção, ainda que a oferta não seja aceita.

III. Usar de grave ameaça para coagir alguém a votar em determinado partido, ainda que os fins visados não sejam conseguidos.

IV. Intervir o Juiz Eleitoral no funcionamento da Mesa Receptora.

Constituem crimes eleitorais as condutas descritas APENAS em

a) I e IV.

b) II e III.

c) II e IV.

d) III e IV.

e) I, II e III.

COMENTÁRIOS

✪ **Nota do autor:** Os crimes eleitorais estão previstos no Código Eleitoral (arts. 289 a 354), na LC 64/90 (art. 25), bem como na Lei nº 6.091/74 (art. 11) e na Lei nº 9.504/97 (Lei das Eleições), podendo ser divididos em oito grandes grupos, a saber: os crimes eleitorais concernentes à formação do corpo eleitoral; os crimes relativos à formação e funcionamento dos partidos políticos; os crimes em matéria de inelegibilidade; os crimes eleitorais concernentes à propaganda eleitoral; os crimes relativos à votação; os crimes eleitorais pertinentes à garantia do resultado legítimo das eleições; os crimes concernentes à organização e funcionamento dos serviços eleitorais e os crimes contra a fé pública eleitoral. É o Código Eleitoral, nos seus artigos 283 a 288, no entanto, que estabelece as disposições preliminares aplicáveis de forma geral aos crimes eleitorais. Assim, prevê o artigo 283 do CE, para efeitos penais, são considerados membros e funcionários da Justiça Eleitoral os magistrados a serviço da Justiça Eleitoral; cidadãos que integrem temporariamente órgãos da Justiça Eleitoral (a exemplo dos membros das juntas eleitorais) ou que tenham sido nomeados para atuar em mesas receptoras ou apuradoras de votos; e os funcionários públicos requisitados pela Justiça Eleitoral, além, evidentemente, dos servidores do quadro efetivo, juízes e membros dos tribunais eleitorais. Vale destacar ainda, quanto a esta questão, disposição geral do Código Penal, refletida nos §§ 1º e 2º do art. 283 do Código Eleitoral, segundo a qual se equipara a servidores públicos, para efeitos penais, quem, embora transitoriamente ou sem remuneração, exerce cargo, emprego ou função pública, além de quem exerce cargo, emprego ou função em entidade paraestatal ou em sociedade de economia mista. O Código Eleitoral brasileiro não prevê sanções penais a título de culpa, resumindo-se a estabelecer tipos penais puníveis na modalidade dolosa. Em muitos casos, não prevê o Código Eleitoral pena mínima para os crimes tipificados. Quando isto ocorre, deve ser considerada a pena mínima de 15 dias para a detenção e 01 ano para a reclusão, de acordo com o artigo 284 do referido estatuto. Ainda em relação às disposições penais preliminares elencadas no Código Eleitoral, estabelece o art. 285 que quando a lei determinar a agravação ou atenuação da pena sem mencionar o "quantum", deverá o juiz fixá-lo entre um quinto e um terço, guardados os limites da pena cominada ao crime. O artigo 286, por sua vez, dispõe que as penas de multa em dinheiro deverão ter como base, na sua aplicação, o conceito de dia-multa. O montante de dias-multa imputáveis ao réu (no mínimo de um e no máximo de trezentos) deverá ser fixado segundo o prudente arbítrio do juiz, devendo este ter em conta as condições pessoais e econômicas do condenado, não podendo ser inferior ao salário-mínimo diário da região, nem superior ao valor de um salário-mínimo mensal. O § 2º do citado artigo 286, entretanto, estabelece que a multa poderá ser aumentada até o triplo, considerada, pelo juiz, a situação econômica do condenado e a necessidade de combate à ineficácia da pena.

Alternativa correta: letra "b". Apenas as condutas II e III constituem crimes eleitorais.

Conduta I. Não é crime eleitoral abandonar os serviços eleitorais com justa causa. P crime seria verificado no abandono deliberado, sem motivo, de acordo com o art. 344 do Código Eleitoral (pena de detenção até dois meses ou pagamento de 90 a 120 dias-multa).

Conduta II. Crime previsto no art. 299 do Código Eleitoral (pena de reclusão até 04 anos e pagamento de 05 a 15 dias-multa).

Conduta III. Crime previsto no art. 301 do Código Eleitoral (pena de reclusão até 04 anos e pagamento de 05 a 15 dias-multa).

Conduta IV. Tal conduta não constitui crime. Dispõe o art. 305 do Código Eleitoral, por sua vez, que é crime "intervir autoridade estranha à mesa receptora, salvo o juiz eleitoral, no seu funcionamento sob qualquer pretexto" (pena de detenção até seis meses e pagamento de 60 a 90 dias-multa).

---

33. (FCC – Analista Judiciário /TRE-AP / 2011) NÃO é crime eleitoral

a) impedir ou embaraçar o exercício do sufrágio.

b) prender eleitor em flagrante delito no dia da eleição.

c) reter título eleitoral contra a vontade do eleitor.

d) fazer propaganda, qualquer que seja a sua forma, em língua estrangeira.

e) inutilizar, alterar ou perturbar meio de propaganda devidamente empregado.

COMENTÁRIOS

Alternativa correta: letra "b". Dentre as garantias eleitorais está a de que nenhum eleitor pode ser preso desde 5 dias antes até 48hs depois do encerramento da eleição, salvo justamente a hipótese de flagrante delito, ou em virtude de sentença criminal condenatória por crime inafiançável, ou, ainda, por desrespeito a salvo-conduto conforme o art. 236 do código eleitoral.

Alternativa "a". Errado. Impedir ou embaraçar o exercício do sufrágio é crime, tipificado no art. 297 do código eleitoral.

Alternativa "c". Errado. A conduta descrita é crime, tipificado no art. 295 do código eleitoral.

Alternativa "d". Errado. A conduta descrita constitui crime, tipificado no art. 335 do código eleitoral.

Alternativa "e". Errado. Tal conduta constitui crime tipificado no art. 331 do código eleitoral.

34. (FCC – Analista Judiciário /TRE-RN / 2011) No intuito de se alistar em domicílio diverso do verdadeiro, o eleitor alterou documento particular verdadeiro e o apresentou à Justiça Eleitoral. Considerando que tal fato seja descoberto posteriormente, sem que tenha ocorrido um dano efetivo ao processo eleitoral, em qualquer uma de suas fases, é correto dizer que

a) não há fato típico eleitoral, uma vez que o crime previsto no artigo 349 do código eleitoral (falsidade material eleitoral) só se consuma caso ocorra efetivo dano ao processo eleitoral.

b) está configurado o tipo previsto no artigo 349 do código eleitoral (falsidade material eleitoral), uma vez que todos seus elementos, quais sejam alteração da verdade sobre fato juridicamente relevante, potencialidade de dano, finalidade eleitoral e dolo estão presentes.

c) não há fato típico eleitoral, uma vez que somente se configura o crime previsto no artigo 349 do código eleitoral (falsidade material eleitoral) quando reste constatada a finalidade eleitoral, a qual não se configura com a tentativa de fraude no ato de alistamento.

d) está configurado o tipo previsto no artigo 349 do código eleitoral (falsidade material eleitoral), uma vez que todos seus elementos, quais sejam alteração da verdade sobre fato juridicamente relevante, imitação da verdade, potencialidade de dano e dolo estão presentes, não sendo a finalidade eleitoral elemento do tipo, mas mera circunstância.

e) não há fato típico eleitoral, uma vez que somente se configura o crime previsto no artigo 349 do código eleitoral (falsidade material eleitoral) quando o agente for candidato concorrente no pleito eleitoral, não se aplicando ao eleitor.

COMENTÁRIOS

Alternativa correta: letra "b" (responde as demais alternativas). Há fato típico eleitoral, descrito no art. 349 do Código Eleitoral, sendo a finalidade eleitoral fundamental para a configuração do delito.

+ DICAS

- O TSE, julgando o processo nº 15.584-Manaus (DJU, 30.06.2000, p. 159) ratificou entendimento pacífico daquela corte no sentido de que "a competência para processar e julgar, originariamente, os feitos relativos a crimes eleitorais praticados por governador de estado é do Superior Tribunal de Justiça". Em 1991, quando do julgamento do conflito de competência nº 6971-DF, o STF já havia decidido, por unanimidade, que os crimes eleitorais devem ser considerados crimes comuns, em contraposição aos crimes de responsabilidade, fazendo com que a competência para o processamento e julgamento de crimes eleitorais praticados por governadores de estado seja atraída para o STJ (STF, Tribunal Pleno, CJ nº 6971 – DF, Rel. Min. Paulo Brossard, j. em 30.10.1991, DJ 21.02.1992, p. 01693).
- No Supremo Tribunal Federal, são processadas e julgadas originariamente, pela prática de crimes eleitorais, as seguintes pessoas, enumeradas pelo art. 102, I, "b" e "c" da Constituição Federal de 1988:

Pessoas julgadas originariamente pelo STF pela prática de crimes eleitorais (art. 102, I, "b" e "c" da CF/1988)
I – Presidente e vice-presidente da república.
II – Membros do Congresso Nacional.
III – Ministros de Estado.
IV – Procurador-Geral da República.
V – Comandantes da Marina, Exército e Aeronáutica.
VI – Membros dos tribunais superiores.
VII – Membros do Tribunal de Contas da União.
VIII – Chefes de missão diplomática de caráter permanente.

- No Superior Tribunal de Justiça, por sua vez, são processadas e julgadas originariamente pela prática de crimes eleitorais as seguintes pessoas, elencadas no artigo 105, I, "a" da Constituição de 1988:

Pessoas julgadas originariamente pelo STJ pela prática de crimes eleitorais (art. 105, I, "a" da CF/1988)
I – Governadores e vice-governadores de estados e do DF.
II – Membros dos tribunais de contas dos estados e do DF.
III – Membros dos tribunais regionais federais, tribunais regionais eleitorais e tribunais regionais do trabalho.
IV – Membros dos tribunais de contas dos municípios
V – Membros do Ministério Público da União que oficiem perante tribunais.
VI – Desembargadores dos tribunais de justiça estaduais.

- Nos tribunais regionais eleitorais, por sua vez, são processados e julgados originariamente os crimes eleitorais praticados por todas as pessoas com privilégio de foro nos tribunais de justiça estaduais, conforme previsão específica de cada Constituição Estadual ou da Lei Orgânica do Distrito Federal. Além disso, prefeitos municipais, promotores de justiça e deputados estaduais deverão ser julgados originariamente pelos TREs, pela prática de crimes eleitorais.
- A competência para o processamento e julgamento originário pela prática de crimes eleitorais praticados por pessoas sem privilégio de foro é dos juízes eleitorais. Inclui-se nesta competência o processamento e julgamento de crimes eleitorais praticados por vereadores e vice-prefeitos.

- É importante destacar que o STF, jugando a ação penal 937, em 03 de maio de 2018, determinou novos parâmetros para a concessão ou não do chamado "foro privilegiado", entendimento também aplicável aos crimes eleitorais.
- O Tribunal, por maioria e nos termos do voto do Relator, resolveu questão de ordem no sentido de fixar as seguintes teses: "(i) O foro por prerrogativa de função aplica-se apenas aos crimes cometidos durante o exercício do cargo e relacionados às funções desempenhadas; e (ii) Após o final da instrução processual, com a publicação do despacho de intimação para apresentação de alegações finais, a competência para processar e julgar ações penais não será mais afetada em razão de o agente público vir a ocupar outro cargo ou deixar o cargo que ocupava, qualquer que seja o motivo", com o entendimento de que esta nova linha interpretativa deve se aplicar imediatamente aos processos em curso, com a ressalva de todos os atos praticados e decisões proferidas pelo STF e pelos demais juízos com base na jurisprudência anterior.
- Resumidamente, foi fixada a competência do STF para processar e julgar os membros do Congresso Nacional exclusivamente quanto aos crimes praticados após a diplomação, independentemente de sua relação ou não com a função pública em questão. Também foi fixada a competência por prerrogativa de foro, prevista na CF, quanto aos demais cargos exclusivamente quanto aos crimes praticados após a diplomação ou a nomeação, quando for o caso, independentemente de sua relação ou não com a função pública em questão.
- Foram ainda consideradas inaplicáveis as regras constitucionais de prerrogativa de foro quanto aos crimes praticados anteriormente à diplomação ou nomeação, conforme o caso, hipótese em que os processos deverão ser remetidos ao juízo de 1ª instância competente, independentemente da fase em que se encontre.
- Por fim, foi reconhecida a inconstitucionalidade de todas as normas previstas em constituições estaduais, bem como na lei orgânica do DF, que contemplem hipóteses de prerrogativa de foro não previstas expressamente na CF, vedada a invocação de simetria. Nestes casos, os processos deverão ser remetidos ao juízo de 1ª instância competente, independentemente da fase em que se encontram

- Em 14 de março de 2019, julgando agravo regimental no âmbito do inquérito 4435, o Plenário do Supremo Tribunal Federal, tendo como relator o Ministro Marco Aurélio, confirmou jurisprudência no sentido da competência da Justiça Eleitoral para processar e julgar crimes comuns que apresentam conexão com crimes eleitorais. A Corte observou ainda que cabe à Justiça especializada analisar, caso a caso, a existência de conexão de delitos comuns aos delitos eleitorais e, em não havendo, remeter os casos à Justiça competente.
- Em virtude da possibilidade de aplicação subsidiária do Código de Processo Penal ao processo penal eleitoral, prevista no art. 364 do Código Eleitoral, é possível o cabimento de revisão criminal eleitoral, por analogia a previsão do artigo 621 do CPP. Caberá a revisão criminal eleitoral nos processos com trânsito em julgado de decisão penal condenatória na ocorrência das seguintes situações, a saber:

Hipóteses de cabimento de revisão criminal eleitoral		
Existência de sentença penal condenatória contrária a expressa disposição legal ou à evidencia dos fatos.	Existência de sentença penal condenatória fundada em documentos, exames ou depoimentos comprovadamente falsos.	Descoberta de novas provas de inocência do condenado ou de circunstâncias que determine ou autorize a diminuição especial da penal, após o trânsito em julgado de sentença penal condenatória.

- Em 29 de abril de 2021, o TSE expediu a Resolução nº. 23.640, revogando a Resolução TSE 23.396/19, disciplinando a apuração dos crimes eleitorais e a instauração do inquérito policial eleitoral.
- De acordo com a resolução 23.640/21, o Departamento de Polícia Federal ficará à disposição da Justiça Eleitoral sempre que houver eleições, gerais ou parciais, em qualquer parte do Território Nacional. Polícia Federal exercerá, com prioridade sobre suas atribuições regulares, a função de polícia judiciária em matéria eleitoral. Quando no local da infração não existirem órgãos da Polícia Federal, a Polícia do respectivo Estado terá atuação supletiva.
- Qualquer pessoa que tiver conhecimento da existência de infração penal eleitoral deverá, verbalmente ou por escrito, comunicar a autoridade policial, Ministério Público Eleitoral ou ao Juiz Eleitoral, verificando a autenticidade e veracidade das informações, a autoridade policial mandará instaurar inquérito.
- Verificada a sua incompetência, o Juízo Eleitoral determinará a remessa dos autos ao Juízo competente. Quando o investigado possuir foro por prerrogativa de função o inquérito policial deverá ser imediatamente distribuído e registrado no Tribunal competente a fim de supervisão judicial das investigações.
- Recebida a notícia-crime, o Juiz Eleitoral a encaminhará ao Ministério Público Eleitoral ou, quando necessário, à Polícia, com requisição para instauração de inquérito policial.
- As autoridades policiais e seus agentes deverão prender quem for encontrado em flagrante pela prática de crime eleitoral, salvo quando se tratar de infração penal de menor potencial ofensivo, comunicando a prisão imediatamente ao Juiz Eleitoral, ao Ministério Público Eleitoral e à família do preso ou à pessoa por ele indicada. Em até 24 (vinte e quatro) horas após a realização da prisão, será encaminhado ao juiz competente o auto de prisão em flagrante e, caso o autuado não informe o nome de seu advogado, cópia integral para a Defensoria Pública. No mesmo prazo de até 24 (vinte e quatro) horas após a realização da prisão, será entregue ao preso, mediante recibo, a nota de culpa, assinada pela autoridade policial, com o motivo da prisão, o nome do condutor e os nomes das testemunhas
- Após receber o auto de prisão em flagrante, no prazo máximo de até 24 (vinte e quatro) horas após a realização da prisão, o juiz deverá promover audiência de custódia com a presença do investigado, seu advogado constituído ou membro da Defensoria Pública e o membro do Ministério Público, e, nessa audiência, o juiz deverá, fundamentadamente: I – relaxar a prisão ilegal; ou II – converter a prisão em flagrante em preventiva, quando presentes os requisitos constantes do art. 312 do Código de Processo Penal e se revelarem inadequadas ou insuficientes as medidas cautelares diversas da prisão; ou III – conceder liberdade provisória, com ou sem fiança.

- O inquérito policial eleitoral será instaurado de ofício pela autoridade policial; por requisição do Ministério Público Eleitoral ou determinação da Justiça Eleitoral O inquérito policial eleitoral será instaurado de ofício pela autoridade policial; por requisição do Ministério Público Eleitoral ou determinação da Justiça Eleitoral. e o indiciado tiver sido preso em flagrante ou preventivamente, o inquérito policial eleitoral será concluído em até 10 dias, contado o prazo a partir do dia em que se executar a ordem de prisão. Se o indiciado estiver solto, o inquérito policial eleitoral será concluído em até 30 dias, mediante fiança ou sem ela.
- O Ministério Público Eleitoral poderá requerer novas diligências, desde que necessárias à elucidação dos fatos. Quando o inquérito for arquivado por falta de elementos mínimos para o oferecimento da denúncia, a autoridade policial poderá proceder a nova investigação se de outras provas tiver conhecimento.
- Aplica-se subsidiariamente ao inquérito policial eleitoral as disposições do Código de Processo Penal. A ação penal eleitoral observará os procedimentos previstos no Código Eleitoral, com a aplicação obrigatória dos artigos 395, 396, 396-A, 397 e 400 do Código de Processo Penal, com redação dada pela Lei nº 11.971, de 2008.
- **Em 24 de dezembro de 2019, foi promulgada a lei 13.694/19, mais conhecida como pacote anticrime, estabelecendo uma série de novidades para o processo penal brasileiro, com importantes modificações no código de processo penal.**
- **Em geral, as novas regras se aplicam também ao processo penal eleitoral, uma vez que o CPP é uma importante fonte deste processo.**
- **Vale destacar, no entanto, a mais polêmica novidade trazida pela referida lei: a criação do juiz de garantias.**
- **Segundo os novos artigos 3º-B e 3º-C do Código de Processo Penal, estabelecidos pelo Pacote Anticrime, o processo penal terá estrutura acusatória, vedadas a iniciativa do juiz na fase de investigação e a substituição da atuação probatória do órgão de acusação. O juiz das garantias é, de acordo com o art. 3º-C, responsável pelo controle da legalidade da investigação criminal e pela salvaguarda dos direitos individuais cuja franquia tenha sido reservada à autorização prévia do poder judiciário, competindo-lhe especialmente:**

Competências do Juiz de Garantias (art. 3º-C do CPP)
I – receber a comunicação imediata da prisão, nos termos do inciso LXII do **caput** do art. 5º da Constituição Federal;
II – receber o auto da prisão em flagrante para o controle da legalidade da prisão, observado o disposto no art. 310 deste Código;
III – zelar pela observância dos direitos do preso, podendo determinar que este seja conduzido à sua presença, a qualquer tempo;
IV – ser informado sobre a instauração de qualquer investigação criminal;
V – decidir sobre o requerimento de prisão provisória ou outra medida cautelar, observado o disposto no § 1º deste artigo;
VI – prorrogar a prisão provisória ou outra medida cautelar, bem como substituí-las ou revogá-las, assegurado, no primeiro caso, o exercício do contraditório em audiência pública e oral, na forma do disposto neste Código ou em legislação especial pertinente;
VII – decidir sobre o requerimento de produção antecipada de provas consideradas urgentes e não repetíveis, assegurados o contraditório e a ampla defesa em audiência pública e oral;
VIII – prorrogar o prazo de duração do inquérito, estando o investigado preso, em vista das razões apresentadas pela autoridade policial e observado o disposto no § 2º deste artigo;
IX – determinar o trancamento do inquérito policial quando não houver fundamento razoável para sua instauração ou prosseguimento;
X – requisitar documentos, laudos e informações ao delegado de polícia sobre o andamento da investigação;

XI – decidir sobre os requerimentos de: a) interceptação telefônica, do fluxo de comunicações em sistemas de informática e telemática ou de outras formas de comunicação; b) afastamento dos sigilos fiscal, bancário, de dados e telefônico; c) busca e apreensão domiciliar; d) acesso a informações sigilosas; e) outros meios de obtenção da prova que restrinjam direitos fundamentais do investigado;
XII – julgar o **habeas corpus** impetrado antes do oferecimento da denúncia;
XIII – determinar a instauração de incidente de insanidade mental;
XIV – decidir sobre o recebimento da denúncia ou queixa, nos termos do art. 399 deste Código;
XV – assegurar prontamente, quando se fizer necessário, o direito outorgado ao investigado e ao seu defensor de acesso a todos os elementos informativos e provas produzidos no âmbito da investigação criminal, salvo no que concerne, estritamente, às diligências em andamento;
XVI – deferir pedido de admissão de assistente técnico para acompanhar a produção da perícia;
XVII – decidir sobre a homologação de acordo de não persecução penal ou os de colaboração premiada, quando formalizados durante a investigação;
XVIII – outras matérias inerentes às atribuições definidas no **caput** deste artigo.

- Segundo o novo art. 3º-C do CPP, a competência do juiz das garantias abrange todas as infrações penais, exceto as de menor potencial ofensivo, e cessa com o recebimento da denúncia ou queixa na forma do art. 399 do referido **código.**
- Grande polêmica se desenvolveu, entre os eleitoralistas, acerca da possibilidade de aplicação do juiz de garantias também aos processos penais de competência da Justiça Eleitoral. Em 15 de janeiro de 2020, no entanto, o presidente do Supremo Tribunal Federal, Ministro Dias Toffoli, concedeu liminar na ADI 6298 para suspender a aplicação do juiz de garantias aos processos de competência da Justiça Eleitoral. Segundo a decisão do Ministro:

> *Neste juízo precário da liminar, por ora, também entendo que o juiz das garantias não deve, ainda, ser aplicado aos processos criminais de competência da justiça eleitoral. Não se pode ignorar que a justiça eleitoral brasileira, em sua arquitetura ímpar, estruturada para conduzir o processo democrático, dotada de competências administrativa e jurisdicional, não dispõe de quadro próprio de magistrados, sendo composta por membros oriundos de outros ramos da justiça, situação que poderá dificultar a aplicação do juiz de garantias. Com efeito, é possível que um magistrado que atue como juiz das garantias em uma investigação de competência estadual fique impedido, em seguida, de atuar no processo criminal, caso se entenda que há crime eleitoral no fato investigado, causando embaraços ao regular andamento do processo, em prejuízo dos princípios da celeridade e da preclusão, que regem o processo eleitoral. Portanto, a aplicação do juiz das garantias ao processo eleitoral é tema que merece maior reflexão e, conforme o caso, regulamentação específica, fator que recomenda, em juízo liminar, a exclusão dos processos criminais de competência da justiça eleitoral do âmbito de incidência do juiz de garantias*

- Os crimes eleitorais estão previstos no Código Eleitoral (arts. 289 a 354), na LC 64/90 (art. 25), bem como na Lei nº. 6.091/74 (art. 11) e na Lei nº. 9.504/97 (Lei das Eleições), podendo ser divididos, segundo lição de Suzana de Camargo Gomes (Crimes Eleitorais, 3. ed., 2008) em oito grandes grupos, a saber: os crimes eleitorais concernentes à formação do corpo eleitoral; os crimes relativos à formação e funcionamento dos partidos políticos; os crimes em matéria de inelegibilidade; os crimes eleitorais concernentes à propaganda eleitoral; os crimes relativos à votação; os crimes eleitorais pertinentes à garantia do resultado legítimo das eleições; os crimes concernentes à organização e funcionamento dos serviços eleitorais e os crimes contra a fé pública eleitoral.
- É o Código Eleitoral, nos seus artigos 283 a 288, no entanto, que estabelece as disposições preliminares aplicáveis de forma geral aos crimes eleitorais. Assim, prevê o artigo 283 do CE, para efeitos penais, são considerados membros e funcionários da Justiça Eleitoral os magistrados a serviço da Justiça Eleitoral;

cidadãos que integrem temporariamente órgãos da Justiça Eleitoral (a exemplo dos membros das juntas eleitorais) ou que tenham sido nomeados para atuar em mesas receptoras ou apuradoras de votos; e os funcionários públicos requisitados pela Justiça Eleitoral, além, evidentemente, dos servidores do quadro efetivo, juízes e membros dos tribunais eleitorais. Vale destacar ainda, quanto a esta questão, disposição geral do Código Penal, refletida nos §§ 1º e 2º do art. 283 do Código Eleitoral, segundo a qual se equipara a servidores públicos, para efeitos penais, quem, embora transitoriamente ou sem remuneração, exerce cargo, emprego ou função pública, além de quem exerce cargo, emprego ou função em entidade paraestatal ou em sociedade de economia mista.

- O Código Eleitoral brasileiro não prevê sanções penais a título de culpa, resumindo-se a estabelecer tipos penais puníveis na modalidade dolosa. Em muitos casos, não prevê o Código Eleitoral pena mínima para os crimes tipificados. Quando isto ocorre, deve ser considerada a pena mínima de 15 dias para a detenção e 01 ano para a reclusão, de acordo com o artigo 284 do referido estatuto.
- As penas de multa em dinheiro deverão ter como base, na sua aplicação, o conceito de dia-multa. O montante de dias-multa imputáveis ao réu (no mínimo de um e no máximo de trezentos) deverá ser fixado segundo o prudente arbítrio do juiz, devendo este ter em conta as condições pessoais e econômicas do condenado, não podendo ser inferior ao salário-mínimo diário da região, nem superior ao valor de um salário-mínimo mensal. O § 2º do citado artigo 286, entretanto, estabelece que a multa poderá ser aumentada até o triplo, considerada, pelo juiz, a situação econômica do condenado e a necessidade de combate à ineficácia da pena.
- Os crimes eleitorais concernentes à formação do corpo eleitoral são aqueles que, em seu conjunto, atentam contra o processo de alistamento eleitoral, primeira fase do processo eleitoral, na qual é formado o corpo de eleitores. Estão estes crimes dispostos nos artigos 289 a 295 do Código Eleitoral, conforme tabela a seguir:

Conduta típica:	
Art. 289. Inscrever-se fraudulentamente eleitor.	**Pena** – reclusão até 05 anos e pagamento de multa de 05 a 15 dias-multa.
Art. 290. Induzir alguém a se inscrever eleitor com infração de qualquer dispositivo deste Código.	**Pena** – reclusão até 2 anos e pagamento de 15 a 30 dias-multa.
Art. 291. Efetuar o juiz, fraudulentamente, a inscrição de alistando.	**Pena** – reclusão de até 05 anos e pagamento de 05 a 15 dias-multa.
Art. 292. Negar ou retardar a autoridade judiciária, sem fundamento legal, a inscrição requerida.	**Pena** – pagamento de 30 a 60 dias-multa.
Art. 293. Perturbar ou impedir de qualquer forma o alistamento.	**Pena** – detenção de 15 dias a 06 meses ou pagamento de 30 a 60 dias-multa.
Art. 294. Revogado pela lei nº 8.868/94.	
Art. 295. Reter título eleitoral contra a vontade do eleitor.	**Pena** – detenção até 02 meses ou pagamento de 30 a 60 dias-multa.

- Os crimes eleitorais relativos à formação e funcionamento dos partidos políticos visam a garantir o efetivo exercício das atribuições exercidas por estes entes, preservando a lisura e a legitimidade do processo político. Merecem destaque os seguintes tipos delituosos relativos à formação e funcionamento dos partidos políticos, previstos no Código Eleitoral:

Conduta típica:	
Art. 319. Subscrever o eleitor mais de uma ficha de registro de um ou mais partidos.	**Pena** – detenção até 01 mês ou pagamento de 10 a 30 dias-multa.
Art. 320. Inscrever-se o eleitor, simultaneamente, em dois ou mais partidos.	**Pena** – pagamento de 10 a 20 dias-multa.
Art. 321. Colher a assinatura do eleitor em mais de uma ficha de registro de partido.	**Pena** – detenção até dois meses ou pagamento de 20 a 40 dias-multa.
Art. 338. Não assegurar o funcionário postal a prioridade prevista no art. 239.	**Pena** – pagamento de 30 a 60 dias-multa.

Conduta típica:	
Art. 346. Violar o disposto no art. 377.	**Pena** – detenção até seis meses e pagamento de 30 a 60 dias-multa.

- Constitui crime eleitoral a arguição de inelegibilidade, ou a impugnação de registro de candidato feito por interferência do poder econômico, desvio ou abuso do poder e autoridade, deduzida de forma temerária ou de manifesta má-fé (art. 25 da LC 64/90).
- Os crimes eleitorais concernentes à propaganda eleitoral estão previstos tanto no Código Eleitoral como também na Lei das Eleições (lei nº 9.504/97). São os seguintes os crimes eleitorais previstos no Código Eleitoral:

Conduta típica:	
Art. 323. Divulgar, na propaganda, fatos que sabe inverídicos, em relação a partidos ou candidatos e capazes de exercerem influência perante o eleitorado. **Parágrafo único.** A pena é agravada se o crime é cometido pela imprensa, rádio ou televisão.	**Pena** – detenção de dois meses a um ano, ou pagamento de 120 a 150 dias-multa.
Art. 324. Caluniar alguém, na propaganda eleitoral, ou visando fins de propaganda, imputando-lhe falsamente fato definido como crime. **§ 1º** Nas mesmas penas incorre quem, sabendo falsa a imputação, a propala ou divulga.	**Pena** – detenção de 06 meses a 02 anos e pagamento de 10 a 40 dias-multa.
§ 2º A prova da verdade do fato imputado exclui o crime, mas não é admitida: I. se, constituindo o fato imputado crime de ação privada, o ofendido não foi condenado por sentença irrecorrível; II. se o fato é imputado ao Presidente da República ou chefe de governo estrangeiro; III.se do crime imputado, embora de ação pública, o ofendido foi absolvido por sentença irrecorrível.	
Art. 325. Difamar alguém, na propaganda eleitoral, ou visando a fins de propaganda, imputando-lhe fato ofensivo a sua reputação. **Parágrafo único.** A exceção da verdade somente se admite se ofendido é funcionário público e a ofensa é relativa ao exercício de suas funções.	**Pena** – detenção de 03 meses a 01 ano e pagamento de 05 a 30 dias-multa.
Art. 326. Injuriar alguém, na propaganda eleitoral, ou visando a fins de propaganda, ofendendo-lhe a dignidade ou o decoro: **§ 1º** O juiz pode deixar de aplicar a pena: I. se o ofendido, de forma reprovável, provocou diretamente a injúria; II. no caso de retorsão imediata, que consista em outra injúria.	**Pena** – detenção até seis meses, ou pagamento de 30 a 60 dias-multa.
§ 2º Se a injúria consiste em violência ou vias de fato, que, por sua natureza ou meio empregado, se considerem aviltantes:	**Pena** – detenção de três meses a um ano e pagamento de 5 a 20 dias-multa, além das penas correspondentes à violência prevista no Código Penal.
Art. 331. Inutilizar, alterar ou perturbar meio de propaganda devidamente empregado.	**Pena** – detenção até seis meses ou pagamento de 90 a 120 dias-multa.
Art. 332. Impedir o exercício de propaganda.	**Pena** – detenção até seis meses e pagamento de 30 a 60 dias-multa.
Art. 334. Utilizar organização comercial de vendas, distribuição de mercadorias, prêmios e sorteios para propaganda ou aliciamento de eleitores.	**Pena** – detenção de 06 meses a 01 ano e cassação do registro se o responsável for candidato.

Conduta típica:	
Art. 335. Fazer propaganda, qualquer que seja a sua forma, em língua estrangeira. **Parágrafo único.** Além da pena cominada, a infração ao presente artigo importa na apreensão e perda do material utilizado na propaganda.	**Pena** – detenção de três a seis meses e pagamento de 30 a 60 dias-multa.
Art. 337. Participar, o estrangeiro ou brasileiro que não estiver no gozo dos seus direitos políticos, de atividades partidárias, inclusive comícios e atos de propaganda em recintos fechados ou abertos: **Parágrafo único.** Na mesma pena incorrerá o responsável pelas emissoras de rádio ou televisão que autorizar transmissões de que participem os mencionados neste artigo, bem como o diretor de jornal que lhes divulgar os pronunciamentos.	**Pena** – detenção até seis meses e pagamento de 90 a 120 dias-multa.

- Na Lei das Eleições (lei nº 9.504/97), por sua vez, estão previstos os seguintes crimes concernentes à propaganda eleitoral:

Conduta típica:
Art. 39. (...) **§ 5º.** Constituem crimes, no dia da eleição, puníveis com detenção, de 06 meses a 01 ano, com a alternativa de prestação de serviços à comunidade pelo mesmo período, e multa no valor de 5 mil a 15 mil UFIR:
I. o uso de alto-falantes e amplificadores de som ou a promoção de comício ou carreata; II. a arregimentação de eleitor ou a propaganda de boca de urna; III.a divulgação de qualquer espécie de propaganda de partidos políticos ou seus candidatos. **Art. 40.** O uso, na propaganda eleitoral, de símbolos, frases ou imagens, associadas ou semelhantes às empregadas por órgão de governo, empresa pública ou sociedade de economia mista constitui crime, punível com detenção, de 06 meses a 01 ano, com a alternativa de prestação de serviços à comunidade pelo mesmo período, e multa no valor de 10 mil a 20 mil UFIR:
Art. 33. (...) **§ 4º.** A divulgação de pesquisa fraudulenta constitui crime, punível com detenção de 06 meses a 01 ano e multa no valor de 50 mil a 100 mil UFIR.
Art. 34. (...) **§ 2º.** O não cumprimento do disposto neste artigo ou qualquer ato que vise a retardar, impedir ou dificultar a ação fiscalizadora dos partidos constitui crime, punível com detenção, de seis meses a um ano, com a alternativa de prestação de serviços à comunidade pelo mesmo prazo, e multa no valor de dez mil a vinte mil UFIR. (...) **§ 3º.** A comprovação de irregularidades nos dados publicados sujeita os responsáveis às penas mencionadas no parágrafo anterior, sem prejuízo da obrigatoriedade da veiculação dos dados corretos no mesmo espaço, local, horário, página, caracteres e outros elementos de destaque, de acordo com o veículo usado.

- Os crimes relativos à votação, assim classificados por Suzana de Camargo Gomes, são aqueles previstos nos artigos 296 a 312 e 316 do Código Eleitoral. Muitos destes crimes têm pouca utilidade prática nos dias de hoje, por se referirem ao processo de votação manual, muito pouco utilizado. Outros, por sua vez, são dotados de grande relevância, ainda hoje, na busca da garantia da liberdade para o exercício do poder de sufrágio, a liberdade de escolha do eleitor. São os seguintes os crimes relativos à votação previstos no Código Eleitoral:

Conduta típica:	
Art. 296. Promover desordem que prejudique os trabalhos eleitorais.	**Pena** – detenção até 02 meses e pagamento de 60 a 90 dias-multa.

Conduta típica:	
Art. 297. Impedir ou embaraçar o exercício do sufrágio.	**Pena** – detenção até 06 meses e pagamento de 60 a 100 dias-multa.
Art. 298. Prender ou deter eleitor, membro de mesa receptora, fiscal, delegado de partido ou candidato, com violação do disposto no art. 236.	**Pena** – reclusão até 04 anos.
Art. 299. Dar, oferecer, prometer, solicitar ou receber, para si ou para outrem, dinheiro, dádiva, ou qualquer vantagem, para obter ou dar voto e para conseguir ou prometer abstenção, ainda que a oferta não seja aceita.	**Pena** – reclusão até 04 anos e pagamento de 05 a 15 dias-multa.
Art. 300. Valer-se o servidor público da sua autoridade para coagir alguém a votar ou não votar em determinado candidato ou partido. **Parágrafo único.** Se o agente é membro ou funcionário da Justiça Eleitoral e comete o crime prevalecendo-se do cargo a pena é agravada.	**Pena** – detenção até 06 meses e pagamento de 60 a 100 dias-multa.
Art. 301. Usar de violência ou grave ameaça para coagir alguém a votar, ou não votar, em determinado candidato ou partido, ainda que os fins visados não sejam conseguidos.	**Pena** – reclusão até 04 anos e pagamento de 05 a 15 dias-multa.
Art. 302. Promover, no dia da eleição, com o fim e impedir, embaraçar ou fraudar o exercício do voto, a concentração de eleitores, sob qualquer forma, inclusive o fornecimento gratuito de alimento e transporte coletivo.	**Pena** – reclusão de 04 a 06 anos e pagamento de 200 a 300 dias-multa.
Art. 303. Majorar os preços de utilidades e serviços necessários à realização de eleições, tais como transporte e alimentação de eleitores, impressão, publicidade e divulgação de matéria eleitoral.	**Pena** – pagamento de 250 a 300 dias-multa.
Art. 304. Ocultar, sonegar, açambarcar ou recusar no dia da eleição o fornecimento, normalmente a todos, de utilidades, alimentação e meios de transporte, ou conceder exclusividade dos mesmos a determinado partido ou candidato.	**Pena** – pagamento de 250 a 300 dias-multa.
Art. 305. Intervir autoridade estranha à mesa receptora, salvo o juiz eleitoral, no seu funcionamento sob qualquer pretexto.	**Pena** – detenção até 06 meses e pagamento de 60 a 90 dias-multa.
Art. 306. Não observar a ordem em que os eleitores devem ser chamados a votar.	**Pena** – pagamento de 15 a 30 dias-multa.
Art. 307. Fornecer ao eleitor cédula oficial já assinalada ou por qualquer forma marcada.	**Pena** – reclusão até 05 anos e pagamento de 05 a 15 dias-multa.
Art. 308. Rubricar e fornecer a cédula oficial em outra oportunidade que não a de entrega da mesma ao eleitor.	**Pena** – reclusão até 05 anos e pagamento de 60 a 90 dias-multa.
Art. 309. Votar ou tentar votar mais de uma vez, ou em lugar de outrem.	**Pena** – reclusão até 03 anos.
Art. 310. Praticar, ou permitir membro da mesa receptora que seja praticada qualquer irregularidade que determine a anulação da votação, salvo no caso do art. 311.	**Pena** – detenção até 06 meses e pagamento de 90 a 120 dias-multa.

Conduta típica:	
Art. 311. Votar em seção eleitoral em que não está inscrito, salvo nos casos expressamente previstos, e permitir, o presidente da mesa receptora, que o voto seja admitido.	**Pena** – detenção até 01 mês ou pagamento de 05 a 15 dias-multa para o eleitor e de 20 a 30 dias-multa para o presidente da mesa.
Art. 312. Violar ou tentar violar o sigilo de voto.	**Pena** – detenção até dois anos.

- Os crimes eleitorais pertinentes à garantia do resultado legítimo das eleições referem-se, fundamentalmente, ao processo de apuração, momento de fundamental importância para a garantia da lisura do pleito, no qual a vontade soberana do povo manifestada nas urnas é apurada. São eles:

Conduta típica:	
Art. 313. Deixar o Juiz e os membros da Junta de recolher as cédulas apuradas na respectiva urna, fechá-la e lacrá-la, assim que terminar a apuração de cada Seção e antes de passar à subsequente, sob qualquer pretexto e ainda que dispensada a providência pelos Fiscais, Delegados ou candidatos presentes.	**Pena** – 90 a 120 dias-multa.
Art. 314. Omissão no recolhimento das cédulas apuradas, no fechamento e lacração das urnas.	**Pena** – detenção até 02 meses ou pagamento de 90 a 120 dias-multa.
Art. 315. Alterar nos mapas ou nos boletins de apuração a votação obtida por qualquer candidato ou lançar nesses documentos votação que não corresponda às cédulas apuradas.	**Pena** – reclusão até 05 anos e pagamento de 05 a 15 dias-multa.
Art. 316. Não receber ou não mencionar nas atas da eleição ou da apuração os protestos devidamente formulados ou deixar de remetê-los à instância superior.	**Pena** – reclusão até 05 anos e pagamento de 05 a 15 dias-multa.
Art. 317. Violar ou tentar violar o sigilo da urna ou dos invólucros.	**Pena** – reclusão de 03 a 05 anos.
Art. 318. Efetuar a mesa receptora a contagem dos votos da urna quando qualquer eleitor houver votado sob impugnação (art. 190).	**Pena** – detenção até 01 ano ou pagamento de 30 a 60 dias-multa.

- De forma geral, a grande maioria dos crimes eleitorais, senão a sua totalidade, afetam a organização e o funcionamento dos serviços eleitorais. São os seguintes os crimes que se enquadram nesta categoria:

Conduta típica:	
Art. 296. Promover desordem que prejudique os trabalhos eleitorais.	**Pena** – detenção até dois meses e pagamento de 60 a 100 dias-multa.
Art. 339. Destruir, suprimir ou ocultar urna contendo votos, ou documentos relativos à eleição: **Parágrafo único.** Se o agente é membro ou funcionário da Justiça Eleitoral e comete o crime prevalecendo-se do cargo, a pena é agravada.	**Pena** – reclusão de dois a seis anos e pagamento de 5 a 15 dias-multa.
Art. 340. Fabricar, mandar fabricar, adquirir, fornecer, ainda que gratuitamente, subtrair ou guardar urnas, objetos, mapas, cédulas ou papéis de uso exclusivo da Justiça Eleitoral: **Parágrafo único.** Se o agente é membro ou funcionário da Justiça Eleitoral e comete o crime prevalecendo-se do cargo, a pena é agravada.	**Pena** – reclusão até três anos e pagamento de 3 a 15 dias-multa.

Conduta típica:	
Art. 341. Retardar a publicação ou não publicar, o diretor ou qualquer outro funcionário de órgão oficial federal, estadual, ou municipal, as decisões, citações ou intimações da Justiça Eleitoral:	**Pena** – detenção até um mês ou pagamento de 30 a 60 dias-multa.
Art. 342. Não apresentar o órgão do Ministério Público, no prazo legal, denúncia ou deixar de promover a execução de sentença condenatória:	**Pena** – detenção até dois meses ou pagamento de 60 a 90 dias-multa.
Art. 343. Não cumprir o Juiz o disposto no § 3º do art. 357:	**Pena** – detenção até dois meses ou pagamento de 60 a 90 dias-multa.

Conduta típica:	
Art. 348. Falsificar, no todo ou em parte, documento público, ou alterar documento público verdadeiro, para fins eleitorais. **§ 1º** Se o agente é funcionário público e comente o crime prevalecendo-se do cargo, a pena é agravada. **§ 2º** Para os efeitos penais, equipara-se a documento público o emanado de entidade paraestatal, inclusive Fundação do Estado.	**Pena** – reclusão de 02 a 06 anos e pagamento de 15 a 30 dias-multa.
Art. 349. Falsificar, no todo ou em parte, documento particular ou alterar documento particular verdadeiro, para fins eleitorais.	**Pena** – reclusão até 05 anos e pagamento de 03 a 10 dias-multa.
Art. 350. Omitir, em documento público ou particular, declaração que dele devia constar, ou nele inserir ou fazer inserir declaração falsa ou diversa da que devia ser escrita, para fins eleitorais. **Parágrafo único.** Se o agente da falsidade documental é funcionário público e comete o crime prevalecendo-se do cargo ou se a falsidade ou alteração é de assentamentos do registro civil, a pena é agravada.	**Pena** – reclusão até 05 anos e pagamento de 05 a 15 dias-multa, se o documento é público, e reclusão até 03 anos e pagamento de 03 a 10 dias-multa se o documento é particular.
Art. 352. Reconhecer, como verdadeira, no exercício da função pública, firma ou letra que não o seja, para fins eleitorais.	**Pena** – reclusão até 05 anos e pagamento de 05 a 15 dias-multa se o documento é público, e reclusão até 03 anos e pagamento de 03 a 10 dias-multa se o documento é particular.
Art. 353. Fazer uso de qualquer dos documentos falsificados ou alterados, a que se referem os artigos 348 a 353.	**Pena** – a cominada à falsificação ou à alteração.
Art. 354. Obter, para uso próprio ou de outrem, documento público ou particular, material ou ideologicamente falso para fins eleitorais.	**Pena** – a cominada à falsificação ou alteração. **Pena** – detenção até dois meses ou pagamento de 60 a 90 dias-multa.
Art. 344. Recusar ou abandonar o serviço eleitoral sem justa causa:	**Pena** – detenção até dois meses ou pagamento de 90 a 120 dias-multa.
Art. 345. Não cumprir a autoridade judiciária, ou qualquer funcionário dos órgãos da Justiça Eleitoral, nos prazos legais, os deveres impostos por este Código, se a infração não estiver sujeita a outra penalidade.	**Pena** – pagamento de 30 a 90 dias-multa.
Art. 347. Recusar alguém cumprimento ou obediência a diligências, ordens ou instruções da Justiça Eleitoral ou opor embaraços à sua execução.	**Pena** – detenção de 03 meses a 01 ano e pagamento de 10 a 20 dias-multa.

- O grupo de crimes contra a fé pública eleitoral tem como objetividade jurídica a preservação da confiança nos trabalhos eleitorais, pressuposto para a efetivação do regime político democrático. Aqueles que ofendem a fé pública eleitoral, atentando contra os atos e documentos eleitorais, incorrem nas condutas tipificadas neste grupo de delitos. Vejamos, então, os tipos penais formadores deste grupo de delitos, previstos nos artigos 348 a 350 e 352 a 354 do Código Eleitoral:

Conduta típica:	
Art. 348. Falsificar, no todo ou em parte, documento público, ou alterar documento público verdadeiro, para fins eleitorais. **§ 1º** Se o agente é funcionário público e comente o crime prevalecendo-se do cargo, a pena é agravada. **§ 2º** Para os efeitos penais, equipara-se a documento público o emanado de entidade paraestatal, inclusive Fundação do Estado.	**Pena** – reclusão de 02 a 06 anos e pagamento de 15 a 30 dias-multa.
Art. 349. Falsificar, no todo ou em parte, documento particular ou alterar documento particular verdadeiro, para fins eleitorais.	**Pena** – reclusão até 05 anos e pagamento de 03 a 10 dias-multa.
Art. 350. Omitir, em documento público ou particular, declaração que dele devia constar, ou nele inserir ou fazer inserir declaração falsa ou diversa da que devia ser escrita, para fins eleitorais.	**Pena** – reclusão até 05 anos e pagamento de 05 a 15 dias-multa, se o documento é público, e reclusão até 03 anos e pa-
Parágrafo único. Se o agente da falsidade documental é funcionário público e comete o crime prevalecendo-se do cargo ou se a falsidade ou alteração é de assentamentos do registro civil, a pena é agravada.	gamento de 03 a 10 dias-multa se o documento é particular.
Art. 352. Reconhecer, como verdadeira, no exercício da função pública, firma ou letra que não o seja, para fins eleitorais.	**Pena** – reclusão até 05 anos e pagamento de 05 a 15 dias-multa se o documento é público, e reclusão até 03 anos e pagamento de 03 a 10 dias-multa se o documento é particular.
Art. 353. Fazer uso de qualquer dos documentos falsificados ou alterados, a que se referem os artigos 348 a 353.	**Pena** – a cominada à falsificação ou à alteração.
Art. 354. Obter, para uso próprio ou de outrem, documento público ou particular, material ou ideologicamente falso para fins eleitorais.	**Pena** – a cominada à falsificação ou alteração.

– a Lei 13.834/19 criou um novo tipo penal eleitoral, acrescentando o artigo 326-A ao Código Eleitoral, *in verbis:*

> *Art. 326-A. Dar causa à instauração de investigação policial, de processo judicial, de investigação administrativa, de inquérito civil ou ação de improbidade administrativa, atribuindo a alguém a prática de crime ou ato infracional de que o sabe inocente, com finalidade eleitoral:*
>
> *Pena – reclusão, de 2 (dois) a 8 (oito) anos, e multa. ("Caput" do artigo acrescido pela Lei nº 13.834, de 4/6/2019)*
>
> *§ 1º A pena é aumentada de sexta parte, se o agente se serve do anonimato ou de nome suposto. (Parágrafo acrescido pela Lei nº 13.834, de 4/6/2019)*
>
> *§ 2º A pena é diminuída de metade, se a imputação é de prática de contravenção. (Parágrafo acrescido pela Lei nº 13.834, de 4/6/2019)*
>
> *§ 3º Incorrerá nas mesmas penas deste artigo quem, comprovadamente ciente da inocência do denunciado e com finalidade eleitoral, divulga ou propala, por qualquer meio ou forma, o ato ou fato que lhe foi falsamente atribuído.*

– Esse artigo foi acrescentado ao Código Eleitoral pela Lei 13.834/19, estabelecendo o crime de denunciação caluniosa com finalidade eleitoral.

- É relevante destacar que a inexistência de custas processuais no processo eleitoral se torna, muitas vezes, elemento motivador de denunciações caluniosas nas eleições, fato que justifica, plenamente, a criação deste novo tipo penal, como elemento de coibição dessa prática.
- É prática comum, no jogo político, que, em período eleitoral, candidatos, partidos e seus apoiadores, de forma temerária e sem fundamento, tentem imputar a adversários a prática de crimes ou atos infracionais, movimentando a máquina judiciária com o objetivo, tão somente, de criar fatos políticos que possam desmoralizar os rivais.

  Nesse sentido, é importante também destacar a relevância do § 3º deste novo artigo, que havia, inclusive, sido vetado (o veto foi derrubado pelo Congresso Nacional em novembro de 2019), o qual busca punir quem, de forma proposital, e com finalidade eleitoral, divulga ou propala, por qualquer meio ou forma, ato ou fato falsamente atribuído a outrem, tendo comprovada ciência de que o suposto autor de tal ato ou fato é inocente.
- Segundo o TSE, o crime de inscrição fraudulenta (art. 289 do CE) consuma-se com o comparecimento do eleitor à Justiça Eleitoral para requerer alistamento. (Conflito de Competência nº 0600001-95, Brasília/DF, rel. Min. Edson Fachin, julgado na sessão virtual de 5 a 11.6.2020).
- Segundo o TSE, o crime de desobediência à ordem ou à instrução da Justiça Eleitoral (art. 347 do Código Eleitoral) pressupõe que o ato contrariado tenha conteúdo estritamente eleitoral. (RO no HC 0600244-42, rel. Min. Tarcísio Vieira de Carvalho, julgado em 01.07.2020)

✦ CONHECENDO A JURISPRUDÊNCIA

1. SÚMULAS DO STJ

▸ Súmula nº 192

Compete ao Juízo das Execuções Penais do Estado a execução das penas impostas a sentenciados pela Justiça Federal, Militar ou Eleitoral, quando recolhidos a estabelecimentos sujeitos à administração estadual.

2. RESOLUÇÕES DO TSE

▸ Resolução nº 23.396/2013

Disciplina a apuração dos crimes eleitorais e a instauração do inquérito policial eleitoral.

3. INFORMATIVOS DO TSE

▸ Ilicitude de prova e possibilidade de sua utilização em desfavor dos agentes infratores.

A prova produzida por eleitores mediante gravação oculta de reunião com candidato, na qual ofereceram e efetivaram a venda de votos àquele, padece de ilicitude, cuja mácula não obsta a ação penal proposta contra os corruptores que, dissimuladamente, negociaram seus votos em troca de vantagem econômica. *HC 444-05, Rel. Min. Maria Thereza de Assis Moura, j. 1º.3.16. (Info 2)*

▸ Nulidade de provas e flagrante preparado.

Constitui flagrante preparado a infiltração de policial com a finalidade de instigar candidato à prática de conduta vedada pelo CE, ocasionando a nulidade das provas dela decorrentes. *REspe 9529, Rel. Min. Luciana Lóssio, j. 7.6.16. (Info 6)*

4. INFORMATIVO DO STF

▸ Crime de desobediência eleitoral e não enquadramento

Não comete crime de desobediência eleitoral o candidato que, proibido de ingressar em órgãos públicos com o intuito de realizar atos inerentes à campanha eleitoral, adentra prédios da Administração Pública para filmar e fotografar. *Inq 3909/SE, Rel. Min. Gilmar Mendes, 17.5.2016. 2ª T. (Info 826)*

Anexos

ANEXO I – SÚMULAS APLICÁVEIS AO DIREITO ELEITORAL

SÚMULAS APLICÁVEIS

1. SÚMULAS DO SUPREMO TRIBUNAL FEDERAL

- **Súmula nº 72:** No julgamento de questão constitucional, vinculada a decisão do Tribunal Superior Eleitoral, não estão impedidos os ministros do Supremo Tribunal Federal que ali tenham funcionado no mesmo processo, ou no processo originário.
- **Súmula nº 728:** É de três dias o prazo para a interposição de recurso extraordinário contra decisão do Tribunal Superior Eleitoral, contado, quando for o caso, a partir da publicação do acórdão, na própria sessão de julgamento, nos termos do art. 12 da Lei 6.055/74, que não foi revogado pela Lei 8.950/94.
- **Súmula Vinculante nº 18:** O Tribunal, por maioria, vencido o Senhor Ministro Marco Aurélio, acolheu e aprovou a proposta de edição da Súmula Vinculante nº 18, nos seguintes termos: "A dissolução da sociedade ou do vínculo conjugal, no curso do mandato, não afasta a inelegibilidade prevista no § 7º do artigo 14 da Constituição Federal".

2. SÚMULAS DO SUPERIOR TRIBUNAL DE JUSTIÇA

- **Súmula nº 192:** Compete ao Juízo das Execuções Penais do Estado a execução das penas impostas a sentenciados pela Justiça Federal, Militar ou Eleitoral, quando recolhidos a estabelecimentos sujeitos à administração estadual.
- **Súmula nº 368:** Compete à Justiça comum estadual processar e julgar os pedidos de retificação de dados cadastrais da Justiça Eleitoral.
- **Súmula nº 374:** Compete à Justiça Eleitoral processar e julgar a ação para anular débito decorrente de multa eleitoral.

3. SÚMULAS DO TRIBUNAL SUPERIOR ELEITORAL

- **Súmula nº 01:** Proposta a ação para desconstituir a decisão que rejeitou as contas, anteriormente à impugnação, fica suspensa a inelegibilidade (Lei Complementar nº 64/90, art. 1º, I, g)

  Nota: embora não tenha sido cancelada pelo TSE, a presente súmula se tornou incompatível com a nova redação da referida alínea "g" do inciso I do art. 1º da LC 64/90, estabelecida pela LC nº 135/10, a qual estabeleceu que estarão inelegíveis, para qualquer cargo, "os que tiverem suas contas relativas ao exercício de cargos ou funções públicas rejeitadas por irregularidade insanável que configure ato doloso de improbidade administrativa, e por decisão irrecorrível do órgão competente, salvo se esta houver sido suspensa ou anulada pelo Poder Judiciário, para as eleições que se realizarem nos 8 (oito) anos seguintes, contados a partir da data da decisão (...)". Com a nova redação citada, a decisão da rejeição de contas por irregularidade insanável que configure ato doloso de improbidade administrativa deverá ser suspensa ou anulada pelo Poder Judiciário para que seja evitada a sanção de inelegibilidade, não bastando, portanto, a mera submissão das contas à apreciação do Poder Judiciário, independentemente de manifestação deste, como prevê a Súmula nº 01 do TSE.

- **Súmula nº 02:** Assinada e recebida a ficha de filiação partidária até o termo final do prazo fixado em lei, considera-se satisfeita a correspondente condição de elegibilidade, ainda que não tenha fluído, até a mesma data, o tríduo legal de impugnação.
- **Súmula nº 03:** No processo de registro de candidatos, não tendo o juiz aberto prazo para o suprimento de defeito da instrução do pedido, pode o documento, cuja falta houver motivado o indeferimento, ser juntado com o recurso ordinário.
- **Súmula nº 04:** Não havendo preferência entre candidatos que pretendam o registro da mesma variação nominal, defere-se o do que primeiro o tenha requerido.
- **Súmula nº 05:** Serventuário de cartório, celetista, não se inclui na exigência do art. 1º, II, l, da LC nº 64/90.
- **Súmula nº 06:** É inelegível, para o cargo de prefeito, o cônjuge e os parentes indicados no par. 7º do art. 14 da Constituição, do titular do mandato, ainda que este haja renunciado ao cargo há mais de seis meses do pleito.

  Nota: com a promulgação da Emenda Constitucional da reeleição para cargos executivos, o TSE flexibilizou a interpretação desta súmula, estabelecendo que "cônjuge e parentes do chefe do Executivo são elegíveis para o mesmo cargo do titular, quando este for reelegível e tiver se afastado definitivamente do cargo até seis meses antes do pleito (Acs. TSE nºs 3.043/2001 e 19.442/2001)".
- **Súmula nº 07**: É inelegível para o cargo de prefeito a irmã da concubina do atual titular do mandato.

  Nota: súmula cancelada pela Resolução TSE nº 20.920/2001.
- **Súmula nº 08:** O vice-prefeito é inelegível para o mesmo cargo.

  Nota: súmula cancelada pela Res. TSE nº 20.920/2001.
- **Súmula nº 09:** A suspensão de direitos políticos decorrente de condenação criminal transitada em julgado cessa com o cumprimento ou a extinção da pena, independendo de reabilitação ou de prova de reparação dos danos.
- **Súmula nº 10:** No processo de registro de candidatos, quando a sentença for entregue em Cartório antes de três dias contados da conclusão ao Juiz, o prazo para o recurso ordinário, salvo intimação pessoal anterior, só se conta do termo final daquele tríduo.
- **Súmula nº 11:** No processo de registro de candidatos, o partido que não o impugnou não tem legitimidade para recorrer da sentença que o deferiu, salvo se se cuidar de matéria constitucional.
- **Súmula nº 12:** São inelegíveis, no Município desmembrado e ainda não instalado, o cônjuge e os parentes consanguíneos ou afins, até o segundo grau ou por adoção, do Prefeito do Município-mãe, ou de quem o tenha substituído, dentro dos seis meses anteriores ao pleito, salvo se já titular de mandato eletivo.
- **Súmula nº 13:** Não é autoaplicável o § 9º, Art. 14, da Constituição, com a redação da Emenda Constitucional de Revisão nº 4-94.
- **Súmula nº 14:** A duplicidade de que cuida o parágrafo único do artigo 22 da Lei nº 9.096-95 somente fica caracterizada caso a nova filiação houver ocorrido após a remessa das listas previstas no parágrafo único do artigo 58 da referida lei.

  Nota: súmula cancelada pela Resolução TSE nº 21.885/2004.
- **Súmula nº 15:** O exercício de cargo eletivo não é circunstância suficiente para, em recurso especial, determinar-se a reforma de decisão mediante a qual o candidato foi considerado analfabeto.

- **Súmula nº 16:** A falta de abertura de conta bancária específica não é fundamento suficiente para a rejeição de contas de campanha eleitoral, desde que, por outros meios, se possa demonstrar sua regularidade (art. 34 da Lei 9.096, de 19.9.95).

  Nota: súmula revogada em 05/11/2002.

- **Súmula nº 17:** Não é admissível a presunção de que o candidato, por ser beneficiário de propaganda eleitoral irregular, tenha prévio conhecimento de sua veiculação (arts. 36 e 37 da Lei 9.504, de 30/9/97).

  Nota: súmula cancelada em 16/04/2002 por decisão em Questão de Ordem formulada no julgamento do REspe nº 19.600-CE

- **Súmula nº 18:** Conquanto investido de poder de polícia, não tem legitimidade o juiz eleitoral para, de ofício, instaurar procedimento com a finalidade de impor multa pela veiculação de propaganda eleitoral em desacordo com a Lei nº 9.504/97.

- **Súmula nº 19:** O prazo de inelegibilidade decorrente da condenação por abuso do poder econômico ou político tem início no dia da eleição em que este se verificou e finda no dia de igual número no oitavo ano seguinte (art. 22, XIV, da LC nº 64/1990).

- **Súmula nº 20:** A falta do nome do filiado ao partido na lista por este encaminhada à Justiça Eleitoral, nos termos do Art. 19 da Lei 9.096, de 19.9.95, pode ser suprida por outros elementos de prova de oportuna filiação.

- **Súmula-TSE nº 22:** Não cabe mandado de segurança contra decisão judicial recorrível, salvo situações de teratologia ou manifestamente ilegais.

- **Súmula-TSE nº 23:** Não cabe mandado de segurança contra decisão judicial transitada em julgado.

- **Súmula-TSE nº 24:** Não cabe recurso especial eleitoral para simples reexame do conjunto fático-probatório.

- **Súmula-TSE nº 25:** É indispensável o esgotamento das instâncias ordinárias para a interposição de recurso especial eleitoral.

- **Súmula-TSE nº 26:** É inadmissível o recurso que deixa de impugnar especificamente fundamento da decisão recorrida que é, por si só, suficiente para a manutenção desta.

- **Súmula-TSE nº 27:** É inadmissível recurso cuja deficiência de fundamentação impossibilite a compreensão da controvérsia.

- **Súmula-TSE nº 28:** A divergência jurisprudencial que fundamenta o recurso especial interposto com base na alínea b do inciso I do art. 276 do Código Eleitoral somente estará demonstrada mediante a realização de cotejo analítico e a existência de similitude fática entre os acórdãos paradigma e o aresto recorrido.

- **Súmula-TSE nº 29:** A divergência entre julgados do mesmo Tribunal não se presta a configurar dissídio jurisprudencial apto a fundamentar recurso especial eleitoral.

- **Súmula-TSE nº 30:** Não se conhece de recurso especial eleitoral por dissídio jurisprudencial, quando a decisão recorrida estiver em conformidade com a jurisprudência do Tribunal Superior Eleitoral.

- **Súmula-TSE nº 31:** Não cabe recurso especial eleitoral contra acórdão que decide sobre pedido de medida liminar.

- **Súmula-TSE nº 32:** É inadmissível recurso especial eleitoral por violação à legislação municipal ou estadual, ao Regimento Interno dos Tribunais Eleitorais ou às normas partidárias.

- **Súmula-TSE nº 33:** Somente é cabível ação rescisória de decisões do Tribunal Superior Eleitoral que versem sobre a incidência de causa de inelegibilidade.

- **Súmula-TSE nº 34:** Não compete ao Tribunal Superior Eleitoral processar e julgar mandado de segurança contra ato de membro de Tribunal Regional Eleitoral.

- **Súmula-TSE nº 35:** Não é cabível reclamação para arguir o descumprimento de resposta a consulta ou de ato normativo do Tribunal Superior Eleitoral.
- **Súmula-TSE nº 36:** Cabe recurso ordinário de acórdão de Tribunal Regional Eleitoral que decida sobre inelegibilidade, expedição ou anulação de diploma ou perda de mandato eletivo nas eleições federais ou estaduais (art. 121, § 4º, incisos III e IV, da Constituição Federal).
- **Súmula-TSE nº 37:** Compete originariamente ao Tribunal Superior Eleitoral processar e julgar recurso contra expedição de diploma envolvendo eleições federais ou estaduais.
- **Súmula-TSE nº 38:** Nas ações que visem à cassação de registro, diploma ou mandato, há litisconsórcio passivo necessário entre o titular e o respectivo vice da chapa majoritária.
- **Súmula-TSE nº 39:** Não há formação de litisconsórcio necessário em processos de registro de candidatura.
- **Súmula-TSE nº 40:** O partido político não é litisconsorte passivo necessário em ações que visem à cassação de diploma.
- **Súmula-TSE nº 41:** Não cabe à Justiça Eleitoral decidir sobre o acerto ou desacerto das decisões proferidas por outros Órgãos do Judiciário ou dos Tribunais de Contas que configurem causa de inelegibilidade.
- **Súmula-TSE nº 42:** A decisão que julga não prestadas as contas de campanha impede o candidato de obter a certidão de quitação eleitoral durante o curso do mandato ao qual concorreu, persistindo esses efeitos, após esse período, até a efetiva apresentação das contas.
- **Súmula-TSE nº 43:** As alterações fáticas ou jurídicas supervenientes ao registro que beneficiem o candidato, nos termos da parte final do art. 11, § 10, da Lei nº 9.504/97, também devem ser admitidas para as condições de elegibilidade.
- **Súmula-TSE nº 44:** O disposto no art. 26-C da LC nº 64/90 não afasta o poder geral de cautela conferido ao magistrado pelo Código de Processo Civil.
- **Súmula-TSE nº 45:** Nos processos de registro de candidatura, o Juiz Eleitoral pode conhecer de ofício da existência de causas de inelegibilidade ou da ausência de condição de elegibilidade, desde que resguardados o contraditório e a ampla defesa.
- **Súmula-TSE nº 46:** É ilícita a prova colhida por meio da quebra do sigilo fiscal sem prévia e fundamentada autorização judicial, podendo o Ministério Público Eleitoral acessar diretamente apenas a relação dos doadores que excederam os limites legais, para os fins da representação cabível, em que poderá requerer, judicialmente e de forma individualizada, o acesso aos dados relativos aos rendimentos do doador.
- **Súmula-TSE nº 47:** A inelegibilidade superveniente que autoriza a interposição de recurso contra expedição de diploma, fundado no art. 262 do Código Eleitoral, é aquela de índole constitucional ou, se infraconstitucional, superveniente ao registro de candidatura, e que surge até a data do pleito.
- **Súmula-TSE nº 48:** A retirada da propaganda irregular, quando realizada em bem particular, não é capaz de elidir a multa prevista no art. 37, § 1º, da Lei nº 9.504/97.
- **Súmula-TSE nº 49:** O prazo de cinco dias, previsto no art. 3º da LC nº 64/90, para o Ministério Público impugnar o registro inicia-se com a publicação do edital, caso em que é excepcionada a regra que determina a sua intimação pessoal.
- **Súmula-TSE nº 50:** O pagamento da multa eleitoral pelo candidato ou a comprovação do cumprimento regular de seu parcelamento após o pedido de registro, mas antes do julgamento respectivo, afasta a ausência de quitação eleitoral.
- **Súmula-TSE nº 51:** O processo de registro de candidatura não é o meio adequado para se afastarem os eventuais vícios apurados no processo de prestação de contas de campanha ou partidárias.
- **Súmula-TSE nº 52:** Em registro de candidatura, não cabe examinar o acerto ou desacerto da decisão que examinou, em processo específico, a filiação partidária do eleitor.

- **Súmula-TSE nº 53:** O filiado a partido político, ainda que não seja candidato, possui legitimidade e interesse para impugnar pedido de registro de coligação partidária da qual é integrante, em razão de eventuais irregularidades havidas em convenção.
- **Súmula-TSE nº 54:** A desincompatibilização de servidor público que possui cargo em comissão é de três meses antes do pleito e pressupõe a exoneração do cargo comissionado, e não apenas seu afastamento de fato.
- **Súmula-TSE nº 55:** A Carteira Nacional de Habilitação gera a presunção da escolaridade necessária ao deferimento do registro de candidatura.
- **Súmula-TSE nº 56:** A multa eleitoral constitui dívida ativa de natureza não tributária, submetendo-se ao prazo prescricional de 10 (dez) anos, nos moldes do art. 205 do Código Civil.
- **Súmula-TSE nº 57:** A apresentação das contas de campanha é suficiente para a obtenção da quitação eleitoral, nos termos da nova redação conferida ao art. 11, § 7º, da Lei nº 9.504/97, pela Lei nº 12.034/2009.
- **Súmula-TSE nº 58:** Não compete à Justiça Eleitoral, em processo de registro de candidatura, verificar a prescrição da pretensão punitiva ou executória do candidato e declarar a extinção da pena imposta pela Justiça Comum.
- **Súmula-TSE nº 59:** O reconhecimento da prescrição da pretensão executória pela Justiça Comum não afasta a inelegibilidade prevista no art. 1º, I, e, da LC nº 64/90, porquanto não extingue os efeitos secundários da condenação.
- **Súmula-TSE nº 60:** O prazo da causa de inelegibilidade prevista no art. 1º, I, e, da LC nº 64/90 deve ser contado a partir da data em que ocorrida a prescrição da pretensão executória e não do momento da sua declaração judicial.
- **Súmula-TSE nº 61:** O prazo concernente à hipótese de inelegibilidade prevista no art. 1º, I, e, da LC nº 64/90 projeta-se por oito anos após o cumprimento da pena, seja ela privativa de liberdade, restritiva de direito ou multa.
- **Súmula-TSE nº 62:** Os limites do pedido são demarcados pelos fatos imputados na inicial, dos quais a parte se defende, e não pela capitulação legal atribuída pelo autor.
- **Súmula-TSE nº 63:** A execução fiscal de multa eleitoral só pode atingir os sócios se preenchidos os requisitos para a desconsideração da personalidade jurídica previstos no art. 50 do Código Civil, tendo em vista a natureza não tributária da dívida, observados, ainda, o contraditório e a ampla defesa.
- **Súmula-TSE nº 64:** Contra acórdão que discute, simultaneamente, condições de elegibilidade e de inelegibilidade, é cabível o recurso ordinário.
- **Súmula-TSE nº 65:** Considera-se tempestivo o recurso interposto antes da publicação da decisão recorrida.
- **Súmula-TSE nº 66:** A incidência do § 2º do art. 26-C da LC nº 64/90 não acarreta o imediato indeferimento do registro ou o cancelamento do diploma, sendo necessário o exame da presença de todos os requisitos essenciais à configuração da inelegibilidade, observados os princípios do contraditório e da ampla defesa.
- **Súmula-TSE nº 67:** A perda do mandato em razão da desfiliação partidária não se aplica aos candidatos eleitos pelo sistema majoritário.
- **Súmula-TSE nº 68:** A União é parte legítima para requerer a execução de astreintes, fixada por descumprimento de ordem judicial no âmbito da Justiça Eleitoral.
- **Súmula-TSE nº 69:** Os prazos de inelegibilidade previstos nas alíneas j e h do inciso I do art. 1º da LC nº 64/90 têm termo inicial no dia do primeiro turno da eleição e termo final no dia de igual número no oitavo ano seguinte.

- **Súmula-TSE nº 70:** O encerramento do prazo de inelegibilidade antes do dia da eleição constitui fato superveniente que afasta a inelegibilidade, nos termos do art. 11, § 10, da Lei nº 9.504/97.
- **Súmula-TSE nº 71:** Na hipótese de negativa de seguimento ao recurso especial e da consequente interposição de agravo, a parte deverá apresentar contrarrazões tanto ao agravo quanto ao recurso especial, dentro do mesmo tríduo legal.

⦿ ANEXO II – TESES DE REPERCUSSÃO GERAL DO STF NO ÂMBITO DO DIREITO ELEITORAL

a) Princípios do direito eleitoral: princípio da anualidade[3]

Tema 387: "Aplicabilidade imediata da Lei Complementar nº 135/2010, que prevê novas hipóteses de inelegibilidade, às eleições de 2010.". **Tese:** "A Lei Complementar 135/2010 não é aplicável às eleições gerais de 2010, em face do princípio da anterioridade eleitoral (art. 16 da Constituição Federal)".
Tema 367: "Inelegibilidade em razão de renúncia a mandato"[2]. **Tese:** "A Lei Complementar 135/2010 não é aplicável às eleições gerais de 2010, em face do princípio da anterioridade eleitoral (art. 16 da Constituição Federal)".

b) Ministério Público Eleitoral

Tema 680: "Legitimidade do Ministério Público Eleitoral para recorrer de decisão que defere registro de candidatura, ainda que não haja apresentado impugnação ao pedido inicial". **Tese:** "A partir das eleições de 2014, inclusive, o Ministério Público Eleitoral tem legitimidade para recorrer da decisão que julga o pedido de registro de candidatura, ainda que não tenha apresentado impugnação".

c) Elegibilidade e inelegibilidade

Tema 172: "Reeleição de membro do Ministério Público para o exercício de atividade político-partidária após a Emenda Constitucional nº. 45/2004".
Tese: "Membro do Ministério Público possui direito a concorrer à nova eleição e ser reeleito, nos termos do art. 14, § 5º da Constituição Federal, desde que já ocupe cargo eletivo à época do advento da EC 45/2004".
Tema 564: "Candidatura de prefeito reeleito à chefia do Poder Executivo em Municipalidade diversa e aplicação imediata de modificação jurisprudencial da Justiça Eleitoral". **Tese:** "I – O art. 14, § 5º, da Constituição deve ser interpretado no sentido de que a proibição da segunda reeleição é absoluta e torna inelegível para determinado cargo de Chefe do Poder Executivo o cidadão que já exerceu dois mandatos consecutivos (reeleito uma única vez) em cargo da mesma natureza, ainda que em ente da Federação diverso; II - As decisões do Tribunal Superior Eleitoral – TSE que, no curso do pleito eleitoral ou logo após o seu encerramento, impliquem mudança de jurisprudência não têm aplicabilidade imediata".
Tema 61: "Elegibilidade de ex-cônjuge de ocupante de cargo político quando a dissolução da sociedade conjugal se dá durante o exercício do mandato". **Tese:** "A dissolução da sociedade ou do vínculo conjugal, no curso do mandato, não afasta a inelegibilidade prevista no § 7º do artigo 14 da Constituição Federal".

3. A tese firmada nos autos não guarda relação direta com o tema tal como classificado pelo STF. A tese firmada, construída a partir da reprodução da tese estabelecida no tema 387, diz respeito à dimensão jurídica do princípio da anualidade eleitoral (art. 16 da Constituição Federal de 1988).

Tema 678: "Incidência da inelegibilidade prevista no art. 14, § 7º, da Constituição federal e na Súmula Vinculante 18, nos casos em que a dissolução da sociedade conjugal ocorre em razão da morte, durante o curso do mandato, do cônjuge anteriormente eleito".

Tese: "A Súmula Vinculante 18 do STF ("A dissolução da sociedade ou do vínculo conjugal, no curso do mandato, não afasta a inelegibilidade prevista no § 7º do artigo 14 da Constituição Federal") não se aplica aos casos de extinção do vínculo conjugal pela morte de um dos cônjuges.".

Tema 157: "Competência exclusiva da Câmara Municipal para o julgamento das contas do prefeito".

Tese: "O parecer técnico elaborado pelo Tribunal de Contas tem natureza meramente opinativa, competindo exclusivamente à Câmara de Vereadores o julgamento das contas anuais do Chefe do Poder Executivo local, sendo incabível o julgamento ficto das contas por decurso de prazo".

Tema 835: "Definição do órgão competente, se o Poder Legislativo ou o Tribunal de Contas, para julgar as contas de Chefe do Poder Executivo que age na qualidade de ordenador de despesas".

Tese: "Para os fins do art. 1º, inciso I, alínea "g", da Lei Complementar 64, de 18 de maio de 1990, alterado pela Lei Complementar 135, de 4 de junho de 2010, a apreciação das contas de prefeitos, tanto as de governo quanto as de gestão, será exercida pelas Câmaras Municipais, com o auxílio dos Tribunais de Contas competentes, cujo parecer prévio somente deixará de prevalecer por decisão de 2/3 dos vereadores".

Tema 781: "Aplicabilidade do prazo de desincompatibilização de 6 meses previsto no art. 14, § 7º, da Constituição Federal às eleições suplementares.".

Tese: "As hipóteses de inelegibilidade previstas no art. 14, § 7º, da Constituição Federal, inclusive quanto ao prazo de seis meses, são aplicáveis às eleições suplementares".

Tema 860: "Possibilidade de aplicação do prazo de 8 anos de inelegibilidade por abuso de poder previsto na Lei Complementar 135/2010 às situações anteriores à referida lei em que, por força de decisão transitada em julgado, o prazo de inelegibilidade de 3 anos aplicado com base na redação original do art. 1º, I, d, da Lei Complementar 64/1990 houver sido integralmente cumprido.".

Tese: ainda não publicada. Por seis votos a cinco, o STF admitiu a retroatividade da Lei da Ficha Limpa a situações pretéritas à sua publicação.

d) liberdade de reunião e propaganda política

Tema 855: ***"Liberdade de reunião e prévio aviso à autoridade competente*** - RE 806339/SE"

Tese: **"A exigência constitucional de aviso prévio relativamente ao direito de reunião é satisfeita com a veiculação de informação que permita ao poder público zelar para que seu exercício se dê de forma pacífica ou para que não frustre outra reunião no mesmo local".**

EDITORA JusPODIVM
www.editorajuspodivm.com.br

Impresso por:
Docuprint
CNPJ 01.036.332/0001-99

JUS2886